ESTUDOS DE DIREITO INTERNACIONAL PRIVADO

VOLUME II
Contratos, Obrigações Extracontratuais, Insolvência, Operações Bancárias, Operações Sobre Instrumentos Financeiros e Reconhecimento de Decisões Estrangeiras

LUÍS DE LIMA PINHEIRO

Doutor em Direito
Professor Catedrático da Faculdade de Direito de Lisboa

ESTUDOS DE DIREITO INTERNACIONAL PRIVADO

VOLUME II

Contratos, Obrigações Extracontratuais, Insolvência, Operações Bancárias, Operações Sobre Instrumentos Financeiros e Reconhecimento de Decisões Estrangeiras

ESTUDOS DE DIREITO INTERNACIONAL PRIVADO
VOLUME II

AUTOR
LUÍS DE LIMA PINHEIRO

EDITOR
EDIÇÕES ALMEDINA, SA
Av. Fernão Magalhães, n.º 584, 5.º Andar
3000-174 Coimbra
Tel.: 239 851 904
Fax: 239 851 901
www.almedina.net
editora@almedina.net

PRÉ-IMPRESSÃO I IMPRESSÃO I ACABAMENTO
G.C. – GRÁFICA DE COIMBRA, LDA.
Palheira – Assafarge
3001-453 Coimbra
producao@graficadecoimbra.pt

Janeiro, 2009

DEPÓSITO LEGAL
287290/09

Os dados e as opiniões inseridos na presente publicação
são da exclusiva responsabilidade do(s) seu(s) autor(es).

Toda a reprodução desta obra, por fotocópia ou outro qualquer
processo, sem prévia autorização escrita do Editor, é ilícita
e passível de procedimento judicial contra o infractor.

Biblioteca Nacional de Portugal – Catalogação na Publicação

PINHEIRO, Luís de Lima

Estudos de direito internacinal. – 2 v.
2º v : Contratos, obrigações extracontratuais, insolvência, operações bancárias, operações sobre instrumentos financeiros e reconhecimento de decisões
estrangeiras. - p. – ISBN 978-972-40-3723-3

CDU   341

OBRAS DO AUTOR

A Cláusula de Reserva de Propriedade, Coimbra, Almedina, 1988.

A Venda com Reserva da Propriedade em Direito Internacional Privado, Lisboa et. al., McGraw-Hill, 1991.

"Venda marítima internacional – alguns aspectos fundamentais da sua regulação jurídica", *Revista AMB* (Associação dos Magistrados Brasileiros) 1 (1997) 44-67 e *Boletim da Faculdade de Direito de Bissau* 5 (1998) 173-225.

Contrato de Empreendimento Comum (Joint Venture) em Direito Internacional Privado, Lisboa, Cosmos e Almedina, 1998.

Lista da Principal Legislação de Direito Internacional Privado, Lisboa, AAFDL, 1998.

"O Direito aplicável às sociedades. Contributo para o Direito Internacional Privado das sociedades", *ROA* 58 (1998) 673-777 (=*in Estudos Jurídicos e Económicos em Homenagem ao Professor João Lumbrales*, 475-555, Lisboa, 2000).

Direito Internacional Privado. Parte Especial (Direito de Conflitos), Coimbra, 1999.

"O problema do Direito aplicável aos contratos internacionais celebrados pela Administração Pública", *Direito e Justiça* 13 (1999) 29-64.

Lista da Principal Legislação de Direito Internacional Privado, Lisboa, AAFDL, 1999.

"Apontamento sobre as normas de aplicação necessária perante o Direito Internacional Privado português e o art. 21.º do Código Civil de Macau", *ROA* 60 (2000) 23-48.

"Contributo para a Reforma do Direito Comercial Marítimo", *ROA* 60 (2000) 1057-1210.

Direito Internacional Privado. Volume I – Introdução e Direito de Conflitos – Parte Geral, Coimbra, 2001.

"Direito aplicável aos contratos com consumidores", *ROA* 61 (2001) 155-170 (=*in Estudos do Instituto de Direito do Consumo*, vol. I, 93-106, Coimbra, 2002).

Um Direito Internacional Privado para o Século XXI. Relatório sobre o Programa, os Conteúdos e os Métodos de Ensino do Direito Internacional Privado, Suplemento *RFDUL* (2001).

"The 'Denationalization' of Transnational Relationships – Regulation of Transnational Relationships by Public International Law, European Community Law and Transnational Law", *in Aufbruch nach Europa. 75 Jahre Max-Planck-Institut für Privatrecht*, 429-446, Tubinga, 2001 (com alterações não autorizadas pelo autor).

Lista da Principal Legislação de Direito Internacional Privado, Lisboa, AAFDL, 2001.

"Regime interno de reconhecimento de decisões judiciais estrangeiras", *ROA* 61 (2001) 561-628.

"A lei aplicável aos direitos de propriedade intelectual", *RFDUL* 42 – n.º 1 (2001) 63-75.

"Direito aplicável à responsabilidade extracontratual na Internet", *RFDUL* 42 – n.º 2 (2001) 825-834.

6   *Estudos de Direito Internacional Privado*

"Parecer", *in O Caso Meco (Pareceres Jurídicos e Peças Processuais)*, vol. II, 271-289, Ministério do Ambiente e do Ordenamento do Território, Amadora, 2002.

Direito Internacional Privado. Volume III – Competência Internacional e Reconhecimento de Decisões Estrangeiras, Coimbra, 2002.

"A triangularidade do Direito Internacional Privado – Ensaio sobre a articulação entre o Direito de Conflitos, o Direito da Competência Internacional e o Direito de Reconhecimento", *in Estudos em Homenagem à Professora Doutora Isabel de Magalhães Collaço*, vol. I, 311-378, Coimbra, 2002.

"Arrendamentos de duração limitada", *in Estudos em Homenagem ao Professor Doutor Inocêncio Galvão Telles*, vol. III – *Direito do Arrendamento Urbano*, 391-405, Coimbra, 2002.

Lista da Principal Legislação de Direito Internacional Privado, Lisboa, AAFDL, 2002.

Direito Internacional Privado. Volume II – Direito de Conflitos – Parte Especial, 2.ª ed., Coimbra, 2002.

"O Direito Comercial Marítimo de Macau Revisitado", *ROA* 62 (2002) 425-438.

"Competência internacional em matéria de contratos com consumidores", *RFDUL* 43 – n.º 1 (2002) 41-54.

"Breves considerações sobre a responsabilidade dos consorciados perante terceiros", *in Estudos em Homenagem ao Prof. Doutor Raúl Ventura*, vol. II, 165-179, Coimbra, 2003.

"Competência internacional em matéria de litígios relativos à *Internet*", *in Estudos em Homenagem ao Prof. Doutor Inocêncio Galvão Telles*, vol. V, 695-712, Coimbra, 2003 (=*Direito da Sociedade da Informação*, vol. IV, 171-189, Coimbra, 2003).

"Federalismo e Direito Internacional Privado – algumas reflexões sobre a comunitarização do Direito Internacional Privado", *Cadernos de Direito Privado* 2 (Junho 2003) 3-19.

Lista da Principal Legislação de Direito Internacional Privado, Lisboa, AAFDL, 2003.

"Direito aplicável ao mérito da causa na arbitragem transnacional", *ROA* 63 (2003) 157--210 (= *in Estudos de Direito Comercial Internacional*, vol. I, 11-61).

(Org.) *Estudos de Direito Comercial Internacional*, vol. I, Coimbra, 2004.

"Cláusulas típicas dos contratos do comércio internacional", *in Estudos de Direito Comercial Internacional*, vol. I, 239-269, Coimbra, 2004 (=*RFDUL* 44 [2003] 83-108).

"Convenção de arbitragem (aspectos internos e transnacionais)", *ROA* 64 (2004) 125-200.

"O reconhecimento das decisões arbitrais 'estrangeiras' segundo a Convenção de Nova Iorque de 1958", *in Cuestiones Actuales del Derecho Mercantil Internacional*, 671--697, Editorial Colex, Madrid, 2005.

(Org.) *Seminário Internacional sobre a Comunitarização do Direito Internacional Privado. Direito de Conflitos, Competência Internacional e Reconhecimento de Decisões Estrangeiras*, Almedina, Coimbra, 2005.

"O Direito de Conflitos e as liberdades comunitárias de estabelecimento e de prestação de serviços", *in Seminário Internacional sobre a Comunitarização do Direito Internacional Privado*, 79-109, Coimbra, 2005 (= *in Estudos em Memória do Professor Doutor António Marques dos Santos*, vol. I, 273-303, Almedina, Coimbra, 2005).

Arbitragem Transnacional. A Determinação do Estatuto da Arbitragem, Almedina, Coimbra, 2005.

Direito Comercial Internacional – O Direito Privado da Globalização Económica. Relatório sobre o Programa, os Conteúdos e os Métodos de Ensino do Direito Comercial Internacional, policopiado, Lisboa, 2005.

Direito Comercial Internacional. Contratos Comerciais Internacionais. Convenção de Viena sobre a Venda Internacional de Mercadorias. Arbitragem Transnacional, Almedina, Coimbra, 2005.

Lista da Principal Legislação de Direito Internacional Privado, AAFDL, 2005.

"Incoterms – introdução e traços fundamentais", *ROA* 65 (2005) 387-406.

"A competência internacional exclusiva dos tribunais portugueses", *ROA* 65 (2005) 677--711.

"Circulação de decisões judiciais e integração supranacional e internacional", *RFDUL* 46 (2005) 1041-1052.

"O Direito autónomo do comércio internacional em transição: a adolescência de uma nova lex mercatoria", *in Estudos Sousa Franco*, vol. II, 847-886, Coimbra, 2006 (=*in Estudios sobre Contratación Internacional*, org. por Alfonso Luis Calvo Caravaca e Javier Carrascosa González, 261-299, Madrid, Editorial Colex, 2006).

Estudos de Direito Internacional Privado. Direito de Conflitos, Competência Internacional e Reconhecimento de Decisões Estrangeiras, Coimbra, Almedina, 2006.

Estudos de Direito Civil, Direito Comercial e Direito Comercial Internacional, Coimbra, Almedina, 2006.

"Direito aplicável aos contratos celebrados através da internet", *ROA* 66 (2006) 131-190 (versão castelhana em *Estudios de Deusto* 54/2 [2006] 151-198).

"Tópicos para uma reforma da lei portuguesa da arbitragem voluntária", *Newsletter DGAE*, 7 (2006) 5-8 (=Resolução Alternativa de Litígios. II Colectânea de Textos Publicados na Newslettergral, 69-78, s.l., 2008).

Lista da Principal Legislação de Direito Internacional Privado, http://www.fd.ul.pt/cursos/lic/lic-disciplinas.asp, 2006.

"O reconhecimento de decisões estrangeiras em matéria matrimonial e de responsabilidade paternal – Regulamento (CE) n.º 2201/2003, do Conselho, de 27 de Novembro de 2003", *ROA* 66 (2006) 517-546.

"Direito dos Estrangeiros – Uma perspectiva de Direito Internacional Privado", *O Direito* 138 (2006) 967-983.

"O Regulamento comunitário sobre insolvência – uma introdução", *ROA* 66 (2006) 1101--1152 (=*in Parmalat y Otros Casos de Derecho Internacional Privado*, org. por Alfonso Luis Calvo Caravaca e Juliana Rodríguez Rodrigo, 355-389, Madrid, 2007).

"Concorrência entre sistemas jurídicos na União Europeia e Direito Internacional Privado", *O Direito* 139 (2007) 255-281 (=*in Parmalat y Otros Casos de Derecho Internaional Privado*, org. por Alfonso Luis Calvo Caravaca e Juliana Rodríguez Rodrigo, 391--411, Madrid, 2007) (versão inglesa em IPRax 3 (2008) 206-213).

Lista da Principal Legislação de Direito Internacional Privado, http://www.fd.ul.pt/cursos/lic/07-08/lic-programas.asp, 2007.

"Exclusive jurisdiction", *in European Commentaries on Private International Law. Brussels I Regulation*, org. por Ulrich Magnus e Peter Mankowski, 345-365, s.l., 2007.

"A passagem do risco do preço na venda internacional de mercadorias", *O Direito* 139 (2007) 757-767.

8   *Estudos de Direito Internacional Privado*

"O Direito de Conflitos das obrigações extracontratuais entre a comunitarização e a globalização – Uma primeira apreciação do Regulamento comunitário Roma II", *O Direito* 139 (2007) 1027-1071 (=*in La Unión Europea ante el Derecho de la globalización*, 9-43, org. por Alfonso Calvo Caravaca e Esperanza Castellanos Ruiz, Madrid, 2008) (versão inglesa em *Rivista di diritto internazionale privato e processuale* 44 (2008) 5-42).

"Direito aplicável às operações bancárias internacionais", *ROA* 67 (2007) 573-627.

Direito Internacional Privado, vol. I – *Introdução e Direito de Conflitos/Parte Geral*, 2.ª ed., Coimbra, 2008.

"Apontamento sobre a impugnação da decisão arbitral", *ROA* 67 (2007) 1025-1039.

Lista da Principal Legislação de Direito Internacional Privado, http://www.fd.ul.pt/cursos/lic/08-09/docs/disciplinas/dirintprivano5dia.pdf, 2008.

ÍNDICE GERAL

Direito aplicável aos contratos celebrados através da internet 11

O reconhecimento de decisões estrangeiras em matéria matrimonial e de responsabilidade paternal – Regulamento (CE) n.º 2201/2003, do Conselho, de 27 de Novembro de 2003 67

Direito dos Estrangeiros – Uma perspectiva de Direito Internacional Privado 95

O Regulamento comunitário sobre insolvência – uma introdução 113

Competition between legal systems in the European Union and Private International Law 161

Choice of Law on Non-Contractual Obligations between Communitarization and Globalization – A first assessment of EC Regulation Rome II 187

Direito aplicável às operações bancárias internacionais 233

A arbitragem CIRDI e o regime dos contratos de Estado 283

Direito aplicável ao contrato de transporte marítimo de mercadorias 311

Direito aplicável às operações sobre instrumentos financeiros 349

O novo Regulamento comunitário sobre a lei aplicável às obrigações contratuais (Roma I) – Uma introdução 401

DIREITO APLICÁVEL AOS CONTRATOS CELEBRADOS ATRAVÉS DA INTERNET*

> SUMÁRIO: INTRODUÇÃO. I. DIREITO DE CONFLITOS GERAL A) Regime comum. B) Regime especial dos contratos com consumidores. C) Âmbito do estatuto contratual. D) Regime especial do comércio electrónico intracomunitário?. II. DIREITO DE CONFLITOS DA ARBI-TRAGEM TRANSNACIONAL A) Aspectos gerais. B) Litígios entre "empresários".

INTRODUÇÃO

I. A internet é uma rede mundial de redes informáticas que partilham uma tecnologia de comunicação comum. Constitui um meio de comunicação global que é acessível em quase todos os países do mundo. Este meio de comunicação é utilizado para a celebração de contratos seja em sítios da internet [*websites*] interactivos, que permitem a contratação em linha, seja através de mensagens de correio electrónico.

Os contratos celebrados através da internet são com muita frequência *contratos internacionais*, porque têm contactos significativos com mais de um Estado soberano. Os contratos internacionais colocam dois problemas específicos: o da determinação dos tribunais internacionalmente competentes e o da escolha do Direito aplicável. Os tribunais do foro só podem apreciar os litígios emergentes destes contratos quando forem competentes por força do Direito da Competência Internacional. O Direito material vigente na ordem jurídica do foro só é aplicável a estes contratos quando o Direito de Conflitos remeta para esta ordem jurídica.

---

* *ROA* 66 (2006) 131-190 (versão castelhana em *Estudios de Deusto* 54/2 [2006] 151-198).

No entanto, não basta o carácter global da internet para conferir ao contrato celebrado através deste meio de comunicação carácter internacional. É necessário que o próprio contrato seja internacional segundo o *critério de internacionalidade relevante*, designadamente que a sua execução implique uma transferência de valores através das fronteiras ou que ponha em jogo interesses do comércio internacional[1].

É designadamente o caso de todos os contratos que são celebrados entre partes com residência ou estabelecimento relevante em países diferentes ou que devem ser executados num país diferente daquele em que as partes estão localizadas.

II. As vantagens do comércio electrónico são evidentes. Qualquer pessoa com um computador, um serviço de acesso à internet e os programas adequados pode realizar uma actividade económica transnacional com custos mínimos. Qualquer adquirente de bens ou serviços tem acesso aos sítios de fornecedores de quase todo o mundo e pode frequentemente concretizar a sua transacção em linha. As ordens para o pagamento do preço são muitas vezes dadas em linha e, no caso da aquisição de programas de computador ou de serviço prestado em linha, o fornecedor também pode realizar a sua prestação através da internet.

Mas esta liberação dos condicionamentos espaciais também origina dificuldades. Assim, designadamente, os intervenientes na internet têm mais dificuldade na identificação e localização dos seus parceiros porque os nomes de domínio utilizados na rede podem não corresponder ao nome ou denominação da pessoa nem indicam o seu domicílio ou sede. Em muitos casos os fornecedores de bens ou serviços utilizam nomes de domínio com sufixo genérico, designadamente ".com", que não têm uma conotação geográfica. Mesmo os nomes de domínio com um sufixo (domínio de topo) nacional (por exemplo, ".pt") apenas indicam que o nome de domínio foi registado na entidade acreditada no país em causa (em Portugal a Fundação para a Computação Científica Nacional).

---

[1] Ver Luís de LIMA PINHEIRO – *Direito Comercial Internacional*, Almedina, Coimbra, 2005, 67 e segs.; ver ainda Peter MANKOWSKI – "Das Internet im Internationalen Vertrags- und Deliktsrecht", *RabelsZ*. 63 (1999) 203-294, 208 e seg., e Dieter MARTINY – "Vor Art. 27-Art. 30", *in Münchener Kommentar zum Bürgerlichen Gesetzbuch*, vol. X – *EGBGB*, 4.ª ed., Munique, 2006, Art. 28 n.º 420.

Direito Aplicável aos Contratos Celebrados através da Internet 13

A identificação dos fornecedores de bens e serviços é facilitada quando o seu domínio de segundo nível (por exemplo, "google" em www.google.pt) corresponda necessariamente, por força do regulamento da entidade acreditada para a gestão do serviço de registo, ao nome ou denominação da pessoa.

Assim, as regras de registo de domínios pt (art. 2.3.2.2) estabelecem que:

– no caso das pessoas colectivas, o nome do domínio deverá coincidir com a firma ou denominação constante do Cartão de Identificação de Pessoa Colectiva (CIPC) emitido pelo Registo Nacional de Pessoas Colectivas (RNPC) ou de documento equivalente;

– no caso dos empresários em nome individual, o nome do domínio deverá coincidir integralmente com a respectiva firma constante de documento comprovativo da referida qualidade;

– no caso de profissionais liberais, o nome do domínio deverá coincidir integralmente com o respectivo nome profissional constante de documento comprovativo da referida qualidade;

– no caso dos titulares de marcas registadas em registo nacional, comunitário ou internacional, o nome do domínio deverá corresponder à marca nominativa ou aos elementos nominativos de marca mista registada a favor do requerente do domínio, tal como constem do respectivo título de registo nacional, comunitário ou internacional desde que, nestes últimos casos, as marcas sejam extensivas a Portugal.

Seria recomendável que regras semelhantes fossem adoptadas a nível internacional.

III. Em estudos anteriores ocupei-me da questão da competência internacional em matéria de litígios relativos à internet[2] e da determinação do Direito aplicável à responsabilidade extracontratual na internet[3]. Importa agora indagar de algumas noções fundamentais sobre a determinação do Direito aplicável aos contratos celebrados através da internet.

---

[2] "Competência internacional em matéria de litígios relativos à Internet", *in Estudos em Homenagem ao Prof. Doutor Inocêncio Galvão Telles*, vol. V, 695-712, Coimbra, 2003 (=*Direito da Sociedade da Informação*, vol. IV, 171-189, Coimbra, 2003).

[3] "Direito aplicável à responsabilidade extracontratual na Internet", *RFDUL* 42/n.º 2 (2001) 825-834.

14   *Estudos de Direito Internacional Privado*

A internet é um meio de comunicação global que, enquanto tal, requer uma *regulação jurídica global* de certos aspectos essenciais para a interacção social feita no seu âmbito.

Esta regulação pode até certo ponto ser feita através de fontes espontâneas (costumes e usos do comércio positivados) e da actividade normativa de centros autónomos. Temos então uma regulação dos contratos por Direito Transnacional, composto por regras e princípios que se formam independentemente da acção de órgãos estaduais ou supraestaduais[4]. Mas a regulação transnacional dos contratos incide principalmente sobre os contratos *comerciais* internacionais ao passo que a maior parte dos contratos celebrados através da internet são contratos *com consumidores*. Por outro lado, a existência de costumes neste domínio ainda é controversa e os usos, que certamente se podem formar rapidamente neste meio de comunicação, só vinculam as partes mediante uma incorporação no contrato ou a positivação por uma regra legal ou consuetudinária[5]. Acresce que a regulação por centros autónomos tem necessariamente um significado limitado porque a grande maioria dos utilizadores da internet não está representada em nenhuma organização associativa que estabeleça regras sobre o seu relacionamento na internet[6].

Mostra-se pois necessária uma regulação por instrumentos internacionais, designadamente tratados internacionais e actos de organizações intergovernamentais.

Algumas Convenções internacionais que unificam o Direito material aplicável a determinados tipos de contrato internacional abrangem os contratos celebrados através da internet. É o caso, da Convenção de Viena sobre a Venda Internacional de Mercadorias no que toca à venda de mercadorias entre "empresários". Esta Convenção ainda não foi ratificada

---

[4] Ver LIMA PINHEIRO (n. 1) 179 e segs.

[5] Ver ainda ELSA DIAS OLIVEIRA – *A Protecção dos Consumidores nos Contratos Celebrados Através da Internet*, Coimbra, 2002, 338 e segs., com mais referências, e Dário MOURA VICENTE – *Problemática Internacional da Sociedade da Informação*, Coimbra, 2005, 136 e seg.

[6] Questão diferente é a da delegação de competências de regulação em instituições privadas, tais como a *Internet Corporation for Assigned Names and Numbers* (ICANN) e a Fundação para a Computação Científica Nacional, por parte de Estados – ver, em especial sobre a gestão do sistema de nomes de domínio, Markus KÖHLER e Hans-Wolfgang ARNDT – *Recht des Internet*, 4.ª ed., Heidelberga, 2003, 8 e segs., e MOURA VICENTE (n. 5) 141 e seg.

pelo Estado português. Geralmente, porém, estas Convenções não atendem aos problemas específicos da contratação electrónica.

A regulação internacional visando especificamente as relações estabelecidas através da internet apenas deu ainda os seus primeiros passos, designadamente sob a égide da Organização Mundial sobre a Propriedade Intelectual (OMPI) e da Comissão das Nações Unidas para o Direito Comercial Internacional (CNUDCI).

No âmbito da OMPI, há a referir a criação de um centro de arbitragem e mediação para a resolução de litígios relativos a nomes de domínio e a adopção de duas Convenções internacionais, designadas "Tratados sobre a Internet", que visam principalmente estabelecer uma protecção internacional dos direitos de autor (Tratado OMPI sobre direito de autor, Genebra, 1996) e dos direitos dos artistas intérpretes ou executantes e dos direitos dos produtores de fonogramas (Tratado OMPI sobre a interpretação ou execução e os fonogramas, Genebra, 1996) ajustada à nova realidade criada pela internet.

No que toca aos contratos celebrados através da internet, importa sobretudo referir a Convenção das Nações Unidas sobre a Utilização de Comunicações Electrónicas em Contratos Internacionais, adoptada pela Assembleia-Geral em 2005, que contém regras importantes sobre o reconhecimento legal das comunicações electrónicas, os requisitos de forma, o momento e o lugar do envio e da recepção de comunicações electrónicas e a formação dos contratos electrónicos. Claro é que esta Convenção ainda não está internacionalmente em vigor.

Perante este quadro, a missão de regular juridicamente os contratos celebrados através da internet ainda é desempenhada essencialmente pelas ordens jurídicas estaduais. Apesar dos esforços desenvolvidos no sentido da unificação internacional do Direito dos Contratos Internacionais em geral[7] e, em particular, do regime aplicável ao comércio electrónico (designadamente a Lei-Modelo da CNUDCI sobre o Comércio electrónico, 1996), as ordens jurídicas estaduais divergem em muitos aspectos da regulação jurídica dos contratos celebrados através da internet.

A determinação da disciplina jurídica de um contrato internacional celebrado através da internet pressupõe, assim, a escolha de uma ordem

---

[7] Ver LIMA PINHEIRO (n. 1) 82 e segs.

jurídica estadual (ou de várias ordens jurídicas estaduais aplicáveis a diferentes aspectos do contrato). Esta escolha é operada pelas normas de conflitos de Direito Internacional Privado.

IV. Com respeito à determinação do Direito aplicável a contratos internacionais, a tendência largamente dominante nos principais sistemas vai no sentido de uma diferenciação entre relações interempresariais [*business to business*] e relações com consumidores [*business to consumers*] e, eventualmente, outras categorias contratualmente mais fracas[8]. Esta tendência de diferenciação domina, na Europa comunitária, a Convenção de Roma sobre a Lei Aplicável às Obrigações Contratuais (1980) e, nos EUA, o art. 1-301 do *Uniform Commercial Code* (2004).

Nas *relações interempresariais* – categoria que abrange todas as relações entre pessoas que realizam uma actividade económica independente –, o princípio da autonomia da vontade pode actuar com o mais vasto alcance e, por conseguinte, admite-se a máxima liberdade na escolha do Direito aplicável às relações interempresariais (ou, pelo menos, na escolha de um Direito estadual).

Na falta de escolha, os principais sistemas nacionais evoluíram no sentido de evitar uma preferência absoluta seja pela lei do fornecedor seja pela lei do adquirente, que só pode justificar-se pela intenção de beneficiar uma das partes, e orientaram-se no sentido de um critério geral de conexão mais estreita que carece de ser concretizado em função do conjunto das circunstâncias do caso concreto (art. 4.º da Convenção de Roma sobre a Lei Aplicável às Obrigações Contratuais, art. 188.º do *Second Restatement of Conflict of Laws* e art. 9.º da Convenção Interamericana sobre Direito Aplicável aos Contratos Internacionais).

Nas *relações com consumidores*, o consumidor é tipicamente uma parte economicamente mais débil e negocialmente menos experiente, o que justifica um importante limite à autonomia da vontade. Assim, a escolha da lei aplicável ao contrato não prejudica a aplicação das normas imperativas protectoras do consumidor contidas na lei do país da sua residência habitual (art. 5.º/2 da Convenção de Roma sobre a Lei

---

[8] Esta tendência já era assinalada, há mais de vinte anos, por Russell WEINTRAUB – "Functional developments in choice of law for contracts", *RCADI* 187 (1984) 239--305, 258.

Aplicável às Obrigações Contratuais e art. 1-301 (e) (2) do *Uniform Commercial Code*[9].

Na falta de escolha, a lei objectivamente competente é a do país da residência habitual do consumidor (art. 5.°/3 da Convenção de Roma sobre a Lei Aplicável às Obrigações Contratuais) ou não prejudica a aplicação das normas imperativas protectoras do consumidor contidas nessa lei (art. 1-301 (e) (2) do *Uniform Commercial Code*).

Outra linha de diferenciação que importa ter em conta atende à jurisdição competente para apreciar os litígios emergentes do contrato. Caso as partes sejam vinculadas por uma convenção de arbitragem válida é necessário atender, pelo menos nas relações comerciais internacionais, ao *Direito de Conflitos especial da arbitragem internacional*.

O presente estudo principiará pelo exame do Direito de Conflitos geral (I), em que se suscitam as questões mais complexas quanto aos contratos celebrados através da internet. Nesta parte do nosso estudo cabe examinar o regime comum da determinação do Direito aplicável aos contratos obrigacionais (A), o regime especial aplicável aos contratos com consumidores (B), o âmbito do estatuto contratual (C) e, ainda, indagar da existência de critérios especiais de determinação do Direito aplicável com respeito ao comércio electrónico intracomunitário (D). Segue-se uma breve referência ao Direito de Conflitos especial da arbitragem transnacional (II).

I. DIREITO DE CONFLITOS GERAL

A) Regime comum

As regras de conflitos gerais aplicáveis aos contratos obrigacionais constam fundamentalmente da Convenção de Roma sobre a Lei Aplicável às Obrigações Contratuais. Estão em curso trabalhos com vista à revisão e transformação deste instrumento internacional num regulamento comuni-

---

[9] Por acréscimo, o Art. 1-301 (e) (1) do *Uniform Commercial Code* faz depender a validade da escolha de uma conexão objectiva da transacção com a lei escolhida. Ver ainda art. 109.°/a e b/2 do *Uniform Computer Information Transactions Act*, de 1999.

tário, que já deram corpo a uma Proposta de Regulamento apresentada pela Comissão das Comunidades Europeias em Dezembro de 2005[10].

A *autonomia da vontade* na determinação do Direito aplicável aos contratos obrigacionais constitui hoje um princípio de Direito Internacional Privado comum à esmagadora maioria dos sistemas nacionais[11]. Este princípio está consagrado no n.º 1 do art. 3.º da Convenção de Roma sobre a Lei Aplicável às Obrigações Contratuais.

O art. 3.º da Convenção de Roma não estabelece quaisquer limites quanto às ordens jurídicas estaduais que podem ser designadas. Com efeito, este preceito não subordina a escolha a qualquer laço objectivo entre o contrato e a lei escolhida nem à demonstração de um interesse sério na escolha.

O art. 3.º da Convenção de Roma já não admite que as partes subtraiam o negócio a qualquer ordem jurídica ou escolham uma ordem jurídica não estadual. A exclusão da escolha de Direito não-estadual é criticável *de iure condendo*[12] e foi abandonada, pelo menos em parte, pela Proposta de Regulamento (art. 3.º/2).

Nos termos da 2.ª parte do n.º 1 do art. 3.º da Convenção de Roma, o consentimento das partes na designação do Direito aplicável pode ser manifestado expressa ou tacitamente. Quanto à designação tácita este preceito exige que a escolha resulte "de modo inequívoco das disposições do contrato ou das circunstâncias da causa".

No que toca aos contratos celebrados através da internet, é raro que as partes estipulem individualmente o Direito aplicável, mas já é muito frequente que a cláusula de designação da lei aplicável conste de um conjunto de *cláusulas gerais* pré-elaboradas pelo fornecedor (entendido em sentido amplo, que abrange o licenciador) que são exibidas no seu sítio da internet. Normalmente esta cláusula submete o contrato ao Direito da sede ou do estabelecimento do fornecedor.

Na contratação em linha sucede por vezes que nas páginas a que o adquirente acede para celebrar o contrato haja apenas uma hiperligação para outra página que contém o clausulado geral do fornecedor. Outras vezes abre-se sobre a janela principal uma janela de sobreposição [*pop-up window*] que é necessariamente vista pelo adquirente, embora a maior

---

[10] COM (2005) 650 final.

[11] Ver, com mais referências e desenvolvimento, LIMA PINHEIRO (n. 1) 99 e segs.

[12] Ver LIMA PINHEIRO (n. 1) 103 e segs.

parte das cláusulas e, designadamente, a cláusula de escolha do Direito aplicável, só se torne visível quando o utilizador movimente o texto nesta janela. Em ambos os casos o adquirente é normalmente solicitado a exprimir a sua aceitação através do clique, feito com o rato do computador, num determinado campo ou ícone.

A lei aplicável à formação e à validade do consentimento é – segundo a Convenção de Roma (art. 3.º/4) – a própria lei designada.

Normalmente uma parte ficará vinculada pela estipulação individual que tenha celebrado com respeito ao Direito aplicável. Já há regras mais exigentes quanto à integração nos contratos singulares de cláusulas contratuais gerais, predispostas por uma das partes, e que são propostas à adesão da outra parte.

A este respeito deve também atender-se ao n.º 2 do art. 8.º da Convenção sobre a relevância negocial de um comportamento. Se a *professio iuris* constituir uma *cláusula contratual geral* a sua inclusão no contrato será apreciada, em primeiro lugar, pela lei escolhida; se a questão for respondida afirmativamente pela lei escolhida, o declaratário poderá ainda invocar a lei da sua residência habitual para demonstrar que não deu o seu acordo, se resultar das circunstâncias que não seria razoável que o valor do seu comportamento fosse determinado pela lei escolhida[13].

Quer isto dizer que a vinculação do adquirente pela cláusula geral de designação do Direito aplicável fica dependente não só do regime aplicável às cláusulas contratuais gerais contido na lei escolhida, mas também, se resultar das circunstâncias que não é razoável que o valor do seu comportamento seja determinado pela lei escolhida, do regime contido na lei da residência habitual.

Deve partir-se do princípio que a vinculação de um consumidor final por uma cláusula geral de designação do Direito aplicável depende também da lei da sua residência habitual, quando a lei designada não lhe seja familiar. O que significa que os ciberconsumidores residentes habitualmente em Portugal beneficiam em princípio da protecção concedida pelo

---

[13] Cf. Christian VON BAR – *Internationales Privatrecht*, vol. II, Munique, 1991, 350 e seg.; Jürgen BASEDOW – "Gesetz zur Regelung des Rechts der Allgemeinen Geschäftsbedingungen (AGB-Gesetz)", *in Münchener Kommentar zum Bürgerlichen Gesetzbuch*, vol. I, 4.ª ed., Munique, 2001, § 12 AGBG n.º 29; e *MünchKomm./*MARTINY (n. 1) Art. 31 n.º 63. Ver, com mais desenvolvimento, ANTÓNIO DE SOUSA – *Conflito de Clausulados e Consenso nos Contratos Internacionais*, Porto, 1999, 245 e segs.

20   *Estudos de Direito Internacional Privado*

regime interno das cláusulas contratuais gerais perante cláusulas gerais de designação do Direito aplicável contidas no sítio do fornecedor.

O regime português das *cláusulas contratuais gerais* determina expressamente a sua aplicação a todas as cláusulas gerais independentemente da forma da sua comunicação ao público (art. 2.° da Lei das Cláusulas Contratuais Gerais). Este regime exclui dos contratos singulares as cláusulas contratuais gerais que[14]:

    – não tenham sido comunicadas na íntegra aos aderentes (arts. 5.° e 8.°/a);

    – tenham sido comunicadas com violação do dever de informação (arts. 6.° e 8.°/b);

    – pelo contexto em que surjam, pela epígrafe que as precede ou pela sua apresentação gráfica passem despercebidas a um contratante normal, colocado na posição do contratante real (art. 8.°/c);

    – estejam inseridas em "formulários" depois da assinatura de algum dos contratantes (art. 8.°/d).

Este regime é aplicável tanto nas relações com consumidores como nas relações entre empresários. Poderá ser questionado se não se justificaria uma diferenciação, à semelhança do que se verifica com a lei alemã que sujeita a inclusão das cláusulas gerais nas relações entre empresários exclusivamente às regras gerais sobre declarações de vontade e sobre a celebração de contratos[15]. Nesta ordem de ideias, creio que nas relações entre empresários se poderia admitir que a inclusão de cláusulas gerais resultasse de uma conduta concludente tanto do lado do proponente com do lado do aderente, desde que este tenha possibilidade de tomar conhecimento das cláusulas[16].

---

[14] Ver, com mais desenvolvimento, António MENEZES CORDEIRO – *Tratado de Direito Civil Português*, vol. I – *Parte Geral*, tomo I, 3.ª ed., Coimbra, 2005, 618 e segs.

[15] Ver Karl LARENZ e Manfred WOLF – *Allgemeiner Teil des Bürgerlichen Rechts*, 9.ª ed., Munique, 2004, 776 e segs.

[16] O art. 5.° da Resolução do *Instituto de Direito Internacional* sobre a autonomia da vontade das partes nos contratos internacionais entre particulares, aprovada na sessão de Basileia (1991), após admitir, no seu n.° 1, que a "lei aplicável pode ser designada por cláusulas contratuais gerais desde que as partes tenham nelas consentido", acrescenta, no seu n.° 2, uma regra material, segundo a qual este "consentimento deve ser expresso por escrito, ou de uma maneira conforme aos hábitos estabelecidos entre as partes, ou segundo os usos profissionais de que elas têm conhecimento". Esta solução inspira-se na jurispru-

Direito Aplicável aos Contratos Celebrados através da Internet   21

Na contratação em linha, o aderente tem todas as condições para tomar conhecimento completo e efectivo do clausulado (art. 5.º/2 da Lei das Cláusulas Contratuais Gerais)[17]. É usual a inclusão de uma cláusula de designação do Direito aplicável no clausulado geral do fornecedor que contrata através da internet e, por conseguinte, não há razão para a cláusula passar despercebida ao adquirente, a menos que a epígrafe ou a apresentação gráfica da cláusula possam induzir o adquirente em erro.

A exigência de *comunicação na íntegra* é satisfeita pela colocação do clausulado geral numa janela de sobreposição, desde que o clausulado seja facilmente legível e possa ser descarregado para o computador do aderente e, se este o desejar, impresso[18]. Já suscita dúvida o caso de o clausulado que conste apenas de outra página para onde remete, através de uma hiperligação, a página em que aderente manifesta o seu consentimento[19]. Em minha opinião, a situação é em tudo semelhante àquela em que no comércio jurídico tradicional ocorre quando o contrato contém uma remissão para o clausulado geral que consta de um documento anexo[20]. Por isso, entendo ser suficiente que o proponente indique claramente que contrata com base no seu clausulado geral, que este clausulado esteja efectivamente acessível ao aderente na página para que remete a hiperligação sem qualquer exigência técnica adicional (de modo a poder ser armazenado e impresso) e que o aderente o aceite, expressa ou tacitamente.

---

dência do TCE relativamente à cláusula de jurisdição inserida no formulário proposto por uma das partes – cf. Erik JAYME – "L'autonomie de la volonté des parties dans les contrats internationaux entre personnes privées. Rapport définitif", *Ann. Inst. dr. int.* 64-I (1991) 62-76, 72 e segs.

[17] Cf. BASEDOW (n. 13) § 2 AGBG n.º 19.

[18] O art. 31.º/1 do DL n.º 7/2004, de 7/1, determina que os termos contratuais e as cláusulas gerais devem ser sempre comunicados de maneira que permita ao destinatário armazená-los e reproduzi-los. Este preceito transpõe o art. 10.º/3 da Dir. 2000/31/CE do Parlamento e do Conselho, de 8/6/2000, Relativa a Certos Aspectos Legais dos Serviços da Sociedade de Informação, em especial do Comércio Electrónico, no Mercado Interno (Directiva sobre Comércio Electrónico).

[19] Ver MANKOWSKI (n. 1) 211 e seg.

[20] O art. 5.º *bis* da Lei-Modelo da CNUDCI sobre o Comércio Electrónico (adoptado em 1998) estabelece que "Information shall not be denied legal effect, validity or enforceability solely on the grounds that it is not contained in the data message purporting to give rise to such legal effect, but is merely referred to in that data message". O sentido deste preceito não é o de estabelecer um regime especial para a incorporação por referência no comércio electrónico mas o de determinar a aplicação do regime geral à contratação em linha.

No que toca ao *idioma*, deve considerar-se suficiente, na contratação em linha, que o clausulado esteja redigido no mesmo idioma que é utilizado nas páginas a que o adquirente acedeu para realizar a transacção. Com efeito, o fornecedor deve poder contar com o conhecimento pelo adquirente do idioma utilizado nas páginas a que acede para realizar a transacção, designadamente as que contêm o formulário de encomenda[21].

Se a cláusula for de difícil compreensão ou ambígua, o adquirente pode solicitar esclarecimento ao proponente. Em qualquer caso, na dúvida prevalece o sentido mais favorável ao aderente (art. 11.°/2 da Lei das Cláusulas Contratuais Gerais). No que toca à cláusula de designação do Direito aplicável parece que na dúvida sobre a lei designada se deverá recorrer à conexão objectiva (i.e., à lei aplicável na falta de escolha).

A desigualdade em que tipicamente se encontra o consumidor relativamente ao fornecedor leva-o normalmente a aceitar a estipulação do Direito do fornecedor, Direito que as mais das vezes desconhece e não tem possibilidade de conhecer com normal diligência. A necessidade de protecção do consumidor é contemplada, ao nível conflitual, pelo regime especial contido no art. 5.° da Convenção de Roma. Este regime, adiante referido (B), limita a eficácia da designação do Direito aplicável feita pelas partes.

Já nas relações entre empresários não se justifica qualquer limitação à eficácia da designação do Direito aplicável feita pelas partes.

De resto, *a Convenção de Roma não é compatível com qualquer controlo do conteúdo da cláusula de designação do Direito aplicável*, mesmo que se trate de uma cláusula geral. Andou bem o legislador português quando no DL n.° 220/95 suprimiu a al. h) do art. 19.° da Lei das Cláusulas Contratuais Gerais que proibia, consoante o quadro negocial padronizado, as cláusulas gerais que remetessem para o Direito estrangeiro, quando os inconvenientes causados a uma das partes não fossem compensados por interesses sérios e objectivos da outra. Uma aplicação analógica da actual al. g) do art. 19.° às cláusulas de escolha de lei seria contrária à intenção expressa pelo legislador no preâmbulo do DL n.° 220/95 e, em qualquer caso, incompatível com a Convenção de Roma[22].

A escolha do Direito aplicável também pode resultar de uma *manifestação tácita de vontade*, quer de ambas as partes quer de uma delas na

---

[21] Neste sentido, também BASEDOW (n. 13) § 2 AGBG n.° 20.
[22] Cp. MENEZES CORDEIRO (n. 14) 636.

sequência de uma declaração expressa da outra. A este respeito os contratos celebrados através da internet não parecem suscitar problemas marcadamente específicos, aplicando-se as considerações que são formuladas em relação à generalidade dos contratos[23].

A cláusula atributiva de competência aos tribunais de determinado Estado é um indício importante, embora só por si não conclusivo, da escolha tácita do Direito desse Estado para reger o contrato. Caso a cláusula de jurisdição seja uma cláusula contratual geral, é de observar que só releva para a determinação de um escolha tácita do Direito aplicável a cláusula que for validamente estipulada[24].

Na falta de válida designação pelas partes do Direito aplicável, este Direito tem de ser determinado com base num *critério objectivo*. O n.º 1 do art. 4.º da Convenção de Roma determina que o contrato é regulado pela lei do país com o qual apresente uma conexão mais estreita. Consagra-se assim um *critério geral de conexão*, que carece de ser concretizado pelo órgão de aplicação do Direito mediante uma avaliação do conjunto das circunstâncias do caso concreto e com ponderação de todos os pontos de vista juridicamente relevantes.

Este critério geral da conexão mais estreita permite *atender a laços de qualquer natureza*, designadamente o lugar da residência, da sede ou do estabelecimento das partes, o lugar da execução do contrato, o idioma do contrato, a referência a disposições de uma determinada ordem jurídica ou o emprego de termos e expressões característicos desta ordem jurídica (que contudo não permitam inferir uma designação tácita) e o nexo funcional que o contrato estabeleça com outro contrato regido por certo Direito[25].

A principal dificuldade que pode surgir com os contratos celebrados através da internet é a que diz respeito à determinação do lugar da residência, sede da administração ou estabelecimento das partes.

Alega-se que as sociedades que actuam através da internet podem não ter uma administração central nem um estabelecimento principal. Todavia o problema não consiste propriamente na falta de residência, de administração central ou de estabelecimento.

---

[23] Ver LIMA PINHEIRO (n. 1) 108 e seg. Ver também MANKOWSKI (n. 1) 213.

[24] Ver, sobre os pressupostos e requisitos dos pactos de jurisdição, LIMA PINHEIRO – *Direito Internacional Privado*, vol. III – *Competência Internacional e Reconhecimento de Decisões Estrangeiras*, Almedina, Coimbra, 2002, 131 e segs. e 211 e segs.

[25] Ver, com mais desenvolvimento, LIMA PINHEIRO (n. 1) 112 e segs.

Uma sociedade não deixa de ter administração central pela circunstância de as deliberações dos administradores serem tomadas através de modernos meios de comunicação sem a sua presença física no mesmo local. O que daí pode resultar é a dificuldade de determinar a sede da administração. Mas isto é um problema criado pelos modernos meios de comunicação que não é específico dos contratos celebrados através da internet. É possível obviar a esta dificuldade por meio da presunção de que a sede da administração coincide com a sede estatutária[26].

A pessoa que desenvolve uma actividade económica através da internet tem normalmente um ou mais centros de actividade. Segundo o Considerando 19.° da Directiva sobre Comércio Electrónico[27], o local do estabelecimento de uma sociedade prestadora de serviços através de um sítio na internet não é o local onde se encontra a tecnologia de apoio a esse sítio ou o local onde este é acessível, mas sim o local em que essa sociedade desenvolve uma actividade económica. Isto vale para as normas contidas na Directiva[28]. Resta saber se a circunstância de este centro não se manifestar externamente obsta à sua recondução ao conceito de estabelecimento relevante para a Convenção de Roma.

A determinação do conceito de estabelecimento relevante para a Convenção de Roma constitui um problema de interpretação da norma convencional que deve ser resolvido à luz do respectivo fim. O conceito de estabelecimento é utilizado no art. 4.°/2 da Convenção que contém uma "presunção" de conexão mais estreita. Este preceito tem por fim indicar o laço que, em caso de dúvida, prevalece na determinação da conexão mais estreita. Este laço deve ser facilmente reconhecível pela contraparte do prestador profissional. A esta luz, parece claro que só releva como estabelecimento o centro de actividades que realiza uma actividade negocial externa[29].

---

[26] Ver LIMA PINHEIRO – *Direito Internacional Privado*, vol. II – *Direito de Conflitos. Parte Especial*, 2.ª ed., Almedina, Coimbra, 2002, 97 e seg.

[27] *Supra* n. 18.

[28] Ver também a definição de estabelecimento contida no art. 4.°/h da Convenção das Nações Unidas sobre o Uso de Comunicações Electrónicas em Contratos Internacionais (2005) e o art. 6.°/4 da mesma Convenção.

[29] No mesmo sentido, *MünchKomm.*/MARTINY (n. 1) Art. 28 n.° 50. O conceito de estabelecimento relevante, em matéria de competência internacional, para o art. 5.°/5 da Convenção de Bruxelas sobre Competência Judiciária e Execução de Decisões em Matéria Civil e Comercial já foi objecto de interpretação autónoma pelo TCE. Por estabelecimento

Certo é que nos contratos celebrados através da internet é mais frequente a impossibilidade ou grande onerosidade de determinar a residência, sede ou estabelecimento da outra parte.

O fornecedor pode defender-se perante este risco mediante a solicitação, feita à outra parte, da indicação da sua residência, sede ou estabelecimento. O adquirente que indica a residência, sede ou estabelecimento num determinado país não pode vir mais tarde invocar a falsidade ou inexactidão dos elementos fornecidos[30].

O adquirente tem menos defesa, razão por que os fornecedores devem ser legalmente obrigados a indicarem, na página principal ou noutra página a que os clientes tenham de aceder para realizarem o negócio, a sua residência, sede da administração ou estabelecimento.

A Directiva sobre Comércio Electrónico aponta nesta direcção ao obrigar os Estados-Membros a garantirem o acesso ao endereço geográfico em que o prestador se encontra estabelecido (art. 5.º/1). Esta norma deve ser aplicada aos prestadores estabelecidos no território dos Estados-Membros (art. 3.º/1). Em transposição deste comando, o DL n.º 7/2004, de 7/1, obriga os prestadores de serviços da sociedade da informação a disponibilizarem em linha esta informação (art. 10.º/1/b).

Na falta de indicação da residência, sede da administração ou estabelecimento, deve presumir-se que esta corresponde a qualquer indicação geográfica contida no nome de domínio. Assim, por exemplo, pode presumir-se que um fornecedor que dispõe de um nome de domínio ou endereço de correio electrónico com o sufixo ".pt" está localizado em Portugal[31].

(secundário) entende-se aqui "um centro de operações que se manifesta externamente de modo duradouro como prolongamento de uma casa-mãe, provido de uma direcção e materialmente equipado de modo a poder negociar com terceiros..." – ver TCE 6/10/1976, no caso *De Bloos* [*CTCE* (1976) 605], e 22/11/1978, no caso *Somafer* [*CTCE* (1978) 2183]. Este "centro de operações" encontra-se subordinado ao controlo e direcção do "estabelecimento principal", mas tem autonomia na gestão dos negócios correntes – ver ainda an. HUET ao caso *Somafer* e an. BISCHOFF, GOTHOT/HOLLEAUX e GEIMER ao caso *De Bloos*. Com mais desenvolvimento, ver LIMA PINHEIRO (n. 24) 90 e seg.

[30] No mesmo sentido, relativamente à competência, George DELTA e Jeffrey MATSUURA – *Law of the Internet*, Nova Iorque, 2004, § 3.03 A.

[31] No mesmo sentido, ELSA DIAS OLIVEIRA – "Contratos celebrados através da Internet", *in Estudos de Direito Comercial Internacional*, vol. I, org. por LIMA PINHEIRO, 219--237, Coimbra, 2004, 225. Cp. art. 6.º/5 da Convenção das Nações Unidas sobre o Uso de Comunicações Electrónicas em Contratos Internacionais

Em caso de divergência entre a residência, sede da administração ou estabelecimento indicada pelo fornecedor ou presumida nos termos anteriormente expostos e a sua localização real, a confiança depositada pelo adquirente na informação que lhe foi prestada deve ser tutelada e, por conseguinte, o fornecedor não pode invocar a sua localização real. Mas como o fornecedor tem o dever de prestar uma informação verdadeira, o adquirente pode demonstrar que a localização real do fornecedor não corresponde à indicada e prevalecer-se desta localização[32].

Se a localização do estabelecimento não for cognoscível pelo adquirente, é legítimo presumir que o estabelecimento relevante se situa na residência ou sede do fornecedor[33].

Estes critérios são inexequíveis quando o fornecedor não indique a sua localização nem esta se possa presumir com base no nome de domínio (designadamente quando são utilizados nomes de topo genéricos como ".com", ".org" e ".edu").

Neste caso haverá que estabelecer a conexão mais estreita com base noutros laços que liguem o contrato a um determinado país, tais como a residência, sede ou estabelecimento do adquirente, o idioma do sítio, elementos do conteúdo do sítio que permitam estabelecer a sua orientação para um mercado nacional determinado, o lugar da entrega do bem ou da prestação do serviço, o lugar do pagamento e a moeda de pagamento. Claro é que o lugar da execução de uma prestação não releva quando a prestação seja cumprida em linha.

Nos termos do n.° 2 do art. 4.° da Convenção de Roma, "presume-se" que o contrato apresenta uma conexão mais estreita com o país da residência habitual ou da sede da administração central do devedor da *prestação característica*. Se o contrato for celebrado no exercício da actividade económica ou profissional do devedor da prestação característica releva o país onde se situa o seu estabelecimento principal ou, se nos termos do contrato, a prestação deve ser fornecida por outro estabelecimento, o da situação deste estabelecimento.

---

[32] No mesmo sentido, MANKOWSKI (n. 1) 223 e Alfonso CALVO CARAVACA e Javier CARRASCOSA GONZÁLEZ – *Conflictos de leyes y conflictos de jurisdicción en Internet*, Madrid, 2001, 65. O mesmo decorre do art. 6.°/1 da Convenção das Nações Unidas sobre o Uso de Comunicações Electrónicas em Contratos Internacionais.

[33] Em sentido convergente, MANKOWSKI (n. 1) 230. Ver também, quanto às pessoas singulares, art. 6.°/3 da Convenção das Nações Unidas sobre o Uso de Comunicações Electrónicas em Contratos Internacionais.

Direito Aplicável aos Contratos Celebrados através da Internet   27

Esta "presunção" deve ser entendida como uma directriz interpretativa que actua nos casos em que a determinação da conexão mais estreita suscita dúvidas. Esta directriz é também aplicável aos contratos celebrados através da internet[34].

O n.º 5 do art. 4.º permite afastar esta "presunção" "sempre que resulte do conjunto das circunstâncias que o contrato apresenta uma conexão mais estreita com outro país". Embora não seja hipótese de fácil verificação, não é absolutamente de excluir que uma convergência da indicação geográfica do nome de domínio do fornecedor com a orientação do seu conteúdo para determinado mercado, inferida do idioma utilizado, moeda de pagamento exigida e outros elementos, possa justificar o afastamento da "presunção"[35].

Nos contratos que concernem à troca de bens e serviços por dinheiro, a prestação característica é a que consiste na entrega da coisa, na cessão do uso ou na prestação do serviço. Quer isto dizer, por exemplo, que o devedor da prestação característica é, no contrato de venda, o vendedor, no contrato de licença o licenciador e no contrato de prestação de serviço o prestador de serviço[36].

No contrato de licença, a prestação que individualiza o contrato é a cessão do uso do direito de propriedade intelectual. Por conseguinte, é esta a prestação característica ainda que o licenciado se obrigue, além da prestação pecuniária, a formas de utilização do direito[37]. Frequentemente, porém, o contrato apresenta uma conexão mais estreita com o país de protecção da propriedade intelectual, caso em que não releva a "presunção" a favor da lei do licenciador[38].

Nos contratos de prestação de serviço em linha a prestação característica é também a do prestador de serviço[39]. Por exemplo, no contrato de

---

[34] Cf. *MünchKomm.*/Martiny (n. 1) Art. 28 n.º 417.

[35] Como sugerem José Fernández Rozas e Sixto Sánchez Lorenzo – *Derecho Internacional Privado*, 3.ª ed., Madrid, 2004, 478.

[36] Quanto a outros tipos contratuais, ver Lima Pinheiro (n. 1) 117 e segs.

[37] Cf. Martin Hiestand – "Lizenzvertrag", *in Internationales Vertragsrecht*, org. por Christoph Reithmann e Dieter Martiny, Colónia, 2004, n.º 1737. Ver ainda James Fawcett e Paul Torremans – *Intelectual Property and Private International Law*, Oxford, 1998, 573 e seg. Cp. Moura Vicente (n. 5) 234 e 248.

[38] Ver Lima Pinheiro (n. 26) 288 e seg.

[39] Cf. *MünchKomm.*/Martiny (n. 1) Art. 28 n.ºs 422 e seg.

fornecimento de acesso à internet a prestação característica é a do fornecedor de acesso.

Se não for cognoscível nem o estabelecimento do fornecedor nem a sua residência ou sede a "presunção" deve ser afastada nos termos do art. 4.°/5.[40].

Do anteriormente exposto decorre que a determinação da lei objectivamente competente também é possível nos contratos celebrados através da internet, mas pode deparar aqui com inusitadas dificuldades. Daí que seja especialmente recomendável a designação pelas partes do Direito aplicável a estes contratos.

B) Regime especial dos contratos com consumidores

Foi assinalado em Introdução que nas relações de empresários com consumidores há razões que justificam um desvio ao regime geral com vista à protecção dos consumidores. O art. 5.° da Convenção de Roma contém regras especiais sobre certos contratos "celebrados por consumidores" que visam justamente esta protecção[41].

Entende-se por "contratos celebrados por consumidores" aqueles que tenham por objecto o fornecimento de bens móveis corpóreos ou de serviços a uma pessoa para uma finalidade que possa considerar-se estranha à sua actividade profissional, bem como os contratos destinados ao financiamento desse fornecimento. Esta definição corresponde à empregue no art. 13.° da Convenção de Bruxelas Relativa à Competência Judiciária e Execução de Decisões em Matéria Civil e Comercial, e deve ser interpretada do mesmo modo, à luz da finalidade de protecção da parte mais fraca[42].

Têm por objecto o fornecimento de bens corpóreos os contratos onerosos de alienação, designadamente a venda, a locação-venda e a locação financeira.

---

[40] Em sentido convergente, CALVO CARAVACA/CARRASCOSA GONZÁLEZ (n. 32) 62.

[41] Ver LIMA PINHEIRO – "Direito aplicável aos contratos com consumidores", *ROA* 61 (2001) 155-170 (=*in Estudos do Instituto de Direito do Consumo*, vol. I, 93-106, Coimbra, 2002) e (n. 26) 198 e segs.

[42] Cf. Mario GIULIANO e Paul LAGARDE – "Rapport concernant la convention sur la loi applicable aux obligations contractuelles", *JOCE* C 282, 31/10, 1980, 23. Sobre a interpretação do art. 13.° da Convenção de Bruxelas, ver LIMA PINHEIRO (n. 24) 105 e segs.

Direito Aplicável aos Contratos Celebrados através da Internet 29

O conceito de fornecimento de serviços deve ser entendido em sentido amplo[43], abrangendo a actividade não subordinada de qualquer natureza, incluindo a actividade realizada no interesse de outrem.

Uma primeira questão que se coloca é a de saber se certos bens fornecidos em linha, como ficheiros de texto, obras de música ou vídeo e programas de computador, são de considerar como bens corpóreos para efeito desta disposição. Parece que o exemplar de uma obra fornecido em linha pode ser considerado como um bem corpóreo. Já não há fornecimento de bem corpóreo na licença de programa de computador, que tem por objecto um direito de propriedade intelectual. Deve, porém, admitir-se a aplicação analógica das regras especiais do art. 5.º a casos em que se verifica a mesma necessidade de protecção[44].

O n.º 2 do art. 5.º estabelece um *limite ao princípio da autonomia da vontade* na designação do Direito aplicável ao contrato. Com efeito, este preceito determina que a escolha pelas partes da lei aplicável não pode ter como consequência privar o consumidor da protecção que lhe garantem as disposições imperativas da lei do país em que tenha a sua residência habitual.

Esta disposição veicula uma ideia de alternatividade: aplicar-se-ão as disposições imperativas da lei da residência habitual que sejam mais favoráveis ao consumidor que as regras da lei escolhida. Também se pode dizer que a lei da residência habitual fornece o padrão mínimo de protecção.

Na falta de escolha pelas partes da lei aplicável, o n.º 3 do art. 5.º consagra um desvio à cláusula geral de conexão mais estreita. Esta cláusula geral conduz frequentemente à aplicação da lei do país em que o fornecedor de bens ou serviços tem o seu estabelecimento, em virtude da "presunção" estabelecida pelo n.º 2 do art. 4.º. Por força do n.º 3 do art. 5.º, o contrato será regulado pela lei do país em que o consumidor tenha a sua residência habitual.

Estas regras especiais só se aplicam desde que se verifiquem certas conexões com o Estado da residência habitual[45].

---

[43] Cf. *MünchKomm.*/MARTINY (n. 1) Art. 29 n.º 17 e Paul LAGARDE – "Le nouveau droit international privé des contrats après l'entrée en vigueur de la Convention de Rome du 19 juin 1980", *R. crit.* 80 (1991) 287-340, 314.

[44] Em sentido convergente, *MünchKomm.*/MARTINY (n. 1) Art. 29 n.º 14 e CALVO CARAVACA/CARRASCOSA GONZÁLEZ (n. 32) 93 e seg. e 95.

[45] Para uma análise desenvolvida e crítica ver EUGÉNIA GALVÃO TELES – *A protecção do consumidor nos contratos internacionais* (diss. mestrado policopiada), 1997, 368

Primeiro, ter a celebração do contrato sido precedida, no país da residência habitual do consumidor, de uma proposta que lhe foi especialmente dirigida ou de anúncio publicitário.

Para que exista uma *proposta dirigida ao consumidor*, no sentido deste preceito, basta que o consumidor seja convidado a apresentar uma proposta (convite a contratar)[46]. É suficiente, por exemplo, que o fornecedor tenha enviado um catálogo ao consumidor ou o tenha convidado a visitar o seu estabelecimento. A esta luz, as mensagens publicitárias enviadas por correio electrónico para os consumidores podem normalmente ser qualificadas como "propostas dirigidas especialmente ao consumidor" no sentido da Convenção de Roma.

A Convenção satisfaz-se, por outro lado, com um *anúncio publicitário* feito no país da residência habitual do consumidor. O anúncio publicitário deve ser dirigido ao país da residência habitual, mas não tem de ser especificamente dirigido a este país. Por isso, considera-se como sendo dirigido ao país da residência habitual qualquer anúncio feito num meio de comunicação que seja susceptível de alcançar todos os países (como, por exemplo, a transmissão televisiva por satélite e a internet) e que não exclua efectivamente a celebração de contratos com consumidores do país em causa[47].

---

e segs. e 396 e segs. Ver ainda Id. – "A lei aplicável aos contratos de consumo no 'labirinto comunitário', *in Est. Inocêncio Galvão Telles*, vol. I, 683-751, Coimbra, 2002, 696 e segs.

[46] Cf. *MünchKomm./*MARTINY (n. 1) Art. 29 n.º 34.

[47] Cf. MANKOWSKI (n. 1) 234 e segs.; Abbo JUNKER – "Internationales Vertragsrecht im Internet", *RIW* 45 (1999) 809-818, 815 e seg.; LIMA PINHEIRO (n. 41) 162; *MünchKomm./*MARTINY (n. 1) Art. 29 n.º 36; Bernd VON HOFFMANN e Karsten THORN – *Internationales Privatrecht*, 8.ª ed., Munique, 2005, 454. Em sentido convergente, Gabrielle KAUFMANN-KOHLER –"Internet: mondialisation de la communication – mondialisation de la résolution des litiges?", *in Internet. Which Court Decides?Which Law Applies*, org. por Katharina BOELE-WOELKI e Catherine KESSEDJIAN, 89-142, A Haia, Londres e Boston, 1998, 138 e segs.; *Dicey and Morris on the Conflict of Laws*, 13.ª ed. por Lawrence COLLINS (ed. geral), Adrian BRIGGS, Jonathan HILL, J. McCLEAN e C. MORSE, Londres, 2000, 1288 e seg.; e, entre nós, ELSA DIAS OLIVEIRA (n. 5) 224 e segs. e (n. 31) 229, e EUGÉNIA GALVÃO TELES (n. 45 [2002]) 697 n. 41. Ver ainda MARQUES DOS SANTOS – "Direito aplicável aos contratos celebrados através da internet e tribunal competente" (2003), *in Estudos de Direito Internacional Privado e de Direito Público*, 159-225, Coimbra, 2004, 182 e seg.

Exige-se ainda que o consumidor tenha executado no país da residência habitual todos os actos necessários à celebração do contrato[48]. Por actos necessários entende-se aqui, por exemplo, a assinatura dos documentos que tenham sido apresentados ao consumidor ou o envio da sua encomenda ao fornecedor. No caso de contratos celebrados através da internet deve entender-se que o consumidor realizou os actos necessários no país da residência habitual quando para o efeito acedeu à página do fornecedor neste país[49].

O fornecedor que oferece os seus produtos na internet pode limitar o fornecimento a consumidores residentes habitualmente em determinado país ou países. Neste caso, a confiança do fornecedor na informação prestada pelo consumidor deve ser tutelada e, por conseguinte, o consumidor que indique uma residência habitual falsa não pode beneficiar da protecção concedida pelo art. 5.º da Convenção de Roma[50].

O regime especial dos contratos com consumidores também se aplica se a outra parte ou o respectivo representante tiver recebido o pedido do consumidor no país da residência habitual deste[51]. São aqui visadas, em primeira linha, as situações em que o consumidor se dirige a um estabelecimento de uma sociedade "estrangeira" ou a um posto de vendas desta sociedade numa feira ou exposição no país da sua residência habitual, mesmo que a sociedade não tenha feito publicidade neste país[52]. De resto a *interpretação deste preceito deve ser autónoma* relativamente aos sistemas dos Estados contratantes.

O envio do pedido através da internet suscita algumas questões.

Este pedido deve considerar-se recebido pelo fornecedor no momento em que, tendo sido introduzido na rede, pode ser conhecido pelo fornecedor[53].

---

[48] Ver também o art. 20.º do DL n.º 359/91, de 21/9, sobre os contratos de crédito ao consumo.

[49] Cf. *Dicey and Morris* (n. 47) 1289 e CALVO CARAVACA/CARRASCOSA GONZÁLEZ (n. 32) 97. Ver ainda MANKOWSKI (n. 1) 250 e segs.; ELSA DIAS OLIVEIRA (n. 5) 235 e segs.; MARQUES DOS SANTOS (n. 47) 183 e seg.

[50] Ver MANKOWSKI (n. 1) 248 e segs.

[51] Sobre este conceito de "pedido" ver EUGÉNIA GALVÃO TELES (n. 45 [2002]) 698.

[52] Cf. GIULIANO/LAGARDE (n. 42) 24.

[53] Cf. MANKOWSKI (n. 1) 253. Como a interpretação é autónoma, não relevam as disposições contidas a este respeito nos sistemas nacionais. No sistema português, o art. 6.º/1 do DL n.º 290-D/99, de 2/8, determina que o documento electrónico comunicado por um

Mais problemática é a determinação do lugar onde se considera recebido o pedido. Poderia pensar-se no lugar onde se situa o equipamento de recepção do fornecedor[54]. No entanto, parece que à luz de um critério teleológico, se deve considerar como lugar de recepção todo aquele em que, perante o consumidor, aparenta estar situado o equipamento de recepção do fornecedor. Com efeito, o consumidor deve poder contar com a recepção do pedido no lugar em que aparentemente o fornecedor pode tomar conhecimento do mesmo; o consumidor não pode contar com o lugar em que o fornecedor porventura casualmente se encontre quando acede à rede nem com o lugar em que por forma não reconhecível pelo consumidor se situa o equipamento de recepção do fornecedor. Assim, por exemplo, o pedido deve considerar-se recebido no país da residência habitual do consumidor quando este contrata em linha num sítio que contém no seu nome de domínio uma indicação geográfica que aponta para este país ou envia o pedido por correio electrónico para um endereço que contém a mesma indicação geográfica[55].

Por exemplo, um consumidor residente habitualmente em Portugal que contrata em linha num sítio com o nome de topo ".pt" ou envia o pedido por correio electrónico para um endereço com a terminação ".pt".

A entidade que proporciona ao fornecedor o acesso à rede, bem como as entidades que explorem servidores intermédios que intervenham no estabelecimento da comunicação com o consumidor, não podem para este efeito ser considerados representantes do fornecedor[56], a menos que actuem em nome do fornecedor.

---

meio de telecomunicações se considera recebido pelo destinatário se for transmitido para o endereço electrónico definido por acordo das partes e neste for recebido. Ver art. 15.º da Lei-Modelo da CNUDCI sobre o Comércio Electrónico (1996) e art. 10.º da Convenção das Nações Unidas sobre o Uso de Comunicações Electrónicas em Contratos Internacionais. Segundo este último preceito, uma comunicação electrónica considera-se recebida no lugar em que o seu destinatário tem o estabelecimento relevante.

[54] Neste sentido, *MünchKomm./*MARTINY (n. 1) Art. 29 n.º 40.

[55] Neste sentido, MANKOWSKI (n. 1) 253 e seg. Em sentido convergente ver, entre nós, ELSA DIAS OLIVEIRA (n. 5) 242 e segs. e MARQUES DOS SANTOS (n. 47) 184. Cp. art. 6.º/5 da Convenção das Nações Unidas sobre o Uso de Comunicações Electrónicas em Contratos Internacionais.

[56] Ver também Kurt SIEHR – "Telemarketing und Internationales Recht des Verbraucherschutzes", *in Jahrbuch des Schweizerischen Konsumentenrechts. JKR 1998*, 151--201, 163 e seg.

A terceira hipótese em que se aplica o regime especial dos contratos com consumidores verifica-se quando o contrato consiste numa venda de mercadoria e o consumidor se desloca do país da residência habitual para outro país e aí faz o seu pedido, desde que a viagem tenha sido organizada pelo vendedor com o objectivo de incitar o consumidor a celebrar a compra. Esta hipótese não é frequente no caso de contratos celebrados através da internet.

O regime especial dos n.os 2 e 3 do art. 5.º não é aplicável ao contrato de transporte nem ao contrato de prestação de serviço, quando o serviço devido ao consumidor deva ser prestado exclusivamente num país diferente daquele em que o consumidor tiver a sua residência habitual (art. 5.º/4). Mas já o será a um contrato que estabeleça, por um preço global, prestações combinadas de transporte e de alojamento (contrato de viagem) (art. 5.º/5).

O n.º 4 do art. 5.º suscita a questão de saber se um serviço prestado em linha deve ser considerado como prestado fora do país da residência habitual do consumidor. Em caso afirmativo o art. 5.º não se aplicaria a estes contratos de prestação de serviço.

Sucede, porém, que a *ratio* desta exclusão abrange apenas casos em que o consumidor se desloca para outro Estado e aí beneficia da prestação de serviço. Nestes casos o consumidor não pode razoavelmente contar com a aplicação da lei do seu Estado de origem e o contrato apresenta laços mais estreitos com o Estado em que a outra parte está estabelecida e presta o serviço[57]. A situação é diferente quando um fornecedor se obriga a uma prestação de serviço que não é executada num lugar determinado, mas em linha, perante um consumidor que deve beneficiar do serviço no país da sua residência habitual. Nenhuma razão se divisa para privar este consumidor da protecção concedida pelo art. 5.º[58].

Assim, por exemplo, é abrangido pelo regime do art. 5.º o contrato de fornecimento de acesso à internet celebrado com um consumidor[59].

---

[57] Cf. GIULIANO/LAGARDE (n. 42) 24 e seg.

[58] No mesmo sentido, MANKOWSKI (n. 1) 254 e segs.; M. FALLON e J. MEEUSEN – "Le commerce électronique, la directive 2000/31/CE et le droit international privé", *R. crit.* 91 (2002) 435-490, 456; MARQUES DOS SANTOS (n. 47) 186 e seg.; *MünchKomm.*/MARTINY (n. 1) Art. 29 n.º 28.

[59] Cf. *MünchKomm.*/MARTINY (n. 1) Art. 29 n.º 18.

Quanto aos contratos celebrados através da internet, o art. 5.º coloca ainda o problema da determinação do lugar da residência habitual do consumidor. O fornecedor ou prestador de serviço pode resolver o problema por meio da solicitação ao consumidor desta informação. Também neste caso se deve entender que o consumidor não pode invocar um lugar de residência habitual diferente daquele que indicou ao celebrar o negócio.

Segundo uma *orientação minoritária*, o consumidor no comércio electrónico não deveria beneficiar da protecção concedida pela Convenção de Roma (salvo em situações qualificadas em que o fornecedor lhe envie uma proposta ou anúncio publicitário por meio de correio electrónico)[60].

Neste sentido argumenta-se, em primeiro lugar, que o fornecedor ficaria sujeito ao risco de aplicação das normas imperativas de todos os países em que há acesso à internet, o que teria um efeito dissuasor do comércio electrónico, em especial no que toca a pequenas e médias empresas. Todavia, tal efeito dissuasor não é de todo reconhecível: o risco de aplicação de normas imperativas de quase todos os países do mundo não obstou ao desenvolvimento exponencial do comércio electrónico, porque as vantagens do comércio electrónico superam largamente as desvantagens resultantes desse risco[61].

Na medida em que o fornecedor beneficia das vantagens de um meio de comunicação global, que é acessível a consumidores de quase todos os países do mundo, e de custo muito baixo, é justo que também suporte os riscos e as desvantagens inerentes[62].

O risco de aplicação das normas imperativas de múltiplos países não é, aliás, privativo da internet. Há muito que ocorre com os contratos com consumidores celebrados na sequência de anúncios publicitários feitos por publicações periódicas de distribuição internacional, radiodifusão interna-

---

[60] Ver referências em MANKOWSKI (n. 1) 235 e segs. e, ainda, Katharina BOELE-WOELKI – "Internet und IPR: Wo geht jemand ins Netz?", *in Völkerrecht und Internationales Privatrecht in einem sich globalisierenden internationalen System – Auswirkungen der Entstaatlichung transnationaler Rechtsbeziehungen* (Berichte der Deutschen Gesellschaft für Völkerrecht, vol. 39), 307-351, 330 e segs.; entre nós, MOURA VICENTE (n. 5) 253 e segs.]. SIEHR (n. 56) 160 e segs. começou por defender este entendimento, mas emendou a mão em obra posterior – ver *Internationales Privatrecht*, Heidelberga, 2001, 149.

[61] O ponto já é assinalado por MANKOWSKI (n. 1) 235.

[62] Ver MANKOWSKI (n. 1) 236 e segs.; SONNENBERGER – "Das Internationale Privatrecht im dritten Jahrtausend – Rüblick und Ausblick", *ZvglRWiss* 100 (2001) 107-136, 130 e seg.; SIEHR (n. 60) 149.

cional, transmissões televisivas por satélite ou por redes internacionais de cabo. Também existe em diversas hipóteses de responsabilidade extracontratual, designadamente ofensas ao bom nome e à reputação perpetradas através desses meios de comunicação e responsabilidade do produtor que exporta para uma multiplicidade de países. Este risco nunca teve impacto visível sobre a oferta transnacional de bens e serviços: os fornecedores orientam-se pelos padrões normativos internacionalmente dominantes e é raro que os consumidores actuem jurisdicionalmente pretensões emergentes dos contratos com eles celebrados. O risco de uma acção judicial fundada em normas imperativas que se desviem dos padrões internacionalmente dominantes é reduzido e, em todo o caso, é sobejamente compensado pelas vantagens de um mercado global.

Faz-se valer, em segundo lugar, que o art. 5.º da Convenção de Roma pressupõe um "consumidor passivo", que é alcançado por uma actividade do fornecedor realizada no país da sua residência habitual, ao passo que no comércio electrónico o fornecedor limita-se a colocar o seu sítio numa rede informática, cabendo ao consumidor procurar o sítio do fornecedor e estabelecer o contacto.

Em rigor, porém, o preceito convencional não exige a "passividade do consumidor", mas apenas que o consumidor receba uma proposta no país da sua residência habitual ou possa ser alcançado por anúncio publicitário feito neste país e que *actue* negocialmente neste país (poderíamos falar antes de um consumidor "sedentário"). Para aceder à publicidade feita em qualquer meio de comunicação o consumidor tem normalmente de realizar alguma actividade, por exemplo, comprar a publicação periódica que contém o anúncio ou ligar o televisor e sintonizar o canal televisivo que emite o anúncio e, caso queira concretizar o negócio, tem de contactar o fornecedor[63]. A relevância social e jurídica da publicidade feita num sítio da internet também é a mesma que a feita noutros meios de comunicação: trata-se de uma actividade de promoção de um produto que constitui, no mínimo, um convite a contratar dirigido a pessoas indeterminadas. A situação do consumidor no comércio electrónico é pois inteiramente comparável à do consumidor tradicional.

Acresce que no comércio electrónico o consumidor é alcançado de uma forma mais intensiva e envolvente e que, na hipótese normal em que

---

[63] Como justamente assinala MANKOWSKI (n. 1) 240 e seg.

é facultada a contratação em linha, corre o risco de decisões negociais menos reflectidas e informadas[64]. Se alguma diferença de tratamento se justifica, é no sentido de uma maior protecção do consumidor cibernauta e não no sentido contrário.

Argumenta-se ainda que a publicidade feita através da internet é tendencialmente limitada a determinados espaços geográficos, designadamente em virtude do idioma utilizado ou de avisos [*disclaimers*] contidos nas páginas que a contêm. Por exemplo, um sítio redigido em língua alemã não seria dirigido aos países em que esta língua não é normalmente falada.

A verdade, porém, é que não só a maioria dos sítios está redigida em língua inglesa, que é mundialmente conhecida, como também línguas mais localizadas são conhecidas por muitos consumidores fora do país de origem. O fornecedor que, por exemplo, mantém um sítio em língua alemã, não pode ignorar que este sítio pode ser compreendido por todos os falantes de língua alemã, designadamente as comunidades alemãs residentes nos Estados Unidos da América, no Brasil ou em Portugal. Ora, não se vê por que razão os consumidores falantes de língua alemã, residentes nestes países, que acedem a um sítio em língua alemã hão-de ser privados da protecção concedida pela Convenção de Roma aos consumidores.

Por outro lado, constitui um *venire contra factum proprium* que um fornecedor que aceita contratar com um consumidor residente num determinado país venha invocar que o seu sítio contém um aviso segundo o qual não é dirigido a este país[65].

A favor da aplicação do regime do art. 5.º da Convenção de Roma aos ciberconsumidores podem ainda invocar-se duas razões cogentes.

Em primeiro lugar, a tese contrária levaria a privar de toda a protecção conflitual um sector cada vez mais vasto de consumidores, conduzindo a uma diferença de tratamento entre os ciberconsumidores e os restantes consumidores claramente contrária ao *princípio da igualdade*. Assim o entende o legislador comunitário que, ao adoptar a Directiva sobre Comércio Electrónico, pressupôs que os ciberconsumidores gozam da protecção das normas da sua residência habitual no mesmo pé que os restantes consumidores (ver, designadamente, Considerando n.º 55 e art. 1.º/3).

---

[64] Ver também KAUFMANN-KOHLER (n. 47) 138 e segs. e MARQUES DOS SANTOS (n. 47) 182.

[65] No mesmo sentido, MANKOWSKI (n. 1) 245.

Em segundo lugar, o legislador comunitário consolidou no Reg. n.° 44/2001, de 22/12/2000, Relativo à Competência Judiciária, ao Reconhecimento e à Execução de Decisões em Matéria Civil e Comercial, o regime especial de protecção dos consumidores em matéria de *competência internacional* que é aplicável, designadamente, quando o contrato é celebrado com uma pessoa que dirige a sua actividade, por quaisquer meios, ao Estado-Membro do domicílio do consumidor ou a vários Estados incluindo esse Estado-Membro, e o dito contrato seja abrangido por essa actividade (art. 15.°/1/c).

À luz da Exposição de Motivos da proposta alterada e da Declaração Conjunta do Conselho e da Comissão sobre os artigos 15.° e 73.°, esta formulação destina-se exactamente a abranger os contratos celebrados através da internet contanto que o sítio do fornecedor "convide à celebração de contratos à distância e que tenha efectivamente sido celebrado um contrato à distância, por qualquer meio"[66].

Um dos traços fundamentais deste regime de protecção do consumidor consiste na faculdade atribuída ao consumidor de interpor a acção no lugar do seu domicílio (art. 16.°/1). Esta regra de competência internacional está naturalmente concatenada com as regras de conflitos que salvaguardam a aplicação das normas imperativas protectoras do consumidor contidas na lei do país da sua residência habitual no caso de escolha de outra lei e que mandam aplicar a lei da residência habitual no caso de falta de escolha.

A tese em apreço conduziria a uma inexplicável desarmonia entre o regime comunitário da competência internacional e o Direito de Conflitos e obrigaria o tribunal do domicílio do consumidor a aplicar exclusivamente a lei do fornecedor sempre que esta lei tivesse sido objecto de cláusula de designação do Direito aplicável ou que o país do fornecedor apresentasse uma conexão mais estreita (porventura "presumida") com o contrato.

Não surpreende, por isso, que o entendimento da doutrina dominante tenha sido consagrado pela Proposta de Regulamento sobre a Lei Aplicável às Obrigações Contratuais que, no art. 5.°/2/§ 2.°, determina a aplicação do regime especial dos contratos com consumidores quando o contrato tenha sido celebrado com uma pessoa que, por quaisquer meios, dirige a sua actividade económica ou profissional para o Estado-Membro em que

---

[66] Ver LIMA PINHEIRO (n. 24) 109 e segs.

o consumidor tem a sua residência habitual ou para vários Estados incluindo este Estado-Membro e o contrato caia no âmbito desta actividade. Decorre da Exposição de Motivos que esta formulação visa justamente alinhar o art. 5.° da Proposta de Regulamento com o art. 15.° do Regulamento n.° 44/2001.

Esta Exposição de Motivos esclarece ainda que o sítio do fornecedor não tem de ser interactivo; é suficiente que o sítio convide o consumidor a celebrar um contrato à distância, por exemplo, através de telefax. Já não se verifica este pressuposto quando o sítio oferece informação a potenciais consumidores em todo o mundo mas remete a celebração do contrato para o concessionário ou agente local[67].

Acresce que este preceito da Proposta de Regulamento não exige que o consumidor tenha executado no país da sua residência habitual todos os actos necessários à celebração do contrato, por se entender que esta exigência é supérflua no que respeita a contratos celebrados através da internet[68].

Cabe ainda fazer referência a uma *orientação intermédia*, segundo a qual o consumidor "só" é privado da protecção concedida pela Convenção de Roma quando o sítio do fornecedor é "passivo" ou não é dirigido ao país da residência habitual do consumidor à luz dos avisos nele contidos, do idioma utilizado, da moeda de pagamento exigida e de outros conteúdos da informação publicitária[69].

A distinção entre sítios "passivos" e sítios "activos" surgiu na jurisprudência dos tribunais dos EUA com respeito à competência "interestadual", i.e., a competência dos tribunais de cada Estado federado com respeito a relações que apresentem contactos com outros Estados da União. Tem interesse examinar esta jurisprudência para averiguar até que ponto conduziu a critérios úteis para o desenvolvimento de soluções na nossa ordem jurídica.

No sistema dos EUA a competência *in personam* pode ser "geral" ou "específica". A distinção traça-se conforme o elemento de conexão que fundamenta a competência depende ou não da natureza do litígio (é ou não

---

[67] 6 e seg.

[68] Cf. Exposição de Motivos, 7.

[69] Ver Calvo Caravaca/Carrascosa González (n. 32) 96 e seg. Em sentido próximo, mas atendendo ao grau de "passividade" do consumidor, Fallon/Meeusen (n. 58) 447 e segs.

"específico). Para estabelecer a competência "específica" é necessário determinar se os laços com o Estado do foro são "relativos" ao litígio e, em caso afirmativo, se são constitucionalmente suficientes[70]. Para este último efeito, a jurisprudência do Supremo Tribunal aplica um "teste de contactos mínimos", que atende, entre outros aspectos, ao "aproveitamento intencional" [*purposeful availment*] dos "benefícios e protecções" do Estado do foro. A jurisprudência do Supremo Tribunal apresenta, a este respeito, diversas oscilações e suscita muitas dúvidas. Não obstante, esta jurisprudência revela duas ideias dominantes: não basta uma "actividade unilateral" da outra parte no Estado foro, fora do controlo do réu, e a competência do Estado do foro deve ser previsível pelo réu em razão da sua conduta e da sua conexão com este Estado[71]. Quanto à competência "geral" fundamenta-se na presença do réu no Estado do foro, no consentimento do réu, domicílio e residência habitual do réu, na necessidade e em contactos que, apesar de não serem "relativos" ao litígio, sejam "continuados e sistemáticos" com o Estado do foro[72].

É neste contexto que surgiu, na jurisprudência dos tribunais de primeira instância, bem como num número reduzido de decisões de segunda instância, uma orientação que distingue entre sítios meramente "passivos" e sítios "activos"[73]. Considera-se "passivo" o sítio que se limita a fornecer informação e "activo" o sítio que "solicita a contratação" [*solicite business*] em linha[74]. A contratação através de um sítio "activo" fundamenta a competência no Estado em que o utilizador tem acesso[75]; já o mero acesso ao um sítio "passivo" no Estado do foro é insuficiente para fundamentar a competência.

Outras decisões, porém, seguiram entendimento diferente; além disso, admite-se uma categoria intermédia, de sítios que permitem ao utilizador trocar informação com o computador de armazenamento, sem "solicitarem a contratação" em linha, como por exemplo quando o sítio permite o envio de correio electrónico, a solicitação de contacto telefó-

---

[70] Ver Eugene SCOLES, Peter HAY, Patrick BORCHERS e Symeon SYMEONIDES – *Conflict of Laws*, 3.ª ed., St. Paul, Minn., 2000, 305 e segs.

[71] Ver SCOLES/HAY/BORCHERS/SYMEONIDES (n. 70) 309 e segs.

[72] Ver SCOLES/HAY/BORCHERS/SYMEONIDES (n. 70) 336 e segs.

[73] Ver DELTA/MATSUURA (n. 30) § 3.03 B e C.

[74] Ver DELTA/MATSUURA (n. 30) § 3.03 E.

[75] Mas cp. James DONOHUE – "Personal Jurisdiction", *in Internet Law and Practice*, vol. I, 2004, § 9:17.

nico, o pedido de informação adicional em linha ou o contacto com um operador em linha. Nestes casos, a resolução do problema da competência seria duvidosa e teria de se basear noutros critérios. Alguns autores sugerem que, nestes casos, se poderia aplicar analogicamente o critério do "fluxo do comércio" [*stream of commerce*], segundo o qual não basta a colocação no mercado interestadual de um produto, sendo necessário demonstrar que o réu dirigiu intencionalmente a sua actividade ao Estado do foro. A doutrina mais representativa em matéria de *Conflict of Laws* faz antes valer que a utilidade desta distinção está a desvanecer-se uma vez que quase todos os sítios comerciais têm actualmente algum componente "activo"[76].

Quanto ao Direito aplicável aos contratos com consumidores, não vigora uniformemente nos Estados da União uma regra como a do art. 5.º/2 da Convenção de Roma. Não obstante, muitos Estados têm leis protectoras de consumidores (ou de certas categorias de consumidores) que não permitem o afastamento das normas imperativas protectoras dos consumidores aí domiciliados[77]. A tendência de evolução é favorável a um regime de protecção próximo do contido na Convenção de Roma, como dá conta o art. 1-301 (e)(2) da nova versão do *Uniform Commercial Code* (2004): segundo esta disposição, a escolha do Direito aplicável não pode privar o consumidor da protecção que lhe seja concedida pelas regras imperativas do Estado da sua residência ou, tratando-se de uma venda de mercadoria em que o consumidor "celebre o contrato" e receba a mercadoria num Estado que não é o da sua residência, pelas regras imperativas deste Estado[78]. Da doutrina consultada nada consta no sentido de uma exclusão do ciberconsumidor desta protecção.

---

[76] Cf. SCOLES/HAY/BORCHERS/SYMEONIDES (n. 70) 313 n. 22.

[77] Por exemplo, em matéria de contrato de seguro, ver SCOLES/HAY/BORCHERS/ /SYMEONIDES (n. 70) 967 e seg.

[78] É o seguinte o texto da disposição "Application of the law of the <u>State</u> or country determined pursuant to subsection (c) or (d) may not deprive the consumer of the protection of any rule of law governing a matter within the scope of this section, which both is protective of consumers and may not be varied by <u>agreement</u>: (A) of the State or country in which the consumer principally resides, unless subparagraph (B) applies; or (B) if the transaction is a sale of goods, of the State or country in which the consumer both makes the <u>contract</u> and takes <u>delivery</u> of those goods, if such State or country is not the State or country in which the consumer principally resides".

Também a Lei-Modelo adoptada, nos EUA, pela *National Conference of Commissioners on Uniform State Laws* (*Uniform Computer Information Transactions Act*, de 1999) segue até certo ponto estas soluções. Com efeito, esta Lei-Modelo determina que nos contratos com consumidores a escolha da lei aplicável não prejudica as regras imperativas da lei objectivamente competente (art. 109.°/a). A lei objectivamente competente é, quanto aos contratos com consumidores que obriguem à entrega de uma cópia num suporte corpóreo, a do Estado em que a cópia é ou deveria ter sido entregue ao consumidor (art. 109.°/b/2). Já os restantes contratos são submetidos, na falta de escolha, à lei da conexão mais significativa ou, tratando-se de contratos de fornecimento de acesso ou tendo por objecto a entrega electrónica de uma cópia, à lei do estabelecimento do licenciador.

Deste breve excurso sobre o sistema dos EUA, ressalta que a diferenciação do regime aplicável aos contratos com consumidores conforme o sítio do fornecedor é "activo" ou "passivo" surgiu no contexto de critérios de competência interestadual de conteúdo flexível e pouco determinado e que não pode ser transposta para os quadros definidos pelo Direito vigente na Europa comunitária seja em matéria de competência internacional seja em matéria de determinação do Direito aplicável. Em especial, esta distinção é incompatível com uma correcta interpretação do art. 5.° da Convenção de Roma, como o é, aparentemente, com o Direito de Conflitos vigente em muitos Estados dos EUA.

Mesmo quanto à competência, regista-se uma vasta convergência nesta matéria entre as tendências dominantes na jurisprudência dos tribunais estadounidenses e o Direito Comunitário europeu. Estas tendências apenas divergem com respeito aos sítios que, embora contenham um convite a contratar à distância, não permitem a contratação em linha nem são dirigidos intencionalmente ao país da residência habitual do consumidor. Perante a tendência que se verifica no sentido da generalidade dos sítios dos fornecedores permitir a contratação em linha esta diferença perde muito do seu significado prático.

No que se refere ao Direito aplicável, as soluções acolhidas quer na Proposta de Regulamento comunitário quer no *Uniform Commercial Code* merecem preferência. O consumidor que contrata à distância na sequência de uma proposta ou de um convite a contratar feito num sítio da internet deve gozar da protecção das normas imperativas do país da sua residência habitual, salvo se o fornecedor tiver excluído a contratação com consumidores residentes neste país e o consumidor tiver prestado uma falsa informação sobre a localização da sua residência habitual. Como resulta do anteriormente exposto, nunca se pode verdadeiramente dizer que um fornecedor que oferece os seus bens ou serviços na internet e que aceita contratar com consumidores de determinado país não dirige a sua actividade para este país.

Nesta matéria, há ainda a assinalar a existência de diversos *regimes que são susceptíveis de sobreposição à lei competente*. Pode tratar-se, designadamente, de regimes contidos no Direito Comunitário ou em leis internas que transpõem directivas comunitárias (art. 20.º da Convenção de Roma) ou normas "autolimitadas" de fonte interna que não se baseiam em actos comunitários (art. 7.º/2 da Convenção de Roma)[79].

Referirei a Lei das Cláusulas Contratuais Gerais, o regime dos contratos à distância com consumidores e o regime dos contratos à distância entre prestadores de serviços financeiros e consumidores.

No que se refere à proibição de certas *cláusulas contratuais gerais* nos contratos celebrados com consumidores finais, há que ter conta o disposto no art. 23.º da Lei das Cláusulas Contratuais Gerais, com a redacção dada pelo DL n.º 249/99, de 7/7.

O n.º 1 deste artigo determina a aplicabilidade das normas contidas nos arts. 20.º e segs. daquele diploma, independentemente da lei que as partes hajam escolhido para reger o contrato, sempre que o mesmo apresente uma conexão estreita com o território português.

Nos termos do n.º 2, "No caso de o contrato apresentar uma conexão estreita com o território de outro Estado membro da Comunidade Europeia aplicam-se as disposições correspondentes desse país na medida em que este determine a sua aplicação."

Segundo o preâmbulo do DL n.º 249/99, o objectivo básico deste diploma foi o de adaptar a Lei das Cláusulas Contratuais Gerais ao disposto na Dir. 93/13/CEE Relativa às Cláusulas Abusivas nos Contratos Celebrados com os Consumidores. Com a nova redacção dada ao art. 23.º da Lei das Cláusulas Contratuais Gerais o legislador nacional procurou transpor o disposto n.º 2 do art. 6.º da Directiva:

---

[79] Sobre o conceito de norma "autolimitada" e o art. 7.º/2 da Convenção de Roma ver LIMA PINHEIRO – *Direito Internacional Privado*, vol. I – *Introdução e Direito de Conflitos. Parte Geral*, Almedina, Coimbra, 2001, 193 e segs.

"Os Estados-membros tomarão as medidas necessárias para que o consumidor não seja privado da protecção concedida pela presente directiva pelo facto de ter sido escolhido o direito de um país terceiro como direito aplicável ao contrato, desde que o contrato apresente uma relação estreita com o território dos Estados-membros".

Segundo a melhor interpretação[80], este preceito só se aplica aos contratos que, na falta de escolha, seriam regidos pelo Direito de um Estado-Membro. Uma vez que a norma de conflitos sobre contratos celebrados por consumidores (art. 5.º da Convenção de Roma), já assegura, em certos casos, a protecção das normas imperativas da lei do país da residência habitual do consumidor, o art. 6.º/2 da Directiva ganha sentido útil quando o consumidor não goza da protecção conferida pelo art. 5.º/2 da Convenção, por não se verificarem os pressupostos de aplicação definidos nos seus n.os 1, 2, 4 e 5, e o Direito de um Estado-Membro é competente por força do art. 4.º da Convenção[81].

Todavia, a intenção do legislador do DL n.º 249/99, ainda que porventura baseada numa interpretação incorrecta do art. 6.º/2 da Directiva, vai claramente no sentido da *sobreposição* das normas contidas nos arts. 20.º e segs. da Lei das Cláusulas Contratuais Gerais e das disposições correspondentes de outros Estados comunitários quer à lei de terceiro Estado designada pelas partes quer à lei objectivamente competente.

Assim, o regime português das cláusulas contratuais gerais nas relações com consumidores é aplicável não só aos contratos celebrados através da internet com ciberconsumidores residentes habitualmente em Portugal ou em que as partes tenham designado a lei portuguesa (art. 5.º/2 da Convenção de Roma), mas também aos que tenham outra conexão estreita com o território português[82], quando sejam mais favoráveis ao consumidor que as normas da lei competente.

O regime dos *contratos à distância* com consumidores foi introduzido pelo DL n.º 143/2001, de 26/4, que visou transpor a Directiva

---

[80] Ver LIMA PINHEIRO (n. 26) 223 e segs., com mais referências.

[81] Cf., relativamente à Directiva sobre Cláusulas Abusivas, Erik JAYME e Christian KOHLER – "L'interaction des règles de conflit contenues dans le droit dérivé de la Communauté européenne et des conventions de Bruxelles et de Roma", *R. crit.* 84 (1995) 1-40, 20 e seg.

[82] Sobre a concretização desta conexão estreita, cp. EUGÉNIA GALVÃO TELES (n. 45 [1997]) 235 e segs. e (n. 45 [2002]) 711 e segs. e ELSA OLIVEIRA (n. 5) 264 e segs. Ver ainda, em sentido diferente, MOURA VICENTE (n. 5) 254.

97/7/CE do Parlamento Europeu e do Conselho Relativa à Protecção dos Consumidores em Matéria de Contratos à Distância. Este regime, que é aplicável aos contratos celebrados através da internet (ver definição de contrato à distância contida no art. 2.º/a), com exclusão dos serviços financeiros (art. 3.º/1), impõe ao prestador de serviço deveres de informação prévia e de confirmação de informações através de suporte durável e confere ao consumidor um direito de rescisão, designadamente.

O art. 12.º/2 da Directiva sobre Contratos à Distância estabelece que "Os Estados-membros devem tomar as medidas necessárias para que o consumidor não seja privado da protecção conferida pela presente directiva pelo facto de ter sido escolhido o direito de um país terceiro como direito aplicável ao contrato, desde que o contrato apresente uma relação estreita com o território de um ou mais Estados-membros". Trata-se de uma disposição semelhante à contida no art. 6.º/2 da Directiva sobre Cláusulas Abusivas e que deve ser interpretada no mesmo sentido. O DL n.º 143/2001, porém, não contém qualquer norma de conflitos. Trata-se de uma transposição imperfeita, que não respeita o disposto no art. 12.º/2 da Directiva. Em todo o caso, parece que as normas contidas neste diploma que transpõem a Directiva devem ter a esfera de aplicação no espaço que resulta do art. 12.º/2 desta Directiva, nos termos expostos.

Por conseguinte, as normas internas que transpõem a Directiva sobre contratos à distância são aplicáveis aos consumidores residentes habitualmente em Portugal, contanto que se verifiquem os pressupostos do n.º 2 do art. 5.º da Convenção de Roma; nos restantes casos, estas normas serão aplicáveis quando o contrato apresente a conexão mais estreita com Portugal perante o art. 4.º da Convenção de Roma.

A Directiva 2002/65/CE Relativa à *Comercialização à Distância de Serviços Financeiros Prestados a Consumidores* ainda não foi transposta para a ordem jurídica portuguesa, mas estão já em curso trabalhos com vista à sua transposição. Esta Directiva, que também é aplicável aos contratos celebrados através da internet, impõe ao prestador de serviço deveres de informação, deveres de informação prévia e a comunicação em suporte duradouro dos termos do contrato e das informações prévias; confere ainda ao consumidor um direito de rescisão.

Neste quadro, a Directiva exige que o consumidor seja informado antes da celebração do contrato de qualquer cláusula contratual relativa à legislação aplicável ao contrato (art. 3.º/1/3/f). Esta informação deve ser comunicada em papel ou noutro suporte duradouro (art. 5.º/1), o que inclui disquetes informáticas, CD-ROM, DVD e disco rígido, mas já não sítios na internet, salvo se permitirem ao consumidor armazenar a informação de um modo que, no futuro, lhe permita um acesso fácil às mesmas e a reprodução inalterada das informações armazenadas (Considerando n.° 20 e art. 2.°/f).

Esta Directiva contém no art. 12.°/2 uma norma de conflitos idêntica à constante da Directiva sobre Contratos à Distância e que deve ser interpretada do mesmo modo.

C) Âmbito do estatuto contratual

A lei designada nos termos dos arts. 3.°, 4.° e 5.° da Convenção de Roma regula[83]:

– a formação e a validade do contrato (art. 8.°/1);
– a sua interpretação (art. 10.°/1/a);
– o cumprimento das obrigações dele decorrentes (art. 10.°/ /1/b);
– nos limites dos poderes atribuídos ao tribunal pela respectiva lei do processo, as consequências do incumprimento total ou parcial dessas obrigações, incluindo a avaliação do dano, na medida em que for indemnizável (art. 10.°/1/c);
– as diversas causas de extinção das obrigações, bem como a prescrição e a caducidade fundadas no decurso de um prazo (art. 10.°/1d);
– as consequências da nulidade do contrato (art. 10.°/1/e);
– as presunções legais e a repartição do ónus da prova (art. 14.°).

Para saber se a oferta de produtos ou serviços feita num sítio da internet vale como proposta contratual ou apenas como convite a contratar tem de se consultar a lei que seria designada pelas normas de conflitos da Convenção caso o contrato tivesse sido validamente celebrado. A mesma lei é aplicável à responsabilidade pré-contratual contanto que esta pressuponha, perante a lei ou leis potencialmente aplicáveis, a existência de uma relação jurídica entre as partes[84].

---

[83] Ver, com mais desenvolvimento, LIMA PINHEIRO (n. 26) 209 e segs.
[84] Ver LIMA PINHEIRO (n. 26) 154 e seg.

O art. 11.° da Convenção das Nações Unidas sobre o Uso de Comunicações Electrónicas em Contratos Internacionais estabelece, em sintonia com o art. 14.°/2 da Convenção de Viena sobre Venda Internacional de Mercadorias[85], que uma proposta feita a pessoas indeterminadas através de comunicação electrónica deve ser considerada um convite a contratar, a menos que indique claramente a intenção de o proponente se vincular em caso de aceitação.

Diferente é a solução do DL n.° 7/2004, de 7/1, que, na linha do entendimento geralmente seguido entre nós, estabelece que a oferta de produtos ou serviços em linha representa uma proposta contratual quando contiver todos os elementos necessários para que o contrato fique concluído com a simples aceitação do destinatário (art. 32.°/1). Este preceito será aplicável quando a lei portuguesa for chamada a reger o contrato e, nas relações com consumidores residentes habitualmente em Portugal em que seja escolhida outra lei, quando for mais favorável ao consumidor que a lei escolhida (*supra* B). Já é muito duvidoso que este preceito possa ser aplicado a título de lei do estabelecimento do prestador de serviço[86].

D) Regime especial do comércio electrónico intracomunitário?

A Directiva sobre Comércio Electrónico[87], bem como as leis nacionais que a transpuseram, vieram suscitar vasta controvérsia sobre a sua incidência na determinação do Direito aplicável aos contratos abrangidos pelo seu âmbito de aplicação.

A Directiva é aplicável a toda a prestação de serviço que, em regra mediante remuneração, é realizada à distância, a pedido individual de um destinatário por via electrónica, i.e., através de instrumentos electrónicos de processamento (incluindo a compressão digital) e de armazenamento de

---

[85] Ver LIMA PINHEIRO (n. 1) 269 e segs.

[86] Ver LIMA PINHEIRO – "O Direito de Conflitos e as liberdades comunitárias de estabelecimento e de prestação de serviços", *in Seminário Internacional sobre a Comunitarização do Direito Internacional Privado*, 79-109, Coimbra, 2005 (= *in Estudos em Memória do Professor Doutor António Marques dos Santos*, vol. I, 273-303, Almedina, Coimbra, 2005), 106 e segs.

[87] *Supra* n. 18.

Direito Aplicável aos Contratos Celebrados através da Internet 47

dados que é inteiramente transmitido, encaminhado e recebido por cabo, rádio, meios ópticos ou outros meios electromagnéticos[88].

Isto abrange muitos contratos de prestação de serviço em linha que são frequentemente celebrados através da internet, tais como, por exemplo, contratos de fornecimento de acesso à internet e contratos de acesso a bases de dados informáticas.

O n.º 4 do art. 1.º desta Directiva determina que a "presente directiva não estabelece normas adicionais de Direito Internacional Privado".

No entanto, o art. 3.º/1 estabelece que: "Cada Estado-Membro assegurará que os serviços da sociedade da informação prestados por um prestador estabelecido no seu território cumpram as disposições nacionais aplicáveis nesse Estado-Membro que se integrem no domínio coordenado".

Também o considerando 22.º afirma que os serviços "devem estar sujeitos, em princípio, à legislação do Estado-Membro em que o prestador se encontra estabelecido". Daí afirmar-se que a Directiva consagra o "princípio do país de origem".

Não haveria contradição entre os arts. 3.º e 1.º/4 se o domínio coordenado se limitasse ao Direito Económico, designadamente ao regime de acesso e exercício da actividade. Com efeito, a aplicação das normas de Direito Económico não depende das normas de Direito Internacional Privado. O "princípio do país de origem" valeria apenas para a aplicação das normas de Direito público da economia com incidência sobre a liberdade de prestação de serviços[89].

A Directiva, porém, não segue este critério por forma coerente.

Primeiro, ao definir o "domínio coordenado", a Directiva utiliza uma formulação excessivamente ampla, uma vez que inclui "as exigências que o prestador de serviços tem de observar" "incluindo as aplicáveis (...) aos contratos, ou as respeitantes à responsabilidade do prestador de serviços".

Segundo, o alcance dos n.ºs 1 e 2 do art. 3.º é restringido pelo seu n.º 3, que afasta a sua aplicação a um conjunto de domínios referidos em anexo, incluindo os direitos de propriedade intelectual, a "liberdade de

---

[88] Art. 1.º/2 da Dir. 98/34/CE, de 22/6/1998, com a redacção dada pela Dir. 98//48/CE, de 20/7/1998, aplicável *ex vi* art. 2.º/a da Directiva sobre Comércio Electrónico. Sobre este âmbito material de aplicação ver Alexandre DIAS PEREIRA – "A protecção do consumidor no quadro da Directiva sobre o Comércio Electrónico", *in Estudos de Direito do Consumidor* (2/2000), org. por António PINTO MONTEIRO, 43-140, Coimbra, 55 e segs.

[89] Neste sentido, ver CALVO CARAVACA/CARRASCOZA GONZÁLEZ (n. 32) 34 e seg.

as partes escolherem a legislação aplicável ao seu contrato", as "obrigações contratuais relativas a contratos celebrados pelos consumidores" e a "validade formal dos contratos que criem ou transfiram direitos sobre bens imóveis, sempre que esses contratos estejam sujeitos a requisitos de forma obrigatórios por força da lei do Estado-Membro onde se situa o imóvel".

Esta enumeração é incoerente por várias razões.

Desde logo, a liberdade de escolha do Direito aplicável ao contrato não é um "domínio", mas uma regra de conflitos. Se a Directiva não contém normas de Direito Internacional Privado não afasta as regras de conflitos em matéria de contratos obrigacionais e, por conseguinte, a referência a esta norma de conflitos é despicienda. Se, pelo contrário, a Directiva pretendesse estabelecer uma norma de conflitos (o "princípio do país de origem") em matéria de obrigações contratuais, salvo as relativas aos contratos celebrados pelos consumidores, esta referência não se entenderia.

A referência às obrigações contratuais relativas a contratos celebrados pelos consumidores, sugerindo uma diferença de tratamento relativamente às restantes obrigações contratuais, entra em contradição com o disposto no art. 1/.° 4, uma vez que a lei aplicável à generalidade dos contratos é determinada por normas de Direito Internacional Privado.

Não menos incoerente é a referência à "validade formal dos contratos que criem ou transfiram direitos sobre reais sobre bens imóveis". A lei aplicável à validade formal dos contratos é determinada por normas de Direito Internacional Privado, quer tenham ou não por objecto bens imóveis[90]. Seria aliás impensável que a validade formal de um contrato celebrado por um prestador de serviço estivesse submetida à lei do Estado em que ele se encontra estabelecido, independentemente da lei aplicável à substância do contrato e da lei do lugar da celebração. Por conseguinte, o art. 3.°/1 não é aplicável à validade formal de quaisquer contratos, o que torna a referência inútil.

Enfim, não é excluída a responsabilidade civil do prestador de serviço, o que entra em contradição com o art. 1.°/4, uma vez que a lei aplicável à responsabilidade civil é designada por normas de Direito Internacional Privado[91].

---

[90] Ver art. 9.° da Convenção de Roma sobre a Lei Aplicável às Obrigações Contratuais.

[91] Ver art. 45.° do Código Civil.

Na verdade, a Directiva é contraditória, revelando falta de clareza na delimitação entre o regime das liberdades comunitárias e o Direito de Conflitos Internacional Privado e, mais em geral, um certo alheamento de noções e princípios básicos de Direito Internacional Privado.

A explicação para estas contradições reside, segundo a informação que tenho, na circunstância de o art. 1.°/4 ter sido introduzido no último momento das negociações que antecederam a adopção da Directiva pelo Conselho, como condição fundamental para a sua aprovação, sem que tenha havido tempo para corrigir o anexo. Com a introdução do art. 1.°/4 o legislador comunitário quis afastar qualquer derrogação do Direito de Conflitos geral (e, designadamente, das normas da Convenção de Roma sobre a Lei Aplicável às Obrigações Contratuais e de futuros regulamentos comunitários) pelo princípio do país de origem[92].

A esta luz, parece claro que as contradições atrás referidas devem ser resolvidas com primazia do art. 1.°/4, que *este preceito é basilar para a interpretação e para a transposição da Directiva* e que as exclusões equívocas que constam do anexo não devem ser transpostas.

A regra geral consagrada no n.° 4 do art. 1.° vai ao encontro do entendimento, que venho defendendo desde 2001[93], segundo o qual a liberdade de prestação de serviços não condiciona, em princípio, o Direito de Conflitos Internacional Privado. Como procurei demonstrar noutro lugar, a livre de circulação de serviços não implica a competência do Direito do Estado de origem para reger o contrato ou a responsabilidade extracontratual[94]. O princípio do país de origem vale quando muito para as normas de Direito público da economia com incidência sobre a liberdade de prestação de serviços[95].

---

[92] Ver LIMA PINHEIRO (n. 87) 104 e Vincent HEUZÉ – "De la compétence de la loi du pays d'origine en matière contractuelle ou l'anti-droit europeen", *in Mélanges Paul Lagarde*, 393-415, Paris, 2005, 406 n. 41.

[93] Ver LIMA PINHEIRO (n. 3) 834; Id. – "Federalismo e Direito Internacional Privado – algumas reflexões sobre a comunitarização do Direito Internacional Privado", *Cadernos de Direito Privado* (2003/2) 3-19, 15 e segs.; Id. (n. 87) 93 e segs.

[94] Ver, além das obras referidas na nota anterior, Michael WILDERSPIN e Xavier LEWIS – "Les relations entre le droit communautaire et les règles de conflits de lois des États membres", *R. crit.* 91 (2002) 1-37 e 289-313, 302 e segs. e MARQUES DOS SANTOS (n. 47) 211 e segs. Ver ainda doutrina referida por FALLON/MEEUSEN (n. 58) 480 n. 99.

[95] Cf. CALVO CARAVACA/CARRASCOSA GONZÁLEZ (n. 32) 34 e seg.; LIMA PINHEIRO (n. 87) 94 e segs.; Jan KROPHOLLER – *Internationales Privatrecht*, 5.ª ed., Tubinga, 2004,

No plano da política jurídica, os defensores da extensão do princípio do país de origem ao Direito privado argumentam que este princípio facilita a actividade transnacional dos prestadores de serviços, porquanto diminui os seus custos de transacção decorrentes da obtenção de informações sobre as leis dos países de destino dos serviços e os dispensa de conformarem a sua actividade com regimes porventura mais rigorosos aí vigentes.

Daí não advém, contudo, qualquer valor acrescentado para o desenvolvimento do comércio internacional, em geral, e do comércio internacional electrónico, em particular, uma vez que todas as vantagens que os prestadores de serviços obtêm com a aplicação da sua lei trazem correlativas desvantagens para os destinatários das prestações de serviços.

Primeiro, a aplicação da lei do prestador de serviço aumenta globalmente os custos de transacção do comércio internacional, visto que muitos prestadores transnacionais de serviços realizam transacções em massa para determinados países, sendo o custo da obtenção de informações sobre as leis destes países amortizado numa multiplicidade de transacções, enquanto a grande maioria dos destinatários de serviços realiza apenas aqui-

---

464 e seg.; HEUZÉ (n. 93) *maxime* 412 e 414, que com algum exagero qualifica a transposição do princípio do país de origem para o Direito privado como "impostura jurídica". Cp., no sentido da aplicação do princípio do país de origem às matérias de Direito privado abrangidas pelo "domínio coordenado", Emmanuel CRABIT – "La directive sur le commerce électronique. Le projet 'Mediterranée'", *R. Droit de l'Union Européenne* (4/2000) 749-833 (administrador principal na Direcção-Geral do Mercado Interior da Comissão Europeia, que vem defender uma interpretação da Directiva que corresponde ao projecto elaborado por esta Direcção-Geral que foi recusado pelo legislador comunitário através da inclusão do art. 1.º/4 na versão final); doutrina referida por FALLON/MEEUSEN (n. 58) 481 n. 100; MOURA VICENTE – "Comércio electrónico e responsabilidade empresarial", *in Direito Internacional Privado. Ensaios*, vol. I, 193-239, Coimbra, 2002, 218 e segs. e (n. 5) 213 e segs. FALLON/MEEUSEN defendem uma solução intermédia [(n. 58) 484 e segs.]: no Estado de origem o princípio do país de origem determina, na falta de escolha pelas partes, a lei aplicável aos aspectos do contrato que entram no domínio coordenado; no Estado de acolhimento aplicam-se as regras de conflitos gerais, limitando-se a Directiva a vedar a aplicação das regras de Direito material que constituam uma restrição à circulação de serviços. Também Peter MANKOWSKI – "Herkunftslandprinzip und deutsches Umsetzungsgesetz zur e-commerce-Richtlinie", *IPRax* 22 (2002) 257-266, que exclui o Direito de Conflitos dos contratos obrigacionais do âmbito de aplicação do princípio do país de origem, e François RIGAUX e Marc FALLON – *Droit international privé*, 3.ª ed., Bruxelas, 2005, 827. De resto a Directiva não parece impedir em absoluto a aplicação de normas de Direito económico do país em que o serviço é prestado (cf. arts. 1.º/3 e 3.º/4).

sições esporádicas a fornecedores estrangeiros[96]. Os custos de transacção incorridos pelos destinatários de serviços com a obtenção de informações sobre as leis dos países de origem são por isso individualmente mais onerosos e globalmente mais elevados.

Em segundo lugar, a aplicação da lei do prestador de serviços não só priva o destinatário da protecção concedida pela sua lei, o que é óbvio, mas também favorece os prestadores que estão estabelecidos em Estados- -Membros com um regime jurídico mais "liberal" relativamente aos prestadores que estão estabelecidos em Estados-Membros com leis mais rigorosas. Isto estimula a procura pelos prestadores de serviços dos países com menor nível de protecção dos destinatários e pressiona os restantes países a desregularem os contratos de prestação de serviços, dando corpo a uma verdadeira *race to the bottom*[97].

Subjacente à defesa do princípio do país de origem em matéria de Direito privado só pode estar, por conseguinte, o desejo de privilegiar os interesses dos fornecedores relativamente aos interesses dos adquirentes. Naturalmente a tentação para defender soluções deste tipo é grande nos países que são predominantemente exportadores de bens e serviços, mas é uma tentação que deve ser resistida. Por um lado, porque a economia mundial evolui rapidamente, e é muito provável que diversos países que hoje são predominantemente exportadores sejam amanhã predominantemente importadores (uma evolução rápida neste sentido é sobretudo de esperar no comércio electrónico). Por outro lado, e esta é a consideração principal, o Direito Internacional Privado deve aspirar a soluções justas que, designadamente, representam uma composição equilibrada dos interesses das partes; não deve prosseguir políticas de favorecimento das partes "nacionais" relativamente às partes "estrangeiras".

As soluções hoje consagradas nos principais sistemas nacionais quanto à determinação do Direito aplicável aos contratos obrigacionais são o produto de uma evolução secular que exprime uma justa composição interesses. De acordo com estas soluções, nas relações entre empresários o contrato deve ser regulado pela lei escolhida pelas partes e, na falta de escolha, pela lei do país que apresenta a conexão mais estreita com o contrato.

---

[96] Ver HEUZÉ (n. 93) 397 e segs.
[97] Ver HEUZÉ (n. 93) 400 e segs.

Assinale-se, aliás, que, nos EUA, o atrás referido *Uniform Computer Information Transactions Act* segue em princípio as mesmas soluções. Com efeito, o art. 109.° desta Lei-Modelo estabelece como regra geral supletiva a competência da lei do Estado que apresenta a conexão mais significativa com a transacção (b/3). Só é feita uma concessão a favor da competência supletiva da lei do estabelecimento de prestador de serviço com respeito aos contratos de fornecimento de acesso e aos contratos tendo por objecto a entrega electrónica de uma cópia (b/1).

Os grupos de pressão que veiculam os interesses dos fornecedores junto da Comissão da Comunidade Europeia têm desenvolvido esforços no sentido de afastar o critério da conexão mais estreita a favor da lei do estabelecimento do fornecedor: isto sucede não só com a tentativa de introduzir o princípio do país de origem na Directiva Relativa aos Serviços no Mercado Interno e na Directiva sobre Comércio Electrónico com também com o Projecto de Regulamento sobre a Lei Aplicável às Obrigações Contratuais (art. 4.°).

Claro que o Direito vigente já permite a aplicação do Direito do país de estabelecimento do fornecedor quando for este o país que apresenta a conexão mais estreita com o contrato; mais, o Direito vigente "presume", em caso de dúvida, que o contrato apresenta a conexão mais estreita com este país. O que os defensores da extensão do princípio do país de origem ao Direito privado pretendem é, portanto, que se aplique a lei do país do fornecedor aos contratos que indubitavelmente apresentam uma conexão mais estreita com outro país, designadamente o país do adquirente.

Vejamos um exemplo: um fornecedor polaco, que dispõe de um sítio redigido em língua alemã, celebra em linha com uma empresa alemã um contrato de venda de uma mercadoria que deve ser entregue na Alemanha. Perante o art. 4.°/1 e 5 da Convenção de Roma este contrato apresenta a conexão mais estreita com a Alemanha e, por conseguinte, é competente a lei alemã. A tese do princípio do país de origem conduziria, em vez disso, à aplicação da lei polaca.

É certo, que estas hipóteses são menos frequentes no caso de prestação de serviços em linha. Mas não são inconcebíveis: suponha-se o caso de um fornecedor de acesso que apesar de utilizar um nome de topo ".pt" e oferecer o seu serviço num sítio redigido em português está estabelecido em Espanha. Será justo aplicar ao contrato a lei espanhola?

Por minha parte entendo que as soluções vigentes são adequadas ao comércio intracomunitário, e que não se justifica qualquer desvio a favor do princípio do país de origem.

Não é outro o entendimento que tem prevalecido na doutrina mais autorizada, como dá conta a Posição do Grupo Europeu de Direito Internacional Privado sobre o Projecto de Directiva Relativa aos Serviços no Mercado Interno (Novembro de 2004) e o Desenvolvimento desta Posição (Dezembro de 2004)[98]. O mesmo entendimento acaba de triunfar no Parlamento europeu com respeito a esta Directiva: segundo as notícias vindas a lume, no texto da Directiva sobre Serviços no Mercado Interno aprovado pelo Parlamento Europeu, em Fevereiro de 2006, foi eliminado o princípio do país de origem, pelo menos no que toca à aplicação do Direito privado. A liberdade de prestação de serviços apenas obriga o Estado-Membro de acolhimento a permitir o livre acesso à actividade de um serviço e o exercício desta actividade no seu território.

A interpretação da Directiva sobre Comércio Electrónico atrás exposta não deixa de ser qualificada por três ordens de considerações.

Em primeiro lugar, não se exclui que o art. 3.º da Directiva seja interpretado no sentido de afastar a aplicação das normas de Direito material da lei competente na medida em que estas regras constituam "restrições" injustificadas à liberdade de prestação de serviços[99]. A favor desta interpretação pode ser invocado o 23.º Considerando da Directiva sobre Comércio Electrónico segundo o qual, nas versões francesa, inglesa e alemã, "O disposto na legislação aplicável por força das normas de conflitos do Direito Internacional Privado não deve restringir a liberdade de prestar serviços da sociedade da informação nos termos constantes da presente Directiva"[100]. Mas isto só pode suceder muito excepcionalmente, visto que a aplicação de normas de Direito privado não conduz, em princípio, a uma restrição da liberdade de prestação de serviços[101].

Segundo, pode ser questionado se o art. 3.º/1 não fundamenta uma conexão especial relativamente às regras jurídico-privadas contidas na Directiva, por forma a que cada Estado-Membro deva determinar a apli-

---

[98] *In* http://www.drt.ucl.ac.be/gedip/gedip_documents.html.

[99] Como sugerem WILDERSPIN/LEWIS (n. 95) 302 e segs. e MARQUES DOS SANTOS (n. 47) 211 e segs., invocando, a este respeito, o "princípio do reconhecimento mútuo". Ver também SONNENBERGER (n. 62) 126 e segs. e *MünchKomm.*/MARTINY (n. 1) Art. 34 Anh. III n.os 25 e seg., 36 e 39.

[100] Na versão portuguesa lê-se que o "disposto na legislação aplicável por força das normas de conflitos do Direito Internacional Privado *não restringe* a liberdade de prestar serviços" (s.n.), mas trata-se claramente de um lapso de tradução.

[101] Ver LIMA PINHEIRO (n. 87) 95 e segs.

cação das suas normas de transposição da directiva às prestações de serviços por prestadores estabelecidos no seu território[102]. A meu ver não é possível dar uma resposta genérica a esta questão.

Relativamente ao regime aplicável aos contratos celebrados através da internet, a Directiva só contém algumas regras fragmentárias sobre a admissibilidade de contratos celebrados por meios electrónicos, deveres de informação e ordens de encomenda. A conexão "lei do país de estabelecimento do prestador de serviço" não é adequada a estas regras.

Também não se encontra na Directiva um regime aplicável à responsabilidade extracontratual mas tão-somente algumas regras fragmentárias sobre a responsabilidade dos prestadores intermediários de serviços. É concebível que as normas que transponham a Directiva na ordem jurídica de um Estado-Membro, sobre a responsabilidade dos prestadores intermediários de serviços estabelecidos no seu território, se sobreponham à lei competente[103].

Enfim, a Directiva contém algumas disposições específicas sobre as normas de protecção dos consumidores[104].

O n.º 3 do art. 1.º determina que a Directiva não prejudica o nível de protecção dos interesses dos consumidores, "tal como consta dos actos comunitários e da legislação nacional de aplicação destes, na medida em que não restrinjam a liberdade de prestação de serviços da sociedade da informação". Como já se assinalou, o n.º 3 do art. 3.º determina a não aplicação dos n.ºs 1 e 2 "às obrigações contratuais relativas aos contratos celebrados pelos consumidores". Esta exclusão, embora de duvidosa utilidade perante o disposto no art. 1.º/4, torna claro que a Directiva não prejudica a aplicação de normas jurídico-privadas de protecção dos consumidores, independentemente de se tratar ou não de normas de aplicação de actos comunitários.

O legislador comunitário volta a referir-se a "medidas de defesa dos consumidores" no n.º 4 do art. 3.º, admitindo que um Estado-Membro adopte medidas que em derrogação do n.º 2 restrinjam a livre circulação de serviços, desde que tendo solicitado ao Estado-Membro do país em que o prestador de serviço está estabelecido a sua adopção, este não tenha tomado medidas adequadas, e após notificação a este Estado-Membro e à

---

[102] Ver também Fallon/Meeusen (n. 58) 489 e seg.

[103] Neste sentido, Lima Pinheiro (n. 3) 834.

[104] Ver também Dias Pereira (n. 89) 102 e segs.

Direito Aplicável aos Contratos Celebrados através da Internet 55

Comissão. As medidas em causa têm de ser proporcionais ao objectivo de defesa dos consumidores (art. 3.°/4/a/iii). Como o n.° 2 não se aplica às normas jurídico-privadas de protecção dos consumidores, o n.° 4 só pode ter em vista Direito público de protecção do consumidor. Esta disposição mostra que o princípio do país de origem se aplica ao Direito público de protecção do consumidor que tenha incidência na livre prestação de serviços, mas com importantes limitações.

As *leis de transposição* da Directiva dão conta das dificuldades encontradas pelos Estados-Membros na conciliação das disposições contraditórias nela contidas. Estas leis, designadamente, não dão uma resposta clara e inequívoca à questão da relevância do princípio do país de origem para a determinação do Direito aplicável aos contratos e à responsabilidade extracontratual.

Nenhuma das leis consultadas estabelece claramente uma regra do país de origem para a determinação do Direito aplicável ao contrato. As leis alemã e espanhola parecem afastar claramente esta solução, sem contudo serem suficientemente inequívocas para evitarem dúvidas de interpretação.

Com efeito, a lei alemã (*Teledienstegesetz*, de 1997, alterada em 2001) ao mesmo tempo que estabelece que "os fornecedores de serviços estabelecidos na Alemanha e os seus teleserviços estão sujeitos às exigências do Direito alemão" (art. 4.°/1), determina que esta "Lei não cria regras no domínio do Direito Internacional Privado..." (art. 2.°/6). A doutrina está muito dividida, mas a maioria dos autores mais representativos nega que a lei introduza um desvio às regras gerais de Direito Internacional Privado a favor da lei do país de origem[105].

A lei espanhola (Lei n.° 34/2002, de 11/7), por seu turno, determina a sua aplicação aos prestadores de serviços da sociedade da informação estabelecidos em Espanha e aos serviços por eles prestados bem como a

---

[105] Cf., designadamente, SONNENBERGER (n. 62) 126 e segs.; *MünchKomm.*/MARTINY (n. 1) Art. 34 Anh. III n.° 37; KROPHOLLER (n. 96) 465. Ver ainda a crítica de Thomas PFEIFFER – "Welches Recht gilt für elektronische Geschäfte?", *JuS* (4/2004) 282-285. Cp. no sentido da irrelevância do art. 2.°/VI TDG e, como tal, da relevância do princípio do país de origem como regra de conflitos de Direito Internacional Privado, Gerhard KEGEL e Klaus SCHURIG – *Internationales Privatrecht*, 9.ª ed., Munique, 2004, 682, mas criticamente em relação à responsabilidade extracontratual; MANKOWSKI (n. 1) 258, mas apenas com respeito ao Direito da Concorrência e a algumas áreas da responsabilidade extracontratual.

sujeição destes prestadores às demais disposições do ordenamento jurídico espanhol que lhes sejam de aplicação, em função da actividade que desenvolvam (art. 2.º/1 e 4). Estabelece também que a determinação da lei aplicável aos contratos electrónicos se fará com base nas normas de Direito Internacional Privado, "devendo tomar-se em consideração o estabelecido nos artigos 2.º e 3.º desta lei" (art. 26.º). CALVO CARAVACA/CARRACOSA GONZÁLEZ são da opinião que nem a Directiva nem a lei espanhola de transposição da mesma contêm normas de Direito Internacional Privado[106].

As lei francesa, italiana e do Reino Unido fizeram uma transposição mais imperfeita neste ponto, visto que não transpuseram o art. 1.º/4 da Directiva. Em todo o caso, estas leis admitem uma interpretação quer no sentido de que o princípio do país de origem vale apenas para as normas de Direito Económico quer no da sua extensão ao Direito privado dos contratos e da responsabilidade extracontratual.

Assim, a lei francesa (*Loi pour la confiance dans l'économie numérique*, de 2004) submete o comércio electrónico à lei do Estado-Membro em cujo território está estabelecida a pessoa que o exerce, "sob reserva da intenção comum desta pessoa e daquela a que são destinados os bens ou serviços" (art. 17.º 1 conjugado com o art. 14.º/1). A lei italiana (Decreto Legislativo italiano n.º 70, de 9/4/2003) determina a aplicação das disposições nacionais no domínio coordenado e as normas desta lei aos serviços fornecidos por um prestador estabelecido em território italiano e inclui no domínio coordenado as "disposições que o prestador de serviços deve satisfazer" com respeito aos contratos e à responsabilidade extracontratual (art. 3.º/1 conjugado com o art. 2.º/1/h). A lei do Reino Unido (*Electronic Commerce (EC Directive) Regulations 2002*) estabelece que as "exigências" (aparentemente estabelecidas pela lei do Reino Unido) que caem dentro do domínio coordenado (o que inclui as "exigências" em matéria de contratos e de responsabilidade do prestador de serviços) são aplicáveis aos prestadores de serviços estabelecidos no Reino Unido (art. 4.º/1 conjugado com o art. 2.º/1/b).

O mesmo se pode dizer, entre nós, do DL n.º 7/2004, de 7/1, como procurei demonstrar em estudo anterior[107].

---

[106] *Derecho Internacional Privado*, vol. II, 6.ª ed., Madrid, 2005, 541.
[107] LIMA PINHEIRO (n. 87) 107 e segs.

Na dúvida, deve preferir-se uma *interpretação conforme à Directiva* e, por conseguinte, todas estas leis devem ser interpretadas, à luz do art. 1.°/4 da Directiva, no sentido de não introduzirem qualquer desvio ao Direito de Conflitos geral em matéria de contratos e de responsabilidade extracontratual.

Por último, é de observar que uma interpretação de qualquer destas leis no sentido de consagrar o princípio do país de origem em matéria de lei aplicável aos contratos obrigacionais seria incompatível com a Convenção de Roma. O disposto na Convenção prevaleceria sobre as normas internas enquanto fonte hierarquicamente superior. O art. 20.° da Convenção de Roma, que concede primazia às disposições estabelecidas nas legislações nacionais harmonizadas em execução de actos comunitários, não seria aplicável, visto que se trataria de normas internas que vão além do estabelecido pela Directiva[108].

O mesmo se diga perante a Proposta de Regulamento sobre a Lei Aplicável às Obrigações Contratuais, visto que o Regulamento prevalecerá na ordem interna sobre a lei ordinária e que a Directiva sobre Comércio Electrónico não consta da lista de actos comunitários que, por conterem regras de conflitos sobre obrigações contratuais, vêem a sua aplicação ressalvada (art. 22.°/a e Anexo 1).

II. DIREITO DE CONFLITOS DA ARBITRAGEM TRANSNACIONAL

A) Aspectos gerais

Um estudo sobre o Direito aplicável aos contratos celebrados através da internet não pode ignorar que os litígios emergentes destes contratos são, em princípio, *arbitráveis* e que na arbitragem transnacional em sentido estrito se aplicam critérios especiais de determinação do Direito aplicável ao mérito da causa.

A arbitragem transnacional em sentido estrito – que a Lei n.° 31/86, de 29/8 (Lei da Arbitragem Voluntária – LAV) designa como "arbitragem internacional" (art. 32.°) – é a que *põe em jogo interesses do comércio*

---

[108] Ver também WILDERSPIN/LEWIS (n. 95) 310 e seg., LIMA PINHEIRO (n. 87) 109 e *MünchKomm.*/MARTINY (n. 1) Art. 34 Anh. III n.os 55 e segs.

internacional. Trata-se da arbitragem que tem por objecto controvérsias emergentes de relações entre empresários ou entes equiparados que apresentam contactos relevantes com mais de um Estado soberano.

Daqui resulta que existe um Direito de Conflitos especial da arbitragem transnacional que se aplica nas relações entre "empresários", ao passo que na arbitragem transnacional que tem por objecto relações com consumidores finais se aplica, em princípio, o Direito de Conflitos geral[109], estudado na Parte I.

Claro que os tribunais da arbitragem transnacional não estão submetidos a um particular sistema nacional de Direito Internacional Privado[110], e, por conseguinte, quando se ocupem de litígios emergentes de contratos com consumidores, os árbitros terão de atender aos princípios de Direito de Conflitos comuns aos Estados que têm um contacto relevante com o contrato. Na falta de princípios comuns, os árbitros devem aplicar o Direito de Conflitos do Estado que apresenta a ligação mais significativa com o contrato.

Noutro lugar já procedi a um estudo sistemático da arbitragem voluntária e, designadamente, dos pressupostos e requisitos de validade da convenção de arbitragem[111]. Deste estudo resulta que nos contratos celebrados através da internet é possível a inclusão de uma cláusula compromissória e que esta pode ser celebrada designadamente através de um clique num ícone ou num campo contido no sítio do fornecedor que exprime a aceitação da cláusula visível na mesma página, numa página de sobreposição ou numa página para que remete uma hiperligação contida na página a que o adquirente acede para realizar a transacção[112].

Há, em todo o caso, que ter em conta as exigências gerais feitas pelo regime das cláusulas contratuais gerais que for aplicável, e que foram anteriormente referidas com respeito à cláusula de designação do Direito aplicável (I.A). *Nas relações com consumidores*, a inclusão de uma convenção

---

[109] Cf. ISABEL DE MAGALHÃES COLLAÇO – "L'arbitrage international dans la récente loi portugaise sur l'arbitrage volontaire", *in Droit international et droit communautaire*, 55-66, Actes du colloque. Paris 5 et 6 avril 1990 (Fundação Calouste Gulbenkian, Centro Cultural Português), Paris, 1991, 60 *in fine* e seg.; LIMA PINHEIRO – *Arbitragem Transnacional. A Determinação do Estatuto da Arbitragem*, Almedina, Coimbra, 2005, 258.

[110] Ver LIMA PINHEIRO (n. 110) 29 e segs. e 234 e segs., com mais referências.

[111] Ver LIMA PINHEIRO (n. 110) 91 e segs. e 200 e segs.

[112] Ver LIMA PINHEIRO (n. 110) 93 e segs. Ver ainda MOURA VICENTE (n. 5) 357 e segs.

de arbitragem no clausulado geral do fornecedor não é tão usual quanto a inclusão de uma cláusula de designação do Direito aplicável. Daí que seja mais facilmente concebível que cláusulas compromissórias passem despercebidas aos consumidores quando não for chamada a sua atenção para estas cláusulas nas páginas a que necessariamente acedem para realizarem a transacção. Isto pode ter por consequência a exclusão da cláusula geral compromissória do contrato singular (art. 8.°/c da Lei das Cláusulas Contratuais Gerais).

Além disso, a Directiva sobre Cláusulas Abusivas e a Lei das Cláusulas Contratuais Gerais portuguesa contêm exigências específicas com respeito às cláusulas compromissórias.

A *Lei das Cláusulas Contratuais Gerais* proíbe, nas relações com consumidores finais, as cláusulas contratuais gerais que "prevejam modalidades de arbitragem que não assegurem as garantias de procedimento estabelecidas na lei" (art. 21.°/h com a redacção dada pelo DL n.° 220/95). Não é inteiramente claro a que arbitragens o legislador se pretende referir. O anexo previsto no art. 3.°/3 da Directiva sobre Cláusulas Abusivas, que o legislador português visou transpor, refere-se a "uma jurisdição de arbitragem não abrangida por disposições legais".

Parece razoavelmente seguro que não decorre daí qualquer limite à arbitrabilidade em matéria de litígios emergentes de contratos com consumidores. É igualmente certo que do Regulamento comunitário Relativo à Competência Judiciária, ao Reconhecimento e à Execução de Decisões em Matéria Civil e Comercial (Reg. CE n.° 44/2001, de 22/12/2000) não se pode extrair qualquer consequência sobre a eficácia das convenções de arbitragem celebradas com consumidores, uma vez que a arbitragem se encontra genericamente excluída do âmbito de aplicação deste Regulamento (art. 1.°/2/d)[113].

Para além disso, o art. 19.°/g do regime das cláusulas contratuais gerais proíbe, consoante o quadro negocial padronizado, as cláusulas contratuais gerais que "Estabeleçam um foro competente que envolva graves inconvenientes para uma das partes, sem que os interesses da outra o jus-

---

[113] Ver LIMA PINHEIRO (n. 24) 64 e segs., com mais referências. Cp. MOURA VICENTE – "Resolução extrajudicial de conflitos de consumo com carácter transfronteiriço", *in Direito Internacional Privado. Ensaios*, vol. I, 393-414, 2002, 396 e seg.; Id. – "Resolução extrajudicial de conflitos no sector bancário", *Revista da Banca* 55 (2003) 57-84 (número distribuído em Junho de 2004), 67 e seg.

tifiquem". RAÚL VENTURA defendeu a extensão deste preceito às convenções de arbitragem[114]. Concordo com esta posição, embora deva sublinhar que só em *situações verdadeiramente excepcionais* isto se pode verificar.

Em regra, uma convenção de arbitragem estipulada, pelos modos usuais, num contrato celebrado em linha entre "empresários" é válida e eficaz. Cabe agora fazer uma breve referência aos critérios especiais de determinação do Direito aplicável a estes contratos no contexto da arbitragem transnacional.

B) Litígios entre "empresários"

A determinação do Direito aplicável ao mérito da causa na arbitragem de litígios entre "empresários" rege-se principalmente por regras e princípios próprios do *Direito Transnacional da Arbitragem*[115]. As soluções consagradas pelos principais sistemas nacionais interagem com estas regras e princípios autónomos e só podem ser devidamente compreendidas à sua luz.

As soluções do Direito Transnacional da Arbitragem resultam principalmente da prática dos tribunais arbitrais, que deu corpo a certos princípios que integram hoje a consciência jurídica do meio arbitral, e dos regulamentos de centros institucionalizados de arbitragem, que empregam critérios de determinação do Direito aplicável diferentes dos geralmente seguidos pelos tribunais estaduais e consagrados nos sistemas nacionais de Direito de Conflitos.

Assim, o *princípio da autonomia da vontade* é entendido, no quadro deste Direito Transnacional, como permitindo que as partes remetam para qualquer Direito estadual, para o Direito Internacional Público, para a *lex mercatoria*, para "princípios gerais" ou para a equidade[116]. Na prática dos

---

[114] Cf. RAÚL VENTURA – "Convenção de arbitragem e cláusulas gerais", *ROA* 46 (1986) 5-48, 44. Ver também MENEZES CORDEIRO (n. 14) 636.

[115] Este entendimento, já por mim defendido em *Contrato de Empreendimento Comum (Joint Venture) em Direito Internacional Privado*, 1998, 630 e segs., foi acolhido pelo STJ no seu ac. 11/10/2005, proc. 05A2507 [*in* http://www.dgsi.pt/jstj.nsf]. Ver, com mais desenvolvimento, LIMA PINHEIRO (n. 110) 234 e segs.

[116] Cf. o art. 17.°/3 do Regulamento de Arbitragem CCI; o art. 28.°/1 do Regulamento de Arbitragem Internacional AAA; e o art. 22.°/3 do Regulamento LCIA que permitem a escolha de "regras de Direito". Esta orientação, já por mim defendida em *Contrato*

Direito Aplicável aos Contratos Celebrados através da Internet 61

tribunais arbitrais é relativamente frequente o recurso a princípios gerais de Direito, a "princípios comuns" aos sistemas nacionais, a usos do comércio internacional e mesmo a modelos de regulação, tais como os Princípios do UNIDROIT dos Contratos Comerciais Internacionais.

Quer isto dizer que um contrato celebrado através da internet entre "empresários", e que inclua uma convenção de arbitragem apropriada, pode ser subtraído pelas partes a qualquer Direito estadual. Esta pode ser uma solução conveniente quando nenhuma das partes se queira submeter ao Direito da outra, em especial quando for feita uma referência a um complexo normativo que regule sistematicamente o contrato, como é o caso dos Princípios do UNIDROIT.

Claro que isto se refere apenas ao regime aplicável ao contrato e não exclui que os árbitros devam aplicar certas normas e princípios fundamentais comuns aos Estados envolvidos a título de *ordem pública transnacional* e devam atender a certas directrizes estaduais sobre a aplicação de normas imperativas emanadas de Estados que têm uma ligação significativa com a arbitragem ou que constituam possíveis de foros de execução da decisão arbitral[117], bem como a certas directrizes supraestaduais emanadas de organizações internacionais[118].

Na omissão das partes, não há regras claramente estabelecidas sobre a determinação do Direito aplicável. A tendência mais significativa que se tem manifestado na jurisprudência arbitral e em regulamentos de centros de arbitragem adopta o critério das *regras de Direito mais apropriadas ao litígio*[119].

O critério das regras de Direito mais apropriadas ao litígio é um critério muito flexível, que permite aos árbitros ter em conta o conjunto das circunstâncias do caso concreto e atender a todos os pontos de vista juri-

---

de Empreendimento Comum... (n. 116) 1020 e segs., foi seguida pelo STJ no seu supracit. ac. 11/10/2005.

[117] Ver LIMA PINHEIRO (n. 110) 263 e segs. e 535 e segs.

[118] Ver LIMA PINHEIRO (n. 110) 571 e segs.

[119] Assim, o Regulamento de Arbitragem CCI estabelece que o árbitro aplicará as regras de Direito que considere apropriadas (art. 17.º/1); o Regulamento de Arbitragem Internacional AAA determina que o tribunal arbitral aplicará a(s) lei(s) ou as regras de Direito que julgar apropriadas (art. 28.º/1) e o Regulamento de Arbitragem OMPI contém preceito idêntico (art. 59.º/a); o Regulamento LCIA manda aplicar a(s) lei(s) ou regras de Direito que considere adequadas (art. 22.º/3); enfim, o Regulamento de Arbitragem CAC determina a aplicação do Direito mais apropriado ao litígio.

dicamente relevantes. A ideia de apropriação permite uma ponderação de interesses e uma consideração do conteúdo específico das questões jurídicas a resolver[120].

Na determinação do Direito aplicável os árbitros devem atender aos laços que a relação controvertida estabeleça com os diferentes países, mas também podem ter em consideração o conteúdo material dos respectivos Direitos. As regras de Direito mais apropriadas tanto podem ser estaduais como extra-estaduais. Os árbitros devem atender ao costume e aos usos do comércio internacional, bem como a eventuais regras formuladas por organizações sectoriais para regular as relações económicas entre os seus membros, e, subsidiariamente, podem recorrer a princípios gerais de Direito e aos "princípios comuns" aos sistemas em presença.

Assim, na escolha das regras mais apropriadas a um litígio emergente de um contrato celebrado através da internet, os árbitros poderão aplicar as regras que segundo uma avaliação objectiva são mais ajustadas ao comércio electrónico, designadamente o regime do comércio electrónico mais moderno e equilibrado que vigorar num dos países em contacto com o contrato. Mas os árbitros poderão igualmente aplicar regras extra-estaduais, designadamente fazer uma referência directa a normas de Convenções internacionais ou a usos e costumes do comércio electrónico.

Na determinação do Direito aplicável, os tribunais arbitrais não podem reger-se apenas por regras e princípios autónomos. Eles devem ter em conta as *directrizes sobre a determinação do Direito aplicável dimanadas dos Estados* que apresentam laços especialmente significativos com a arbitragem ou em que previsivelmente a decisão careça, em caso de necessidade, de ser executada[121].

A grande maioria das legislações recentes segue uma via de enquadramento da arbitragem transnacional, adoptando regimes especiais de Direito de Conflitos que revelam uma grande abertura às soluções desenvolvidas pela jurisprudência arbitral e pelos regulamentos dos centros de arbitragem[122].

---

[120] ISABEL DE MAGALHÃES COLLAÇO (n. 110) 64 e seg. cita, neste contexto, o art. 27.º/2 do Regulamento CAC ("Na falta de escolha, os árbitros aplicarão o direito mais apropriado ao litígio, tendo em conta designadamente a localização dos interesses em jogo e a natureza específica das questões jurídicas a resolver").

[121] Ver LIMA PINHEIRO (n. 110) 535 e segs. e 609 e segs.

[122] É o que se verifica com o disposto nos arts. 1492.º e segs. NCPC fr.; no art. 33.º LAV; nos arts. 176.º e segs. da Lei federal suíça de Direito Internacional Privado; no art. 1054.º do CPC holandês; nos arts. 832.º e segs. CPC it. (com a redacção dada em 1994);

O Direito português acompanha esta tendência, a partir do momento em que dispõe de um regime especial de determinação do Direito aplicável na arbitragem internacional (art. 33.° LAV), entendida como aquela que, tendo lugar em território português (art. 37.°), "põe em jogo interesses de comércio internacional" (art. 32.°) (*supra* A).

O Direito português permite, sem qualquer restrição, a escolha pelas partes do Direito aplicável (art. 33.°/1 LAV)[123]. Isto vale plenamente para a escolha de um Direito estadual, do Direito Internacional Público ou de uma particular Convenção internacional de Direito material unificado. Em todos estes casos a escolha recai sobre Direito objectivo.

Já no que toca à escolha da *lex mercatoria* coloca-se a questão de saber se o Direito português vigente – ao referir-se à escolha de um "Direito" – não deve ser interpretado num sentido mais restritivo do que o Direito Transnacional da Arbitragem.

Assim, faz-se valer que as partes poderão remeter para regras e princípios jurídicos da *lex mercatoria* que efectivamente vigorem. Já não será de aceitar que valha como designação de um Direito, no sentido do art. 33.° LAV, uma escolha da *lex mercatoria* que em mais não se traduza, perante a natureza da relação controvertida e as características do sector do comércio internacional em causa, que no recurso a princípios autonomamente considerados ou a modelos de regulação[124].

No entanto, se os árbitros, com base na designação feita pelas partes, resolverem o caso segundo princípios ou modelos de regulação, não parece que haja qualquer fundamento para a anulação da decisão[125].

---

no art. 46.° da Lei "inglesa" de arbitragem de 1996; no art. 2.° da Lei brasileira de arbitragem; e no art. 1051.° ZPO com a redacção dada pela Lei alemã de 22/12/97. Refira-se ainda que cerca de 45 jurisdições adoptaram leis de arbitragem inspiradas na Lei-Modelo da CNUDCI sobre Arbitragem Comercial Internacional, incluindo a Alemanha, a Austrália, o Canadá, a Escócia, alguns Estados dos EUA (Califórnia, Connecticut, Illinois, Oregon e Texas), a Federação Russa, a Grécia, Hong-Kong, a Índia, a Irlanda, Macau e o Japão – cf. http://www.uncitral.org/en-index.htm.

[123] Cf. RLx 24/1/1995 [*CJ* (1995-I) 98].

[124] Cf. ISABEL DE MAGALHÃES COLLAÇO [loc. cit.]. No mesmo sentido, LIMA PINHEIRO (n. 116) 1034 e seg. Em sentido próximo, Maria HELENA BRITO – *Direito do Comércio Internacional* (Relatório), Coimbra, 2004, 123, entendendo, porém, que a escolha da *lex mercatoria*, por ser necessariamente uma escolha parcial, não elimina a necessidade de determinar a ordem jurídica competente. No sentido da limitação à escolha de um Direito estadual, pronuncia-se MOURA VICENTE (n. 5) 97 e segs. e 369.

[125] Ver LIMA PINHEIRO (n. 110) 166 e segs. e 268 e segs.

Na falta de escolha, o art. 33.º/2 LAV remete para o Direito mais apropriado ao litígio. A interpretação deste preceito deve fazer-se no contexto próprio da arbitragem transnacional e atendendo ao significado que, nesse contexto, pode ser atribuído à expressão "Direito mais apropriado ao litígio" e a expressões congéneres.

Em primeiro lugar, estas expressões tornam claro que o tribunal arbitral pode proceder à escolha do Direito aplicável por *"voie directe"*, i.e., sem ter de basear-se num sistema positivo de Direito de Conflitos[126]. O recurso a um particular sistema de Direito de Conflitos, à aplicação simultânea das regras de conflitos de todos os sistemas que têm uma ligação significativa com a arbitragem ou a "princípios conflituais gerais" é meramente *facultativo*.

Em segundo lugar, a remissão para o Direito mais apropriado ao litígio é uma cláusula geral de remissão que deixa ao tribunal arbitral a mais vasta margem de apreciação. O tribunal arbitral pode atender a quaisquer elementos que considere relevantes para estabelecer a remissão. Diferentemente do que se verifica com a cláusula geral da conexão mais estreita, o órgão de aplicação não está vinculado a conferir maior importância aos laços objectivos de "localização", nem é de afastar a possibilidade de a escolha do Direito aplicável ser feita em função da sua adequação material ao caso, nos termos que foram atrás expostos.

À face do sistema português, as regras objectivas da *lex mercatoria* podem ser aplicadas como Direito mais apropriado ao litígio. Também parece admissível a aplicação de regras de Direito Internacional Público geral ou convencional. Os árbitros já não podem decidir exclusivamente com base em princípios gerais de Direito, "princípios comuns" aos sistemas nacionais isoladamente considerados, ou modelos de regulação (como os Princípios do UNIDROIT) pois estão obrigados a julgar segundo o Direito constituído, a menos que as partes os autorizem a julgar segundo a equidade (art. 22.º LAV).

---

[126] Cf. ISABEL DE MAGALHÃES COLLAÇO (n. 110) 64. Ver ainda Exposição de Motivos da proposta de Lei n.º 34/IV [supracit.], n.º 7. Cp. FERRER CORREIA – "O Direito Aplicável pelo Árbitro Internacional ao Fundo da Causa", *BFDC* 77 (2001) 1-11, 9 e seg., que defende, aparentemente mesmo *de iure constituto*, que os árbitros devem aplicar a regra de conflitos da lei que tiver com o caso a conexão mais estreita; MOURA VICENTE – *Da arbitragem comercial internacional. Direito aplicável ao mérito da causa*, Coimbra, 1990, 240 e segs.; Id. (n. 5) 369 e seg.

Por conseguinte, na falta de regra extra-estadual aplicável ao caso, os árbitros, se não estiverem autorizados a julgar segundo a equidade, têm de recorrer a Direito estadual ou supraestadual.

Mesmo que o Direito designado pelas partes ou, na sua omissão, escolhido pelos árbitros, seja um Direito estadual, constitui regra consagrada pela unificação internacional do Direito da Arbitragem Transnacional, pelos regulamentos de centros de arbitragem e pela jurisprudência arbitral que o tribunal arbitral, em matéria contratual, deverá sempre tomar em consideração *as disposições do contrato* e os *usos do comércio*[127]. Quer isto dizer que os usos do comércio e, designadamente, aqueles que se tenham formado no comércio electrónico, se consideram incorporados nos contratos celebrados através da internet, independentemente de estipulação das partes e da relevância que lhes seja atribuída pela *lex contractus*, mas tendo como limite as suas normas imperativas.

---

[127] Ver, com mais desenvolvimento, LIMA PINHEIRO (n. 1) 217 e segs.

O RECONHECIMENTO DE DECISÕES ESTRANGEIRAS EM MATÉRIA MATRIMONIAL E DE RESPONSABILIDADE PATERNAL

Regulamento (CE) n.° 2201/2003, do Conselho, de 27 de Novembro de 2003[*]

> SUMÁRIO: Introdução. I. Âmbito de aplicação do Regulamento. II Relações com outros instrumentos. III. Reconhecimento automático e declaração de executoriedade. IV. Condições de reconhecimento. V. Aspectos processuais. VI. Reconhecimento de actos autênticos e particulares. VII. Considerações finais. Bibliografia.

INTRODUÇÃO

As decisões estrangeiras só produzem efeitos na ordem jurídica portuguesa por força de regras ou princípios, vigentes nesta ordem jurídica, que operam o seu reconhecimento[1]. Até muito recentemente, as proposições de reconhecimento vigentes na ordem jurídica portuguesa eram de fonte interna ou internacional. A atribuição de competência em matéria de Direito Internacional Privado aos órgãos comunitários, operada pelo Tratado de Amesterdão[2], deu origem a um processo de comunitarização deste ramo do Direito. Como resultado deste processo, os principais regimes de reconhecimento de decisões judiciais estrangeiras vigentes na nossa ordem jurídica são hoje de fonte comunitária.

---

[*] *ROA* 66 (2006) 517-546.

[1] Cf. ISABEL DE MAGALHÃES COLLAÇO [1963: 7].

[2] De alcance discutível, mas entendida pelos órgãos comunitários como uma atribuição de competência legislativa genérica – ver LIMA PINHEIRO [2003: 333 e segs.].

68   *Estudos de Direito Internacional Privado*

Os regimes internacionais e comunitários prevalecem sobre o regime interno de reconhecimento de decisões estrangeiras, contido principalmente nos arts. 1094.° e segs. CPC[3], e, por conseguinte, o regime interno só é aplicável fora do âmbito de aplicação dos regimes supraestaduais ou na medida em que estes regimes não excluam a sua aplicação.

O presente estudo tem por objecto o regime comunitário de reconhecimento de decisões estrangeiras em matéria matrimonial e de responsabilidade paternal.

O primeiro instrumento comunitário nesta matéria foi o Reg. (CE) n.° 1347/2000, de 29/5, Relativo à Competência, ao Reconhecimento e à Execução de Decisões em Matéria Matrimonial e de Regulação do Poder Paternal em Relação a Filhos Comuns do Casal. Este Regulamento entrou em vigor em 1 de Março de 2001 (art. 46.°)[4].

Este Regulamento foi revogado pelo Reg. (CE) n.° 2201/2003, de 27/11, Relativo à Competência, ao Reconhecimento e à Execução de Decisões em Matéria Matrimonial e em Matéria de Responsabilidade Parental[5]. Este segundo Regulamento (doravante designado Regulamento em matéria matrimonial e de responsabilidade "parental") entrou em vigor em 1 de Agosto de 2004, mas, com excepção de algumas disposições instrumentais, só se tornou aplicável a partir de 1 de Março de 2005.

O art. 63.° do Regulamento em matéria matrimonial e de responsabilidade "parental" foi entretanto alterado pelo Reg. (CE) n.° 2116/2004, de 2/12[6].

I. ÂMBITO DE APLICAÇÃO DO REGULAMENTO

Quanto ao seu *âmbito material de aplicação*, o Regulamento em matéria matrimonial e de responsabilidade "parental" regula o reconhecimento de decisões de divórcio, separação de pessoas e bens ou anulação do casamento, bem como de decisões em matéria de responsabilidade "parental" (art. 1.°/1)[7].

---

[3] Ver LIMA PINHEIRO [2002 § 97].

[4] Sobre os antecedentes deste Regulamento ver LIMA PINHEIRO [2002 § 85].

[5] *JOCE* L 338/1, de 23/12/2003.

[6] *JOCE* L 367/1, de 14/12/2004.

[7] O Regulamento aplica-se também à execução de decisões sobre custas de processos instaurados ao abrigo do regulamento (art. 49.°).

A expressão "responsabilidade parental" constitui uma tradução, a meu ver menos feliz, das expressões "responsabilité parentale" e "parental responsibility" que constam das versões francesa e inglesa. Em língua portuguesa, o adjectivo "parental" significa "relativo a parente", ao passo que nos idiomas francês e inglês "parentale" e "parental" significam "relativo ao pai e à mãe". A tradução correcta seria, pois, "responsabilidade paternal".

No que toca ao *âmbito espacial de aplicação*, o Regulamento regula as decisões proferidas por tribunais de Estados-Membros (art. 21.º/1), com excepção da Dinamarca (art. 2.º/3).

No que se refere ao seu *âmbito temporal de aplicação*, o Regulamento só regula, em princípio, o reconhecimento de decisões proferidas em acções intentadas depois da sua data de aplicação (art. 64.º/1).

Admite-se, porém, a aplicação do regime do Regulamento a decisões proferidas em acções intentadas antes da data da aplicação deste Regulamento, nos seguintes casos (art. 64.º/2 a 4):

– as decisões proferidas após a data de aplicação do Regulamento, na sequência de processos instaurados antes dessa data, mas após a data de entrada em vigor do Reg. n.º 1347/2000, são reconhecidas e executadas ao abrigo do Regulamento, sempre que a competência do tribunal de origem se tenha fundamentado em critérios conformes com os estabelecidos pelo Regulamento, pelo Reg. n.º 1347/2000 ou por uma Convenção em vigor entre o Estado-Membro de origem e o Estado-Membro requerido aquando da instauração da acção;

– as decisões proferidas antes da data de aplicação do Regulamento, na sequência de processos intentados após a data de entrada em vigor do Reg. n.º 1347/2000, são reconhecidas e executadas ao abrigo do regime do Regulamento desde que sejam abrangidas pelo Reg. n.º 1347/2000, i.e., as relativas ao divórcio, à separação ou à anulação do casamento ou à responsabilidade "parental" de filhos comuns no âmbito de uma acção de natureza matrimonial;

– as decisões proferidas antes da data de aplicação do Regulamento, mas após a data de entrada em vigor do Reg. n.º 1347/2000, na sequência de processos instaurados antes da entrada em vigor do Reg. n.º 1347/2000, são reconhecidas e executadas ao abrigo do Regulamento, desde que sejam abrangidas pelo Reg. n.º 1347/2000

70   Estudos de Direito Internacional Privado

e que a competência do tribunal de origem se tenha fundamentado em critérios conformes com os estabelecidos pelo Regulamento, pelo Reg. n.° 1347/2000 ou por uma Convenção em vigor entre o Estado-Membro de origem e o Estado-Membro requerido aquando da instauração da acção.

O Regulamento em matéria matrimonial e de responsabilidade "parental" é aplicável ao reconhecimento das *decisões proferidas, em matérias civis, por autoridades judiciais ou administrativas* de outro Estado-Membro que sejam competentes na matéria (arts. 1.°/1 e 2.°/1)[8].

Como o Regulamento se reporta a decisões de autoridades, deve entender-se que, à semelhança do que se verificava com o Reg. n.° 1347/ /2000[9], estão excluídas as decisões proferidas em processos de natureza puramente religiosa[10]. No entanto, é assinalado mais adiante que o regime de reconhecimento do Regulamento se aplica, em princípio, às decisões de anulação proferidas pelos tribunais eclesiásticos em conformidade com as normas das Concordatas celebradas por Portugal, Itália, Espanha e Malta com a Santa Sé (art. 63.°/2 a 4).

Este regime de reconhecimento também não é aplicável aos divórcios privados, que não constituem decisões[11]. A eficácia destes divórcios depende, em primeira linha, da lei competente[12].

O Regulamento só abrange o reconhecimento das decisões positivas de divórcio, separação de pessoas e bens e anulação de casamento, i.e., daquelas que tenham decretado o divórcio ou separação ou anulado o casamento (art. 2.°/4)[13].

Para justificar esta limitação o Relatório de ALEGRÍA BORRÁS (relativo à Convenção que esteve na base do Reg. n.° 1347/2000) invoca que,

---

[8] Ver também Considerando n.° 7 e Proposta da Comissão [COM (2002) 222 final/2], 6.

[9] Cf. Considerando n.° 9 e ALEGRÍA BORRÁS [n.° 20].

[10] Neste sentido, BARATTA [2004: 167], CALVO CARAVACA/CARRASCOSA GONZALEZ/CASTELLANOS RUIZ [2005: 132] e SPELLENBERG [2005 Art 21 EheGVO n.° 9].

[11] Cf. BONOMI [2001: 341] e SPELLENBERG [2005 Art 21 EheGVO n.° 9].

[12] Ver LIMA PINHEIRO [2002 § 97 B].

[13] Ver ainda Considerando n.° 8, BARATTA [2004: 187], THOMAS/PUTZO/HÜßTEGE [2005 EuEheVO Vorbem Art. 21 n.° 1], SPELLENBERG [2005 Art. 21 EheGVO n.os 20 e segs.] e, relativamente ao Reg. n.° 1347/2000, ALEGRÍA BORRÁS [n.° 60]. Cp. CALVO CARAVACA/CARRASCOSA GONZALEZ/CASTELLANOS RUIZ [2005: 132].

segundo o mandato conferido ao grupo encarregado de preparar a Convenção, esta deveria facilitar o reconhecimento das decisões de divórcio, separação e anulação do casamento[14]. A verdadeira razão, porém, parece residir no receio dos países escandinavos de que o reconhecimento de decisões baseadas em leis estrangeiras mais restritivas pudesse prejudicar o direito ao divórcio consagrado pelas suas legislações internas[15]. Não sendo a decisão negativa proferida num Estado-Membro reconhecida noutro Estado-Membro cujos tribunais são internacionalmente competentes para o divórcio, abre-se a possibilidade de ser proposta uma nova acção neste Estado-Membro[16].

Além disso, o reconhecimento só tem por objecto a dissolução do vínculo matrimonial, e já não as suas consequências económicas ou de outro tipo, designadamente quanto aos bens do casal e à obrigação alimentar[17].

O Regulamento também se aplica ao reconhecimento das decisões em matéria de responsabilidade "parental", que inclui todas as decisões de autoridades que confiram direitos e obrigações relativamente à pessoa ou aos bens de uma criança, incluindo as medidas de protecção da criança, o direito de guarda e o direito de visita[18].

No que se refere aos bens da criança, este Regulamento só é aplicável às medidas de protecção da criança. As medidas relativas aos bens da criança não relacionadas com a sua protecção estão submetidas ao Reg. (CE) n.º 44/2001, de 22/12/2000, Relativo à Competência Judiciária, ao Reconhecimento e à Execução de Decisões em Matéria Civil e Comercial (doravante designado Regulamento em matéria civil e comercial)[19].

O Regulamento não é aplicável às medidas tomadas na sequência de infracções penais cometidas por crianças (art. 1.º/3/g).

Por "direito de guarda" entende-se os direitos e as obrigações relativos aos cuidados devidos à criança e, em particular, o direito de decidir sobre o lugar da sua residência (art. 2.º/9). Talvez fosse mais curial falar de "direito de custódia".

---

[14] Cf. ALEGRÍA BORRÁS [n.º 60].

[15] Cf. ANCEL/MUIR WATT [2001: 436].

[16] Ver ainda, em sentido crítico, GAUDEMET-TALLON [2001: 406].

[17] Cf. Considerando n.º 8 e ALEGRÍA BORRÁS [n.os 22 e 64].

[18] Cf. Considerandos n.os 5 e 7.

[19] Cf. Considerando n.º 9. Sobre este Regulamento ver LIMA PINHEIRO [2002: 268 e segs.].

Por "direito de visita" entende-se nomeadamente o direito de levar uma criança, por um período limitado, para um lugar diferente do da sua residência habitual (art. 2.º/10).

Quanto ao reconhecimento do *efeito constitutivo* (efeito constitutivo, modificativo e extintivo de situações jurídicas) a situação é semelhante à que se verifica perante o Regulamento em matéria civil e comercial[20]. O Regulamento em matéria matrimonial e de responsabilidade "parental" determina mesmo expressamente que o reconhecimento de uma decisão não pode ser recusado com o fundamento de a lei do Estado-Membro requerido não permitir o divórcio, a separação de pessoas e bens ou a anulação com base nos mesmos factos (art. 25.º). A expressão "lei do Estado-Membro" inclui tanto o Direito material como o Direito de Conflitos[21].

Daqui decorre que o reconhecimento do efeito constitutivo não depende da lei competente, o que é criticável[22]. Por exemplo, a dissolução do casamento operada por uma sentença de divórcio proferida noutro Estado-Membro pode ser reconhecida em Portugal mesmo que o divórcio não seja reconhecido pela ordem jurídica competente segundo o Direito de Conflitos português (designadamente a lei da nacionalidade comum dos cônjuges – art. 55.º CC).

No entanto, nada obsta a que uma decisão que não satisfaz as condições de reconhecimento estabelecidas pelo Regulamento possa produzir o seu efeito constitutivo segundo a lei competente. Com efeito, deve entender-se que o Regulamento não obsta à invocação do regime interno quando for mais favorável ao reconhecimento[23].

II. RELAÇÕES COM OUTROS INSTRUMENTOS

O Regulamento em matéria matrimonial e de responsabilidade "parental" prevalece quanto a decisões proferidas por tribunais de Estados-

---

[20] Cf. KROPHOLLER [2004: 662 e seg.].

[21] Cf. ALEGRÍA BORRÁS [n.º 76], THOMAS/PUTZO/HÜBTEGE [2005 EuEheVO Art. 25 n.º 2] e SPELLENBERG [2005 Art 25 EheGVO n.º 5].

[22] Ver LIMA PINHEIRO [2002 § 97 A].

[23] Sobre o regime interno aplicável ao efeito constitutivo, ver LIMA PINHEIRO [2002: 334 e segs.].

-Membros sobre a Convenção da Haia Relativa à Competência das Autoridades e à Lei Aplicável em Matéria de Protecção de Menores (1961), a Convenção da Haia sobre o Reconhecimento dos Divórcios e Separações de Pessoas (1970) e a Convenção Europeia sobre o Reconhecimento e a Execução das Decisões Relativas à Guarda de Menores e Sobre o Restabelecimento da Guarda de Menores (1980)[24], na medida em que estas Convenções se refiram a matérias reguladas pelo Regulamento (art. 60.°).

No que se refere às relações com a Convenção da Haia Relativa à Competência, à Lei Aplicável, ao Reconhecimento, à Execução e à Cooperação em Matéria de Poder Paternal e de Medidas de Protecção de Menores (1996), o Regulamento é aplicável ao reconhecimento e à execução de uma decisão proferida pelo tribunal de outro Estado-Membro quer a criança resida habitualmente no território de um Estado-Membro ou de um Estado terceiro parte nesta Convenção (art. 61.°)[25].

Uma regulação comunitária do reconhecimento de decisões em matéria de dissolução do casamento coloca problemas de compatibilidade com os *tratados internacionais celebrados entre alguns Estados-Membros e a Santa Sé* com respeito à dissolução dos casamentos católicos. Estes tratados contêm regras sobre o reconhecimento das decisões dos tribunais eclesiásticos e, no caso da Concordata celebrada com Portugal em 1940, também uma regra de competência exclusiva dos tribunais eclesiásticos relativamente a certos modos de dissolução.

O Regulamento determina que a sua aplicação não prejudica a Concordata de 1940 entre a Santa Sé e Portugal (art. 63.°/1). O art. 25.° desta Concordata atribuía aos tribunais eclesiásticos competência exclusiva para conhecer da nulidade do casamento católico e da dispensa do casamento rato e não consumado. Em conformidade com este preceito, o art. 1625.° CC determina que o conhecimento das causas respeitantes à nulidade do casamento católico e à dispensa do casamento rato e não consumado é reservado aos tribunais e às repartições eclesiásticas competentes. Por conseguinte, os tribunais portugueses só reconhecerão decisões de anu-

---

[24] Para referir apenas as que estão em vigor na ordem jurídica portuguesa. Sobre a referida Convenção da Haia de 1961, ver LIMA PINHEIRO – *Direito Internacional Privado*, vol. II – *Direito de Conflitos. Parte Especial*, 2.ª ed., Almedina, Coimbra, 2002, 59 e segs. Sobre a referida Convenção da Haia de 1970, ver LIMA PINHEIRO [2002: 325 e segs.].

[25] Ver ainda BARATTA [2004: 168 e seg.].

lação dos casamentos concordatários que sejam proferidas por tribunais eclesiásticos[26].

As decisões de anulação proferidas por tribunais eclesiásticos em conformidade com as normas da Concordata são reconhecidas nos Estados-Membros nas condições estabelecidas para a generalidade das decisões judiciais e administrativas (art. 63.°/2). O mesmo se verifica com as decisões de anulação proferidas em conformidade com as normas da Concordata entre a Santa Sé e a Itália (1929), o Acordo de 1929 entre a Santa Sé e a Espanha e o Acordo de 1993 entre a Santa Sé e Malta (art. 63.°/3 com a redacção dada pelo Reg. CE n.° 2116/2004)[27].

Não obstante, o reconhecimento destas decisões em Espanha, Itália, ou Malta pode ficar sujeito aos mesmos procedimentos e verificações que sejam aplicáveis a decisões proferidas por tribunais eclesiásticos de acordo com os tratados internacionais celebrados com a Santa Sé (art. 63.°/4 com a redacção dada pelo Reg. CE n.° 2116/2004).

Uma vez que o Regulamento não obsta à invocação do regime interno quando for mais favorável ao reconhecimento, as decisões de anulação proferidas em conformidade com as normas da Concordata beneficiam em Portugal do regime de reconhecimento automático incondicionado ainda estabelecido pela lei portuguesa, mesmo quanto ao valor como título de registo (art. 1626.°/1 CC e art. 7.°/3 C. Reg. Civil).

A Concordata de 1940 foi entretanto substituída por uma nova Concordata entre Portugal e a Santa Sé. Talvez porque o art. 25.° da Concordata de 1940, e os arts. 1625.° e segs. CC, suscitaram dúvidas quanto à sua constitucionalidade[28], a nova Concordata de 2004 estabelece um regime diferente. Por um lado, a nova Concordata não atribui, pelo menos expres-

---

[26] Cf. ALEGRÍA BORRÁS [n.° 120].

[27] Apesar de o sentido literal do art. 63.°/2 parecer inequívoco, alguns autores têm defendido que são as decisões dos tribunais portugueses, italianos, espanhóis ou malteses que declaram executória ou confirmam as decisões eclesiásticas que são objecto de reconhecimento – ver SPELLENBERG [2005 Art. 21 EheGVO n.os 13 e 15], com mais referências. Neste sentido faz-se valer que só então as decisões eclesiásticas obtêm eficácia civil e que não faz sentido obrigar os outros Estados-Membros a reconhecer uma decisão concordatária antes de esta decisão ser eficaz no Estado-Membro parte na Concordata e mesmo que o não possa ser.

[28] Ver GOMES CANOTILHO/VITAL MOREIRA – *Constituição da República Portuguesa Anotada*, 3.ª ed., Coimbra, 1993, 221, art. 36.° an. IV, e PAULA COSTA E SILVA [2004: 23 e segs. e 45 e segs.].

samente, competência exclusiva aos tribunais eclesiásticos. Por outro, veio admitir que o reconhecimento dos efeitos civis na ordem jurídica interna fique dependente de revisão e confirmação. Com efeito, nos termos do art. 16.º da Concordata de 2004, as decisões relativas à nulidade e à dispensa pontifícia do casamento rato e não consumado pelas autoridades eclesiásticas competentes, verificadas pelo órgão eclesiástico de controlo superior, produzem efeitos civis, a requerimento de qualquer das partes, após revisão e confirmação, nos termos do Direito português, pelo competente tribunal do Estado (n.º 1). O n.º 2 do mesmo artigo define as condições de reconhecimento.

Creio, porém, que não basta a alteração do preceito concordatário para que se modifique o regime de reconhecimento aplicável às decisões proferidas por tribunais eclesiásticos em conformidade com as normas da Concordata.

Em primeiro lugar, quem admita a constitucionalidade dos arts. 1626.º/1 CC e 7.º/3 C. Reg. Civ. poderá entender que, enquanto estas normas não forem alteradas, tais decisões continuarão a beneficiar em Portugal do regime de reconhecimento automático incondicionado dos seus efeitos[29]. Na verdade, parece que o sentido do art. 16.º da Concordata de 2004 é o de obrigar o Estado português a reconhecer, sob certas condições, as decisões em causa; o preceito não obsta a que o Direito interno português estabeleça um regime de reconhecimento mais favorável.

Por outro lado, mesmo que estas normas sejam consideradas inconstitucionais, ou venham a ser alteradas, para que tais decisões fiquem sujeitas e revisão e confirmação quanto ao reconhecimento dos seus efeitos enquanto actos jurisdicionais é ainda necessário rever o Regulamento no sentido de estender o disposto no art. 63.º/4 ao reconhecimento destes efeitos em Portugal[30]. Caso contrário, continuará a aplicar-se o regime de reconhecimento automático estabelecido pelo Regulamento, por força do art. 63.º/2.

---

[29] Em sentido contrário, Jorge DUARTE PINHEIRO – *Direito da Família e das Sucessões*, vol. I, 2.ª ed., Lisboa, 2005, 273.

[30] Em sentido diferente, HELENA BRITO [2005: 354].

III. RECONHECIMENTO AUTOMÁTICO E DECLARAÇÃO DE EXE-CUTORIEDADE

O art. 21.º estabelece o princípio do *reconhecimento automático*: as decisões proferidas num Estado-Membro são reconhecidas nos outros Estados-Membros sem necessidade de recurso a qualquer procedimento (n.º 1).

O reconhecimento automático estende-se ao valor como *título de registo* do estado civil das decisões em matéria de divórcio, separação de bens ou anulação do casamento de que já não caiba recurso segundo a lei do Estado-Membro de origem (n.º 2)[31].

A palavra "recurso" utilizada neste preceito tem o significado de recurso ordinário[32]. Quanto ao conceito relevante de recurso ordinário deve atender-se ao entendimento seguido relativamente aos arts. 37.º e 46.º/1 do Regulamento em matéria civil e comercial[33].

Isto não exclui que o reconhecimento seja invocado a *título principal ou incidental* num processo judicial.

O Regulamento determina que qualquer parte interessada pode pedir uma declaração judicial de reconhecimento ou de não reconhecimento aplicando-se neste caso o procedimento estabelecido para a declaração de executoriedade (art. 21.º/3). Contudo, em matéria de direito de visita e ou de regresso da criança não se admite o pedido de declaração de não reconhecimento (arts. 41.º/1 e 42.º/1)[34].

O interesse na declaração judicial de reconhecimento pode, por exemplo, decorrer de divergências entre os órgãos de aplicação do Direito do Estado de reconhecimento sobre a eficácia da decisão estrangeira ou da negação desta eficácia por uma das partes do casamento. Podem ser titulares deste interesse não só as partes do casamento mas também terceiros que sejam sujeitos de relações jurídicas que dependam da existência ou inexistência do casamento (tais como filhos e herdeiros) e o Ministério Público nos Estados em que tem legitimidade para intervir nestes processos (designadamente, em Portugal, com respeito às decisões de anulação do casamento)[35].

---

[31] Cf. ALEGRÍA BORRÁS [n.º 63].

[32] Cf. ALEGRÍA BORRÁS [n.º 63].

[33] Ver LIMA PINHEIRO [2002: 309].

[34] Ver também Proposta da Comissão [COM (2002) 222 final/2], 15.

[35] Ver também THOMAS/PUTZO/HÜBTEGE [2005 EuEheVO Art. 22 n.º 7] e SPELLEN-BERG [Art. 21 EheGVO n.º 85].

O reconhecimento também pode ser invocado a título incidental, i.e., como excepção de caso julgado ou na decisão de uma questão prévia num outro processo. Neste caso é competente o tribunal perante o qual o reconhecimento é invocado (art. 21.°/4).

Por exemplo, na contestação de uma acção principal de anulação do casamento com fundamento em casamento anterior não dissolvido o réu invoca uma decisão de divórcio.

O Regulamento dispõe sobre a *atribuição de força executiva* às decisões proferidas num Estado-Membro sobre o exercício da responsabilidade "parental" (art. 28.°). Este regime também é aplicável às decisões sobre custas de processos instaurados ao abrigo do Regulamento (art. 49.°). As decisões em matéria de divórcio, separação de bens ou anulação do casamento não têm um conteúdo susceptível de execução e, por isso, não suscitam um problema de atribuição de força executiva.

A atribuição de força executiva depende, em regra, de um processo prévio. É necessária uma *declaração de executoriedade*. O regime aplicável é semelhante ao das Convenções de Bruxelas e de Lugano sobre a Competência Judiciária e a Execução de Decisões em Matéria Civil e Comercial (doravante designadas Convenção de Bruxelas e Convenção de Lugano).

Constituem requisitos específicos da declaração de executoriedade que a decisão tenha *força executiva* no Estado-Membro de origem e que tenha sido notificada (art. 28.°/1).

A declaração de executoriedade pode ser requerida por qualquer parte interessada (art. 28.°/1) e segue os termos dos arts. 30.° e segs. Têm legitimidade para requerer a declaração de executoriedade não só as partes do casamento, mas também a criança, o tutor ou a pessoa a quem a criança esteja confiada[36]. O Ministério Público ou autoridade similar também é "*parte interessada*" nos Estados em que tem legitimidade para intervir nestes processos[37], como é o caso de Portugal.

É um processo sumário não contraditório em que nem a parte requerida nem a criança podem apresentar observações (art. 31.°/1). Mas qualquer das partes pode interpor recurso da decisão sobre o pedido de declaração de executoriedade (art. 33.°/1).

---

[36] Cf. THOMAS/PUTZO/HÜßTEGE [2005 EuEheVO Art. 28 n.° 3].

[37] Cf. ALEGRÍA BORRÁS [n.° 80].

A principal diferença relativamente ao Regulamento em matéria civil e comercial consiste no exame dos fundamentos de recusa de reconhecimento no primeiro estádio do processo (art. 31.º/2), ao passo que aquele Regulamento apenas admite a verificação dos fundamentos de recusa de reconhecimento no recurso da decisão sobre a executoriedade (art. 45.º/1)[38].

A atribuição de força executiva é parcial quando a decisão se tenha pronunciado sobre vários aspectos do pedido e a execução só possa ser autorizada quanto a uma parte e quando o requerente o tenha pedido (art. 36.º).

O requerimento da declaração de executoriedade deve ser apresentado ao tribunal identificado na lista publicada pela Comissão no Jornal Oficial da União Europeia (arts. 29.º/1 e 68.º)[39]. Em Portugal, é competente para o efeito o Tribunal de Comarca ou o Tribunal de Família e Menores.

O *recurso* da decisão proferida sobre o pedido de declaração de executoriedade é interposto no tribunal identificado na lista publicada pela Comissão no Jornal Oficial da União Europeia (arts. 33.º/2 e 68.º)[40]. Em Portugal, é competente para o efeito o Tribunal da Relação.

O recurso é tratado segundo as regras do processo contraditório (art. 33.º/3). Se o recurso é interposto pelo requerente da declaração de executoriedade, a parte contra a qual a execução é requerida deverá ser notificada para comparecer perante o tribunal de recurso. Se essa pessoa não comparecer, é aplicável o disposto no artigo 18.º (n.º 4).

No que toca a decisões sobre o *direito de visita* e sobre o *regresso da criança*, o Regulamento determina a atribuição de força executiva independentemente de qualquer processo prévio (arts. 40.º e segs.).

As decisões sobre o regresso da criança são as referidas no art. 11.º/1: decisões pedidas pelos titulares do direito de guarda, com base na Convenção da Haia Sobre os Aspectos Civis do Rapto Internacional de Crianças (1980), a fim de obterem o regresso de uma criança que tenha sido ilicitamente deslocada ou retida num Estado-Membro que não seja o da sua residência habitual imediatamente antes da deslocação ou retenção ilícitas[41].

---

[38] Ver LIMA PINHEIRO [2002 § 94 H].
[39] 2005/C 40/02 [*JOCE* C 40/2, de 17/2/2005].
[40] 2005/C 40/02 [*JOCE* C 40/2, de 17/2/2005].
[41] Ver Considerando n.º 17.

O Reconhecimento de Decisões Estrangeiras em Matéria Matrimonial... 79

Nestas matérias, as decisões executórias no Estado-Membro de origem gozam de força executiva nos outros Estados-Membros sem necessidade de declaração de executoriedade e sem que seja possível contestar o seu reconhecimento (arts. 41.º/1 e 42.º/1).

Para que as decisões sobre direito de visita e sobre regresso da criança gozem de força executiva automática é necessário que o tribunal do Estado de origem as homologue através da emissão de uma *certidão* utilizando o formulário constante do anexo III (no caso do direito de visita) ou do anexo IV (no caso do regresso da criança) (arts. 41.º/2 e 42.º/2).

O tribunal de origem só deve emitir esta certidão caso se verifiquem determinados pressupostos, que são em parte comuns e em parte específicos.

São dois os pressupostos comuns.

Primeiro, *que a criança tenha tido a oportunidade de ser ouvida*, excepto se for considerada inadequada uma audição, em função da sua idade ou grau de maturidade (arts. 41.º/2/c e 42.º/2/a).

Segundo, *que as partes tenham tido a oportunidade de ser ouvidas* (art. 41.º/2/b, sublinhando que se trata de "todas as partes", e art. 42.º/2/b).

É pressuposto específico da certidão relativa ao direito de visita que a parte revel, se não tiver sido notificada do acto que determinou o início da instância ou acto equivalente, tenha aceitado a decisão de forma inequívoca (art. 41.º/2/a). O legislador comunitário entendeu que o problema não se coloca em relação ao regresso da criança, tendo em conta a sua natureza e o mecanismo de cooperação previsto no Capítulo IV[42].

É pressuposto específico da certidão relativa ao regresso da criança que o tribunal, ao pronunciar-se, tenha tido em conta a justificação e as provas em que assentava a decisão pronunciada ao abrigo do art. 13.º da Convenção da Haia de 1980 (art. 42.º/2/c).

O titular da responsabilidade parental pode requerer o reconhecimento e a declaração de executoriedade de decisões que não beneficiem de certificação (art. 40.º/2)[43].

Se o direito de visita se referir a uma situação que tenha, desde que a decisão foi proferida, um carácter transfronteiriço, a certidão é emitida oficiosamente, logo que a decisão se torne executória, mesmo que proviso-

---

[42] Cf. Proposta da Comissão [COM (2002) 222 final/2], 17.
[43] Cf. Proposta da Comissão [COM (2002) 222 final/2], 18.

80 *Estudos de Direito Internacional Privado*

riamente. Se a situação adquirir o carácter transfronteiriço apenas posteriormente, a certidão é emitida a pedido de uma das partes (art. 41.º/3).

No que toca ao regresso da criança, o tribunal de origem deve emitir a certidão por sua própria iniciativa (art. 42.º/2/§ 3.º). Se o tribunal ou qualquer outra autoridade tomarem medidas para garantir a protecção da criança após o seu regresso ao Estado-Membro onde reside habitualmente, essas medidas deverão ser especificadas na certidão (art. 42.º/2/§ 2.º).

A certidão é redigida na língua da decisão (arts. 41.º/2/§ 2.º) e 42.º/2/§ 4.º).

A emissão de uma certidão nos termos do art. 41.º/1 ou do art. 42.º/1 não é susceptível de recurso independente (art. 43.º/2)[44]. Só pode dar origem a uma acção de rectificação em caso de erro material, ou seja, quando a certidão não reflicta correctamente o conteúdo da decisão[45]. A legislação do Estado-Membro de origem é aplicável à rectificação da certidão (art. 43.º/1). Parece que isto não exclui que no Estado de reconhecimento possam ser accionados os meios de oposição à execução que também são oponíveis a uma decisão interna com o mesmo conteúdo (art. 47.º)[46].

A parte que requer a execução de uma decisão deve apresentar (art. 45.º/1):

a) Uma cópia dessa decisão, que satisfaça os requisitos de autenticidade necessários; e

b) A certidão referida no art. 41.º/1 ou no art. 42.º/1.

Para este efeito, a certidão referida no art. 41.º/1 deve ser acompanhada de uma tradução do ponto 12 relativo às disposições respeitantes ao exercício do direito de visita e a certidão referida no art. 42.º/1 deve ser acompanhada de uma tradução do ponto 14 relativo às disposições sobre as medidas tomadas para assegurar o regresso da criança. A tradução é feita para a língua ou para uma das línguas oficiais do Estado-Membro de execução ou para qualquer outra língua que este tenha declarado aceitar. A tradução deve ser autenticada por uma pessoa habilitada para esse efeito num dos Estados-Membros (art. 45.º/2).

Os tribunais do Estado-Membro de execução podem adoptar "disposições práticas" para o exercício do direito de visita quando as disposições

---

[44] Cf. Proposta da Comissão [COM (2002) 222 final/2], 18.

[45] Cf. Considerando n.º 24.

[46] Neste sentido, THOMAS/PUTZO/HÜßTEGE [2005 EuEheVO Art. 43 n.os 1/2].

necessárias não tenham sido previstas ou não tenham sido suficientemente previstas na decisão proferida pelos tribunais competentes para conhecer do mérito e desde que os elementos essenciais dessa decisão sejam respeitados (art. 48.º/1). Estas "disposições práticas" deixam de ser aplicáveis no caso de uma decisão posterior dos tribunais competentes para conhecer do mérito vir regular o ponto (art. 48.º/2).

IV. CONDIÇÕES DE RECONHECIMENTO

Os arts. 22.º e 23.º definem as *condições de reconhecimento* por forma negativa, como "fundamentos de não reconhecimento".

O requerimento de declaração de executoriedade só pode ser indeferido com os mesmos fundamentos (art. 31.º/2).

No entanto, há *pressupostos da declaração de executoriedade* que são impostos por razões de coerência intrassistemática: que se trate de uma decisão na acepção relevante para o Regulamento (art. 2.º/4), que o objecto da decisão caia dentro do âmbito material de aplicação do Regulamento (art. 1.º) e que a decisão tenha força executiva e tenha sido notificada no Estado-Membro de origem (art. 28.º)[47]. Os dois primeiros pressupostos também condicionam a declaração de reconhecimento.

Quanto à questão de saber se os *fundamentos de recusa de reconhecimento* são de conhecimento oficioso, poderia pensar-se na transposição da controvérsia suscitada pela Convenção de Bruxelas para o âmbito do Regulamento[48]. No entanto, em matéria familiar justifica-se que todos os fundamentos de não reconhecimento sejam, em princípio, de conhecimento oficioso[49]. Não se estranha, por isso, que esta solução se depreenda do n.º 2 do art. 31.º do Regulamento[50].

Houve a preocupação de reduzir os fundamentos de não reconhecimento ao "mínimo necessário", por se entender que o reconhecimento e a

---

[47] Ver, em sentido convergente, THOMAS/PUTZO/HÜßTEGE [2005 EuEheVO Art. 31 n.º 3].

[48] Ver LIMA PINHEIRO [2002 § 94 H].

[49] No mesmo sentido, em resultado, JÄNTERÄ-JAREBORG [1999: 22], MOSCONI [2001: 551], KROPHOLLER [2002 Einl n.º 129] e THOMAS/PUTZO/HÜßTEGE [2005 EuEheVO Art. 21 n.º 2].

[50] Ver também BARATTA [2004: 193].

"execução" das decisões proferidas pelos tribunais de outros Estados-Membros assentam no "princípio da confiança mútua"[51].

São os seguintes os fundamentos de recusa de reconhecimento de decisões em matéria matrimonial (art. 22.°).

Primeiro, se *o reconhecimento for manifestamente contrário à ordem pública do Estado-Membro requerido* (a). Trata-se obviamente da ordem pública internacional e não da ordem pública interna. A jurisprudência do TCE sobre este fundamento de recusa de reconhecimento, perante a Convenção de Bruxelas, deve valer igualmente para a interpretação deste preceito[52].

Como já se assinalou, o art. 25.° determina que o reconhecimento não pode ser recusado com o fundamento de a lei do Estado-Membro requerido não permitir o divórcio, a separação de pessoas e bens ou a anulação do casamento com base nos mesmos factos, à semelhança do que se verifica com a Convenção da Haia sobre o Reconhecimento dos Divórcios e Separações de Pessoas.

Deverá este preceito ser entendido no sentido de não se poder invocar a ordem pública internacional quando factos idênticos não permitiriam o divórcio, a separação ou a anulação do casamento no Estado de reconhecimento[53]? Isto neutralizaria praticamente a reserva de ordem pública internacional. Em minha opinião, o art. 25.° apenas exclui que a inadmissibilidade do divórcio, separação de pessoas e bens e anulação do casamento com base nos mesmos factos face à lei competente segundo o Direito de Conflitos do Estado de reconhecimento seja um fundamento autónomo de recusa de reconhecimento e não constitui um limite à actuação da reserva de ordem pública internacional[54].

Segundo, se *o acto que determinou o início da instância ou acto equivalente não tiver sido objecto de citação ou notificação ao requerido revel*, em tempo útil e de forma a permitir-lhe deduzir a sua defesa, excepto se estiver estabelecido que o requerido aceitou a decisão de forma inequívoca (b).

---

[51] Cf. Considerando n.° 21.

[52] Ver LIMA PINHEIRO [2002: 297 e segs.].

[53] Como parecem sugerir ALEGRÍA BORRÁS [n.os 69 e 76] e THOMAS/PUTZO/HÜßTEGE [2005 EuEheVO Art. 25 n.° 1].

[54] Neste sentido, LIMA PINHEIRO [2002: 319]. Ver, sem sentido convergente, SPELLENBERG [2005 Art 25 EheGVO n.os 3, 7 e seg.].

O requerido aceita a decisão de forma inequívoca, por exemplo, quando tenha contraído novo casamento[55]. Diferentemente do art. 34.º/2 do Regulamento em matéria civil e comercial, não basta que o requerido, tendo a possibilidade de interpor recurso da decisão, o não tenha feito[56].

Terceiro, se *a decisão for inconciliável com outra decisão proferida em processo entre as mesmas partes no Estado-Membro requerido* (c). É indiferente que a decisão proferida no Estado-Membro de reconhecimento seja anterior ou posterior à proferida no Estado de origem[57]. Também não se exige que a decisão tenha o mesmo objecto. Basta que as decisões produzam efeitos jurídicos que se excluem reciprocamente[58].

Naturalmente que não há incompatibilidade entre uma decisão estrangeira de divórcio e uma decisão interna de separação, visto que a separação pode ser considerada um estádio preliminar do divórcio. O reconhecimento já deverá ser recusado na hipótese inversa – decisão estrangeira de separação e decisão interna de divórcio –, caso em que a decisão de divórcio substitui a decisão de separação e deve também ser reconhecida no Estado de origem da decisão de separação[59]. Em minha opinião, também constitui fundamento de recusa de reconhecimento da decisão estrangeira de divórcio a existência de uma decisão interna que negue o divórcio com base nos mesmos factos[60].

Quarto, se *a decisão for inconciliável com uma decisão anteriormente proferida noutro Estado-Membro ou num país terceiro entre as mesmas partes*, desde que esta decisão reúna as condições necessárias para o reconhecimento no Estado-Membro requerido (d).

No que toca às decisões em matéria responsabilidade parental os fundamentos de recusa de reconhecimento são os seguintes (art. 23.º).

Primeiro, *a contrariedade à ordem pública internacional*, nos mesmos termos, tendo em conta o superior interesse da criança (a).

Segundo, se, excepto em caso de urgência, *a decisão tiver sido proferida sem que a criança tenha tido a oportunidade de ser ouvida*, em

---

[55] Cf. ALEGRÍA BORRÁS [n.º 70].

[56] Cf. MOSCONI [2001: 549], KROPHOLLER [2002 *Einl* n.º 132] e THOMAS/PUTZO/HÜBTEGE [2005 EuEheVO Art. 23 n.º 2].

[57] Cf. ALEGRÍA BORRÁS [n.º 71].

[58] No mesmo sentido, BARATTA [2004: 190].

[59] Cf. ALEGRÍA BORRÁS [n.º 71].

[60] No mesmo sentido, BARATTA [2004: 190]. Cp. KOHLER [2002: 239 e seg.] e THOMAS/PUTZO/HÜBTEGE [2005 EuEheVO Art. 23 n.º 3].

violação de regras processuais fundamentais do Estado-Membro requerido (b).

Sobre o direito da criança a ser ouvida deve atender-se ao art. 12.º da Convenção sobre os Direitos da Criança (Nova Iorque, 1990), que garante "à criança com capacidade de discernimento o direito de exprimir livremente a sua opinião sobre as questões que lhe respeitem, sendo devidamente tomadas em consideração as opiniões da criança, de acordo com a sua idade e maturidade". Naturalmente que a falta de audição da criança não constitui violação das regras processuais fundamentais do Estado--Membro requerido se, perante a sua lei, a criança não tem idade para ser ouvida.

Terceiro, se *o acto que determinou o início da instância ou acto equivalente não tiver sido objecto de citação ou notificação à parte revel*, em tempo útil e de forma a permitir-lhe deduzir a sua defesa, excepto se estiver estabelecido que essa pessoa aceitou a decisão de forma inequívoca (c).

Quarto, se *qualquer pessoa alegar que a decisão obsta ao exercício da sua responsabilidade "parental"*, caso a mesma tenha sido proferida sem que a essa pessoa tenha sido oferecida a possibilidade de ser ouvida (d).

Quinto, se *a decisão for inconciliável com uma decisão ulteriormente proferida em matéria de responsabilidade "parental" no Estado-Membro requerido* (e).

Sexto, se *a decisão for inconciliável com uma decisão ulteriormente proferida em matéria de responsabilidade "parental" noutro Estado--Membro ou no Estado terceiro em que a criança tenha a sua residência habitual*, desde que esta decisão posterior reúna as condições necessárias para o reconhecimento no Estado-Membro requerido (f).

Nestes casos prevalece a decisão proferida em último lugar. Isto é justificado pela natureza precária e modificável das decisões sobre poder paternal[61].

Por último, se *não tiver sido respeitado o procedimento de cooperação entre autoridades para a colocação da criança noutro Estado-Membro* (g e art. 56.º).

Não pode proceder-se ao *controlo da competência* do tribunal de origem (art. 24.º/1.ª parte). O desrespeito das próprias regras de competência do Regulamento não pode constituir fundamento de violação da ordem

---

[61] Cf. Gaudemet-Tallon [2001: 413].

pública internacional do Estado requerido (art. 24.º/2.ª parte). O estabelecimento da competência do tribunal de origem com base em fraude também não constitui fundamento de recusa de reconhecimento. Só ao tribunal de origem cabe sancionar a fraude às suas regras de competência[62].

À semelhança do que se verifica relativamente ao Regulamento em matéria civil e comercial isto é criticável quando a competência do tribunal de origem não foi estabelecida com base nos critérios definidos pelo Regulamento.

Com efeito, caso nenhum tribunal de um Estado-Membro seja competente por força dos critérios definidos no Regulamento a competência internacional é regulada pelo Direito do Estado-Membro (arts. 7.º/1 e 14.º).

O Reg. n.º 1347/2000 apenas admite que o reconhecimento seja recusado, nos casos em que nenhum tribunal de um Estado-Membro seja competente por força dos critérios definidos no Regulamento (art. 8.º), com base num acordo relativo ao reconhecimento e à execução de decisões com Estados terceiros (art. 16.º), à semelhança do que se verifica perante o art. 59.º/1 da Convenção de Bruxelas[63]. Este Regulamento diverge do Regulamento em matéria civil e comercial (art. 72.º), na medida em que não exclui a celebração de acordos deste tipo depois da sua entrada em vigor. Esta divergência afigura-se incoerente[64].

Perante a possibilidade de dúvidas sobre a competência para a celebração de acordos deste tipo, uma Declaração do Conselho esclarece que o Reg. n.º 1347/2000 "não obsta a que um Estado-Membro celebre com Estados terceiros acordos que abranjam as matérias nele tratadas, quando esses acordos não afectem o regulamento"[65].

O legislador comunitário entendeu que não era necessário incluir no Regulamento em matéria matrimonial e de responsabilidade "parental" um preceito respeitante aos acordos com países terceiros. Argumenta, neste sentido, que os acordos em vigor já são salvaguardados por força do art.

---

[62] Cp. GAUDEMET-TALLON [2001: 410] e SPELLENBERG [2005 Art 24 EheGVO n.º 4].

[63] Neste caso, contrariamente ao que se verificava com o art. 16.º/2 da Convenção Relativa à Competência, ao Reconhecimento e à Execução de Decisões em Matéria Matrimonial, o Regulamento não vincula o tribunal requerido à matéria de facto em que o tribunal do Estado de origem fundamentou a sua competência.

[64] Cf. GAUDEMET-TALLON [2001: 410].

[65] *JOCE* C 183/1, de 30/6/2000.

307.º do Tratado da Comunidade Europeia e que futuros acordos, em conformidade com a jurisprudência do TCE, só podem ser celebrados pela Comunidade na medida em que sejam susceptíveis de afectar o Regulamento ou de modificar o seu âmbito de aplicação e "prevalecerão sobre o regulamento mesmo na falta de qualquer disposição específica nesse sentido"[66].

Em minha opinião é incompreensível que o reconhecimento também não possa ser recusado, nestes casos, com base no Direito interno do Estado de reconhecimento.

O Regulamento também não admite o *controlo de mérito* da decisão (arts. 22.º, 23.º e 26.º).

A proibição do controlo de mérito não obsta a que os tribunais do Estado requerido possam produzir uma nova decisão sobre a responsabilidade parental quando se tenha produzido uma alteração das circunstâncias existentes ao tempo em que foi proferida a decisão reconhecida[67].

Por acréscimo, o reconhecimento deve depender da conformidade com o Direito Internacional Público a com Constituição, como expus noutro lugar em relação ao Regulamento em matéria civil e comercial[68].

Não se exige, para o reconhecimento, que a decisão tenha transitado em julgado.

No entanto, o tribunal do Estado-Membro ao qual seja requerido o reconhecimento *pode suspender a instância* se a decisão for objecto de recurso ordinário ou, tratando-se de decisão proferida na Irlanda ou no Reino Unido, se a execução estiver suspensa no Estado de origem em virtude da interposição de um recurso (art. 27.º).

O mesmo se verifica em recurso da decisão sobre a executoriedade, quando a decisão que se pretende executar tiver sido objecto de recurso ordinário no Estado de origem, ou se o prazo para o interpor ainda não tiver expirado, caso em que o tribunal pode fixar prazo para a interposição deste recurso (art. 35.º/1).

Neste caso, porém, o tribunal só pode suspender a instância a pedido da parte contra a qual a execução é requerida, o que é criticável, porque pode haver um interesse público e, até, um interesse do próprio requerente

---

[66] Proposta da Comissão [COM (2002) 222 final/2], 14 e seg.

[67] Cf. ALEGRÍA BORRÁS [n.º 78] e THOMAS/PUTZO/HÜßTEGE [2005 EuEheVO Art. 26 n.º 1].

[68] Ver LIMA PINHEIRO [2002: 310 e seg.].

(no caso de ter sido interposto um recurso no Estado de origem depois de requerida a declaração de executoriedade), em que o tribunal local aguarde a decisão do recurso.

Além disso, é muito discutível que, em matéria de responsabilidade "parental", o tribunal a que é pedida a declaração de executoriedade não possa, independentemente de recurso da decisão sobre a executoriedade, suspender a instância quando a decisão que se pretende executar tenha sido objecto de recurso ordinário ou quando o prazo para o interpor ainda não tenha expirado[69].

Por outro lado, é incompreensível que o art. 27.º não admita a faculdade de suspensão da instância se o prazo para interpor recurso ordinário ainda não tiver expirado. Isto tem por consequência, por exemplo, que um dos cônjuges pode celebrar um novo casamento antes de expirar o prazo de recurso contra uma decisão de anulação do casamento.

A expressão "recurso ordinário" deve ser interpretada à luz da jurisprudência anteriormente referida (*supra* III).

Na decisão sobre a suspensão da instância, o tribunal do Estado de reconhecimento deve ter em conta a probabilidade de sucesso do recurso interposto no Estado de origem[70].

V. ASPECTOS PROCESSUAIS

O tribunal *territorialmente competente* para a acção de reconhecimento ou de não reconhecimento determina-se pela lei interna do Estado--Membro em que a acção seja instaurada (art. 21.º/3/2.ª parte).

O tribunal territorialmente competente para a declaração de executoriedade é o do lugar da residência habitual da parte contra a qual a execução é requerida ou o do lugar da residência habitual da criança a que o requerimento diga respeito. Quando nenhum dos lugares de residência se situe no Estado-Membro onde a execução é requerida, o tribunal territorialmente competente determina-se pelo lugar da execução (art. 29.º/2).

A *forma de apresentação do requerimento* é regulada pela lei do Estado-Membro requerido (art. 30.º/1). "Significa isto que há que remeter

---

[69] Ver também Ancel/Muir Watt [455].

[70] Ver também Thomas/Putzo/Hüβtege [2005 EuEheVO Art. 35 n.º 3].

para as legislações nacionais no que respeita aos elementos que o requerimento deve conter, ao número de exemplares a entregar ao tribunal, à autoridade perante a qual se deve apresentar se for caso disso, à língua em que deve ser redigido e também ao que respeita a saber se é necessária a intervenção de um advogado ou de qualquer outro representante ou mandatário"[71].

O requerente deve eleger domicílio na área de jurisdição do tribunal competente. Todavia, se a lei do Estado-Membro requerido não previr a eleição de domicílio (como sucede com o Direito português), o requerente designa um mandatário *ad litem* (art. 30.º/2).

O requerimento deve ser instruído com os documentos referidos nos artigos 37.º e 39.º (art. 30.º/3).

A decisão proferida sobre o requerimento deve ser rapidamente *comunicada ao requerente* pelo funcionário do tribunal, na forma determinada pela lei do Estado-Membro requerido (art. 32.º).

O recurso da declaração de exequibilidade é interposto no prazo de um mês a contar da sua notificação. Se a parte contra a qual a execução é requerida tiver a sua residência habitual num Estado-Membro diferente daquele onde foi proferida a declaração de executoriedade, o prazo é de dois meses a contar da data em que tiver sido feita a citação pessoal ou domiciliária. Este prazo não é susceptível de prorrogação em razão da distância (art. 33.º/5).

A decisão de um tribunal de recurso só pode ser objecto de um dos *recursos* previstos na lista comunicada por cada Estado-Membro à Comissão e publicada pela Comissão no Jornal Oficial (arts. 34.º e 68.º). Em Portugal, é admitido recurso para o Supremo Tribunal de Justiça restrito à matéria de Direito[72].

O requerente que, no Estado-Membro de origem, tiver beneficiado, no todo ou em parte, de *assistência judiciária* ou de isenção de preparos e custas, beneficia, nos processos de reconhecimento e não reconhecimento e de declaração de executoriedade, da assistência judiciária mais favorável ou da isenção mais ampla prevista na lei do Estado-Membro requerido (art. 50.º).

Não pode ser exigida qualquer *caução ou depósito*, seja qual for a sua designação, à parte que, num Estado-Membro, requer a execução de uma

---

[71] ALEGRÍA BORRÁS [n.º 85].
[72] 2005/C 40/02 [*JOCE* C 40/4, de 17/2/2005].

decisão proferida noutro Estado-Membro, com base num dos seguintes fundamentos (art. 51.°):

a) Não ter residência habitual no Estado-Membro onde se requer a execução;

b) Tratar-se de um residente estrangeiro ou, quando se requeira a execução no Reino Unido e na Irlanda, não ter "domicílio" num desses Estados-Membros.

A parte que requerer ou impugnar o reconhecimento ou requerer uma declaração de executoriedade de uma decisão *deve apresentar os seguintes documentos* (arts. 37.°/1 e 39.°):

a) Uma cópia dessa decisão que satisfaça os necessários requisitos de autenticidade; e

b) A certidão passada pelo tribunal ou autoridade competente do Estado-Membro de origem utilizando o formulário constante do anexo I (decisões sobre questões matrimoniais) ou do anexo II (decisões sobre responsabilidade "parental").

Além disso, em caso de decisão à revelia, a parte que pede o reconhecimento ou uma declaração de exequibilidade deve apresentar (art. 37.°/2):

a) O original ou uma cópia autenticada do documento que ateste que a petição inicial ou um acto equivalente foi objecto de citação ou notificação à parte revel; ou

b) Um documento que indique a aceitação inequívoca da decisão pelo requerido.

A prova da aceitação da decisão pelo requerido pode ser feita por documento particular[73].

Na falta de apresentação dos documentos referidos no n.° 1, alínea b), ou no n.° 2 do artigo 37.°, o tribunal pode conceder um prazo para a sua apresentação, aceitar documentos equivalentes ou, caso se considere suficientemente esclarecido, dispensar a sua apresentação (art. 38.°/1).

---

[73] Ver também THOMAS/PUTZO/HÜßTEGE [2005 EuEheVO Art. 37 n.° 7].

Se o tribunal competente o exigir, deve ser apresentada *tradução* dos documentos. A tradução deve ser certificada por pessoa habilitada para o efeito num dos Estados-Membros (art. 38.º/2).

Não é necessária a *legalização*, ou outra formalidade análoga, no tocante aos documentos referidos nos artigos 37.º , 38.º e 45.º , ou à procuração *ad litem* (art. 52.º).

A execução das decisões continua a ser regulada pelo Direito processual interno (art. 47.º/1)[74], mas com equiparação da decisão declarada executória ou homologada a uma decisão interna (art. 47.º/2).

O Capítulo IV do Regulamento institui mecanismos de cooperação entre autoridades centrais em matéria de responsabilidade parental.

VI. RECONHECIMENTO DE ACTOS AUTÊNTICOS E PARTICULARES

O regime de reconhecimento estabelecido pelo Regulamento em matéria matrimonial e de responsabilidade "parental" é estendido aos *actos autênticos* exarados e dotados de executoriedade num Estado-Membro (art. 46.º). Por "acto autêntico" entende-se um negócio jurídico-privado formalizado num documento autêntico. Por exemplo, um acordo sobre o poder paternal aprovado por uma autoridade administrativa finlandesa.

O mesmo se aplica, diferentemente do que se verifica perante o Regulamento em matéria civil e comercial, aos "acordos entre partes" com força executória no Estado-Membro em que foram celebrados que apenas sejam formalizados em documentos particulares[75].

Daí decorre que a exequibilidade destes documentos depende, em regra, de uma declaração de executoriedade, segundo um processo sumário. Parece que em matéria de direito de visita a exequibilidade dos documentos autênticos não dependerá de declaração de executoriedade.

Diferentemente do que se verifica perante a Convenção de Bruxelas e o Regulamento em matéria civil e comercial, o Regulamento em matéria

---

[74] Cf. Considerando n.º 23.

[75] Ver também THOMAS/PUTZO/HÜßTEGE [2005 EuEheVO Art. 46 n.º 3]. Contrariamente ao defendido por estes autores, resulta expressamente do preceito que só são abrangidos os "acordos entre partes" celebrados num Estado-Membro.

O *Reconhecimento de Decisões Estrangeiras em Matéria Matrimonial...* 91

matrimonial e de responsabilidade "parental" não limita os fundamentos de recusa de declaração de executoriedade à violação da ordem pública internacional. Podem ser tidos em conta outros fundamentos, que sejam aplicáveis[76].

Observe-se que o art. 46.° deste Regulamento, divergindo da Convenção de Bruxelas e do Regulamento em matéria civil e comercial[77], parece assimilar os actos autênticos e particulares às decisões mesmo com respeito ao reconhecimento de efeitos[78]. Esta assimilação é fortemente criticável, porque se estes actos não produzem os efeitos próprios dos actos jurisdicionais, o reconhecimento automático só pode ter por objecto efeitos que normalmente dependem do Direito de Conflitos e que nada justifica submeter a um reconhecimento autónomo. De qualquer modo, o alcance desta assimilação constitui uma questão em aberto.

VII. CONSIDERAÇÕES FINAIS

Noutro lugar, formulei considerações relativamente à necessidade de uma lei de execução, bem como à caracterização e à apreciação crítica do Regulamento em matéria civil e comercial que são, no essencial, transponíveis para o Regulamento em matéria matrimonial e de responsabilidade "parental"[79].

Cabe acrescentar que as profundas divergências entre os Direitos de Conflitos dos Estados-Membros em matéria de estatuto pessoal tornam ainda mais difícil de aceitar um sistema de reconhecimento meramente formal das decisões sobre o casamento[80]. Este sistema, aliado a um leque muito amplo de critérios alternativos de competência internacional directa, permite ao interessado na dissolução do casamento a escolha do Direito de Conflitos que remete para a lei mais favorável ao resultado por si pretendido. Com efeito, o interessado na dissolução do casamento pode escolher,

---

[76] Cf. ALEGRÍA BORRÁS [n.° 61].

[77] Ver LIMA PINHEIRO [2002: 381 e seg.].

[78] Cf. ANCEL/MUIR WATT [440 e seg.].

[79] Ver LIMA PINHEIRO [2002 § 94 A e I].

[80] No mesmo sentido, ver KOHLER [2002: 236 e segs. e 244 e segs.]. Cp. PICONE [2004: 507 e segs.].

de entre as várias jurisdições nacionais competentes, aquela que aplicará a lei mais favorável à sua pretensão. Não se tutela a confiança depositada no Direito de Conflitos de um Estado-Membro, ainda que fundada na competência internacional dos seus tribunais[81].

Admito que um certo favorecimento da eficácia internacional das decisões de dissolução do casamento possa ter justificação. No entanto, entendo que este favorecimento deve ser promovido pelo Direito de Conflitos e não pelo regime de reconhecimento[82].

Também não se compreende, a não ser à luz do desígnio de reduzir ao mínimo a autonomia dos sistemas jurídicos dos Estados-Membros, a atribuição automática de força executiva a decisões proferidas noutros Estados-Membros, seja em matéria de Direito da Família, seja noutras matérias[83].

O caminho seguido pelo Regulamento em matéria matrimonial e de responsabilidade "parental" não é certamente o da coerência intrassistemática e o da justiça do Direito Internacional Privado.

BIBLIOGRAFIA

ANCEL, Bertrand e Horatia MUIR WATT
2001 – "La desunion européenne: le Règlement dit 'Bruxelles II'", *R. crit.* 90: 404-459.

BARATTA, Roberto
2004 – "Il regolamento comunitario sul diritto internazionale privato della famiglia", *in Diritto internazionale privato e diritto comunitario*, org. por Paolo Picone, 163--203, Pádua.

BONOMI, Andrea
2001 – "Il regolamento comunitario sulla competenza e sul riconoscimento in material matrimoniale e di potestà dei genitori", *RDI* 84: 298-346.

BORRÁS, ALEGRÍA
1998 – "Relatório explicativo da Convenção, elaborada com base no artigo K.3 do Tratado da União Europeia, relativa à competência, ao reconhecimento e à execução de decisões em matéria matrimonial", *JOCE* C 221/27, de 16/7/98.

BRITO, Maria HELENA
2005 – "O Regulamento (CE) do Conselho, de 27 de Novembro de 2003, relativo à competência, ao reconhecimento e à execução de decisões em matéria matrimonial

---

[81] Ver, com mais desenvolvimento, LIMA PINHEIRO [2006: 446 e segs.].
[82] Ver LIMA PINHEIRO [2002: 256 e seg.].
[83] Cp. Considerando n.º 23.

e em matéria de responsabilidade parental", *in Est. Marques dos Santos*, 305-356, Coimbra.

CALHEIROS, MANUEL

2002 – "Bruxelas II e a Concordata", *in Rechtsentwicklungen in Portugal, Brasilien und Macau*, org. por Erik Jayme e Christian Schindler, 39-46, Baden-Baden.

CARAVACA, Alfonso CALVO, Javier CARRASCOSA GONZALEZ e Esperanza CASTELLANOS RUIZ

2005 – *Derecho de Familia Internacional*, 3.ª ed., Madrid.

COLLAÇO, ISABEL DE MAGALHÃES

1963 – *Revisão de sentenças estrangeiras* (Apontamentos de alunos), Lisboa.

GAUDEMET-TALLON, Hélène

2001 – "Le Règlement n.° 1347/2000 du Conseil du 29 mai 2000: 'Compétence, reconnaissance et exécution des décisions en matière matrimoniale et en matière de responsabilité parentale des enfants communs'", *Clunet* 128: 381-431.

HUßTEGE, Rainer

2005 – "Verordnung (EG) Nr. 2201/2003 des Rates über die Zuständigkeit und die Anerkennung und Vollstreckung von Entscheidungen in Ehesachen und in Verfahren betreffend die elterliche Verantwortung und zur Aufhebung der Verordnung (EG) Nr. 1347/2000", *in Zivilprozessordnung Kommentar*, org. por Heinz THOMAS e Hans PUTZO, 27.ª ed., Munique.

JÄNTERÄ-JAREBORG, Maarit

1999 – "Marriage Dissolution in an Integrated Europe", *Yb. PIL* 1: 1-36.

KOHLER, Christian

2002 – "Libre circulation du divorce? Observations sur le règlement communautaire concernant les procédures en matière matrimoniale", *in Est. Isabel de Magalhães Collaço*, vol. I, 231-248, Coimbra.

KROPHOLLER, Jan

2002 – *Europäisches Zivilprozeßrecht. Kommentar zum EuGVO und Lugano-Übereinkommen*, 7.ª ed., Heidelberga.

2004 – *Internationales Privatrecht*, 5.ª ed., Tubinga.

MOSCONI, Franco

2001 – "Un confronto tra la disciplina del riconoscimento e dell'esecuzione delle decisioni straniere nei recenti regolamenti comunitari", *RDIPP* 37 (2001) 545-556.

PICONE , Paolo

2004 – "Diritto internazionale privato comunitario e pluralità dei metodi di coordinamento tra ordinamenti", *in Diritto internazionale privato e diritto comunitario*, org. por Paolo Picone, 485-525, Pádua.

PINHEIRO, Luís de LIMA

2002 – *Direito Internacional Privado*, vol. III – *Competência Internacional e Reconhecimento de Decisões Estrangeiras*, Almedina, Coimbra.

2003 – "Federalismo e Direito Internacional Privado", *in Estudos de Direito Internacional Privado* (2005), 331-356, Almedina, Coimbra.

2006 – "Reconhecimento autónomo de decisões estrangeiras e controlo do Direito aplicável", *in Estudos de Direito Internacional Privado*, 435-464, Almedina, Coimbra.

Silva, Paula Costa e

2004 – *A jurisdição nas relações entre Portugal e a Santa Sé (Os Regulamentos (CE) n. 1347/2000 e n. 2201/2003 e a Concordata)*, Coimbra.

Sousa, Miguel Teixeira de

2003 – *Direito Processual Civil Europeu* (Relatório policopiado), Lisboa.

Spellenberg, Ulrich

2005 – "IntVerfREhe", *in J. von Staudingers Kommentar zum Bürgerlichen Gesetzbuch, Einführungsgesetz zum Bürgerlichen Gesetzbuch/IPR*, Berlim.

DIREITO DOS ESTRANGEIROS – UMA PERSPECTIVA DE DIREITO INTERNACIONAL PRIVADO*

> SUMÁRIO: I. Noção de Direito dos Estrangeiros. II. Fontes do Direito dos Estrangeiros. III. Direito dos Estrangeiros relevante para o Direito Internacional Privado. IV. Princípio da equiparação. V. Princípio da retaliação. Inconstitucionalidade do art. 14.°/2 CC. VI. Regime privilegiado dos cidadãos dos países de língua portuguesa. Bibliografia.

I. NOÇÃO DE DIREITO DOS ESTRANGEIROS

O Direito dos Estrangeiros é tradicionalmente entendido como o conjunto de normas e princípios que definem a condição jurídica dos estrangeiros. Com mais rigor, pode dizer-se que o Direito dos Estrangeiros é o Direito material especial que tem por objecto a situação jurídica dos estrangeiros.

Historicamente o Direito dos Estrangeiros surge com um carácter discriminatório: os estrangeiros são colocados numa posição de desvantagem perante os nacionais.

Mas seria errado supor que todas as normas de Direito dos Estrangeiros estabelecem limitações ou condicionamentos ao gozo de direitos pelos estrangeiros. Casos há em que o regime especial a que são submetidos é mais favorável do que o vigente para os nacionais.

Tal pode resultar tanto do Direito Internacional Público geral, como de disposições internas. Por exemplo, quanto ao direito de indemnização dos estrangeiros titulares de bens nacionalizados a L n.° 80/77 estabeleceu

---

* *O Direito* 138 (2006) 967-983. Texto que serviu de base à comunicação apresentada no Seminário Luso-Brasileiro 2006, organizado pelo Núcleo de Estudantes Luso-Brasileiros da Faculdade de Direito de Lisboa, em Maio de 2006.

um regime especial, desenvolvido por diversos diplomas[1], que se mostrou mais favorável que o aplicável aos nacionais.

II. FONTES DO DIREITO DOS ESTRANGEIROS

O Direito dos Estrangeiros vigente na ordem jurídica portuguesa tem fontes supraestaduais e internas.

Desde logo, os estrangeiros gozam da protecção concedida pelo *Direito Internacional Público geral*[2].

O Direito Internacional Público geral obriga a que a condição jurídica dos estrangeiros seja compatível com a dignidade da pessoa humana.

Isto tem como corolários relevantes para o Direito privado:

– o reconhecimento da personalidade jurídica dos indivíduos (regra enunciada no art. 6.º da Declaração Universal dos Direitos do Homem);

– o mínimo de tutela dos seus direitos pessoais e patrimoniais;

– a não discriminação injustificada dos estrangeiros relativamente aos nacionais;

– a não discriminação injustificada entre estrangeiros – (princípio enunciado no art. 2.º da Declaração Universal dos Direitos do Homem).

Em matéria de investimento internacional assume grande importância prática o regime internacional de protecção do estrangeiro perante a expropriação dos seus bens patrimoniais[3].

Este regime releva, em princípio, no contencioso interestadual, em que o Estado, *maxime* o Estado da nacionalidade do lesado, no quadro da protecção diplomática do seu nacional, faz valer a responsabilidade internacional do Estado causador da lesão.

---

[1] Resol. n.º 51-B/77, de 28/2; DL n.º 195/79, de 29/6; DL n.º 31/80, de 6/3. Cf. OLIVEIRA ASCENSÃO – *Nacionalizações e Inconstitucionalidade*, 1988, 545 e segs.

[2] Ver JORGE MIRANDA [2004: 140 e segs.] e FAUSTO DE QUADROS [126 e segs.].

[3] Ver FAUSTO DE QUADROS [187 e segs.] e LIMA PINHEIRO [1998: 784 e segs. e 802 e seg.].

Direito dos Estrangeiros – Uma Perspectiva de Direito Internacional Privado 97

No entanto, a partir do momento em que se admite o acesso de particulares a jurisdições fundadas no Direito Internacional que podem aplicar este Direito independentemente da mediação de um sistema estadual – como é o caso da arbitragem CIRDI – parece defensável que este regime se torna, nestes casos, *directa e imediatamente aplicável aos particulares envolvidos*[4].

Quanto ao *Direito Internacional Público convencional*, há a assinalar, quanto aos *tratados multilaterais*, a Convenção de Genebra Relativa ao Estatuto dos Refugiados (1951) e diversos instrumentos em matéria de Direito do Trabalho, designadamente as Convenções da OIT n.os 19 (1925), 97 (1949) e 143 (1975) e a Convenção Europeia Relativa ao Estatuto Jurídico do Trabalhador Migrante (Estrasburgo, 1977)[5].

Importa ainda referir a incidência que as convenções em matéria de direitos fundamentais podem ter sobre o Direito dos Estrangeiros[6]. Os Estados não são obrigados a permitir a entrada de estrangeiros no seu território. Mas a partir do momento em que admitam a entrada de estrangeiros ficam obrigados não só ao mínimo de tutela imposto pelo Direito Internacional Público geral mas também a assegurar os direitos consagrados nos instrumentos internacionais a que estejam vinculados.

Estas convenções não constituem, porém, fonte do Direito dos Estrangeiros, uma vez que têm por objecto a protecção de direitos fundamentais tanto de nacionais como de estrangeiros.

Os *tratados bilaterais* são uma importante fonte de Direito dos Estrangeiros.

Há a referir, por um lado, o Tratado de Amizade, Cooperação e Consulta entre Portugal e o Brasil (2000), que entrou em vigor em 5/9/2001, e os Acordos celebrados com Cabo Verde e a Guiné-Bissau sobre o Estatuto das Pessoas e o Regime dos seus Bens (1976). Estes instrumentos são adiante examinados. Embora com interesse diminuto para o Direito Internacional Privado, podem ainda mencionar-se os Acordos Gerais sobre Migração celebrados com Cabo Verde (1976), S. Tomé e Príncipe (1978) e Guiné-Bissau (1979) e o Acordo sobre Migração Temporária celebrado com a Ucrânia (2003).

---

[4] Ver LIMA PINHEIRO [2002: 237 e segs.].
[5] Ver LIMA PINHEIRO [2002: 204 e seg.].
[6] Cf. BATIFFOL/LAGARDE [I 240 e segs.].

Por outro lado, Portugal celebrou um número elevado de acordos sobre a promoção e a protecção recíproca de investimentos, que tendem para uma certa uniformização. Geralmente estes tratados contêm as cláusulas de tratamento nacional e de nação mais favorecida e estabelecem garantias para os investidores, designadamente com respeito à expropriação e às transferências de valores relacionadas com os investimentos.

Pela cláusula de tratamento nacional (igualdade de tratamento ou assimilação) cada um dos Estados contratantes obriga-se a conceder aos investidores da outra Parte um tratamento não menos favorável do que o concedido aos seus próprios investidores. Trata-se, por conseguinte, de uma cláusula de não discriminação negativa dos estrangeiros em razão da sua qualidade. As normas de Direito dos Estrangeiros que estabeleçam limitações ou condicionamentos ao gozo de direitos por estrangeiros não devem ser aplicadas aos investidores da outra Parte contratante[7].

Pela cláusula de nação mais favorecida cada um dos Estados contratantes obriga-se a conceder aos investidores da outra Parte o tratamento mais favorável que seja concedido a investidores de terceiros Estados.

Em matéria de expropriação tem-se consagrado que os investimentos só podem ser objecto de expropriação ou nacionalização por força da lei, no interesse público, sem carácter discriminatório e mediante pronta indemnização. Determina-se ainda que a indemnização deverá corresponder ao valor de mercado que os investimentos expropriados tinham à data imediatamente anterior ao momento em que a expropriação se tornar do conhecimento público e que deverá ser "pronta, efectiva, adequada e livremente transferível". Segue-se, deste modo, a chamada "fórmula de *Hull*", que confere o direito a uma indemnização pronta, integral e efectiva[8].

O *Direito Comunitário* também tem uma incidência importante sobre o Direito dos Estrangeiros, uma vez que o Tratado que institui a Comunidade Europeia consagra o princípio da não discriminação em razão da nacionalidade dentro do seu âmbito de aplicação (art. 12.°)[9]. O âmbito de aplicação do Tratado é entendido em sentido amplo, abrangendo as normas nacionais que tenham uma incidência directa ou indirecta sobre as

---

[7] Ver ainda BATIFFOL/LAGARDE [I 310 e segs.].

[8] Ver FAUSTO DE QUADROS [18 e seg., 308 e segs, 314 e segs., 357 e segs. e 362 e segs.] e LIMA PINHEIRO [1998: 785 e n. 228].

[9] Ver RIGAUX [1992: 346 e segs.] e BATIFFOL/LAGARDE [I 318 e segs.].

liberdades comunitárias[10]. O princípio da não discriminação é concretizado em sede das liberdades de circulação de pessoas, estabelecimento e prestação de serviços.

A liberdade de circulação de pessoas tem óbvia incidência sobre o regime administrativo da entrada, permanência e saída de estrangeiros. No contexto desta liberdade, o princípio da não discriminação assume algum significado para o Direito privado, designadamente no que toca ao princípio da igualdade de tratamento dos trabalhadores nacionais de outros Estados-Membros da União Europeia[11].

As concretizações do princípio da não discriminação em matéria de direito de estabelecimento e de liberdade de prestação de serviços concernem em primeira linha ao Direito Económico, mas não deixam de ter incidência em situações "privadas" e, ainda que muito limitadamente, sobre o Direito privado dos Estados-Membros.

Quanto ao direito de estabelecimento, o art. 43.°/2 do Tratado determina que a "liberdade de estabelecimento compreende tanto o acesso às actividades não assalariadas e o seu exercício, como a constituição e a gestão de empresas e designadamente de sociedades (...), nas condições definidas na legislação do país de estabelecimento para os seus próprios nacionais, sem prejuízo do disposto no capítulo relativo aos capitais".

Tem-se entendido que a proibição de discriminação não se refere unicamente a regras específicas concernentes ao exercício de actividades profissionais, mas também às que excluem, limitam ou fazem depender de determinados requisitos o exercício de direitos normalmente ligados a uma actividade independente, como, por exemplo, a celebração de contratos de prestação de serviços e de locação e a aquisição e utilização de direitos reais e de direitos de propriedade intelectual[12].

Acrescente-se que a supressão de medidas discriminatórias não é total, visto que o art. 46.°/1 ressalva "a aplicabilidade das disposições legis-

---

[10] Ver Michael WILDERSPIN e Xavier LEWIS – "Les relations entre le droit communautaire et les règles de conflits de lois des États membres", *R. crit.* 91 (2002) 1-37 e 289--313, 6 e segs. Ver ainda MARIA LUÍSA DUARTE – *A Liberdade de Circulação de Pessoas e a Ordem Pública no Direito Comunitário*, Coimbra, 1992, 184 e segs., e Takis TRIDIMAS – *The General Principles of EC Law*, Oxford, 1999, 81 e segs.

[11] Ver LIMA PINHEIRO [2002: 149 e segs.].

[12] Cf. Título III do Programa Geral para a Eliminação de Restrições à Liberdade de Estabelecimento, do Conselho (1961). Ver ainda João MOTA DE CAMPOS – *Manual de Direito Comunitário*, Lisboa, 2000, 556.

lativas, regulamentares e administrativas, que prevejam um regime especial para estrangeiros e sejam justificadas por razões de ordem pública, segurança pública e saúde pública."

No que se refere à liberdade de prestação de serviços, o art. 49.° do Tratado determina que "as restrições à livre prestação de serviços na Comunidade são proibidas em relação aos nacionais de Estados-Membros estabelecidos num Estado da Comunidade que não seja o do destinatário da prestação" e o art. 50.°/3 estabelece que sem "prejuízo do disposto no capítulo relativo ao direito de estabelecimento, o prestador de serviços pode, para a execução da prestação, exercer, a título temporário, a sua actividade no Estado onde a prestação é realizada, nas mesmas condições que esse Estado impõe aos seus próprios nacionais"[13].

Segundo o entendimento consagrado pela jurisprudência comunitária, findo o período de transição estabelecido para a adopção de directivas para a realização do direito de estabelecimento e da liberdade de prestação de serviços os arts. 43.° e 49.° produzem efeito directo na ordem interna dos Estados-Membros e podem, por isso, ser invocados pelos particulares[14].

Enfim, temos as *fontes internas*, que, como veremos em seguida, assumem especial relevância para o Direito Internacional Privado.

III. DIREITO DOS ESTRANGEIROS RELEVANTE PARA O DIREITO INTERNACIONAL PRIVADO

Encontramos normas de Direito dos Estrangeiros nos mais variados ramos do Direito público e do Direito privado, designadamente, no Direito Constitucional, no Direito Civil, no Direito do Trabalho, no Direito Penal, no Direito Administrativo e no Direito da Economia. Ao Direito Internacional Privado só interessam os princípios gerais sobre a condição jurídica dos estrangeiros e as normas com incidência nas situações "privadas".

---

[13] Além disso o art. 54.° determina que enquanto "não forem suprimidas as restrições à livre prestação de serviços, cada Estado aplicá-las-á, sem qualquer distinção em razão da nacionalidade ou da residência, a todos os prestadores de serviços referidos no primeiro parágrafo do art. 49.° ".

[14] Cf. MOTA DE CAMPOS, op. cit. 557 e seg.

Direito dos Estrangeiros – Uma Perspectiva de Direito Internacional Privado 101

Podemos então distinguir entre:

– princípios gerais sobre a condição jurídica dos estrangeiros que constam do art. 15.º CRP e do art. 14.º/1 e/2 CC e
– normas materiais que estabelecem um tratamento diferenciado para os estrangeiros, sejam eles pessoas singulares ou colectivas.

Estas normas são Direito material especial que limita ou complementa o sistema de Direito de Conflitos e que, em certos casos, constitui um instrumento de intervenção económica do Estado nas relações "privadas" internacionais.

Vejamos qual o conteúdo possível destas normas.

Primeiro, estas normas podem estabelecer *limites à personalidade jurídica e à capacidade genérica de gozo*.

Historicamente estes limites existiram. São hoje inadmissíveis, quanto às pessoas singulares, à face do Direito Internacional Público. Só são admissíveis limites deste tipo relativamente às pessoas colectivas. No entanto, geralmente, estes limites são referidos às pessoas colectivas de estatuto pessoal estrangeiro e não às pessoas colectivas estrangeiras. No Direito português vigente não há limites à personalidade jurídica ou à capacidade genérica de gozo de pessoas colectivas estrangeiras.

Em segundo lugar, as normas de Direito dos Estrangeiros podem estabelecer *limites à capacidade específica de gozo*.

Por exemplo, o DL n.º 280/2001, de 23/10, estabelece que os tripulantes de embarcações nacionais devem ter nacionalidade portuguesa, ou de um país membro da União Europeia, e que o comandante deve ter a nacionalidade portuguesa, salvo nos casos devidamente autorizados pelo Instituto Marítimo-Portuário e fundamentados em razões de carência de mão-de-obra no sector (art. 61.º)[15].

São hoje raras as normas de Direito privado "tradicional" que estabelecem incapacidades específicas de gozo para os estrangeiros.

Já são fáceis de encontrar exemplos de normas que condicionam o gozo de certos direitos à reciprocidade. É o caso do art. 64.º do Código do Direito de Autor e do art. 3.º/3 do Código da Propriedade Industrial.

---

[15] Outro exemplo era, na vigência do DL n.º 97/77, de 17/3, os estrangeiros não poderem ocupar mais do que 10% dos postos de trabalho nas empresas que exercem actividade no território português (art. 2.º). Mas este diploma foi revogado pelo DL n.º 20/98, de 12/5.

Também há normas de Direito da Economia com incidência sobre relações privadas que limitam a capacidade específica de gozo de estrangeiros. Contam-se aqui as normas que vedam aos estrangeiros o direito de estabelecimento ou que limitam as aquisições por estrangeiros nas privatizações do sector empresarial do Estado.

Entre nós vigora hoje o princípio da liberdade de estabelecimento tanto para nacionais como para estrangeiros, quer por força do Direito Comunitário, no que toca aos indivíduos nacionais de outros Estados-Membros e a sociedades comunitárias, quer por força do Direito interno, para os outros estrangeiros (DL n.º 214/86, de 2/8).

Enfim temos normas que estabelecem *outras formas de tratamento diferenciado de estrangeiros*.

É o caso das normas que estabeleçam um regime especial para relações privadas em atenção à nacionalidade estrangeira de um dos sujeitos. Por exemplo, o Código do Trabalho determina que o contrato de trabalho celebrado com um cidadão estrangeiro, para a prestação de trabalho em território português, está sujeito a forma escrita e às formalidades reguladas em legislação especial (arts. 88.º/1 e 103.º/1/d)[16].

IV. PRINCÍPIO DA EQUIPARAÇÃO

Quanto à definição da situação jurídico-privada dos estrangeiros pelo Direito interno, os dois principais sistemas são o da reciprocidade e o da equiparação.

De acordo com o *sistema da reciprocidade* os estrangeiros não poderão gozar, no Estado local, dos direitos privados que, em igualdade de circunstâncias, não forem reconhecidos pelo Estado da sua nacionalidade aos nacionais do Estado local.

---

[16] Ver arts. 158.º e seg. da L. n.º 35/2004, de 29/7, que regulamenta o C. Trab. O n.º 2 do art. 88.º do mesmo diploma, porém, exceptua os "contratos de trabalho com cidadãos nacionais dos países membros do Espaço Económico Europeu e dos países que consagrem a igualdade de tratamento com os cidadãos nacionais, em matéria de livre exercício de actividades profissionais". Não se vislumbra a razão de ser desta excepção, nem a relação entre a forma do contrato de trabalho de estrangeiro e o livre exercício de actividades profissionais.

Segundo o *sistema da equiparação* da qualidade de estrangeiro não decorre por si, automaticamente, qualquer restrição à capacidade de gozo de direitos privados[17].

O art. 15.º CRP consagra o sistema da equiparação em relação à generalidade dos direitos, com excepção dos direitos políticos e do exercício das funções públicas que não tenham carácter predominantemente técnico.

Com efeito, determina o n.º 1 do art. 15.º "Os estrangeiros e os apátridas que se encontrem ou residam em Portugal gozam dos direitos e estão sujeitos aos deveres do cidadão português".

Nos termos do n.º 2 "Exceptuam-se do disposto no número anterior os direitos políticos, o exercício das funções públicas que não tenham carácter predominantemente técnico e os direitos e deveres reservados pela Constituição e pela lei exclusivamente aos cidadãos portugueses."

A equiparação em matéria de direitos civis já se encontrava estabelecida no n.º 1 do art. 14.º CC, mas, como veremos, o n.º 2 deste artigo limita-a através de um princípio de retaliação.

De onde decorre que, em matéria de direitos privados, os estrangeiros só verão a sua capacidade de gozo limitada pelas normas de Direito dos estrangeiros que reservem uma determinada categoria de direitos aos portugueses.

Sendo a equiparação a regra, todas as excepções têm de ser *justificadas*, por forma a respeitarem os princípios da igualdade e da proporcionalidade, e *limitadas*[18], por forma a não inverterem o princípio da equiparação[19]. Estas

---

[17] Ver comentário ao art. 1.º do Anteprojecto de 1951.

[18] Cf. GOMES CANOTILHO/VITAL MOREIRA [Art. 15.º an. IV] e JORGE MIRANDA [2004: 150]. O TC, no Ac. n.º 54/87, de 10/2 [*DR* n.º 63, de 17/3/1987, p. 1070], afirmou que a reserva de certos direitos exclusivamente a cidadãos portugueses não pode ser feita de forma arbitrária, desnecessária ou desproporcionada.

[19] Cf. JORGE MIRANDA [2004: 150]. Segundo VIEIRA DE ANDRADE – *Os Direitos Fundamentais na Constituição Portuguesa*, Coimbra, 1983, 184, as leis que reservem direitos aos cidadãos portugueses são leis restritivas para efeitos do art. 18.º. O autor mantém esta posição na 3.ª ed., de 2004, 130 e segs. O mesmo entendimento foi seguido no Parecer PGR n.º 6/94, de 27/10/94 [*in Pareceres da* PGR, vol. I, 259] e pelo TC no Ac. n.º 345/2002, de 10/10 [*DR* n.º 234, de 10/10/2002 p. 6745]. Mas esta opinião não parece corresponder ao sentido ao art. 15.º que é o de admitir que o legislador reserve determinada categoria de direitos aos portugueses quando entenda que tal é justificado por qualquer finalidade político-jurídica compatível com a Constituição e não, necessariamente, quando tal for imposto por outras normas constitucionais.

excepções só podem ser estabelecidas através de lei formal da AR ou do Governo, quando autorizado pela AR (art. 165.°/1/b)[20].

Em qualquer caso, os estrangeiros não podem ser privados do gozo de certos direitos. É o que decorre expressamente da Constituição relativamente a certos direitos dos trabalhadores (art. 59.°/1)[21]. É também o que se verifica com os direitos, liberdades e garantias pessoais, consagrados no Cap. I do Título II da Parte I da Constituição, por se tratar de direitos de todos os seres humanos, de acordo com o princípio da dignidade da pessoa humana[22]. O mesmo se diga de direitos fundamentais de natureza análoga (cf. art. 17.° CRP) que sejam indissociáveis de princípios gerais com projecção imediata nos direitos, liberdades e garantias, como é o caso do direito de acesso ao Direito (art. 20.°/1 e/2 CRP), do direito de resistência (art. 21.° CRP), do direito a indemnização por prejuízos causados por acções ou omissões de entidades públicas (art. 22.° CRP) e do direito de queixa ao Provedor de Justiça (art. 23.°).

Se a lei pode, em termos absolutos, reservar aos portugueses o gozo de determinada categoria de direitos privados, também o pode fazer em termos relativos, através de cláusulas de reciprocidade[23]. É o que se verifica, por exemplo, em matéria de propriedade industrial, nos termos do art. 3.°/3 do respectivo Código.

---

[20] Cf. Ac. n.° 255/2002 do TC [*DR* n.° 155, de 8/7/2002, 5237], GOMES CANOTILHO/VITAL MOREIRA [Art. 15.° an. IV] e JORGE MIRANDA [2004: 150].

[21] MOURA RAMOS [1984 n.° 2] defende que também estão nesta situação os direitos, liberdades e garantias insusceptíveis de suspensão em caso de estado de sítio.

[22] A Lei n.° 134/99, de 28/8, por forma algo surpreendente, veio equiparar a diferença de tratamento em razão da nacionalidade à discriminação racial. Esta lei proíbe qualquer diferença de tratamento "que tenha por objectivo ou produza como resultado a anulação ou restrição do reconhecimento, fruição ou exercício, em condições de igualdade, de direitos, liberdades e garantias ou de direitos económicos, sociais e culturais" (art. 3.°/1). Entre as práticas discriminatórias enuncia o "impedimento ou limitação ao acesso e exercício normal de uma actividade económica" (art. 4.°/1/d) o que leva a questionar se é intenção do legislador revogar todas as normas de Direito dos estrangeiros vigentes nesta matéria. A resposta é aparentemente negativa, porque a presente lei não prejudica as disposições de lei (formal) que restrinjam o reconhecimento de certos direitos a determinadas pessoas (art. 3.°/3). Por outro lado, nada impede que, no futuro, a lei formal venha a estabelecer, dentro dos limites fixados pela constituição, normas de Direito dos estrangeiros que derroguem o disposto na Lei n.° 134/99.

[23] Cf. Parecer PGR n.° 65/82, de 22/7 [*BMJ* 325: 294] e JORGE MIRANDA [op. cit. 149].

Mas seria inconstitucional uma lei que estabelecesse a reciprocidade com respeito à generalidade dos direitos privados, pois inverteria o princípio da equiparação.

Se os estrangeiros não podem ser privados de certo direito fundamental, também não pode sujeitar-se o gozo desse direito a uma cláusula de reciprocidade. É por isso inconstitucional a L n.° 34/2004, de 29/7, quando só reconhece o direito a protecção jurídica a estrangeiros não residentes num Estado-Membro da União Europeia "na medida em que ele seja atribuído aos portugueses pelas leis dos respectivos Estados" (art. 7.°/2)[24]. Com efeito o direito à protecção jurídica é um corolário do direito de acesso ao Direito tal como se encontra consagrado no art. 20.°/1 e/2 CRP.

O princípio da equiparação não significa uma assimilação dos estrangeiros aos nacionais, pelos quais os primeiros teriam os mesmos direitos privados que os segundos[25]. Assim, por exemplo, do princípio da equiparação não decorre que os espanhóis gozem em Portugal dos mesmos direitos de personalidade que os portugueses, porque a lei aplicável aos direitos de personalidade dos espanhóis é, em princípio, a lei espanhola[26].

Ao nível do Direito de Conflitos, equiparar um português a um espanhol em matéria de estatuto pessoal traduz-se na aplicação, a cada um deles, da lei da nacionalidade, e na atribuição dos direitos concedidos por esta lei.

O art. 15.° só se refere aos estrangeiros e apátridas que residam ou se encontrem em Portugal, no pressuposto que só relativamente a estes se colocam problemas de gozo de direitos perante a ordem jurídica portuguesa. Mas não é assim, pelo menos no domínio dos direitos privados. O problema também se pode colocar relativamente a um estrangeiro ou apátrida que não resida nem se encontre em Portugal. Parece claro que o princípio da equiparação vale igualmente para este caso, sendo o art. 15.° CRP aplicável por analogia[27].

---

[24] Ver, em relação à legislação anterior, Acs. TC n.° 316/95, de 20/6/95 [*Acórdãos do Tribunal Constitucional* 31 (1995) 491] e n.° 365/2000, de 5/7/2000 [*BMJ* 499: 40].

[25] Cf. ISABEL DE MAGALHÃES COLLAÇO [1970: 29], BAPTISTA MACHADO [1982: 19] e JORGE MIRANDA [2004: 155].

[26] Há um núcleo fundamental de direitos de personalidade que decorre do próprio Direito Internacional Público geral e da Constituição portuguesa, mas para além disso pode haver diferenças importantes entre o sistema português e sistemas estrangeiros.

[27] No mesmo sentido, MARQUES DOS SANTOS – "Quem manda mais...", 48.

V. PRINCÍPIO DA RETALIAÇÃO. INCONSTITUCIONALIDADE DO ART. 14.º/2 CC

O n.º 2 do art. 14.º CC consagra um princípio de retaliação: não são "reconhecidos aos estrangeiros os direitos que, sendo atribuídos pelo respectivo Estado aos seus nacionais, o não sejam aos portugueses em igualdade de circunstâncias".

Segundo o comentário ao Anteprojecto de 1951, da autoria de FERRER CORREIA, consagra-se aqui uma "reciprocidade legislativa ou de facto". Mas, em rigor, trata-se de algo de distinto da reciprocidade. O n.º 2 do art. 14.º actua quando no país de origem do estrangeiro os estrangeiros em geral ou os portugueses em particular são vítimas de discriminação. Quando se verifique esta discriminação o preceito retalia mediante a exclusão do gozo do direito por parte do estrangeiro. Consagra-se, pois, um princípio da retaliação[28].

A entrada em vigor da Constituição de 1976 não terá desencadeado a inconstitucionalidade do art. 14.º/2 CC?

A este respeito defrontam-se duas teses.

A tese da constitucionalidade é defendida por JORGE MIRANDA com base num argumento de maioria de razão[29]: se a lei pode reservar exclusivamente a portugueses certos direitos, também pode não conceder a estrangeiros direitos civis que o respectivo Estado não conceda aos portugueses. Só não seria assim se a aplicação da "regra da reciprocidade" levasse à inversão do princípio da equiparação, o que não seria o caso. No mesmo sentido se veio pronunciar FERRER CORREIA[30].

A tese da inconstitucionalidade conta com os sufrágios de CASTRO MENDES e ISABEL DE MAGALHÃES COLLAÇO[31]. A minha adesão a esta tese decorre do anteriormente exposto com respeito à reciprocidade.

A admissibilidade de uma cláusula geral de retaliação, que abrangesse a generalidade dos direitos privados, significaria estabelecer, neste

---

[28] Cf. ISABEL DE MAGALHÃES COLLAÇO [op. cit. 25 e segs.].

[29] 2004: 155. Aparentemente no mesmo sentido CARLOS FERNANDES – *Lições de Direito Internacional Privado*, vol. I, Coimbra, 1994, 120.

[30] 2000: 78.

[31] Cf. CASTRO MENDES – *Direito Civil. Teoria Geral*, vol. I, Lisboa, 1978, 253 e seg. No mesmo sentido CARVALHO FERNANDES – *Teoria Geral do Direito Civil*, vol. I, 3.ª ed., Lisboa, 2001, 237.

domínio, um sistema de retaliação em contradição com o princípio consagrado no art. 15.º CRP. O n.º 2 do art. 15.º , consagrando uma restrição a um direito fundamental, deve ser interpretado restritivamente: quaisquer restrições à capacidade de gozo dos estrangeiros têm de ser estabelecidas para categorias bem delimitadas de direitos, em atenção à sua natureza.

Por acréscimo, a diferença de tratamento entre estrangeiros a que levaria essa cláusula de retaliação, se não é incompatível com o Direito Internacional Público, já o seria com o princípio da igualdade consagrado no art. 13.º CRP. Este princípio só admite uma distinção entre estrangeiros que tenha fundamento material bastante, o que não parece ser o caso.

VI. REGIME PRIVILEGIADO DOS CIDADÃOS DOS PAÍSES DE LÍNGUA PORTUGUESA

O n.º 3 do art. 15.º CRP permite uma discriminação positiva dos estrangeiros originários de países de língua portuguesa, i.e., que estes estrangeiros possam gozar de direitos que são vedados a outros estrangeiros.

Até à revisão constitucional de 2001, esta discriminação positiva dependia da celebração de convenções internacionais com os Estados da nacionalidade dos estrangeiros em causa. Os seus beneficiários eram, por isso, os brasileiros, nos termos da Convenção de Brasília sobre a Igualdade de Direitos e Deveres entre Brasileiros e Portugueses (1971), e os cabo-verdianos e guineenses, nos termos dos Acordos Especiais Reguladores do Estatuto de Pessoas e Bens celebrados com Cabo Verde e com a Guiné-Bissau.

A revisão constitucional de 2001, além de alargar o âmbito dos direitos políticos de que podem gozar os estrangeiros originários de países de língua portuguesa, suprimiu a expressão "mediante convenção internacional", acrescentando, por outro lado, a expressão "nos termos da lei".

O art. 15.º/3 passou assim a ter a seguinte redacção: "Aos cidadãos dos Estados de língua portuguesa com residência permanente em Portugal são reconhecidos, nos termos da lei e em condições de reciprocidade, direitos não conferidos a estrangeiros, salvo o acesso aos cargos de Presidente da República, Presidente da Assembleia da República, Primeiro-Ministro, Presidentes dos tribunais supremos e o serviço nas Forças Armadas e na carreira diplomática."

Perante os trabalhos preparatórios da revisão constitucional, não é líquido que o legislador constitucional tenha tido plena consciência do alcance da supressão da referência à convenção internacional, e não é claro o sentido do aditamento da expressão "nos termos da lei"[32].

Mas como a interpretação tem como ponto de partida e limite o sentido literal, parece inevitável reconhecer que a atribuição a estrangeiros originários dos Estados de língua portuguesa de direitos vedados a outros estrangeiros deixa de depender da celebração de convenções internacionais com estes Estados.

Por outro lado, a expressão "nos termos da lei" poderia querer significar que a atribuição destes direitos fica dependente da lei ordinária. Mas esta interpretação não se ajusta nem ao novo texto do art. 15.º/3, em que se lê "são reconhecidos (...) direitos", em lugar de "podem ser atribuídos (...) direitos", que constava da redacção anterior, nem à intenção do legislador constitucional, evidenciada pelos trabalhos preparatórios, de fazer depender o gozo dos direitos em causa apenas da reciprocidade por parte do Estado da nacionalidade dos estrangeiros em causa.

Segundo outra interpretação possível, pertencerá à lei ordinária regular a forma por que se processa o reconhecimento, i.e., os procedimentos de que depende o reconhecimento, aos estrangeiros originários de Estados de língua portuguesa, dos direitos não conferidos a outros estrangeiros. A seguir-se esta interpretação, o art. 15.º/3 CRP carece, para ser aplicado, de regulamentação pela lei ordinária. A favor deste entendimento pesam duas considerações. Por um lado, importa conferir um sentido útil à expressão "nos termos da lei". Por outro, seria de todo inconveniente que determinados direitos (designadamente direitos políticos) pudessem ser exercidos sem uma verificação prévia das condições de reconhecimento, por decisão administrativa tomada pela autoridade competente.

Em sentido contrário, porém, pode argumentar-se que nem no texto constitucional nem nos trabalhos preparatórios se encontra qualquer referência à necessidade de um procedimento prévio para o reconhecimento dos referidos direitos. Acresce que, se a aplicação do art. 15.º/3 CRP dependesse sempre de regulamentação pela lei ordinária, verificar-se-ia um recuo em relação à situação anterior no que toca aos caboverdianos e guineenses, que beneficiam do disposto nos Acordos Especiais Regulado-

---

[32] Ver designadamente a Acta da Comissão Eventual para a Revisão Constitucional de 26/6/2001. Ver ainda JORGE MIRANDA [2004: 151 e n. 1].

res do Estatuto de Pessoas e Bens celebrados com Cabo Verde e com a Guiné-Bissau, sem que exista qualquer regulamentação pela lei ordinária.

Sopesados os diferentes argumentos, inclino-me no sentido de entender que só será necessária uma regulamentação do art. 15.°/3 CRP pela lei ordinária quando não exista uma convenção internacional celebrada com o Estado da nacionalidade dos estrangeiros em causa ou quando esta convenção careça de medidas de execução no Direito interno dos Estados contratantes (como é o caso do Tratado de Amizade, Cooperação e Consulta celebrado com o Brasil).

Qual o significado deste estatuto privilegiado dos estrangeiros originários de países de língua portuguesa?

Quanto aos direitos privados, este estatuto não significa que os estrangeiros originários de países de língua portuguesa, com residência permanente em Portugal, tenham os mesmos direitos que os portugueses. Significa antes a inaplicabilidade a estes estrangeiros das normas de Direito dos Estrangeiros que estabeleçam limitações à sua capacidade de gozo. De harmonia com o sublinhado com respeito ao princípio da equiparação, o art. 15.°/3 em nada prejudica que os direitos privados dos nacionais de outros países de língua portuguesa que residam em Portugal sejam diferentes dos direitos privados dos portugueses, por ser diferente a lei aplicável segundo o Direito de Conflitos.

Examinemos agora, com brevidade, as convenções internacionais relevantes no quadro definido pelo art. 15.°/3 da Constituição.

A *Convenção de Brasília sobre a Igualdade de Direitos e Deveres entre Brasileiros e Portugueses* (1971) determinava, nos seus arts. 1.° e 5.°, que podia ser concedido, por acto individual, um estatuto de igualdade com os respectivos nacionais aos brasileiros residentes em Portugal e aos portugueses residentes no Brasil.

Este estatuto de igualdade significava principalmente a inaplicabilidade aos brasileiros que residam em Portugal das limitações à sua capacidade de gozo decorrentes das normas de Direito dos Estrangeiros em vigor na nossa ordem jurídica e vice-versa[33].

O estatuto de igualdade subdividia-se em estatuto geral de igualdade, que não incluía os direitos políticos e deveres correspondentes, e estatuto especial de igualdade de direitos políticos. O estatuto geral de igualdade

---

[33] Cf. ISABEL DE MAGALHÃES COLLAÇO [1973: 7]. Ver arts. 15.° e 25.° do DL n.° 126/72, de 22/4.

pressupunha residência permanente no país em que é requerido. O estatuto especial de igualdade de direitos políticos pressupunha residência permanente durante cinco anos (art. 7.º).

A Convenção de Brasília foi entretanto revogada pelo *Tratado de Amizade, Cooperação e Consulta entre Portugal e o Brasil* (2000). Também este Tratado prevê, nos termos dos arts. 12.º e segs., a concessão por acto individual de um estatuto de igualdade, que pressupõe a residência habitual no país em que é requerido. O significado deste estatuto de igualdade é essencialmente o mesmo que perante a Convenção de Brasília.

Também este estatuto de igualdade admite dois graus, uma vez que o gozo de direitos políticos depende, à face deste Tratado, de um requerimento específico e de três anos de residência habitual no país em que é requerido (art. 17.º/1).

O DL n.º 154/2003, de 15/7, veio regulamentar a aplicação do Tratado, no que respeita ao regime processual de atribuição e registo do estatuto de igualdade aos cidadãos brasileiros residentes em Portugal bem como o reflexo em Portugal da atribuição do estatuto de igualdade a cidadãos portugueses residentes no Brasil.

Os *Acordos Especiais Reguladores do Estatuto de Pessoas e Bens celebrados com Cabo Verde e com a Guiné-Bissau* estabelecem a igualdade de tratamento, designadamente no que respeita ao exercício dos direitos civis e ao acesso e exercício de actividades económicas e profissões liberais[34].

Esta igualdade de tratamento também exprime uma ideia de inaplicabilidade das normas de Direito dos Estrangeiros que limitem a capacidade de gozo de direitos ou estabeleçam um regime mais gravoso para o seu exercício, sem prejuízo do funcionamento do Direito de Conflitos. Neste ponto, todavia, estes acordos prestam-se a mais equívocos, sugerindo, por vezes, mais uma assimilação, de acordo com um princípio de tratamento nacional, que uma não discriminação. Veja-se designadamente o art. 3.º destes acordos quanto às sociedades civis e comerciais.

---

[34] Ver MOURA RAMOS [1996: 116 e segs.].

Direito dos Estrangeiros – Uma Perspectiva de Direito Internacional Privado 111

BIBLIOGRAFIA

BATIFFOL, Henri e Paul LAGARDE
   1993 – *Droit international privé*, vol. I, 8.ª ed., Paris.

CANOTILHO, J. GOMES (org.)
   2000 – *Direitos Humanos, Estrangeiros, Comunidades Migrantes e Minorias*, Oeiras.

CANOTILHO, J. GOMES e VITAL MOREIRA
   1993 – *Constituição da República Portuguesa Anotada*, 3.ª ed., Coimbra, 1993.

COLLAÇO, ISABEL DE MAGALHÃES
   1970 – *Direito Internacional Privado. Sistema de normas de conflitos portuguesas. Direito dos estrangeiros* (Apontamentos das Lições 1969/1970), Lisboa, 1970.
   1973 – *Direito Internacional Privado. Direito dos Estrangeiros. Da situação dos brasileiros* (Apontamentos das Lições 1972/1973), Lisboa.

CORREIA, António FERRER
   2000 – *Lições de Direito Internacional Privado I*, Coimbra.

MACHADO, J. BAPTISTA
   1982 – *Lições de Direito Internacional Privado*, (apontamentos das aulas teóricas do ano lectivo de 1971/1972 na Faculdade de Direito de Coimbra), 2.ª ed., Coimbra.

MIRANDA, JORGE
   2004 – *Manual de Direito Constitucional*, t. III, 5.ª ed., Coimbra.

RAMOS, Rui MOURA
   1984 – "Estrangeiro", *in Enc. Polis*, vol. II.
   1990/1993 – "La double nationalité et les liens spéciaux avec d'autres pays. Les développements et les perspectives au Portugal", *RDE* 16/19 (1990/1993) 577-605.
   1996 – "Nationalité, Plurinationalité et Supranationalité en Droit Portugais", *Archiv des Völkerrechts* 34 (1996) 96-119.

RIGAUX, François
   1992 – "Droit international privé et droit communautaire", *in Mélanges Yvon Loussouarn*, 341-354.

PINHEIRO, Luís de LIMA
   1998 – *Contrato de Empreendimento Comum (Joint Venture) em Direito Internacional Privado*, Almedina, Lisboa.
   2002 – *Direito Internacional Privado*, vol. II – *Direito de Conflitos. Parte Especial*, 2.ª ed., Almedina, Coimbra.

QUADROS, FAUSTO DE
   1998 – *A Protecção da Propriedade Privada pelo Direito Internacional Público*, Coimbra, 1998.

SANTOS, António MARQUES DOS
   s.d. – "Quem manda mais – a residência ou a nacionalidade?", *in Studia Iuridica* (BFDC) 68: 41-53.

O REGULAMENTO COMUNITÁRIO
SOBRE INSOLVÊNCIA – UMA INTRODUÇÃO[*]

SUMÁRIO: INTRODUÇÃO. I. SISTEMA DE ORGANIZAÇÃO DA INSOLVÊNCIA INTERNACIONAL. II. ÂMBITO DE APLICAÇÃO. A) Âmbito material de aplicação. B) Âmbito espacial de aplicação. C) Âmbito temporal de aplicação. III. COMPETÊNCIA INTERNACIONAL. A) Aspectos gerais. B) Conflitos de competência. C) Âmbito da competência. D) Medidas provisórias e cautelares. IV. DIREITO APLICÁVEL. A) A regra da lex fori concursus. B) Regras materiais complementares. C) Direitos reais. D) Compensação. E) Contratos em curso. F) Sistemas de pagamento e mercados financeiros. G) Direitos sujeitos a registo obrigatório. H) Direitos comunitários de propriedade industrial. I) Actos prejudiciais à massa. J) Protecção do terceiro adquirente. L) Acções pendentes. M) Referência material. V. RECONHECIMENTO DE DECISÕES ESTRANGEIRAS. A) Aspectos gerais. B) Reconhecimento de efeitos. C) Atribuição de força executiva. D) Condições de reconhecimento. VI. CONSIDERAÇÕES FINAIS. BIBLIOGRAFIA.

INTRODUÇÃO

I. Em época de globalização da economia as actividades dos agentes económicos têm frequentemente uma dimensão transnacional. Na realização das suas actividades, estes agentes contratam com fornecedores e clientes estabelecidos no estrangeiro, abrem sucursais no estrangeiro e, em certos tipos de empresa transnacional, criam uma pluralidade de filiais em

---

[*] *ROA* 66 (2006) 1101-1152 (=*in Parmalat y Otros Casos de Derecho Internacional Privado*, org. por Alfonso Luis Calvo Caravaca e Juliana Rodríguez Rodrigo, 355-389, Madrid, 2007). O presente estudo foi elaborado com vista ao *Livro de Homenagem aos Professores Doutores Ferrer Correia, Orlando de Carvalho e Vasco Xavier – Comemoração dos 20 anos do Código das Sociedades Comerciais*.

114   *Estudos de Direito Internacional Privado*

países estrangeiros. Esta é, justamente, a principal razão para a importância que hoje assumem as *insolvências transnacionais*.

Suponha-se que uma sociedade com sede social e estabelecimento principal em Portugal, que desenvolve a sua actividade também em Espanha e França, onde possui sucursais, se mostra incapaz de pagar a generalidade das suas dívidas. Um banco espanhol pretende requerer a declaração de insolvência da sociedade.

Suponha-se também que uma sociedade com sede estatutária em Inglaterra, que é administrada na Holanda e tem um estabelecimento em Portugal, não cumpre as suas obrigações com a generalidade dos credores portugueses, que pretendem requerer a declaração de insolvência da sociedade. Entretanto, é proferida na Holanda uma decisão de insolvência da mesma sociedade.

Em casos como estes não se pode dar por adquirida a competência dos tribunais portugueses e a aplicabilidade do regime comum da insolvência vigente na nossa ordem jurídica. Do *carácter transnacional* da insolvência decorre todo um conjunto de questões específicas que importa resolver antes do mais, designadamente:

– a questão de saber se os tribunais portugueses são *internacionalmente competentes* para a declaração de insolvência;
– em caso afirmativo, o problema da determinação da *lei ou leis nacionais aplicáveis* à insolvência;
– a questão de saber se a declaração de insolvência proferida em Portugal *abrange os bens localizados no estrangeiro* e, inversamente, se a declaração de insolvência proferida no estrangeiro abrange os bens situados em Portugal;
– ligada com a anterior, a questão dos efeitos que a decisão de insolvência proferida em Portugal produz noutros Estados e dos efeitos que a decisão proferida no estrangeiro produz em Portugal (*reconhecimento de decisões estrangeiras*).

Pertence ao Direito Internacional Privado a espinhosa missão de dar resposta a estas questões.

II. Na ordem jurídica portuguesa vigoram dois regimes de Direito Internacional Privado nesta matéria: o regime comunitário e o regime interno. O regime comunitário consta principalmente do Reg. (CE) n.º 1346/2000, de 29/5, Relativo aos Processos de Insolvência (doravante designado *Regulamento sobre insolvência*). Este Regulamento entrou em vigor em 31 de Maio de 2002[1]. Contrariamente ao que a sua designação poderia sugerir, este diploma não regula o processo de insolvência, não estabelece um Direito Europeu da Insolvência. Os tribunais de cada Estado-Membro continuam a aplicar o Direito processual interno às insolvências internacionais. O Regulamento sobre insolvência regula fundamentalmente a competência internacional, a determinação do Direito aplicável e o reconhecimento de decisões estrangeiras. Trata-se, portanto, de uma fonte comunitária de *Direito Internacional Privado*.

Isto não obsta a que o Regulamento contenha um conjunto de normas materiais unificadas *complementares*, quer de carácter processual quer de carácter substantivo, designadamente nos arts. 19.° a 24.° e 29.° a 42.°. Estas normas visam, entre outros aspectos, a coordenação entre processos instaurados em vários Estados-Membros e a adopção de medidas de publicidade[2].

Assim, o Regulamento sobre insolvência não prejudica, em princípio, a aplicação pelos tribunais portugueses do Código da Insolvência e da Recuperação de Empresas. Em caso de conflito, prevalecem as normas do Regulamento, que é uma fonte do Direito hierarquicamente superior à lei ordinária na ordem jurídica interna. O Código da Insolvência e da Recuperação de Empresas contém ainda algumas normas de execução do Regulamento (arts. 271.° a 274.°).

III. O Regulamento sobre insolvência foi adoptado pelo Conselho da União Europeia, com invocação da competência que lhe é atribuída pelos arts. 61.°/c e 65.° do Tratado da Comunidade Europeia, com a redacção dada pelo Tratado de Amesterdão.

Noutro lugar, assinalei as dúvidas que se suscitam relativamente à atribuição de competência legislativa à Comunidade Europeia em matéria de Direito Internacional Privado, ao alcance da competência atribuída e ao respeito do princípio da subsidiariedade[3]. Tive então ocasião de assinalar

---

[1] *JOCE* L 160/1, de 30/6/2000.

[2] Ver Virgós/Schmit [1996 n.ºs 167 e segs. e 226 e segs.], Ehricke [2001: 345 e segs.], Menjucq [2001: 422 e segs.], Bureau [2002: 652 e segs. e 665 e segs.], Virgós Soriano/Garcimartín Alférez [2003: 197 e segs. e 219 e segs.] e *MünchKomm.*/Kindler [2006 IntInsR n.ºs 477 e segs. e 674 e segs.].

[3] Ver Lima Pinheiro [2002b: 178 e segs. e 2003: 333 e segs.].

o carácter muito vago ou artificioso das razões apresentadas, nos Considerandos dos Regulamentos comunitários, para a necessidade de uma intervenção legislativa comunitária.

Esta crítica encontra certo campo de aplicação com respeito ao Regulamento sobre insolvência, quando se pretende estabelecer um nexo directo entre o bom funcionamento do mercado interno e a insolvência das empresas com actividade transnacional (Considerandos n.os 2 a 4). Admito que nesta matéria pesem considerações específicas à luz das quais seja conveniente uma unificação ou harmonização do *Direito material da insolvência* à escala comunitária. Mas estas considerações não são transponíveis mecanicamente para a unificação do *Direito Internacional Privado da Insolvência*. A unificação do Direito Internacional Privado da Insolvência é sem dúvida desejável, designadamente porque promove a previsibilidade sobre a jurisdição competente, o Direito aplicável e a eficácia das decisões estrangeiras, bem como a distribuição harmoniosa das esferas de competência jurisdicional dos Estados (reduzindo assim as oportunidades de *forum shopping*). Quando feita à escala comunitária, esta unificação pode dar algum contributo para a criação de um ambiente mais favorável ao comércio intracomunitário. Já seria forçado pretender que esta unificação é uma condição necessária ao bom funcionamento do mercado interno.

As dúvidas relativas ao respeito do princípio da subsidiariedade poderiam ser, nesta matéria, atenuadas pela circunstância de a adopção de uma Convenção internacional pelos Estados-Membros ter encontrado mais dificuldades do que nas matérias cobertas pela Convenção de Bruxelas sobre a Competência Judiciária e a Execução de Decisões em Matéria Civil e Comercial. De todo o modo, estas dificuldades parecem ter sido alheias ao regime jurídico em causa e sempre poderiam ser obviadas pelo recurso a um instrumento mais flexível e respeitador da autonomia dos Estados-Membros, como a elaboração de Leis-Modelo que os Estados-Membros seriam livres de adoptar.

IV. Na verdade, o Regulamento sobre insolvência foi precedido de uma Convenção sobre os Procedimentos de Insolvência, aberta à assinatura dos Estados-Membros em Bruxelas, em 23 de Novembro de 1995. Esta Convenção foi adoptada ao abrigo do art. 220.° do Tratado da Comunidade Europeia (actual art. 293.°) e foi assinada por todos os Estados-

-Membros, com excepção do Reino Unido, aparentemente por razões alheias à própria Convenção[4], nunca tendo entrado em vigor.

Perante a competência atribuída à Comunidade Europeia, em matéria de Direito Internacional Privado, pelo Tratado de Amesterdão, os órgãos comunitários decidiram transformar esta Convenção num Regulamento comunitário com um texto normativo praticamente idêntico. Dada esta identidade, os trabalhos preparatórios da Convenção constituem um precioso elemento de interpretação do Regulamento, em especial o Relatório Explicativo VIRGÓS/SCHMIT, que foi negociado pelos Estados-Membros e em que se explica a origem e a teleologia dos seus preceitos.

V. A Dinamarca, nos termos dos arts. 1.º e 2.º do Protocolo Relativo à Posição da Dinamarca anexo ao Tratado da União Europeia e ao Tratado que institui a Comunidade Europeia, não está vinculada pelo Regulamento nem sujeita à sua aplicação. Para os outros Estados-Membros isto significa que a Dinamarca deve ser considerada como um Estado terceiro.

VI. O TCE tem competência para decidir sobre a interpretação do Regulamento sobre insolvência nos termos dos arts. 68.º e 234.º do Tratado da Comunidade Europeia. Assim, sempre que uma questão de interpretação seja suscitada em processo pendente perante um órgão jurisdicional nacional cujas decisões não sejam susceptíveis de recurso previsto no Direito interno, este órgão, se considerar que uma decisão sobre essa questão é necessária ao julgamento da causa, deve pedir ao TCE que sobre ela se pronuncie (art. 68.º/1)[5].

VII. Com o presente estudo proponho-me fazer uma introdução ao Regulamento sobre insolvência, examinando o sistema de organização da insolvência internacional (I), o âmbito de aplicação do Regulamento (II), os regimes de determinação da competência internacional (III) e do Direito aplicável (IV) e o regime de reconhecimento de decisões estrangeiras (V). Incluem-se ainda umas breves considerações finais (VI). Não entrarei no estudo das normas materiais unificadas contidas no Regulamento, sem prejuízo das referências que se mostrem apropriadas.

---

[4] Ver BUREAU [2002: 617 n. 13].

[5] Ver, com mais desenvolvimento e referências, LIMA PINHEIRO [2002b: 57 e seg.].

I. SISTEMA DE ORGANIZAÇÃO DA INSOLVÊNCIA INTERNACIONAL

São dois os sistemas básicos de organização da insolvência internacional: o sistema territorial e o sistema universal. No *sistema territorial*, cada Estado organiza o processo de insolvência sobre os bens situados no seu território segundo o seu próprio Direito. O sistema territorial tende, por isso, para uma pluralidade de processos de insolvência relativos ao mesmo devedor. No *sistema universal*, o processo de insolvência instaurado num Estado abrange todos os bens do devedor. O sistema universal aspira, por isso, a uma unidade do processo de insolvência relativo a determinado devedor.

Estes sistemas básicos apresentam diversas variantes e podem ser objecto de combinação dando então lugar a *sistemas mistos*[6].

São variados os argumentos esgrimidos a favor e contra cada um dos sistemas[7].

O principal argumento que hoje se pode invocar a favor do sistema territorial é a protecção dos pequenos credores locais. O sistema universal obriga os pequenos credores situados nos diferentes países em que o devedor desenvolve actividade a fazerem valer os seus créditos num processo instaurado no estrangeiro segundo uma lei estrangeira, sem que estes credores tenham geralmente força negocial para repercutir este risco no preço do seu crédito. Por outro lado, a admissibilidade de processos territoriais pode em certos casos facilitar a realização das finalidades do processo de insolvência. Em primeiro lugar, um processo de insolvência limitado aos bens situados em determinado Estado pode ser suficiente para recuperar uma empresa transnacional, evitando-se a extinção da empresa e os custos de um processo universal. Segundo, um processo único pode suscitar mais custos e dificuldades do que um sistema misto em que se combine um processo principal com processos territoriais secundários. Por exemplo, quando os tribunais do Estado de abertura do processo principal sejam confrontados com direitos de garantia constituídos com base em leis estrangeiras e que não são facilmente transponíveis para as categorias da lei do foro ou quando o número de credores seja muito elevado.

---

[6] Ver Schack [2002: 437 e seg.] e Scoles/Hay/Borchers/Symeonides [2000: 1248 e seg.].

[7] Ver Virgós Soriano/Garcimartín Alférez [2003: 22 e segs.], Schack [2002: 437 e seg.] e Calvo Caravaca/Carrascosa González [2004: 24 e segs. e 2005: 219].

O Regulamento Comunitário sobre Insolvência – Uma Introdução   119

Contra o sistema territorial pesam, porém, razões ponderosas, que podem ser invocadas a favor do sistema universal. Primeiro, os custos processuais e substantivos de uma pluralidade de processos de insolvência são mais elevados que os custos de um processo único. Segundo, se a posição de um credor no concurso depender da localização dos bens, gera-se incerteza jurídica e permite-se manobras fraudulentas destinadas a favorecer uns credores em prejuízo dos outros através da deslocação internacional dos bens ou do encerramento de estabelecimentos. Em ligação com isto, e em terceiro lugar, a unidade de processo e lei aplicável promove a igualdade dos credores. Quarto, as decisões que visem a recuperação da empresa são na maior parte dos casos mais viáveis quando produzam efeitos relativamente a todo o património da empresa do que quando incidam apenas sobre uma parte deste património.

Em todo o caso, um puro sistema universal não atende suficientemente aos interesses dos pequenos credores locais e às vantagens oferecidas por processos territoriais de insolvência em certas circunstâncias. Daí que mereça preferência uma *sistema misto de pendor universalista.*

O Regulamento sobre insolvência adopta um sistema deste tipo. Segundo este sistema, o *processo de insolvência principal* é aberto no Estado-Membro em que se situa o centro dos principais interesses do devedor e tem vocação para abranger todo o património do devedor[8]. Mas admite-se a instauração de *processos territoriais* noutros Estados-Membros em que o devedor tenha estabelecimentos; os efeitos destes processos secundários são limitados aos bens situados no território dos Estados em que são instaurados[9].

Os processos territoriais podem ser independentes ou secundários. O processo territorial é *independente* se e enquanto não for aberto um processo principal. O processo territorial independente só pode ser instaurado quando não for possível abrir um processo de insolvência principal ou a requerimento dos credores locais ou dos credores do estabelecimento local[10]. O processo territorial é secundário sempre que corra paralelamente com o processo principal.

---

[8] Observe-se que o Regulamento só assegura o reconhecimento e a execução das decisões do tribunal do Estado de abertura do processo nos Estados-Membros. Relativamente ao património situado em Estados terceiros a eficácia destas decisões depende do Direito em vigor nestes Estados.

[9] Cf. Considerandos n.os 11 e 12.

[10] Cf. Considerando n.° 17.

Com a instauração de um processo secundário pode visar-se quer a protecção de credores locais quer a eficácia da administração do património, designadamente quando o património seja demasiado complexo para ser administrado como uma unidade ou quando as diferenças entre os sistemas jurídicos sejam tão substanciais que se revele preferível evitar a aplicação da lei do Estado de abertura do processo principal relativamente aos bens situados noutros Estados.

O Regulamento *articula a competência internacional com o Direito aplicável*: a lei aplicável não só ao processo mas também aos aspectos substantivos da insolvência é, em regra, a do Estado-Membro de abertura do processo. A competência da lei do Estado de abertura do processo é afastada relativamente aos efeitos do processo de insolvência sobre situações jurídicas particularmente significativas, tais como os direitos reais de terceiros e os contratos de trabalho[11].

II. ÂMBITO DE APLICAÇÃO

A) Âmbito material de aplicação

O *âmbito material de aplicação* do Regulamento abrange os processos colectivos em matéria de insolvência do devedor que determinem a inibição parcial ou total da administração ou disposição de bens e a designação de um síndico (art. 1.°/1), com algumas excepções (art. 1.°/2).

Para a determinação dos devedores que podem ser sujeitos a um processo de insolvência o Regulamento remete para a lei do Estado de abertura do processo (que é, como adiante se verá, a lei reguladora da insolvência) (art. 4.°/2/a). O Regulamento é aplicável independentemente de o devedor ser uma pessoa singular ou colectiva, um comerciante ou um não comerciante[12]. Daqui resulta que cabe à lei reguladora da insolvência determinar em cada caso que pessoas ou organizações de pessoas ou bens sem personalidade jurídica podem ser sujeitas a um processo de insolvência e a que tipo de processo[13].

---

[11] Ver também Considerando n.° 11.

[12] Cf. Considerando n.° 9.

[13] Cf. VIRGÓS SORIANO/GARCIMARTÍN ALFÉREZ [2003: 33 e seg.].

O Regulamento exclui expressamente a sua aplicação a empresas de seguros e instituições de crédito[14], a empresas de investimento que prestem serviços que impliquem a detenção de fundos ou de valores mobiliários de terceiros e a organismos de investimento colectivo (art. 1.º/2). Os conceitos de "empresa de seguros", "instituição de crédito", "empresa de investimento" e "organismo de investimento colectivo" devem ser entendidos à luz das normas comunitárias que regulam o acesso e exercício de actividades destas empresas[15].

Os processos abrangidos são os que se revestem das quatro características enunciadas no art. 1.º/1 e que estão incluídos expressamente nos Anexos do Regulamento (art. 2.º/1/a e c).

Primeiro, trata-se de *processos colectivos* que são aqueles que têm por finalidade a satisfação conjunta dos credores. Segundo, estes processos devem ser fundados na *insolvência* do devedor. A este respeito o Regulamento baseia-se na ideia de crise financeira mas, como não contém uma noção autónoma de insolvência, pertence à lei reguladora da insolvência definir os pressupostos da insolvência[16]. Terceiro, os processos devem determinar a *inibição parcial ou total da administração ou disposição de bens* pelo devedor, i.e., a transferência para outra pessoa dos poderes de administração e disposição sobre toda ou sobre uma parte do seu património ou a limitação dos ditos poderes mediante a intervenção de outra pessoa ou o controlo dos seus actos por outra pessoa[17]. Enfim, e em correlação com a nota anterior, os processos devem implicar *a designação de um síndico*, i.e., qualquer pessoa ou órgão cuja função seja administrar ou liquidar os bens de cuja administração ou disposição o devedor esteja inibido ou fiscalizar a gestão dos negócios do devedor (art. 2.º/b). A lista destas pessoas e órgãos consta do anexo C. Em Portu-

---

[14] Ver DL n.º 199/2006, de 25/10, que regula a liquidação de instituições de crédito e sociedades financeiras com sede em Portugal e suas sucursais criadas noutro Estado-Membro, transpondo para a ordem jurídica interna a Dir. n.º 2001/24/CE, de 4/4, relativa ao saneamento e à liquidação das instituições de crédito.

[15] Ver VIRGÓS/SCHMIT [1996 n.ºs 56-60]. Ver, sobre o conceito de "empresa de seguros", Dir. 73/239/CEE, de 24/7 e Dir. 79/267/CEE, de 5/3; sobre o conceito de "instituição de crédito", Dir. 2000/12/CE, de 20/3; sobre o conceito de "empresa de investimento", Dir. 93/22/CEE, de 10/5; e sobre o conceito de "organismo de investimento colectivo", Dir. 85/611/CEE, de 20/12.

[16] Cf. VIRGÓS/SCHMIT [1996 n.º 49].

[17] Cf. VIRGÓS SORIANO/GARCIMARTÍN ALFÉREZ [2003: 35].

gal, são o administrador da insolvência, o gestor judicial, o liquidatário judicial e a comissão de credores.

Para ser abrangido pelo Regulamento não basta que o processo se revista destas características; é necessário que conste das listas contidas nos Anexos A e B (art. 2.°/a e c)[18]. Em Portugal, são abrangidos o processo de insolvência, o processo de falência e os processos especiais de recuperação de empresa (concordata, reconstituição empresarial, reestruturação financeira e gestão controlada).

Cabe observar que as listas contidas nos Anexos do Regulamento, apesar de alteradas pelo Reg. n.° 694/2006, estão desactualizadas pelo que toca a Portugal. Com efeito, com a entrada em vigor do Código da Insolvência e da Recuperação de Empresas passou a haver um processo de insolvência único, que pode seguir duas vias: os trâmites processuais de liquidação estabelecidos pelo Código ou um plano de insolvência que pode basear-se na recuperação da empresa. O novo Código também deixou de contemplar as figuras do gestor judicial e do liquidatário judicial.

B) Âmbito espacial de aplicação

O Regulamento não delimita o seu âmbito de aplicação no espaço no texto normativo. Seguindo uma técnica legislativa criticável[19], o critério de delimitação é enunciado no seu Preâmbulo: de acordo com o Considerando n.° 14 o Regulamento aplica-se "exclusivamente aos processos em que o centro dos interesses principais do devedor está situado na Comunidade"[20].

Por conseguinte, aos processos de insolvência instaurados num Estado-Membro sobre devedores que não têm o centro dos principais interesses na Comunidade aplica-se o Direito Internacional Privado de cada Estado. Na ordem jurídica portuguesa há que atender ao art. 65.°/ /1/b e d e ao art. 65.°-A/b CPC[21], conjugados com o art. 7.° do Código

---

[18] Ver ainda BUREAU [2002: 629].

[19] Ver também BUREAU [2002: 621].

[20] Ver também VIRGÓS/SCHMIT [1996 n.° 11]; HUBER [2001: 137]; LIMA PINHEIRO [2002a: 273]; SCHACK [2002: 440]; MENJUCQ [2001: 407]; DUURSMA-KEPPLINGER/ /DUURSMA/CHALUPSKI [2002: 63].

[21] Ver LIMA PINHEIRO [2002b: 195 e 208 e seg.].

da Insolvência e da Recuperação de Empresas, bem como aos arts. 275.º
e segs. deste Código.

Sendo uma fonte de Direito Internacional Privado, o Regulamento só
se aplica a *insolvências transnacionais*, em que há uma conexão relevante
com outro Estado (Considerandos n.ºs 2 e 3)[22]. Por exemplo, quando há
bens ou credores situados noutros países. Controverso é se tem de haver
uma conexão com outro Estado-Membro[23]. Nem as normas do Regulamento nem o seu Preâmbulo dão apoio a esta exigência e nenhuma justificação razoável se vislumbra para estabelecer este limite adicional ao seu
âmbito de aplicação[24]. Dificilmente se pode retirar um argumento do fundamento da competência legislativa da Comunidade, quando este se refere
ao bom funcionamento do mercado interno, uma vez que os órgãos comunitários não têm atribuído qualquer relevância prática a esta referência no
exercício da sua competência nem, segundo a doutrina dominante, se
deduzem daí limites ao âmbito de aplicação dos outros Regulamentos
comunitários em matéria de competência internacional e reconhecimento
de decisões estrangeiras[25]. A invocação do princípio da confiança mútua
também parece despropositada, uma vez que este princípio serve fundamentalmente para justificar um regime liberal de reconhecimento de decisões estrangeiras e, neste domínio, o âmbito de aplicação no espaço do
Regulamento é mais restrito (só abrange as decisões proferidas por órgãos
jurisdicionais de outros Estados-Membros).

Isto não exclui que determinadas normas do Regulamento contenham
pressupostos adicionais de aplicação no espaço.

Primeiro, no que toca ao Direito de Conflitos, quase todas as normas
especiais que limitam o âmbito de aplicação da lei reguladora da insol-

---

[22] Ver também HUBER [2001: 136], com mais desenvolvimento, SCHACK [2002: 441]
e *MünchKomm.*/KINDLER [2006 IntInsR n.º 77]. Em sentido diferente, CARVALHO FERNAN-
DES/LABAREDA [2003 Art. 3.º n.º 9].

[23] Neste sentido, designadamente, DUURSMA-KEPPLINGER/DUURSMA/CHALUPSKI/
/DUURSMA-KEPPLINGER [2002: 83] e *MünchKomm.*/KINDLER [2006 IntInsR n.º 82]. Mais
limitadamente, VIRGÓS/SCHMIT [1996 n.º 44] inferiam da referência feita pelo Preâmbulo
da Convenção de 1995 aos "efeitos intracomunitários dos processos de insolvência" que as
normas de conflitos contidas na Convenção se aplicavam apenas nas relações com outros
Estados Contratantes; VIRGÓS SORIANO/GARCIMARTÍN ALFÉREZ [2003: 30 e seg.] mantêm
este entendimento com respeito ao Regulamento.

[24] Ver, neste sentido, designadamente, HUBER [2001: 138 e seg.] e SCHACK [2002:
441]. Entre nós, ver HELENA BRITO [2005: 191 e seg.].

[25] Ver LIMA PINHEIRO [2002b: 68].

vência são aplicáveis apenas quando há uma conexão com outro Estado-Membro (arts. 5.º a 15.º, com excepção do art. 6.º, relativo à compensação, e do art. 14.º, relativo à protecção do terceiro adquirente). Mas isto não exclui que a norma de conflitos geral, que remete para a lei reguladora da insolvência, se aplique mesmo quando só há uma conexão com um Estado terceiro, desde que o centro dos principais interesses do devedor se situe na Comunidade.

Segundo, quanto ao reconhecimento de decisões estrangeiras, como já se assinalou, o Regulamento só disciplina o reconhecimento de decisões proferidas por órgãos jurisdicionais de outros Estados-Membros.

Terceiro, no que se refere aos processos de insolvência secundários, as normas de coordenação contidas no Regulamento aplicam-se apenas aos processos em curso em Estados-Membros[26].

Por último, as regras materiais unificadas do Regulamento sobre informação dos credores e reclamação dos seus créditos só se aplicam aos credores que tenham residência habitual, domicílio ou sede num Estado-Membro (arts. 39.º, 40.º/1 e 42.º/2).

O conceito de *centro dos principais interesses* é objecto de uma definição legal autónoma contida no Considerando n.º 13 do Regulamento: o lugar onde o devedor exerce habitualmente – e que é, por isso, reconhecível por terceiros – a administração dos seus interesses[27].

No caso das *"sociedades e pessoas colectivas"*, presume-se que o centro dos principais interesses está localizado no lugar da sede estatutária (art. 3.º/1). A fórmula utilizada pelo Regulamento torna claro que esta presunção também é aplicável a entes colectivos sem personalidade jurídica desde que disponham de uma organização externa e de uma sede social designada no acto constitutivo ou nos estatutos e sujeita a requisitos de publicidade[28].

Esta presunção é ilidível[29]. A doutrina tem geralmente entendido que, no caso de haver divergência entre a sede estatutária e a sede da administração, o centro dos principais interesses se localiza, em regra, no lugar da

---

[26] Cf. Virgós Soriano/Garcimartín Alférez [2003: 32].

[27] Ver ainda Virgos/Schmit [1996 n.º 75] e Duursma-Kepplinger/Duursma/Chalupski [2002: 126].

[28] Ver, em sentido convergente, Virgós Soriano/Garcimartín Alférez [2003: 51].

[29] Cf. Virgos/Schmit [1996 n.º 75].

sede principal da administração[30]. Em minha opinião, este entendimento não atende suficientemente à exigência de reconhecibilidade por terceiros. Como assinalei noutro lugar[31], o lugar da sede estatutária é o ponto privilegiado de referência de terceiros para a localização da pessoa colectiva. Na maior parte dos casos, não é reconhecível por terceiros que a pessoa colectiva tem a sede da administração num país diferente do da sede estatutária[32]. Por isso, defendo que a presunção só pode ser ilidida quando se demonstre que a generalidade dos credores sabia ou devia saber que a pessoa colectiva é administrada noutro Estado. Isto pode ser o caso, designadamente, quando a pessoa colectiva não desenvolve qualquer actividade económica no Estado da sede estatutária e se apresenta com uma conexão especialmente significativa, reconhecível por terceiros, com outro Estado.

Uma decisão recente do TCE, no caso *Eurofood* (2006)[33], converge com este entendimento. Neste caso colocava-se a questão de saber se o centro dos principais interesses de uma filial irlandesa de uma sociedade-mãe italiana se situa na Irlanda, onde é correntemente gerida, ou na Itália, onde é exercido o controlo sobre a administração da filial. O TCE, ao decidir que o centro dos principais interesses se situa na Irlanda, não afastou necessariamente a relevância da sede da administração, visto que segundo o melhor entendimento as filiais têm a sede da administração no lugar onde as decisões fundamentais da direcção são convertidas em actos de administração corrente[34]. Mas a fundamentação da decisão vai claramente mais além.

Com efeito, o TCE afirmou que resulta da definição contida no Considerando n.º 13 do Regulamento "que o centro dos interesses principais deve ser identificado em função de critérios simultaneamente objectivos e determináveis por terceiros"; "quando o devedor seja uma filial cuja sede estatutária e a sede da sua sociedade-mãe estão situadas em dois Estados-Membros diferentes, a presunção (...) segundo a qual o centro dos

---

[30] Ver SIEHR [2001: 539]; SCHACK [2002: 443]; MOSS/FLETCHER/ISAACS/FLETCHER [2002: 39 e seg.]; MOSS/FLETCHER/ISAACS/MOSS/SMITH [2002 n.º 8.39]; DUURSMA-KEPPLINGER/DUURSMA/CHALUPSKI [2002: 133 e seg.].

[31] Ver, com mais desenvolvimento, LIMA PINHEIRO [2002a: 99].

[32] Ver, em sentido diferente, CALVO CARAVACA/CARRASCOSA GONZÁLEZ [2005: 227].

[33] 2/5/2006 [*in* http://curia.europa.eu].

[34] Ver, com mais desenvolvimento, LIMA PINHEIRO [2002a: 82 e seg.].

interesses principais dessa filial se situa no Estado-Membro da respectiva sede estatutária só pode ser ilidida se elementos objectivos e determináveis por terceiros permitirem estabelecer a existência de uma situação real diferente daquela que a localização na referida sede estatutária é suposto reflectir. Tal pode ser, nomeadamente, o caso de uma sociedade que não exerça qualquer actividade no território do Estado-Membro da sua sede social. Ao invés, quando uma sociedade exerça a sua actividade no território do Estado-Membro onde se situa a respectiva sede social, o simples facto de as suas decisões económicas serem ou poderem ser controladas por uma sociedade-mãe noutro Estado-Membro não é suficiente para ilidir a presunção prevista no referido regulamento".

Vem a propósito referir, com respeito às *coligações de sociedades*, que a abertura ou consolidação de processos de insolvência contra qualquer das sociedades coligadas, como devedor principal ou solidariamente responsável, depende da verificação da competência internacional relativamente a cada um dos devedores em causa dotado de personalidade jurídica distinta[35].

Os *entes colectivos sem personalidade jurídica* podem não ter sede estatutária. Não sendo reconhecível por terceiros a localização da sede da sua administração será de atender ao lugar em que exercem a actividade principal, designadamente ao estabelecimento principal. Relativamente aos patrimónios autónomos terá de se atender ao lugar da sua administração externa. Enfim, no que toca à herança jacente já foi sugerido que se atenda ao lugar do último domicílio do autor da sucessão[36].

No seu Relatório Explicativo, Virgós/Schmit entendem que o centro dos principais interesses se situa, no caso de *profissionais independentes*, no domicílio profissional e, relativamente a outras pessoas singulares, no lugar da residência habitual[37].

Na doutrina há a registar algumas flutuações a este respeito. Alguns autores colocam o acento no domicílio sem distinguirem entre diferentes categorias de pessoas singulares[38]. Outros defendem que, relativamente às

---

[35] Cf. Virgos/Schmit [1996 n.° 76]. Cp. Menjucq [2001: 412] e Bureau [2002: 635 e seg.].

[36] Neste sentido, Virgós Soriano/Garcimartín Alférez [2003: 53].

[37] 1996 n.° 75. No mesmo sentido, Moss/Fletcher/Isaacs/Moss/Smith [2002 n.° 8.41].

[38] Ver, designadamente, Schack [2002: 442] e Carvalho Fernandes/Labareda [2003 Art. 2.° n.° 15].

pessoas que desenvolvem uma actividade profissional independente, o centro dos principais interesses se encontra, em regra, no lugar onde exercem esta actividade. Já no que toca a outras pessoas singulares deve partir-se do princípio que esse centro se localiza na residência habitual[39].

A resolução deste problema interpretativo deve em minha opinião basear-se em duas considerações: cada pessoa só pode ter um centro dos principais interesses e os elementos de conexão relevantes devem ser de fácil concretização. A esta luz creio que é preferível atender, com respeito aos profissionais independentes, ao lugar onde é exercida a principal actividade, e, no que toca às outras pessoas singulares, ao lugar da residência habitual (ou da principal residência habitual, nos casos raros em que tenham mais de uma residência habitual).

C) Âmbito temporal de aplicação

No que se refere ao âmbito temporal de aplicação, o Regulamento baseia-se no *princípio da irretroactividade*: só é aplicável aos processos de insolvência abertos posteriormente à sua entrada em vigor (art. 43.°). O processo considera-se aberto no momento em que a decisão de abertura produz efeitos, independentemente de essa decisão ser ou não definitiva (art. 2.°/f).

O preceito acrescenta que "os actos realizados pelo devedor antes da entrada em vigor do Regulamento continuam a ser regidos pela legislação que lhes era aplicável no momento em que foram praticados". Isto significa que as normas de conflitos contidas no Regulamento só se aplicam aos actos praticados depois da sua entrada em vigor e não prejudica a aplicação da lei designada pelo Regulamento aos efeitos falimentares desses actos quando o processo tenha sido aberto depois da sua entrada em vigor[40].

---

[39] Cf. DUURSMA-KEPPLINGER/DUURSMA/CHALUPSKI [2002: 132] e *MünchKomm./ /KINDLER [2006 IntInsR n.ᵒˢ 133-137].

[40] Cf. VIRGÓS SORIANO/GARCIMARTÍN ALFÉREZ [2003: 38 e seg.].

III. COMPETÊNCIA INTERNACIONAL

A) Aspectos gerais

O Regulamento estabelece duas regras de competência internacional: uma para o processo de insolvência principal e outra para o processo de insolvência territorial.

São competentes para abrir o *processo de insolvência principal* os órgãos jurisdicionais do Estado-Membro em cujo território está situado o centro dos principais interesses do devedor (art. 3.°/1). A determinação do centro dos principais interesses já foi anteriormente objecto de exame (II).

Os órgãos jurisdicionais do Estado-Membro em que o devedor, com o centro dos principais interesses noutro Estado-Membro, possuir um estabelecimento, são competentes para abrir um *processo de insolvência territorial*, i.e., como foi atrás assinalado (I) limitado aos bens do devedor que se encontram no seu território (art. 3.°/2).

Para o efeito releva um conceito autónomo de estabelecimento definido no próprio Regulamento "o local de operações em que o devedor exerça de maneira estável uma actividade económica com recurso a meios humanos e a bens materiais" (art. 2.°/h).

O Regulamento também estabelece regras materiais unificadas sobre a *localização dos bens* para efeitos da aplicação das suas regras. Os bens corpóreos consideram-se, em princípio, localizados no Estado-Membro da sua situação; os bens e direitos que devam ser inscritos num registo público consideram-se localizados no Estado-Membro de registo; os créditos consideram-se localizados no Estado-Membro em que está situado o centro dos principais interesses do terceiro devedor (art. 2.°/g). Creio que este último critério é aplicável analogicamente à localização de outros bens incorpóreos[41]. Quanto aos títulos de crédito já foi sugerido que se atenda ao lugar da situação do documento[42].

Na decisão de abertura do processo o órgão jurisdicional deverá indicar se a sua competência se fundamenta no n.° 1 ou n.° 2 do art. 3.° (cf. art. 21.°/1).

---

[41] Ver, em sentido convergente, CARVALHO FERNANDES/LABAREDA [2003 Art. 2.° n.° 13] e VIRGÓS SORIANO/GARCIMARTÍN ALFÉREZ [2003: 167].

[42] Ver VIRGÓS SORIANO/GARCIMARTÍN ALFÉREZ [2003: 167].

O Regulamento Comunitário sobre Insolvência – Uma Introdução

O processo de insolvência territorial que seja aberto depois de um processo principal (*processo secundário*) deve ser um processo de liquidação (art. 3.º/3). Entende-se por "processo de liquidação" um processo de insolvência que determine a liquidação dos bens do devedor, incluindo os casos em que o processo for encerrado através de concordata ou de qualquer outra medida que ponha fim à situação de insolvência ou em virtude da insuficiência do activo. Por acréscimo, só são considerados processos de liquidação os que constam do Anexo B (art. 2.º/c). Este Anexo refere, relativamente a Portugal, o processo de insolvência e o processo de falência (referência que, conforme foi atrás assinalado, está desactualizada).

Assim, enquanto os processos territoriais independentes podem ser processos de liquidação ou de recuperação de empresas, contanto que constem das listas contidas nos Anexos A e B[43], os processos secundários só podem ser um dos processos de liquidação enunciados no Anexo B. Ressalva-se a possibilidade de o processo territorial ser aberto antes do principal e de o síndico do processo principal não requerer a sua conversão num processo de liquidação nos termos do art. 37.º[44].

Quer do texto do art. 3.º quer do Considerando n.º 15 decorre que, em matéria de competência, o Regulamento disciplina apenas a competência internacional. A *competência territorial* interna deve ser determinada pelo Direito interno do Estado-Membro do foro. Em Portugal, a competência territorial determina-se com base no art. 7.º do Código da Insolvência e da Recuperação de Empresas.

Deve entender-se que, à semelhança do que se verifica com o Reg. (CE) n.º 44/2001, de 22/12/2000, Relativo à Competência Judiciária, ao Reconhecimento e à Execução de Decisões em Matéria Civil e Comercial (doravante designado Regulamento em matéria civil e comercial)[45], as competências estabelecidas nos termos do art. 3.º do Regulamento sobre insolvência não podem ser afastadas com base numa avaliação das circunstâncias do caso concreto, que leve a concluir que existe outra jurisdi-

---

[43] Cf. Virgós/Schmit [1996 n.º 31].

[44] *Ibidem*. Portugal fez uma declaração relativa à aplicação dos arts. 26.º e 37.º [*JOCE* C 183/1, de 30/6/2000] segundo a qual o art. 37.º deve ser interpretado no sentido de que a conversão em processo de liquidação de um processo territorial aberto antes do processo principal não exclui a apreciação judicial da situação no processo local (como é o caso no art. 36.º) ou da "aplicação dos interesses de ordem pública mencionados no artigo 26.º ".

[45] Ver Lima Pinheiro [2002b: 75 e seg.].

130 Estudos de Direito Internacional Privado

ção competente mais bem colocada para decidir a causa. Torna-se assim claro que a cláusula do *forum non conveniens* não pode ser invocada pelo tribunal de um Estado-Membro para declinar a sua competência[46].

O *momento relevante* para fixar a competência internacional é o da apresentação do requerimento de abertura do processo de insolvência. O TCE já teve ocasião de decidir que o órgão jurisdicional do Estado--Membro em que está situado o centro dos principais interesses do devedor neste momento mantém a sua competência para abrir o referido processo quando o devedor transfere o centro dos principais interesses para o território de outro Estado-Membro após a apresentação do requerimento[47]. De outro modo o devedor poderia, através da deslocação do centro dos principais interesses, manipular a determinação do tribunal competente e da lei aplicável e obrigar-se-ia os credores a perseguir o devedor de país para país com o consequente risco de prolongamento do processo.

B) Conflitos de competência

Sobre um mesmo devedor só pode ser instaurado um processo principal na Comunidade Europeia[48]. No entanto, como o critério de competência estabelecido para o processo principal utiliza um conceito indeterminado (centro dos principais interesses), é facilmente concebível que os órgãos jurisdicionais de dois Estados-Membros se declarem concorrentemente competentes. Estes *conflitos positivos de competência* resolvem-se com base no princípio da prioridade: a decisão proferida pelo órgão jurisdicional que proceder à abertura em primeiro lugar deve ser reconhecida automaticamente nos demais Estados-Membros sem controlo da competência do tribunal de origem e, por conseguinte, o órgão jurisdicional do outro Estado-Membro tem de declarar-se incompetente.

Em conformidade com esta regra, o art. 272.°/1 do Código da Insolvência e da Recuperação de Empresas determina que aberto um processo principal de insolvência noutro Estado-Membro apenas é admissível a instauração ou prosseguimento em Portugal de processo secundário[49].

---

[46] Cf. VIRGÓS SORIANO/GARCIMARTÍN ALFÉREZ [2003: 57].

[47] 17/1/2006, no caso *Susanne Staubitz-Schreiber* [in http://curia.europa.eu].

[48] Cf. VIRGÓS/SCHMIT [1996 n.° 73].

[49] Ver, porém, sobre os efeitos do encerramento do processo, art. 273.° deste Código.

O *Regulamento Comunitário sobre Insolvência – Uma Introdução* 131

A parte que não concorde com a aceitação da competência num Estado-Membro deve utilizar os meios de recurso que aí lhe sejam facultados e, em última análise, a uniformidade de interpretação pode ser assegurada pelo "reenvio prejudicial" do tribunal de última instância para o TCE (*supra* Introdução VI).

Se por desconhecimento do processo aberto em primeiro lugar for aberto um segundo processo principal, este processo deve ser extinto ou transformado num processo territorial secundário nos termos do art. 3.º//2[50]. Se for requerida a abertura do processo num Estado-Membro depois de o mesmo requerimento ser apresentado noutro Estado-Membro mas antes de proferida uma decisão de abertura neste Estado-Membro, o órgão jurisdicional demandado em segundo lugar deve esperar até que o órgão jurisdicional demandado em primeiro lugar se pronuncie para não incentivar a competição entre jurisdições[51].

Nas relações com Estados terceiros, os tribunais portugueses devem aplicar o regime interno do reconhecimento de decisões estrangeiras e de litispendência estrangeira. A competência estabelecida pelo art. 3.º/1 do Regulamento deve ser considerada uma competência exclusiva e, por conseguinte, não poderão ser reconhecidas, por força do próprio Regulamento, decisões de tribunais de Estados terceiros de abertura de um processo de insolvência principal (i.e., com vocação universal) quando o centro dos principais interesses do devedor se situar em Portugal ou noutro Estado-Membro[52].

No que se refere a *conflitos negativos de competência*, deve entender-se que se o órgão jurisdicional de um Estado-Membro declinar a competência os órgãos jurisdicionais de outros Estados-Membros têm de respeitar esta decisão e não podem alegar, para assumir a mesma atitude, que é competente a jurisdição desse Estado[53]. Neste sentido dispõe também o art. 272.º/3 do Código da Insolvência e da Recuperação de Empresas.

---

[50] Cf. Virgós Soriano/Garcimartín Alférez [2003: 59].

[51] No mesmo sentido, mas com justificação algo diversa, Virgós Soriano/Garcimartín Alférez [2003: 59]. Em sentido diferente, Daniele [2004: 299 e seg.].

[52] Cf. Virgós Soriano/Garcimartín Alférez [2003: 59].

[53] Cf. Virgós Soriano/Garcimartín Alférez [2003: 60].

C) Âmbito da competência

Na determinação do âmbito material da competência fundada no art. 3.° do Regulamento sobre insolvência deve atender-se ao entendimento seguido para delimitar o âmbito material de aplicação da Convenção de Bruxelas e do Regulamento em matéria civil e comercial perante o art. 1.°/2/b destes instrumentos[54]. Assim, entende-se que só estão excluídos do âmbito de aplicação destes instrumentos os litígios que derivem directamente da falência ou de processo análogo[55].

A este respeito também tem interesse referir o critério definido pelo TCE, com respeito à declaração de executoriedade de uma decisão, para a delimitação das decisões excluídas do âmbito de aplicação da Convenção de Bruxelas: "que elas derivem directamente da falência e que se insiram estreitamente no quadro de um processo de liquidação de bens ou de uma concordata, assim caracterizado"[56].

Os litígios que, nesta base, se encontram excluídos do âmbito de aplicação destes instrumentos são abrangidos pela competência atribuída pelo art. 3.° do Regulamento sobre insolvência[57] (ver também *infra* V.A).

A competência da jurisdição do Estado de abertura do processo só é absolutamente exclusiva com respeito às questões relativas à abertura, tramitação e encerramento de um processo de insolvência. No que toca às acções directamente decorrentes do processo de insolvência, decorre expressamente do art. 25.°/1/§ 2.° que esta competência concorre com a de outras jurisdições estaduais. Parece todavia de entender que, neste caso, se trata de uma competência *relativamente exclusiva*: só o síndico pode recorrer a órgãos jurisdicionais que não sejam os do Estado de abertura do processo[58]. Neste sentido pode invocar-se o disposto no art. 18.°/2 que constituirá uma manifestação particular de uma regra geral.

---

[54] Cf. VIRGÓS/SCHMIT [1996 n.° 73]. Sobre o âmbito material de aplicação da Convenção de Bruxelas e do Regulamento comunitário em matéria civil e comercial, ver LIMA PINHEIRO [2002b: 63 e seg.].

[55] Cf. JENARD [1979: 133].

[56] Cf. TCE 22/2/1979, no caso *Gourdain* [*CTCE* (1979) 733], n.° 4.

[57] Cf. VIRGÓS SORIANO/GARCIMARTÍN ALFÉREZ [2003: 66]; em sentido convergente, com base numa aplicação analógica, *MünchKomm./*KINDLER [2006 IntInsR n.° 583]. Cp., em sentido diferente, DANIELE [2004: 300 e seg.] e HELENA BRITO [2005 n. 7].

[58] Ver, com mais desenvolvimento, VIRGÓS SORIANO/GARCIMARTÍN ALFÉREZ [2003: 69 e segs.].

O Regulamento Comunitário sobre Insolvência – Uma Introdução 133

D) Medidas provisórias e cautelares

O Regulamento contém algumas regras relevantes em matéria de *medidas provisórias e cautelares* (art. 25.°/1/§ 3.° e art. 38.°), mas é no Considerando n.° 16 e no Relatório VIRGÓS/SCHMIT que se encontra desenhado o esquema subjacente em matéria de competência internacional e reconhecimento nesta matéria. O Regulamento será aplicável a uma medida cautelar quando esta for instrumental em relação a um processo sujeito ao Regulamento[59].

Têm competência internacional para decretar medidas provisórias e cautelares quer o órgão jurisdicional competente para abrir o processo de insolvência principal, a partir da apresentação do requerimento para a abertura do processo, quer os tribunais do Estado em que essas medidas devam ser executadas[60]. As medidas decretadas pelo órgão jurisdicional competente para o processo de insolvência principal podem ter por objecto bens que se encontram no território de outros Estados-Membros e são reconhecidas nestoutros Estados-Membros ao abrigo do regime de reconhecimento do Regulamento (Considerando n.° 16 e art. 25.°/1/§ 3.°). O Regulamento prevê, especificamente, que o síndico provisório designado pelo órgão jurisdicional competente para o processo principal está habilitado a requerer medidas de conservação ou de protecção noutro Estado-Membro, previstas na lei desse Estado, pelo período compreendido entre o requerimento de abertura de um processo de insolvência e a decisão de abertura (art. 38.°).

As medidas decretadas pelo tribunal do Estado-Membro em que devam ser executadas têm, em princípio, eficácia meramente territorial. Quando estas medidas forem instrumentais relativamente ao processo de insolvência principal[61], deve entender-se que o órgão jurisdicional competente para o processo principal pode ordenar o levantamento, a modificação ou a continuação dessas medidas[62].

---

[59] Cf. VIRGÓS/SCHMIT [1996 n.° 199]. Relativamente ao Regulamento em matéria civil e comercial, ver LIMA PINHEIRO [2002b: 159].

[60] Ver Considerando n.° 16 e VIRGÓS/SCHMIT [1996 n.° 78].

[61] E não relativamente a um processo de insolvência territorial instaurado no mesmo Estado-Membro.

[62] Cf. VIRGÓS/SCHMIT [1996 n.° 78] e VIRGÓS SORIANO/GARCIMARTÍN ALFÉREZ [2003: 72 e seg.].

IV. DIREITO APLICÁVEL

A) A regra da *lex fori concursus*

Como já foi atrás assinalado, o Regulamento sobre insolvência articula a competência internacional com o Direito aplicável: a lei reguladora da insolvência é a *lex fori concursus*.

Assim, em regra, é aplicável ao processo de insolvência e aos seus efeitos a lei do Estado-Membro em que é aberto o processo. Isto aplica-se quer ao processo principal (art. 4.°/1) quer ao processo territorial secundário (art. 28.°) ou independente[63], e inclui não só os aspectos processuais mas também, em princípio, os aspectos substantivos (art. 4.°/2).

A lei do Estado de abertura do processo determina as condições de abertura, tramitação e encerramento do processo de insolvência (art. 4.°/2). O art. 4.°/2 do Regulamento contém uma enumeração exemplificativa das questões submetidas à lei reguladora insolvência[64]. O âmbito de aplicação da lei reguladora da insolvência inclui, designadamente, os pressupostos da declaração de insolvência, a legitimidade para a requerer, a designação dos administradores da insolvência e síndicos provisórios, a formação da massa activa e passiva, a administração da massa insolvente, o reconhecimento e a graduação de créditos, a participação dos credores e os modos de encerramento, mormente por liquidação e repartição, concordata ou plano de reorganização da empresa[65]. Compreende igualmente os efeitos falimentares do processo de insolvência sobre o universo de relações patrimoniais do devedor e, no caso de o devedor ser uma pessoa colectiva, sobre o funcionamento da pessoa colectiva.

Como bem assinalam VIRGÓS SORIANO/GARCIMARTÍN ALFÉREZ[66], esta lei não se aplica à constituição dos *direitos que os credores pretendem fazer valer na insolvência*, que é regida pela lei designada pelo Direito de Conflitos vigente na ordem jurídica dos Estados-Membros, designadamente em matéria de contratos obrigacionais e de direitos reais[67]. A lei

---

[63] Cf. VIRGÓS/SCHMIT [1996 n.° 89].

[64] Cf. VIRGÓS/SCHMIT [1996 n.° 91].

[65] Cf. VIRGÓS SORIANO/GARCIMARTÍN ALFÉREZ [2003: 77].

[66] 2003. 75 e seg.

[67] No que toca à ordem jurídica portuguesa, ver LIMA PINHEIRO [2002a: 177 e segs. e 257 e segs.].

reguladora da insolvência ocupa-se antes da definição da "posição falimentar" destes direitos. Mas os arts. 5.º a 15.º vêm estabelecer desvios *excepcionais* a esta regra geral com respeito à "posição falimentar" de certos direitos, adiante examinados (C-L).

Quanto ao fundamento da regra da *lex fori concursus* são invocadas diversas razões de que se salientam[68]:

– a facilidade e certeza na determinação da lei aplicável graças ao emprego de um critério de conexão bem determinado e de simples actuação;

– a coincidência entre o foro competente e o Direito material aplicável, que facilita a administração da justiça, porque tanto os aspectos processuais como os aspectos substantivos ficam submetidos ao Direito material do foro;

– a sujeição a uma lei única de todos os aspectos da insolvência, que promove a unidade e a coerência do processo e a igualdade dos credores.

B) Regras materiais complementares

No que toca à *abertura de processos territoriais*, a competência da lei reguladora da insolvência é complementada por certas regras materiais unificadas, que distinguem conforme se trata de um processo independente ou de um processo secundário.

Um processo independente só pode ser aberto caso se verifique um dos seguintes pressupostos (art. 3.º/4):

– não for possível abrir um processo de insolvência principal em virtude das condições estabelecidas pela lei do Estado-Membro em cujo território se situa o centro dos principais interesses do devedor;

– a abertura for requerida por um credor que tenha residência habitual, domicílio ou sede no Estado-Membro em que se situa o estabelecimento, ou cujo crédito tenha origem na exploração desse estabelecimento.

---

[68] Ver, designadamente, CALVO CARAVACA/CARRASCOSA/GONZÁLEZ [2004: 109 e segs.] e *MünchKomm.*/KINDLER [2006 IntInsR n.os 202 e seg.].

Quanto à abertura de um processo secundário a competência da lei reguladora da insolvência é limitada por determinadas regras materiais unificadas:

– não têm de se verificar os pressupostos da insolvência definidos pela lei do Estado de abertura desde que a decisão de abertura do processo principal seja reconhecida (art. 27.º);
– o síndico do processo principal tem legitimidade para requerer a abertura do processo secundário (art. 29.º/a).

O Regulamento também estabelece regras materiais unificadas sobre os *direitos dos credores* que não podem ser derrogadas pela lei reguladora da insolvência. Resulta do art. 32.º/1 que a massa passiva é sempre universal: qualquer credor pode reclamar o respectivo crédito no processo principal e em qualquer processo territorial. O preceito não exige que se trate de um credor comunitário. Mas o art. 39.º apenas refere o direito de reclamação de créditos aos credores que tenham residência habitual, domicílio ou sede num Estado-Membro que não seja o Estado de abertura do processo, deixando aparentemente à lei aplicável à insolvência a regulação do direito de reclamação dos credores locais e dos credores extracomunitários[69]. O Considerando n.º 21 também aponta neste sentido.

Examinemos agora, com brevidade, as regras excepcionais estabelecidas nos arts. 5.º a 15.º do Regulamento.

C) Direitos reais

O art. 5.º/1 determina que a abertura do processo de insolvência não afecta os *direitos reais de credores ou de terceiros* sobre bens corpóreos ou incorpóreos, móveis ou imóveis, quer sejam bens específicos, quer sejam conjuntos de bens indeterminados considerados como um todo, cuja composição pode sofrer alterações ao longo do tempo, pertencentes ao devedor e que, no momento da abertura do processo, se encontrem no território de outro Estado-Membro.

---

[69] Neste sentido, VIRGÓS/SCHMIT [1996 n.º 269]. Ver também BUREAU [2002: 652 e 675], CALVO CARAVACA/CARRASCOSA GONZÁLEZ [2004: 172] e *MünchKomm.*/KINDLER [2006 IntInsR n.os 730 e 819].

O Regulamento Comunitário sobre Insolvência – Uma Introdução   137

Os direitos reais podem desempenhar uma função de garantia do crédito. Através da constituição destes direitos, os credores podem reduzir ou eliminar o risco que advém para a satisfação do crédito da insolvência do devedor, o que permite reduzir o custo do financiamento. Quando a coisa se localiza num Estado-Membro distinto do Estado da abertura do processo, a aplicação da lei do Estado de abertura do processo aos efeitos destes direitos na insolvência poderia frustrar a confiança depositada na sua eficácia segundo a lei da situação da coisa e criaria, por isso, uma indesejável incerteza jurídica. Por esta razão, o art. 5.º afasta qualquer limitação (processual ou substantiva) estabelecida pela lei reguladora da insolvência à eficácia destes direitos[70]. Os direitos reais de credores ou de terceiros produzirão, perante a massa insolvente, os efeitos que lhes foram atribuídos pela lei que lhes for aplicável segundo o Direito Internacional Privado do Estado do foro e que, com respeito aos direitos sobre coisas corpóreas, é, normalmente, a lei da situação da coisa.

Isto não obsta a que no caso de ser instaurado um processo de insolvência territorial no Estado-Membro da situação da coisa estes direitos possam ser afectados se a lei falimentar deste Estado o permitir[71]. Não sendo aberto um processo secundário, o credor está obrigado a entregar à massa o excedente, relativamente ao valor do crédito, da venda do bem sobre o qual incide o direito real (Considerando n.º 25 *in fine*).

Embora o Relatório VIRGÓS/SCHMIT aluda a uma qualificação *lege causae* dos direitos reais[72], por forma a que pertenceria ao Direito da situação da coisa determinar quais são os direitos reais constituídos sobre bens do devedor, parece logicamente inevitável uma *interpretação autónoma* do conceito de direito real[73], que poderá socorrer-se dos comentários e da jurisprudência relativos à Convenção de Bruxelas e ao Regulamento em matéria civil e comercial. Neste contexto[74], o conceito autónomo de direito real é caracterizado pela "faculdade de o seu titular poder reclamar o bem que é objecto desse direito a qualquer pessoa que não possua um direito real hierarquicamente superior"[75]. Este conceito é aliás desenvol-

---

[70] Ver VIRGÓS SORIANO/GARCIMARTÍN ALFÉREZ [2003: 95 e segs. e 105 e segs.].

[71] Cf. VIRGÓS/SCHMIT [1996 n.º 98].

[72] 1996 n.º 100, mas cp. n.º 103. Sobre a interpretação das normas de competência internacional, ver LIMA PINHEIRO [2002b: 38 e segs.].

[73] Cf. *MünchKomm.*/KINDLER [2006 IntInsR n.º 256].

[74] Ver, com mais desenvolvimento, LIMA PINHEIRO [2002b: 122 e seg.].

[75] Cf. SCHLOSSER [1979 n.º 166].

vido pelo próprio Relatório Virgós/Schmit[76], que refere duas notas típicas: "relação directa e imediata com o bem sobre o qual recai (...), independentemente da pertença do bem ao património de uma determinada pessoa ou da relação do titular do direito com outra pessoa" e o "carácter absoluto da atribuição do direito ao seu titular", o que significa que o titular do direito o pode fazer valer contra qualquer pessoa. Naturalmente que terá de se examinar perante a lei potencialmente aplicável ao direito real se estas características de verificam no caso concreto (caracterização *lege causae*).

O art. 5.º/2 contém uma enumeração não taxativa dos poderes tipicamente conferidos pelos direitos reais que contribuem para este conceito autónomo. O n.º 3 "equipara" a um direito real o direito, inscrito num registo público e oponível a terceiros, que permita obter um direito real na acepção do n.º 1.

O conceito de direito real relevante para o art. 5.º é mais amplo do que o adoptado no Direito português, uma vez que abrange direitos sobre bens incorpóreos, tais como bens intelectuais e créditos.

Os privilégios creditórios, que apenas conferem ao credor uma graduação preferencial no pagamento do seu crédito, não são considerados como direitos reais para efeitos do art. 5.º do Regulamento[77].

O momento temporal relevante é o da abertura do processo de insolvência: o art. 5.º só é aplicável aos direitos reais constituídos antes da abertura do processo[78], sobre bens situados nesse momento noutro Estado-Membro. A posterior deslocação do bem para o Estado de abertura do processo é irrelevante[79].

Enquanto o art. 5.º se refere aos direitos reais de credores ou de terceiros sobre bens do devedor, o art. 7.º estabelece um regime semelhante para a *reserva da propriedade*. O art. 7.º distingue conforme o processo de insolvência é instaurado contra o comprador ou contra o vendedor.

No primeiro caso, determina que a "abertura de um processo de insolvência contra o comprador de um bem não afecta os direitos do vendedor que se fundamentem numa reserva de propriedade, desde que, no momento da abertura do processo, esse bem se encontre no território de um Estado-Membro que não o Estado de abertura do processo" (n.º 1).

---

[76] 1996 n.º 103.

[77] Cf. Virgós Soriano/Garcimartín Alférez [2003: 99].

[78] Cf. Virgós/Schmit [1996 n.º 96].

[79] Cf. Virgós Soriano/Garcimartín Alférez [2003: 101].

O *Regulamento Comunitário sobre Insolvência – Uma Introdução* 139

No segundo caso, estabelece que a "abertura de um processo de insolvência contra o vendedor de um bem, após a entrega desse bem, não constitui fundamento de resolução ou de rescisão da venda nem obsta à aquisição pelo comprador da propriedade do bem vendido, desde que, no momento da abertura do processo, esse bem se encontre no território de um Estado-Membro que não o Estado de abertura do processo" (n.° 2). Trata-se de uma regra material que tem por fim proteger o comprador perante a eventualidade da lei reguladora da insolvência considerar o bem como parte da massa activa e obrigar o comprador à sua devolução ou permitir a resolução do contrato.

O disposto nos arts. 5.° e 7.° não prejudica a competência da lei reguladora da insolvência (art. 4.°/2/m) no que se refere às acções de nulidade, anulação e de impugnação de actos prejudiciais aos credores (art. 5.°/4 e art. 7.°/3). A este respeito, contudo, é necessário ter em conta a excepção estabelecida no art. 13.° , adiante examinada.

D) Compensação

As condições de oponibilidade à massa insolvente de uma *compensação* de um crédito sobre o devedor insolvente com um crédito do devedor insolvente estão, em princípio, submetidas à lei reguladora da insolvência. Perante alguns sistemas, porém, a compensação pode desempenhar uma função de garantia, e os credores do devedor insolvente podem ter-lhe concedido crédito confiando na faculdade de compensação conferida por um destes sistemas[80]. Por isso, o art. 6.° vem estabelecer uma conexão alternativa, dispondo que "a abertura do processo de insolvência não afecta o direito de um credor a invocar a compensação do seu crédito com o crédito do devedor, desde que essa compensação seja permitida pela lei aplicável ao crédito do devedor insolvente". Por outras palavras, a compensação é oponível à massa insolvente se tal decorrer seja da lei reguladora da insolvência seja da lei aplicável ao crédito do devedor insolvente[81].

---

[80] Ver Virgós/Schmit [1996 n.ᵒˢ 108 e seg.].

[81] Ver ainda Carvalho Fernandes/Labareda [2003 Art. 7.° n.° 5]. Em sentido diferente, Bureau [2002: 663 e seg.].

Este preceito abrange apenas as faculdades de compensação nascidas antes da abertura do processo relativamente a créditos recíprocos. Após essa abertura aplica-se exclusivamente a lei reguladora da insolvência para determinar se a compensação é admissível[82].

Embora, relativamente à Convenção de 1995, o Relatório VIRGÓS/ /SCHMIT[83], defenda que o art. 6.º deva ser interpretado no sentido de se aplicar apenas quando o crédito do devedor insolvente é regido pela lei de um Estado Contratante, não é razoável atribuir a lapso do legislador comunitário a omissão de qualquer referência a um Estado-Membro na disposição do Regulamento[84]. Nem se vê razão de fundo para excluir o mecanismo do art. 6.º pela simples circunstância de a lei aplicável ao crédito do devedor insolvente ser a de um Estado terceiro.

A questão prévia da existência dos direitos de crédito em causa deve ser apreciada segundo o Direito de Conflitos aplicável no Estado do foro (tratando-se de crédito contratual, a Convenção de Roma sobre a Lei Aplicável às Obrigações Contratuais).

Tal como no caso dos direitos reais de terceiros sobre bens do devedor e da reserva da propriedade, qualquer acto praticado em prejuízo dos credores pode ser atacado com base na lei reguladora da insolvência (art. 6.º/2), com a limitação decorrente do art. 13.º , adiante examinado.

E) Contratos em curso

Passemos agora às regras excepcionais relativas aos efeitos da insolvência sobre os *contratos em curso* (arts. 8.º e 10.º). Em princípio, a formação, a execução e a cessação dos contratos obrigacionais são regidas pela Convenção de Roma sobre a Lei Aplicável às Obrigações Contratuais. No entanto, o Regulamento submete, em regra, os efeitos do processo de insolvência sobre os contratos em curso nos quais o devedor seja parte à lei reguladora da insolvência (art. 4.º/2/e). Estes efeitos sobrepõem-se ao regime comum do contrato contido na lei designada pela Convenção de Roma. A lei reguladora da insolvência determina, designada-

---

[82] Cf. VIRGÓS/SCHMIT [1996 n.os 108 e seg.].

[83] 1996 n.º 93.

[84] Ver DANIELE [2004: 315 e seg.]. Cp., em sentido diferente, VIRGÓS SORIANO/GAR-CIMARTÍN ALFÉREZ [2003: 118] e *MünchKomm*./KINDLER [2006 IntInsR n.º 286].

mente, se a declaração de abertura do processo modifica o regime geral de cessação do contrato, os poderes do administrador para optar entre a manutenção ou a resolução do contrato e a "posição falimentar" que em cada caso caberá à contraparte[85].

O Regulamento estabelece desvios a esta regra com respeito aos *contratos de aquisição ou uso de bens imóveis* e aos *contratos de trabalho*. Segundo os arts. 8.º e 10.º, os efeitos do processo de insolvência sobre estes contratos não são regidos pela lei reguladora da insolvência, mas exclusivamente pelas normas falimentares da lei do Estado-Membro da situação do imóvel e da lei do Estado-Membro aplicável ao contrato, respectivamente[86].

Estes desvios fundamentam-se na existência, em muitos sistemas jurídicos dos Estados-Membros, de regras imperativas nestas matérias[87]. No caso dos contratos relativos a imóveis, estas regras visam quer a protecção de uma das partes contratuais (por exemplo, o arrendatário) quer a prossecução de interesses gerais. No que toca ao contrato de trabalho, essas regras visam na maior parte dos casos a protecção do trabalhador. O legislador comunitário entendeu que a lei do Estado da situação imóvel e a lei aplicável ao contrato de trabalho estão em melhor posição do que a lei reguladora da insolvência para prosseguir estas finalidades.

Na versão em língua portuguesa, o art. 8.º refere-se aos "contratos que conferem o direito de adquirir um bem imóvel ou de o usufruir", o que poderia suscitar algumas dúvidas sobre o alcance da sua previsão, mas o Relatório VIRGÓS/SCHMIT[88], bem como outras versões linguísticas[89], permitem afirmar com segurança que é abrangida a generalidade dos contratos que têm por objecto o uso do imóvel e a sua transmissão.

Diferentemente dos artigos anteriores, o art. 8.º não contém uma ressalva da competência da lei reguladora da insolvência às acções de impugnação de actos prejudiciais aos credores nos termos do art. 4.º/2/m. A doutrina dominante entende, contudo, que o art. 8.º não prejudica esta competência[90].

---

[85] Ver VIRGÓS SORIANO/GARCIMARTÍN ALFÉREZ [2003: 122 e seg.].

[86] Ver VIRGÓS/SCHMIT [1996 n.os 118 e 127].

[87] Cf. VIRGÓS/SCHMIT [1996 n.º 118].

[88] Cf. VIRGÓS/SCHMIT [1996 n.º 119].

[89] Designadamente as versões francesa e inglesa.

[90] Cf. VIRGÓS SORIANO/GARCIMARTÍN ALFÉREZ [2003: 125] e *MünchKomm.*/KINDLER [2006 IntInsR n.º 322]. Em sentido contrário, CARVALHO FERNANDES/LABAREDA [2003 Art. 8.º n.º 6].

O art. 10.º , por seu turno, ressalva a competência da lei do Estado--Membro aplicável ao contrato de trabalho com respeito aos efeitos do processo de insolvência "nos contratos de trabalho e na relação laboral". Com esta formulação quer-se evidenciar que a conexão especial se aplica não só aos efeitos sobre o contrato mas também aos efeitos sobre os direitos e obrigações que derivam do contrato *ex lege* ou *ex* convenção colectiva de trabalho[91]. Em todo o caso, esta excepção só abrange os efeitos da abertura do processo sobre a relação laboral; outras questões, designadamente a de saber se os créditos dos trabalhadores se encontram garantidos por privilégios e qual o grau desses privilégios, continuam a ser reguladas pelo Direito do Estado da abertura do processo (Considerando n.º 28).

O conceito de "contrato de trabalho" deve ser objecto de uma interpretação autónoma com base nas finalidades prosseguidas pelo Regulamento, mas em princípio do mesmo modo que perante o art. 6.º da Convenção de Roma sobre a Lei Aplicável às Obrigações Contratuais.

F) Sistemas de pagamento e mercados financeiros

O art. 9.º/1 determina que, sem prejuízo do disposto no artigo 5.º, os efeitos do processo de insolvência nos direitos e nas obrigações dos participantes num *sistema de pagamento ou de liquidação* ou num *mercado financeiro* regem-se exclusivamente pela lei do Estado-Membro aplicável ao referido sistema ou mercado.

O fundamento deste desvio reside, em primeiro lugar, na protecção da confiança geral nos mecanismos que os sistemas de pagamento ou os mercados financeiros regulados dos Estados-Membros prevêem para o pagamento e a liquidação de transacções, designadamente a exigibilidade antecipada da obrigação e a compensação e, desde que o bem que constitui a garantia se encontre nesse mesmo Estado-Membro, a realização de garantias (Considerando n.º 27)[92].

O art. 9.º distingue entre "sistemas de pagamento ou de liquidação" e "mercados financeiros".

Para a interpretação do conceito de "sistemas de pagamento ou de liquidação" deve atender-se à Directiva 98/26/CE, de 19/5, Relativa ao

---

[91] Cf. VIRGÓS SORIANO/GARCIMARTÍN ALFÉREZ [2003: 125].
[92] Ver também VIRGÓS/SCHMIT [1996 n.º 120].

O *Regulamento Comunitário sobre Insolvência – Uma Introdução*

Carácter Definitivo da Liquidação nos Sistemas de Pagamentos e de Liquidação de Valores Mobiliários[93]: um acordo formal, com regras comuns e procedimentos padronizados para a execução de ordens de transferência entre os participantes, regulado pela legislação de um Estado-Membro escolhida pelos participantes e designado como sistema e notificado à Comissão pelo Estado-Membro cuja legislação é aplicável (art. 2.º/a).

Quanto ao conceito de "mercado financeiro", o Relatório VIRGÓS/ /SCHMIT considera como tal "qualquer mercado de um Estado Contratante em que se negociem instrumentos financeiros, outros activos financeiros ou contratos a prazo sobre mercadorias e direitos de opção, caracterizado por um funcionamento regular e cujas condições de funcionamento e acesso estejam sujeitas à lei do Estado Contratante em questão"[94].

Com a ressalva do disposto no art. 5.º , o legislador comunitário quis tornar claro que os direitos reais detidos por credores ou terceiros sobre bens pertencentes ao devedor são protegidos com base na lei designada pelo Direito de Conflitos do Estado do foro, mesmo que o credor ou a entidade a favor do qual foi constituída a garantia participe no sistema[95].

Na versão em língua portuguesa, o n.º 2 do art. 9.º estabelece que o "n.º 1 não obsta a uma acção de nulidade, de anulação ou de impugnação dos pagamentos ou das transacções celebradas ao abrigo da lei aplicável ao sistema de pagamento ou ao mercado financeiro em causa". Isto poderia significar a aplicação a estas acções da lei reguladora da insolvência. As outras versões linguísticas que consultei, sem serem inequívocas, admitem uma interpretação no sentido de ser também aplicável à impugnação a lei que rege o sistema ou mercado (alemã, espanhola, francesa, inglesa e italiana). Esta interpretação, embora colida com a formulação da regra do n.º 2 como excepção à regra do n.º 1, é seguida pelo Relatório VIRGÓS/SCHMIT[96], bem como pela doutrina consultada[97].

---

[93] *JOCE* L 166/45, de 11/6/1998.

[94] 1996 n.º 120.

[95] Cf. VIRGÓS/SCHMIT [1996 n.º 124].

[96] 1996 n.º 122.

[97] Ver, designadamente, VIRGÓS SORIANO/GARCIMARTÍN ALFÉREZ [2003: 130], CARVALHO FERNANDES/LABAREDA [2003 Art. 9.º n.º 7] e *MünchKomm.*/KINDLER [2006 IntInsR n.º 334].

G) Direitos sujeitos a registo obrigatório

O art. 11.º estabelece uma excepção com respeito aos efeitos do processo de insolvência sobre *direitos sujeitos a registo obrigatório*. Trata-se dos direitos do devedor relativos a um bem imóvel, a um navio ou a uma aeronave, cuja inscrição num registo público seja obrigatória[98]. Nestes casos, os efeitos falimentares regem-se pela lei do Estado-Membro sob cuja autoridade é mantido esse registo.

A finalidade deste preceito é a protecção da confiança depositada no conteúdo e efeitos dos sistemas de registo. Esta finalidade justifica um desvio à regra da competência da lei reguladora da insolvência em favor da lei do Estado-Membro do registo[99].

No entanto, contrariamente ao que se verifica com os arts. 8.º , 9.º e 10.º , o art. 11.º não sujeita os efeitos do processo de insolvência "exclusivamente" à lei do Estado-Membro do registo. Daí decorre, segundo o Relatório VIRGÓS/SCHMIT, que a lei do Estado-Membro do registo é aplicável cumulativamente com a lei do Estado da abertura do processo[100]. Configura-se assim uma conexão plural condicionante: a lei do Estado-Membro da abertura do processo ordena as modificações que o processo de insolvência deve produzir sobre os direitos do devedor relativos aos bens em causa, a lei do Estado-Membro do registo determina se esses efeitos podem produzir-se, bem como os registos obrigatórios e os respectivos efeitos[101].

H) Direitos comunitários de propriedade industrial

O art. 12.º , relativo a *direitos comunitários de propriedade industrial*, não contém em rigor uma excepção à competência da lei reguladora da insolvência, mas uma norma material que determina a exclusão destes direitos do âmbito dos processos territoriais[102]. Com efeito, o preceito estabelece que "uma patente comunitária, uma marca comunitária ou qual-

---

[98] Ver também VIRGÓS/SCHMIT [1996 n.º 131].

[99] Cf. VIRGÓS/SCHMIT [1996 n.º 129 e seg.].

[100] 1996 n.º 130.

[101] Cf. VIRGÓS/SCHMIT [1996 n.º 130].

[102] Ver também VIRGÓS SORIANO/GARCIMARTÍN ALFÉREZ [2003: 133].

O Regulamento Comunitário sobre Insolvência – Uma Introdução

quer outro direito análogo instituído por força de disposições comunitárias apenas pode ser abrangido por um processo referido no n.º 1 do artigo 3.º'".

O preceito visa aqueles direitos de propriedade industrial que são organizados por normas comunitárias e produzem efeitos em todo o território da Comunidade Europeia[103]. É o que se verifica com o Reg. (CE) n.º 40/94, de 20/12/93, Sobre a Marca Comunitária (designadamente os arts. 92.º a 94.º)[104], o Reg. (CE) n.º 2100/94, de 27/7/94, Relativo ao Regime Comunitário de Protecção das Variedades Vegetais (arts. 101.º e 102.º)[105] e o Reg. CE n.º 6/2002, de 12/12/2001, Relativo aos Desenhos ou Modelos Comunitários (arts. 81.º e segs.)[106].

O Regulamento sobre a marca comunitária (art. 21.º/1) e o Regulamento sobre variedades vegetais (art. 25.º) continham preceitos no sentido de o direito comunitário deles resultante só poder incluído do processo de insolvência instaurado em primeiro lugar (independentemente de este processo ser principal ou territorial). O art. 12.º do Regulamento sobre insolvência vem derrogar estas regras com respeito aos processos de insolvência instaurados sobre devedores com o centro dos principais interesses no território de um Estado-Membro.

O Regulamento sobre desenhos ou modelos comunitários já contém um preceito no mesmo sentido (art. 31.º/1), e o mesmo se verifica com o projecto de Regulamento sobre patente comunitária (art. 18.º/1).

I) Actos prejudiciais à massa

A maioria dos sistemas jurídicos estabelece uma faculdade de impugnação de *actos prejudiciais à massa*, designadamente os actos praticados num determinado período anterior à declaração de insolvência (ver, no Direito português, arts. 120.º e segs. do Código da Insolvência e da Recuperação de Empresas). O Regulamento parte da competência da lei reguladora da insolvência nesta matéria (art. 4.º/2/m), mas permite que o beneficiário do acto invoque a lei aplicável ao acto, quando esta lei seja a de

---

[103] Cf. VIRGÓS/SCHMIT [1996 n.º 133] e *MünchKomm.*/KINDLER [2006 IntInsR n.ºs 357-360].

[104] *JOCE* L 011/1, de 14/1/1994.

[105] *JOCE* L 227/1, de 1/9/1994.

[106] *JOCE* L 3/1, de 5/1/2002.

um Estado-Membro que não é o da abertura do processo e não permita a impugnação do acto por nenhum meio no caso concreto (art. 13.°).

A oponibilidade da impugnação ao beneficiário do acto fica assim dependente de uma conexão plural condicionante: é primariamente aplicável a lei reguladora da insolvência, mas a impugnação só é oponível se a lei aplicável ao acto a admitir.

O "veto" da lei aplicável ao acto só actua quando o acto não for passível de impugnação "por nenhum meio", i.e., nem segundo as normas falimentares nem segundo as normas comuns dessa lei, após terem sido consideradas todas as circunstâncias concretas do caso[107].

O fim da regra do art. 13.° é o de "preservar as expectativas legítimas de credores ou terceiros quanto à validade do acto nos termos do Direito nacional normalmente aplicável, perante a interferência de uma lex concursus diferente"[108].

À luz deste fim, o art. 13.° só deve ser considerado aplicável aos actos praticados antes da abertura do processo de insolvência. Após a abertura do processo num Estado-Membro todos os actos não autorizados de disposição praticados pelo devedor são, em princípio, ineficazes em virtude do efeito inibitório dos seus poderes de disposição desencadeado em todos os Estados-Membros pela decisão de abertura do processo[109].

Em todo o caso, a solução parece discutível, visto que mediante a designação de uma lei que não admite a impugnação do acto, ao abrigo do princípio da liberdade de designação da lei aplicável aos contratos obrigacionais, o devedor pode realizar actos de dissipação do património que ficam subtraídos aos meios de impugnação previstos pela lei reguladora da insolvência[110].

O regime conflitual que resulta da conjugação do art. 4.°/2/m e do art. 13.° tem alcance geral dentro do Regulamento e é aplicável mesmo nos casos previstos nos arts. 5.° (direitos reais), 6.° (compensação), 7.° (reservas de propriedade), 8.° (contratos relativos a bens imóveis) e 10.° (contratos de trabalho). Já não é aplicável, segundo o entendimento dominante atrás referido, aos actos praticados no âmbito de sistemas de pagamento ou de liquidação e de mercados financeiros.

---

[107] Ver VIRGÓS/SCHMIT [1996 n.° 137].
[108] Cf. VIRGÓS/SCHMIT [1996 n.° 138].
[109] *Ibidem*.
[110] Ver BUREAU [2002: 640 e seg.].

O Regulamento Comunitário sobre Insolvência – Uma Introdução   147

Este regime conflitual só é aplicável à impugnação dos actos prejudiciais a todos os credores[111], o que deve ser entendido no sentido de acções de impugnação com fundamento falimentar. As acções de impugnação baseadas no Direito comum (por exemplo, a impugnação pauliana) não são abrangidas[112].

J) Protecção do terceiro adquirente

O art. 14.° contém uma excepção à competência da lei reguladora da insolvência para *protecção do terceiro adquirente* que beneficie de certos actos de disposição do devedor celebrados após a abertura do processo de insolvência. Trata-se dos actos onerosos de disposição de bem imóvel, de navio ou de aeronave cuja inscrição num registo público seja obrigatória ou de valores mobiliários cuja existência pressuponha a respectiva inscrição num registo previsto pela lei. A validade deste acto rege-se pela lei do Estado em cujo território está situado o referido bem imóvel ou sob cuja autoridade é mantido esse registo.

Em princípio, os actos de disposição do devedor praticados depois de aberto o processo de insolvência são ineficazes ou sujeitos a impugnação nos termos da lei do Estado de abertura, visto que um dos efeitos típicos da declaração de insolvência é a inibição dos poderes de disposição do devedor ou a sua sujeição a algum tipo de supervisão ou controle. O desvio introduzido pelo art. 14.° visa assegurar que a confiança depositada por terceiro de boa fé nos sistemas de publicidade de "direitos reais" é protegida com base na lei do Estado de registo mesmo que o processo de insolvência seja instaurado noutro Estado[113].

Para este efeito, devem ser considerados "actos de disposição" não só os actos de alienação da propriedade mas também os actos de constituição ou alienação de "direitos reais" menores sobre os bens em causa[114]. Resulta a meu ver claramente da epígrafe, do texto e do fim do preceito a sua inaplicabilidade quando o devedor é a parte adquirente[115].

---

[111] Cf. VIRGÓS/SCHMIT [1996 n.° 91, m].

[112] No entanto, VIRGÓS SORIANO/GARCIMARTÍN ALFÉREZ [2003: 135] defendem que a lei reguladora da insolvência estabelece os limites para o exercício destas acções.

[113] Cf. VIRGÓS/SCHMIT [1996 n.° 141].

[114] *Ibidem*.

[115] Em sentido contrário, CARVALHO FERNANDES/LABAREDA [2003 Art. 14.° n.° 5].

148   *Estudos de Direito Internacional Privado*

Contrariamente ao defendido por alguns autores[116], também aqui não se vê razão de fundo para excluir do âmbito de aplicação do preceito os casos em que o bem se encontre registado num Estado terceiro[117].

L) Acções pendentes

O Regulamento estabelece uma distinção entre os efeitos do processo de insolvência sobre as acções individuais de execução e sobre as *acções declarativas pendentes*. Os efeitos sobre as acções individuais de execução são regidos pela lei do Estado de abertura (art. 4.°/2/f), os efeitos sobre outras acções pendentes relativas a bens ou direitos do património do insolvente são regidos exclusivamente pela lei do Estado-Membro em que a referida acção se encontra pendente (art. 15.°)[118].

Assim, a lei processual do Estado em que acção está pendente determina se o processo deve ou não ser suspenso, a forma sob a qual deve prosseguir e as alterações processuais adequadas para reflectir a perda ou limitação do poder de disposição e administração do devedor e a intervenção do síndico em seu lugar[119].

Esta excepção à competência da lei reguladora da insolvência é justificada fundamentalmente por duas razões. Por um lado, nas acções declarativas não está em causa o princípio da acção colectiva aplicável aos processos de insolvência. Por outro, a estreita vinculação dessas acções com o regime processual do Estado em que estão pendentes[120].

Deve entender-se que o preceito opera independentemente da posição processual das partes e, portanto, quer o devedor seja autor ou réu[121].

O Regulamento não prevê o caso de estar pendente um *processo arbitral*. A questão dos efeitos do processo de insolvência sobre processos arbitrais não se coloca do mesmo modo que relativamente às acções nos tribunais estaduais porque os tribunais arbitrais não estão normalmente

---

[116] Ver, designadamente, VIRGÓS SORIANO/GARCIMARTÍN ALFÉREZ [2003: 135] e *MünchKomm*./KINDLER [2006 IntInsR n.° 401].

[117] Ver DANIELE [2004: 315 e seg.].

[118] Cf. VIRGÓS/SCHMIT [1996 n.° 142]. Cp. CARVALHO FERNANDES/LABAREDA [2003 Art. 15.° n.° 4].

[119] Cf. VIRGÓS/SCHMIT [1996 n.° 142].

[120] Cf. VIRGÓS SORIANO/GARCIMARTÍN ALFÉREZ [2003: 140].

[121] *Ibidem*.

submetidos à lei processual comum e, no caso da arbitragem transnacional, não estão submetidos exclusivamente a uma determinada ordem jurídica estadual[122]. Acresce que o Regulamento sobre insolvência, à semelhança de outros regulamentos comunitários já adoptados ou em preparação no domínio do Direito Internacional Privado, só tem em vista unificar o Direito Internacional Privado aplicável pelos tribunais estaduais[123]. Estes regulamentos não têm qualquer vocação para criar obrigações para os árbitros.

Por conseguinte, entendo que o Regulamento sobre insolvência não se aplica aos efeitos do processo de insolvência sobre os processos arbitrais em curso[124]. Nas arbitragens internas, os árbitros deverão respeitar as normas especiais de fonte interna que regulem estes efeitos (ver, na ordem jurídica portuguesa, art. 87.º do Código da Insolvência e da Recuperação de Empresas)[125]. Nas arbitragens transnacionais, os árbitros deverão ter em conta o Direito Transnacional da Arbitragem e as directrizes dos Estados que têm uma ligação significativa com a arbitragem ou em que pode previsivelmente ser requerida a execução da decisão arbitral, mas têm uma margem de apreciação destas directrizes[126].

M) Referência material

O Relatório VIRGÓS/SCHMIT esclarece que a remissão feita pelas normas de conflitos contidas no Regulamento para a lei de um Estado Contratante (leia-se, à face do Regulamento, lei de um Estado-Membro) deve ser entendida como uma *referência material*, i.e., uma remissão directa para o Direito material desse Estado-Membro, com exclusão das suas normas de Direito Internacional Privado[127]. Na verdade, *nas matérias em que o Regulamento unifica o Direito de Conflitos aplicável* não faz sentido colocar um problema de devolução quando é designada a lei de um Estado-Membro.

---

[122] Ver LIMA PINHEIRO [2005: 142 e segs., 223 e segs. e 477 e segs.].

[123] Ver LIMA PINHEIRO [2005: 573 e segs., *maxime* 582 e seg.].

[124] Cp., em sentido diferente, VIRGÓS SORIANO/GARCIMARTÍN ALFÉREZ [2003: 141].

[125] Ver ainda LIMA PINHEIRO [2005: 87 n. 169], com mais referências.

[126] Ver, com mais desenvolvimento, LIMA PINHEIRO [2005: 517 e segs.].

[127] 1996 n.º 87.

V. RECONHECIMENTO DE DECISÕES ESTRANGEIRAS

A) Aspectos gerais

O Regulamento sobre insolvência aplica-se também ao reconhecimento de decisões proferidas por órgãos jurisdicionais de outros Estados-Membros que determinem a abertura de um processo de insolvência, que designem um síndico, que sejam relativas à tramitação e ao encerramento de um processo de insolvência ou que homologuem qualquer acordo proferidas por um órgão jurisdicional competente segundo as regras do Regulamento (arts. 16.° , 18.° e 25.°). São ainda abrangidas as decisões directamente decorrentes do processo de insolvência e que com este se encontrem estreitamente relacionadas, mesmo que proferidas por outro órgão jurisdicional (art. 25.°/1/§ 2.°), e as decisões relativas às medidas cautelares tomadas após a apresentação do requerimento de abertura de um processo de insolvência (§ 3.°).

Releva um conceito amplo de *órgão jurisdicional*, que inclui qualquer autoridade com competência para abrir um processo de insolvência ou tomar decisões durante a tramitação do processo (art. 2.°/d), incluindo autoridades administrativas[128].

São de considerar como directamente decorrentes do processo de insolvência as acções que se fundamentem no Direito falimentar e que apenas sejam possíveis durante o processo de insolvência ou em relação directa com este, tais como as acções revogatórias de actos prejudiciais à massa, as acções relativas à responsabilidade pessoal dos administradores baseadas no Direito falimentar, as acções referentes à admissibilidade ou ao grau de um crédito e os litígios entre o síndico e o devedor sobre a pertença de um bem ao património deste último[129].

O Regulamento sobre insolvência, à semelhança de outros instrumentos comunitários em matéria de reconhecimento de decisões estrangeiras, distingue entre *reconhecimento* na ordem local de efeitos produzidos pela decisão na ordem jurídica de origem e *"execução"*, i.e., atribuição de força executiva[130]. Estes instrumentos utilizam a palavra "reconhecimento" na acepção restrita de reconhecimento de efeitos.

---

[128] Cf. VIRGÓS SORIANO/GARCIMARTÍN ALFÉREZ [2003: 187].

[129] Cf. VIRGÓS/SCHMIT [1996 n.° 196].

[130] Sobre esta dicotomia, ver LIMA PINHEIRO [2002b: 232 e seg.].

O Regulamento Comunitário sobre Insolvência – Uma Introdução 151

Enquanto o reconhecimento de efeitos é automático, i.e., decorre do preenchimento das condições de reconhecimento sem a necessidade de qualquer procedimento prévio de controlo[131], a atribuição de força executiva depende de uma declaração de executoriedade obtida mediante a instauração de um procedimento prévio no Estado de reconhecimento.

B) Reconhecimento de efeitos

Os efeitos da decisão que determine a abertura de um processo de insolvência, proferida por um tribunal competente nos termos do Regulamento, são *reconhecidos imediata e automaticamente* em todos os outros Estados-Membros (art. 16.°/1 e art. 17.°/1). O mesmo se diga dos efeitos de decisões relativas à tramitação e ao encerramento de um processo de insolvência proferidas, em seguida, pelo mesmo órgão jurisdicional, de qualquer acordo homologado por esse órgão, das decisões directamente decorrentes do processo de insolvência e das decisões relativas às medidas cautelares tomadas após a apresentação do requerimento de abertura de um processo de insolvência (art. 25.°/1).

O reconhecimento de uma decisão de abertura do processo principal não obsta à abertura de um processo secundário noutro Estado-Membro (art. 16.°/2). Neste caso são aplicáveis as normas materiais de coordenação de processos contidas nos arts. 31.° a 35.°.

O regime de reconhecimento automático é aplicável a todos os processos de insolvência instaurados num Estado-Membro, quer sejam principais ou territoriais e, neste segundo caso, tanto aos procedimentos secundários como aos independentes. Neste segundo caso, o reconhecimento limita-se aos efeitos territoriais do processo[132].

Isto não exclui que as autoridades do Estado de reconhecimento possam ser chamadas a verificar, *a título incidental*, se a decisão deve ser reconhecida, quando esta for invocada junto destas autoridades[133]. Por exemplo, quando a decisão for invocada para paralisar uma acção individual de um credor, como fundamento de uma acção de impugnação falimentar ou para titular uma inscrição num registo público. Como o Regu-

---

[131] Ver também VIRGÓS/SCHMIT [1996 n.° 143].
[132] Cf. VIRGÓS/SCHMIT [1996 n.° 146].
[133] Cf. VIRGÓS/SCHMIT [1996 n.° 152].

lamento não estabelece um procedimento para este controlo incidental, serão aplicáveis as regras processuais do Estado de reconhecimento[134].

Quanto ao *objecto do reconhecimento*, o art. 17.° distingue entre o reconhecimento da decisão de abertura do processo principal e o reconhecimento da decisão de abertura de um processo territorial.

No primeiro caso, a decisão produz nos demais Estados-Membros os mesmos efeitos que lhe são atribuídos pela lei do Estado de origem, enquanto não tiver sido aberto nesse outro Estado-Membro um processo territorial (art. 17.°/1). Vale aqui, plenamente, a teoria da extensão de eficácia[135]. Incluem-se aqui quer os efeitos materiais quer os efeitos processuais, designadamente a inibição do devedor, a nomeação do síndico, a proibição de execuções individuais, a incorporação de todos os bens do devedor na massa insolvente e a obrigação de restituição de tudo o que os credores tiverem obtido a título individual após a abertura do processo[136].

Todavia, no que toca aos efeitos materiais, o Relatório VIRGÓS/ /SCHMIT estabelece um paralelo com o âmbito de aplicação da lei do Estado da abertura do processo (*supra* IV). Isto tem por consequência a exclusão do reconhecimento dos efeitos que, nos termos dos arts. 5.° a 15.° , não são regulados pela lei do Estado da abertura do processo[137].

O problema do reconhecimento dos *efeitos constitutivos*, que assume certa especificidade noutras matérias[138], não parece autonomizar-se com respeito ao Regulamento sobre insolvência. Na verdade, a lei do Estado de origem da decisão de abertura do processo é também, em princípio, a lei aplicável, por força da norma de conflitos geral contida no Regulamento, à produção dos efeitos falimentares constitutivos, modificativos ou extintivos de situações jurídicas, designadamente a inibição dos poderes do devedor relativamente aos bens do seu património e a atribuição de poderes ao síndico. E acabámos de ver que os efeitos que não são regulados pela lei do Estado da abertura do processo também não são objecto de

---

[134] Ver VIRGÓS SORIANO/GARCIMARTÍN ALFÉREZ [2003: 184 e seg.]. O Regulamento não exclui que possa ser proposta uma acção de reconhecimento a título principal, que ficará sujeita ao Direito processual interno do Estado de reconhecimento. Já não parece que possa aplicar-se analogicamente o processo estabelecido pelo Regulamento em matéria civil e comercial, como sugerem os autores citados [loc. cit.].

[135] Ver LIMA PINHEIRO [2002b: 248 e segs.].

[136] Cf. VIRGÓS/SCHMIT [1996 n.° 154].

[137] Cf. VIRGÓS/SCHMIT [1996 n.° 153].

[138] Ver LIMA PINHEIRO [2002b: 250, 277 e seg. e 332 e segs.].

O Regulamento Comunitário sobre Insolvência – Uma Introdução   153

reconhecimento ao abrigo do Regulamento. Os efeitos reconhecidos por força do Regulamento são, portanto, efeitos que se produzem na ordem jurídica competente para os reger. O Regulamento logra, deste modo, uma correcta articulação do Direito de Conflitos com o Direito de Reconhecimento.

Um dos efeitos principais implicados no reconhecimento da decisão de abertura do processo de insolvência é o reconhecimento da designação do *síndico* e dos seus poderes. Foi atrás assinalado que releva um conceito amplo de "síndico" (II. A). O síndico designado por um tribunal competente por força do n.º 1 do art. 3.º do Regulamento pode exercer no território de outro Estado-Membro todos os poderes que lhe são conferidos pela lei do Estado da abertura do processo, enquanto nesse Estado-Membro não tiver sido aberto qualquer processo de insolvência, nem tiver sido tomada qualquer medida cautelar em contrário na sequência de um requerimento de abertura de um processo de insolvência (art. 18.º/1). No entanto, no exercício dos seus poderes, o síndico deve observar a lei do Estado-Membro em cujo território pretende agir, em especial as disposições que digam respeito às formas de liquidação dos bens. Além disso, o emprego de meios coercivos depende da intervenção das autoridades locais (art. 18.º/3).

A decisão de abertura do processo principal produz ainda um outro efeito nos demais Estados-Membros: a faculdade de abrir noutros Estados-Membros um processo de insolvência secundário sem que seja necessário examinar os pressupostos da insolvência nestoutro Estado (art. 27.º/1).

No caso *Eurofood* (2006)[139], o TCE foi chamado a interpretar o conceito de "decisão que determine a abertura de um processo de insolvência", contido no art. 16.º/1. O tribunal entendeu que "para assegurar a eficácia do sistema instituído pelo regulamento, importa que o princípio do reconhecimento mútuo previsto no artigo 16. °, n.º 1, primeiro parágrafo, deste possa ser aplicado o mais cedo possível no decurso do processo. O mecanismo que prevê que só pode ser aberto um único processo principal, o qual produz os seus efeitos em todos os Estados-Membros onde o regulamento é aplicável, poderia ser gravemente perturbado se os órgãos jurisdicionais destes últimos, chamados concomitantemente a conhecer de pedidos baseados na insolvência de um devedor, pudessem reivindicar

---

[139] TCE 2/5/2006 [*in* http://curia.europa.eu].

154   *Estudos de Direito Internacional Privado*

uma competência concorrente durante um longo período de tempo"[140]. A esta luz, "deve ser considerada uma 'decisão que determina a abertura de um processo de insolvência' na acepção do regulamento não apenas a decisão formalmente qualificada de decisão de abertura pela legislação do Estado-Membro do órgão jurisdicional que a profere, mas também a decisão proferida na sequência de um pedido, baseado na insolvência do devedor, destinado à abertura de um processo enumerado no Anexo A do referido regulamento, quando essa decisão implique a inibição do devedor e nomeie um síndico mencionado no Anexo C do referido regulamento"[141].

O reconhecimento da decisão de abertura de um processo principal é limitado pela abertura de um processo territorial. Não são reconhecidos os efeitos do processo principal que dizem respeito aos bens e às situações jurídicas que estejam abrangidas pelo âmbito do processo territorial[142].

No que toca à *decisão de abertura de um processo territorial*, só são reconhecidos os efeitos relativos a bens localizados no território do Estado de abertura do processo. A extensão de eficácia aos outros Estados-Membros limita-se pois ao reconhecimento da validade da abertura do processo territorial e dos efeitos por este produzidos sobre os bens localizados no território do Estado de abertura do processo[143]. Estes efeitos não podem ser impugnados noutro Estado-Membro (art. 17.º/2). Por exemplo, quando o síndico do processo territorial pretenda exigir a reintegração de bens que pertencem à massa do processo territorial mas que foram transferidos para o território de outro Estado-Membro depois da abertura do processo (art. 18.º/2).

Qualquer limitação dos direitos dos credores, nomeadamente uma moratória ou um perdão de dívida resultante de um processo territorial, só é oponível, relativamente aos bens situados noutro Estado-Membro, aos credores que tiverem concordado com essa limitação (art. 17.º/2/2.ª parte).

C) Atribuição de força executiva

A atribuição de força executiva às decisões proferidas no âmbito de um processo de insolvência rege-se pelo disposto nos arts. 31.º a 51.º ,

---

[140] N.º 52.
[141] N.º 54.
[142] Cf. Virgós/Schmit [1996 n.º 155].
[143] Cf. Virgós/Schmit [1996 n.º 156].

O Regulamento Comunitário sobre Insolvência – Uma Introdução   155

com excepção do n.º 2 do art. 34.º , da Convenção de Bruxelas sobre Competência Judiciária e Execução de Decisões em Matéria Civil e Comercial (art. 25.º/1). Como a Convenção de Bruxelas foi substituída pelo Regulamento em matéria civil e comercial, nas relações entre os Estados-Membros vinculados por este último Regulamento a referência à Convenção de Bruxelas deve considerar-se feita aos arts. 38.º a 58.º deste último Regulamento, com excepção do n.º 1 do art. 45.º (art. 68.º/2)[144].

Deste modo, o Regulamento sobre insolvência regula indirectamente o processo de declaração de executoriedade. A execução propriamente dita segue os trâmites definidos pelo Direito processual interno do Estado de execução, ainda que ajustadas, quando seja necessário, para assegurar o "efeito útil" do Regulamento[145].

D) Condições de reconhecimento

Vejamos agora as condições de reconhecimento e de atribuição de força executiva ao abrigo do regime do Regulamento.

O Regulamento só estabelece um fundamento de recusa de reconhecimento e de atribuição de força executiva: manifesta *contrariedade do reconhecimento ou da "execução" à ordem pública* do Estado-Membro local, em especial aos seus princípios fundamentais ou aos direitos e liberdades individuais garantidos pela sua Constituição (art. 26.º). Trata-se, indiscutivelmente, da *ordem pública internacional do Estado de reconhecimento*, cláusula geral que só funciona em casos excepcionais, e abrange princípios fundamentais tanto materiais como processuais[146].

Para a concretização da cláusula de ordem pública internacional são relevantes os Relatórios Explicativos e a jurisprudência do TCE com respeito à condição de reconhecimento homóloga que consta da Convenção de Bruxelas e do Regulamento em matéria civil e comercial[147]. Especificamente com respeito ao Regulamento sobre insolvência, o TCE já teve

---

[144] Ver, sobre o regime processual aplicável à face do Regulamento em matéria civil e comercial, LIMA PINHEIRO [2002b: 280 e segs.].

[145] Cf. VIRGÓS SORIANO/GARCIMARTÍN ALFÉREZ [2003: 185].

[146] Ver, com mais desenvolvimento, VIRGÓS/SCHMIT [1996 n.os 204 e 206]. Sobre o conceito de ordem pública internacional, ver ainda LIMA PINHEIRO [2001: 461 e segs.].

[147] Cf. TCE 2/5/2006, no caso *Eurofood* [*in* http://curia.europa.eu], n.º 64. Ver, sobre o ponto, LIMA PINHEIRO [2002b: 297 e segs.].

ocasião de decidir que o art. 26.° "deve ser interpretado no sentido de que um Estado-Membro pode recusar-se a reconhecer um processo de insolvência aberto noutro Estado-Membro quando a decisão de abertura tenha sido tomada em manifesta violação do direito fundamental de audição de que dispõe uma pessoa afectada por esse processo"[148].

O art. 25.°/3 contém uma concretização particular desta cláusula geral, ao dispor que os Estados-Membros não são obrigados a reconhecer ou executar decisões referidas no n.° 1 do mesmo artigo que possam resultar numa restrição da liberdade individual ou do sigilo postal (art. 25.°/3). Por outro lado, o art. 16.°/1/§ 2.° delimita negativamente a cláusula quando obriga ao reconhecimento da decisão de abertura de um processo de insolvência mesmo que o devedor, em virtude da sua qualidade (designadamente por não ser comerciante), não possa ser sujeito a um processo de insolvência no Estado de reconhecimento. Com efeito, o Estado de reconhecimento não pode invocar a contrariedade à sua ordem pública por este motivo[149].

O reconhecimento pode ser meramente *parcial* quando apenas uma parte dissociável da decisão seja manifestamente contrária à ordem pública[150].

Além disso, porém, há outras condições de reconhecimento impostas pela *coerência intrassistemática*. Primeiro, que a decisão tenha sido proferida por um órgão jurisdicional de um Estado-Membro no sentido do art. 2.°/2. Segundo, que este órgão jurisdicional se tenha considerado competente por força do art. 3.° (art. 16.°/1). Terceiro, que a decisão caia dentro do âmbito material e espacial de aplicação do Regulamento (*supra* II).

Constitui ainda pressuposto específico da atribuição de força executiva que a decisão tenha força executiva no Estado de origem (art. 38.°/1 do Regulamento em matéria civil e comercial aplicável *ex vi* art. 25.°/1 do Regulamento sobre insolvência).

Não pode sujeitar-se a decisão de outro Estado-Membro a um *controlo de mérito* nem pode controlar-se a *competência do órgão jurisdicional do Estado de origem*[151]. Pelo que toca a este segundo aspecto, o órgão

---

[148] TCE 2/5/2006, no caso *Eurofood* [*in* http://curia.europa.eu].

[149] Cf. Virgós/Schmit [1996 n.° 148].

[150] Cf. Virgós/Schmit [1996 n.° 209].

[151] Cf. Virgós/Schmit [1996 n.° 202], bem como, quando ao segundo aspecto, TCE 2/5/2006, no caso *Eurofood* [*in* http://curia.europa.eu].

jurisdicional do Estado requerido deve limitar-se a verificar se a decisão emana de um órgão jurisdicional de um Estado-Membro que se declara competente ao abrigo do art. 3.º do Regulamento. E não pode invocar-se a contrariedade à ordem pública internacional com fundamento na incompetência do órgão jurisdicional que proferiu a decisão[152].

Isto é até certo ponto justificado, porque o Regulamento também unifica as normas de conflitos e as normas de competência internacional. Não obstante, foi atrás assinalado que o Regulamento não exclui em absoluto que a competência internacional em matéria de acções decorrentes do processo de insolvência se possa fundamentar no Direito interno (*supra* III.C). Nesta medida, o Regulamento obriga ao reconhecimento de decisões que foram proferidas com base em regras de competência não unificadas, como decorre expressamente do art. 25.º/1/§ 2.º. Neste caso, deveria ser admitido um controlo da competência do órgão jurisdicional do Estado de origem (competência internacional indirecta) com base no regime interno do Estado de reconhecimento.

O *trânsito em julgado da decisão* (i.e., que não seja susceptível de recurso ordinário) não constitui condição de reconhecimento. O reconhecimento automático opera tanto com as decisões definitivas como com as decisões provisórias que produzam efeitos segundo a lei do Estado de origem[153].

VI. CONSIDERAÇÕES FINAIS

O Regulamento sobre insolvência representa um inegável progresso na disciplina jurídica das insolvências transnacionais relativas a devedores com centro dos principais interesses na União Europeia. O sistema de organização da insolvência transnacional adoptado por este Regulamento é equilibrado e constitui um modelo universalizável. A grande maioria das soluções afigura-se adequada. Foram assinaladas algumas imperfeições técnicas, que, em todo o caso, não são tão numerosas quanto por vezes se afirma[154].

---

[152] Cf. VIRGÓS SORIANO/GARCIMARTÍN ALFÉREZ [2003: 209]. Em sentido diferente, DANIELE [2004: 303].

[153] Cf. VIRGÓS/SCHMIT [1996 n.º 147].

[154] Ver, designadamente, BUREAU [2002: 677].

158   *Estudos de Direito Internacional Privado*

Não deve esquecer-se que para o desenvolvimento do comércio internacional seria importante uma unificação do Direito Internacional Privado da Insolvência à escala mundial. Espera-se que o Regulamento sobre insolvência, ao realizar uma unificação bem sucedida à escala regional, contribua para um processo mais amplo de unificação internacional.

BIBLIOGRAFIA

BRITO, Maria HELENA
> 2005 – "Falências internacionais. Algumas considerações a propósito do Código da Insolvência e da Recuperação de Empresas", *Themis – Novo Direito da Insolvência*, 183-220.

BUREAU, Dominique
> 2002 – "Le fin d'un îlot de résistance. Le Règlement du Conseil relatif aux procédures d'insolvabilité", *R. crit.* 91: 613-679.

CARAVACA, Alfonso CALVO e Javier CARRASCOSA GONZÁLEZ
> 2004 – *Derecho Concursal Internacional*, Madrid.
> 2005 – "Procedimientos de insolvencia y reglamento 1346/2000: cuál es el 'centro de interes principles' del deudor?", *in Cuestiones actuales del Derecho Mercantil Internacional*, 217-240, Madrid.

DANIELE, Luigi
> 2004 – "Il regolamento n. 1346/2000 relativo alle procedure di insolvenza: spunti critici", *in Diritto internazionale privato e diritto comunitario*, org. por Paolo Picone, 289-318, Pádua

DUURSMA-KEPPLINGER, Henriette-Christine, DIETER DUURSMA, Ernst CHALUPSKY
> 2002 – *Europäische Insolvenzverordnung Kommentar*, Viena.

EHRICKE, Ulrich
> 2001 – "Verfahrenskoordination bei grenzüberschreitenden Unternehmeninsolvenzen", *in Aufbruch nach Europa. 75 Jahre Max-Planck-Institut für Privatrecht*, 337-361.

FERNANDES, Luís CARVALHO e João LABAREDA
> 2003 – *Insolvências Transfronteiriças. Regulamento (CE) n.º 1346/2000 do Conselho. Anotado*, Lisboa.

HUBER, Peter
> 2001 – "Internationales Insolvenzrecht in Europa", *ZZP* 2/2001: 133-166.

JENARD, P.
> 1979 – "Relatório sobre a Convenção, de 27 de Setembro de 1968, relativa à competência judiciária e à execução de decisões em matéria civil e comercial", *JOCE* C 189, 28/7/90, 122-179.

KINDLER, Peter
> 2006a – "Internationales Insolvenzrecht", *in Münchener Kommentar zum BGB*, 4.ª ed., vol. XI – *Internationales Wirtschaftsrecht*, Munique.
> 2006b – An. a TCE 17/1/2006, *IPRax* 26: 114.

MENJUCQ, Michel

2001 – *Droit international et européen des sociétés*, Paris.

MOSS, Gabriel, Ian FLETCHER e Stuart ISAACS (Org.)

2002 – *The EC Regulation on Insolvency Proceedings. A Commentary and Annotated Guide*; FLETCHER – "Scope and Jurisdiction"; MOSS/SMITH – "Commentary on Council Regulation 1346/2000", Oxford.

PINHEIRO, Luís de LIMA

2001 – *Direito Internacional Privado*, vol. I – *Introdução e Direito de Conflitos/ /Parte Geral*, Almedina, Coimbra.

2002a – *Direito Internacional Privado*, vol. II – *Direito de Conflitos. Parte Especial*, 2.ª ed., Almedina, Coimbra.

2002b – *Direito Internacional Privado*, vol. III – *Competência Internacional e Reconhecimento de Decisões Estrangeiras*, Almedina, Coimbra.

2003 – "Federalismo e Direito Internacional Privado", *in Estudos de Direito Internacional Privado* (2005), 331-356, Almedina, Coimbra.

2005 – *Arbitragem Transnacional. A Determinação do Estatuto da Arbitragem*, Almedina, Lisboa.

SCHACK, Haimo

2002 – *Internationales Zivilverfahrensrecht. Ein Studienbuch*, 3.ª ed., Munique.

SCHLOSSER, Peter

1979 – "Relatório sobre a Convenção, de 9 de Outubro de 1978, relativa à Adesão do Reino da Dinamarca, da Irlanda e do Reino Unido da Grã-Bretanha e da Irlanda do Norte à Convenção relativa à competência judiciária e à execução de decisões em matéria civil e comercial, bem como ao Protocolo Relativo à sua interpretação pelo Tribunal de Justiça", *JOCE* C 189, 28/7/90, 184-256.

SCOLES, Eugene, Peter HAY, Patrick BORCHERS e Symeon SYMEONIDES

2000 – *Conflict of Laws*, 3.ª ed., St. Paul, Minn.

SIEHR, Kurt

2001 – *Internationales Privatrecht. Deutsches und europäisches Kollisionsrecht für Studium und Praxis*, Zurique.

SORIANO, Miguel VIRGÓS e Francisco GARCIMARTÍN ALFÉREZ

2003 – *Comentario al Reglamento Europeo de Insolvencia*, Madrid.

SORIANO, Miguel VIRGÓS e Etienne SCHMIT

1996 – *Relatório Explicativo sobre a Convenção relativa aos Processos de Insolvência* Conselho da União Europeia DOC. 6500/96 DRS 8 (CFC) (cit. VIRGÓS/ /SCHMIT).

SOUSA, Miguel TEIXEIRA DE

2003 – *Direito Processual Civil Europeu. Relatório* (policopiado), Lisboa.

STARACE, Vincenzo

2002 – "La disciplina comunitaria delle procedure di insolvenza: giurisdizione ed efficacia delle sentenze straniere", *RDI* 85: 295-308.

COMPETITION BETWEEN LEGAL SYSTEMS IN THE EUROPEAN UNION AND PRIVATE INTERNATIONAL LAW[*]

> SUMMARY: INTRODUCTION. I. COMPETITION BETWEEN LEGAL SYSTEMS AND LEGAL PLURALISM. II. COMPETITION BETWEEN LEGAL SYSTEMS AND FREEDOM OF CHOICE. A) General Aspects. B) Choice of law applicable to obligational contracts. C) Choice of State of incorporation. III. THE MISSION OF PRIVATE INTERNATIONAL LAW.

INTRODUCTION

I. From the nineteen nineties onwards, European legal scholarship and the case law of the European Court of Justice (ECJ) have invoked the idea of competition between national legal systems within the European Union. To gain a clearer picture of this idea, we need first to examine some of the contexts in which it has been invoked.

In REICH[1], competition between national legal systems first appears in connection with the new line taken by the Commission, in 1985, on *harmonization of legislation*, as a result of adoption of the *country of origin principle* with regard to the free movement of goods and free provision of services[2].

---

[*] *IPRax* 3 (2008) 206-213 (versão não integral). Versão portuguesa em *O Direito* 139 (2007) 255-281 (=*in Parmalat y Otros Casos de Derecho Internacional Privado*, org. por Alfonso Luis Calvo Caravaca e Juliana Rodríguez Rodrigo, 391-411, Madrid, 2007).

[1] See Norbert REICH – "Competition between legal orders: a new paradigm of EC law?", *Common Market Law R*. 29 (1992) 861-896, 861 *et seq*.

[2] This principle is sometimes called the "mutual recognition principle", which I find unfortunate. The reference to "mutual recognition" appears to evoke the idea of recipro-

The country of origin principle grew out of ECJ case law on the free movement of goods. In its decisions on the *Dassonville* (1974) and *Cassis de Dijon* (1979) cases, the ECJ ruled that Article 28 of the Treaty establishing the European Community, which prohibits import quotas and equivalent measures, applies to national rules which, without discriminating against imported goods, constitute an obstacle to trade within the Community due to being different from the rules applicable in the country of origin. It follows from this case law that goods which may be marketed in a given Member State, because they comply with the local trading standards, must be permitted in other Member States, unless these States can invoke a particular public interest which can reasonably justify a restriction on the free movement of goods[3]. The ECJ later extended this principle to other Community freedoms, including the free provision of services and, to a more limited extent, the freedom of establishment.

With the adoption of this principle in public economic law, the need to harmonize rules in this field was significantly reduced. Differences in legal rules between Member States are no obstacle, in principle, to the proper functioning of the internal market, insofar as any rules which may be deemed to "restrict" Community freedoms only apply when justified by a strict balancing test.

In this context, the idea of competition between legal systems may be understood in a very broad sense, connected with the virtues of juridical pluralism. Seen in this light, it is an idea which governs the relationship between the central legislative activity of suprastate (i.e. Community) bodies and the autonomous legislative activity of state bodies, and links up with the principle of subsidiarity.

Whilst REICH has the provisions of public economic law at the front of his mind, in KÖTZ, the idea of competition between legal systems is contrasted with plans for systematic unification of private law by the Community legislator[4]. Finally, EHLERMANN considers the same idea in a broader sense which embraces both public and private law[5].

---

city, but it is doubtful whether this idea is applicable here, not least because this is an instance of case law evolving beyond the provisions of the Treaty establishing the European Community. It is more an idea of "mutual" or "reciprocal trust": Member States should trust the regulation of manufacturing and control processes adopted in other countries.

[3] See Paul CRAIG and Graínne DE BÚRCA – *EU Law*, 3rd ed., London, 2003, 638.

[4] See Hein KÖTZ – "Rechtsvergleichung und gemeineuropäisches Privatrecht", *in Gemeinsames Privatrecht in der Europäischen Gemeinschaft*, org. Peter-Christian Müller-

However, we should note that, in REICH, the idea of competition between legal systems comes packaged with additional elements, which relate it to alleged economic competition between States, offering legal systems to their "users". The country of origin principle allows companies to choose the most favorable country in which to establish themselves. The preference manifested by investors in their choice of Member State of establishment and by consumers in their choice of the products and services of a Member State would help to identify the best legal system and lead to "market-led harmonization", through adoption by other States of the most attractive set of rules.

This line of argument clearly evokes the ideas expressed in the USA by the "economic analysis of law" school with regard to competition between the legal systems of the United States in the field of company law. This leads us to a second take on competition between legal systems which, whilst also presupposing legal pluralism, has to do with the freedom granted to individuals or organizations (or to a given category of individuals or organizations) to choose directly or indirectly the State law applicable to the trans-state or transnational relations[6]. This is the perspective from which MERKT conducted his study of European company law and the idea of competition between legislators[7].

II. These therefore are the two main senses in which competition between legal systems will be examined in this article: as competition between legal systems and juridical pluralism (I) and competition between legal systems and freedom of choice (II). By way of conclusion, the final part will seek to outline the mission of private international law in the existing framework of legal pluralism within the European Union.

III. Since 1999, Community case law has shifted towards inferring from Community freedoms general limits on the scope of the private inter-

---

-Graff, 2nd ed., Baden-Baden, 1999, 149-162, 149 *et seq.*, maintaining the position set out in the previous edition (1993).

[5] See Claus EHLERMANN – "Compétition entre systèmes réglementaires", *R. du Marché commun et de l'Union européenne* (April 1995) 220-227, 220 *et seq.*

[6] I use this terminology in order to distinguish between relations concerning more than one federal State and those concerning more than one sovereign State.

[7] Hanno MERKT – "Das Europäische Gesellschaftsrecht und die Idee des 'Wettbewerbs der Gesetzgeber'", *RabelsZ.* 59 (1995) 545-568.

national law of Member States, especially with regard to Community "companies and firms" and labour relations[8], and this has provoked renewed interest in the idea of competition between legal systems within the European Community. In particular, the ECJ decision in the *Centros* case (1999)[9], has led many authors to accept the idea of competition between the company law of Member States[10].

This has moreover been encouraged by the Conclusions of the Advocate General, LA PERGOLA, in this case, in which he stated that "in the absence of harmonization, it is the competition between legislative systems (...) which should be freely exercised, even with regard to companies"[11]. We will later judge to what extent the first or second conception of competition between legal systems applies here, or whether, in fact, there is an equivocation between the two.

IV. This article considers competition between legal systems from the perspective of private international law. Hence I will focus the competition between the private law systems of Members States. Of course, the question has also been posed in relation to certain fields of public law, in particular public economic law, as we have already seen, and also fiscal law. In these fields also, an alternative is posited between centralized regulation and legal pluralism and there are also opportunities for an *indirect* choice of the applicable State law, through the choice of location for the company's head office or establishment. However, there are profound differences

---

[8] See LIMA PINHEIRO – "O Direito de Conflitos e as liberdades comunitárias de estabelecimento e de prestação de serviços", *in Estudos de Direito Internacional Privado*, 357-387, Coimbra, 2005, 362 *et seq*.

[9] *ECJ* 9/3/99 [*ECJC* (1999-3) I – 1459].

[10] See, in particular, Eva-Maria KIENINGER – "Niederlassungsfreiheit als Rechtswahlfreiheit", *ZGR* (5/1999) 724-749; Maria ÂNGELA BENTO SOARES – "A liberdade de estabelecimento das sociedades na União Europeia", *Temas de Integração* 15/16 (2003) 283-321, 296 *et seq*.; Id. – "O Acórdão Inspire Art Ltd.: novo incentivo jurisprudencial à mobilidade das sociedades na União Europeia", *Temas de Integração* 17 (2004) 123-159, 140 *et seq*.; and Dário MOURA VICENTE – "Liberdade de estabelecimento, lei pessoal e reconhecimento das sociedades comerciais", *in Direito Internacional Privado. Ensaios*, vol. II, 91-115, Coimbra, 2005, 102. The issue is also referred to by Rui MOURA RAMOS – "O Tribunal de Justiça das Comunidades Europeias e a Teoria Geral do Direito Internacional Privado – desenvolvimentos recentes", *in Estudos Isabel de Magalhães Collaço*, vol. I., 431-467, Coimbra, 2002, 457 *et seq*..

[11] *OJEC* (1993-3) I-1479.

between the techniques, principles and purposes of private international law and the different areas of public international law[12], which justify separate treatment within the perspective adopted here.

I. COMPETITION BETWEEN LEGAL SYSTEMS AND LEGAL PLURALISM

Community bodies have adopted regulations and, more importantly, directives in many fields of private law, namely as regards company law, consumer contract law, intellectual property law, labour law and securities law[13]. However, the resulting system is fragmentary, and in most cases the differences between the systems of Member States are not removed. Some authors[14], who have been followed up to a certain point by Community bodies, have called for a systematic unification of private law through Community legislation. For instance, in resolutions adopted in 1989 and 1994, the European Parliament commended the drafting of Common European Code of Private Law. Subsequently, a number of Community bodies have come out in favor of greater harmonization of private law, and especially of contract law[15].

For my part, I believe that Community integration, even if it eventually leads to a federal state, does not necessarily require a legal unification. The experiences of countries such as the Untied Kingdom, the USA and Canada clearly show that political unity and a common market are

---

[12] See LIMA PINHEIRO – *Direito Internacional Privado*, vol. I – *Introdução e Direito de Conflitos/Parte Geral*, Coimbra, 2001, 129 *et seq.* and 279 *et seq.*

[13] See, with further references, Jürgen BASEDOW – "The Gradual Emergence of European Private Law", *in Essays Peter Nygh*, 1-18, The Hague, 2004, 11.

[14] See Hugh BEALE – "The 'Europeanisation' of Contract Law", *in Exploring the Boundaries of Contract*, org. Roger Halson, 23-47, Dartmouth et al., 1996; Ulrich DROBNIG – "Private Law in the European Union", *Forum Internationale* 22, 1996, 15 *et seq.*; contributions from CHRISTIAN VON BAR, DROBNIG, GUILHERME DE OLIVEIRA, PAMPLONA CORTE-REAL, GHESTIN and VINEY, *in Um Código Civil para a Europa*, Coimbra, 2002; BASEDOW – "Vers un code européen des contrats", *in Estudos Isabel Magalhães Collaço*, 671-688, Coimbra, 2002; Id. (n. 13) 3 *et seq.*; and authors referred to by Julio GONZÁLEZ CAMPOS – "Diritto privato uniforme e Diritto internazionale privato", *in Diritto internazionale privato e diritto comunitario*, org. Paolo Picone, 33-64, Padua, 2004, 57 *et seq.*

[15] See GONZÁLEZ CAMPOS (n. 14) 36 *et seq.*

166   *Estudos de Direito Internacional Privado*

compatible with a plurality of legal systems[16]. Nor should it be argued that in these countries the common law tradition assures a degree of homogeneity between different local systems unparalleled in Europe. Suffice it to recall that Scots Law, in the United Kingdom, the Louisiana system, in the US, and the Quebec system, in Canada, are hybrid systems not belonging to the common law family. Moreover, statute tends increasingly to form the main source of law in most of these countries, meaning that the importance of the common law tradition is waning.

There are undoubtedly clearly defined areas where unification is essential, such as customs law and certain areas of economic law, the law on aliens (entry, presence and departure of aliens) company law and consumer contract law. But as a starting principle, we should be clear that the proper functioning of the internal market do not justify harmonization of vast areas of private law[17]. In view of the principle of subsidiarity enshrined in the Maastricht Treaty[18], a restrictive approach is justified to Community legislation intervention in the field of private material law[19].

---

[16] See Otto KAHN-FREUND – "Common Law and Civil Law – imaginary and real obstacles to assimilation", *in New Perspectives for a Common Law of Europe*, org. Mauro Cappelletti, 137-168, Leyden et al., 1978, 141 *et seq.*; Otto SANDROCK – "Die Europäischen Gemeinschaften und die Privatrechte ihrer Mitgliedstaaten: Einheit oder Vielfalt?", *Europäisches Wirtschafts- und Steuerrecht* (1994/1) 1-8, 6, with further examples; Hugh COLLINS – "European Private Law and the Cultural Identity of States", *European Rev. of Private Law* 3 (1995) 353-365, 354 *et seq.*; Klaus SCHURIG – "Europäisches Zivilrecht: Vielfalt oder Einerlei?", *in FS Bernhard Großfeld*, Heidelberga, 1999, 1089-1111, 1097 *et seq.* and 1111, with further examples; MENEZES CORDEIRO – *Da Modernização do Direito Civil*, vol. I, Coimbra, 2004, 139 *et seq.*, *maxime* 150.

[17] To converging effect, SANDROCK (n. 16) 6, SCHURIG (n. 16) 1098 and GONZÁLEZ CAMPOS (n. 14) 60 *et seq.*, with further references.

[18] Article 5 of the Treaty establishing the European Community as amended by the Treaty of Amsterdam. See also Article 2 of the Treaty of European Union and the Protocol on application of the principles of subsidiarity and proportionality attached to the Treaty of Amsterdam.

[19] According to João MOTA DE CAMPOS – *Direito Comunitário*, vol. I – *O Direito Institucional*, 7th ed., Lisbon, 1995, 635, it follows from the principle of subsidiarity that the "Community should only take measures to adopted national legislation or regulations when necessary in order to achieve the goals of the Treaty". Cp. Olivier REMIEN – "Denationalisierung des Privatrechts in der Europäischen Union? – Legislative und gerichtliche Wege", *ZfRV* 36 (1995) 116-133, 125 *et seq.* In general, on the principle of subsidiarity, see Nicholas EMILIOU – "Subsidiarity: An Effective Barrier Against 'the Enterprises of Ambition'", *European Law Rev.* (1992) 383-407; FAUSTO DE QUADROS – *O Princípio da*

There is perhaps a temptation to use the unification of private law as a means to political integration in Europe, harnessing the activism of certain Community officials and authors, to make good the shortfall in political will which has been encountered in the Member States. The price of this strategy is to reduce to a minimum the autonomy of the legal systems of the Member States, or even to eliminate them, in line with a model consisting of a highly centralized European State. This temptation should be resisted. To use law instrumentally would be questionable, as it would ignore the autonomy of the law as a social subsystem, whilst failing to respect the legislative autonomy and cultural identity of the Member States, and without corresponding to a clearly defined political project, based on an informed political will as democratically expressed by Community citizens as to the European model they prefer.

As regards *common private law* (which applies to both domestic and transnational relations), the advantages of legal pluralism outweigh the disadvantages[20].

In the first place, the legal system of each Member State contains solutions which provide a possible response to the problems of legal regulation. The autonomy of these legal systems allows them to compete in solving these problems, and means that various possible solutions can be tried out, leading to gradual dissemination of the best solutions. In this sense, it is wholly legitimate to speak of *competition between legal systems*[21].

Subsidiariedade no Direito Comunitário após o Tratado da União Europeia, Coimbra, 1995, 42 *et seq.*; Id. – *Direito da União Europeia*, Coimbra, 2004, 197 *et seq.*; MARIA LUÍSA DUARTE – "A aplicação jurisdicional do princípio da subsidiariedade no Direito Comunitário – pressupostos e limites" (2000), *in Estudos de Direito da União e das Comunidades Europeias*, vol. II, 75-117.

[20] See the scathing criticisms directed at the idea of a European Civil Code made by KÖTZ (n. 4) 149 *et seq.*, maintaining the stance taken in the previous edition (1993)]; and Pierre LEGRAND – "Sens et non-sens d'un code civil européen", *R. int. dr. comp.* 48 (1996) 779-812, 800 *et seq.* Jürgen BACKHAUS – "Integration, Harmonization, and Differentiation of Law within the European Context from an Economic Point of View", *in The Common Law of Europe and the Future of Legal Education*, *org.* Bruno de WITTE and Caroline FORDER, 501-533, Deventer, 1992, 522 *et seq.* and 526, contends that the diversification of law can also be required by market dynamics.

[21] KÖTZ (n. 4) 150 has already argued this, maintaining the stance in the previous edition (1993).

Secondly, the autonomy of the Member States' legal systems allows them to cater for *local conditions*, of a social, economic, cultural and psychological nature, leading to solutions better suited to the real situation.

And finally, legal pluralism respects the *value systems of each national community*, which is especially relevant in the fields of personal law, family law and inheritance law.

The main drawbacks of legal pluralism are to be found in the field of *transnational relations,* where the need to choose the applicable legal system raises difficulties and uncertainties. In international contracts, in particular, the differences between legal systems add to the transaction costs, given that they often make it necessary to obtain information over the foreign legal system[22]. Hence the justification for unifying the *material law applicable to transnational situations* and the creation of special material law drawn from a suprastate source[23].

In principle, States should unify the material law applicable to transnational situations through international conventions These conventions should be universally applicable, given that the regulatory issues and objectives encountered in transnational situations are the same in both intra- and extra-community dealings[24]. In view of the difficulties of making progress towards unification on a global scale, there are grounds for unification of the material law applicable to transnational relations at an intra-community level[25], namely with regard to contracts. In any case, I believe that such unification should be voluntary, through international conventions or model laws which are proposed to Members States for their adoption or to serve as the basis for their domestic legislation.

The drafting of "Principles of European Law", i.e. systematized sets of rules drawn up by groups of experts on an essentially comparative basis, would approximate to this second route. Besides the Principles of European Contract Law[26], the Principles of European Tort Law were presented

---

[22] See DROBNIG (n. 14) 17 *et seq.*, with further references.

[23] See LIMA PINHEIRO (n. 12) § 4 D.

[24] See also DROBNIG (n. 14) 20.

[25] See also MOURA RAMOS – "Conclusões", *in Um Código Civil para a Europa*, 307--317, Coimbra, 2002, 312 *et seq.*

[26] See LIMA PINHEIRO – *Direito Comercial Internacional*, Almedina, Coimbra, 2005, 193 *et seq.*

in 2005[27], whilst work currently proceeds on the drafting of Principles of Insurance Contract Law and Trust Law[28].

It is also arguable that parties should be allowed to choose these "principles", or other regulatory models recognized internationally or in the Community, to govern their relationships, thereby bypassing most of the difficulties and drawbacks of applying and choosing a given national system[29]. Private International Law (and namely future Community Regulations on the law governing contractual obligations) should allow parties to make such an independent choice.

The fact that the Treaty of Amsterdam has granted Community bodies wide-ranging legislative powers in the field of private international law[30] sends out mixed messages about the unification of private material law. On the one hand, it reinforces Community powers with regard to private law[31]. But, on the other hand, it may also mean, in conjunction with the principle of subsidiarity, that a broader unification of private international law is envisaged as an alternative to unification of private material law[32].

Two considerations argue in favor of the second option: the limits on the powers of Community bodies in the field of private material law and the new direction taken on legislative harmonization.

In the first place, the Treaty establishing the European Community only assigns general powers to Community bodies for "approximation of

---

[27] *In* http://www.egtl.org/Principles/index.htm.

[28] See BASEDOW (n. 13) 16.

[29] See also Communication on greater coherence in European contract law [*OJEC* C 63/1, de 15/3/2003], no. 92.

[30] See LIMA PINHEIRO (n. 12) 166 *et seq*.

[31] Some authors have suggested that Article 65 b) of the Treaty establishing the European Community could constitute the grounds for systematic unification of private material law – see DROBNIG – "Property Law in a future European Civil Code", *in Um Código Civil para a Europa*, 103-115, Coimbra, 2002, 106, and SINDE MONTEIRO – "Conclusões", *in Um Código Civil para a Europa*, 291-298, Coimbra, 2002, 297. Cp. MOURA RAMOS (n. 25) 309.

[32] To this effect, see Erik JAYME – "Identité culturelle et intégration: le droit international privé postmoderne", *RCADI* 251 (1995) 9-268, 90; BERND VON HOFFMANN – "The Relevance of European Community Law", *in European Private International Law, org.* Bernd von Hoffmann, 19-37, Nijmegen, 1998, 36 *et seq*.; e MOURA VICENTE – "Um Código Civil para a Europa? Algumas reflexões", *in Direito Internacional Privado. Ensaios*, vol. I, Coimbra, 2002, 7-33, 13 *et seq*.

the provisions laid down by law" (material law, in this instance) which directly affect the establishment or functioning of the common market (unanimous resolution of the Council – Article 94), which have as their object the establishment and functioning of the internal market (resolution by qualified majority of the Council in a joint decision process with the European Parliament – Article 95) or which distort the conditions of competition in the common market (resolution by qualified majority of the Council – Article 96)[33]. Apart from anything else, this means that the Community lacks legislative powers in material law concerning matters of personal status (i.e. in the law of personality, family and inheritance law)[34]. But we should go further, and recognize that the harmonization of private property law is not, as a rule, necessary for the functioning of the common market. The only specific powers in the field of private material envisaged in the Treaty have to do with company law (Article 44.2. g), transport law (Articles 71.1.a and 80.2) and the hybrid public-private area of consumer law (Article 153). Although this point is controversial, we have to conclude that the powers of Community bodies to unify private material law are very limited, and fall far short of any powers for a systematic unification of this branch of law[35].

On the other hand, with the adoption of the country of origin principle in connection with the free movement of goods, the free provision of services and, to a more limited extent, the right of establishment, as referred to above (Introduction I), the need for legislative harmonization has been largely evaded, even as concerns public economic law[36]. Differences

---

[33] On these provisions, see Paul CRAIG and Graínne DE BÚRCA (n. 3) 1184 *et seq.*; FAUSTO DE QUADROS (n. 19 [2004]) 446 *et seq*. See also articles 3.1/h and 308 of the Treaty establishing the European Community.

[34] See Karl KREUZER – "Die Europäisierung des internationalen Privatrechts – Vorgaben des Gemeinschaftsrechts", *in Gemeinsames Privatrecht in der Europäischen Gemeinschaft, org*. Peter-Christian Müller-Graff, 2nd ed., Baden-Baden, 1999, 457-542, 470.

[35] To the same effect, Martin BANGEMANN – "Privatrechtsangleichung in der Europäischen Union", *ZeuP* 2 (1994) 377-380, 378; Norbert HORN – "Ein Jahrhundert Bürgerliches Gesetzbuch", *NJW* 53 (2000) 40-46, 46; MOURA RAMOS (n. 25) 309 *et seq.*; GONZÁLEZ CAMPOS (n. 14) 61, with further references; MENEZES CORDEIRO (n. 16) 143. Differing arguments are obviously presented by the defenders of broad-ranging unification of private material law through legislative means – see DROBNIG (n. 14) 6 e 16 e BASEDOW (n. 14) 681 *et seq.* e (n. 13) 8 *et seq.*

[36] See REICH (n. 1) 861; EHLERMANN (n. 5) 221; e CRAIG/DE BÚRCA (n. 3) 1189 *et seq.*

in legislative rules between Member States do not, in principle, jeopardize the proper functioning of the internal market, insofar as rules which are deemed to constitute "restrictions" on community freedoms are only applicable when justified by a strict balancing test. Those who accept that this principle is extended to private law will have difficulty in arguing that unification of private law is necessary for internal market to function properly. But those who, like myself, do not accept this cannot help noting that it would be odd to insist on a policy of general harmonization of private material law when this policy has been abandoned even in relation to public economic law.

Irrespective of the Community legislation, it is to be expected that integration may influence the evolution of private law in the Member States. Each Member State will pay particular attention to the solutions adopted by other Member States. Comparative research on a Community scale will be of the greatest importance. But given that Community integration shall be accompanied by preservation of the cultural identity of the Member States[37] it is to be expected that the legal system of each Member State, being closely bound to the cultural values of each State society, will tend to retain individual features[38]. It is actually inevitable that as long as the Member States retain their legislative powers (even if limited in areas governed by Community law) their legal systems will continue to develop along individual lines, which may involve increasing points of convergence as well as the appearance of new divergences[39].

---

[37] Paragraph 5 of the Preamble to the Treaty of European Union reasserts respect for the culture and traditions of the Member States and Article 6.3 lays down that the "Union will respect the national identities of the Member States". See the considerations of A. STRUYCKEN – "Les conséquences de l'intégration européenne sur le développement du droit international privé", *RCADI* 232 (1992) 257-383, 278 *et seq.*

[38] To the same effect, SANDROCK (n. 16) 6 and 8; SCHURIG (n. 16) 1111; Helène GAUDEMET-TALLON – "Quel droit international privé pour l'Union européenne?", *in International Conflict of Laws for the Third Millenium. Essays in Honor of Friedrich K. Juenger*, 317-338, Ardsley, Nova Iorque, 2001, 330; and MENEZES CORDEIRO (n. 16) 139 *et seq.*, *maxime* 145 e 150. See also COLLINS (n. 16) 357 *et seq.* This cultural pluralism, which tends to be reflected in the inclusion of European legal systems in different legal cultures, constitutes an essential difference vis-à-vis the USA, and is *one* on the reasons why it would not appeal feasible in the near future to replace national law faculties by "European faculties" which would teach "Common European Law".

[39] See François RIGAUX – "Droit international privé et droit communautaire", *in Mélanges Yvon Loussouarn*, 341-354, 1992, 341 *et seq.*, and Collins (n. 16) 355.

II. COMPETITION BETWEEN LEGAL SYSTEMS AND FREEDOM OF CHOICE

A) General Aspects

The principle of freedom of choice is a principle of Private International Law, and, more precisely, a principle of selection of the relevant connections for determining the applicable law[40]. This principle works at two levels: the freedom of the parties concerned to designate the law governing a given relationship (the direct relevance of the parties' will) and the use of connecting factors where the parties have an input, such as their domicile or habitual residence, registered offices of companies and establishment (indirect relevance of the parties' will). In this second case, by establishing a relevant connection with the territory of a State, the parties determine that the law of that State will apply, which may be regarded as an indirect form of choosing the applicable law.

The prime territory for the freedom to designate the applicable law is that of obligational contracts (Article 3 of the Rome Convention on the Law Applicable to Contractual Obligations)[41], but is has gradually edged its way into other categories of relationships[42], namely regarding non-contractual obligations (Article 14 of Rome II Regulation), and in the framework of transnational arbitration (Article 33.1 of the Voluntary Arbitration Law)[43].

The idea of competition between legal systems, in the context of private law, has often been applied to a case of indirect relevance of the interested parties' will: the possibility of choosing the State in which to incorporate a company permits the investors, at least to a certain point, to choose the law prevailing in that State.

The debate about the advantages and drawbacks of competition between legal systems first arose in the USA, where the systems of the Sta-

---

[40] See LIMA PINHEIRO (n. 12) 245 *et seq.*

[41] See LIMA PINHEIRO – *Direito Internacional Privado*, vol. II – *Direito de Conflitos/Parte Especial*, 2nd ed., Almedina, Coimbra, 2002, 182 *et seq.*

[42] See Alfred VON OVERBECK – "L'irrésistible extension de l'autonomie en droit international privé", *in Hommage à François Rigaux*, 619-636, Bruxelas, 1993, 627 *et seq.*

[43] See LIMA PINHEIRO – *Arbitragem Transnacional. A Determinação do Estatuto da Arbitragem*, Almedina, Coimbra, 2005, 234 *et seq.*

tes of the Union adopt the theory of incorporation in determining the law governing companies, whereby companies are governed by the legal system under which they were incorporated[44]. The founders of the company may select the State which is most convenient for incorporation and the company may carry on its business in any other State, which may only subject the company to local company law to a limited extent[45]. This has resulted in most companies being incorporated (or re-incorporated) in States with the most "attractive" legislation, especially Delaware, even though they carry on their business largely or exclusively in other States.

Three basic positions have been taken in analyzing this phenomenon[46]. Some argue that competition between States in the incorporation of companies leads to the adoption of company rules which favor managers to the detriment of shareholders, in a "race to the bottom". Opposing this, the "economic analysis of law" school argues that investors/managers will choose as the State of incorporation that which offers the most efficient laws from the perspective of shareholders and that this "incorporation market" stimulates each State to offer the most efficient legislation ("race to the top"). A third, intermediate, position contends that competition between legal systems may offer certain advantages which also bring a number of drawbacks, which is why it is necessary to distinguish between corporate issues which should be subject to federal regulation and issues which should be left to the individual States.

So in the specific field of company law, we may say that the "economic analysis of law" school postulates that the freedom to choose (direct or indirect) the applicable law generates the potential for competition in the "provision of legal rules" and provides States with an incentive to compete in producing efficient legal rules[47]. According to one author, the parties' choice of the applicable law allows them to avoid the application

---

[44] See LIMA PINHEIRO (n. 41) 80.

[45] See LIMA PINHEIRO – "O Direito aplicável às sociedades. Contributo para o Direito Internacional Privado das pessoas colectivas", *in Estudos de Direito Internacional Privado*, Almedina, Coimbra, 2005, 43 *et seq.*

[46] See, in general, David CHARNY – "Competition among jurisdictions in formulating corporate law rules: an American perspective on the 'race to the bottom' in the European Communities'", *Harvard Int. L. J.* 32 (1991) 423-456, 430 *et seq.*, with further references. See also Richard POSNER – *Economic Analysis of Law*, 6th ed., New York, 2003, 432 *et seq.*

[47] See Francesco PARISI e Larry RIBSTEIN – "Choice of law", *in The New Palgrave Dictionary of Economics and the Law*, 1998, II.

174 Estudos de Direito Internacional Privado

of economically inefficient mandatory rules, and this means an analogy may be drawn with the choice of a product on the market[48].

For ease of exposition, before I examine the case of company law, I shall test the applicability of this conception on the freedom to designate the law governing obligational contracts.

B) Choice of law applicable to obligational contracts

The designation by the parties of the law governing obligational contracts constitutes the prime instance of the importance of freedom of choice in determining the applicable law.

As a matter of fact, States have no direct interest in their legal system being chosen. The analogy with the supply of goods on the market therefore falls down immediately, because States derive no material advantage from having their law chosen. States pursue the collective goal of regulating private affairs in a fair manner, and not necessarily in the most attractive manner for the parties concerned. The justification for the principle of freedom of choice in the designation of the applicable law is first and foremost *ethical*: respect for the parties' self-determination and protection of mutual trust[49]. Importance is likewise attached to a number of formal values such as certainty, predictability and facility for the parties in determining the material rules governing their relationship. In the light of this, the State's main "interest" lies in the parties choosing the legal system best suited to their interests, even if this means choosing a foreign legal system, and not in their choosing the law of the venue.

The choice of the law applicable to obligational contracts does not therefore imply economic competition between States in the "supply" of legal rules[50].

---

[48] See Roberta ROMANO – "Law as a Product: Some Pieces of the Incorporation Puzzle", *Journal of Law, Economics, and Organization* 1 (1985) 225-283.

[49] See LIMA PINHEIRO (n. 12) 246 *et seq.*

[50] Even some authors who align themselves with the "economic analysis of law" school acknowledge that it has yet to be demonstrated that States seek to maximize the popularity of their legislation outside the territorial borders of their jurisdiction. A good legal order is a "public asset" which is "provided" by the State without the State obtaining any economic reward from the parties which choose its law. There is therefore nothing to

Of course, this is not to deny that the content of the contract law of a given State can have an impact on the *competitiveness of "national" companies*. There are obviously issues of economic efficiency which arise when regulating relationships between companies, be they domestic or transnational.

Moreover, a legal framework for contracts which is appropriate and balanced, and also meets the requirements of legal certainty and predictability will help ensure that, in international contracts concluded by "national companies" the parties will tend to choose the local law to govern the contract. This represents a competitive advantage for "national" companies. However, this consideration will not be enough to stop the State from pursuing the public interest through mandatory rules designed to safeguard the security of legal dealings, and the interests of third parties or the contractually weaker party[51]. What is more, the adoption of these mandatory rules cannot constitute a deterrent factor in the choice of the law of the State in question, insofar as the applicability of these rules does not necessarily depend on the designation of national law as the law governing the contract[52].

C) **Choice of State of incorporation**

We might be tempted to transpose the foregoing considerations to the freedom of choice of the State of incorporation. But there are other issues to be considered here.

In the first place, it may not be wholly wrong to speak about economic competition between States in the "supply" of legal frameworks for companies. Indeed, in the USA, an incorporation fee is payable in most States, and companies are generally subject to taxation in the State of incorporation (through the franchise tax)[53]. In the small States which

---

suggest that States seek to maximize the choice of their law or that competition between their systems tends to generate better legal systems – cf. PARISI/RIBSTEIN (n. 47) III.

[51] The subjection of "national" companies to high statements of conduct could moreover constitute a competitive advantage for these companies – see Michael PORTER – *The Competitive Advantage of Nations*, New York, 1990/1998, 647 *et seq.*.

[52] See Article 7 of the Rome Convention on the Law Applicable to Contractual Obligations and LIMA PINHEIRO (n. 12) 193 *et seq.* e 222 *et seq.*

[53] Cf. MERKT (n. 7) 553.

attract the incorporation of most companies, these revenues represent a significant percentage of State income. In addition, the fact that a large number of companies are incorporated under local law and remain subject to this law provides a ready-made market for professionals and service providers, especially lawyers specialized in company law[54].

If we are to believe MERKT'S study[55], the situation is rather different, at least in the countries which made up the European Union in 1995. These countries had no tax comparable to the franchise tax. Incorporation of companies in these countries involved only payment of the administrative charges designed to cover registration and in some cases the involvement of a notary[56]. But we should recognize that, albeit to a lesser extent, a Community State may have an interest in the incorporation of companies with the intervention of their authorities, as this may increase the opportunities for the provision of services by professionals and local firms.

Secondly, the theory of incorporation is not followed by all Community States[57]. Some systems adopt the "seat" theory, or other intermediate solutions, as in Portugal (Article 3.1 of the Companies Code)[58]. Freedom of choice is more relevant regarding the theory of incorporation than when regarding the "seat" theory. According to the systems which adopt the "seat" theory the incorporation of a company in a State is not enough to subject it to the law of this State; it is further required that the company establish the "seat of the administration" in the State of incorporation[59]. The "seat" is a connecting factor which can also be varied at the will of the parties, but this may involve significant costs and inconvenience, especially when managers resident in one State are called on to take corporate decisions in another State.

Therefore, one may hardly speak of competition between company laws with regard to States which adopt the "seat" theory. But Community

---

[54] Cf. MERKT (n. 7) 554.

[55] (N. 7) 564 *et seq.* The author also draws attention to the divergence between the USA and the EU in respect of the goals of company law: in the US it is traditionally geared to protection of business and investor interests, whilst in the EU it also seeks to protect creditors and workers [554 *et seq.*].

[56] In Portugal, corporation tax is payable by companies with registered offices or effective management in Portuguese territory (Article 2 of the Corporation Tax Code).

[57] See LIMA PINHEIRO (n. 41) 80 *et seq.*

[58] See LIMA PINHEIRO (n. 41) 98 *et seq.*

[59] See LIMA PINHEIRO (n. 41) 84 *et seq.*

case law, as examined below, has significantly constrained the application of this theory.

De jure condendo, I consider that the solution which is simultaneously the most convenient in the light of the values and principles of private international law and the most favorable to intra-community trade would be the adoption, by the Member States, of a *diluted theory of incorporation*. In line with this conception, companies would be governed by the legal system under which they were incorporated, but with the exclusion of pseudo-foreign companies and with application of certain rules of the law of the State where the corporation carries on its business, in order to safeguard the trust of third parties[60]. By pseudo-foreign companies I mean those which carry on all their business in one State, but are incorporated in another State. These companies should be subject to the law of the State where they carry on their business.

To this extent, I can see a certain advantage to be gained from competition between company laws within the European Union, not only in the sense referred to in Part I of this study, but also in the sense of competition brought about by the choice of the State of incorporation, associated with the freedom of establishment and the free provision of services in other Member States. This competition can help eliminate over-formalization and excessive charges in incorporation procedures and cause obsolete solutions to be abandoned, whilst encouraging the adoption of statutes better geared to the functioning of companies. However, I consider that this competition could also have pernicious effects as to certain aspects where the interests of managers diverge from those of shareholders or concerning the protection of third parties, in particular creditors and employees[61]. Indeed, legislators in competing States come under pressure to adopt rules which appeal to investors and managers, who decide on the State of incorporation, even when these same rules are unfavorable to third parties.

In the light of this, competition between company law systems should be companied with centralized regulation of certain questions. This

---

[60] See LIMA PINHEIRO (n. 41) 89 *et seq.*

[61] See, in particular, Lucian BEBCHUCK – "Federalism and the corporation: the desirable limits on state competition in corporate law", *Harvard L. Rev.* 105 (1992) 1435-1510, 1440 *et seq.* and 1455 *et seq.* See also Joel TRACHTMAN – "International regulatory competition, externalization, and jurisdiction", *Harvard Int. L. J.* 34 (1993) 47-104, 59 *et seq.*

is why Community-wide harmonization of company law is to a large extent justified, and should even go further on certain issues.

Thirdly, there has been debate as to whether the right of establishment granted by Community law means that each Member State should apply to Community "companies or firms" (in the broad sense of Article 48 of the Treaty establishing the European Community) the law of their State of incorporation[62]. In the Daily Mail case (1988)[63], the ECJ also ruled that until a Convention of recognition is concluded between Member States or other Community rules are established on this matter, Community law does not constrain national laws of conflicts in determining the personal status of companies.

The opposite position has also been forcefully argued[64]. This camp contends that in order to recognize the existence of a Community "company or firm", a Member State must necessarily apply the law of the Member State under which the company was incorporated. Recognition of a Community "company or firm" incorporated under the law of a Member State cannot be denied on the basis its invalidity under the law of the "seat", at least with regard to the right of establishment. And if this is the case for one purpose, it should also be for others, because internal harmony would be upset if a company were treated as valid for this purpose and invalid for other purposes. So Member States have to subject the status of Community "companies or firms" to the law of the Member State under which they were incorporated. This means that the theory of incorporation applies to Community "companies or firms" even in States which subject companies to the law of the State of the administration ("seat" theory), such as, to a certain extent, Portugal.

Although I was first inclined to take this view, subsequent reflection has persuaded me to reconsider my position. Legal personality is a preliminary issue of private law placed by the rules concerning the freedom of establishment, and which should be assessed solely in the light of the law designated by the choice-of-law system of the State where such right is being asserted. Contrary to what it might suggest at first sight, Article 48 of the Treaty does not require recognition of the legal personality of companies incorporated in accordance with the law of a Member State. This

---

[62] See references in LIMA PINHEIRO (n. 8) n. 20.

[63] Cf. ruling of 27/9/88 [*ECJC* (1988-8) 5483].

[64] See references in LIMA PINHEIRO (n. 8) n. 20.

question is referred by the Treaty to intergovernmental cooperation and specifically to an international convention (Article 293). Article 48 limits itself to defining the connection between the "company or firm" and the Community presupposed by the granting of the right of establishment (as in Article 43 of the Treaty, dealing with natural persons, which invokes nationality for this purpose). Article 48 does not enshrine the theory of incorporation with regard to the legal personality of companies, just as Articled 43 does not set any rule determining the personal status of individuals.

However, with its ruling in the *Centros* case (1999)[65], the ECJ began to turn away from this. In this case, the ECJ was confronted with the situation of a company incorporated by Danish shareholders to carry on business in Denmark but which was incorporated in the United Kingdom in order to evade the minimum capital requirement imposed under Danish law for the type of company in question. The Danish authorities refused to register the company, arguing that a domestic company should comply with the rules on the incorporation of companies in Denmark.

The ECJ decided that, due to the provisions on the right of establishment, a Member State cannot refuse to register the so-called "branch office" of a company incorporated under the laws of another Member State, where it has its registered offices, even if under the private international law of the former Member State its own rules on the incorporation of a company were applicable, given that this was a domestic company which, order to evade the law, had been incorporated abroad (a *pseudo-foreign company*).

The application of the Danish rules on the incorporation of a company was regarded by the ECJ as a "restriction" on the freedom of establishment which could only be justified by "reasons of public order", which was not the case.

The best interpretation of this decision, which makes it consistent with the ruling in the *Daily Mail* case, shows it to be based on an independent interpretation of the concept of "branch office" used by Article 43.1 of the Treaty establishing the European Community, and that the ECJ is not taking a stand on the personal status of Community "companies or firms"[66]. According to this interpretation, the establishment in a Member

---

[65] *ECJ 9/3/99 [ECJC (1999-3) I – 1459].*

[66] Cf. Werner Ebke – "Centros – Some Realities and Some Mysteries", *Am. J. Comp. L.* 48 (2000) 623-660, 632 *et seq.* Cp. Kieninger (n. 10) 731 e 735.

State of a company incorporated under the legislation of another Member State and which has its registered office in the Community can be regarded as a "branch office" even when the company does not carry on any business in the State in which it was incorporated.

After the *Centros* decision, Community legislation had occasion to reassert the neutrality of Community law vis-à-vis the personal status of companies in Para. 27 of the Recitals to the Regulation on a European Company[67].

In any case, the court's interpretation of rules on the right of establishment is questionable, given that the situation appears to be covered by the objection of abuse of the right of establishment[68] and the right of secondary establishment presupposes a principal establishment in another Member State[69].

On the other hand, the registering of a pseudo-branch office raised preliminary questions of private law which should be resolved under the private international law of the Member State in question. The ruling is also wrong in this respect. In requiring unconditionally that the pseudo-branch office be registered, the ECJ held a maximalist understanding of the rules on the right of establishment to prevail over the Private International Law of the Member State in question[70].

The ECJ's change in direction was further consolidated by the decisions handed down in the *Überseeing* (2002)[71] and *Inspire Art* (2003)[72]

---

[67] Reg. (EC) no. 2157/2001, of 8/10/2001 [OJEC L 294/1, of 10/11/2001]. The paragraph in question reads as follows: "In view of the specific Community character of an SE, the 'real seat' arrangement adopted by this Regulation in respect of SEs is without prejudice to Member States' laws and does not pre-empt any choices to be made for other Community texts on company law.".

[68] Cf. CRAIG/DE BÚRCA (n. 3) 772 and 798.

[69] See KIENINGER (n. 10) 729 and ÂNGELA BENTO SOARES (n. 10 [2003]) 292 *et seq.*, pointing out that although the situation was formally presented as that of a secondary establishment, in substance this was an application for a principal (and indeed the only) establishment), and François RIGAUX and Marc FALLON – *Droit international privé*, 3rd ed., Bruxelas, 2005, 986.

[70] See also the criticism by Pierre MAYER and Vincent HEUZÉ – *Droit international privé*, 8th ed., Paris, 2004, 723 *et seq.* and, at greater length, LIMA PINHEIRO (n. 8) 366 *et seq.* Cp., however, MOURA RAMOS (n. 10) 455 *et seq.*, with further references.

[71] 5/11/2002, available at http://europa.eu.int.

[72] 30/9/2003, available at http://europa.eu.int.

cases. As this is not the right place to examine these rulings[73], I shall merely say that, in my opinion, the ECJ case law does not impose the theory of incorporation as a general rule on determination of the personal status of Community "companies or firms"[74]. What does actually follow from this case law is *a series of limits on the operation of the rules of private international law in connection with exercise of the right of establishment*. These limits have an impact on the conflict-of-law rules in force in the legal system of the Member State in which these companies exercise or seek to exercise the right of establishment. We may summarize these limits as follows:

– a Member State cannot refuse to register a so-called "branch office" of a company incorporated under the laws of another Member State, in which it has its registered office, even in the case of a company which carries on all its business in its territory and, even, of a domestic company;

– a Member State is obliged to recognize the legal personality and general capacity of a company incorporated under the laws of another Member State and which seeks to set itself up to carry on business in its territory;

– a Member State cannot apply to a company incorporated under the laws of another Member State, which seeks to exercise the right of establishment in its territory, certain conditions established in its domestic law for the incorporation of companies, relating to minimum capital requirements and the liability of directors, even if the company carries on its business exclusively or almost exclusively in the Member State of the establishment.

The general idea we can derive from these limits is, in my view, that the Member State in which a Community "company or firm" incorporated

---

[73] See LIMA PINHEIRO (n. 8) 367 *et seq.*

[74] The dominant opinion in Germany holds otherwise – see Gerhard KEGEL and Klaus SCHURIG – *Internationales Privatrecht*, 9th ed., Munich, 2004, 575 *et seq.* and 581, and Jan KROPHOLLER – *Internationales Privatrecht*, 5th ed., Tubingen, 2004, 565 *et seq.*, which maintains a position of doubt; in Portugal, ÂNGELA BENTO SOARES (n. 10 [2004]) 143 *et seq.* But compare Bernd VON HOFFMANN and Karsten THORN – *Internationales Privatrecht einschileßlich der Grundzüge des Internationalen Zivilverfahrensrechts*, 8th ed., München, 2005, 293-294.

under the laws of another Member States exercises or seeks to exercise the right of establishment must, for all purposes, recognize such company as a company validly incorporated abroad. Obviously, although this idea does not yet amount to general adoption of the theory of incorporation, it undermines the coherence of the systems based on the "seat" theory. We should also stress that the case law of the ECJ appears to be inspired by the most radical version of the incorporation theory, ignoring the limitations resulting from the doctrine of *pseudo-foreign companies*[75].

In the light of this, the invocation of the idea of competition between legal systems in the Conclusion of the Advocate-General LA PERGOLA in the *Centros* case (Introduction III), is no less misguided that the ruling handed down by the ECJ. This passage serves to justify a solution which would only be comprehensible if Community law enshrined the most radical theory of incorporation, but is based on sources, cited in the footnote (EHLERMANN and CHARNY) which look at competition between legal systems in the European Union in the context of the issue of legal pluralism vs. centralized regulation[76]. In other words, competition between legal systems in the sense of legal pluralism (which has nothing to do with the case submitted to the court) is confused with the possibility of choosing the law applicable to a company through the choice of State of incorporation which, according the best understanding and the *Daily Mail* case, does not derive from the Community right of establishment.

This error has in fact reproduced itself, and has been encouraged by Advocate-General ALBER, in his Conclusions in the *Inspire Art* case, which also invokes competition between the different systems of the Member States, deriving from the limits of Community harmonization, to justify a solution inspired by the most radical version of the theory of incorporation[77].

This is a further example of the misguided understanding displayed by certain Community bodies of the relations between Community law and private international law, and of the superficiality of the grounds presented for certain solutions in this field.

---

[75] See also KIENINGER (n. 10) 745 *et seq*. For legal writings on pseudo-foreign companies, see LIMA PINHEIRO (n. 45) 708 *et seq*.

[76] *Supra* Introduction I and CHARNY (n. 46)

[77] Nos. 138 *et seq*., in http://curia.europa.eu.

Nonetheless, it is important to acknowledge that Community case law, albeit built on shaky foundations, has created a regulatory framework which from a practical point of view is close to the legal situation in the USA in respect of the freedom of choice of the State of incorporation. We have also seen that the Community States may have some interest in companies being incorporated in their territory. In addition, Community States have an even greater interest in avoiding a situation where companies which carry on their business mostly or exclusively in their territory opt for incorporation abroad. So we may say that there is, in this sense, *potential* competition between legal systems with regard to Community "companies or firms". This competition is limited for the time being, because the State of the "seat" may apply a significant portion of its company law[78].

This competition prevails even in the case of domestic companies which, in view of the surprising case law of the ECJ, may get around the incorporation requirements established in domestic law. Given that company law is insufficiently harmonized, especially as regards issues concerning the protection of third parties, this competition creates huge pressure on the legal systems of Member States to relax incorporation requirements, to the detriment of the protection of legitimate third party interests.

III. THE MISSION OF PRIVATE INTERNATIONAL LAW

Transnational relationships account for a growing proportion of private relationships, due to the internationalization of the economy, migratory movements, the appearance of new States, regional integration processes and new information technologies. For instance, resent research in the European Union has shown that 16% of marriages and 19% of divorces are international.

Private International Law is traditionally called on to regulate transnational situations by designating the applicable law ("conflictual" process). In order to perform this task, private international law can draw on the law of conflicts and on the law on the recognition of foreign judg-

---

[78] Or even all its company law, if the exercise of the right of establishment in its territory is not at stake.

ments. As a legal discipline, Private International Law tends to deal also with the question of determining which State courts have jurisdiction to adjudicate transnational disputes, meaning that it also embraces the law on jurisdiction.

By regulating transnational situations through a "conflictual" process, private international law offers a specific form of justice embodied in formal and material values of the legal system and in legal principles[79]. These values and principles serve to shape the system of Private International Law and the choice of the relevant connections in each field for determining the applicable law. The current solutions offered by private international law are the result of centuries of evolution and careful balancing of the interests at stake.

The principle of freedom of choice can operate most widely in respect of relationships where the parties are at liberty to exercise or waive the associated rights, giving grounds for the parties to have the faculty of choosing the applicable law. In other relationships, where the parties lack this liberty, the operation of free will on the connecting factors will have to involve a certain objective localization of these relations. Even when freedom of choice merits a more prominent role, there are purposes, such as the protection of the weaker party to contract, protection of legal transactions or of certain categories of third parties and the pursuit of public interests, which may justify limits on the choice of law or on the scope of application of the chosen law.

An adjudication on a transnational dispute which sidesteps the rules of private international law is, in principle, an *unjust decision*, which undermines the values of the legal system.

When faced with a transnational situation, the courts are required to control, on their own motion, their jurisdiction (Article 102.1 of the Code of Civil Procedure), to apply on their own motion the law of conflicts to choose the applicable law (principle of *jura novit curia*) and, in the event of the law of conflicts pointing to the foreign law, to inform themselves of the content of that foreign law (Article 348, paras. 1 and 2, of the Civil Code).

Direct application of Portuguese material law to a transnational situation constitutes a breach of the judge's functional duties. But the parties also have a duty to collaborate with the court in discovering the content of

---

[79] See LIMA PINHEIRO (n. 12) 229 *et seq.*

the applicable foreign law (Article 348.1 of the Civil Code). In view of the divergences between legal systems, in most cases one of the parties will have an interest in applying the foreign law. This means that a lawyer who fails to raise the issue of the applicability of foreign law and fails to collaborate in determining its content, when the party he represents has an interest in its application, is acting with professional negligence.

The applicable law needs, in principle, to be chosen in respect of both extra-community and intra-community transnational situations. This follows not only from the limited and fragmentary character of unification within the Community, but also from the method of unification general used, i.e. harmonization[80]. The principle of subsidiarity also requires the Community to content itself with harmonization whenever this is sufficient for achieving the goals defined in the Treaties[81]. As a rule, the powers of the Community to bring laws closer together on private law issues are confined to the adoption of harmonization measures[82]. Harmonization limits itself to establishing share fundamental rules and principles, and accordingly fails to eliminate the differences between the systems in question.

The Community private law institutions that have been created – such as European Economic Interest Grouping, European Company and Community trade mark – are not generally intended to substitute the institutions of domestic law, but rather to offer an additional legal instrument to interested parties. To this extent, the creation of these institutions reinforces legal pluralism and, in this sense, competition between legal systems[83]. Moreover, in certain cases, the respective Regulations fail to provide systematic rules for these institutions, leaving the regulation of important aspects to the legal systems of Member States[84]. This makes it necessary to choose the governing State law through the Private International Law. For instance, the Regulation on the European Economic Interest Grouping contains some choice-of-law rules[85].

---

[80] I speak of "unification" in the broad sense, so as to include all processes whereby laws are brought closer together.

[81] Cf. FAUSTO DE QUADROS (n. 19 [1995]) 52.

[82] Cf. KREUZER (n. 34) 470.

[83] See also EHLERMANN (n. 5) 224.

[84] See also Eckart BRÖDERMANN and Holger IVERSEN – *Europäisches Gemeinschaftsrecht und Internationales Privatrecht*, Tubingen, 1994, 5.

[85] See LIMA PINHEIRO – *Contrato de Empreendimento Comum (Joint Venture) em Direito Internacional Privado*, Almedina, Coimbra, 1998, 834 *et seq.*

In addition, the use of other unification methods in Community legislation, namely the adoption of uniform or unified material rules through Community Regulations, raises problems of the scope of application of these rules and their relations with the domestic law of Member States, posing fresh challenges to private international law[86]. For this reason, not even vast progress on Community-wide unification would eliminate the importance of private international law[87].

Accordingly, not only is a reduction of choice-of-law cases not in sight, as regards intra-community situations, but the mission and practical importance of private international law looks set to grow in Community States[88].

Certain decisions handed down by the ECJ since 1999, mainly concerning corporations and labour relations, have resolved private international issues raised by intra-community situations on the basis of criteria supposedly derived from the rules enshrining Community freedoms[89], revealing a lack of awareness of the solutions and techniques of private international law and disdain for its objectives. This is perhaps the consequence of private international law being denied the prominence on law curricula merited by its formative value and practical importance. Many law schools only set one compulsory semester of private international law, and in some schools the subject is even optional. It is odd that the private material law in force in the national legal system is taught without going into the pre-conditions for its application, as if the national system were the only State legal system in the world and as if transnational issues were not raised in a sizeable percentage of cases.

Private International Law is the branch of law which deals with the concepts, techniques and solutions for regulating transnational issues in a world characterized by globalization and legal pluralism, and in acknowledging this we cannot deny private international law a basic and essential place in the teaching of law.

---

[86] See also Jürgen BASEDOW – "Europäisches Internationales Privatrecht", *NJW* 30 (1996) 1921-1929, 1921 and 1923 *et seq.*

[87] To the same effect, see also BASEDOW (n. 84) 1929.

[88] See also Marc FALLON – "Les conflits de lois et de juridictions dans un espace économique intégré. L'expérience de la Communauté Européenne", *RCADI* 253 (1995) 9-282, 213, and GONZÁLEZ CAMPOS (n. 14) 63.

[89] See LIMA PINHEIRO (n. 8) 362 *et seq.* and 371 *et seq.*

CHOICE OF LAW ON NON-CONTRACTUAL OBLIGATIONS BETWEEN COMMUNITARIZATION AND GLOBALIZATION – A FIRST ASSESSMENT OF EC REGULATION ROME II*

SUMMARY: INTRODUCTION. I. SCOPE. II. FREEDOM OF CHOICE. III. GENERAL CHOICE-OF-LAW RULE ON TORTS. IV. SPECIAL CHOICE-OF-LAW RULES ON TORTS. A) Product liability. B) Unfair competition and acts restricting free competition. C) Environmental damage. D) Infringement of intellectual property rights. E) Industrial action. V. CHOICE-OF-LAW RULES ON UNJUST ENRICHMENT, NEGOTIORUM GESTIO AND CULPA IN CONTRAHENDO. A) General aspects. B) Unjust enrichment. C) Negotiorum gestio. D) Culpa in contrahendo. VI. AUXILIARY RULES. A) Scope of the applicable law. B) Overriding mandatory provisions and rules of safety and conduct. C) Other auxiliary rules. VII. RELATIONSHIP WITH OTHER INSTRUMENTS. A) Relationship with other EC instruments. B) Relationship with international conventions. VIII. EVALUATION.

INTRODUCTION

I. There are profound differences among national legal systems in the field of tort law. These differences are even more pronounced regarding other non-voluntary obligations such as *negotiorum gestio*. Non-voluntary obligations often display relevant contacts with more than one sovereign State. For example, a traffic accident taking place in France

---

* *Rivista di diritto internazionale privato e processuale* 44 (2008) 5-42.Versão portuguesa em *O Direito* 139 (2007) 1027-1071 (=*in La Unión Europea ante el Derecho de la globalización*, 9-43, org. por Alfonso Calvo Caravaca e Esperanza Castellanos Ruiz, Madrid, 2008).

involving a French driver of a car registered in France and a British driver of a car registered in the United Kingdom; the emission of pollutants by a factory located in Germany that injuries persons and damages property in Poland. These kind of transnational situations create a problem of determining the governing State law.

Until now, the law governing non-voluntary obligations has been determined, in EU countries, by choice-of-law rules of domestic source (namely statutes and case law), as well as, in certain matters, by international conventions such has the Hague Conventions on the Law Applicable to Traffic Accidents and on the Law Applicable to Products Liability. With the publishing of the EC Regulation No 864/2007[1], on the Law Applicable to Non-contractual Obligations (Rome II Regulation), the choice-of-law rules applicable in EU Member States become unified.

II. Rome II Regulation has been adopted with reference to the legislative powers conferred to the EC Council and to the European Parliament by the Articles 61/c, 65/b, 67 and 251 of the EC Treaty[2].

According to Article 61/c, in order to establish progressively an area of freedom, security and justice, the Council shall adopt measures in the field of judicial cooperation in civil matters as provided for in Article 65. This provision lays down that measures in the field of judicial cooperation in civil matters having cross-border implications in so far as necessary for the proper functioning of the internal market, shall include (b) promoting the compatibility of the rules applicable in the Member States concerning the conflict of laws and of jurisdiction.

There are certainly reasons to doubt that the extensive communitarization of Private International Law, undertaken by the EC organs, is covered by the wording of Article 65 and complies with the principles of subsidiarity and proportionality[3]. However, it seems meaningless to insist on

---

[1] *OJ* L 199/40, 31.7.2007.

[2] For the antecedents of this Regulation, see Explanatory Memorandum of the Commission's Proposal, 2 et seq. See also Rui MOURA RAMOS – "Le droit international privé communautaire des obligations extra-contractuelles", *Revue des Affaires Européennes* 11/12 (2001/2002) 415-423, 417-418.

[3] See LIMA PINHEIRO – "Federalismo e Direito Internacional Privado – Algumas reflexões sobre a comunitarização do Direito Internacional Privado" (2003), *in Estudos de Direito Internacional Privado*, 331-356, Almedina, Coimbra, 333 *et seq.*, with further references. See also, regarding the Rome II Regulation, Michael BOGDAN – "General Aspects

these doubts when the generality of the Member States (with the notable exception of Denmark under the Protocol annexed to the EU Treaty) has been accepting the exercise of the putative powers of the EC organs.

As milestones of the complex legislative process which lead to the Rome II Regulation one may mention the Proposal presented by the EC Commission in 2003[4], with an Explanatory Memorandum, the Position of the European Parliament adopted in first reading in 2005, the Common Position adopted by the Council in 2006, the Amended proposal presented by the EC Commission in 2006[5], also with an Explanatory Memorandum, that adapts the original proposal in the light of certain amendments passed by Parliament while reflecting proceedings in the Council, and the Position of the European Parliament adopted in second reading in 2007[6]. These materials are important tools for the interpretation of the provisions contained in the Regulation.

III. The present article is a first assessment of the Rome II Regulation, in the light of the solutions adopted in several Member States and of the goal of universalization of choice-of-law rules. A brief reference will also be made to the main trends in the USA. I will begin with a short examination of the scope of the Regulation (I). I will then address the choice-of-law rules of the Regulation: freedom of choice (II), general choice-of-law rule on torts (III), special choice-of-law rules on torts (IV) and choice-of-law rules on unjust enrichment, *negotiorum gestio* and *culpa in contrahendo* (V). Turning subsequently to other rules of the Regulation, I will analyse the auxiliary rules (VI) and refer briefly to the relationship with other instruments (VII). The Article finishes with an evaluation of the Regulation as an instrument of "communitarization" and globalization of the Private International Law (VIII).

---

of the Future Regulation", *in The Unification of Choice of Law Rules on Torts and Other Non-Contractual Obligations in Europe. The "Rome II" Proposal*, edited by Alberto Malatesta, 33-44, Padova, 2006, 37; Fausto Pocar – "Concluding Remarks", *in The Unification of Choice of Law Rules on Torts and Other Non-Contractual Obligations in Europe. The "Rome II" Proposal*, edited by Alberto Malatesta, 301-305, Padova, 2006, 304-305.

[4] COM(2003) 427 final.

[5] COM(2006) 83 final.

[6] See Gerhard Wagner – "Internationales Deliktsrecht, die Arbeiten und der Rome II-Verordnung und der Europäische Deliktsgerichtsstand", *IPRax* (2006) 372-390, 373-374.

I. SCOPE

Concerning the sphere of application of the Regulation, a distinction shall be made between the substantive, the spatial and the temporal scopes.

Article 1 deals with the *substantive scope*, establishing, in first place (1) that the "Regulation shall apply, in situations involving a conflict of laws, to non-contractual obligations in civil and commercial matters. It shall not apply, in particular, to revenue, customs or administrative matters or to the liability of the State for acts and omissions in the exercise of State authority (*acta iure imperii*)".

On one hand, this provision is coordinated with Article 1(1) of Rome Convention on the Law Applicable to Contractual Obligations and with the Article 1(1) of the EC Commission Proposal for a Regulation on the Law Applicable to Contractual Obligations (Rome I) of 2005[7]. This last provision states that this Regulation shall apply "in any situations involving a conflict of laws, to contractual obligations in civil and commercial matters". I will return to the meaning of the sentence "situations involving a conflict of laws".

On the other hand, Article 1(1) of the Rome II Regulation is in line with the scope of EC Regulation on Jurisdiction and the Recognition and Enforcement of Judgments in Civil and Commercial Matters (Brussels I) (see Article 1(1) of this Regulation) and shall be interpreted in the same way. The ECJ case law concerning Art. 1(1) of the Brussels I Regulation, as well as the ECJ case law concerning Art. 1(1) of the previous Brussels I Convention, are therefore relevant for the application of Article 1(1) of the Rome II Regulation[8].

The concept of non-contractual obligation varies from one Member State to another. The regulation does not offer a definition of the relevant concept. In any case, the characterization of a relationship as non-contractual obligation shall be "autonomous", i.e., it shall be based upon an autonomous interpretation of the concept (see Recital no 11)[9]. This means that reference shall not be made to the law of one of the States concerned, but rather to the "objectives and the scheme" of the Regulation and to the

---

[7] COM(2005) 650 final.

[8] Cf. Explanatory Memorandum of the Commission's Proposal, 8.

[9] See also ECJ 14/10/1976, in the Case *Eurocontrol* [*ECR* (1976) 629].

"principles that stem from the corpus of the national legal systems"[10]. Recital no 11 expressly states that the concept includes non-contractual obligations arising out of strict liability.

In the context of Brussels I Convention, the ECJ held that the phrase "matters relating to a contract", as used in Article 5(1) of the Convention, is not to be understood as covering a situation in which there is no obligation freely assumed by one party towards another[11], such as *an action between a sub-buyer of goods and the manufacturer, who is not the seller, relating to defects in those goods or to their unsuitability for their intended purpose*[12] and an action by which the consignee of goods found to be damaged on completion of a transport operation or by which his insurer who has been subrogated to his rights after compensating him, seeks redress against the actual maritime carrier and not against the person who issued the bill of lading[13].

But is it always sufficient, to include the situation in the concept of matter relating to contract, that there is an obligation assumed by an undertaking of one party towards the other, namely a unilateral act? The recent judgment of the ECJ in the Case *Engler* points in this direction when holding that it is included an action by which a consumer seeks to obtain the payment of a prize promised to him under the condition that he entered a purchase contract[14].

The point is disputed regarding the substantive scope of the Rome I Convention, but according to the best view the concept of "contractual obligation" shall be understood in a wide sense, including obligations arising from unilateral acts[15].

---

[10] Cf. ECJ 14/10/76, in the Case *Eurocontrol* [*ECR* (1976) 629], no 5.

[11] Cf. ECJ 17/6/1992, in the Case *Handte* [*ECR* (1992) I-3967], no 15.

[12] *Idem* no 21.

[13] Cf. ECJ 27/10/1998, in the Case *Réunion européenne* [*ECR* (1998) I-6511].

[14] See ECJ 20/1/2005 [*ECR* (2005) I-481]. See also François RIGAUX e Marc FALLON – *Droit international privé*, 3rd ed., Bruxelles, 2005, 770, and Peter MANKOWSKI – "Special Jurisdictions", *in European Commentaries on Private International Law*, edited by Ulrich Magnus and Peter Mankowski, 2007, Art. 5 nos 34 et seq. See further Jan KROPHOLLER – *Europäisches Zivilprozeßrecht.Kommentar*, 8th ed., Frankfurt am Main, 2005, Art. 5 no 10.

[15] Cf. Peter MANKOWSKI – "Die Qualifikation der culpa in contrahendo – Nagelprobe für den Vetragsbegriff des europäischen IZPR und IPR", *IPRax* (2003) 127-135, 128 et seq.; Dieter MARTINY *in Internationales Vertragsrecht*, ed. by Christoph REITHMANN and Dieter

This case law seems relevant to the interpretation of the concept of "non-contractual obligation" employed by the Rome II Regulation. It would appear that as "non-contractual obligation" it shall be understood any obligation that is not assumed by an undertaking of one party towards the other (or towards any person that is in a given situation or that acts in a certain way). The intention of the EC legislator is apparently that Rome I Convention (as well as future Rome I Regulation) and Rome II Regulation are complementary and cover, in principle, all the obligations that are not expressly excluded[16]. Rome I should cover the generality of "voluntary obligations" and Rome II the generality of "non-voluntary obligations". Nonetheless, the inclusion in the Regulation of a provision on the formal validity of a "unilateral act intended to have legal effect and relating to a non-contractual obligation" (Article 21) casts doubt on this point. Until better clarification, I will assume that Article 21 refers only to special situations in which an obligation arises as a result of a unilateral act by one of the parties[17] but this unilateral act is not an undertaking towards the other party or the public.

The Rome II Regulation is also applicable to non-contractual obligations that are likely to arise (Article 2/2).

Article 2 contains still some rules of interpretation for the terms "damage" and "event giving rise to damage" employed in the Regulation. "Damage" shall cover any consequence arising out of tort/delict, unjust enrichment, *negotiorum gestio* or *culpa in contrahendo* (1). Any reference to an "event giving rise to damage" shall include events giving rise to damage that are likely to occur (3/a). And any reference to "damage" shall include damage that is likely to occur (3/b). This shows that the Regulation, like Article 5(3) of the Brussels I Regulation, also covers preventive actions such as actions for a prohibitive injunction[18].

In accordance with Recital no 8 and previous ECJ case law, it can be asserted that the nature of the procedural parties and of the court is irrele-

---

MARTINY, 6th ed., Köln, 2004, no 8; and Bernd VON HOFFMANN and Karsten THORN – *Internationales Privatrecht einschließlich der Grundzüge des Internationalen Zivilverfahrensrechts*, 8th ed., München, 2005, 427. Compare, for the contrary view, Alfonso-Luis CALVO CARAVACA and Javier CARRASCOSA GONZÁLEZ – *Derecho Internacional Privado*, vol. II, 8th ed., Granada, 2007, 400.

[16] Cf. Explanatory Memorandum of the Commission's Proposal, 8.

[17] See Explanatory Memorandum of Commission's Proposal, 26.

[18] See Explanatory Memorandum of the Commission's Proposal, 11.

vant to characterization of a non-contractual obligation as relating to "civil and commercial matters"[19].

The liability of the State for acts and omissions in the exercise of State authority is excluded. Claims arising out of *acta iure imperii* should include claims against officials who act on behalf of the State and liability for acts of public authorities, including liability of publicly appointed office-holders (Recital no 9).

Article 1(2) excludes from the scope of the Regulation certain non-contractual obligations in civil and commercial matters.

Part of these exclusions concern domains that are generally seen as not belonging to tort or quasi-delictual law. In first place, non-contractual obligations arising out of family relationships, maintenance and succession (a and b)[20]. Second, non-contractual obligations arising under negotiable instruments to the extent that the obligations under such other negotiable instruments arise out of their negotiable character (c)[21]. Third, non-contractual obligations arising out of internal affairs (*statut personnel*) of legal persons and organizations without legal personality (d)[22]. Finally, non-contractual obligations arising out of the relations between the settlors, trustees and beneficiaries of a trust created voluntarily (d)[23].

Another part of those exclusions concern mainly particular types of tort. This is the case of non-contractual obligations arising out of nuclear

---

[19] Cf. ECJ 21/4/93, in the Case *Sonntag* [*ECR* (1993) I-1963], no 19.

[20] According to Article 1/2/a and b the exclusion covers relationships deemed to have comparable effects to marriage by the applicable law. Recital no 10 specifies that family relationships should cover parentage, marriage, affinity and collateral relatives and that the reference to relationships having comparable effects to marriage and other family relationships shall be interpreted in accordance with the law of the Member State in which the court is seized. See further Explanatory Memorandum of the Commission's Proposal, 8-9. BOGDAN (n. 3) 41 states that the reference to relationships deemed to have comparable effects to marriage have in mind the registered partnerships existing in some of the Member States and the *de facto* cohabitation when it is considered a family relationship.

[21] See Explanatory Memorandum of the Commission's Proposal, 9.

[22] *Ibidem.*

[23] *Ibidem.* The reference to "trust created voluntarily" has been introduced following a proposal of the European Parliament, in order to ensure greater consistency with the Hague Convention on the Law Applicable to Trusts and on their Recognition (1985), and to avoid difficulty arising from the employment of the trust in Common Law systems as a device for dealing with situations such as unjust enrichment – see Peter STONE – *EU Private International Law. Harmonization of Laws*, Cheltenham, UK, and Northampton, MA, USA, 2006, 333.

damage (e) and of violations of rights relating to personality (g)[24]. The initial Proposal of the Commission included a provision on violations of privacy and rights relating to the personality (Article 6)[25]. Due to irreconcilable divergences with the European Parliament, the Commission opted, in its Amended Proposal, for the exclusion of these matters from the scope of the Regulation[26].

Naturally, the choice of law rules of the Regulation only operate on substantive issues. Article 1(3) confirms that the Regulation does not apply to evidence and procedure, without prejudice to Articles 21 and 22 concerning formal validity of unilateral acts relating to a non-contractual obligation and rules on presumptions of law, burden of proof and modes of proof of legal acts.

Turning now to the *spatial scope*, the Regulation shall apply in situations involving a conflict of laws, "i.e. situations in which there are one or more elements that are alien to the domestic social life of a country that entail applying several systems of law"[27]. This definition is akin to the definition given, with respect to Article 1(1) of Rome I Convention, by the GIULIANO/LAGARDE Report[28]. It does not prevent the doubts concerning domestic situations in which the only alien link is the choice by the parties of a foreign law[29]. This point is related to the interpretation of Article 14(2) of the Regulation and I will revert to it when dealing with this provision (*infra* II).

---

[24] See Explanatory Memorandum of the Commission's Proposal, 9. Liability arising out of nuclear damage is object of the Paris Convention on Third Party Liability in the Field of Nuclear Energy (1960) and Vienna Convention on Civil Liability for Nuclear Damage (1963). See further *Hamburg Group for Private International Law* – "Comments on the European Commission's Draft Proposal for a Council Regulation on the Law Applicable to Non-Contractual Obligations", *RabelsZ*. 67 (2003) 1-56, 6 et seq.

[25] Regarding this provision, see Explanatory Memorandum of the Commission's Proposal, 17-18.

[26] Explanatory Memorandum of the Amended Commission's Proposal, 6. See further Article 30(2). For an evaluation of the proposals of the Commission and of the European Parliament see WAGNER (n. 6) 383-386.

[27] Explanatory Memorandum of the Commission's Proposal, 8.

[28] Report on the Convention on the law applicable to contractual obligations by Mario GIULIANO and Paul LAGARDE [*OJ* C 282/1, 31.10.1980], 10.

[29] See LIMA PINHEIRO – *Contrato de Empreendimento Comum (Joint Venture) em Direito Internacional Privado*, Almedina, Coimbra, 1998, 512 et seq.; Id. – *Direito Comercial Internacional*, Almedina, Coimbra, 2005, 68 et seq.

On the other hand, the wording of Article 1(1) of the Regulation, similarly to the wording of Article 1(1) of Rome I Convention, indicates that the Regulation may be applied to conflicts between local systems within a Member State with more than a legal system (complex legal order). However, also in parallel with Rome I Convention, this Member State is not binded to apply the Regulation in these domestic conflicts (Article 25(2) of the Regulation)[30].

Furthermore, the Regulation has a universal character because it shall be applied by the courts of any Member State, with the exception of Denmark (Article 1/4), whenever the situation falls within the substantive scope (and the temporal scope) and involves a conflict of laws. To this effect it is irrelevant that the relationship has no connection with a Member State or that the law specified by the choice of law rules of the Regulation is the law of a third State (Article 3)[31].

Lastly, concerning the *temporal scope*, the Regulation shall apply to events giving rise to damage which occur after its entry into force (Article 31), i.e., after 11 January 2009 (Article 32).

II. FREEDOM OF CHOICE

The only choice-of-law rule that applies to non-contractual obligations in general is Article 14, which allows freedom of choice for the parties. Exceptions are made concerning unfair competition and acts restricting free competition in so far the interests affected are not restricted to one specific competitor (Article 6(4)), and infringement of an intellectual property right (Article 8(3)[32].

---

[30] See Report GIULIANO/LAGARDE (n. 28) 38.

[31] See also Explanatory Memorandum of the Commission's Proposal, 9-10, and STEFANIA BARIATTI – "The Future Community Rules in the Framework of the Communitarization of Private International Law", *in The Unification of Choice of Law Rules on Torts and Other Non-Contractual Obligations in Europe. The "Rome II" Proposal*, edited by Alberto Malatesta, 5-32, Padova, 2006, 16 et seq.

[32] For the reasons of these exclusions see Karl KREUZER – "Tort Liability in General", *in The Unification of Choice of Law Rules on Torts and Other Non-Contractual Obligations in Europe. The "Rome II" Proposal*, edited by Alberto Malatesta, 45-72, Padova, 2006, 55-56. See further MARTA PERTEGÁS – "Intellectual Property and Choice of Law Rules", *in* op. cit., 221-247, 237.

According to Article 14(1), the parties may agree to submit non-contractual obligations to the law of their choice:

(a) by an agreement entered into after the event giving rise to the damage occurred; or

(b) where all the parties are pursuing a commercial activity, also by an agreement freely negotiated before the event giving rise to the damage occurred[33].

An agreement made by a non-commercial party is only valid if made after the event giving rise to the damage. This limitation is justified by the concern given to the protection of weaker parties, namely consumers and workers (Recital no 31)[34].

The requirement that an agreement made by commercial parties before the event giving rise to the damage be "freely negotiated" means apparently that agreements based upon adhesion to standard forms are excluded[35].

Logically, this is the primary rule, albeit in practical terms it will operate only in a minor number of cases, because it is difficult for parties in dispute to agree on the applicable law and the choice-of-law clause contained in a contract concluded by parties pursuing a commercial activity will not always cover tort claims between them.

In any case, the choice may be express or implied. In the latter case, the choice shall de demonstrated with reasonable certainty by the circumstances of the case (1/§ 2).

The choice shall not prejudice the rights of third parties (*idem*). The typical example is the insurer's obligation to reimburse damages payable by the insured: the agreement of the victim with the insured regarding the applicable law may not prejudice the rights of the insurer[36].

The permission for freedom of choice in non-contractual obligations is the manifestation of the trend towards the expansion of freedom of choice in the Conflict of Laws[37]. The extension of freedom of choice to

---

[33] See WAGNER (n. 6) 387.

[34] Compare the critical remarks of WAGNER (n. 6) 388.

[35] See the converging view of KREUZER (n. 32) 52.

[36] Cf. Explanatory Memorandum of the Commission's Proposal, 22.

[37] See Alfred VON OVERBECK – "L'irrésistible extension de l'autonomie en droit international privé", *in Hommage à François Rigaux*, 619-636, Bruxelles, 1993, 627 et

non-contractual obligations has been advocated by several authors, among which I am included[38], and was adopted in Germany, by Article 42 of the Law of Introduction to the Civil Code, in the 1999 version. In my opinion, there is no reason to exclude party autonomy when dealing with "disponible" relationships, i.e., when the parties have a complete control over the rights at stake.

In contrast to the Rome I Convention (Article 3(1) §2), the Rome II Regulation does not mention the possibility of *dépeçage* of the non-contractual obligation through the choice of the law applicable to a given aspect of the situation. The omission is certainly intentional and means the parties may not designate the law applicable only to part of the non-contractual obligation. This negative stance is difficult to understand and does not seem justified: the *dépeçage* entails inherent difficulties but, as in matters of contract, the parties may have good reasons to choose this path[39].

Article 14(2) contains a provision similar to Article 3(3) of Rome I Convention, but it is drafted with more precision. That provision establishes that "Where all the elements relevant to the situation at the time when the event giving rise to the damage occurs are located in a country other than the country whose law has been chosen, the choice of the parties shall not prejudice the application of provisions of the law of that other country which cannot be derogated from by agreement".

This provision is understood in the Explanatory Memorandum of the Commission's Proposal – in line with the GIULIANO/LAGARDE Report on the Rome I Convention[40] – as referring to purely domestic situations regarding a Member State which fall within the scope of the Regulation only because the parties have agreed on the choice of foreign law[41]. However, the wording of Article 14(2) provides even less support to this understanding than the corresponding provision of Rome I Convention,

---

seq., and Erik JAYME – "Identité culturelle et intégration: le droit international privé postmoderne", *RCADI* 251 (1995) 9-268, 152 et seq.

[38] *Direito Internacional Privado – Parte Especial (Direito de Conflitos)*, Almedina, Coimbra, 1999, 231; *Direito Internacional Privado*, vol. I – *Introdução e Direito de Conflitos/Parte Geral*, Almedina, Coimbra, 2001, 247; *Direito Internacional Privado, vol. II – Direito de Conflitos/Parte Especial*, 2nd ed., Almedina, Coimbra, 2002, 251-252.

[39] See further Symeon SYMEONIDES – "Tort Conflicts and Rome II: A View from Across", *in FS Erik Jayme*, 935-954, 2004, München, no 2.4.

[40] 18.

[41] 22. See also WAGNER (n. 6) 386-387.

since it does not refer to the law chosen by the parties as a "foreign law". Nor does it suggest that the country where all the elements of the situation are located is the forum country.

In my opinion, this understanding contradicts the spatial scope provided by Article 1(1) to the Regulation, which refer to situations involving a conflict of laws[42]. Domestic situations do not involve a conflict of laws. A choice of a foreign law by the parties of a domestic contract amounts only to a "material reference" [*materiellrechtliche Verweisung*], i.e., an incorporation of foreign law rules as contract clauses. The point is less clear regarding non-contractual obligations. It is conceivable that a reference to a foreign law to govern a dispute arising from a domestic situation may be seen as an incorporation of foreign law rules as clauses of a settlement agreement. According to this view, this incorporation is permitted by freedom of contract and not by Article 14(2).

Article 14(2) is useful for other type of situations: those in which the courts of a Member State adjudicate a dispute arising from a mere "foreign situation", i.e., a situation which is solely connected with a foreign State, and the parties have chosen the law of the forum or of a third State. In this case, there is a situation involving a conflict of laws, since the court has to determine the governing law. The choice made by the parties shall be honoured by the court, but its reach is limited by the application of the mandatory rules of the foreign State in which the situation is located.

The EC legislator wanted also to assure the application of mandatory provisions of Community law when all the elements of the situation are located in two or more Member States[43]. This concern is entirely justified, but the wording of Article 14(3) raises some doubts: "Where all the elements relevant to the situation at the time when the event giving rise to the damage occurs are located in one or more of the Member States, the parties' choice of the law applicable other than that of a Member State shall not prejudice the application of provisions of Community law, where appropriate as implemented in the Member State of the forum, which cannot be derogated from by agreement".

Where all the elements are located in the same Member State the situation should fall within the scope of paragraph 2 and the Community law provisions should be applicable "where appropriate as implemented"

---

[42] See op. cit. n. 29.
[43] See Explanatory Memorandum of the Commission's Proposal, 23.

in this Member State and not as implemented in the Member State of the forum. If this deviation is intentional or rather grounded in the supposition that the forum State is also the location State is not clear[44].

III. GENERAL CHOICE-OF-LAW RULE ON TORTS

Chapter II of the Regulation, concerning torts, contains a general choice-of-law provision and a set of special choice-of-law provisions dealing with product liability, unfair competition and acts restricting free competition, environmental damage, infringement of intellectual property rights and industrial action.

The general provision is established in Article 4. In order to understand Article 4, as well as the evaluations that underlie to its rules, it is useful to look into Recitals nos 15 to 18.

Recital no 15 points out that the principle of the *lex loci delicti commissi* is the basic solution for non-contractual obligations in virtually all the Member States, but the practical application of the principle where the component factors of the case are spread over several countries varies. This is mainly the case when the event causing the damage occurs in one State and the damage is sustained in a different State. For example, a mistake made by an air traffic controller operating in the airport of one State may lead to a collision of aircrafts in the airspace of another State. Another example is a defective product acquired in one country, by a person that was temporarily there, may cause an injury to the purchaser in the country of his residence.

However, even if the event causing the damage occurs in the same country where the direct damage is sustained, it is possible that a loss that results indirectly from the event (consequential damage) is sustained in other country.

Recital no 16 states that the unified choice-of-law rules should enhance the foreseeability of court decisions and ensure a reasonable balance between the interests of the person claimed to be liable and the person who

---

[44] See also Kreuzer – "La comunitarizzazione del diritto internazionale privato in materia di obbligazioni extracontrattuali ('Roma II')", *in Diritto internazionale privato e diritto comunitario*, edited by Paolo Picone, 421-447, Padova, 2004, 428-429.

has sustained damage. According to this Recital, a connection with the country where the direct damage occurred (*lex loci damni*) strikes a fair balance between the interests of the person claimed to be liable and the person sustaining the damage, and also reflects the modern approach to civil liability and the development of systems of strict liability.

Some Member States, namely Germany[45] and Italy[46], give the victim the option of choosing between the law of the event and the law of the damage. The Explanatory Memorandum of the Commission's Proposal states the reasons for not adopting this principle of favouring the victim as a basic rule[47]: this solution would go beyond the victim' s legitimate expectations and would reintroduce uncertainty in the law, contrary to the general objective of the Regulation. The solution adopted is deemed to be a compromise between the two extreme solutions of applying the law of the place where the event giving rise to the damage occurs and giving the victim the option[48].

The same Memorandum points out that the solution adopted also "reflects the modern concept of the law of civil liability, which is no longer, as it was in the first half of the last century, oriented towards punishing for fault-based conduct: nowadays, it is the compensation function that dominates, as can be seen from the proliferation of no-fault strict liability schemes"[49].

The solution, as well as its justification, is clearly inspired by the main French literature[50]. It is also, essentially, the solution adopted in the United Kingdom by the Section 11 of the Private International Law (Miscellaneous Provisions) Act 1995.

Albeit it can be said that there is a trend of the tort law to improve the position of the victim by restricting or even abandoning the principle of "no liability without fault"[51], it does no seem accurate to generalise the

---

[45] Article 40(1) of the Law of Introduction to the Civil Code, in the 1999 version.

[46] Article 62(1) of the Private International Law Statute.

[47] 11-12.

[48] See the converging view of MOURA RAMOS (n. 2) 419.

[49] 12.

[50] See Henri BATIFFOL and Paul LAGARDE – *Droit international privé*, vol. II, 7th ed., Paris, 1983, 246-247; see also Pierre MAYER and Vincent HEUZÉ – *Droit international privé*, 8th ed., Paris, 2004, 505-506. For a convergent view, in Germany, KREUZER (n. 44) 430 and (n. 32) 62; in Spain, CALVO CARAVACA/CARRASCOSA GONZÁLEZ (n. 15) 610.

[51] Cf. Konrad ZWEIGERT and Hein KÖTZ – *An Introduction to Comparative Law*, 3rd ed., Oxford, 1998, 671.

domination of the compensatory function and the proliferation of no-fault liability schemes[52]. Punitive, deterrent and compensatory functions, although with varying degrees, are generally important within the legal systems of the Member States.

To justify resorting to the law of the place of damage it seems sufficient the argument that this rule strikes a better balance between the interests of the tortfeasor and of the victim. The application of the law of the country where the conduct takes place is convenient to the tortfeasor but deprives the victim of the protection awarded by the law of the country where the damage occurs, therefore promoting the establishment of persons that carry activities causing transnational damages in countries with low standards of conduct[53]. An optional or alternative connection is cumbersome for the tortfeasor that has to abide cumulatively by the rules of the country where his conduct takes place and the rules of the place of the damage. Furthermore, the victim has no reason to rely on the law of the place of the conduct and there is no reason to place the victim in a better position in transnational situations than in domestic situations[54]. The rule of the place of the damage is appropriated to the protection of the victim (who has an objective reason to rely on the law of the place of the damage) and is fair to the tortfeasor that, *in principle*, may foresee that the damage occurs in that country and may take in account only the rules of its law.

Nonetheless, a difficulty arises when the law of the place of the conduct contains rules of conduct that claim applicability in a territorial basis, i.e., to all the conducts that occur in the State that have create them. I will return to this point later (*infra* VI.B).

Recital no 17 clarifies that the applicable law should be determined on the basis of where the damage occurs, regardless of the country or countries in which the indirect consequences could occur. Consequently, in cases of personal injury or damage to property, the country in which the

---

[52] See Gerhard WAGNER – "Comparative Tort Law", *in The Oxford Handbook of Comparative Law*, edited by Mathias Reimann and Reinhard Zimmermann, Oxford, 2006, 1003-1041, *maxime* 1023, 1030 et seq. and 1036 et seq.

[53] See further *Hamburg Group for Private International Law* (n. 24) 11, and WAGNER (n. 6) 376 et seq., remarking that the rule of the place of damage is also more convenient from the point of view of the competition equality and of the coincidence between jurisdiction and applicable law.

[54] See also Jan KROPHOLLER – *Internationales Privatrecht*, 5th ed., Tübingen, 2004, 514. Compare the critical remarks made by SYMEONIDES (n. 39) no 9.3.

damage occurs should be the country where the injury was sustained or the property was damaged respectively.

Thus, one may say that, in the context of the Regulation, direct damage is the infringement of the legally protected interest [*Rechtsgut*] (for instance, life or property)[55]. In some European continental countries one speaks in this sense of "real damage" [dano real]. Since the legally protected interest, as a legal being, does not have a physical location, the localization of its infringement is operated by the direct practical effect of the tortious conduct. For example, if a Portuguese citizen dies from being ran over by a car in Spain, the direct damage is the loss of life, which occurs in Spain, although the consequential financial loss, pain and grief sustained by the relatives residing in Portugal occur in Portugal[56].

In so far as the liability is not based on the infringement of a legally protected interest, attention should again be given to the place of occurrence of the practical effect of the tortious conduct, for example, the habitual residence or establishment of the victim in case of pure economic loss (where it is not possible to locate his or her patrimony in other country).

In conclusion, one may say that the general rule is the application of the law of the country in which the injury occurs (*law of the place of the injury*)[57].

Recital no 18 presents the structure of Article 4 as consisting of a general rule contained in paragraph 1 (*lex loci damni*); an exception to this general rule, creating a special connection where the tortfeasor and the victim have their habitual residence in the same country, in paragraph 2; and an "escape clause", laid down in paragraph 3, where it is clear from all the circumstances of the case that the tort is manifestly more closely connected with another country.

Strictly speaking, however, Article 4(1), in connection with Article 14 (*supra* II), constitutes a successive connection: the law of the place of the injury is only applicable when the parties have not made a valid choice of law.

The exception in favour of the law of the common habitual residence of the tortfeasor and of the victim (§ 2) represents a first factor of flexibility regarding the "hard and fast" rule of paragraph 1, which takes in

---

[55] Cf. KREUZER (n. 32) 63.

[56] See Explanatory Memorandum of the Commission's Proposal, 11.

[57] Cf. SYMEONIDES (n. 39) no 3.1.

account the convergence of personal contacts with a State that it is not the State where the injury occurs. This technique evokes the doctrine of *the most significant relationship* and its application in the USA Case *Babcock v. Jackson*[58].

A similar rule is provided for in Article 133(1) of the Swiss Private International Law Statute. A convergent solution, but extended to the common nationality, was adopted earlier by Article 45(3) of the Portuguese Civil Code. The Italian Private International Law Statute also provides for a converging rule, but requires both, common nationality and common residence (Article 62 (2)). It is acceptable that a common habitual residence is the necessary and sufficient condition to trigger the exception. Nationality is not an important connecting factor in tort matters. If tortfeasor and victim have a common nationality but different habitual residences it is difficult to say that the connection with the State of the nationality is more significant that the connection with the State of the injury.

In the case of a plurality of tortfeasors and/or of victims, in which only some of them have a common habitual residence, the general rule shall be applicable; otherwise one would be lead to the application of different laws to the liability arising from the same damage[59].

The exception provided for in Article 4(2) does not envisage the case in which the tortfeasor and the victim have habitual residence in countries with laws substantially identical but which differ from the law of the place of injury[60]. Nonetheless, the application of the provision by analogy does not seem excluded.

A second factor of flexibility is provided for by paragraph 3 which contains an "escape clause" enabling the court to determine the connection

---

[58] 12 N.Y.2d 473, 240 N.Y.S.2d 743, 191 N.E.2d 279 (N.Y. 1963). See Eugene SCOLES, Peter HAY, Patrick BORCHERS and Symeon SYMEONIDES – *Conflict of Laws*, 4th ed., St. Paul, Minn., 2004, 770 et seq., and Rui MOURA RAMOS – *Da Lei Aplicável ao Contrato de Trabalho Internacional*, Coimbra, 1991, 377 et seq. n. 19 and 399 et seq.

[59] See the converging view of ISABEL DE MAGALHÃES COLLAÇO – *Direito Internacional Privado. Sistema de Conflitos Português (Obrigações Não Voluntárias)*, Lisboa, 1971, 20, and Tito BALLARINO e Andrea BONOMI – *Diritto internazionale privato*, 3rd ed., Padova, 1999, 724-725.

[60] See, for instance, Article 3544(1) of the Louisiana Civil Code. This has been proposed *de lege ferenda* by SYMEONIDES (n. 39) no 5.4, and Russell WEINTRAUB – "Rome II and the tension between predictability and flexibility", *RDIPP* 41 (2005) 561-572, 572.

in function of the circumstances of the individual case. Notwithstanding, one may question if paragraph 3 only lays down an "escape clause".

An "escape clause" is a rule that allows the deviation from the law of a State, applicable in principle, when the situation is manifestly more closely connected with another State. Surely, the first part of paragraph 3 provides for such a rule which is of exceptional application[61]. But the second part adds that a "manifestly closer connection with another country might be based in particular on a pre-existing relationship between the parties, such as a contract, that is closely connected with the tort/delict in question". This seems to introduce an idea different from the "escape clause": the respect of the interdependency of normative compounds. This idea, together with the promotion of predictability, justifies that if there is a previous legal relationship between the parties, closely connected with the tort, the applicable law to that relationship shall, in principle, govern the tort[62]. German authors, that speak in this context of "accessory connection" [akzessorische Anknüpfung], have for a long time advocated this solution[63]. I have been supporting the same point of view since 1999[64]. The Explanatory Report of the Commission's Proposal, however, subordinates this idea to the "escape clause"[65]. The pre-existing relationship is only "a factor that can be taken into account to determine whether there is a manifestly closer connection with a country other than the one designated by the strict rules. But the law applicable to the pre-existing relationship does not apply automatically, and the court enjoys a degree of discretion to decide whether there is a significant connection between the non-contractual obligations and the law applicable to the pre-existing relationship".

---

[61] Cf. Explanatory Memorandum of the Commission's Proposal, 12.

[62] Regarding consumer contracts and employment contracts, the operation of this rule shall take in account Articles 5 and 6 of the Rome I Convention (as well as the corresponding provisions of future Rome I Regulation) – see Explanatory Memorandum of the Commission's Proposal, 13.

[63] See, for instance, KROPHOLLER (n. 54) 519-520. See further references in MOURA RAMOS (n. 58) 378 n. 19.

[64] N. 31 (1999) 230-231; n. 31 (2002) 251. A first approach to this solution can be find in António FERRER CORREIA – Direito Internacional Privado. Alguns Problemas, Coimbra, 1981, 105 et seq. See further Dário MOURA VICENTE – Da Responsabilidade Pré-Contratual em Direito Internacional Privado, Coimbra, 2001, 498 et seq.

[65] 12.

This "accessory connection" has been adopted by the Swiss Private International Law Statute (Article 133(3)) and by the German Law of Introduction to the Civil Code (Article 41(2)(1)), in the 1999 version, the latter also inserting it in an "escape clause" and extending it to the case in which there is only a factual relationship between the parties[66]. Therefore, it is clear that Article 4(3) of the Regulation has been inspired by that German provision, but is far from certain that the second part shall be understood in the sense of including a factual relationship between the parties[67].

It is worth to notice that the application of the law of the country where the damage occurs does not depend on a requirement of foreseeability, by the tortfeasor, of the occurrence of the injury in that country[68]. This is required by some national systems for the application of the law of the place of injury[69]. The likely reason is that the "escape clause" will prevent the application of the law of the place of injury when this place is accidental and, therefore, not foreseeable.

The *lex loci damni* rule entails, where damage is sustained in several countries, that the laws of all the countries concerned shall be applied on a distributive basis[70]. In Germany this is know as the "mosaic approach" [*Mosaikbetrachtung*]. Following this approach, the law of each country concerned applies only to the damage caused by the violation of the legally protected interest that occurred in its territory[71]. This converges

---

[66] An "escape clause" is also provided for in the Section 12 of United Kingdom's Private International Law (Miscellaneous Provisions) Act 1995. A converging view is expressed by MAYER/HEUZÉ (n. 50) 505, with reference to the judgment of the *Cour de cassation* 11/5/1999 in the Case *Mobil North Sea* [*R. crit.* (2000) 199 an. BISCHOFF]. See further the critical remarks of STONE (n. 23) 352 et seq.

[67] There are two contraditoy indications in this respect. On one hand, the text proposed by the European Parliament (Article 4(3) of the Position of the European Parliament adopted in first reading), specifying that the pre-existing relationship could be legal or factual, has not been adopted. On the other hand, the Explanatory Memorandum of the Commission's Proposal [13] suggests that the court may take account of a contractual relationship that is still only contemplated. For the view that factual relationships are excluded see WAGNER (n. 6) 378.

[68] But compare WAGNER (n. 6) 377.

[69] See for instance Article 45(2) of the Portuguese Civil Code and Article 133(2) of the Swiss Private International Law Statute. See also BATIFFOL/LAGARDE (n. 50) 247.

[70] See Explanatory Memorandum of the Commission's Proposal, 11.

[71] See Gerhard KEGEL and Klaus SCHURIG – *Internationales Privatrecht*, 9th ed., München, 2004, 732, and Abbo JUNKER – "Außervertragliche Schuldverhältnisse", *in*

with the understanding followed by the ECJ in matter of jurisdiction (Article 5(3) of Regulation Brussels I) at least in the case of defamation perpetrated through media[72].

According to the above referred methodology (*supra* I), the term "tort/delict" shall be interpreted autonomously, by reference to the "objectives and the scheme" of the Regulation and to the principles common to the legal systems of the Member States. The same has been held by the ECJ, in the Case *Kalfelis*, in relation to Article 5(3) of Brussels I Convention[73]. In the same Case, the ECJ held that the concept of "matters relating to tort, delict and quasi-delict" – used in Article 5(3) of Brussels I Convention – covers all actions which seek to establish the civil liability of a defendant and which are not related to a "contract" within the meaning of Article 5(1).

This point of view seems to be valid also regarding the Rome II Regulation. In principle, Article 4 should cover all non-contractual obligations for which the following Articles lay down no special rule, bearing in mind that "contractual obligation" shall be understood in a wide sense (*supra* I). This surely applies regarding liability for damage caused by the violation of a legally protected interest or a general duty of care or consisting in pure economic loss[74].

Certain legal systems provide for a liability with a mere punitive function which does not require the causation of damage[75]. Since Article 4 is centred in the notion of damage (including damage which is likely to occur) it could be thought that non-compensatory liability would be excluded from the relevant tort concept. Nonetheless, this is not certain, since Recital no 32 states that "the application of a provision of the law desig-

---

Münchener Kommentar zum Bürgerlichen Gesetzbuch, vol. X – *EGBGB*, 4th ed., München, 2006, Art. 40 no 33. See also BATIFFOL/LAGARDE (n. 50) 246 and MAYER/HEUZÉ (n. 50) 505.

[72] Cf. ECJ 7/3/1995, in the Case *Shevill* [*ECR* (1995) I-0415], nos 25 et seq.

[73] Cf. ECJ 27/7/1988 [*ECR* (1988) 5565], no 16: "Accordingly, the concept of matters relating to tort, delict or quasi-delict must be regarded as an autonomous concept which is to be interpreted, for the application of the Convention, principally by reference to the scheme and objectives of the Convention in order to ensure that the latter is given full effect".

[74] For a comparative survey of he scope of protection of tort law see WAGNER (n. 52) 1012 et seq.

[75] Cf. WAGNER (n. 52) 1006.

nated by this Regulation which would have the effect of causing non-compensatory exemplary or punitive damages of an excessive nature to be awarded may, depending on the circumstances of the case and the legal order of the Member State of the court seized, be regarded as being contrary to the public policy (*ordre public*) of the forum". This can be understood merely in the sense that exemplary or punitive damages are not *ipso facto* against Community public policy[76]. But one may go farther, and deem that non-compensatory liability, as a whole, is not excluded from the scope of the Regulation, although there is a gap in the Regulation when no damage as occurred or is likely to occur. In this case, one may think that shall be applicable the law of the country where the tortious conduct took place, since this is the only significative connection available. The operation of public policy is envisaged *a posteriori* when the applicable law that provides for non-compensatory liability awards damages of excessive nature.

IV. SPECIAL CHOICE-OF-LAW RULES ON TORTS

A) **Product liability**

Article 5 contains three rules on product liability: a successive connection and a reference to Article 4(2) in paragraph 1, and an "escape clause" in paragraph 2.

According to Recital no 20, the conflict-of-law rule in matters of product liability shall meet the objectives of fairly spreading the risks inherent in a modern high-technology society, protecting consumers' health, stimulating innovation, securing undistorted competition and facilitating trade. The rule of the place of the direct damage is not suitable here as the law thus designated could be unrelated to the real situation, unforeseeable for the producer and no source of adequate protection for the victim[77].

---

[76] Compare Article 24 of the Commissions' Proposal, Explanatory Memorandum of the Commissions' Proposal, 29, and Explanatory Memorandum of the Commission's Amended Proposal, 4-5.

[77] Cf. Explanatory Memorandum of the Commission's Proposal, 13-14. See also the Hague Convention on the Law Applicable to Products Liability.

The creation of a cascade system of connecting factors, together with a foreseeability clause, is therefore seen as a balanced solution[78].

The first connecting factor to be taken into account is the place in which the person sustaining the damage had his or her habitual residence when the damage occurred, if the product was marketed in that country ((1)(a)).

If the product was not marketed in that country, the law of the country in which the product was acquired is applicable, if the product was marketed in that country ((1)(b)).

If the product was not marked in that country, the law of the country in which the damage occurred is applicable, if the product was marketed in that country ((1)(c)).

This successive connection is triply conditioned.

First, by an exception in favour of the law of the common habitual residence of the parties (Article 4(2) *ex vi* Article 5(1)).

Second, by a foreseeability clause (Article 5(1) second paragraph) stating that "the law applicable shall be the law of the country in which the person claimed to be liable is habitually resident if he or she could not reasonably foresee the marketing of the product, or a product of the same type, in the country the law of which is applicable under (a), (b) or (c)"[79].

Third, by the so-called "escape clause" (Article 5(2) similar to Article 4(3)) (*supra* III). Where there is a contract between the parties for the supply of the product the operation of this clause will usually mean that any tort claim will be governed by the law applicable to the contract[80].

It may be said that this is a rather complex provision but it is also true that it is not easy to strike a fair balance of the interests at stake in a simpler manner.

The successive connection provided for in Article 5(1) is not exhaustive. A gap arises where the product was not marketed in the country of habitual residence of the victim, nor in the country in which the product was acquired, nor in the country in which the damage occurred either. In

---

[78] See further WAGNER (n. 6) 382.

[79] According to the Explanatory Memorandum of the Commission's Proposal [15], the expression "*person claimed to be liable*" does not necessarily mean the manufacturer of a finished product; it might also be the producer of a component or commodity, or even an intermediary or a retailer.

[80] See STONE (n. 23) 360 et seq., with further comments.

this case it seems that according to an *a fortiori* argument in relation to Article 5(1) § 2 the law of the habitual residence of the tortfeasor shall apply.

The term "product" shall be understood in conformity with Article 2 of the Directive 85/374/EEC on the Approximation of the Laws, Regulations and Administrative Provisions of the Member States Concerning Liability for Defective products[81].

B) Unfair competition and acts restricting free competition

Unfair competition and acts restricting free competition are dealt in Article 6. The special rules herein contained are not a deviation from the general rule in Article 4(1) but rather a clarification of it.

According to Recital no 21, in matters of unfair competition, the conflict-of-law rule should protect competitors, consumers and the general public and ensure that the market economy functions properly. The connection to the law of the country where competitive relations or the collective interests of consumers are, or are likely to be affected, generally satisfies these objectives[82]. The "country where competitive relations or the collective interests of consumers are, or are likely to be, affected" is the country where functions the market where competitors are seeking to gain the customer's favour[83]. This solution corresponds to the victims'

---

[81] *OJ* L 210/29, 7/8/1985. Cf. Explanatory Memorandum of the Commission's Proposal, 13. "Product" means all movables, with the exception of primary agricultural products and game, even though incorporated into another movable or into an immovable. "Primary agricultural products" means the products of the soil, of stock-farming and of fisheries, excluding products which have undergone initial processing. "Product" includes electricity.

[82] Regarding the concept of "collective interests of the consumers" see Explanatory Memorandum of the Commission's Proposal, 15.

[83] The Explanatory Memorandum of the Commission's Proposal [16] points out that regarding "the assessment of the impact on the market, academic writers generally acknowledge that only the direct substantial effects of an act of unfair competition should be taken into account. This is particularly important in international situations since anticompetitive conduct commonly has an impact on several markets and gives rise to the distributive application of the laws involved". In the words of STONE [(n. 23) 365] the rule on unfair competition replaces the "test of direct injury", applicable under the general rule, by a test of direct effect on the market.

210   *Estudos de Direito Internacional Privado*

expectations since the rule generally designates the law governing their economic environment. But it also ensures equal treatment for all operators on the same market[84].

The rule contained in Article 6(1) is suited to legal systems where the Unfair Competition Law protects only the interests of the community (on a market economy based upon the free competition of suppliers of goods and services) and the interests of the competitors as well as to systems in which this institution also protects the collective interests of consumers.

It shall be pointed out that the special rule on unfair competition only applies when the act of unfair competition affects interests that are not restricted to one specific competitor. Otherwise, the general rules of Article 4 (Article 6(2)) are applicable..

The non-contractual obligations arising out of restrictions of competition, envisaged in Article 6(3), should cover infringements of both national and Community competition law[85]. According to Recital no 23, for the purposes of the Regulation, the concept of restriction of competition should cover prohibitions on agreements between undertakings, decisions by associations of undertakings and concerted practices which have as their object or effect the prevention, restriction or distortion of competition within a Member State or within the internal market, as well as prohibitions on the abuse of a dominant position within a Member State or within the internal market, where such agreements, decisions, concerted practices or abuses are prohibited by Articles 81 and 82 of the Treaty or by the law of a Member State.

Apparently, the EC legislator did not envisage the possibility that the courts of a Member State are seized due to an infringement of Competition Law that restricts the competition within a third State, which, however, clearly arises from Article 5(3) of Regulation Brussels I as understood by the ECJ. Presumably, Recital no 23 does not express a limitative intention of the legislator, but a mere clarification that the concept "acts restricting free competition" embraces all the acts that are prohibited by Competition Law either at European Community level or at the level of Member States.

The law applicable to such non-contractual obligations is the law of the country where the market is, or is likely to be, affected (Article

---

[84] Cf. Explanatory Memorandum of the Commission's Proposal, 16.

[85] Cf. Recital no 22.

$6(3)(a))$[86]. In cases where the market is, or is likely to be, affected in more than one country, the claimant should be able under certain circumstances to choose to base his or her claim on the law of the court seized (b)[87].

C) **Environmental damage**

Concerning environmental damage, Article 7 contains an optional connection in favour of the claimant. The law applicable to a non-contractual obligation arising out of environmental damage or damage sustained by persons or property as a result of such damage is, in principle, the law determined pursuant to Article 4(1). However, the person seeking compensation for damage may choose to base his or her claim on the law of the country in which the event giving rise to the damage occurred.

The question of when the person seeking compensation can make the choice of the applicable law shall be determined in accordance with the law of the Member State in which the court is seized[88].

This optional connection is not unfamiliar to the legal systems of the Member States. Indeed, solutions of this type have been adopted, for torts in general, in the Article 40(1) of the Law of Introduction to the German Civil Code, in the 1999 version, and in the Article 62(1) of the Italian Statute on Private International Law. Outside the EU, one may also mention Article 138 of the Swiss Statute on Private International Law regarding damaging emissions from property.

According to Recital no 25, in the domain of environmental damage, the policy of favouring the claimant is rooted in Article 174 of the EC

---

[86] See also *Hamburg Group for Private International Law* (n. 24) 19.

[87] Article 6(3)(b) reads as follows: "When the market is, or is likely to be, affected in more than one country, the person seeking compensation for damage who sues in the court of the domicile of the defendant, may instead choose to base his or her claim on the law of the court seised, provided that the market in that Member State is amongst those directly and substantially affected by the restriction of competition out of which the non-contractual obligation on which the claim is based arises; where the claimant sues, in accordance with the applicable rules on jurisdiction, more than one defendant in that court, he or she can only choose to base his or her claim on the law of that court if the restriction of competition on which the claim against each of these defendants relies directly and substantially affects also the market in the Member State of that court".

[88] Cf. Recital no 25.

Treaty, which provides that there shall be a high level of protection based on the precautionary principle and the principle that preventive action shall be taken, the principle of priority for corrective action at source and the principle that the polluter pays.

This *ratio* is developed in the Explanatory Memorandum of the Commission's Proposal[89]. "The basic connection to the law of the place where the damage was sustained is in conformity with recent objectives of environmental protection policy, which tends to support strict liability. The solution is also conducive to a policy of prevention, obliging operators established in countries with a low level of protection to abide by the higher levels of protection in neighbouring countries, which removes the incentive for an operator to opt for low-protection countries. The rule thus contributes to raising the general level of environmental protection".

"But the exclusive connection to the place where the damage is sustained would also mean that a victim in a low-protection country would not enjoy the higher level of protection available in neighbouring countries. Considering the Union's more general objectives in environmental matters, the point is not only to respect the victim's legitimate interests but also to establish a legislative policy that contributes to raising the general level of environmental protection, especially as the author of the environmental damage, unlike other torts or delicts, generally derives an economic benefit from his harmful activity. Applying exclusively the law of the place where the damage is sustained could give an operator an incentive to establish his facilities at the border so as to discharge toxic substances into a river and enjoy the benefit of the neighbouring country's laxer rules. This solution would be contrary to the underlying philosophy of the European substantive law of the environment and the "polluter pays" principle"[90].

The fact that a person is liable for damage occurred in a State, according to the law of this State, because of an activity authorised and legitimate in another State, may be taken in account in the framework of Article 17 (*infra* VI.B).

The concept of environmental damage shall be understood as meaning adverse change in a natural resource, such as water, land or air, impairment of a function performed by that resource for the benefit of

---

[89] 19-20.

[90] Compare the critical remarks of WAGNER (n. 6) 380.

another natural resource or the public, or impairment of the variability among living organisms[91].

D) Infringement of intellectual property rights

Article 8, concerning infringement of intellectual property rights, is based upon the widely accepted principle of the *lex loci protectionis*. For the purposes of this Regulation, the term 'intellectual property rights' should be interpreted as meaning, for instance, copyright, related rights, the *sui generis* right for the protection of databases and industrial property rights[92].

The law applicable to a non-contractual obligation arising from an infringement of an intellectual property right shall be the law of the country for which protection is claimed (paragraph 1)[93].

Besides its justification at the light of the values at stake in the protection of intellectual property[94] and of the principle of territoriality on intellectual property rights[95], this rule offers two advantages. First, in many national systems the principle of the *lex loci protectionis* applies to the choice of the law governing the intellectual property right itself. In this case, problems of delimitation between the law applicable to the right and the law applicable to its infringement are avoided[96]. Second, regarding the proceedings concerned with the registration or validity of rights on intellectual property required to be deposited or registered have exclusive jurisdiction the courts of the Member State in which the deposit or registration has been applied for, has taken place or is under the terms of a Community instrument or an international convention deemed to have taken place (Art. 22 (4) § 1 of Brussels I Regulation). In the *GAT* Case, with reference to the previous Art. 16(4) of the Brussels I Convention, the ECJ held that this exclusive jurisdiction applies where the defendant in an action for

---

[91] Cf. Recital no 24.

[92] Cf. Recital no 26.

[93] Regarding multiple infringements, see MARTA PERTEGÁS (n. 32) 242 et seq.

[94] See, for instance, João BAPTISTA MACHADO – *Lições de Direito Internacional Privado*, 2nd ed., Coimbra, 384-385, and LIMA PINHEIRO (n. 31 [2002]) 278.

[95] See *Hamburg Group for Private International Law* (n. 24) 21-22.

[96] See also MARTA PERTEGÁS (n. 32) 238.

infringement of patent or the claimant in an action for declaration of non-infringement of patent raise the invalidity of this patent[97]. Therefore, that rule often leads to concurrence of the forum with the applicable law.

In the case of a non-contractual obligation arising from an infringement of a unitary Community intellectual property right, the applicable law shall, for any question that is not governed by the relevant Community instrument, be the law of the country in which the act of infringement was committed (Article 8(2))[98]. As acts establishing unitary Community intellectual property rights it shall be mentioned the Regulation no 40/94, of 20 December 1993, on the Community Trade Mark, the Regulation no 2100/94, of 27 July 1994, on Community Plant Variety Rights, and the Regulation no 6/2002, of 12 December 2001, on Community Designs.

E) Industrial action

The last special choice-of-law rule deals with industrial action. The exact concept of industrial action, such as strike action or lock-out, varies from one Member State to another and is governed by each Member State's internal rules[99]. Article 9 assumes as a general principle that the law of the country where the industrial action was taken should apply, with the aim of protecting the rights and obligations of workers and employers[100]. An exception is made in favour of the law of the common habitual residence of the parties.

According to Recital no 28, the special rule on industrial action is without prejudice to the conditions relating to the exercise of such action in accordance with national law and without prejudice to the legal status of trade unions or of the representative organisations of workers as provided for in the law of the Member States.

---

[97] Cf. ECJ 13/7/2006 [*ECR* (2006) I-6509).

[98] Compare *Hamburg Group for Private International Law* (n. 24) 22-23 and MARTA PERTEGÁS (n. 32) 246-247.

[99] Cf. Recital no 27.

[100] *Ibidem.*

V. CHOICE-OF-LAW RULES ON UNJUST ENRICHMENT, NEGOTIORUM GESTIO AND CULPA IN CONTRAHENDO

A) General aspects

Chapter III of the Regulation contains the choice-of-law rules on unjust enrichment, *negotiorum gestio* and *culpa in contrahendo*. These rules are not applicable to non-contractual obligations arising from an infringement of an intellectual property right (Article 13). This entails, for example, that an obligation based on unjust enrichment arising from an infringement of an intellectual property right is governed by the same law as the infringement itself[101].

B) Unjust enrichment

Article 10 follows the doctrine that distinguishes between enrichment concerning a legal relationship between the parties and other types of enrichment, as adopted by the Swiss Private International Law Statute (Article 128). The idea of distinguishing between different types of enrichment has arisen earlier in the Portuguese Draft of 1964 and in the Austrian Private International Law Statute (Article 46) and has been fully developed in the 1999 version of Article 38 of the Law of Introduction to the German Civil Code. I have also advocated this solution in the frame of the Portuguese law in force (Article 44 of the Civil Code)[102].

The Regulation does not define unjust enrichment and only illustrates with the payment of amounts wrongly received. Here again, the interpretation shall be autonomous. The concept is usually understood as encompassing situations in which one person receives a benefit at the expense of other person without a legally justifying cause[103].

Where the unjust enrichment concerns a relationship existing between the parties, such as one arising out of a contract or a tort, that is closely connected with that unjust enrichment, it shall be governed by the law that governs that relationship (Article 10(1)).

---

[101] Cf. Explanatory Memorandum of the Commission's Proposal, 22.

[102] See LIMA PINHEIRO (n. 31 [2002]) 245-246.

[103] See, for instance, ZWEIGERT/KÖTZ (n. 51) 537 et seq.

216   *Estudos de Direito Internacional Privado*

Otherwise, the law of the country in which the unjust enrichment took place applies (3), unless the parties have habitual residence in the same country when the event giving rise to unjust enrichment occurs, in which case, the law of that country applies (2)[104].

Furthermore, Article 10 lays down an "escape clause" in paragraph 4.

C) Negotiorum gestio

Negotiorum gestio is dealt in Article 11. The resort to the Latin term provides evidence that this is not a legal institution known in all the legal systems of the Member States. In *Common Law* countries these cases are at least partially covered by the institution of an agency and are then referred as "agency without authority". The Regulation offers only a starting point for the interpretation of the concept: an act performed without due authority in connection with the affairs of another person (Article 11(1)). Some legal systems required additionally that the activity is performed in the interest and on behalf of the "owner of the affairs".

Here again, the Regulation distinguishes between a *negotiorum gestio* that concerns a legal relationship existing between the parties and a *negotiorum gestio* that does not. This distinction was already present in the Portuguese Draft of 1964 but was not received in the Civil Code.

Where the non-contractual obligation arises out of a *negotiorum gestio* that concerns a relationship existing between the parties, such as one arising out of a contract or a tort, that is closely connected with that non-contractual obligation, it shall be governed by the law that governs that relationship (1).

Otherwise, the law of the country in which the act was performed is applicable (3), unless the parties have their habitual residence in the same country when the event giving rise to the damage occurs, in which case the law of this country is applicable (2).

An "escape clause" is provided for in paragraph 4.

---

[104] Compare the critical remarks of GABRIELLA CARELLA – "The Law Applicable to Non-Contractual Obligations other than Tort or Delict", *in The Unification of Choice of Law Rules on Torts and Other Non-Contractual Obligations in Europe. The "Rome II" Proposal*, edited by Alberto Malatesta, 73-84, Padova, 2006, 83.

The *negotiorum gestio* is within the scope of the Hague Convention on the Law Applicable to Agency (1978)[105]. Some Member States are parties to this Convention (France, Netherlands and Portugal), as well as one third State. According to Article 28(1) of the Regulation, the Convention prevails over the Regulation. Nonetheless, the Convention only governs the relationship arising from legal acts done on behalf of another person and the *negotiorum gestio* comprises the *gestio* of fact, in which the actor only carries out material acts. Therefore, it seems that even the court of a Member State that is contracting party to the Convention shall apply the Regulation where dealing with a mere *gestio* of fact.

D) Culpa in contrahendo

Recital no 30 reaffirms that *culpa in contrahendo* shall be understood as an autonomous concept. It shall include the violation of the duty of disclosure and the breakdown of contractual negotiations. Article 12 covers only non-contractual obligations presenting a direct link with the dealings prior to the conclusion of a contract. This means that if, while a contract is being negotiated, a person suffers personal injury, Article 4 or other relevant provisions of the Regulation shall apply.

The law applicable to a non-contractual obligation arising out of dealings prior to the conclusion of a contract, regardless of whether the contract was actually concluded or not, shall be the law that applies to the contract or that would have been applicable to it had it been entered into (Article 12(1)).

This rule converges with the doctrine I have been advocating: as far as the *culpa in contrahendo* rely on the existence of a legal relationship between the parties, the law governing this relationship shall be applica-

---

[105] Cf. I. KARSTEN – "Explanatory Report", *in Conférence de La Haye de droit international privé. Actes et documents de la Treizième session*, 1979, no 36; Jürgen BASEDOW – "Das Vertretungsrecht im Spiegel konkurrierender Harmonisierungsentwürf", *RabelsZ.* 45 (1981) 196-217, 207; H. VERHAGEN – *Agency in Private International Law*, The Hague, Boston and London, 1995, 143 et seq. This last author sustains that the Convention only applies to the *negotiorum gestio* carried out in the frame of pre-existent agency contract, without prejudice to the application by analogy of the choice-of-law rules of Chapter III to other cases of *negotiorum gestio*. This opinion, however, is not supported by the Convention's text and is in contradiction with the KARSTEN Report.

ble[106]. Article 12(1) shall, in principle, be understood as a reference to the choice-of-law rules of the Rome I Convention (as well as to the future Rome I Regulation). This also converges with the best doctrine[107].

The rules laid down in Article 12(2) apply where the governing law cannot be determined based on paragraph 1. Where the parties have their habitual residence in the same country at the time when the event giving rise to the damage occurs, the law of that country shall apply (b). Otherwise, the law of the country where the damage occurs, shall apply (a). The provision contains still an "escape clause" which shall only be triggered in connection to paragraph 2.

In principle, the law applicable to *culpa in contrahendo* can be determined through an application, either direct or by analogy, of Rome I Convention (as well as of future Rome I Regulation). It is only conceivable that in residual cases not only no contract has been concluded but also lack sufficient elements on the contract that would be entered into to operate the rules of Article 4 of Rome I Convention (as well as of future Rome I Regulation). It is not clear whether the EC legislator had in view other type of coordination between the two paragraphs of Article 12.

---

[106] See LIMA PINHEIRO (n. 31 [1999]) 141 and (n. 31 [2002]) 154-155. For a converging view, see MOURA VICENTE (n. 58) 445 et seq.

[107] See KEGEL/SCHURIG (n. 71) 612-613; Dieter MARTINY – "Art. 32", *in Münchener Kommentar zum Bürgerlichen Gesetzbuch*, 3rd ed., München, 1998, Art. 32 no 33, and LIMA PINHEIRO (n. 21 [1999]) 155 and (n. 21 [2002]) 141, sustaining that the Rome I Convention was applicable directly where a contract has been entered into (even if of a mere preparatory character) and by analogy where the negotiations have been broken before the conclusion of a contract. For a direct application of Rome I Convention in both cases see Angelo DAVI – "Responsabilità non contrattuale nel diritto internazionale privato", *in Digesto priv. civ.*, vol. XVII, 1998, no 12, and MOURA VICENTE (n. 30) 445 et seq., 457 et seq. and 469 et seq. Compare, for a differentiation, REITHMANN/MARTINY (n. 15) nos 282 et seq., and Ulrich SEPELLENBERG – "Art. 31,32", *in Münchener Kommentar zum Bürgerlichen Gesetzbuch*, 4th ed., München, 2006, Art. 32 nos 59 et seq.

VI. AUXILIARY RULES

A) Scope of the applicable law

Chapters V and VI of the Regulation contain rules that are instrumental to the interpretation and application of the choice-of-law rules. Regarding the scope of the applicable law, it may be said that in general terms it comprises the basis and the consequences of liability[108]. The "capacity" to incur liability in tort is also included.

Thus, Article 15 establishes that the law applicable to non-contractual obligations under this Regulation shall govern in particular:

(a) the basis and extent of liability, including the determination of persons who may be held liable for acts performed by them;

(b) the grounds for exemption from liability, any limitation of liability and any division of liability;

(c) the existence, the nature and the assessment of damage or the remedy claimed;

(d) within the limits of powers conferred on the court by its procedural law, the measures which a court may take to prevent or terminate injury or damage or to ensure the provision of compensation;

(e) the question whether a right to claim damages or a remedy may be transferred, including by inheritance;

(f) persons entitled to compensation for damage sustained personally;

(g) liability for the acts of another person;

(h) the manner in which an obligation may be extinguished and rules of prescription and limitation, including rules relating to the commencement, interruption and suspension of a period of prescription or limitation.

In tort matters, where the legally protected interest is a private right [*subjektive Recht*], the issue of a claim based on tort (which is the main issue) places the incidental question of the existence and ownership of the right. This incidental question has to be determined in the manner prescribed by the Private International Law of the forum Member State. The best

---

[108] See Explanatory Memorandum of the Commission's Proposal, 23-24.

and prevailing theory resorts to an autonomous connection, i.e., to the choice-of-law rules of the forum[109]. For example, if the violation of a property right is claimed, the question of the ownership and of effects of this right is subject to the law governing property rights.

The claim for financial and non-material damages by other persons as a result of the death of the victim often raises incidental questions. The law governing the tort defines who is entitled to compensation. To the extent that this law entitles to compensation the persons that could claim maintenance from the victim or to his or her relatives the incidental question of who could claim maintenance from the victim or has a certain family relationship with the victim may arise. In accordance with the autonomous connection theory, this question is governed by the law designated by the choice-of-law rules of the forum to govern maintenance claims and family relationships.

B) Overriding mandatory provisions and rules of safety and conduct

According to Article 16, nothing in the Regulation shall restrict the application of the provisions of the law of the forum in a situation where they are mandatory irrespective of the law otherwise applicable to the non-contractual obligation. Rome I Convention contains a parallel rule in Article 7(2) and the comments to this rule are also of relevance for the Rome II Regulation.

It shall be pointed out that the Regulation does not provide a general clause regarding overriding mandatory rules of third States parallel to Article 7(1) of Rome I Convention. This omission conveys a clear intention to exclude the admissibility of such a general clause, since the provisions containing it in the Commission's proposal and in the Amended Commission's proposal have been deleted. Furthermore, Recital no 32 stresses the exceptional character of Article 16. This attitude converges with the understanding I have been supporting: overriding mandatory rules shall be deemed exceptional[110] and a general clause regarding

---

[109] See, for instance, LIMA PINHEIRO (n. 31 [2001]) 423 et seq., with further references.

[110] See LIMA PINHEIRO (n. 31 [2001]) 199.

overriding mandatory rules of a third State is all together inappropriate and undesirable[111].

The task of the legislator shall be to determine the special connections that may lead to the application of foreign mandatory rules not belonging to the governing law and not to give a blank cheque to the courts. Concerning non-contractual obligations one may think mainly in certain rules of conduct in force at the place of the event giving rise to the liability, which are covered by Article 17.

Article 17 establishes that *rules of safety and conduct* in force at the place and time of the event giving rise to the liability shall be taken in account, as a matter of fact and in so far as is appropriate, in assessing the conduct of the person claimed to be liable[112].

This rule is based on the fact that the perpetrator must abide by the rules of safety and conduct in force in the country in which he operates, irrespective of the law applicable to the civil consequences of the action, and that these rules must also be taken into consideration when ascertaining liability[113].

According to the Explanatory Memorandum of the Commission's Proposal[114], "taking account of foreign law is not the same thing as applying it: the court will apply only the law that is applicable under the conflict rule, but it must take account of another law as a point of fact, for example when assessing the seriousness of the fault or the author's good or bad faith for the purposes of the measure of damages".

The term "rules of safety and conduct" shall be interpreted as referring to all regulations having any relation to safety and conduct, including, for example, road safety rules in the case of an accident[115]. To this purpose may be taken in account not only mandatory prescriptive or prohibitive rules of the place of the event but also permissive rules that lead, for example, to the authorization of a conduct that causes damage in other country[116].

---

[111] Op. cit. 214 et seq. See also STONE (n. 23) 359.

[112] See also Article 7 of the Hague Convention on the Law Applicable to Traffic Accidents and Article 9 of the Hague Convention on the Law Applicable to Products Liability.

[113] Cf. Explanatory Memorandum of the Commission's Proposal, 25.

[114] Ibidem.

[115] Cf. Recital no 34.

[116] Cf. Explanatory Memorandum of the Commission's Proposal, 20.

It is doubtful, however, if in certain cases the relevance of the rules of the place of the event in the assessment of the fault of the person claimed to be liable may not amount to the application of these rules[117]. For example, if an Italian court is seized with a claim of damages arising from a traffic accident occurred in France that only involved persons habitually resident in Italy, the Italian Law is applicable (Article 4(2)), but the French traffic rules shall not be used to determine who is liable for the accident[118]? Here one detects a difficulty arising from the application of a law other than the law of the place of the event in tort matters, which has not been addressed in a clear manner. What clearly results from the wording of Article 17 is that application of rules of the place of conduct is at the discretion of the court[119].

In my opinion, it is necessary to pursue it farther, and make distinctions. First, it has to be distinguished where the primarily applicable law provides for strict liability (in which case only this law shall be taken in account) and where this law only provides for fault-based liability (in which the rules of conduct of the law of the place of the event may also have to be taken in account). *In this second case*, one should distinguish between permissive rules, on one hand, and prescriptive or prohibitive rules, on the other. Permissive rules of the place of conduct can not exclude the liability grounded on the rules of the place of damage and therefore may only be taken in account as a fact in the assessment of damages as far as the rules of the place of the injury allow it[120]. Regarding prescriptive or prohibitive rules, it is conceivable a further distinction between the rules of conduct of the law of the place of the event that claim applicability in a strict territorial basis (i.e., to all the conducts that take place in the territory of the State that has create them), e.g. road traffic rules, and

---

[117] See LIMA PINHEIRO (n. 29) 1124, remarking that there is no taking in consideration, but truly application (in a preliminary manner) in the cases where the application of a rule of the law governing the main issue (*lex causae*) depends on a legal content that shall be ascertained at the light of a foreign rule, operating what the German call "*Tatbestandswirkung*". See further, on this point, Klaus SCHURIG – "Zwingendes Recht, 'Eingriffsnormen' und neues IPR", *RabelsZ.* 54 (1990) 218-250, 240 et seq.

[118] In the affirmative sense see STONE (n. 23) 339. See further BOGDAN (n. 3) 44.

[119] Cf. Explanatory Memorandum to the Amended Commission's Proposal, 4.

[120] See the converging remarks of the *Hamburg Group for Private International Law* (n. 24) 43-44. Considerations of foreseeability may be weighted in the taking in account of these rules – see also SYMEONIDES (n. 39) no 4.5.

other rules of conduct. The rules of the first category should, in principle, be applied while rules of the second category might be only "taken in account as a point of fact".

C) Other auxiliary rules

Article 18 establishes that the person having suffered damage may bring his or her claim *directly against the insurer* of the person liable to provide compensation if the law applicable to the non-contractual obligation or the law applicable to the insurance contract so provides.

On the issue of *subrogation*, Article 19 lays down a rule parallel to Article 13 of Rome I Convention but that applies to legal subrogation on non-contractual claims (while Rome I Convention applies only to legal subrogation on contractual claims)[121].

Regarding *multiple liability*, Article 10 states that if a creditor has a claim against several debtors who are liable for the same claim, and one of the debtors has already satisfied the claim in whole or in part, the question of that debtor's right to demand compensation from the other debtors shall be governed by the law applicable to that debtor's non-contractual obligation towards the creditor.

The doubts arising from Article 21 (*formal validity of unilateral acts*) have already been mentioned (*supra* I). According to this provision, a unilateral act intended to have legal effect and relating to a non-contractual obligation shall be formally valid if it satisfies the formal requirements of the law governing the non-contractual obligation in question or the law of the country in which the act is performed.

Article 22 deals with *presumptions of law, burden of proof and modes of proof of legal acts*. Presumptions of law and the burden of proof are included in the scope of the law governing the non-contractual obligation (paragraph 1). Acts intended to have legal effect may be proved by any

---

[121] "Where a person (the creditor) has a non-contractual claim upon another (the debtor), and a third person has a duty to satisfy the creditor, or has in fact satisfied the creditor in discharge of that duty, the law which governs the third person's duty to satisfy the creditor shall determine whether, and the extent to which, the third person is entitled to exercise against the debtor the rights which the creditor had against the debtor under the law governing their relationship".

mode of proof recognised by the law of the forum or by any of the laws referred to in Article 21 under which that act is formally valid, provided that such mode of proof can be administered by the forum (paragraph 2). This provision draws a parallel to Article 14 of Rome I Convention, and the comments to this last provision are, in principle, relevant to the first one.

Article 23 contains definitions of the term "*habitual residence*" concerning legal bodies and natural persons acting in the course of their business.

The habitual residence of companies and other bodies, corporate or unincorporated, shall be the place of central administration. Where the event giving rise to the damage occurs, or the damage arises, in the course of operation of a branch, agency or any other establishment, the place where the branch, agency or any other establishment is located shall be treated as the place of habitual residence (paragraph 1).

The habitual residence of a natural person acting in the course of his or her business activity shall be his or her principal place of business (paragraph 2).As in the Rome I Convention (Article 15), *renvoi* is excluded (Article 24). The solution is contrary to the principle of international harmony of solutions. This principle would strongly recommend that the reference to the law of a third State comprises its rules of Private International Law. To invoke the certainty in the law to refuse the renvoi is something that only can cause perplexity[122].

Regarding *States with more than one legal system*, Article 25(1) lays down that where a State comprises several territorial units, each of which has its own rules of law in respect of non-contractual obligations, each territorial unit shall be considered as a country for the purposes of identifying the law applicable under this Regulation. This provision draws a parallel to Article 19(1) of Rome I Convention and shall be understood in the same manner.

Lastly, the *public policy* clause is stated on Article 26, which reads "The application of a provision of the law of any country specified by this Regulation may be refused only if such application is manifestly incompatible with the public policy (*ordre public*) of the forum". Like the Rome I Convention (Article 16), this concerns a State's public policy in the Private International Law sense, a more restrictive concept than public policy

---

[122] Compare Explanatory Memorandum to the Commission's Proposal, 28.

in the domestic law sense[123]. From the requirement of manifest incompatibility with the public policy of the forum results that the use of the public policy exception must be exceptional[124]. The Explanatory Reports and the ECJ case law regarding the Brussels I Convention and the Brussels I Regulation are relevant to the operation of this clause[125].

VII. RELATIONSHIP WITH OTHER INSTRUMENTS

A) Relationship with other EC instruments

In Recital no 35 the EC legislator expressed is intention of concentrating the choice-of-law rules in specific Private International Law instruments. The Rome II Regulation, however, does not exclude the possibility of inclusion of conflict-of-law rules relating to non-contractual obligations in provisions of Community law with regard to particular matters. Therefore, Article 27 establishes that this Regulation shall not prejudice the application of provisions of Community law which, in relation to particular matters, lay down conflict-of-law rules relating to non-contractual obligations.

The same Recital states that this Regulation shall not prejudice the application of other instruments laying down provisions designed to contribute to the proper functioning of the internal market in so far as they cannot be applied in conjunction with the law designated by the rules of this Regulation. The application of provisions of the applicable law designated by the rules of this Regulation shall not restrict the free movement of goods and services as regulated by Community instruments, such as the Directive on Electronic Commerce.

Clearly, this wording reflects a compromise between contrary views regarding the meaning of the rules on freedom of movement of goods and freedom to provide services for determination of the the law governing the

---

[123] Cf. Explanatory Memorandum to the Commission's Proposal, 28.

[124] *Ibidem.*

[125] *Ibidem.* Cf. ECJ 2/5/2006, in the Case *Eurofood* [*ECR* (2006) I-3813), no 64. See, on this point, LIMA PINHEIRO – *Direito Internacional Privado*, vol. III – *Competência Internacional e Reconhecimento de Decisões Estrangeiras*, Almedina, Coimbra, 297 et seq.

tort. The idea that the proper functioning of the internal market entails the application of the law of the "country of origin" (i.e., the country where the good is manufactured or where the service provider is established) is completely unfounded[126] and was refused by the Regulation, as it was before by the Directive on Services in the Internal Market (see *maxime* Article 17(15))[127]. This conclusion is reinforced by the deletion of the rule contained in Article 23(2) of the Commission's proposal that seemed to open the door to that idea[128].The law governing to the tort is, in principle, the law of the country of the injury, which means, in the case of export of goods or services, the law of the country of destination. This shows how far the values of Private International Law are incompatible with the "country of origin principle".

On the other hand, the EC legislator did not exclude that some provisions laid down by community instruments overlap the law designated by the Regulation or that the application of this law shall be subject to limitations imposed by the freedoms of movement of goods and of provi-

---

[126] See, for instance, LIMA PINHEIRO – "Direito aplicável à responsabilidade extracontratual na Internet" (2001), *in Est. de Direito Internacional Privado*, Almedina, Coimbra, 213-223; Id. (n. 3) 347 et seq.; Id. – "O Direito de Conflitos e as liberdades comunitárias de estabelecimento e de prestação de serviços" (2005), *in Est. de Direito Internacional Privado*, Almedina, Coimbra, 357-387; Michael WILDERSPIN and Xavier LEWIS – "Les relations entre le droit communautaire et les règles de conflits de lois des États membres", *R. crit.* 91 (2002) 1-37 e 289-313, 13 et seq.; STEFANIA BARIATTI – "Prime considerazioni sugli effetti dei principi generalli e delle norme materiali del trattato CE sul diritto internazionale privato comunitario", *RDIPP* 39 (2003) 671-706, 687 et seq.; Vincent HEUZÉ – "De la compétence de la loi du pays d'origine en matière contractuelle ou l'antidroit européen", *in Mélanges Paul Lagarde*, 393-415, Paris, 2005. See further Jürgen BASEDOW – "Herkunftslandprinzip und Internationales Privatrecht im europäischen Binnenmarkt für Dienstleistungen", *in Ksiega pamiatkowa Maksymiliana Pazdana*, 29-44, Zakamycze, 2005.

[127] Dir. 2006/123/CE. See Alberto MALATESTA – "Principio dello stato di origine e norme di conflitto dopo la direttiva 2006/123/CE sui servizi nel mercato interno: una partita finita?", *RDIPP* 43 (2007) 293-312, 293 et seq.

[128] See Explanatory Memorandum, 29. STONE [(n. 23) 336] refers to that provision as being "evidently designed to reassure the e-commerce lobby, who have campaigned in favour of the absurd proposition that measures such as Directive 2000/31 on Electronic Commerce in some way affect judicial jurisdiction and choice of law in relation to claims under private law". See also the critical remarks of STEFANIA BARIATTI (n. 31) 28 et seq. and POCAR (n. 3) 301-302.

ding of services. The Directive on Electronic Commerce is expressly referred in this second context.

The meaning of this Directive for determining the law governing contracts which fall within its scope as well as non-contractual liability of on line service providers has raised much controversy. Article 1(4) of this Directive clarifies that the "Directive does not establish additional rules on private international law". But the Directive is not coherent and has given some room to the understanding that it adopts the principle of country of origin regarding the law governing contracts and torts, or at least these, within its scope[129]. On the contrary, according to the prevailing view, which respects the intention of the EC legislator, Article 1(4) of the Directive shall have supremacy over conflicting provisions of the same instrument, and the principle of country of origin only applies to rules of Public Economic Law which affect the freedom to provide services[130]. Rome II Regulation confirms this point of view since in addition to not providing any exception to electronic commerce only mentions the Directive on Electronic Commerce in the context of limitations to the application of the substantive rules of the designated law.

The national laws which, in a more or less fortunate way, tried to transpose this Directive shall be interpreted in conformity with the Direc-

---

[129] See, for instance, Emmanuel CRABIT – "La directive sur le commerce électronique. Le projet 'Mediterranée'", *Revue de Droit de l'Union Européenne* (4/2000) 749-833; Peter MANKOWSKI – "Herkunftslandprinzip und deutsches Umsetzungsgesetz zur e-commerce-Richtlinie", *IPRax* 22 (2002) 257-266 (only with respect to tort); MOURA VICENTE – "Comércio electrónico e responsabilidade empresarial", *in Direito Internacional Privado. Ensaios*, vol. I, 193-239, Coimbra, 2002, 218 et seq., and *Problemática Internacional da Sociedade da Informação*, Coimbra, 2005, 213 et seq.

[130] See, for instance, Peter STONE – "Internet Consumer Contracts and European Private International Law", *Information & Communications Technology Law* 9 (2000) 5; Id. – "The Treatment of Electronic Contracts and Torts in Private International Law under European Community Legislation", *Information & Communications Technology Law* 11 (2002) 121; Id. (n. 23) 336; Alfonso CALVO CARAVACA and Javier CARRASCOSA GONZÁLEZ – *Conflictos de leyes y conflictos de jurisdicción en Internet*, Madrid, 2001, 34-35; SONNENBERGER – "Das Internationale Privatrecht im dritten Jahrtausend – Rüblick und Ausblick", *ZvglRWiss* 100 (2001) 107-136, 126 et seq.; LIMA PINHEIRO (n. 125 [2001]) 223 and (n. 125 [2005]); Id. – "Direito aplicável aos contratos celebrados através da internet", *ROA* 66 (2006) 131-190, 169 et seq.; STEFANIA BARIATTI (n. 125) 689; KROPHOLLER (n. 54) 464-465; HEUZÉ (n. 125) *maxime* 412 and 414; Dieter MARTINY – "Vor Art. 27-Art. 30", *in Münchener Kommentar zum Bürgerlichen Gesetzbuch*, vol. X – *EGBGB*, 4.ª ed., Munique, 2006, Art. 34 Anh. III no 37.

tive. Any interpretation in the sense that non-contractual liability of online service providers shall be governed by the law of the "country of origin" is inconsistent with this maxim as well as inconsistent with the Rome II Regulation which has supremacy over national non-constitutional statutory law.

Furthermore, it shall be stressed that substantive rules on non-contractual obligations do not have effect, or at least a significative effect, on the functioning of the internal market and therefore can not be seen as restrictions to the freedoms of movement of goods and of providing of services[131]. For this reason, it should not be expected that the application of these rules become subject to any limitations grounded in the rules on basic community freedoms.

B) Relationship with international conventions

Article 28 establishes that the Regulation shall not prejudice the application of international conventions to which one or more Member States are parties at the time this Regulation is adopted and which lay down conflict-of-law rules relating to non-contractual obligations (1)[132]. This is the case of the Hague Convention on the Law Applicable to Agency, as aforesaid (*supra* V.C), as well as of the Hague Conventions on the Law Applicable to Traffic Accidents and on the Law Applicable to Products Liability. However, this Regulation shall, as between Member States, take precedence over conventions concluded exclusively between two or more of them in so far as such conventions concern matters governed by this Regulation (2).

---

[131] See also MALATESTA (n. 126) 304-305.

[132] According to Article 29, by 11 July 2008, Member States shall notify the Commission of the conventions referred to in Article 28(1). After that date, Member States shall notify the Commission of all denunciations of such conventions (1). The Commission shall publish in the *OJ* within six months of receipt: a list of the conventions referred to in paragraph 1 and the denunciations referred to in paragraph 1 (2).

VIII. EVALUATION

European commentators on the Commission's Proposal and Amended Proposal have, with rare exceptions, praised the main features of the proposed Regulation. Other commentators, namely from the USA, have been more critical, although approving some of the solutions proposed[133]. The legislation of some European countries has traditionally influenced the law of Non-European countries, namely in Latin America, Africa and Asia. Presumably the world wide influence of EC legislation on Private International Law is not going to be smaller.

Notwithstanding, the influence of USA legislation and schools of thought inspired by a very rich case law concerning interstate conflicts shall be kept in mind. Tort matters have been one the main fields of the so-called American choice-of-law revolution. The case law provides account of the progressive abandoning of the *lex loci delicti* rule, adopted by the *First Restatement*, towards new approaches: *Second Restatement*, CURRIE's governmental interests analysis, LEFLAR's choice-influencing considerations and EHRENZWEIG's *lex fori* approach[134]. Recent evolution has shown a trend to eclectic or compromise solutions that reject both the fast-and-hard rule of the *lex loci delicti* and approaches that refuse any choice-of-law rules or advocate a general preference for the law of the forum State.

To offer a brief account of the main trends in the US Conflict of Laws, one shall start by referring the distinction between "conduct-regulating" rules versus "loss-distributing rules". According to the New York Court of Appeals, conduct-regulating rules are those that "have the prophylactic effect of governing conduct to prevent injuries from occurring"[135]. This category may be broader than the "rules of safety and con-

---

[133] See SYMEONIDES (n. 39); WEINTRAUB (n. 60); and Patrick BORCHERS – "The Proposed 'Rome II' Regulation and the U.S. Experience in Tort Choice of Law", in http://dianawallismep.org.uk/pages/Rome-II-seminars.html (2005).

[134] On these approaches see LIMA PINHEIRO – *Um Direito Internacional Privado para o Século XXI*, Lisboa, 2001, 35 et seq., and *Arbitragem Transnacional. A Determinação do Estatuto da Arbitragem*, Almedina, Coimbra, 2005, 589 et seq., with further references. Regarding the US case law in tort matters, see SCOLES/HAY/BORCHERS/SYMEONIDES (n. 58) 726 et seq.

[135] *Padula* v. *Lilarn Props. Corp*, 644 N.E.2d 1001, 1002 (N.Y. 1994).

duct" of the Rome II Regulation[136]. Loss-distributing rules are those that "prohibit, assign, or limit liability after the tort occurs", including rules on the assessment of compensatory damages[137].

The majority of the cases on loss-distribution conflicts have applied[138]:

– the law of the common domicile and, if lacking a common domicile,
– the law of the State in which both the conduct and the injury occurred and, if they occurred in different States,
– the law of the State in which the injury occurred and the victim is domiciled provided this law protects the victim and the occurrence of the injury in that State was objectively foreseeable.

Most of conduct-regulation conflicts have been decided according to the law of the State of conduct, except when the injury foreseeably occurs in another State that imposes a higher standard of conduct, in which case, the law of the latter State has been applied[139].

In this light, it seems clear that Rome II Regulation and the recent US cases show a clear convergence trend. Rome II Regulation provides some of the flexibility that characterizes the US approaches and its option by the rule of the place of injury has to a large extent correspondence in the US case law. US courts are turning their back to more radical approaches and switching to the development of new choice-of-law rules that assure some certainty and foreseeability regarding the governing law. One State (Louisiana) has even codified Private International Law, and its approach is advocated by some eminent authors[140]. Article 3542 of the Louisiana Civil Code contains a general clause stating that "Except as otherwise provided in this Title, an issue of delictual or quasi-delictual obligations is governed by the law of the state whose policies would be most seriously impaired if its law were not applied to that issue "(§ 1)[141]. Articles 3543-

---

[136] Cf. SYMEONIDES (n. 39) no 4.2.

[137] See judgment referred n. 135.

[138] Cf. SCOLES/HAY/BORCHERS/SYMEONIDES (n. 58) 841-842.

[139] Cf. SCOLES/HAY/BORCHERS/SYMEONIDES (n. 58) 850.

[140] See SYMEONIDES (n. 39) no 6.3.; WEINTRAUB (n. 60) 571; BORCHERS (n. 132) 5 et seq.

[141] Paragraph 2 provides "That state is determined by evaluating the strength and pertinence of the relevant policies of the involved states in the light of: (1) the pertinent

3546 establish specific rules based on that goal, that converge with the main trends above referred, and Article 3457 provide for an "escape clause" authorizing the court to exceptionally apply the law of another State if "under the principles of Article 3542" the policies of that other state "would be more seriously impaired if its law were not applied to the particular issue".

The main differences that remain concern the degree of flexibility, the stance towards issue-by-issue analysis and the taking into account of the policies underlying the laws at stake. First, US courts are more inclined to flexible approaches than European legal systems[142]. Many US courts follow, in matters of tort, the approach of the *Second Restatement on the Conflict of Laws* that adopts the so-called "open ended choice-of-law rules" establishing mere presumptions of the "most significant relationship" that may be displaced whenever the court concludes that, with respect to the particular issue and at the light of the "relevant contacts" (§ 145) and of the "relevant factors" (§ 6), there is a "most significant relationship" with the law of another State[143]. Second, US Conflict of Laws determine the law governing each issue at stake (i.e., one of the aspects of the case), while the rules of Rome II Regulation designate the law governing, in principle, all the non-contractual aspects of the case. Lastly, the US courts take frequently into account the policies underlying the laws at stake in the particular case while the EC legislator has phrased the "escaped clauses" of the Rome II Regulation in a way that apparently refers only to connecting factors.

The quest for foreseeability and for unification of the choice-of-law rules at EU level seems to justify the option of the EC legislator by general rules limited by the common habitual residence exception and by a "escape clause" instead of the adoption of mere "presumptions" combined

---

contacts of each state to the parties and the events giving rise to the dispute, including the place of conduct and injury, the domicile, habitual residence, or place of business of the parties, and the state in which the relationship, if any, between the parties was centered; and (2) the policies referred to in Article 3515, as well as the policies of deterring wrongful conduct and of repairing the consequences of injurious acts".

[142] See SYMEONIDES (n. 39) no 4.2.

[143] A convergent approach has been advocated by the European Group of Private International Law in its Proposal for a European Convention on the Law Applicable to Non-Contractual Obligations, adopted in the Luxemburg meeting (1998). See also POCAR (n. 3) 304 and STONE (n. 23) 353.

with a general clause[144]. This last approach is justified where it is very difficult or even impossible to select, in an abstract and general manner, one connecting factor as more significant that the others (as it is the case with contracts). Differently, concerning tort and other non-contractual obligations it is normally possible to select the connecting factor or combination of connecting factors that is more significant in typical situations.

Regarding *dépeçage*, the negative stance taken by the Rome II Regulation is not absolute (remember, namely, the provision on the rules of safety and conduct) but one may question why the parties can not choose the law applicable to separable issues of tort law (as they can in contract matters).

On the subject of the rigidity of the "escape clauses" of the Regulation, I think that they shall not be understood as referring only to objective spatial links; surely other links may be taken in account, even subjective links. Perhaps, further flexibility can be introduced and room created for the evaluation of interests of the parties and of the values and goals that the laws of the country involved seek to promote[145]. It is also conceivable that the low degree of foreseeability of the occurrence of the damage in a given country is one the factors that may be weighted in the displacement of the respective law.

In conclusion, the Rome II Regulation is not only a milestone in the communitarization of Private International Law but also a step towards globalization of Conflict of Laws on non-contractual obligations matters. The problems and the goals of the regulation of transnational non-contractual obligations are the same within UE and in extra-community relationships. The universal scope of Rome II Regulation does not prevent that courts in third States reach different results regarding the law applicable to situations that have contacts with the EU. To foster certainty and foreseeability of applicable law, as well as an international harmony of solutions, it is required a universal unification of Private International Law. Private International Law aspires to be global. To move forward towards this objective, more debate and a more transparent competition of different solutions are needed.

---

[144] See also *Hamburg Group for Private International Law* (n. 24) 13.

[145] An express reference to the policies underlying the governing foreign law and to the consequences of its application has been proposed by the European Parliament (Article 4(3)(e) of the Position adopted in first reading). See also SYMEONIDES (n. 39) no 6.3.

DIREITO APLICÁVEL ÀS OPERAÇÕES BANCÁRIAS INTERNACIONAIS*

> SUMÁRIO: INTRODUÇÃO. I. OPERAÇÕES TIPICAMENTE REALIZADAS POR BANCOS – DESIGNAÇÃO PELAS PARTES DO DIREITO APLICÁVEL. II. OPERAÇÕES TIPICAMENTE REALIZADAS POR BANCOS – CRITÉRIO DA CONEXÃO MAIS ESTREITA. A) Considerações gerais. B) Operações simples. C) Operações complexas. III. OPERAÇÕES TIPICAMENTE REALIZADAS POR BANCOS – REGRAS ESPECIAIS APLICÁVEIS A CERTOS CONTRATOS BANCÁRIOS CELEBRADOS COM CONSUMIDORES. IV. OPERAÇÕES TIPICAMENTE REALIZADAS POR BANCOS – OUTRAS CONEXÕES ESPECIAIS PARA NORMAS IMPERATIVAS. V. OPERAÇÕES NOS MERCADOS DE INSTRUMENTOS FINANCEIROS. A) Preliminares. B) Direito aplicável à emissão de valores mobiliários. C) Direito aplicável aos negócios celebrados nos mercados regulamentados. D) Direito aplicável aos negócios entre investidores e intermediários financeiros. E) Estatuto dos valores mobiliários. F) Conexões especiais para certos aspectos das operações nos mercados de instrumentos financeiros

INTRODUÇÃO

I. Num estudo sobre o Direito aplicável às operações bancárias internacionais convirá começar por apresentar a noção de operação bancária adoptada e definir o critério de internacionalidade relevante.

Por *operações bancárias* entendo neste contexto os negócios jurídicos em que os bancos são geralmente parte. Incluem-se aqui não só os tradicionais contratos bancários, mas também esquemas negociais comple-

---

* *ROA* 67 (2007) 573-627. Agradeço ao Mestre PAULO CÂMARA os comentários e sugestões que teve a gentileza de fazer com respeito ao ponto V.

xos – tais como a garantia bancária autónoma, o crédito documentário e a cessão financeira (*factoring*) –, negócios nos mercados de instrumentos financeiros – tais como as transacções de valores mobiliários, as opções e os futuros –, e, ainda, negócios sobre divisas.

É do conhecimento geral que são cada vez mais frequentes as operações bancárias que transcendem a esfera sócio-económica de um Estado soberano, seja em razão da localização das partes, da localização dos bens que são objecto do negócio ou da natureza dos bens e do mercado em que são transaccionados. A crescente internacionalização das operações bancárias é consequência de diversos factores: o processo de internacionalização da economia, a liberalização dos movimentos de capitais, o surgimento de mercados financeiros internacionais, a tendência para os bancos se transformarem em empresas transnacionais e a formação de consórcios bancários internacionais para a realização de operações financeiras de grande dimensão.

O *critério de internacionalidade* relevante pode depender do ângulo de análise e do domínio jurídico em causa. Aqui interessa-nos considerar as operações bancárias que colocam um problema de determinação do Direito aplicável. Há muitas hipóteses de relações entre bancos estabelecidos em países em diferentes ou entre um banco estabelecido num país e um cliente residente noutro país que são obviamente internacionais neste contexto. O mesmo se diga de muitos casos em que a relação, ainda que estabelecida entre partes localizadas no mesmo país, envolve uma transferência de valores através de fronteiras. Todavia, fenómenos como a transnacionalização das empresas, a desmaterialização da circulação da riqueza e o surgimento de mercados financeiros internacionais dão azo a muitas dificuldades de qualificação. Parece inevitável que nos contentemos com um critério flexível que permita ponderar todos os elementos relevantes para determinar, no caso concreto, se uma operação bancária deve ser regulada directamente pelo Direito material interno ou deve ser objecto do regime especial estabelecido para as operações internacionais[1]. No que toca às relações entre bancos ou entre bancos e outras empresas (ou entes equiparados), podemos dizer que é internacional a operação bancária que

---

[1] Ver, relativamente aos contratos comerciais internacionais em geral, Luís de LIMA PINHEIRO – *Direito Comercial Internacional*, Coimbra, 2005, 67 e segs., e Eduardo SANTOS JÚNIOR – "Sobre o conceito de contrato internacional", *in Est. Marques dos Santos*, vol. I, 161-192, Coimbra, 2005.

põe em jogo interesses do comércio internacional. Nas relações entre bancos e consumidores teremos de adoptar uma perspectiva semelhante, mas que prescinde da referência ao comércio internacional.

II. O problema da determinação do Direito aplicável a situações internacionais (ou, como prefiro dizer, situações transnacionais) é tradicionalmente colocado em termos de escolha de uma ordem jurídica estadual. É nesta perspectiva a adoptada, no essencial, pela mais importante fonte de Direito de Conflitos geral em matéria de contratos obrigacionais: a Convenção de Roma sobre a Lei Aplicável às Obrigações Contratuais.

Mas este modo de colocar o problema não abarca toda a realidade jurídica actual. Há diversos factores que levam a transcender este ponto de vista, mormente a unificação internacional do Direito material aplicável, a disponibilidade da arbitragem e o desenvolvimento de um Direito Transnacional que desempenha um papel especialmente relevante na arbitragem.

Em primeiro lugar, assiste-se a uma lenta mas progressiva *unificação do Direito material aplicável a situações transnacionais* principalmente por via de convenções internacionais mas também, no âmbito europeu, através de regulamentos comunitários. É hoje amplamente aceite que quando a situação cai dentro do âmbito de aplicação de uma fonte supraestadual não é necessário determinar o Direito estadual aplicável[2].

Em matéria de operações bancárias, foram elaboradas diversas convenções internacionais, designadamente no âmbito do UNIDROIT e da CNUDCI. O UNIDROIT adoptou, em 1988, as Convenções de Otava sobre a Locação Financeira Internacional[3] e sobre a Cessão Financeira Internacional[4], que tiveram um modesto acolhimento internacional. No

---

[2] Ver Luís de LIMA PINHEIRO – *Direito Internacional Privado*, vol. I – *Introdução e Direito de Conflitos/Parte Geral*, Coimbra, 2001, 57 e segs.

[3] Ver Rui PINTO DUARTE – "A Convenção do UNIDROIT sobre locação financeira internacional – tradução e notas", *DDC/BMJ* 35/36 (1988) 274-307; Daniel GIRSBERGER – *Grenzüberschreitendes Finanzierungsleasing. Internationales Vertrags-, Sachen- und Insolvenzrecht. Ein rechtsvergleichende Untersuchung*, Tubinga, 1997; e Mariani PAOLA – *Il Leasing finanziario internazionale tra diritto uniforme e diritto internazionale privato*, Pádua, 2004.

[4] Ver Jürgen BASEDOW – "Internationale Factoring zwischen Kollisionsrecht und Unidroit – Convention", *ZEuP* 5 (1997) 615; Maria HELENA BRITO – *O "factoring" internacional e a Convenção do Unidroit*, Lisboa, 1998; e Luís de MENEZES LEITÃO – *Cessão de Créditos*, Coimbra, 2005, 254 e segs.

âmbito da CNUDCI, há a referir as Convenções das Nações Unidas sobre as Garantias Autónomas e as Cartas de Crédito "Stand-by" (1995)[5] e sobre a Cessão de Créditos no Comércio Internacional (2001)[6], que até agora obtiveram um acolhimento internacional ainda mais reduzido. Nenhuma destas convenções vigora na ordem jurídica portuguesa.

Há um conjunto importante de Directivas comunitárias relevantes nesta matéria, mas, sendo apenas instrumentos de harmonização das legislações dos Estados-Membros, não dispensam a determinação do Direito estadual aplicável[7]. Ocorre ainda referir o Regulamento (CE) n.º 2560/ /2001, de 19/12, Relativo aos Pagamentos Transfronteiros em Euros, que se limita a regular os encargos aplicáveis às operações de pagamento electrónico e às transferências transfronteiras e a estabelecer algumas medidas destinadas a facilitar as transferências transfronteiras.

Segundo, a *arbitragem* não só representa uma alternativa à jurisdição estadual, como constitui mesmo o modo normal de resolução de litígios emergentes de relações do comércio internacional[8]. Segundo a opinião largamente dominante, os tribunais arbitrais, mesmo que funcionem em Portugal ou noutro Estado contratante, não estão vinculados à aplicação do Direito de Conflitos geral e, em particular, da referida Convenção de Roma sobre a Lei Aplicável às Obrigações Contratuais[9]. Os tribunais arbitrais dispõem de um Direito de Conflitos especial para a determinação do Direito aplicável ao mérito da causa nas relações entre "empresários", que resulta de uma conjugação de fontes autónomas (costume jurisprudencial

---

[5] Ver Omaia ELWAN – "La loi applicable à la garantie bancaire à la première demande", *RCADI* 275 (1997) 9-218, 104 e segs.; Irmtraud LIENESCH – *Internationale Bankgarantien und die UN-Konvention über unabhängige Garantien und Stand-by Lettrers of Credit*, Berlim e Nova Iorque, 1999.

[6] Ver MENEZES LEITÃO (n. 4) 258 e segs.; Harry SIGMAN, Francisco GARCIMARTÍN e Heredia CERVANTES – "The United Nations Convention on the Assignment of Receivables in International Trade: A Comparative Analysis from Spanish and United States Perspectives", *ZEuP* (2/2006) 236; Claudia RUDOLF – *Einheitsrecht für internationale Forderungsabtretungen*, Tubinga, 2006.

[7] Como instrumentos de harmonização há ainda a referir a Lei-Modelo da CNUDCI sobre Transferências Internacionais de Crédito (1992). Sobre este modelo de regulação, ver Catarina GENTIL ANASTÁCIO – *A Transferência Bancária*, Coimbra, 2004, 281 e segs.

[8] Ver Luís de LIMA PINHEIRO – *Arbitragem Transnacional. A Determinação do Estatuto da Arbitragem*, Coimbra, 2005, 23 e segs.

[9] Ver LIMA PINHEIRO (n. 8) 502 e segs., com mais referências.

arbitral e regulamentos dos centros institucionalizados de arbitragem) com directrizes estaduais (na ordem jurídica portuguesa o art. 33.° da Lei de Arbitragem Voluntária).

Sem entrar em pormenores, pode dizer-se que este Direito de Conflitos especial da arbitragem revela uma grande abertura à aplicação de usos e costumes do comércio internacional, de princípios gerais de Direito, de princípios comuns aos sistemas dos Estados em presença e de modelos de regulação, tais como os Princípios do UNIDROIT sobre os Contratos Comerciais Internacionais[10]. O Direito aplicável ao mérito da causa não é, necessariamente, Direito estadual. Pelos menos desde que se verifiquem certos pressupostos, o tribunal arbitral pode decidir com base em regras e princípios autónomos e, até, com base em modelos de regulação que tenham um vasto reconhecimento internacional, independentemente da relevância que lhes seja dada por uma particular ordem jurídica estadual.

Por último, em interacção com a difusão da arbitragem, tem-se desenvolvido um *Direito Transnacional* formado principalmente por usos e costumes do comércio internacional e por regras e princípios desenvolvidos pela jurisprudência arbitral e que constituem hoje costume jurisprudencial arbitral[11]. Esta nova *lex mercatoria* também é integrada pelas regras criadas por associações comerciais ou profissionais para regularem a actividade dos seus membros.

As operações bancárias internacionais são um dos domínios em que este Direito Transnacional assume especial importância[12]. Por um lado, por se tratar de um sector da actividade económica muito marcado pela observância de usos do comércio[13], alguns dos quais foram codificados por organizações privadas do comércio internacional, designadamente a Câmara do Comércio Internacional (CCI). É o que se verifica, pelo menos

---

[10] Ver LIMA PINHEIRO (n. 8) 234 e segs.

[11] Ver LIMA PINHEIRO (n. 1) 179 e segs. e (n. 8) 383 e segs.

[12] Ver Clive SCHMITTHOFF – "The Unification or Harmonisation of Law by Means of Standard Contracts and General Conditions", *Int. Comp. L. Q.* 17 (1968) 551-570; Michael BONELL – "Lex mercatoria", *in Dig. priv. comm.*, vol. IX, 1993, n.° 4; e Kurt SIEHR – *Internationales Privatrecht. Deutsches und europäisches Kollisionsrecht für Studium und Praxis*, Heidelberga, 328.

[13] Ver António MENEZES CORDEIRO – *Manual de Direito Bancário*, 3.ª ed., Coimbra, 2006, 127 e segs. Relativamente aos mercados de instrumentos financeiros, ver Jan DALHUISEN – *Dalhuisen on International Commercial, Financial and Trade Law*, Oxford e Portland (Oregon), 2004, 741 e segs.

parcialmente, com as Regras e Usos Uniformes Relativos aos Créditos Documentários, editados pela CCI[14]. Por outro, pelo elevado grau de padronização do conteúdo negocial dos contratos bancários, designadamente com base em modelos contratuais predispostos pelos bancos ou por associações sectoriais ou noutros modelos de regulação, tais como as Regras Uniformes Relativas às Garantias Contratuais (CCI, 1978), as Regras Uniformes Relativas às Garantias Mediante Solicitação (CCI, 1991) e as Regras Uniformes Relativas às Cobranças (CCI, 1995).

Não tenho elementos seguros sobre a importância da arbitragem como modo de resolução de litígios emergentes de operações bancárias. No entanto, tudo leva a crer que desempenha o principal papel na resolução de litígios emergentes de relações interbancárias ou entre bancos e outras instituições financeiras. Pelo menos nestes casos, deve ter-se em mente que a determinação do Direito aplicável se baseia em critérios específicos que divergem em muitos aspectos dos estabelecidos para os tribunais estaduais[15].

III. Pelas razões expostas, teria sem dúvida o maior interesse proceder a uma indagação sobre as tendências seguidas na jurisprudência arbitral para determinar o Direito aplicável às operações bancárias internacionais. Na impossibilidade de realizar nesta sede tal indagação, *o presente estudo limitar-se-á à determinação do Direito aplicável pelos tribunais estaduais.*

Este Direito de Conflitos geral também é aplicável na arbitragem de controvérsias emergentes de relações entre os bancos e os clientes não empresariais. Claro que os tribunais da arbitragem transnacional não estão submetidos a um particular sistema nacional de Direito Internacional Privado[16], e, por conseguinte, quando se ocupem de litígios emergentes de contratos com consumidores, os árbitros terão de atender aos princípios de

---

[14] A última revisão foi feita em 2006 com entrada em vigor em 1/7/2007. Cf. Dieter MARTINY *in Internationales Vertragsrecht*, org. por Christoph REITHMANN e Dieter MARTINY, 6.ª ed., Colónia, 2004, n.º 1225. Claus-Wilhelm CANARIS – *Bankvertragsrecht*, 3.ª ed., 1988, Berlim e Nova Iorque, 640 e seg., nega que se trate globalmente de uma codificação de usos mas admite a possibilidade de parte destas regras traduzir usos do comércio.

[15] Cf. SIEHR (n. 12) 328. Ver também António MARQUES DOS SANTOS – "A Convenção de Roma e as operações bancárias", *in Est. Raúl Ventura*, 45-69, Coimbra, 2003, 60.

[16] Ver LIMA PINHEIRO (n. 8) 29 e segs. e 234 e segs., com mais referências.

Direito de Conflitos comuns aos Estados que têm um contacto relevante com o contrato. Na falta de princípios comuns, os árbitros devem aplicar o Direito de Conflitos do Estado que apresenta a ligação mais significativa com o contrato.

A principal fonte de Direito de Conflitos geral nesta matéria é, como já se assinalou, a Convenção de Roma sobre a Lei Aplicável às Obrigações Contratuais. Estão em curso trabalhos com vista à transformação desta Convenção num Regulamento comunitário, que conduziram já a uma Proposta da Comissão das Comunidades Europeias (2005)[17].

Na ordem jurídica portuguesa também vigora uma outra Convenção que poderia ter incidência sobre certas operações bancárias: refiro-me à Convenção da Haia sobre a Lei Aplicável aos Contratos de Mediação e à Representação (1978)[18]. No entanto, esta Convenção admite que os Estados contratantes reservem o direito de não a aplicar à representação exercida por um banco ou grupo de bancos em matéria de operações bancárias (art. 18.º). Portugal fez uma reserva abrangendo este caso[19]. Razão por que poderemos deixar de lado este instrumento internacional.

IV. Na sistematização do presente estudo importa começar por distinguir as *operações tipicamente realizadas por bancos* (I a IV) das *operações nos mercados de instrumentos financeiros* (V) que são frequentemente realizadas por outras entidades. A razão de ser desta distinção assenta na existência de um complexo de conexões especializadas em matéria de operações nos mercados de instrumentos financeiros que não encontra paralelo nas tradicionais operações bancárias. Dada a extensão e complexidade dos problemas suscitados pelas operações nos mercados de instrumentos financeiros, vou limitar-me a um exame sumário destes problemas.

---

[17] COM(2005) 650 final.

[18] Ver I. KARSTEN – "Explanatory Report", *in Conférence de La Haye de droit international privé. Actes et documents*, tomo IV, 1979; H. VERHAGEN – *Agency in Private International Law*, A Haia, Boston e Londres, 1995; Maria HELENA BRITO – *A Representação nos Contratos Internacionais*, Coimbra, 1999, 385 e segs.; LIMA PINHEIRO – *Direito Internacional Privado*, vol. II – *Direito de Conflitos/Parte Especial*, 2.ª ed., Coimbra, 2002, 170 e segs.

[19] Cf. Av. n.º 239/97, de 29/7. Sobre o alcance desta reserva, ver KARSTEN (n. 18) n.º 232. Mas cp. H. VERHAGEN – *Agency in Private International Law*, A Haia, Boston e Londres, 1995, 163 e seg.

Quanto às operações tipicamente realizadas por bancos examinarei, em primeiro lugar, a *designação pelas partes do Direito aplicável* (I) e, em seguida, o *critério da conexão mais estreita* (II). A este respeito, começarei por considerações gerais (II.A), distinguindo em seguida, quanto à concretização do critério, as *operações simples* (II.B), que se estruturam geralmente numa única relação de natureza contratual, das *operações complexas* (II.C), que são esquemas negociais que coligam diversas relações jurídicas. Farei, em seguida, referência às regras especiais aplicáveis a certos contratos com consumidores (III) e a outras conexões especiais (IV).

I. OPERAÇÕES TIPICAMENTE REALIZADAS POR BANCOS – DESIGNAÇÃO PELAS PARTES DO DIREITO APLICÁVEL

As operações tipicamente realizadas por bancos são, em primeiro lugar, contratos bancários.

O contrato bancário nuclear, conformado pelas cláusulas gerais dos bancos e por usos bancários, é a *abertura de conta*[20]. Através deste contrato o banco obriga-se perante o cliente, designadamente, a manter uma conta em que os movimentos de dinheiro são levados a débito e a crédito de modo a que o cliente só possa exigir o saldo, a receber depósitos, a realizar pagamentos e a emitir cheques, mediante remuneração. A *conta-corrente bancária*, o *giro bancário*, o *depósito bancário* e a *convenção de cheque*, embora susceptíveis de configuraram contratos autónomos, são na maior parte dos casos elementos do contrato de abertura de conta. Os bancos também celebram tipicamente *contratos de emissão de cartão bancário* e *contratos de financiamento*, entendidos em sentido amplo como todos aqueles em que o banco proporciona a um cliente o aproveitamento de uma quantia pecuniária, durante certo tempo (designadamente, *mútuo bancário*, *abertura de crédito*, *desconto bancário*, *crédito documentário*, *locação financeira* e *cessão financeira*).

Alguns destes contratos de financiamento configuram operações complexas, porque estão coligados com outras relações jurídicas. No *cré-*

---

[20] Ver Menezes Cordeiro (n. 13) 411 e segs.; José Simões Patrício – *Direito Bancário Privado*, Lisboa, 2004, 139 e segs.

dito documentário, o banco emitente, por ordem do cliente (que é geralmente o comprador), obriga-se a efectuar um pagamento a um beneficiário (que é geralmente o vendedor), contra a entrega dos documentos representativos da mercadoria e/ou outros documentos, e obtém, em seguida, o reembolso do ordenante. Na maior parte dos casos intervém também um outro banco (banco correspondente), designadamente o banco do vendedor, que pode só notificar o beneficiário ou confirmar o crédito, caso em que, em regra, o banco correspondente também se obriga a realizar o pagamento perante o vendedor. Temos, por conseguinte, um esquema triangular ou quadrangular de relações jurídicas: relação entre o ordenante e o beneficiário, que é geralmente um contrato de venda (relação subjacente ou valutária); relação entre o ordenante e o banco emitente (contrato de abertura de crédito documentário); relação entre o banco emitente e o beneficiário; eventualmente, relação entre o banco emitente e o banco correspondente; e, eventualmente, relação entre o banco correspondente e o beneficiário. A natureza da relação entre o banco emitente (ou, sendo o caso, o banco confirmador) e o beneficiário é controversa. Segundo o entendimento dominante todas estas relações têm natureza contratual[21].

Também constitui operação tipicamente realizada por bancos a prestação de *garantias bancárias*, por exemplo sob a forma de *fiança* e de *garantia autónoma*. Trata-se de garantias especiais de créditos, de natureza pessoal, que constituem operações complexas. Nas modalidades mais simples trata-se de uma operação através da qual um banco (o garante), por ordem de um cliente (o ordenante), se obriga perante terceiro (o beneficiário) a pagar uma importância, desde que se verifique determinado evento desfavorável ao beneficiário, designadamente o incumprimento pelo ordenador de contrato celebrado com o beneficiário. Encontramos aqui um esquema triangular de relações: relação ordenante/beneficiário (relação subjacente ou valutária); relação ordenante/garante (relação de cobertura); e relação garante/beneficiário (relação de garantia).

Noutras garantias bancárias intervém um segundo banco (banco correspondente), dando origem a um esquema quadrangular. Também neste caso, o segundo banco pode ser meramente notificador ou confirmar a garantia; nesta segunda hipótese tanto o primeiro banco como o segundo

---

[21] Ver, designadamente, CANARIS (n. 14) 639 e 681. Cp. SIMÕES PATRÍCIO (n. 20) 313, entendendo que o banco emitente assume uma obrigação unilateral perante o vendedor.

banco assumem obrigações de pagamento perante o beneficiário. Mas se a garantia for "indirecta" só o segundo banco assume a obrigação de pagamento perante o beneficiário prestando o primeiro banco uma contragarantia a favor do segundo banco.

A natureza da relação entre o garante e o beneficiário também é controversa na garantia bancária. A doutrina dominante entende que se trata de um contrato em que a vontade do beneficiário é, em regra, tacitamente manifestada[22].

Há ainda a referir, sem pretensões de exaustividade, as *transferências bancárias*, que são operações escriturais de transmissão de fundos entre duas contas que engendram esquemas negociais complexos[23]. Temos, em primeiro lugar, a relação entre o ordenante e o seu banco, em que a ordem de transferência constitui normalmente um acto de execução do contrato de abertura de conta. Se não intervierem bancos intermediários, temos, em seguida, a relação entre o banco do ordenante e o banco do beneficiário. Caso intervenham um ou mais bancos intermediários temos outras relações interbancárias. Estas relações interbancárias assumem natureza contratual mas podem inscrever-se em contratos-quadro previamente celebrados entre os bancos em causa. No último segmento, temos a relação entre o beneficiário e o seu banco, que também constitui geralmente um acto de execução do respectivo contrato de abertura de conta.

É pacífico que os *contratos bancários* estão submetidos às mesmas regras de conflitos que os outros contratos obrigacionais. Isto significa a aplicabilidade da Convenção de Roma sobre a Lei Aplicável às Obrigações Contratuais.

Em matéria de determinação do Direito aplicável aos contratos obrigacionais o art. 3.º da Convenção de Roma consagra o *princípio da autonomia da vontade*: as partes são inteiramente livres de escolher uma ordem jurídica estadual ou local (nos Estados em que vigora uma pluralidade de sistemas locais)[24]. Este preceito não subordina a escolha a qualquer laço

---

[22] Cf. CANARIS (n. 14) 750 e 759 e segs. Ver também ELWAN (n.5) 47 e segs., com mais referências. Cp., no sentido de a garantia autónoma ser, no essencial, um contrato celebrado entre o ordenante e o garante a favor de um terceiro (o garantido ou beneficiário), MENEZES CORDEIRO (n. 13) 642.

[23] Ver GENTIL ANASTÁCIO (n. 7) 93 e segs.

[24] Ver desenvolvimento em Mario GIULIANO e Paul LAGARDE – "Rapport concernant la convention sur la loi applicable aux obligations contractuelles", *JOCE* C 282, 31/10/1980, 15 e segs.; António FERRER CORREIA – "Algumas considerações acerca da Convenção de

objectivo entre o contrato e a lei escolhida nem à demonstração de um interesse sério na escolha.

Isto corresponde às necessidades do comércio internacional. No que toca às operações bancárias internacionais e, em particular, aos contratos interbancários ou aos contratos para o financiamento de grandes projectos celebrados por consórcios bancários, as partes estão frequentemente interessadas em atribuir competência a uma ordem jurídica estadual que contém o regime que em seu juízo é especialmente adequado à operação em causa, apesar de ser a ordem jurídica de um Estado que não tem qualquer laço objectivo com esta operação[25]. Por outro lado, permitir que o órgão de aplicação controlasse a seriedade do interesse subjacente à escolha não deixaria de prejudicar a certeza e a previsibilidade sobre o Direito aplicável.

A lei aplicável à formação e à validade do consentimento é – segundo a Convenção de Roma (art. 3.º/4) – a própria lei designada. Normalmente uma parte ficará vinculada pela estipulação individual que tenha celebrado com respeito ao Direito aplicável. Já há regras mais exigentes quanto à integração nos contratos singulares de *cláusulas contratuais gerais*, predispostas por uma das partes, e que são propostas à adesão da outra parte.

Ora, nos contratos mais correntes celebrados por bancos com clientes sucede frequentemente que o modelo contratual utilizado pelo banco inclui uma cláusula geral de designação do Direito aplicável, em geral a lei do país em que situa a sede do banco ou, em relação às operações realizadas por filiais ou sucursais estabelecidas noutro país, a lei do país onde se encontra sedeada a filial ou estabelecida a sucursal[26].

A este respeito deve também atender-se ao n.º 2 do art. 8.º da Convenção sobre a relevância negocial de um comportamento. Se a *professio*

Roma de 19 de Junho de 1980 sobre a lei aplicável às obrigações contratuais", *RLJ* (1990) n.ᵒˢ 3787 a 3789; Rui MOURA RAMOS – *Da Lei Aplicável ao Contrato de Trabalho Internacional*, Coimbra, 1991, 466 e segs.; LIMA PINHEIRO (n. 1) 99 e segs.

[25] Cf. Luca RADICATI DI BROZOLO – "La legge regolatrice delle operazioni bancarie secondo la Convenzione comunitaria del 19 giugno 1980", *Riv. dir. comm.* 80 (1982) 329--356, 331.

[26] Cf. Marco FRIGESSI DI RATTALMA – "I contratti bancari internazionali alla luce della convenzioni di Roma", *in La Convenzione di Roma sull diritto applicabile ai contratti internazionali*, org. por G. Sacerdoti e M. Frigo, 151-167, 2.ª ed., Milão, 1994, 151; Maria HELENA BRITO – "Os contratos bancários e a convenção de Roma de 19 de Junho de 1980 sobre a lei aplicável às obrigações contratuais", *Rev. da Banca* 28 (1993) 75-124, 94 e seg.; e, relativamente ao contrato de garantia à primeira solicitação, ELWAN (n. 5) 141.

iuris constituir uma *cláusula contratual geral* a sua inclusão no contrato será apreciada, em primeiro lugar, pela lei escolhida; se a questão for respondida afirmativamente pela lei escolhida, o declaratário poderá ainda invocar a lei da sua residência habitual para demonstrar que não deu o seu acordo, se resultar das circunstâncias que não seria razoável que o valor do seu comportamento fosse determinado pela lei escolhida[27].

Quer isto dizer que a vinculação do adquirente pela cláusula geral de designação do Direito aplicável fica dependente não só do regime aplicável às cláusulas contratuais gerais contido na lei escolhida, mas também, se resultar das circunstâncias que não é razoável que o valor do seu comportamento seja determinado pela lei escolhida, do regime contido na lei da residência habitual.

Deve partir-se do princípio que a vinculação de um cliente de um banco estrangeiro, que celebra os actos necessários à celebração do contrato no país da sua residência habitual, por uma cláusula geral de designação do Direito aplicável, depende também da lei da sua residência habitual, quando a lei designada não lhe seja familiar.

O regime português das cláusulas contratuais gerais determina expressamente a sua aplicação a todas as cláusulas gerais independentemente da forma da sua comunicação ao público (art. 2.º da Lei das Cláusulas Contratuais Gerais). Este regime exclui dos contratos singulares as cláusulas contratuais gerais que[28]:

– não tenham sido comunicadas na íntegra aos aderentes (arts. 5.º e 8.º/a);

– tenham sido comunicadas com violação do dever de informação (arts. 6.º e 8.º/b);

– pelo contexto em que surjam, pela epígrafe que as precede ou pela sua apresentação gráfica passem despercebidas a um contratante normal, colocado na posição do contratante real (art. 8.º/c);

---

[27] Cf. Christian VON BAR – *Internationales Privatrecht*, vol. II, Munique, 1991, 350 e seg., e Jürgen BASEDOW – "Gesetz zur Regelung des Rechts der Allgemeinen Geschäftsbedingungen (AGB-Gesetz)", *in Münchener Kommentar zum Bürgerlichen Gesetzbuch*, vol. I, 4.ª ed., Munique, 2001, § 12 AGBG n.º 29. Ver, com mais desenvolvimento, ANTÓNIO DE SOUSA – *Conflito de Clausulados e Consenso nos Contratos Internacionais*, Porto, 1999, 245 e segs.

[28] Ver, com mais desenvolvimento, António MENEZES CORDEIRO – *Tratado de Direito Civil Português*, vol. I – *Parte Geral*, tomo I, 3.ª ed., Coimbra, 2005, 618 e segs.

Direito Aplicável às Operações Bancárias Internacionais 245

– estejam inseridas em "formulários" depois da assinatura de algum dos contratantes (art. 8.°/d).

Este regime é aplicável tanto nas *relações com consumidores* como nas *relações entre empresários*. Poderá ser questionado se não se justificaria uma diferenciação, à semelhança do que se verifica com a lei alemã que sujeita a inclusão das cláusulas gerais nas relações entre empresários exclusivamente às regras gerais sobre declarações de vontade e sobre a celebração de contratos[29]. Nesta ordem de ideias, creio que nas relações entre empresários se poderia admitir que a inclusão de cláusulas gerais resultasse de uma conduta concludente tanto do lado do proponente com do lado do aderente, desde que este tenha possibilidade de tomar conhecimento das cláusulas[30].

Sendo frequente a inclusão de uma cláusula de designação do Direito aplicável no clausulado geral do banco, não há razão para a cláusula passar despercebida ao cliente, a menos que a epígrafe ou a apresentação gráfica da cláusula possam induzir o cliente em erro[31].

Se a cláusula for de difícil compreensão ou ambígua, o cliente pode solicitar esclarecimento ao banco. Em qualquer caso, na dúvida prevalece o sentido mais favorável ao aderente (art. 11.°/2 da Lei das Cláusulas Contratuais Gerais). No que toca à cláusula de designação do Direito aplicável

---

[29] Ver Karl LARENZ e Manfred WOLF – *Allgemeiner Teil des Bürgerlichen Rechts*, 9.ª ed., Munique, 2004, 776 e segs.

[30] O art. 5.° da Resolução do *Instituto de Direito Internacional* sobre a autonomia da vontade das partes nos contratos internacionais entre particulares, aprovada na sessão de Basileia (1991), após admitir, no seu n.° 1, que a "lei aplicável pode ser designada por cláusulas contratuais gerais desde que as partes tenham nelas consentido", acrescenta, no seu n.° 2, uma regra material, segundo a qual este "consentimento deve ser expresso por escrito, ou de uma maneira conforme aos hábitos estabelecidos entre as partes, ou segundo os usos profissionais de que elas têm conhecimento". Esta solução inspira-se na jurisprudência do TCE relativamente à cláusula de jurisdição inserida no formulário proposto por uma das partes – cf. Erik JAYME – "L'autonomie de la volonté des parties dans les contrats internationaux entre personnes privées. Rapport définitif", *Ann. Inst. dr. int.* 64-I (1991) 62-76, 72 e segs.

[31] Ver ainda, quanto à contratação através da internet, LIMA PINHEIRO – "Direito aplicável aos contratos celebrados através da internet", *ROA* 66 (2006) 131-190, 141 e segs., e, especificamente com respeito às operações bancárias electrónicas, Herbert KRONKE – "Applicable Law and Jurisdiction in Electronic Banking Transactions", *in Legal Issues in Electronic Banking*, org. por N. Horn, 73-87, A Haia, 2002, 75 e segs.

246   *Estudos de Direito Internacional Privado*

parece que na dúvida sobre a lei designada se deverá recorrer à conexão supletiva (i.e., à lei aplicável na falta de escolha).

A desigualdade em que tipicamente se encontra o cliente consumidor relativamente ao banco leva-o normalmente a aceitar a estipulação do Direito do banco, Direito que pode desconhecer e não ter possibilidade de conhecer com normal diligência. A necessidade de protecção do consumidor é contemplada, ao nível conflitual, pelo regime especial contido no art. 5.º da Convenção de Roma. Este regime, adiante referido (III), limita a eficácia da designação do Direito aplicável feita pelas partes.

Já nas relações entre bancos e clientes empresariais não se justifica qualquer limitação à eficácia da designação do Direito aplicável feita pelas partes.

De resto, *a Convenção de Roma não é compatível com qualquer controlo do conteúdo da cláusula de designação do Direito aplicável*, mesmo que se trate de uma cláusula geral. Andou bem o legislador português quando no DL n.º 220/95 suprimiu a al. h) do art. 19.º da Lei das Cláusulas Contratuais Gerais que proibia, consoante o quadro negocial padronizado, as cláusulas gerais que remetessem para o Direito estrangeiro, quando os inconvenientes causados a uma das partes não fossem compensados por interesses sérios e objectivos da outra. Uma aplicação analógica da actual al. g) do art. 19.º às cláusulas de escolha de lei seria contrária à intenção expressa pelo legislador no preâmbulo do DL n.º 220/95 e, em qualquer caso, incompatível com a Convenção de Roma[32].

O art. 3.º da Convenção de Roma não admite que as partes subtraiam o negócio a qualquer ordem jurídica ou escolham uma ordem jurídica não estadual. A exclusão da escolha de Direito não-estadual é criticável *de iure condendo*[33] e foi abandonada, pelo menos em parte, pela Proposta de Regulamento (art. 3.º/2).

Nos termos da 2.ª parte do n.º 1 do art. 3.º da Convenção de Roma, o consentimento das partes na designação do Direito aplicável pode ser manifestado expressa ou tacitamente. Quanto à designação tácita este preceito exige que a escolha resulte "de modo inequívoco das disposições do contrato ou das circunstâncias da causa".

Nos contratos bancários que não contenham uma cláusula sobre o Direito aplicável a designação tácita do Direito do banco pode por vezes

---

[32] Cp. MENEZES CORDEIRO (n. 28) 636.
[33] Ver LIMA PINHEIRO (n. 1) 103 e segs.

inferir-se da utilização de um modelo contratual que se baseia no sistema jurídico do Estado da sede ou estabelecimento do banco. Um outro indício importante de uma designação tácita do Direito do banco é a cláusula que atribua jurisdição aos tribunais do Estado da sede ou estabelecimento do banco[34]. Caso a cláusula de jurisdição seja uma cláusula contratual geral, é de observar que só releva para a determinação de um escolha tácita do Direito aplicável a cláusula que for validamente estipulada[35].

A aplicabilidade da Convenção de Roma às *operações bancárias complexas* pode suscitar algumas dificuldades. Relativamente a algumas destas operações tem sido por vezes defendido que a operação deve ser globalmente submetida à mesma lei. Esta posição suscita desde logo duas reservas.

Primeiro, à face da Convenção de Roma as partes podem submeter partes separáveis do mesmo contrato a leis diferentes (art. 3.°/2/2.ª parte); por maioria de razão, podem submeter as diferentes relações contratuais integradas numa operação complexa a leis diferentes. A escolha de uma lei única para todas as relações contratuais numa operação complexa é conveniente, mas não é necessária. Por conseguinte, o problema da sujeição a um estatuto unitário só se coloca, na verdade, com respeito à conexão supletiva (*infra* II.C).

Segundo, de acordo com o entendimento mais corrente a Convenção de Roma só se aplica a contratos obrigacionais. Assim, relações jurídicas não contratuais inseridas em operações complexas estariam excluídas do âmbito de aplicação da Convenção (por exemplo, numa garantia bancária a relação valutária que resulte de um negócio jurídico unilateral). As obrigações voluntárias que estejam excluídas do âmbito de aplicação da Convenção de Roma ficam sujeitas às normas de conflitos dos arts. 41.° e 42.° CC[36]. Em todo o caso, o crédito que resulte para um beneficiário de um contrato a favor de terceiro celebrado entre um cliente e um banco (que é o caso, segundo um entendimento, da garantia bancária autónoma) está submetido à lei reguladora do contrato[37].

---

[34] Ver RADICATI DI BROZOLO (n. 25) 333 e FRIGESSI DI RATTALMA (n. 26) 153, com mais referências.

[35] Ver, sobre os pressupostos e requisitos dos pactos de jurisdição, LIMA PINHEIRO – *Direito Internacional Privado*, vol. III – *Competência Internacional e Reconhecimento de Decisões Estrangeiras*, Almedina, Coimbra, 2002, 131 e segs. e 211 e segs.

[36] Ver LIMA PINHEIRO (n. 1) 125 e segs.

[37] Ver considerações convergentes de MARTINY (n. 14) n.° 373.

II. OPERAÇÕES TIPICAMENTE REALIZADAS POR BANCOS – CRITÉRIO DA CONEXÃO MAIS ESTREITA

A) Considerações gerais

Na falta de válida designação pelas partes do Direito aplicável, este Direito tem de ser determinado com base num *critério objectivo*. O n.º 1 do art. 4.º da Convenção de Roma determina que o contrato é regulado pela lei do país com o qual apresente uma conexão mais estreita. Consagra-se assim um *critério geral de conexão*, que carece de ser concretizado pelo órgão de aplicação do Direito mediante uma avaliação do conjunto das circunstâncias do caso concreto e com ponderação de todos os pontos de vista juridicamente relevantes.

Este critério geral da conexão mais estreita permite *atender a laços de qualquer natureza*, designadamente o lugar da residência, da sede ou do estabelecimento das partes, o lugar da execução do contrato, o idioma do contrato, a referência a disposições de uma determinada ordem jurídica ou o emprego de termos e expressões característicos desta ordem jurídica (que contudo não permitam inferir uma designação tácita) e o nexo funcional que o contrato estabeleça com outro contrato regido por certo Direito[38].

Nos termos do n.º 2 do art. 4.º da Convenção de Roma, "presume-se" que o contrato apresenta uma conexão mais estreita com o país da residência habitual ou da sede da administração central do devedor da *prestação característica*. Se o contrato for celebrado no exercício da actividade económica ou profissional do devedor da prestação característica releva o país onde se situa o seu estabelecimento principal ou, se nos termos do contrato, a prestação deve ser fornecida por outro estabelecimento, o da situação deste estabelecimento.

Esta "presunção" deve ser entendida como uma directriz interpretativa que actua nos casos em que a determinação da conexão mais estreita suscita dúvidas. O n.º 5 do art. 4.º permite afastar esta "presunção" "sem-

---

[38] Ver, com mais desenvolvimento, GIULIANO/LAGARDE (n. 24) 18 e segs.; Dieter MARTINY – "Vor Art. 27-Art. 30", *in Münchener Kommentar zum Bürgerlichen Gesetzbuch*, vol. X – *EGBGB*, 4.ª ed., Munique, 2006, Art. 28 n.os 10 e segs.; LIMA PINHEIRO (n. 1) 112 e segs. Relativamente aos contratos celebrados através da internet, ver LIMA PINHEIRO (n. 31) 144 e segs.

pre que resulte do conjunto das circunstâncias que o contrato apresenta uma conexão mais estreita com outro país".

A prestação característica é aquela que permite individualizar o contrato. Nos contratos que concernem à troca de bens e serviços por dinheiro, a prestação característica é a que consiste na entrega da coisa, na cessão do uso ou na prestação do serviço. Quer isto dizer, por exemplo, que o devedor da prestação característica é, no contrato de venda, o vendedor, no contrato de locação o locador e no contrato de prestação de serviço o prestador de serviço.

B) Operações simples

As regras gerais sobre a determinação da conexão supletiva, que acabo de enunciar, são aplicáveis aos contratos bancários.

Nos *contratos entre bancos e clientes* a prestação característica é *geralmente* a fornecida pelo banco, visto que é aquela que permite individualizar o contrato, ao passo que a contraprestação do cliente é normalmente uma prestação pecuniária[39]. Contrariamente ao sugerido por alguns autores, porém, isto não significa que a lei aplicável seja sempre a do banco. Significa apenas que em caso de dúvida sobre a determinação da conexão mais estreita se recorre à lei do país em que banco está estabelecido.

Assim, por exemplo, se um banco sedeado e estabelecido em Portugal celebra um contrato de abertura de conta com um angolano residente

---

[39] Cf. GIULIANO/LAGARDE (n. 24) 20 e seg.; RADICATI DI BROZOLO (n. 25) 336; FRIGESSI DI RATTALMA (n. 26) 158; *Dicey and Morris on the Conflict of Laws*, org. por Lawrence COLLINS, 13.ª ed., Londres, 2000, 1423; HELENA BRITO (n. 26) 104 e segs.; EUGÉNIA GALVÃO TELES – "A prestação característica: um novo conceito para determinar a lei subsidiariamente aplicável aos contratos internacionais. O artigo 4.° da Convenção de Roma sobre a Lei Aplicável às Obrigações Contratuais", *O Direito* 127 (1995) 71-183, 162 e seg.; Id. – "Determinação do Direito material aplicável aos contratos internacionais. A cláusula geral da conexão mais estreita", *in Estudos de Direito Comercial Internacional*, vol. I, org. por LIMA PINHEIRO, 63-141, Coimbra, 2004, 91; Ulrich MAGNUS – "Art 27-37 EGBGB", *in J. von Staudingers Kommentar zum Bürgerlichen Gesetzbuch*, 12.ª ed., Berlim, 1998, n.° 526; MARQUES DOS SANTOS (n. 15) 55. Sobre as excepções a esta regra, ver Bernd VON HOFFMANN – "Schuldrecht (Art 27-38)", *in Soergel Kommentar zum Bürgerlichen Gesetzbuch*, vol. X – *Einführungsgesetz*, 12. ed., Estugarda, Berlim e Colónia, 1996, Art. 28 n.° 316 e 318.

em Angola, é aplicável a lei portuguesa. Neste caso não há dúvida que a conexão mais estreita se estabelece com Portugal (que é não só o país de estabelecimento do banco mas também aquele em que o contrato é essencialmente executado), razão por que a lei portuguesa é aplicável nos termos do n.º 1 do art. 4.º da Convenção de Roma.

Se um banco estabelecido em Portugal celebra um contrato de consultoria financeira com uma sociedade estabelecida em Espanha, devendo o serviço ser prestado em Angola, há uma dispersão dos elementos de conexão que dificulta a determinação da conexão mais estreita; neste caso, a lei portuguesa aplica-se por força da presunção do n.º 2 do art. 4.º (lei do devedor da prestação característica).

Já se um banco estabelecido em Portugal celebra um contrato de consultoria financeira com um angolano residente em Angola, devendo o serviço ser prestado em Angola, a conexão mais estreita estabelece-se inequivocamente com este país, razão por que se aplica a lei angolana.

Nos *contratos de financiamento* é frequente que a determinação da conexão mais estreita suscite dúvida. Poderia pensar-se que neste caso não é possível determinar a prestação característica e, por conseguinte, não funciona a directriz interpretativa estabelecida no n.º 2 do art. 4.º. No entanto, decorre do relatório GIULIANO/LAGARDE que ainda será possível considerar como característica uma prestação pecuniária, quando seja aquela por que o pagamento é devido. Afirma-se, neste relatório, que num contrato bancário é a lei do país do estabelecimento bancário com o qual a operação se efectua que regerá normalmente o contrato[40]. Assim, mais em geral, entende-se que a prestação característica é a do financiador, razão por que, em caso de dúvida, é aplicável a lei do país em que o financiador tem o seu estabelecimento.

No caso de financiamento por consórcios de instituições financeiras releva, em princípio, o país em que o "chefe do consórcio" tem o seu estabelecimento[41].

---

[40] (N. 39) 20 e seg. Ver também *Dicey and Morris* (n. 39) 1424; EUGÉNIA GALVÃO TELES (n. 39 [1995]) 162 e seg., e (n. 39 [2004] 90 e seg.); e *Staudinger*/MAGNUS (n. 39) n.os 234 e segs.

[41] Cf. MARTINY (n. 14) n.º 1165, *Dicey and Morris* (n. 39) 1424 e seg.; *Soergel*/VON HOFFMANN (n. 39) Art. 28 n.º 321; e *Staudinger*/MAGNUS (n. 39) n.º 237. Mas ver ainda Luca RADICATI DI BROZOLO – *Operazioni bancarie internazionale e conflitti di leggi*, Milão, 1984, 203 e seg.

Quando se trate de um crédito garantido por hipoteca, o laço existente com o país da situação do imóvel tem um grande peso na determinação da conexão mais estreita, que pode pesar no afastamento da "presunção" de conexão mais estreita com o país do estabelecimento do financiador.

Nos *contratos interbancários* não se pode dizer que a prestação característica é a fornecida pelo banco, visto que ambas as partes são bancos. Mas na maior parte dos contratos bancários um dos bancos é "mandatado" pelo outro banco para a prática de actos bancários ou para a prestação de outro serviço contra remuneração. Nestes casos a prestação característica é a fornecida pelo banco que presta o serviço[42].

Em alguns contratos bancários, porém, as prestações de ambos os bancos são idênticas. É o caso das operações de *swap* (troca de activos financeiros, nomeadamente valores mobiliários ou divisas) e da conta corrente recíproca. Neste caso a conexão mais estreita tem de se estabelecer sem o auxílio de qualquer "presunção" (art. 4.°/5). Tratando-se de contratos entre bancos de países diferentes a conexão mais estreita poderá resultar do lugar de execução, mas as dificuldades subsistirão na hipótese, frequente, de haver mais de um lugar de execução. No caso de a operação dizer respeito a um determinado mercado, um laço importante para estabelecer a conexão mais estreita é o que se estabelece com o país em que se situa o centro financeiro principal do mercado[43].

Não parece de acolher a ideia de fraccionar conflitualmente o contrato, aplicando distributivamente a lei de cada um dos bancos aos serviços prestados ao outro banco[44], pelas razões geralmente invocadas contra o fraccionamento subjectivo nos contratos sinalagmáticos: dificuldades

---

[42] Cf. MARTINY (n. 14) n.° 1216; *Staudinger*/MAGNUS (n. 39) n.° 527; e Gerhard KEGEL e Klaus SCHURIG – *Internationales Privatrecht*, 9.ª ed., Munique, 2004, 662. Em sentido próximo, BONELLI *apud* FRIGESSI DI RATTALMA (n. 26) 159, RADICATI DI BROZOLO (n. 25) 352 e seg., HELENA BRITO (n. 26) 107 e MARQUES DOS SANTOS (n. 15) 60 distinguem conforme um dos bancos intervém na sua qualidade própria – por exemplo, concedendo uma linha de crédito a outro banco ou administrando valores mobiliários de outro banco – estabelecendo uma relação em tudo semelhante à que estabelece com os clientes ou ambos os bancos intervêm nessa qualidade – por exemplo, conta corrente recíproca, operação de *swap* (troca de valores mobiliários) e operações sobre divisas. Só no primeiro caso é que seria possível determinar a prestação característica.

[43] Cf. RADICATI DI BROZOLO (n. 25) 354 e segs.], FRIGESSI DI RATTALMA (n. 26) 159 e HELENA BRITO (n. 26) 108.

[44] Com sugerem HELENA BRITO (n. 26) 108 e MARQUES DOS SANTOS (n. 15) 60.

252   *Estudos de Direito Internacional Privado*

de delimitação entre o estatuto de cada uma das partes e perda de coerência da regulação negocial[45]. Deverá antes atender-se subsidiariamente a outros laços para determinar *a lei* reguladora do contrato, tais como o idioma do contrato, a referência a disposições de uma determinada ordem jurídica ou o emprego de termos e expressões característicos desta ordem jurídica e, em último caso, a moeda em que se realiza a operação.

C) Operações complexas

Foram anteriormente referidas algumas das operações complexas tipicamente realizadas por bancos: crédito documentário, garantias bancárias e transferências bancárias (*supra* I).

Será sem dúvida vantajoso submeter a operação complexa, na sua globalidade, a uma única lei. Isto pode ser conseguido através de uma escolha da mesma lei pelas partes dos diferentes contratos envolvidos; na prática será difícil conseguir esta uniformidade.

Na falta de escolha da lei aplicável, também são defendidas soluções unitárias que, com maior ou menor alcance, procuram submeter cada operação complexa a uma única lei[46]; mas isto tem por consequência que determinadas relações, que apresentam uma conexão mais estreita com um país, sejam submetidas a uma lei remota, i.e., a lei de um país que não tem contacto com nenhum dos elementos da relação, e que é dificilmente determinável pelos seus sujeitos[47]. Nestas operações é muito frequente

---

[45] Ver ISABEL DE MAGALHÃES COLLAÇO – *Da Compra e Venda em Direito Internacional Privado, Aspectos Fundamentais*, vol. I (Diss. Doutoramento), Lisboa, 1954, 125 e segs., e LIMA PINHEIRO (n. 1) 110 e segs.

[46] Ver A. GIARDINA e U. VILLANI – *Garanzie bancaria, commercio interanzionale e diritto internazionale privato*, Pádua, 1984, 116 e segs., defendendo, com respeito às garantias bancárias, que, em princípio, todos os contratos devem ser submetidos à lei rege o contrato de base; Erik JAYME – *Kollisionsrecht und Bankgeschäfte mit Auslandsberührung*, Berlim, 1977, 34 e segs., defendendo, com respeito ao crédito documentário, uma conexão acessória do contrato entre o ordenante e o seu banco à lei reguladora do contrato entre o banco ordenante e o banco confirmador que é a lei deste banco; Michel PELICHET – "Garanties bancaires et conflits de lois", *RDAI/IBLJ* n.° 3 (1990) 335-355, 345 e segs., sustentando que a aplicação da lei que apresenta a conexão mais estreita com o conjunto da operação se pode basear no art. 4.°/5 da Convenção de Roma; HELENA BRITO (n. 26) 112 e seg.

[47] Ver ainda RADICATI DI BROZOLO (n. 41) 184 e segs. e ELWAN (n. 5) 165 e segs.

que a relação entre o ordenante e o seu banco esteja localizada num país e que a relação entre o beneficiário e o banco correspondente esteja localizada noutro país. Aplicar a lei do banco ordenante à relação entre o banco correspondente e o beneficiário é tão-pouco adequado como aplicar a lei do banco correspondente à relação entre o ordenante e o seu banco. Ainda menos aceitável seria aplicar a lei reguladora do contrato entre o ordenante e o beneficiário, visto que pode não ter qualquer conexão com as outras relações em que se desdobra a operação.

Por esta razão, creio que o ponto de partida deve ser o inverso: determinar a lei aplicável a cada uma das relações jurídicas em que se desdobram[48]. O nexo funcional entre duas ou mais relações contratuais constitui apenas um indício a ter em conta no estabelecimento da conexão mais estreita com cada uma delas que por si não é decisivo. Como resultado desta determinação tanto pode suceder que o conjunto da operação esteja submetida a uma única lei como haver diversos segmentos da operação submetidos a diferentes leis.

Vimos que o *crédito documentário* comporta um esquema triangular ou quadrangular de relações jurídicas: relação entre o ordenante e o beneficiário, que é geralmente um contrato de venda (relação subjacente ou valutária); relação entre o ordenante e o banco emitente (contrato de abertura de crédito documentário); relação entre o banco emitente e o beneficiário; eventualmente, relação entre o banco emitente e o banco correspondente; e, eventualmente, relação entre o banco correspondente e o beneficiário. A determinação da lei aplicável à relação subjacente, designadamente ao contrato de venda, segue as regras gerais. Com respeito às outras relações, o problema da determinação do Direito aplicável não assume tanta importância prática, porque perante os principais sistemas impera nesta matéria a autonomia negocial, as Regras e Usos Uniformes Relativos aos Créditos Documentários (*supra* Introdução II) são geralmente incorporadas nos contratos e estas regras resolvem a maior parte

---

[48] Ver também RADICATI DI BROZOLO (n. 25) 346 e segs.; Id. (n. 41) 182 e segs., com mais referências; PIERRE MAYER – "Rapport de synthèse", *in La Convention de Rome. Un nouveau droit international privé européen des contrats. Application aux opérations bancaires* (Banque & droit hors série), 44-48, 1991, 46; FRIGESSI DI RATTALMA (n. 26) 160 e seg.; *Dicey and Morris* (n. 39) 1425 e segs.; *Soergel/*VON HOFFMANN (n. 39) Art. 28 n.os 298 e 347-349; e Frank VISCHER, Lucius HUBER e David OSER – *Internationales Vertragsrecht*, 2.ª ed., Berna, 2000, n.os 500 e segs. e 529 e segs.

dos problemas de regulação jurídica. Em todo o caso, a determinação do Direito aplicável é necessária caso vigorem normas imperativas ou se suscitem problemas de interpretação ou de integração das regras uniformes (art. 10.°/1/a da Convenção de Roma e, caso esta porventura não seja aplicável, art. 35.°/1 CC, que submetem a interpretação à lei aplicável à substância do negócio).

A determinação do Direito aplicável ao contrato de abertura de crédito documentário deve basear-se nas regras gerais da Convenção de Roma: é característica a prestação do banco, mas geralmente não é necessário recorrer à "presunção" porque o contrato apresenta uma inequívoca conexão mais estreita com o país em que comprador e o seu banco estão estabelecidos.

A natureza da relação entre o banco emitente (bem como, sendo o caso, o banco confirmador) e o beneficiário é, como vimos, controversa. Para quem entenda que se trata de um contrato aplicam-se as regras da Convenção de Roma e é característica a prestação do banco[49]. Como o banco confirmador e beneficiário estão normalmente estabelecidos no mesmo país, a sua relação contratual apresenta geralmente uma inequívoca conexão mais estreita com este país. Caso se qualifique a obrigação do banco como resultando de um negócio unilateral, são aplicáveis os arts. 41.° e 42.°/1 CC que, na falta de escolha da lei aplicável, nos conduzem à lei da sede do banco (por analogia com a residência habitual das pessoas singulares).

A relação entre o banco emitente e o banco correspondente (notificador ou confirmador) configura um contrato de mandato oneroso. Na falta de escolha da lei aplicável, é frequentemente necessário recorrer à "presunção" de conexão mais estreita com o país do devedor da prestação característica. É o banco mandatado o que fornece a prestação característica[50].

---

[49] Cf. MARTINY (n. 14) n.° 1226; *Dicey and Morris* (n. 39) 1426 e seg., mas admitindo que a lei do banco emitente possa ser afastada em favor da lei do país em que o pagamento ao beneficiário deve ser feito (que é normalmente a lei do banco confirmador) com base no art. 4.°/5 da Convenção de Roma; *Soergel*/VON HOFFMANN (n. 39) Art. 28 n.os 345 e 348; *Staudinger*/MAGNUS (n. 39) n.° 557 e seg.; e VISCHER/HUBER/OSER (n. 48) n.° 502.

[50] Cf. MARTINY (n. 14) n.° 1226; RADICATI DI BROZOLO (n. 41) 191; *Dicey and Morris* (n. 39) 1426; *Soergel*/VON HOFFMANN (n. 39) Art. 28 n.° 352; *Staudinger*/MAGNUS (n. 39) n.° 563; e VISCHER/HUBER/OSER (n. 48) n.° 504.

Direito Aplicável às Operações Bancárias Internacionais 255

Foi anteriormente assinalado que as modalidades mais simples de *garantia bancária* se traduzem num esquema triangular de relações: relação ordenante/beneficiário (relação subjacente ou valutária); relação ordenante/garante (relação de cobertura); e relação garante/beneficiário (relação de garantia). Noutras garantias bancárias intervém um segundo banco, dando origem a um esquema quadrangular (*supra* I). A garantia pode ser acessória (designadamente a fiança) ou autónoma (designadamente a garantia autónoma à primeira solicitação) relativamente à obrigação principal, caso em que o garante não pode invocar perante o beneficiário meios de defesa resultantes da relação subjacente.

As soluções atrás defendidas com respeito ao crédito documentário podem ser transpostas até certo ponto para as garantias bancárias *autónomas*[51]. Assim, designadamente, nas relações entre o banco garante, por um lado, e, por outro, o ordenante e o beneficiário, a prestação característica é a do garante[52]. No entanto, há duas diferenças importantes que passo a examinar.

Por um lado, perante alguns sistemas, entende-se que nas garantias "indirectas" (em que só o segundo banco assume a obrigação de pagamento perante o beneficiário prestando o primeiro banco uma contragarantia a favor do segundo banco) as relações entre o banco do ordenante e o banco correspondente configuram dois contratos distintos: o contrato de mandato oneroso e o contrato de contragarantia. A prestação característica seria no contrato de mandato a do banco correspondente e no contrato de contragarantia a do banco do ordenante[53]. Alguns autores defendem uma

---

[51] Ver Martiny (n. 14) n.° 1195 e segs., Radicati di Brozolo (n. 41) 192 e Vischer/Huber/Oser (n. 48) n.° 540 e seg.

[52] Cf. art. 117.°/3/e da Lei federal suíça de Direito Internacional Privado; Adolf Schnitzer – "Les contrats en droit international privé suisse", *RCADI* 123 (1968) 541-636, 615 e seg., mas admitindo um desvio quando a garantia é parte integrante de um conjunto que apresenta uma conexão mais estreita com outra lei; Frank Vischer e Andreas Von Planta – *Internationales Privatrecht*, 2.ª ed., Basileia e Francoforte-sobre-o-Meno, 1982, 182 e seg.; Martiny (n. 14) n.ºs 1195 e 1205; Radicati di Brozolo (n. 41) 147; Frigessi Di Rattalma (n. 26) 82; *Soergel*/Von Hoffmann (n. 39) Art. 28 n.° 301; *Staudinger*/Magnus (n. 39) n.° 506; Vischer/Huber/Oser (n. 48) n.° 540; Jan Kropholler – *Internationales Privatrecht*, 5.ª ed., Tubinga, 2004, 464; Helena Brito (n. 26) 110 e seg.

[53] Ver Canaris (n. 14) 756 e segs.; Martiny (n. 14) n.° 1206 e seg.; *Soergel*/Von Hoffmann (n. 39) Art. 28 n.° 306; Elwan (n. 5) 147 e seg., com mais referências; e Vischer/Huber/Oser (n. 48) n.ºs 504 e 541.

256   *Estudos de Direito Internacional Privado*

conexão única para estes contratos ou entendem que a independência entre as obrigações assumidas no mandato e na contragarantia é limitada e, por isso, se trata de uma relação una e indivisível[54].

Independentemente das razões certamente legítimas para, em face de determinados sistemas jurídicos, separar uma relação economicamente unitária em dois contratos distintos, parece de reconhecer que perante a Convenção de Roma a unidade desta relação deve *em princípio* ser respeitada. Daí que me pareça defensável que, na falta de escolha da lei aplicável, se deve determinar a conexão mais estreita com a relação interbancária globalmente considerada. Tendo em atenção que a prestação do banco correspondente é a mais complexa, talvez seja possível considerá-la como a prestação característica nesta relação[55]. Excepcionalmente, se razões ponderosas o impuserem, poderá admitir-se um fraccionamento da relação nos termos do art. 4.°/1/2.ª parte da Convenção de Roma.

Por outro lado, também neste caso é discutida a natureza da relação entre o garante (banco do ordenante e, sendo o caso, também o banco confirmador) e o beneficiário (*supra* I). Para quem entenda que se trata de um contrato aplicam-se as regras da Convenção de Roma nos termos atrás expostos relativamente ao crédito documentário. Caso se siga a tese segundo a qual o contrato de garantia seria um contrato a favor de terceiro (o beneficiário) o crédito do beneficiário é regido pela mesma lei que rege o contrato entre o ordenante e o seu banco e, sendo o caso, a lei que rege o contrato entre o banco do ordenante e o banco confirmador.

Importa ainda referir que a excepção de solicitação abusiva da garantia se determina, quanto à sua existência e pressupostos, segundo a lei designada para reger o contrato de garantia. Se esta lei conhece a excepção de abuso do direito, o tribunal tem de averiguar que o beneficiário é titular de um direito, perante o ordenante, resultante do contrato subjacente

---

[54] Ver, no primeiro sentido, Christoph VON DER SEIPEN – *Akzessorische Anknüpfung und engste Verbindung im Kollisionsrecht der komplexen Vertragsverhältnisse*, Heidelberga, 1989, 283 e segs.; no segundo sentido, Roeland BERTRAMS – *Bank Guarantees in International Trade*, 2.ª ed., A Haia, Londres e Boston, 1996, 137 e segs. e 351, e *Dicey and Morris* (n. 39) 1428 e seg.

[55] Cf. BERTRAMS (n. 54) 351. Em sentido convergente, *Dicey and Morris* (n. 39) 1428 e seg. defendem que a lei do devedor da prestação característica pode ser afastada em favor da lei do banco correspondente com base no art. 4.°/5 da Convenção de Roma. Ver também PIERRE MAYER (n. 48) 45.

e que a garantia tem por fim garantir o beneficiário contra o risco de inexecução. Isto determina-se segundo o Direito que rege o contrato subjacente[56].

Também com respeito às *transferências bancárias* se deve tomar como ponto de partida que as diferentes relações são autonomamente conectadas. Isto é pacífico quanto à relação entre o ordenante e o beneficiário. Já quanto às relações entre o ordenante e o seu banco, entre o banco receptor e o beneficiário e às relações interbancárias são defendidas soluções unitárias, muitas vezes tendentes à aplicação da lei do banco receptor[57]. Mas, como foi atrás assinalado, estas soluções podem levar à aplicação de uma lei remota a relações que apresentam uma conexão manifestamente mais estreita com outra lei e/ou que se inserem numa relação mais ampla entre os mesmos sujeitos submetida, em princípio, a outra lei.

Assim, na medida em que a ordem seja dada no quadro do contrato de abertura de conta, a relação entre o ordenante e o seu banco é regida pela lei reguladora deste contrato. O mesmo se diga da relação entre o beneficiário e o banco receptor. À relação entre o banco do ordenante e o banco receptor, bem como às relações com bancos intermediários, aplica-se a lei reguladora do contrato-quadro em que a operação se insira. Na falta deste contrato, as relações interbancárias são reguladas pela lei do país que apresentar a conexão mais estreita com a relação, "presumindo-se" a conexão mais estreita com o país do banco "mandatado" para depositar os fundos na sua conta ou para os transferir para outro banco[58].

Faça-se ainda uma breve referência à *cessão financeira*. A cessão financeira é o contrato pelo qual o cliente cede ao cessionário (ou factor) os seus créditos sobre um terceiro (devedor) mediante uma remuneração (comissão). Trata-se geralmente de um contrato-quadro que regula uma pluralidade de cessões de créditos. O contrato de cessão financeira é regu-

---

[56] Ver ELWAN (n. 5) 146 e seg.

[57] Ver art. Y/1 sugerido pela CNUDCI em conexão com a Lei-Modelo sobre Transferências Internacionais de Crédito. Ver também PAULO CÂMARA – *Transferência Bancária Internacional* (relatório de mestrado policopiado.), Lisboa, 1993, 49 e segs., a favor da aplicação da lei do Estado em que o banco do beneficiário tem o estabelecimento relevante; GENTIL ANASTÁCIO (n. 7) 326 e segs. a favor da aplicação da lei do país que apresenta a conexão mais estreita com a operação, tendencialmente identificada com a lei do banco do ordenante.

[58] Neste sentido, MARTINY (n. 14) n.º 1219.

258   *Estudos de Direito Internacional Privado*

lado pelas regras de conflitos atrás referidas. Segundo uma doutrina, é característica a prestação do factor[59]. Em minha opinião, tem de se distinguir a cessão financeira própria, em que o risco do incumprimento do devedor se transfere para o factor, da imprópria, em que isso não sucede. A cessão financeira própria tem a natureza de uma venda de créditos e, por isso, a prestação característica é a do cliente. A cessão financeira imprópria, quando o factor realize o pagamento antes da satisfação dos créditos, tem a natureza de um mútuo, razão por que é característica a prestação do factor que actua como um mutuante[60].

De resto, aplica-se à cessão de créditos o disposto no art. 12.° da Convenção de Roma. Nos termos do n.° 2 deste artigo a "lei que regula o crédito cedido determina a natureza cedível deste, as relações entre o cessionário e o devedor, as condições de oponibilidade da cessão ao devedor e a natureza liberatória da prestação feita pelo devedor."

No que toca à *fiança*, a natureza materialmente acessória poderia sugerir uma conexão acessória com a lei reguladora da obrigação principal. A doutrina dominante, porém, entende que a fiança é objecto de conexão autónoma, aplicando-se as regras gerais da Convenção de Roma[61]. O nexo funcional entre a fiança e o contrato subjacente deve ser tido em conta na determinação da conexão mais estreita mas, tratando-se uma fiança prestada por um banco, não se pode "presumir" uma conexão mais estreita com o país que apresenta a conexão mais estreita com o contrato subjacente[62]. Neste caso, "presume-se" que a fiança tem a conexão mais estreita com o país do banco fiador[63].

---

[59] Ver, designadamente, *Staudinger*/MAGNUS (n. 39) n.° 536 e SIEHR (n. 12) 210.

[60] Cf. *Soergel*/VON HOFFMANN (n. 39) Art. 28 n.° 328. A natureza da cessão financeira é controversa. A posição assumida no texto corresponde à doutrina alemã maioritária – cf., designadamente, KARSTEN SCHMIDT – *Handelsrecht*, Colónia et al., 1999, 1020, com mais referências. Cp., entre nós, MENEZES CORDEIRO (n. 13) 585 e segs., e MENEZES LEITÃO (n. 4) 534 e segs., com mais referências.

[61] Cf. SCHNITZER (n. 51) 615; Henri BATIFFOL e Paul LAGARDE – *Droit international privé*, vol. II, 7.ª ed., Paris, 1983, 337; MARTINY (n. 14) n.° 1183 e seg.; KEGEL/SCHURIG (n. 42) 665; KROPHOLLER (n. 51) 464; Bernard AUDIT – *Droit international privé*, 4.ª ed., Paris, 2006, 659 e seg.; e VISCHER/HUBER/OSER (n. 48) n.° 532.

[62] Cf. BATIFFOL/LAGARDE (n. 61) 338 e Pierre MAYER e Vincent HEUZÉ – *Droit international privé*, 8.ª ed., 2004, 530 e seg.

[63] Cf. art. 117.°/3/e da Lei federal suíça de Direito Internacional Privado; SCHNITZER (n. 51) 615; VISCHER/VON PLANTA (n. 51) 182; MARTINY (n. 14) n.° 1183; *Staudinger*/MAGNUS (n. 39) n.° VISCHER/HUBER/OSER (n. 48) n.° 532; e KROPHOLLER (n. 51) 464.

III. OPERAÇÕES TIPICAMENTE REALIZADAS POR BANCOS – REGRAS ESPECIAIS APLICÁVEIS A CERTOS CONTRATOS BANCÁRIOS CELEBRADOS COM CONSUMIDORES

O art. 5.º da Convenção de Roma contém regras especiais sobre certos contratos "celebrados por consumidores" que visam a protecção da parte contratual mais fraca[64].

Entende-se por "contratos celebrados por consumidores" aqueles que tenham por objecto o fornecimento de bens móveis corpóreos ou de serviços a uma pessoa para uma finalidade que possa considerar-se estranha à sua actividade profissional, bem como os contratos destinados ao financiamento desse fornecimento. Esta definição corresponde à empregue no art. 13.º da Convenção de Bruxelas Relativa à Competência Judiciária e Execução de Decisões em Matéria Civil e Comercial, e deve ser interpretada do mesmo modo, à luz da finalidade de protecção da parte mais fraca[65].

O conceito de fornecimento de serviços deve ser entendido em sentido amplo[66], abrangendo a actividade não subordinada de qualquer natureza, incluindo a actividade realizada no interesse de outrem.

Só os indivíduos podem ser considerados consumidores[67]. Isto decorre do elemento de conexão utilizado pelas regras de conflitos especiais do art. 5.º (residência habitual) e da sua finalidade.

A maior parte dos contratos celebrados por bancos com clientes individuais pode ser subsumida na categoria dos "contratos celebrados por

---

[64] Ver LIMA PINHEIRO – "Direito aplicável aos contratos com consumidores", *ROA* 61 (2001) 155-170 (=*in Estudos do Instituto de Direito do Consumo*, vol. I, 93-106, Coimbra, 2002) e (n. 18) 198 e segs. Relativamente aos contratos celebrados através da internet, ver LIMA PINHEIRO (n. 31) 150 e segs. e, especificamente com respeito às operações bancárias electrónicas, KRONKE (n. 31) 78 e segs.

[65] Cf. GIULIANO/LAGARDE (n. 24) 23. Sobre a interpretação do art. 13.º da Convenção de Bruxelas, ver Jan KROPHOLLER – *Europäisches Zivilprozeßrecht. Kommentar*, 8.ª ed., Francoforte-sobre-o-Meno, Art. 15 n.ºs 4 e segs.; Hélène GAUDEMET-TALLON – *Compétence et exécution des jugements en Europe*, 3.ª ed., Paris, 2002, 225 e segs; LIMA PINHEIRO (n. 35) 105 e segs.

[66] Cf. MARTINY (n. 38) Art. 29 n.º 17 e Paul LAGARDE – "Le nouveau droit international privé des contrats après l'entrée en vigueur de la Convention de Rome du 19 juin 1980", *R. crit.* 80 (1991) 287-340, 314.

[67] Cf. LAGARDE (n. 66) 315.

consumidores". Embora o ponto seja controverso, devem considerar-se como contratos tendo por objecto o fornecimento de serviços não só, por exemplo, os contratos de guarda ou gestão de carteiras de valores mobiliários, mas também os contratos de abertura de conta, de depósito bancário, de giro bancário e de garantia bancária[68]. Por outro lado, também se consideram contratos celebrados por consumidores os de financiamento da aquisição de bens móveis corpóreos ou da obtenção de serviços. Já não são directamente abrangidos, por exemplo, os contratos de crédito à habitação, mas não parece excluída uma aplicação analógica do art. 5.º aos contratos em que se justifique a mesma finalidade de protecção.

O n.º 2 do art. 5.º estabelece um *limite ao princípio da autonomia da vontade* na designação do Direito aplicável ao contrato. Com efeito, este preceito determina que a escolha pelas partes da lei aplicável não pode ter como consequência privar o consumidor da protecção que lhe garantem as disposições imperativas da lei do país em que tenha a sua residência habitual.

Na falta de escolha pelas partes da lei aplicável, o n.º 3 do art. 5.º consagra um desvio à cláusula geral de conexão mais estreita. Esta cláusula geral conduz frequentemente à aplicação da lei do país em que o fornecedor de bens ou serviços tem o seu estabelecimento, em virtude da "presunção" estabelecida pelo n.º 2 do art. 4.º. Por força do n.º 3 do art. 5.º , o contrato será regulado pela lei do país em que o consumidor tenha a sua residência habitual.

Estas regras especiais só se aplicam desde que se verifiquem certas conexões com o Estado da residência habitual[69]. Das três hipóteses previstas apenas duas têm aplicação aos contratos bancários.

Primeiro, ter a celebração do contrato sido precedida, no país da residência habitual do consumidor, de uma proposta que lhe foi especialmente dirigida ou de anúncio publicitário. Para que exista uma *proposta dirigida ao consumidor*, no sentido deste preceito, basta que o consumidor seja convidado a apresentar uma proposta (convite a contratar)[70].

---

[68] Cf. MARTINY (n. 14) n.º 1217, que inclui ainda aqui os contratos de financiamento.

[69] Para uma análise desenvolvida e crítica ver EUGÉNIA GALVÃO TELES – *A protecção do consumidor nos contratos internacionais* (diss. mestrado policopiada), 1997, 368 e segs. e 396 e segs. Ver ainda Id. – "A lei aplicável aos contratos de consumo no 'labirinto comunitário', *in Est. Inocêncio Galvão Telles*, vol. I, 683-751, Coimbra, 2002, 696 e segs.

[70] Cf. *MünchKomm./*MARTINY (n. 38) Art. 29 n.º 34.

Exige-se ainda que o consumidor tenha executado no país da residência habitual todos os actos necessários à celebração do contrato[71]. Por actos necessários entende-se aqui, por exemplo, a assinatura dos documentos que tenham sido apresentados ao consumidor ou o envio da sua encomenda ao fornecedor.

O regime especial dos contratos com consumidores também se aplica se a outra parte ou o respectivo representante tiver recebido o pedido do consumidor no país da residência habitual deste[72]. São aqui visadas, em primeira linha, as situações em que o consumidor se dirige a um estabelecimento de uma sociedade "estrangeira" ou a um posto de vendas desta sociedade numa feira ou exposição no país da sua residência habitual, mesmo que a sociedade não tenha feito publicidade neste país[73]. De resto a *interpretação deste preceito deve ser autónoma* relativamente aos sistemas dos Estados contratantes.

O regime especial dos n.os 2 e 3 do art. 5.° não é aplicável ao contrato de transporte nem ao contrato de prestação de serviço, quando o serviço devido ao consumidor deva ser prestado exclusivamente num país diferente daquele em que o consumidor tiver a sua residência habitual (art. 5.°/4). Esta exclusão restringe significativamente os casos em que contratos bancários internacionais com clientes individuais podem ser abrangidos pelo regime especial dos contratos celebrados por consumidores.

IV. OPERAÇÕES TIPICAMENTE REALIZADAS POR BANCOS – OUTRAS CONEXÕES ESPECIAIS PARA NORMAS IMPERATIVAS

A determinação do Direito aplicável às operações bancárias internacionais não se esgota com o chamamento de uma lei a reger uma operação simples ou cada uma das relações inseridas numa operação complexa. Além das regras especiais estabelecidas para certos contratos com consumidores, o Direito positivo consagra uma série de conexões especiais para as leis imperativas que regulam certos aspectos das operações bancárias ou

---

[71] Ver também o art. 20.° do DL n.° 359/91, de 21/9, sobre os contratos de crédito ao consumo.

[72] Sobre este conceito de "pedido" ver EUGÉNIA GALVÃO TELES (n. 69 [2002]) 698.

[73] Cf. GIULIANO/LAGARDE (n. 24) 24.

que, como sucede frequentemente com o Direito público da economia, têm incidência sobre estas operações. Na nossa doutrina tem-se falado a este respeito de "normas de aplicação imediata" que se sobrepõem à lei normalmente competente[74], mas trata-se essencialmente de uma diferença de perspectiva: o que conduz à sobreposição de certas normas imperativas é, em princípio, a vigência de uma norma de conflitos especial expressa ou implícita[75].

Estas normas de conflitos especiais são frequentemente unilaterais (limitam-se a determinar o âmbito de aplicação no espaço de uma lei do Estado do foro) mas também podem ser bilaterais (chamando tanto a lei do foro como a lei estrangeira). Neste segundo caso, as normas de conflitos podem ser de fonte interna ou de fonte supraestadual, como sucede, em matéria de operações cambiais, com a norma consagrada na al. b) da secção 2 do art. VIII do Acordo Relativo ao Fundo Monetário Internacional[76]. Segundo este preceito, os "contratos cambiais que envolvam a moeda de qualquer membro e que sejam contrários à regulamentação cambial que esse membro mantenha ou introduza, em conformidade com o presente Acordo, não serão executórios nos territórios de nenhum membro"[77].

Dentro do âmbito de aplicação da Convenção de Roma sobre a Lei Aplicável às Obrigações Contratuais, a sobreposição das normas susceptíveis de aplicação necessária do Estado do foro à lei primariamente competente é permitida pelo art. 7.º/2. O n.º 1 do art. 7.º da Convenção de Roma dispõe sobre a relevância de normas susceptíveis de aplicação necessária de terceiros Estados, mas não vigora na ordem jurídica portuguesa, porque Portugal fez a reserva prevista na al. a) do n.º 1 do art. 22.º da Convenção[78].

---

[74] Ver, com respeito às operações bancárias, HELENA BRITO (n. 26) 118 e segs. e MARQUES DOS SANTOS (n. 15) 63 e segs.; em geral, MOURA RAMOS (n. 24) 659 e segs., e Dário MOURA VICENTE – *Da Responsabilidade Pré-Contratual em Direito Internacional Privado*, Coimbra, 2001, 625 e segs.

[75] Ver, com mais desenvolvimento e referências, LIMA PINHEIRO (n. 2) 193 e segs.

[76] O Acordo foi aprovado para adesão pelo DL n.º 43 338, de 21/11/60; a segunda emenda ao acordo do Fundo Monetário Internacional, entrada em vigor em 28/7/69, e que introduziu certas modificações na tradução portuguesa, foi aprovada, para adesão, pela L n.º 3/78, de 20/1.

[77] Ver as observações de Ole LANDO – "The Conflict of Laws of Contracts. General Principles", *RCADI* 189 (1984) 223-447, 398, e MOURA RAMOS (n. 24) 706 e seg. n. 702.

[78] Sobre este problema ver MOURA RAMOS (n. 24) 691 e segs., LIMA PINHEIRO (n. 2) 212 e segs., e MOURA VICENTE (n. 74) 660 e segs.

Sem pretensões de exaustividade, podemos referir algumas conexões especiais estabelecidas por normas de fonte interna, distinguindo conforme se trata de Direito privado e de Direito público da economia.

No âmbito do *Direito privado*, podemos referir os regimes das cláusulas contratuais gerais nos contratos celebrados por consumidores finais, dos contratos de crédito ao consumo, dos contratos à distância relativos a serviços financeiros e das transferências transfronteiras.

No que se refere à proibição de certas *cláusulas contratuais gerais nos contratos celebrados com consumidores finais*, o art. 23.º/1 do DL n.º 446/85, de 25/10 (com a redacção dada pelo DL n.º 249/99, de 7/7), determina a aplicabilidade das normas contidas nos arts. 20.º e segs. daquele diploma, independentemente da lei que as partes hajam escolhido para reger o contrato, sempre que o mesmo apresente uma conexão estreita com o território português. Nos termos do n.º 2, "No caso de o contrato apresentar uma conexão estreita com o território de outro Estado membro da Comunidade Europeia aplicam-se as disposições correspondentes desse país na medida em que este determine a sua aplicação"[79].

Quanto ao regime dos *contratos de crédito ao consumo*, o art. 20.º do DL n.º 359/91, de 21/9, determina a aplicação deste diploma quando o consumidor tenha residência habitual em Portugal desde que a celebração do contrato tenha sido precedida de uma oferta ou de publicidade feita em Portugal e o consumidor tenha emitido no país a sua declaração negocial.

Em matéria de *contratos celebrados à distância relativos a serviços financeiros*, o art. 40.º do DL n.º 95/2006, de 29/5, estabelece que a "escolha pelas partes da lei de um Estado não comunitário como lei aplicável ao contrato não priva o consumidor da protecção que lhe garantem as disposições do presente decreto-lei".

Enfim, no que toca às *transferências internas e transfronteiras* realizadas nas moedas dos Estados integrantes do Espaço Económico Europeu, o DL n.º 41/2000, de 17/3, contém algumas normas materiais especiais sobre transferências internacionais, que aparentemente se aplicam às transferências transfronteiras dentro do Espaço Económico Europeu executadas por uma instituição ou por uma sucursal situada em Portugal[80].

---

[79] Ver LIMA PINHEIRO (n. 18) 223 e segs., com mais referências.

[80] Isto à luz do art. 2.º/a e f da Dir. 97/5/CE, Relativa às Transferências Transfronteiras, que o diploma visou transpor, e do art. 2.º/b do diploma.

No âmbito do *Direito público da economia* com incidência sobre operações bancárias internacionais, os exemplos de escola são as *regras sobre circulação de capitais* e sobre *operações cambiais*. Entre nós, porém, a circulação de capitais e as operações cambiais foram liberalizadas. A matéria é hoje regulada pelo DL n.º 295/2003, de 21/11, que só por razões políticas graves e em situações de urgência admite que, de acordo com as normas internacionais vinculativas do Estado Português, possam ser impostas restrições temporárias à realização por residentes de operações económicas e financeiras e cambiais com pessoas singulares ou colectivas nacionais ou residentes em Estados que não sejam membros da Comunidade Europeia (art. 21.º).

Também o *regime de acesso e exercício das actividades financeiras* contém algumas normas que podem ter incidência nas operações bancárias internacionais. Nesta matéria vigora principalmente o Regime Geral das Instituições de Crédito e Sociedades Financeiras, aprovado pelo DL n.º 298/92, de 31/12, com diversas alterações, aplicável à actividade de instituições de crédito com sede em Portugal (arts. 14.º e 36.º e segs.) e que também contém normas sobre a actividade em Portugal de instituições de crédito com sede no estrangeiro, sem prejuízo da competência da lei do país de origem (arts. 18.º , 44.º e segs., 61.º-62.º e 188.º e segs.).

V. OPERAÇÕES NOS MERCADOS DE INSTRUMENTOS FINANCEIROS

A) Preliminares

Entendo por operações nos mercados de instrumentos financeiros os negócios que são realizados em sistemas que permitem o encontro entre a oferta e a procura de instrumentos financeiros. São instrumentos financeiros, designadamente, não só as acções, obrigações, títulos de participação, unidades de participação em instituições de investimento colectivo e warrants autónomos (que são entre nós considerados valores mobiliários)[81], mas também opções, futuros e swaps relativos a valores mobiliários, a mercadorias ou a estatísticas económicas oficiais (que são

---

[81] Ver, sobre o conceito de valor mobiliário, José de OLIVEIRA ASCENSÃO – "O actual conceito de valor mobiliário", *ROA* 61 (2001) 5-32.

Direito Aplicável às Operações Bancárias Internacionais 265

entre nós considerados instrumentos financeiros derivados que não são valores mobiliários)[82].

As operações nos mercados de instrumentos financeiros podem consistir, em primeiro lugar, nas transacções de valores mobiliários que sejam imediatamente executadas e que visem uma transmissão imediata dos valores pelo registo na conta do adquirente (no caso dos valores escriturais e titulados integrados em sistema centralizado), pela entrega do título (no caso dos valores titulados ao portador não integrados em sistema centralizado) e pela declaração de transmissão, escrita no título, a favor do transmissário, seguida de registo junto do emitente ou junto do intermediário financeiro que o represente (no caso dos valores titulados nominativos não integrados em sistema centralizado).

As operações nos mercados de instrumentos financeiros podem consistir também em operações a prazo, i.e., na celebração de contratos de execução diferida. Uma modalidade especialmente importante de operações a prazo são os derivados, que têm uma função de garantia contra o risco da oscilação de preços ou cotações [hedging] ou de obtenção de lucros diferenciais resultantes da oscilação de preços ou cotações [trading].

As operações nos mercados de instrumentos financeiros apresentam frequentemente contactos relevantes com mais de um Estado soberano[83]. Por exemplo, um contrato de corretagem entre uma pessoa residente num Estado e uma sociedade de corretagem estabelecida no mesmo Estado com vista à negociação de valores mobiliários num mercado estrangeiro. O mesmo contrato entre partes localizadas em Estados diferentes com vista à negociação de valores mobiliários no mercado do país em que o intermediário financeiro está estabelecido. Uma oferta pública de venda de acções de uma sociedade localizada num Estado dirigida a pessoas com residência ou estabelecimento em vários Estados. A negociação de acções de uma sociedade localizada num Estado num mercado estrangeiro. A comercialização em vários países de unidades de participação num fundo de investimento organizado num deles.

---

[82] Ver anexo C do Anexo I da Dir. 2004/39/CE Relativa aos Mercados de Instrumentos Financeiros.

[83] Ver, designadamente, Detlev VAGTS – "Securities Regulation – An Introduction", in IECL, vol. XIII/cap. 10, Dordrecht, Boston e Lancaster, 2000, n.º 22.

266 *Estudos de Direito Internacional Privado*

Os bancos intervêm assiduamente nas operações nos mercados de instrumentos financeiros como emitentes de valores mobiliários, como ordenantes ou como intermediários financeiros[84].

Relativamente à determinação do Direito aplicável importa assinalar, em primeiro lugar, que as operações nos mercados de instrumentos financeiros estão em princípio submetidas às regras gerais de Direito de Conflitos, designadamente às contidas na Convenção de Roma sobre a Lei Aplicável às Obrigações Contratuais em matéria de contratos obrigacionais. O art. 1.º/2/c desta Convenção exclui do seu âmbito as obrigações decorrentes de títulos negociáveis, na medida em que revistam carácter negociável. Parte dos instrumentos financeiros podem ser considerados títulos negociáveis, mas esta exclusão não abrange os contratos que tenham por objecto títulos negociáveis, mas apenas as obrigações decorrentes do carácter negociável destes títulos[85].

Para além disso, porém, há um conjunto de conexões especiais estabelecidas para certos regimes privativos das operações nos mercados de instrumentos financeiros. Nuns casos trata-se de regimes de Direito privado que visam, designadamente, a protecção dos investidores; noutros de regimes de Direito público da economia que constituem instrumentos de ordenação e intervenção nos mercados de capitais e que, embora não regulem directamente as operações jurídico-privadas, podem ter incidência sobre estas operações; noutros casos ainda, encontramos uma combinação de elementos públicos e de elementos privados que torna difícil a distinção entre regras de Direito privado e regras de Direito público[86].

Os negócios nos mercados regulamentados são feitos por intermediários financeiros, designadamente bancos, que podem actuar por conta dos ordenantes (como corretores/*brokers*) em nome dos ordenantes (enquanto representantes) ou, como é mais frequente, em nome próprio (enquanto comissários). Por vezes os intermediários intervêm por conta própria, adquirindo valores dos seus clientes ou vendendo aos seus clien-

---

[84] Ver VAGTS (n. 83) n.º 13. Na lei portuguesa, os bancos são considerados investidores qualificados (art. 30.º/1/a C. Val. Mob.) e podem actuar como intermediários financeiros em valores mobiliários (art. 293.º/1/a C. Val. Mob.).

[85] Cf. GIULIANO/LAGARDE (n. 24) 11.

[86] Ver Anton SCHNYDER – "Internationales Kapitalmarktrecht", *in Münchener Kommentar zum Bürgerlichen Gestzbuch*, vol. XI, 4.ª ed., Munique, 2006, n.os 31 e segs. e 38 e segs.

tes os valores detidos em carteira própria [*dealers*]. Alguns intermediários financeiros também adquirem acções e obrigações com vista à sua colocação em ofertas públicas de distribuição [*underwriters*][87].

B) Direito aplicável à emissão de valores mobiliários

Os emitentes de valores mobiliários podem proceder à sua distribuição através de intermediários financeiros, designadamente bancos, ou facultar a sua subscrição em bloco a intermediários financeiros que procedem à sua distribuição nos mercados de instrumentos financeiros [*underwriting*]. Isto corresponde, até certo ponto, na lei portuguesa, ao *contrato de colocação* (art. 338.º C. Val. Mob.) e ao *contrato de tomada firme* (art. 339.º C. Val. Mob.)[88].

No caso de os emitentes procederem à distribuição através de intermediários financeiros, estes podem actuar como *representantes dos emitentes*, colocando os valores mobiliários em nome dos emitentes, ou como *comissários dos emitentes*, colocando os valores mobiliários em seu próprio nome mas por conta dos emitentes. Mesmo nesta última hipótese o risco da colocação fica com o emitente a menos que o intermediário assuma o risco de colocação, nos mesmos termos que um *underwriter* (garantia de colocação nos termos do art. 340.º C. Val. Mob.)[89].

Quando o banco actua como representante do emitente estamos em presença de um contrato de mandato com representação que é regulado pelas regras gerais dos arts. 3.º e 4.º da Convenção de Roma, atrás examinadas (I e II.A e B)[90]. O devedor da prestação característica é o banco/mandatário. À representação do emitente pelo banco aplica-se, por outro lado, o disposto no art. 39.º/3 CC: é competente a lei do domicílio

---

[87] Cf. VAGTS (n. 83) n.º 12. Ver também AMADEU FERREIRA – *Direito dos Valores Mobiliários*, Lisboa, 1997, 319 e segs., e José de OLIVEIRA ASCENSÃO – *A Celebração de Negócios em Bolsa*, Lisboa, 1999, 6 e seg.

[88] AMADEU FERREIRA (n. 87) 329 entende que, no contrato de tomada firme, o intermediário financeiro que subscreve os valores nem sempre adquire a sua titularidade.

[89] Ver Herbert KRONKE e Jens HAUBOLD – "Börsen- und Kapitalmarkrecht", *in Handbuch Internationales Wirtschaftsrecht*, Colónia, 2005, n.ºs 71 e segs.

[90] Ver também KRONKE/HAUBOLD (n. 89) n.º 71. Ver ainda FLORBELA PIRES – *Emissão de Valores Mobiliários*, Lisboa, 1999, 59 e segs. e 77 e segs.

profissional do banco, i.e., a lei do lugar em que se situa o estabelecimento relevante do banco[91].

As regras dos arts. 3.° e 4.° da Convenção de Roma são também aplicáveis ao contrato de comissão para colocação de valores mobiliários celebrado entre um emitente e um banco[92]. O devedor da prestação característica é o banco/comissário.

A Convenção da Haia Sobre a Lei Aplicável aos Contratos de Mediação e à Representação não se aplica ao banco que actua como intermediário financeiro, porquanto, como já foi atrás assinalado (Introdução III), Portugal reservou o direito de não a aplicar à representação exercida por um banco ou grupo de bancos em matéria de operações bancárias (art. 18.°)[93].

A determinação do Direito aplicável ao contrato de tomada firme também se rege pelas normas gerais da Convenção de Roma, mas a aplicação destas normas oferece mais dúvidas neste caso. Neste contrato ocorre uma aquisição pelo intermediário dos valores mobiliários oferecidos para subscrição pelo emitente, que tem como contrapartida uma prestação pecuniária (o que permitiria pensar que é o emitente o devedor da prestação característica); mas, do ponto vista funcional, também há uma prestação de serviço ao emitente[94].

É comummente aceite que neste caso é especialmente recomendável a escolha pelas partes do Direito aplicável. Na falta de escolha pelas par-

---

[91] Em sentido diferente, FLORBELA PIRES (n. 90) 78 defende a aplicação à relação entre o emitente e o intermediário financeiro, bem como às relações entre intermediários financeiros, de uma lei única que seria a do lugar onde ocorra a emissão dos valores a que o contrato se refere. Cp., as considerações formuladas anteriormente (II C) sobre a sujeição das operações bancárias complexas a um estatuto unitário.

[92] Ver também KRONKE/HAUBOLD (n. 89) n.os 72 e 114.

[93] Ver também VERHAGEN (n. 19) 163.

[94] Segundo KRONKE/HAUBOLD (n. 89) n.os 74 e segs., haveria que distinguir conforme o contrato tem por objecto acções pré-existentes ou acções recém-emitidas. No primeiro caso, tratar-se-ia de um contrato misto de venda e de mandato que, na falta de designação pelas partes do Direito aplicável deveria ser fraccionado, aplicando-se ao primeiro aspecto o Direito do vendedor (emitente) e ao segundo aspecto o Direito do banco, sem prejuízo de se poder estabelecer uma conexão mais estreita do conjunto do contrato com o país em que o banco tem o estabelecimento relevante. No segundo caso, estaríamos perante um contrato de cooperação que, na falta de designação do Direito aplicável, devido à conexão com a constituição da sociedade ou com o aumento do capital, deveria ser submetido à lei pessoal da sociedade.

tes, a correcta interpretação do art. 4.° da Convenção de Roma conduz à indagação do país com que o contrato apresenta a conexão mais estreita. A conexão mais estreita pode resultar designadamente da localização dos estabelecimentos de ambas as partes no mesmo país ou, na falta de estabelecimento comum no mesmo país, da localização do mercado regulamentado em que os valores mobiliários devam ser colocados. Nas hipóteses residuais em que a determinação da conexão mais estreita ofereça dúvida parece que uma análise funcional permite concluir que é o intermediário, enquanto prestador de serviço, o devedor da prestação característica.

Relativamente a certos aspectos da emissão, importa ter em conta as normas de conflitos especiais contidas no C. Val. Mob. Assim, a lei pessoal do emitente é aplicável à capacidade para a emissão[95] e à forma de representação (art. 39.°). Relativamente ao registo da emissão, o C. Val. Mob. estabelece uma norma de conflitos unilateral: as normas sobre o registo aplicam-se aos valores mobiliários emitidos por entidade cuja lei pessoal seja a lei portuguesa (art. 43.°/2).

C) Direito aplicável aos negócios celebrados nos mercados regulamentados

Nos mercados regulamentados, os intermediários financeiros realizam transacções de valores mobiliários, também designadas *negócios internos de bolsa* [*Börseninnengeschäfte*], que frequentemente constituem negócios de execução das ordens recebidas dos investidores e são realizados através de sistemas de negociação colectiva. A qualificação destas transacções suscita diversas questões jurídico-materiais complexas que não cabe examinar aqui. São no entanto necessárias algumas observações.

Por um lado, embora os intermediários actuem as mais das vezes em nome próprio, existe, abstraindo dos condicionamentos estabelecidos por sistemas estaduais singularmente considerados, a possibilidade de os inter-

---

[95] Ver também arts. 227.°/1 e 231.°/1 C. Val. Mob. Em geral, sobre as normas de conflitos contidas no C. Val. Mob. nesta matéria, ver Maria HELENA BRITO – "Sobre a Aplicação no Espaço do Novo Código dos Valores Mobiliários", *Cadernos do Mercado de Valores Mobiliários* 7 (2000) 49-73, 61 e segs.

270   *Estudos de Direito Internacional Privado*

mediários actuarem como representantes dos investidores; neste segundo caso, são os investidores, e não os intermediários, os sujeitos das relações estabelecidas nestas transacções.

Por outro lado, dependendo do sistema jurídico aplicável, cada uma destas transacções pode conduzir a uma relação jurídica entre os intermediários financeiros envolvidos (ou entre os investidores representados pelos intermediários) ou a duas relações jurídicas, entre cada um dos intermediários financeiros (ou dos investidores por eles representados) e a entidade gestora[96]. Acresce que é questionado o carácter contratual dos negócios celebrados na bolsa pelos intermediários financeiros[97].

Apesar destas dificuldades, é geralmente aceite que os negócios celebrados por intermediários financeiros nos mercados regulamentados estão sujeitos às regras gerais dos arts. 3.º e 4.º da Convenção de Roma, atrás examinadas (I e II.A e B)[98]. Mesmo para quem negue o carácter contratual destes negócios não parece de excluir a aplicação analógica dessas regras gerais na medida em que a analogia o justifique.

Por conseguinte, as partes podem escolher o Direito aplicável e a utilização do modelo contratual predisposto pela entidade gestora pode constituir um indício importante de uma vontade tacitamente manifestada de escolher o Direito do país em que funciona o mercado[99]. Na falta de escolha, aplica-se o Direito que apresenta a conexão mais estreita com a relação que é, geralmente, o Direito do país em que funciona o mercado, visto que este é não só o país de execução do contrato mas também aquele em que, normalmente, estão estabelecidas as partes (os intermediários financeiros, quando actuem como em nome próprio)[100].

---

[96] Ver KRONKE/HAUBOLD (n. 89) n.º 116.

[97] Ver PAULA COSTA E SILVA – "Compra, venda e troca de valores mobiliários", *in Direito dos Valores Mobiliários*, 243-266, Lisboa, 1997, 250 e segs.; OLIVEIRA ASCENSÃO (n. 87) 16 e segs. defendendo que as transacções em bolsa resultam da sobreposição de declarações unilaterais que são sujeitas a um sistema de compensação colectiva.

[98] Cf. Peter MANKOWSKI – "Börsen- und Finanztermingeschäfte", *in Internationales Vertragsrecht*, org por Christoph REITHMANN e Dieter MARTINY, 6.ª ed., Colónia, 2004, n.os 1258 e segs., KRONKE/HAUBOLD (n. 89) n.º 117 e seg. e SCHNYDER (n. 86) n.º 58.

[99] Cf. *Soergel*/VON HOFFMANN (n. 39) Art. 28 n.º 366 e KRONKE/HAUBOLD (n. 89) n.º 117.

[100] Cf. Hanno MERKT – "Unternehmenskauf", *in Internationales Vertragsrecht*, org. por Christoph REITHMANN e Dieter MARTINY, 6.ª ed., Colónia, 2004, n.os 861 e 863, referindo a importância dos usos da bolsa; MARTINY (n. 38) n.º 377 e seg. KRONKE/HAUBOLD

Em caso de dúvida na determinação da conexão mais estreita, importa distinguir. Nas relações que porventura se estabeleçam entre um intermediário e a entidade gestora, pode entender-se que o devedor da prestação característica é a parte que alienar os valores mobiliários[101]. Numa perspectiva funcional, porém, a prestação da entidade gestora é a mais complexa e causaria grande perturbação ao sistema de negociação colectiva a sujeição a uma pluralidade de leis (as leis dos intermediários em causa). Por isso, parece de entender que é sempre a entidade gestora a devedora da prestação característica. Nas relações entre investidores (ou entre intermediários que intervenham na qualidade de representantes dos investidores), pode presumir-se a conexão mais estreita com o país do estabelecimento do vendedor, enquanto devedor da prestação característica. O intermediário que revenda os valores mobiliários por conta própria também pode ser considerado como sendo o devedor da prestação característica.

Já nas relações entre intermediários financeiros, em que a venda seja realizada por um intermediário enquanto comissário do vendedor, o recurso à "presunção" a favor da lei do devedor da prestação característica parece excluído, porque ambos os intermediários realizam uma prestação idêntica (execução das ordens dadas pelos clientes)[102].

D) Direito aplicável aos negócios entre investidores e intermediários financeiros

Os investidores celebram com os intermediários financeiros contratos (designadamente contratos de corretagem), também designados *negó-*

(n. 89 n.os 117 e seg. Ver também *Staudinger*/MAGNUS (n. 39) Art. 28 n.° 184. Cp. MANKOWSKI (n. 98) n.° 1262.

[101] Cf. KRONKE/HAUBOLD (n. 89) n.° 116 e n. 4, com referência a posição divergente.

[102] Cp. MANKOWSKI (n. 98) n.os 1254, 1256 e seg. e 1260, e KRONKE/HAUBOLD (n. 89) n.° 118, que se pronunciam no sentido de considerar o alienante como o devedor da prestação característica. Sobre o Direito aplicável às operações à prazo (derivados) celebrados fora de mercados regulamentados, ver SCHNYDER (n. 86) n.° 370. Em geral, sobre o Direito aplicável às operações a prazo, ver também *Staudinger*/MAGNUS (n. 39) n.° 583 e KRONKE/HAUBOLD (n. 89) n.° 341. Ver ainda PAULO CÂMARA – "A oferta de valores mobiliários realizada através da Internet", *Cadernos do Mercado de Valores Mobiliários* 1 (1997) 11-51, 39 e segs.

cios externos da bolsa [*Börsenaußengeschäfte*], que são dirigidos à celebração de negócios internos da bolsa. Entre estes operadores económicos podem ser ainda celebrados, nomeadamente, contratos de gestão de carteira de valores mobiliários e contratos de consultoria para investimento.

No que diz respeito aos contratos celebrados por investidores com bancos que actuem na qualidade de intermediários financeiros, não há dúvida que são aplicáveis as regras gerais da Convenção de Roma à determinação do *estatuto do negócio*, havendo a considerar não só as regras de conflitos dos arts. 3.º e 4.º mas também, em certos casos, o regime especial dos contratos com consumidores (art. 5.º).

Relativamente aos contratos submetidos exclusivamente às regras de conflitos dos arts. 3.º e 4.º da Convenção de Roma, as partes podem escolher a lei aplicável e, na falta de escolha, aplica-se a lei do país que apresenta a conexão mais estreita com o contrato. Nos contratos entre partes estabelecidas no mesmo país a conexão mais estreita estabelece-se com este país. Nos contratos entre partes estabelecidas em países diferentes com vista à negociação de valores mobiliários num determinado mercado a conexão mais estreita estabelece-se, em princípio, com o país em que funciona o mercado. Em caso de dúvida sobre a conexão mais estreita, a prestação característica é a do intermediário financeiro, visto que consiste numa prestação de serviço contra remuneração[103]. Isto é sobretudo concebível nos casos em que não seja previsível o mercado em que os valores mobiliários devem ser negociados ou em que seja prevista a negociação em vários mercados.

A generalidade destes contratos entre investidores e bancos actuando na qualidade de intermediários financeiros pode ser considerada como tendo por objecto o "fornecimento de serviços" nos termos do art. 5.º da Convenção de Roma[104]. Isto inclui os contratos para a obtenção de opera-

---

[103] Cf. MANKOWSKI (n. 98) n.os 1245-1247, KRONKE/HAUBOLD (n. 89) n.os 71 e 114, e SCHNYDER (n. 86) n.º 60.

[104] Cf. MANKOWSKI (n. 98) n.º 1241, KRONKE/HAUBOLD (n. 89) n.º 115 e SCHNYDER (n. 86) n.º 62. Quanto aos contratos celebrados entre investidores e intermediários financeiros que não sejam bancos, parece que será aplicável a já referida Convenção da Haia sobre a Lei Aplicável aos Contratos de Mediação e à Representação (1978) (Introdução III) que, na falta de escolha da lei aplicável, não conduz necessariamente aos mesmos resultados que a Convenção de Roma e que não contém um regime especial de protecção dos consumidores. Com efeito, com base no princípio *lex specialis derogat legi generali* deve entender-se que a Convenção da Haia prevalece sobre a Convenção de Roma – cf. VER-

ções a prazo em mercados de instrumentos financeiros[105]. Por conseguinte, desde que a finalidade prosseguida pelo investidor possa considerar-se estranha à sua actividade profissional, estes contratos devem ser subsumidos na categoria dos "contratos celebrados por consumidores". É defendido que o elemento prestação de serviço é normalmente preponderante mesmo que a relação entre o investidor e o intermediário seja configurada como uma venda de valores mobiliários, visto que, do ponto de vista substancial, o intermediário presta um serviço de registo ou depósito dos valores e de realização de transacções no mercado[106].

Já os negócios internos da bolsa celebrados entre intermediários financeiros, tendo por objecto valores mobiliários ou derivados, não podem ser considerados contratos com consumidores, mesmo que sejam celebrados em representação de investidores que não actuam profissionalmente[107]. A possibilidade de uma aplicação analógica do art. 5.º da Convenção de Roma permanece uma questão em aberto[108].

O regime especial dos contratos celebrados por consumidores foi atrás examinado (III). Foi então assinalado que a aplicação deste regime depende da verificação de certas conexões com o Estado da residência habitual com o consumidor e que é excluída quando o serviço devido ao consumidor deva ser prestado exclusivamente num país diferente daquele em que o consumidor tiver a sua residência habitual (art. 5.º/4). O serviço não é prestado exclusivamente num país diferente quando for prestado através da internet (em linha ou por correio electrónico)[109] ou quando o investidor for aconselhado no país da residência habitual através do tele-

---

HAGEN (n. 18) 135, HELENA BRITO (n. 18) 444 e segs. e LIMA PINHEIRO (n. 18) 174. A exclusão relativa às operações bancárias não se aplica neste caso – cf. KARSTEN (n. 18) 431 e VERHAGEN (n. 18) 165. Cp. HELENA BRITO (n. 95) 69 e seg.

[105] Cf. SCHNYDER (n. 86) n.º 368.

[106] Cf. MANKOWSKI (n. 98) n.º 1241 e SCHNYDER (n. 86) n.º 62. Cp. MARTINY (n. 36) n.º 1217, afirmando que o art. 5.º da Convenção de Roma não é aplicável à venda de valores mobiliários, visto que não se trata de bens corpóreos. O autor considera esta exclusão criticável visto que os pequenos investidores não são merecedores de menos protecção que o titular de uma poupança ou tomador de crédito.

[107] Cf. MANKOWSKI (n. 98) n.os 1255 e 1259, mas só relativamente às operações a prazo sobre divisas e à venda de acções, e SCHNYDER (n. 86) n.º 369, relativamente aos negócios sobre derivados.

[108] MANKOWSKI (n. 98) n.º 1259 considera esta possibilidade metodologicamente duvidosa.

[109] Cf. LIMA PINHEIRO (n. 31) 155, com mais referências.

274 Estudos de Direito Internacional Privado

fone ou de telefaxe. Em contrapartida, o recebimento de comissões de guarda dos títulos ou o pagamento de dividendos no país de residência habitual do consumidor não parece suficiente para excluir que o serviço se considere exclusivamente prestado fora deste país[110].

O art. 7.°/2 da Convenção de Roma permite a sobreposição das normas imperativas protectoras do consumidor que reclamem aplicação qualquer que seja a lei reguladora do contrato, contidas na lei do Estado do foro, mesmo que não se verifiquem os pressupostos de actuação do regime especial contido no art. 5.°[111]. É o caso, nos contratos com investidores não qualificados (art. 321.°/1 C. Val. Mob.), das regras que proíbem certas cláusulas nas relações com consumidores finais sempre que o mesmo apresente uma conexão estreita com o território português (*supra* IV). É também o caso das regras protectoras dos investidores não qualificados que celebrem contratos de intermediação para a execução de operações em Portugal sobre informação, conflito de interesses e segregação patrimonial (arts. 304.° e segs.) e das contidas nos arts. 321.° a 345.° C. Val. Mob., por força da norma de conflitos unilateral contida no art. 321.°/3 C. Val. Mob.[112].

E) Estatuto dos valores mobiliários

O estatuto do negócio não abrange todos os aspectos das operações financeiras internacionais que implicam a transmissão de valores mobiliários. Além das conexões especiais, atrás referidas, há questões que estão submetidas ao *estatuto dos valores mobiliários*.

Deve entender-se que a qualificação de um documento como valor mobiliário depende da ordem jurídica reguladora do direito representado (designadamente, quanto às acções e aos outros valores titulados emitidos por sociedades, a lei pessoal da sociedade). Quando perante esta ordem jurídica o direito seja representado por um valor mobiliário e a transmissão do direito dependa da transmissão do valor mobiliário, os requisitos e efeitos desta transmissão são controlados pela lei reguladora do valor

---

[110] Cp. MANKOWSKI (n. 98) n.° 1243, e SCHNYDER (n. 86) n.° 66.

[111] Cf. LIMA PINHEIRO (n. 64) 164 e segs., com mais referências, a que se deve juntar MOURA VICENTE (n. 74) 661 e seg.

[112] Norma que, segundo os critérios gerais, se deve considerar bilateralizável – ver LIMA PINHEIRO (n. 2) 221.

Direito Aplicável às Operações Bancárias Internacionais 275

mobiliário[113], embora se deva procurar transpor para os quadros desta lei os efeitos que os contratos de venda tenham vocação a produzir à face da *lex contractus*[114].

A doutrina tradicional tende a aplicar a lei da situação do título às questões suscitadas pela sua transmissão[115]; no caso das acções[116], ou pelo menos das acções nominativas[117], também é defendida a competência da lei pessoal da sociedade.

A regra da competência da lei da situação do título (*lex cartae sitae*), para além das fraquezas que sempre encerrou, encontra-se desajustada da realidade actual. Os valores mobiliários tendem a ser representados por registos em conta (valores escriturais) e não por documentos em papel (desmaterialização dos valores mobiliários).

O apelo a uma "localização jurídica" também encerra o risco de se procurar uma analogia com a *lex cartae sitae*. O que importa é encontrar o ou os elementos de conexão mais adequados para a determinação do Direito aplicável aos diferentes tipos de valor mobiliário (elementos de conexão que não se traduzem necessariamente em laços objectivos de carácter espacial)[118].

Para fazer face ao processo de desmaterialização dos valores mobiliários, foi proposta a aplicação do Direito do lugar em que o registo é mantido aos valores mobiliários escriturais[119]. Nesta linha, o art. 9.º/2 da Dir. 98/26/CE, de 19/5, Relativa ao Carácter Definitivo da Liquidação nos Sistemas de Pagamentos e de Liquidação de Valores Mobiliários, manda aplicar a lei do Estado-Membro em que se situa o registo, conta ou sistema

---

[113] Cf. KEGEL/SCHURIG (n. 42) 769 e SCHNYDER (n. 86) n.º 260.

[114] Ver, sobre a transposição, LIMA PINHEIRO (n. 2) 444 e segs.

[115] Ver KEGEL/SCHURIG (n. 42) 769; Tito BALLARINO – *Diritto internazionale privato*, 3.ª ed., Pádua, 1999, 754 e 756, distinguindo entre a lei reguladora do título (a lei do lugar da emissão nos termos do art. 59.º/3 da Lei italiana de Direito Internacional Privado) e a lei aplicável aos "direitos reais" sobre o título; MERKT (n. 100) n.º 871. Ver ainda, relativamente aos títulos ao portador, BATIFFOL/LAGARDE (n. 61) 230. Cp., no sentido de uma diferenciação, *Dicey and Morris* (n. 39) 931.

[116] Cf. MANKOWSKI (n. 98) n.º 1258. Cp. art. 58.º da Lei romena sobre a Regulamentação das Relações de Direito Internacional Privado (1992).

[117] Cf. BATIFFOL/LAGARDE (n. 61) 222 e seg. e *Dicey and Morris* (n. 39) 932.

[118] Para uma panorâmica das soluções possíveis, ver DALHUISEN (n. 13) 739 e segs.

[119] Ver *Dicey and Morris* (n. 39) 932, relativamente às acções e ressalvada a competência condicionante da lei pessoal da sociedade; mais em geral, KRONKE/HAUBOLD (n. 89) n.º 171.

de depósito centralizado à determinação dos direitos dos titulares de garantias sobre valores mobiliários aí inscritos (esta regra encontra-se transposta no art. 284.°/4 C. Val. Mob.)[120]. Também o art. 9.° da Dir. 2002/47/CE, de 6/6, Relativa aos Acordos de Garantia Financeira, determina a aplicação da lei do país em que a conta de referência está localizada às garantias "sob a forma de títulos escriturais" (esta regra encontra-se transposta no art. 21.° do DL n.° 105/2004, de 8/5).

No entanto, esta regra é insuficiente perante a frequente interposição de mais de um intermediário e, por conseguinte, a existência de mais de um registo. Com a evolução para um sistema de detenção indirecta, a titularidade e a transmissão dos valores mobiliários deixa de depender de um registo nos livros do emitente e passa a ser determinada pela inscrição em contas de valores mobiliários mantidas por intermediários, podendo haver um ou mais intermediários entre o emitente e o investidor[121].

Para fazer face a esta limitação, uma doutrina veio defender a aplicação do Direito do lugar em que o intermediário relevante (o que mantém a conta em que o direito está inscrito) administra a conta ou se situa o estabelecimento que administra esta conta (*Place of the Relevant Intermediary Approach* – PRIMA). Esta solução tem a vantagem de submeter a uma mesma lei todos os direitos sobre valores mobiliários do titular da conta, mesmo que os emitentes, registos, títulos ou intermediários de nível mais elevado estejam situados em diferentes países[122].

Esta solução, porém, também depara com dificuldades. Tem sido feito valer que não há um critério geralmente reconhecido para, na vasta maioria das transacções, determinar precisa e inequivocamente a localização de uma conta de valores mobiliários ou do estabelecimento de um intermediário que mantém essa conta[123]. Isto conduziu a uma versão

---

[120] Segundo DALHUISEN (n. 13) 740 e seg., esta solução já fora anteriormente adoptada pelas leis da Bélgica e do Luxemburgo com respeito aos sistemas centralizados de depósito internacionais *Euroclear* e *Clearstream*.

[121] Ver Roy GOODE, Hideka KANDA e Karl KREUZER – *Hague Securities Convention. Explanatory Report*, com a colaboração de Christophe BERNASCONI, A Haia, 2005, 8 e segs. Ver ainda DALHUISEN (n. 13) 739-740.

[122] Ver GOODE/KANDA/KREUZER (n. 121) 19. Ver, com mais desenvolvimento e dados de Direito material comparado, KRONKE/HAUBOLD (n. 89) n.ºs 191 e segs. Cp. as observações críticas de DALHUISEN (n. 13) 741 e segs.

[123] Cf. GOODE/KANDA/KREUZER (n. 121) 19. Ver ainda DALHUISEN (n. 13) 742 e seg., relacionando a relevância da autonomia da vontade com a relevância da *lex mercatoria*.

Direito Aplicável às Operações Bancárias Internacionais 277

modificada desta solução que confere um certo relevo à autonomia da vontade na determinação do Direito aplicável. Foi o caminho seguido, nos EUA, pelo *Uniform Commercial Code* (art. 8-110 (b) e (e)), e a nível internacional, pela Convenção da Haia sobre a Lei Aplicável a Certos Direitos Respeitantes a Valores Mobiliários Detidos por um Intermediário (2006). Assim, a Convenção da Haia vem admitir uma liberdade de designação do Direito aplicável (na convenção de conta) limitada ao Direito dos Estados em que o intermediário relevante exerça uma actividade significativa de manutenção de contas de valores mobiliários[124].

Estas soluções não prejudicam a competência da lei pessoal da sociedade para reger as relações entre o titular do valor mobiliário emitido por uma sociedade e a emitente[125].

Vejamos agora até que ponto o C. Val. Mob. acompanhou esta evolução.

A lei pessoal do emitente é aplicável ao conteúdo dos valores mobiliários (art. 40.º), mas com duas especialidades[126]. Primeiro, quanto a obrigações e a outros valores mobiliários representativos de dívida pode designar-se outro Direito no registo da emissão (art. 40.º/1/2.ª parte). Segundo, ao conteúdo dos valores mobiliários que confiram o direito à subscrição, à aquisição ou à alienação de outros valores mobiliários aplica-se cumulativamente a lei pessoal do emitente destes (art. 40.º/2).

Quanto à lei aplicável aos requisitos e aos efeitos da transmissão de direitos e à constituição de garantias sobre valores mobiliários, a lei pessoal do emitente só é aplicável aos valores mobiliários não registados nem

---

[124] Ver Goode/Kanda/Kreuzer (n. 121) 23 e segs; Hanno Merkt e Oliver Rossbach – "Das 'Übereinkommen über das auf bestimmte Rechte in Bezug auf einem Zwischenverwahrer sammelverwahrte Effekten anzuwendende Recht' der Haager Konferenz für Internationale Privatrecht", *ZVglRWiss* 102 (2003) 33; Maria Helena Brito – "A Convenção da Haia Sobre a Lei Aplicável a Certos Direitos Respeitantes a Valores Mobiliários Depositados num Intermediário", *in Direito dos Valores Mobiliários*, Coimbra, 2004, 114 e segs.; Michel Germain e Catherine Kessedjian – "La loi applicable à certains droits sur les titres détenus auprès d'un intermédiaire. Le projet de convention de La Haye de décembre 2002", *R. crit.* (2004/1) 49-81; Pascale Bloch e Hubert de Vauplane – "Loi applicable et critères de localisation des titres multi-intermédiés dans la Convention de La Haye du 13 décembre 2002", *Clunet* 132 (2005) 3-40.

[125] Cf. Batiffol/Lagarde (n. 61) 222. Ver ainda Florbela Pires (n. 90) 193 e segs. e 204 e seg. Ver também art. 2.º/3/c da referida Convenção da Haia.

[126] Ver Florbela Pires – *Direitos e Organização dos Obrigacionistas em Obrigações Internacionais*, Lisboa, 2001, 203 e segs.

depositados (art. 41.°/c). No que toca aos valores mobiliários integrados num sistema centralizado, aplica-se o Direito do Estado onde se situa o estabelecimento da entidade gestora desse sistema (art. 41.°/a). Relativamente aos valores mobiliários registados ou depositados não integrados em sistema centralizado aplica-se o Direito do Estado em que se situa o estabelecimento onde estão registados ou depositados (art. 41.°/b)[127].

F) Conexões especiais para certos aspectos das operações nos mercados de instrumentos financeiros

Passo agora a referir, sem pretensões de exaustividade, as principais conexões especiais estabelecidas para certos aspectos das operações em mercados de instrumentos financeiros.

As normas sobre os mercados permitidos e a admissão de valores mobiliários à negociação num mercado regulamentado têm geralmente uma esfera de aplicação territorial, i.e., aplicam-se aos mercados que funcionam no Estado que as edita.

Em alguns sistemas isto é visto como decorrência da natureza jurídico-pública destas normas[128]. Entre nós, a mesma ilação se impõe com respeito às normas sobre mercados permitidos. Já suscita dúvidas a natureza das normas sobre a admissão de valores mobiliários[129]. Mesmo quem entenda que estas normas são de Direito privado não negará que prosseguem, pelo menos em parte, finalidades públicas que justificam uma esfera de aplicação territorial.

Assim, está, em princípio, excluída a aplicação de Direito estrangeiro à permissão de mercados que funcionem em Portugal ou à admissão de valores mobiliários à negociação num mercado que funcione em Portugal[130]. Mas isto não exclui que se possa aplicar o Direito público estrangeiro quando esteja em causa num tribunal português a validade de

---

[127] Ver, sobre estes preceitos, HELENA BRITO (n. 104) 64 e segs. e (n. 124) 120 e segs.

[128] Ver SCHNYDER (n. 86) n.os 47 e seg.

[129] PAULO CÂMARA – "O governo das bolsas", *in Direito dos Valores Mobiliários*, vol. VI, 187-228, Coimbra, 2006, § 3.° VI, aponta no sentido da natureza jurídico-privada destas normas.

[130] Mas cp. também art. 231.°/3 C. Val. Mob.

uma operação sobre valores mobiliários realizada num mercado que funciona no estrangeiro[131].

As normas sobre ofertas públicas são objecto de uma norma de conflitos unilateral contida no art. 108.°/1 C. Val. Mob.; aplicam-se às ofertas públicas dirigidas especificamente a pessoas com residência ou estabelecimento em Portugal. Mas nesta matéria vigoram também diversas normas especiais.

Uma destas regras é a que decorre do art. 17.° da Directiva sobre o prospecto[132]: o prospecto aprovado no Estado-Membro de origem é válido e eficaz relativamente a uma oferta pública ou a uma admissão à negociação em qualquer dos Estados-Membros de acolhimento, desde que a autoridade competente de cada Estado-Membro de acolhimento seja notificada em conformidade com o artigo 18.°. Consagra-se aqui o princípio do país de origem quanto à competência para a aprovação do prospecto e quanto à lei aplicável aos requisitos do prospecto. O Estado-Membro de origem é, em princípio, o Estado-Membro em que o emitente tem a sua sede estatutária (art. 2.°/1/m da Directiva)[133]. Estas normas comunitárias foram transpostas para os arts. 145.° , 146.° e 147.°-A C. Val. Mob. A Directiva contém ainda indicações sobre as informações mínimas que devem constar do prospecto (art. 7.°) que foram regulamentadas pelo Reg. (CE) n. ° 809/2004, de 29/4.

Vigoram também regras especiais sobre as ofertas públicas de aquisição. Nesta matéria há que ter em conta a Directiva sobre ofertas públicas de aquisição que se aplica às ofertas de valores mobiliários de sociedades sujeitas à legislação dos Estados-Membros quando estes valores estejam admitidos à negociação num mercado regulamento em um ou vários Estados-Membros (art. 1.°/1)[134].

---

[131] Cp. SCHNYDER (n. 86) n.° 55.

[132] Dir. 2003/71/CE, de 4/11, Relativa ao Prospecto a Publicar em Caso de Oferta Pública de Valores Mobiliários ou da Sua Admissão à Negociação e que Altera a Directiva 2001/34/CE. Sobre esta directiva, e a sua transposição para a ordem jurídica interna, ver designadamente PAULO CÂMARA – "A Directiva dos Prospectos: contexto, conteúdo e confronto com o Direito positivo nacional", in Est. Marques dos Santos, vol. I, 1083-1114, Coimbra, 2005. Ver ainda PAULO OTERO – "Normas administrativas de conflitos: as situações jurídico-administrativas transnacionais", in Est. Marques dos Santos, vol. II, 781-790, Coimbra, 2005, 784 e segs.

[133] Ver ainda art. 2.°/1/m/ii e, no caso de emitentes cuja sede estatutária se situe em país terceiro, arts. 20.° e 2.°/1/m/iii.

[134] Dir. 2004/25/CE, de 12/4, Relativa às Ofertas Públicas de Aquisição.

O art. 4.º desta Directiva, sob a epígrafe "Autoridade de supervisão e direito aplicável", contém normas expressas de competência para a supervisão das ofertas. É competente, em primeira linha, a autoridade do Estado-Membro em que se situa a sede social da sociedade visada (art. 4.º/2/a). O art. 4.º estabelece regras especiais para o caso de os valores mobiliários da sociedade visada não estarem admitidos à negociação num mercado regulamentado do Estado-Membro em que se situa a sede social ou de estarem admitidos à negociação em mercados regulamentados de mais de um Estado-Membro. No primeiro caso, é competente a autoridade do Estado-Membro em cujo mercado regulamentado estejam admitidos à negociação os valores mobiliários dessa sociedade (art. 4.º/2/b/1.º §). No segundo caso, vale o princípio da prioridade: é competente a autoridade do Estado-Membro em cujo mercado regulamentado os valores mobiliários dessa sociedade tenham sido admitidos à negociação em primeiro lugar (art. 4.º/2/b/2.º §)[135]. Estas regras foram transpostas para o art. 145.º-A C. Val. Mob.

Está implícita uma norma de conflitos unilateral segundo a qual a autoridade competente aplica o Direito do foro[136].

A Directiva parece basear-se no pressuposto de que a sociedade visada pela OPA está submetida à lei da sua sede. Dada a divergência entre os sistemas que adoptam a teoria da constituição e os que adoptam a teoria da sede (da administração) este pressuposto leva-nos a entender que o conceito relevante de sede social depende da teoria adoptada pelo Estado-Membro em causa[137]. Será a sede estatutária nos países que adoptam a teoria da constituição (visto que normalmente as sociedade têm sede estatutária no país em que se constituem) e a sede da administração nos países que adoptam a teoria da sede.

Nos casos em que os valores mobiliários da sociedade visada estão admitidos à negociação, no todo ou em parte, num mercado regulamentado que não é o do Estado da sede social, suscita-se um problema de delimitação entre as questões abrangidas pelo estatuto da OPA e as questões

---

[135] Ver ainda art. 4.º/2/c.

[136] Cf. SCHNYDER (n. 86) n.º 229. Ver também Dário MOURA VICENTE – "Ofertas públicas de aquisição internacionais", *in Estudios sobre contratación internacional*, org. por Alfonso Luis Calvo Caravaca e Javier Carrascosa González, 373-391, Madrid, 2006, 385 e segs.

[137] Sobre estas divergência ver LIMA PINHEIRO (n. 18) 79 e segs.

Direito Aplicável às Operações Bancárias Internacionais

abrangidas pelo estatuto da sociedade[138]. O art. 4.º procura resolver estas dificuldades, enumerando questões que estão submetidas ao Direito da autoridade competente e questões que estão submetidas ao Direito da sede sociedade (n.º 2/e). Este preceito foi transposto para o art. 108.º/2 C. Val. Mob.

As relações contratuais de venda de valores mobiliários que se estabeleçam mediante a aceitação de ofertas públicas estão submetidas às regras da Convenção de Roma[139].

Geralmente a proposta conterá uma designação do Direito aplicável. No que se refere às ofertas públicas de aquisição, o art. 138.º/1/n C. Val. Mob. impõe mesmo a menção da "legislação nacional que será aplicável aos contratos celebrados entre o oferente e os titulares de valores mobiliários da sociedade visada, na sequência da aceitação da oferta, bem como os tribunais competentes para dirimir os litígios daqueles emergentes".

Nos casos raros em que não haja designação do Direito aplicável, a doutrina diverge quanto à determinação da conexão mais estreita com respeito a relações estabelecidas na sequência de ofertas públicas de aquisição[140]. Parece defensável que a conexão mais estreita conduza frequentemente à aplicação da mesma lei que define o estatuto da OPA, caso em que não se justifica, portanto, o recurso à "presunção" a favor da lei do devedor da prestação característica (que é o vendedor)[141].

Foi anteriormente referido que, em matéria de *contratos celebrados à distância relativos a serviços financeiros*, o art. 40.º do DL n.º 95/2006, de 29/5, estabelece que a "escolha pelas partes da lei de um Estado não comunitário como lei aplicável ao contrato não priva o consumidor da protecção que lhe garantem as disposições do presente decreto-lei". Este regime é aplicável aos contratos entre investidores e intermediários financeiros relativos a instrumentos financeiros (cf. art. 2.º/b e d)[142].

Além destas conexões especiais, na ordem jurídica portuguesa há ainda que ter em conta o art. 3.º C. Val. Mob. que, quando for competente uma lei estrangeira, permite a *sobreposição das normas imperativas do*

---

[138] Ver SCHNYDER (n. 86) n.ºs 234 e seg.

[139] Cf. KRONKE/HAUBOLD (n. 89) n.º 424 e SCHNYDER (n. 86) n.ºs 244 e segs. Ver também MOURA VICENTE (n. 74) 670 e seg. e (n. 136) 385 e seg.

[140] Ver SCHNYDER (n. 86) n.ºs 247 e seg.

[141] Ver, em sentido convergente, MERKT (n. 100) n.º 862, SCHNYDER (n. 86) n.º 248 e MOURA VICENTE (n. 136) 386.

[142] Ver também MANKOWSKI (n. 98) n.ºs 1250 e seg.

Código com respeito às situações, actividades e actos que tenham uma conexão relevante com o território português. O n.º 2 deste artigo contém uma enumeração não exaustiva das conexões relevantes com o território português. O art. 3.º tem como epígrafe *"normas de aplicação imediata"*, mas esta expressão não corresponde a uma categoria de normas definida por um critério material[143]. Trata-se, por conseguinte, de uma modalidade de cláusula geral que autoriza o intérprete a aplicar qualquer das normas imperativas do Código sempre que entenda que há uma conexão suficiente com o território português[144].

Esta cláusula geral é indesejável. Aquilo que se espera do legislador, sobretudo numa área de Direito dos negócios em que os operadores necessitam da máxima certeza jurídica e da máxima previsibilidade possíveis, é que determine claramente as normas imperativas que são susceptíveis de sobreposição ao Direito estrangeiro competente e que delimite com precisão o seu âmbito de aplicação no espaço. Casos-limite, em que haja razões ponderosas e excepcionais para aplicar determinada norma imperativa na falta de previsão legal, deixam-se resolver adequadamente com base na teoria das lacunas da lei[145].

Autorizar o intérprete a proceder a valorações conflituais casuísticas é algo que compromete as exigências de certeza e previsibilidade jurídicas e que contribui para uma maximização do âmbito de aplicação no espaço do Direito interno. A maximização do âmbito de aplicação do Direito interno aumenta o risco de concorrência de pretensões de regulação com outros Estados e, com isso, conduz ao cúmulo de normas imperativas que restringe excessivamente a autonomia da vontade e gera conflitos de deveres para os operadores dos mercados de instrumentos financeiros.

Enquanto o art. 3.º C. Val. Mob. vigorar na ordem jurídica portuguesa, a consideração dos valores fundamentais e dos princípios gerais do sistema português de Direito de Conflitos justifica uma interpretação restritiva da regra nele contida[146].

---

[143] Ver LIMA PINHEIRO (n. 2) 193-195.

[144] Cp. HELENA BRITO (n. 104) 71 e segs. e MOURA VICENTE (n. 136) 388 e seg.

[145] Ver LIMA PINHEIRO (n. 2) 198 e segs.

[146] Sobre os valores e os princípios do sistema português de Direito de Conflitos, ver LIMA PINHEIRO (n. 2) 229 e segs., com mais referências.

A ARBITRAGEM CIRDI
E O REGIME DOS CONTRATOS DE ESTADO*

I. ASPECTOS GERAIS

A) Noção de contrato de Estado

Por contrato de Estado entende-se geralmente o contrato celebrado entre um Estado ou um ente público autónomo e um particular "nacional" de outro Estado. O contrato de Estado pode, à face da ordem jurídica do sujeito público, ser um contrato de Direito privado ou um contrato de Direito público. Mas esta qualificação não é, *a priori*, decisiva para a determinação do seu regime.

O conceito de contrato administrativo é estranho ao Direito Internacional Público[1] e é desconhecido de muitos sistemas jurídicos, designadamente dos sistemas do *Common Law*[2]. Se a ordem jurídica do sujeito público sujeitar o contrato a um regime especial de Direito público e a questão se colocar perante um tribunal da mesma ordem jurídica é de supor que este órgão aplicará directamente esse regime especial. Neste

---

* O presente trabalho foi elaborado com vista ao Estudos em Homenagem ao Prof. Doutor Paulo de Pitta e Cunha.

[1] Ver, designadamente, decisão arbitral no caso *Aminoil* v. *Koweit* (*ad hoc*, 1982) n.os 6-10 e 90-98 [*Clunet* 109 (1982) 869].

[2] Ver Luís de LIMA PINHEIRO – *Contrato de Empreendimento Comum (Joint Venture) em Direito Internacional Privado*, Almedina, Coimbra, 1998, 405 e n. 13, com mais referências. No caso *Texaco* v. *Libya* (*ad hoc*, 1977) [*ILR* 53: 389], n.os 23 e 57, o árbitro assinalou que a distinção entre contratos civis e contratos administrativos não pode ser considerada como correspondendo a um "princípio geral de Direito". No mesmo sentido ver primeira decisão sobre o mérito no caso *Amco* v. *Indonesia* (CIRDI, 1984) [*ILR* 89 (1992) 405] n.º 180, reafirmada pela segunda decisão sobre o mérito (1990) [*ILR*. 89 (1992) 580].

caso o contrato de Estado é equiparado a um contrato público interno. Mas já se a questão se colocar perante um órgão internacional de aplicação do Direito, perante um tribunal arbitral transnacional ou perante um órgão de aplicação do Direito de outro Estado a situação é bem diferente. Estes órgãos não estão vinculados a aplicar directamente ao contrato o regime especial de Direito público do Estado nele implicado. Por conseguinte, coloca-se um problema de determinação do Direito aplicável.

A primeira questão suscitada pela determinação do regime de um contrato de Estado é, portanto, a de saber se este contrato se insere exclusivamente na ordem jurídica do sujeito público, por força do Direito Internacional, ou se releva noutras ordens jurídicas ou planos normativos. De um ponto de vista prático, esta questão reconduz-se à questão de saber se os litígios emergentes do contrato só podem ser apreciados pelos tribunais do Estado implicado no contrato ou podem ser dirimidos por tribunais internacionais, por árbitros transnacionais ou pelos tribunais de outro Estado. A resposta a esta questão encontra-se no estatuto dos tribunais internacionais, no Direito da Arbitragem Transnacional, nas regras internacionais aplicáveis à imunidade de jurisdição dos Estados e nas regras internas sobre a admissibilidade de pretensões de Estados estrangeiros nos tribunais locais.

B) A jurisdição competente para dirimir as controvérsias emergentes dos contratos de Estado

Segundo a concepção tradicional, *o acesso às jurisdições internacionais* é reservado aos Estados[3]. Assim, o art. 34.º/1 do Estatuto do Tribunal Internacional de Justiça determina que só os Estados podem ser partes em causas perante o tribunal. Mas esta concepção tradicional tem perdido terreno, quer à face do Direito Internacional Público geral[4], quer perante o Direito Internacional Público convencional e derivado. Assim, a Convenção de Washington para a Resolução de Diferendos Relativos a Investimentos entre Estados e Nacionais de outros Estados, de 1965, veio criar um dispositivo arbitral – o Centro Internacional para a Resolução de Dife-

---

[3] Cf. NGUYEN QUOC/DAILLIER/PELLET – *Droit international public*, 7.ª ed., Paris, 2002, 696.

[4] Em matéria de responsabilidade penal internacional dos indivíduos.

rendos Relativos a Investimentos (CIRDI) – para a resolução de litígios directamente decorrentes de um investimento entre o investidor estrangeiro e o Estado de acolhimento.

No que toca à *arbitragem transnacional*, tende a admitir-se a sujeição a árbitros das controvérsias emergentes de contratos de Estado. A tendência dominante nos sistemas jurídicos nacionais vai neste sentido e a arbitrabilidade de todos os litígios contratuais constitui hoje um princípio transnacional reconhecido pelos árbitros e pelos operadores do comércio internacional[5]. Por acréscimo, vigora em muitos sistemas nacionais, bem como no plano transnacional, a regra segundo a qual o Estado ou ente público autónomo estrangeiro não pode contestar a validade da convenção de arbitragem ou, em particular, a arbitrabilidade do litígio com base no seu Direito interno[6]. Enfim, o Estado que celebrou uma convenção de arbitragem não pode invocar a sua imunidade de jurisdição perante o tribunal arbitral nem perante o tribunal estadual que desempenhe funções de controlo da arbitragem ou de assistência à arbitragem[7].

Quanto à possibilidade de o litígio ser apreciado por tribunais de um Estado que não é o implicado no contrato, não cabe examinar aqui os *regimes da imunidade de jurisdição dos Estados e da admissibilidade de pretensões de Estados estrangeiros*[8]. Direi apenas que, segundo o entendimento dominante, que se manifesta na recente Convenção das Nações Unidas sobre as Imunidades Jurisdicionais dos Estados e dos Seus Bens

---

[5] Ver Luís de LIMA PINHEIRO – *Arbitragem Transnacional. A Determinação do Estatuto da Arbitragem*, Almedina, Coimbra, 2005, 116 e segs. e 219 e segs., com mais referências.

[6] Cf. Ph. FOUCHARD, E. GAILLARD e B. GOLDMAN – *Traité de l'arbitrage commercial international*, Paris, 1996, 341 e segs., e Laurence CRAIG, William PARK e Jan PAULSSON – *International Chamber of Commerce Arbitration*, 3.ª ed., Dobbs Ferry, N.Y., 2000, 642. Também segundo o art. 5.º da Resolução do *Instituto de Direito Internacional* sobre a arbitragem entre Estados, empresas públicas ou entes estaduais e empresas estrangeiras (Santiago de Compostela, 1989), um Estado, empresa ou entidade pública não pode invocar a incapacidade de celebrar uma convenção de arbitragem para recusar a sua participação na arbitragem em que consentiu – ver, sobre este preceito, Arthur VON MEHREN e Eduardo JIMÉNEZ DE ARÉCHAGA – "Arbitration between States and Foreign Enterprises. Draft Report", *Ann. Int. dr. int.* 63/I (1989) 100-140, 132 e seg.

[7] Ver, quanto a este segundo aspecto, art. 17.º da Convenção das Nações Unidas sobre as Imunidades Jurisdicionais dos Estados e dos Seus Bens (Nova Iorque, 2005).

[8] Ver LIMA PINHEIRO (n. 2) 451 e segs., e *Direito Comercial Internacional*, Almedina, Coimbra, 2005, 61 e segs., com mais referências.

(Nova Iorque, 2005), os Estados não gozam, em regra, de imunidade de jurisdição relativamente aos contratos celebrados no exercício de actividades económicas[9]. Mesmo nos casos em que o sujeito público possa gozar de imunidade, esta imunidade é renunciável, designadamente através de pacto atributivo de jurisdição aos tribunais de outro Estado. Se, em regra, o sujeito público não goza nesta matéria de imunidade de jurisdição, também se deve admitir que, em regra, pode actuar pretensões nesta matéria junto de tribunais de outros Estados, mesmo que fundadas no seu Direito público.

Em suma, na grande maioria dos casos os litígios emergentes de contratos de Estado podem ser apreciados por tribunais que não pertencem à organização judiciária do Estado implicado no contrato. Por conseguinte, os contratos de Estado colocam, assiduamente, um problema de determinação do Direito aplicável. O ramo do Direito que se ocupa da determinação do Direito aplicável a situações transnacionais é o Direito Internacional Privado. Mas os contratos de Estado revestem-se de certa especificidade, que coloca problemas especiais e pode, eventualmente, justificar soluções especiais.

C) A determinação do Direito aplicável aos contratos de Estado nos tribunais estaduais

Vejamos o que se passa com a determinação do Direito aplicável aos contratos de Estado nos tribunais estaduais. Na grande maioria dos sistemas, nem o legislador nem, na sua omissão, a jurisprudência, sentiu a necessidade de formular soluções especiais para os contratos internacionais com elementos públicos. Por conseguinte, o Direito aplicável aos contratos de Estado determina-se, *em princípio*, com base no Direito de Conflitos geral, i.e., o Direito de Conflitos geralmente aplicável, nos tribunais estaduais, aos contratos obrigacionais. É o que se tem verificado perante a Convenção de Roma sobre a Lei Aplicável às Obrigações Contratuais (1980).

Com efeito, contrariamente à Convenção de Bruxelas Relativa à Competência Judiciária e à Execução de Decisões em Matéria Civil e

---

[9] A principal excepção são os contratos de trabalho (art. 2.º/1/c), em que a Convenção consagrou uma solução de compromisso.

Comercial (1968), bem como ao Regulamento n.° 44/2001 que a veio substituir nas relações entre Estados-Membros por ele vinculados, a Convenção de Roma não limitou o seu âmbito de aplicação à "matéria civil e comercial" nem excluiu a sua aplicação a "matérias administrativas"[10]. Tão-pouco resulta do Relatório GIULIANO/LAGARDE a exclusão de contratos com elementos públicos[11].

A razão de ser desta divergência não está inteiramente esclarecida, mas é razoável pensar que o legislador internacional ao mesmo tempo que não quis interferir com as regras internas de competência judiciária com respeito a contratos que envolvem o exercício de poderes de autoridade (e em que podem estar em causa problemas de imunidade de jurisdição), quis estabelecer um regime de determinação do Direito aplicável com respeito a todos os contratos obrigacionais que "impliquem um conflito de

---

[10] Ver, sobre o sentido desta exclusão, Luís de LIMA PINHEIRO – *Direito Internacional Privado*, vol. III – *Competência Internacional e Reconhecimento de Decisões Estrangeiras*, Almedina, Coimbra, 2002, 60 e seg.

[11] No Relatório GIULIANO sobre o anteprojecto de Convenção (1972) afirmava-se a aplicabilidade das regras uniformes aos contratos celebrados entre um Estado e um particular, desde que se tratasse de contratos inseridos na esfera do Direito privado [n.° 1 *in fine*]. Desta passagem parecia inferir-se a exclusão dos contratos públicos. Neste sentido, e criticamente, Kurt LIPSTEIN – "Comments on Arts. 1 to 21 of the Draft Convention", *in European Private International Law of Obligations*, org. por LANDO/VON HOFFMANN/SIEHR, 1975, 155-164, n.° 7. Tal afirmação não veio a constar, porém, do Relatório GIULIANO/LAGARDE sobre a Convenção. Pelo contrário, este relatório não deixa de invocar [16], em abono do princípio da autonomia da vontade, a decisão do TPJI no caso dos empréstimos sérvios e as decisões arbitrais nos casos *Saudi Arabia v. Arabian American Oil Company (Aramco)* (*ad hoc*, 1958) [*ILR* 27: 117], relativo a um contrato de concessão de prospecção e exploração de petróleo, que, no entender do tribunal arbitral, fora celebrado no exercício de um poder soberano e teria um carácter misto público e privado – cf. LIPSTEIN – "International Arbitration Between Individuals and Governments and the Conflict of Laws", *in Contemporary Problems of International Law. Essays in Honour of Georg Schwarzenberger*, org. por BIN CHENG e E. BROWN, 177-195, Londres, 1988, 183; *Sapphire International Petroleums Ltd. v. National Iranian Oil Company* (*ad hoc*, 1963) [*ILR* 35: 136], relativo ao incumprimento de um "contrato de concessão", que, na verdade, era um contrato misto de concessão e empreendimento comum; e, *Texaco v. Libya* (n. 2), com respeito a um contrato de concessão de exploração de petróleo, em que o árbitro RENÉ-JEAN DUPUY afastou a qualificação de contrato administrativo à face do Direito líbio, por entender que o Estado ou autoridade administrativa lidou com a outra parte numa base de igualdade, que não se tratou de uma operação ou exploração de serviço público e que a distinção entre contratos civis e administrativos, sendo desconhecida de muitos sistemas, não pode ser considerada como correspondendo a uma "princípio geral de Direito".

288   *Estudos de Direito Internacional Privado*

leis". Quando os tribunais de um Estado se ocupem de contratos que são submetidos pela ordem jurídica do foro a um regime especial de Direito público não se suscita um "conflito de leis" e, por isso, é aplicável directamente o Direito público interno. Quando os tribunais de um Estado se ocupem de contratos em que estão implicados sujeitos públicos estrangeiros suscita-se sempre um "conflito de leis" e, por isso, tem de recorrer--se à Convenção de Roma para determinar o Direito aplicável. Não é outro o entendimento largamente dominante[12].

No entanto, a situação vai ser alterada com a adopção do Regulamento comunitário sobre a Lei Aplicável às Obrigações Contratuais (designado Regulamento Roma I) que virá substituir a Convenção de Roma. Com efeito, este Regulamento alinha o seu âmbito material de aplicação com o do Regulamento n.º 44/2001 e, assim, circunscreve-se à "matéria

---

[12] Cf. François RIGAUX – "Examen de quelques questions laissées ouvertes par la convention de Rome sur la loi applicable aux obligations contractuelles", *Cahiers de Droit Européen* 24 (1988) 306-321, 313-314 e 319 e segs.; *Dicey, Morris and Collins on the Conflict of Laws*, 14.ª ed., vol. II, Londres, 2006, 1547 e seg. e 1567 e seg.; Pierre MAYER e Vincent HEUZÉ – *Droit international privé*, 8.ª ed., 2004, 513; Dieter MARTINY *in Internationales Vertragsrecht – Das internationale Privatrecht der Schuldverträge*, org. por Cristoph REITHMANN e Dieter MARTINY, 6.ª ed., Colónia, 2004, n.º 147; Alfonso-Luis CALVO CARAVACA e Javier CARRASCOSA GONZÁLEZ – *Derecho Internacional Privado*, 8.ª ed., Granada, 2007, 452 e 453, com excepção de aspectos "de puro Direito público" de contratos relacionados com "mercados públicos" (aparentemente os autores têm em vista os aspectos relacionados com o concurso público); aparentemente, Gerhard KEGEL e Klaus SCHURIG – *Internationales Privatrecht*, 9.ª ed., Munique, 2004, 661. Ver também, no sentido da aplicação do Direito de Conflitos geral, PIERRE LALIVE – "L'État en tant que partie a des contrats de concession ou d'investissement conclus avec des sociétés privées étrangères", *in UNIDROIT – New Directions in International Trade*, vol. I, 317-373, 1977, 343 e seg.; Id. – "Sur une notion de 'Contrat international'", *in Multum non Multa, FS Kurt Lipstein*, 135-155, 1980, 151 e segs.; VAN HECKE – "Contracts between States and Foreign Private Law Persons", *in EPIL*, 2.ª ed., vol. VII, 1992, n.º 1; Bernd VON HOFFMANN *in* FISCHER/VON HOFFMANN – *Staatsunternehmen im Völkerrecht und im Internationalen Privatrecht*, Heidelberga, 1984, 57 e seg.; e Ian BROWNLIE – *Principles of Public International Law*, 6.ª ed., Oxford, 2003, 525.

Cp., em sentido contrário, Peter KAYE – *The New Private International Law of Contract of the European Community*, Aldershot et al., 1992, 111; Dário MOURA VICENTE – "Direito aplicável aos contratos públicos internacionais", *in Est. Marcello Caetano*, 289-311, Coimbra, 2006, 198, com respeito aos "contratos administrativos internacionais"; aparentemente, também Bernard AUDIT – *Droit international privé*, 4.ª ed., Paris, 2006, 667 e seg.

civil e comercial" e exclui as "matérias administrativas". Esta alteração não é feliz, porque limita o alcance da unificação e, na falta de soluções especiais, suscita uma indesejável incerteza e imprevisibilidade sobre a determinação do Direito aplicável aos contratos de Estado que envolvam o exercício de poderes de autoridade.

À face da Convenção de Roma e do Regulamento Roma I, as partes podem escolher o Direito estadual ou local aplicável ao contrato sem qualquer limite (art. 3.°). Esta solução é adequada aos contratos de Estado, mas como dificilmente o sujeito público aceitará submeter o contrato ao Direito de outro Estado, esta escolha só será realizada se o contraente particular aceitar a aplicabilidade do Direito do Estado contratante.

Na falta de escolha pelas partes, a Convenção de Roma manda aplicar a lei do país que apresenta a conexão mais estreita com o contrato (art. 4.°/1 e 5) e, em caso de dúvida, presume a conexão mais estreita com o país do devedor da prestação característica (art. 4.°/2). Isto significa, por exemplo, que em caso de dúvida na determinação da conexão mais estreita se aplica, no contrato de venda, a lei do vendedor e, no contrato de prestação de serviço, a lei do prestador de serviço. A Convenção não estabelece qualquer regime especial para os contratos internacionais entre sujeitos públicos e particulares.

Em tese geral, um sector representativo da doutrina tem defendido uma "presunção" favorável à competência do Direito do Estado parte no contrato (ou do Estado a que pertence o ente público autónomo parte no contrato)[13]. Esta posição não é compatível com o Direito de Conflitos con-

---

[13] Ver, neste sentido, Georg SCHWARZENBERGER – *International Law*, vol. I, Londres, 1957, 147; KEGEL/SCHURIG (n. 12) 661 (mantendo a posição expressa nas edições anteriores); aparentemente no sentido de se tratar de uma presunção que só funciona com respeito a contratos de Direito público, *Dicey, Morris and Collins* (n. 12) 1548; no mesmo sentido, RIGAUX [(n. 12) 314; Henri BATIFFOL e Paul LAGARDE – *Droit international privé*, 7.ª ed., Paris, 1983, 298, considerando "pouco prático que as operações de Direito público sejam regidas por uma lei estrangeira"; AUDIT (n. 12) 668, afirmando a presunção com respeito aos contratos que o Estado celebra na sua qualidade própria, mas admitindo uma diferenciação entre os contratos em que o particular se coloca sob a égide do regime de Direito público do Estado contraente – designadamente os contratos administrativos cuja celebração é precedida de procedimentos específicos, tais como, por exemplo, o concurso público – e que estarão indubitavelmente submetidos ao Direito deste Estado, e aqueloutros, como é geralmente o caso dos contratos de investimento ou desenvolvimento económico, em que a recusa do particular a submeter-se exclusivamente à lei do Estado contratante se exprime

tido na Convenção de Roma. O que pode discutir-se, à face do art. 4.° da Convenção de Roma, é se a circunstância de uma das partes ser um Estado ou outro sujeito público estadual constitui um elemento relevante para a determinação da conexão mais estreita.

Parece de acolher a opinião segundo a qual não é de atribuir à qualidade de sujeito público de uma das partes um valor especial na determinação da lei objectivamente competente[14].

---

mediante cláusulas que remetem para um Direito diferente, cláusulas de estabilização ou intangibilidade e cláusulas atribuindo competência exclusiva a outras jurisdições; e François RIGAUX e Marc FALLON – *Droit international privé*, 3.ª ed., Bruxelas, 2005, 863.

Ver ainda o § 3.° do art. 24.° do Anteprojecto de 1951, da autoria de FERRER CORREIA, que consagrava, na falta de designação pelas partes, a aplicação das "leis territoriais do Estado ou ente público contratante", aos "contratos celebrados com o Estado ou entes públicos congéneres, para a realização de um serviço público"; Annie TOUBIANA – "Contrat administratif", *in Rép. dr. int.*, vol. I., 1968, n.° 9, favorecendo a formulação de uma regra bilateral segundo a qual os contratos administrativos seriam regidos pela lei do Estado ou da pessoa colectiva pública contratante; A. F. MANIRUZZAMAN – "International Commercial Arbitration: The Conflict of Laws Issues in Determining the Applicable Substantive Law in the Context of Investment Agreements", *NILR* 40 (1993) 201-237, 213 e segs.; VISCHER/VON PLANTA – *Internationales Privatrecht*, 2.ª ed., Basileia, 1982, 176; e, *Kommentar zum Bundesgesetz über das Internationale Privatrecht (IPRG) vom 1. Januar 1989*, org. por Anton HEINI, Max KELLER, Kurt SIEHR, Frank VISCHER e Paul VOLKEN, – KELLER -- KREN KOSTKIEWICZ, Art. 116-117 [n.ᵒˢ 39 e 45], defendendo que o contrato conformado essencialmente por regime imperativo de Direito público de um Estado, que esteja em posição de efectivar este regime, se considera como "objectivamente localizado" nesta ordem jurídica com exclusão da escolha pelas partes do Direito aplicável; esta posição não é mantida na edição mais recente (*Zürcher Kommentar*).

[14] Cf. PIERRE LALIVE (n. 12) loc. cit.; VAN HECKE (n. 12) n.° 1 afirmando que a opinião dominante é contrária à existência de uma presunção a favor do Direito do sujeito público; VON HOFFMANN (n. 12) 57; LIMA PINHEIRO (n. 2) 1228 e segs.; Id. – "O problema do Direito aplicável aos contratos internacionais celebrados pela Administração Pública", *Direito e Justiça* 13 (1999) 29-64; Id. – "Contratos de Estado", *in Estudos de Direito Internacional Privado*, 105-132, Almedina, Coimbra, 2006, 123; REITHMANN/MARTINY/MARTINY (n. 12) n.° 147. No mesmo sentido pode já ser invocada a decisão TPJI de 12/7/1929, no caso dos empréstimos sérvios [*Clunet* 56 (1929) 1002]. Em relação aos contratos de empreendimento comum, François KNOEPFLER e Olivier MERKT – "Les accords de joint venture et les limites du droit international prive", *in Conflits et harmonisation, Mélanges Alfred von Overbeck*, 747-768, Friburgo, 1990, 756 e seg.

A Resolução do *Instituto de Direito Internacional* sobre a lei do contrato nos contratos entre um Estado e uma pessoa privada estrangeira (Atenas, 1979), não estabelece qualquer distinção em função do carácter administrativo ou do regime aplicável à face do Direito do sujeito público, nem consagra a presunção de conexão mais estreita com este

Certamente que os Estados e os entes públicos autónomos, quando celebram contratos com particulares nacionais de outros Estados, prosseguem interesses públicos. Mas este facto não justifica uma desigualdade de tratamento das partes pelo Direito Internacional Privado. O sujeito público ajuizará do melhor modo de prosseguir os interesses públicos postos a seu cargo. Se entender que a tutela dos interesses públicos exige a sujeição aos tribunais e à lei do Estado implicado na relação, mesmo que isso, como é natural, se repercuta no pagamento de uma contrapartida mais onerosa pelos bens ou serviços fornecidos, o sujeito público deverá assegurá-lo na selecção do instrumento contratual e na conformação do contrato, designadamente através de cláusulas de jurisdição e de designação do Direito aplicável apropriadas. Se o sujeito público não o faz, permitindo aos tribunais de outros Estados que apreciem o contrato e não excluindo a aplicação da lei de outros Estados, não cabe ao Direito de Conflitos destes Estados sacrificar o equilíbrio de interesses entre as partes, que aponta no sentido da aplicação da lei que apresenta a conexão mais significativa com o contrato.

O Regulamento Roma I dá uma nova redacção ao art. 4.º que passa a estabelecer como regra supletiva primária a competência do Direito da residência habitual do devedor da prestação característica (n.ºs 1 e 2). Considera-se que as pessoas colectivas têm residência habitual no local onde se situa a administração central ou, se o contrato foi celebrado no âmbito da exploração de um estabelecimento situado noutro local, o local onde se situa este estabelecimento (art. 19.º). Esta regra primária é limitada por uma cláusula de excepção que permite aplicar a lei de outro país se resultar claramente do conjunto das circunstâncias do caso que o contrato apresenta uma conexão manifestamente mais estreita com este país (art. 4.º/3).

Admito que o reforço da competência atribuída ao Direito da parte que fornece os bens ou serviços possa ser particularmente inconveniente com respeito aos contratos de Estado. Mas teria sido preferível estabelecer

---

Direito. Sobre esta resolução ver VAN HECKE – "Les accords entre un État et une personne privée étrangère. Rapport provisoire", *Ann. Inst. dr. int.* 57-I (1977) 192-202, *maxime* 196 e seg. e 200 e segs., e "Les accords entre un État et une personne privée étrangère. Rapport définitif", *Ann. Inst. dr. int.* 57-I (1977) 246-252, e, cp. posição parcialmente divergente de BATIFFOL e SEIDL-HOHENVELDERN *in Ann. Inst. dr. int.* 57-I (1977) 209 e segs. e 231 e segs., respectivamente, e, a favor do entendimento que prevaleceu na Comissão, PIERRE LALIVE [op. cit. 225 e seg.].

uma regra especial para estes contratos que mantivesse o regime estabelecido pela Convenção de Roma. A exclusão dos contratos de Estado que envolvam o exercício de poderes de autoridade do âmbito de aplicação do Regulamento Roma I coloca a questão de saber se deverá ser aplicado a estes contratos o Direito de Conflitos de fonte interna que, no nosso caso, consta dos arts. 41.º e 42.º CC. A meu ver, este regime, ao limitar a liberdade de escolha da lei aplicável e ao estabelecer, como regra supletiva para os contratos onerosos entre partes localizadas em países diferentes, a competência da lei do lugar da celebração, é inadequado aos contratos de Estado.

Numa primeira aproximação, parece-me defensável que os tribunais portugueses apliquem analogicamente o regime do Regulamento Roma I a esses contratos de Estado, com os ajustamentos que se imponham. No que toca à regra supletiva, entendo que esses contratos deverão ficar sujeitos à lei do país com o qual apresentam uma conexão mais estreita (art. 4.º/4).

Na prática, na omissão de uma escolha expressa do Direito aplicável estas soluções conduzem frequentemente à aplicação do Direito do Estado implicado no contrato. Por duas razões.

Por um lado, porque por vezes as partes utilizam um formulário predisposto pelo sujeito público ou pelas autoridades do respectivo Estado, que se baseia no Direito deste Estado. Se tal não for suficiente para inferir uma designação tácita, constituirá pelo menos um indício que aponta para a existência de uma conexão mais estreita com este Estado[15].

Por outro, a conexão mais estreita com o Estado implicado na relação resulta muitas vezes de se tratar, simultaneamente, do Estado de uma das partes e daquele em cujo território se situa o lugar da execução principal do contrato.

Da aplicação do Direito do sujeito público decorre, porém, um óbvio desequilíbrio na relação. As regras legais de protecção do investidor estrangeiro, incluindo as garantias constitucionais, estão sujeitas a modificação em caso de alteração da situação política. O Estado implicado no contrato também tem o poder de, mediante actos normativos ou administrativos, modificar ou pôr termo às obrigações contratuais[16]. A aplicação

---

[15] Mas será sempre necessário atender ao conjunto das circunstâncias.

[16] Ver Albino de AZEVEDO SOARES – *Lições de Direito Internacional Público*, 4.ª ed., Coimbra, 1988, 133 e seg.; Rui MOURA RAMOS – *Da Lei Aplicável ao Contrato de Traba-*

do Direito local vem assim acrescer ao risco que já decorre das possibilidades de intervenção do Estado de acolhimento sobre os bens pertencentes ao investidor que se encontrem no seu território.

Na impossibilidade de encontrar uma solução satisfatória para ambas as partes mediante a remissão para o Direito do Estado de acolhimento ou para o Direito de qualquer outro Estado, restavam fundamentalmente duas soluções: ou submetê-lo ao Direito Internacional Público ou a regras e princípios transnacionais, independentemente de integrarem o Direito Internacional Público[17]. A problemática dos contratos de Estado pesou no desenvolvimento das teses favoráveis ao Direito autónomo do comércio internacional, e a "transnacionalização" destes contratos tem importância no contexto da arbitragem transnacional[18]. Mas no presente estudo interessa-nos focar o fenómeno da "internacionalização" destes contratos.

D) A "internacionalização" dos contratos de Estado

Os contratos de Estado são tradicionalmente encarados como negócios jurídicos de Direito estadual, celebrados com particulares que não são sujeitos de Direito Internacional e que não geram obrigações internacionais. Os contratos de Estado só relevam indirectamente na ordem jurídica internacional, em sede de protecção dos direitos dos estrangeiros, em especial perante actos de expropriação dos seus direitos patrimoniais.

Estas regras internacionais de protecção do investidor estrangeiro dão azo a muitas dúvidas e incertezas, designadamente quanto à determinação da compensação devida em caso de expropriação. A responsabilidade internacional do Estado de acolhimento do investimento, por prejuízos causados ao investidor em consequência da violação destas regras, só pode ser actuada pelo Estado da nacionalidade do investidor, ao abrigo da

---

lho Internacional, Coimbra, 1991, 480 e segs.; e Matthias HERDEGEN – Internationales Wirtschaftsrecht, 6.ª ed., Munique, 2007, 238.

[17] Ver Henri BATIFFOL – Aspects philosophiques du droit international privé, Paris, 1956, 96 e segs., e Alfred VERDROSS – "Gibt es Verträge die weder dem innerstaatlichen Recht noch dem Völkerrecht unterliegen?", ZRvgl. 6 (1965) 129-134, 130.

[18] Ver LIMA PINHEIRO (n. 14 [1999]) 54 e segs. e (n. 14 [2006]) 124 e segs. Em geral, sobre a determinação do Direito aplicável ao mérito da causa na arbitragem transnacional, ver LIMA PINHEIRO (n. 5) 234 e segs.

protecção diplomática. Por conseguinte, o investidor fica também sujeito à vontade política do Estado da sua nacionalidade no exercício da protecção diplomática, naturalmente condicionada às relações com o Estado de acolhimento do investimento[19].

A principal via que os investidores estrangeiros encontraram para superarem a desigualdade em que se encontravam perante o Estado de acolhimento foi a "internacionalização" do contrato ao nível normativo e institucional. Ao nível normativo, através da sujeição do contrato ao Direito Internacional Público. Ao nível institucional, através da criação de jurisdições, organizadas pelo Direito Internacional Público, com competência para dirimir os litígios emergentes de contratos de investimento.

O caminho seguido, porém, não foi linear. Nas primeiras contribuições sobre a "internacionalização" dos contratos de Estado, a preocupação de evitar que os Estados possam invocar a sua própria legislação para se eximir ao cumprimento das obrigações assumidas conduz já a duas atitudes bem distintas[20].

Para uns, trata-se de reconhecer a existência de um *problema de conflito de leis e da liberdade de escolha, pelas partes, de um Direito diferente do Estado contratante*, para reger o contrato como sua *proper law*. Pelas razões anteriormente assinaladas esta escolha incide, na maior parte dos casos, sobre Direito não-estadual, e as atenções vão dirigidas à admissibilidade e sentido desta referência. Esta linha de pensamento surge em MANN[21].

Outros, mais favoráveis a uma ampliação do domínio do Direito Internacional, centram-se na indagação do *regime internacional aplicável*

---

[19] Ver também HERDEGEN (n. 16) 242.

[20] Para uma exposição pormenorizada das tendências de "internacionalização" dos contratos de Estado, ver LIMA PINHEIRO (n. 2) 717 e segs.

[21] Ver Frederick A. MANN -- "The Law Governing State Contracts", *Brit. YBIL* 21 (1944) 11-33; Id. -- "State Contracts and International Arbitration", *Brit. YBIL* 42 (1967) 1-37; Id. – "About the Proper Law of Contracts between States", *in Studies in International Law*, 241-255 Oxford, 1973; Id. – "The Theoretical Approach Towards the Law Governing Contracts between States and Private Foreign Persons", *in Further Studies in International Law* (1990), 264-269, 1975; Id. – "The Consequences of an International Wrong in International and National Law", *in Further Studies in International Law* (1990), 124--198, 1975/1976; Recensão a PETER [1974], *RabelsZ.* 41 (1977) 185-187; Id. – "State Corporations in International Relations", *in Further Studies in International Law* (1990), 199-216, Oxford, 1987. Para uma exposição mais desenvolvida do pensamento deste autor ver LIMA PINHEIRO (n. 2) 738 e segs.

a estes contratos e tendem a reconhecer uma *relevância directa destes contratos, ou de parte deles, perante o Direito Internacional.* É o caso de Jessup[22].

Nas contribuições posteriores mantém-se esta dualidade de perspectivas.

Uma doutrina representada por Prosper Weil e René-Jean Dupuy entende a evolução entretanto verificada no sentido da radicação de certos contratos de Estado na ordem jurídica internacional e da revelação ou desenvolvimento de um conjunto de princípios e soluções adequados à disciplina destes contratos que constituem um domínio específico dentro do Direito Internacional Público[23]. E, autores como Böckstiegel e Peter Fischer afirmam que certos contratos de Estado são negócios de Direito Internacional e que o contraente particular adquire uma personalidade internacional limitada[24].

---

[22] Ver Philip Jessup – *A Modern Law of the Nations*, Nova Iorque, 1949, 15 e segs., 94 e segs., 124 e 125 e segs. e 155 e seg. Para uma exposição mais desenvolvida do pensamento deste autor ver Lima Pinheiro (n. 2) 735 e segs.

[23] Ver Prosper Weil – "Problèmes relatives aux contrats passés entre un Etat et un particulier", *RCADI* 128 (1969) 95-240; Id. – "Les clauses de stabilisation ou d'intangibilité insérées dans les accords de développement économique", *in Mélanges Charles Rousseau*, 301-328, Paris, 1974; Id. – "Le contrôle par les tribunaux nationaux de la licité internationale des actes des Etats étrangers", *Ann. fr. dr. int.* 23 (1977) 9-52; Id. – "Droit international et contrats d'État", *in Le droit international: unité et diversité, Mélanges Paul Reuter*, 549-582, Paris, 1981; Id. – "Principes généraux du droit et contrats d'État", *in Études Berthold Goldman*, 387-414, Paris, 1982; René-Jean Dupuy na decisão no caso *Texaco* (*supra* n. 2). Para uma exposição mais desenvolvida desta tese ver Lima Pinheiro (n. 2) 747 e segs.

[24] Ver Karl-Heinz Böckstiegel – *Der Staat als Vertragspartner ausländischer Privatunternehmen*, Francoforte-sobre-o-Meno, 1971, 178 e segs., 184 e segs., 233 e segs. e 303 e segs; Peter Fischer – *Die internationale Konzession*, Viena e Nova Iorque, 1974, 345 e segs. e 438 e segs.; Id. – "Bemerkungen zur Lehre von Alfred Verdross über den 'quasi-völkerrechtlichen' Vertrag im Lichte der neuersten Entwicklung – Zugleich ein Beitrag zur Theorie über die vertraglichen Rechtsbeziehungen zwischen Staaten und transnationalen Unternehmen", *in FS Alfred Verdross*, 379-401, Berlim, 1980, 384 e segs. Entre nós, ver Fausto De Quadros – "Direito Internacional Público I – Programa, conteúdos e métodos de ensino", *RFDUL* 32 (1991) 351-462, 445; André Gonçalves Pereira/Fausto De Quadros – *Manual de Direito Internacional Público*, 3.ª ed., Coimbra, 1993, 176 e segs.; Lima Pinheiro (n. 2) 781 e segs.; Id. – *Direito Comercial Internacional*, Almedina, Coimbra, 2005, 153 e segs. Para uma exposição mais desenvolvida desta tese ver Lima Pinheiro (n. 2) 763 e segs.

Uma outra tendência de desenvolvimento adopta uma perspectiva essencialmente conflitual, que se manifesta na Resolução do *Instituto de Direito Internacional* sobre a lei do contrato nos acordos entre um Estado e uma pessoa privada estrangeira (Atenas, 1979). Esta Resolução admite a escolha pelas partes, como lei do contrato, seja de um ou vários Direitos internos ou dos princípios comuns a estes Direitos, seja dos princípios gerais de Direito, seja dos princípios aplicados nas relações económicas internacionais, seja do Direito Internacional, seja ainda de uma combinação destas fontes do Direito (art. 2.º). Na falta de escolha pelas partes, "a escolha do Direito aplicável resulta dos índices que permitam estabelecer a mais estreita conexão do contrato" (art. 5.º)[25].

Terceira parte da doutrina assumiu posições intermédias entre estas tendências[26].

II. O SIGNIFICADO DA ARBITRAGEM CIRDI PARA A "INTERNACIONALIZAÇÃO" DOS CONTRATOS DE ESTADO

Quando se indaga do significado da arbitragem CIRDI para a "internacionalização" dos contratos de Estado, a primeira observação que se oferece é a de que nem todos os litígios resultantes de contratos de Estado podem ser sujeitos à arbitragem CIRDI propriamente dita[27].

---

[25] Ver também Frank VISCHER, Lucius HUBER e David OSER – *Internationales Vetragsrecht*, 2.ª ed., Berna, 2000, 72 e seg.

[26] Ver exposição desta doutrina em LIMA PINHEIRO (n. 2) 766 e segs.

[27] O Conselho Administrativo do Centro decidiu que este também poderia organizar arbitragens tendo por objecto diferendos em que uma das partes não é um Estado contratante (ou um ente autónomo deste Estado) ou um nacional de outro Estado contratante e que não digam directamente respeito a um investimento. Criou-se para o efeito um "mecanismo suplementar" [*Additional Facility*] que aplica regras de arbitragem baseadas principalmente nas regras da CNUDCI e da CCI. Um certo número de acordos bilaterais para a promoção e protecção de investimentos remete a solução dos diferendos para este dispositivo adicional. Embora organizadas pelo Secretariado do Centro, estas arbitragens encontram-se fora do âmbito da Convenção CIRDI, estando por conseguinte submetidas aos regimes aplicáveis às restantes arbitragens comerciais internacionais – cf. Giorgio SACERDOTI – "La convenzione di Washington del 1965: bilancio di un ventenio dell'ICSID", *RDIPP* 23 (1987) 13-40, 36 e seg.

Como já se observou, este centro só tem competência relativamente aos diferendos de natureza jurídica resultantes directamente de um investimento. Para o efeito releva um conceito amplo de investimento internacional[28]. Segundo este conceito amplo, constitui investimento toda a operação em que se realiza uma afectação de meios produtivos, com uma certa duração de execução e participação nos riscos e que contribui para o desenvolvimento do Estado de acolhimento do investimento[29]. Tanto se pode tratar de relações que o sujeito público estabelece no âmbito da gestão privada como no da gestão pública[30].

---

[28] Ver Aron BROCHES – "The Convention on the Settlement of Disputes between States and Nationals of Other States", *RCADI* 156 (1972) 331-410, 362 e seg., assinalando que se prescindiu de uma definição de "investimento" por ser essencial o consentimento das partes; Georges DELAUME – "State Contracts and Transnational Arbitration", *Am. J. Int. L.* 75 (1981) 748-819; e Moshe HIRSCH – *The Arbitration Mechanism of the International Centre for the Settlement of Investment Disputes*, Dordrecht et al., 1992, 22 e 58 e segs. Cp. Paul REUTER – "Réflexion sur la compétence du centre créé par la convention pour le règlement des différends relatifs aux investissements entre Etats et ressortissants d'autres États", *in Investissements étrangers et arbitrage entre Etats et personnes privées*, 9-24, 1969, 18 e seg. Sobre as oscilações da jurisprudência do CIRDI e as dificuldades que suscita na determinação do conceito de investimento, ver Maria Rosaria MAURO – "Nuove questioni in tema di arbitrato tra Stato e investitore straniero nella recente giurisprudenza dei tribunali dell'ICSID", *RDIPP* 42 (2006) 67-108, 76 e segs. No contexto de litígios relativos a tratados bilaterais de protecção do investimento, a ideia dominante é a de que se deve ter em conta a definição de investimento do tratado, mas que esta definição só releva se for compatível com o objectivo e o fim da Convenção CIRDI – cf. decisão sobre anulação no caso *CMS Gas Transmission Company* v. *Argentine* (2007) [*in http://www.worldbank.org/icsid/cases*], n.º 72.

[29] Cf. decisão *Salini Costruttori S.p.A. and Italstrade S.p.A.* v. *Morocco* (decisão sobre competência, 2001), n.º 52. O conceito de investimento estrangeiro aqui relevante inclui, além das operações tradicionais consideradas como tal, contratos de partilha de exploração, contratos de realização de unidades industriais envolvendo importantes transferências de tecnologia, "contratos de gestão" e contratos de licença de direitos de propriedade industrial, contanto que haja uma participação no risco. Ver Dominique CARREAU e Patrick JUILLARD – *Droit international économique*, 1.ª ed., Paris, 2003, 387 e segs., e, com mais desenvolvimento, Sébastien MANCIAUX – *Investissements étrangers et arbitrage entre États et ressortissants d'autres États*, Paris, 2004, 43 e segs.

[30] A competência do CIRDI não se limita aos contratos de investimento, antes se estende, *ratione materiae*, a todos os diferendos de natureza jurídica directamente decorrentes de um investimento. Com a proliferação dos tratados bilaterais que conferem ao investidor a faculdade de recurso à arbitragem CIRDI, surgiram numerosos casos relativos a investimentos em que não foi celebrado um contrato de investimento (mas que, em muitos casos, foram realizados ao abrigo de um sistema de autorização administrativa).

Segundo, a arbitragem CIRDI representa *uma plena "internacionalização" ou, com mais rigor, uma "internacionalpublicização", ao nível institucional*. Se as partes nisso consentirem (art. 25.°/1 da Convenção CIRDI), a jurisdição competente para dirimir os litígios emergentes do contrato de investimento é uma jurisdição arbitral organizada por uma Convenção internacional, que regula o seu funcionamento e o reconhecimento e execução das suas decisões.

Por certo que, como já se notou, as pretensões do investidor já podiam anteriormente ser actuadas pelo Estado da sua nacionalidade por meio do instituto da protecção diplomática. Mas este instituto remetia a resolução do diferendo para o contencioso interestadual, enquanto a Convenção CIRDI introduz um mecanismo de resolução de diferendos que opera directamente entre o investidor e o Estado de acolhimento e que não está sujeito aos condicionamentos políticos e diplomáticos das relações entre os Estados.

A "internacionalpublicização" institucional dos contratos de investimento operada pela arbitragem CIRDI é reforçada pela circunstância de a jurisprudência do CIRDI se ter orientado no sentido de que as cláusulas dos contratos que atribuem competência aos tribunais do Estado de acolhimento ou a outros tribunais arbitrais não prejudicam a competência do tribunal arbitral CIRDI para as pretensões fundadas na violação de um tratado bilateral de protecção do investimento[31].

Neste contexto, é de sublinhar que o próprio incumprimento do contrato de investimento pode ser elevado a uma violação do tratado por efeito da chamada *"umbrella clause"*. Trata-se de uma cláusula do tratado que estabelece o dever de cumprimento de obrigações assumidas pelo Estado de acolhimento em actos de Direito estadual, designadamente no contrato de investimento. À falta de melhor tradução falarei de "cláusulas-quadro". Observe-se, porém, que na jurisprudência do CIRDI têm surgido profundas divergências sobre a interpretação e efeito destas cláusulas[32].

---

[31] Cf., designadamente, decisões sobre competência nos casos *Lanco* v. *Argentine* (1998) [40 *ILM* 457 (2001)], *Salini* v. *Morocco* (2001) [*Clunet* (2002) 196] e *Impreglio S.p.A.* v. *Pakistan* (2005) [*in http://www.worldbank.org/icsid/cases*], e decisão sobre anulação no caso *Compañia de Aguas del Aconquija and Vivendi* v. *Argentine* (2002) [*in http://www.worldbank.org/icsid/cases*].

[32] Numa primeira decisão sobre competência, no caso *SGS* v. *Pakistan* (CIRDI, 2003) [*in http://www.worldbank.org/icsid/cases*], os árbitros fizeram uma interpretação restritiva da cláusula contida no tratado de protecção do investimento, concluindo que ela

Terceiro, a arbitragem CIRDI representa *uma certa "internacional-publicização" ao nível normativo*.

---

não tinha por efeito transformar em violações do tratado as violações do contrato de investimento. O mesmo entendimento foi acolhido, em *obter dicta*, pela decisão no caso *Joy Mining Machinery Limited* v. *Egypt* (2004) [*in* http://www.worldbank.org/icsid/cases], n.º 81. Mais recentemente, na decisão *El Paso Energy International Company* v. *Argentine* (2006) [*in* http://www.worldbank.org/icsid/cases] os árbitros foram ainda mais longe e recusaram-se a reconhecer a eficácia de uma cláusula-quadro redigida de modo amplo e inequívoco [n.os 72 e segs.], afirmando que essa cláusula não estende a protecção do tratado bilateral às violações de um contrato comercial ordinário celebrado pelo Estado ou por um ente público autónomo mas cobre as "protecções suplementares" contratualmente aceites pelo Estado agindo na qualidade de soberano – tais como uma cláusula de estabilização – inseridas num acordo de investimento [n.º 81]. Ver an. GAILLARD [*Clunet* 134 (2007) 288].

Já no caso *SGS* v. *Philippines* (2004) [*in* http://www.worldbank.org/icsid/cases], o tribunal arbitral demarcou-se a orientação seguida no caso *SGS* v. *Pakistan* e, perante cláusula similar, adoptou o entendimento contrário. O tribunal teve o cuidado de sublinhar que a cláusula-quadro tem por efeito que a violação de obrigações assumidas pelo Estado de acolhimento, incluindo as obrigações contratuais, constitui uma violação do tratado bilateral, mas que o alcance e o conteúdo das obrigações contratuais continuam submetidas à sua própria lei (no caso, a lei das Filipinas) (n.º 128). Ver também Emmanuel GAILLARD – "L'arbitrage sur le fondement des traités de protection des investissements", *R. arb.* (2003) 853-878, 868. Ver ainda decisão no caso *Salini Costruttori S.p.A. and Italstrade S.p.A.* v. *Jordan* (2006) em que o tribunal foi confrontado com uma cláusula de alcance mais limitado. Nestes casos o que estava em causa era a competência do CIRDI para certos litígios relativos ao cumprimento do contrato de investimento, que dependia de a pretensão se fundamentar em violação do tratado, visto que os contratos de investimento continham cláusulas atributivas de competência aos tribunais dos Estados contratantes. Ver, sobre o ponto, Yuval SHANY – "Contract Claims vs. Treaty Claims. Mapping Conflicts Between ICSID Decisions on Multisourced Investment Claims", 99 *Am. J. Comp. L.* 835-851 (2005), 836 e segs. Cp. ainda HERDEGEN (n. 16) 247.

Deve ainda ser feita menção a três decisões mais recentes em que não estava em causa uma questão de competência. No caso *Nobel Ventures Inc.* v. *Romania* (2005) [*in* http://ita.law.uvic.ca/documents/Noble.pdf], o tribunal seguiu, no fundamental, o entendimento adoptado no caso *SGS* v. *Philippines*, afirmando a plena eficácia das cláusulas-quadro (n.os 53 e 60-61). Na decisão de anulação no caso *CMS Gas Transmission Company* v. *Argentine* (2007) [*in* http://www.worldbank.org/icsid/cases] o Comité *ad hoc* assinalou uma série de dificuldades suscitadas pela invocação da cláusula-quadro por uma accionista minoritário do investidor, afirmando que a cláusula só se referia a obrigações específicas relativas ao investimento e não a requisitos gerais impostos pela lei do Estado de acolhimento; que estas obrigações devem ser consensuais e, por isso, não têm eficácia *erga omnes*; e que a cláusula não afecta o conteúdo e as partes da relação obrigacional. O Comité *ad hoc* anulou a parte da decisão arbitral que tinha afirmado a possibilidade de

Por um lado, porque os tribunais arbitrais CIRDI aplicam, em primeira linha, as normas contidas na própria Convenção CIRDI, designadamente a norma sobre a determinação do Direito aplicável ao mérito da causa.

Por outro, porque as partes podem submeter o contrato exclusivamente ao Direito Internacional Público (ou a um Direito estadual ou transnacional – art. 42.°/1/1.ª parte) e, se não houver acordo sobre o Direito aplicável, o tribunal deverá aplicar não só a lei do Estado contratante mas também os "princípios de direito internacional aplicáveis". Esta referência aos "princípios de direito internacional" é susceptível de abranger quaisquer fontes de Direito Internacional Público[33].

No que toca à definição da posição recíproca do Direito do Estado contratante e dos princípios de Direito Internacional, prevaleceu o entendimento segundo o qual o tribunal deve, primeiro, averiguar a solução perante o Direito do Estado contratante e, em seguida, indagar da sua compatibilidade com o Direito Internacional. Este último Direito prevalece em caso de conflito[34]. Por acréscimo, a jurisprudência recorre ao Direito Internacional para suprir as lacunas do Direito do Estado contratante[35].

---

o accionista invocar a violação das obrigações assumidas com respeito ao investimento ao abrigo da cláusula-quadro por insuficiência de fundamentação, sem se pronunciar em definitivo sobre o conteúdo desta decisão (n.ºs 89 e segs.). Enfim, no caso *LG&E* v. *Argentine* (2006) [*in http://www.worldbank.org/icsid/cases*] o tribunal entendeu que por força da cláusula-quadro o desrespeito de garantias específicas do investimento contidas numa "lei" e em "decretos de execução" constituiu uma violação do tratado bilateral [n.ºs 169 e segs.]. Ver an. GAILLARD [*Clunet* 134 (2007) 331].

[33] Cf. art. 40.° do Report of the Executive Directors on the Convention on the Settlement of Investment Disputes [*ILM* 4 (1965) 524].

[34] Cf. a decisão sobre anulação no caso *Klöckner Industrie-Anlagen GmbH et. al.* v. *Cameroon* (1983 e 1985) [*Clunet* 111 (1984) 409 e 114 (1987) 137], que atribuiu ao Direito Internacional uma função correctiva nos casos em que o Direito estadual não seja conciliável com os princípios de Direito Internacional; Aron BROCHES – *Commentary on the Uncitral Model Law on International Commercial Arbitration*, Deventer e Boston, 1990, 390; Georges DELAUME – *Transnational Contracts, Applicable Law and Settlement of Disputes (A Study in Conflict Avoidance)*, Nova Iorque, § 15.24; Id. – "L' affaire du Plateau des Pyramides et le CIRDI. Considérations sur le droit applicable", *R. arb.*(1994) 39-67, 53 e seg.; HIRSCH (n. 28) 140 e seg.; Cristoph SCHREUER – *The ICSID Convention: A Commentary*, Cambridge, 2001, 627 e segs. Ver também decisão *Aucoven* v. *Venezuela* (CIRDI, 2003), n.° 103.

[35] Cf., designadamente, a decisão sobre anulação no caso *Amco Asia Corporation et. al.* v. *Indonesia* (1986) [*ILR* 89: 368], fundamentada, designadamente, em que o Direito

A Arbitragem CIRDI e o Regime dos Contratos de Estado 301

Nesta ordem de ideias, poderá então dizer-se que ao Direito Internacional é atribuída uma competência *condicionante* e *complementar*.

III. A RELEVÂNCIA DOS TRATADOS BILATERAIS DE PROTECÇÃO DO INVESTIMENTO

A "internacionalpublicização" operada ao nível institucional e normativo pela arbitragem CIRDI foi reforçada, nas últimas décadas, por uma verdadeira explosão dos *tratados bilaterais de protecção do investimento*. Em 2003, já são referidos mais de 2000 tratados desta natureza[36]. Este recurso aos tratados bilaterais explica-se pelas incertezas e insuficiências do regime contido no Direito Internacional Público geral, pela necessidade de consentimento do Estado de acolhimento para o recurso à arbitragem CIRDI e pelo insucesso dos esforços desenvolvidos no sentido da elaboração de um tratado multilateral de âmbito universal em matéria de investimento estrangeiro[37].

Internacional só poderia ser aplicado para preencher as lacunas do Direito nacional aplicável e para assegurar o primado das normas de Direito Internacional em caso de conflito com as normas nacionais (assinale-se que no laudo arbitral proferido em 1990 o tribunal arbitral expressou as suas dúvidas sobre a pertinência da distinção entre papel complementar e papel correctivo do Direito Internacional). Cf. também decisão *Southern Pacific Properties (Middle East) (SPP) Ltd*. v. *Egypt* (1992) [*ILM* 32 (1993) 32], n.os 81 e segs., no sentido da aplicação directa dos relevantes princípios e regras de Direito internacional em caso de lacunas do Direito do Estado contratante.

[36] Cf. GAILLARD (n. 32) 856.

[37] Mas há tratados multilaterais de âmbito regional com regras de protecção do investimento estrangeiro e que permitem o recurso pelo investidor à arbitragem CIRDI. É o caso do Tratado NAFTA (*North American Free Trade Agreement*), que é um tratado multilateral celebrado pelo Canadá, EUA e México – arts. 1101.º e segs. Este Tratado estabelece que o investidor pode submeter a pretensão a arbitragem CIRDI, se o Estado-Membro envolvido e o Estado-Membro do investidor forem partes da Convenção (art. 1120.º). O art. 1131.º estabelece que o tribunal decidirá o litígio de acordo com o Tratado NAFTA e as regras aplicáveis de Direito Internacional. É também o caso, na Europa, do Tratado da Carta da Energia, aprovado para ratificação pela Resol. AR n.º 36/96, de 15/11, e ratificado pelo Dec. PR n.º 29/96, da mesma data. O objectivo do Tratado é a criação de um enquadramento jurídico para os investimentos e o comércio no domínio energético. O art. 26.º deste Tratado faculta ao investidor da outra parte contratante, depois de expirado o prazo

Os tratados bilaterais de protecção do investimento contêm um regime mais desenvolvido e preciso de protecção do investimento internacional[38] e, frequentemente, submetem os litígios emergentes dos contratos celebrados entre o investidor e um dos Estados contratantes a arbitragem CIRDI[39]. Portugal é parte em numerosos tratados bilaterais com este conteúdo.

Por meio destes tratados, cada Estado contratante declara antecipadamente o seu consentimento na arbitragem CIRDI perante a generalidade dos investidores nacionais do outro Estado contratante[40]. A arbitragem CIRDI tem, por isso, ganhado crescente importância prática.

O *método de determinação do regime aplicável* ao contrato de investimento também sofreu o impacto destes tratados bilaterais.

Em alguns casos recentes, em que a pretensão do investidor se fundamenta na violação de regras contidas nestes tratados bilaterais, os árbitros têm admitido que a posição recíproca do Direito do Estado contratante e dos princípios de Direito Internacional depende muito das circunstâncias do caso concreto. Estes casos têm sido decididos essencialmente com base nos tratados bilaterais e no Direito Internacional Público geral.

---

para uma solução amigável, o recurso aos tribunais do Estado de acolhimento, a qualquer procedimento de resolução de diferendos anteriormente acordado ou à arbitragem CIRDI.

[38] Ver Rudolf DOLZER e Margrete STEVENS – *Bilateral Investment Treaties*, A Haia, Boston e Londres, 1995, 58 e segs., e, entre nós, LIMA PINHEIRO – *Direito Internacional Privado. Vol. II – Direito de Conflitos/Parte Especial*, ed., Coimbra, 2002, 137 e seg.

[39] Muitos destes tratados facultam ao investidor a escolha entre a arbitragem CIRDI e outros modos de resolução de controvérsias, designadamente tribunais arbitrais *ad hoc* estabelecidos de acordo com o *Regulamento de Arbitragem da Comissão das Nações Unidas para o Direito Comercial Internacional* (CNUDCI).

[40] Sobre a relevância desta forma de manifestação do consentimento do Estado contratante, ver, designadamente, decisão no caso *Asian Agricultural Products Limited* v. *Sri Lanka* (1990) [*ICSID Rev.* 6 (1991) 526; *ILM* 30 (1991) 577], e decisão sobre competência no caso *Eudoro A. Olguín* v. Paraguai (2000) [*ICSID Rev.* 18 (2003) 133].

O consentimento por parte do Estado contratante também pode resultar de uma declaração contida na sua legislação interna – cf., designadamente, *Southern Pacific Properties (Middle East) (SPP) Ltd.* v. *Egypt*, decisões sobre competência de 1985 [*Yb. Com. Arb.* (1991) 19, excertos; *ICSID Rep.* 3 (1995) 112] e 1988 [*Yb Com. Arb.* 16 (1991) 28, excertos; *ICSID Rep.* 3 (1995) 131]; *Tradex Hellas S.A.* v. *Albania*, decisão sobre competência de 1996 [*ICSID Rev.* 14 (1999) 161].

Sobre a relevância da cláusula de nação mais favorecida para fundamentar a competência do tribunal arbitral CIRDI, ver MAURO (n. 28) 90 e segs.

Na decisão sobre anulação no caso *Wena* v. *Egypt* (2002)[41], o tribunal distinguiu entre o Direito aplicável aos contratos de investimento celebrados pelo investidor com uma empresa pública egípcia (submetidos pelas partes ao Direito egípcio) e o Direito aplicável às pretensões contra o Estado egípcio fundadas na violação do tratado bilateral[42]. O tribunal, sublinhando que a posição recíproca do Direito do Estado contratante e do Direito Internacional Público depende das circunstâncias do caso concreto, decidiu que não constituía fundamento de anulação a circunstância de os árbitros terem aplicado o tratado bilateral como fonte do Direito primária às pretensões fundadas na sua violação[43]. O sentido desta decisão não é, porém, inteiramente claro, quer porque a contraparte do investidor era diferente no contrato de investimento e na arbitragem quer porque o tribunal teve em conta a vigência do tratado na ordem jurídica do Estado contratante[44].

Já a decisão sobre anulação no caso *Compañia de Aguas del Aconquija and Vivendi* v. *Argentine* (2002) afirmou categoricamente que a pretensão fundada numa regra substantiva do tratado bilateral é regulada pela Convenção CIRDI, pelo tratado bilateral e pelo Direito Internacional aplicável[45]. Esta orientação tem sido seguida nas decisões mais recentes[46].

Por vezes, os tratados bilaterais contêm disposições sobre a determinação do Direito aplicável na decisão do litígio. Estas disposições tendem a dar primazia aos "princípios de Direito Internacional" e aos preceitos do tratado, sem no entanto excluírem a aplicação do Direito nacional da parte contratante em litígio[47]. Disposições como esta devem prevalecer sobre o disposto no art. 42.º da Convenção CIRDI por se tratar de um

---

[41] *ILM* 41 (2002) 933. Ver, sobre esta decisão, GAILLARD (n. 32) 873 e segs.

[42] N.os 28 e segs.

[43] O Comité *ad hoc* não examinou a questão da determinação dos juros, que foi feita com grande discricionariedade pelos árbitros, de modo compatível com o Direito Internacional Público geral mas não com o Direito egípcio.

[44] N.os 39 e segs.

[45] N.º 102 [*in http://www.worldbank.org/icsid/cases*].

[46] Ver decisões *Azurix* v. *Argentine* (2006), n.º 67, em que o Direito do Estado contratante só é tomado em consideração para averiguar do incumprimento do contrato de concessão; *LG&E* v. *Argentine* (2006), n.º 99; *ADC Affiliate Limited and ADC & ADMC Management Limited* v. *Hungary* (2006) n.os 290 e segs. Todas se encontram publicadas *in http://www.worldbank.org/icsid/cases*.

[47] Ver também MAURO (n. 28) 96.

304   *Estudos de Direito Internacional Privado*

regime especial estabelecido pelos Estados envolvidos para os contratos de investimento celebrados entre um deles e investidores nacionais do outro.

Perante estes desenvolvimentos, duas conclusões se impõem.

Primeiro, a jurisprudência do CIRDI demonstra *a adequação do Direito Internacional Público para reger os contratos de Estado*, indo ao encontro do entendimento que, entre nós, tem sido por mim defendido[48].

Segundo, parece indiscutível que os contratos de investimento em que as partes consentem que os litígios deles emergentes sejam resolvidos por arbitragem CIRDI são *regulados directa e imediatamente pelo Direito Internacional Público* e, por conseguinte, têm relevância directa na ordem jurídica internacional. No entanto, a jurisprudência da arbitragem CIRDI não acolheu parte das consequências que a doutrina associou aos contratos "quási-internacionalpúblicos", designadamente a eficácia do contrato na ordem jurídica internacional e a atribuição ao investidor de uma personalidade jurídica internacional limitada.

IV. LIMITES DA "INTERNACIONALPUBLICIZAÇÃO" DOS CONTRATOS DE ESTADO OPERADA PELA ARBITRAGEM CIRDI

A qualificação de determinada categoria de contratos de Estado como negócios de Direito Internacional ("quási-tratados", "contratos quási-internacionalpúblicos") deve implicar a relevância na ordem jurídica internacional dos efeitos desencadeados pelo contrato perante o Direito aplicável a título de *lex contractus*, seja ele o Direito Internacional, um Direito estadual ou um conjunto de proposições jurídicas que não forme uma ordem jurídica[49]. Assim, por exemplo, a inexecução culposa do contrato por parte do Estado contratante deveria gerar responsabilidade internacional perante o Estado da nacionalidade do contraente particular.

A jurisprudência do CIRDI não seguiu este caminho. A teoria dos contratos de Estado "internacionalpublicizados" só foi plenamente acolhida numa arbitragem CIRDI em que interveio RENÉ-JEAN DUPUY: o caso

---

[48] Ver LIMA PINHEIRO (n. 2) 791 e segs. e (n. 24) 156 e segs.
[49] Ver LIMA PINHEIRO (n. 2) 779 e segs. e (n. 24) 155.

Agip v. *Congo* (CIRDI, 1979)[50]. Tratava-se de um contrato de empreendimento comum que continha cláusula de estabilização do estatuto jurídico da filial comum e designava a lei do Congo, *"supplemented if need be by any principles of international law"*. A decisão conclui, porém, que a aplicabilidade da cláusula de estabilização resulta da *"common will of the parties expressed at the level of the international juridical order"*. Quanto à questão de fundo parece que o tribunal considerou a expropriação internacionalmente ilícita por contrariar a cláusula de estabilização do contrato[51].

Esta decisão permaneceu isolada na jurisprudência do CIRDI[52]. *A jurisprudência do CIRDI* mantém-se fiel à distinção tradicional entre obrigações internacionais desencadeadas por normas de Direito Internacional Público e obrigações contratuais geradas pelos contratos de investimento perante o Direito estadual que os regule, negando que a internacionalpublicização do contrato eleve as obrigações contratuais a obrigações

---

[50] *ILR* 67: 318. Ver também decisão proferida em arbitragem *ad hoc* no caso *Texaco* v. *Lybia* (n. 2) pelo mesmo árbitro. Ver ainda HERDEGEN (n. 16) 240.

[51] Cp. an. crítica de Henri BATIFFOL [*R. crit.* 71 (1982) 105-109].

[52] Tenho conhecimento de três decisões posteriores em que a questão da eficácia das cláusulas de estabilização foi aflorada. Primeiro, na decisão no caso *Letco* v. *Liberia* [*ILM* 26 (1987) 647] estava em causa a revogação de um contrato de concessão sujeito à lei liberiana e não a hipótese prevista na cláusula de estabilização (modificação ou revogação de qualquer lei que afectasse os direitos e deveres do concessionário). O tribunal afirmou que a cláusula deve ser respeitada [36], mas sem esclarecer o fundamento jurídico da vinculatividade da cláusula. Em todo o caso, a decisão também refere, neste contexto, que uma acção legislativa que afecte os direitos do concessionário só pode ser justificada caso se trate de uma "nacionalização" que cumpra os requisitos estabelecidos pelo Direito Internacional Público. Isto pode sugerir uma "internacionalização" implícita da cláusula de estabilização. Segundo, no caso *CMS Gas Transmission Company* v. *Argentine* (2005, 2007) [*in http://www.worldbank.org/icsid/cases*], o contrato de licença continha duas cláusulas de estabilização. O tribunal limitou-se a afirmar que destas cláusulas resultavam obrigações internacionais para o Estado de acolhimento perante o requerente (accionista da sociedade investidora) por força da cláusula-quadro do tratado bilateral de protecção do investimento (n.os 151 e 302). A decisão sobre anulação não se pronunciou sobre a eficácia das cláusulas, mas, como foi atrás assinalado, anulou a decisão, por falta de fundamentação, na parte em que afirmava a possibilidade de o accionista invocar a violação das obrigações assumidas com respeito ao investimento ao abrigo da cláusula-quadro. Em sentido convergente ver ainda decisão proferida no caso *El Paso Energy International Company* v. *Argentine* (2006) [*in http://www.worldbank.org/icsid/cases*] n.° 81].

Em geral, sobre as cláusulas de estabilização e de intangibilidade, ver LIMA PINHEIRO (n. 24) 166 e segs.

internacionais[53]. A decisão sobre anulação proferida no caso *Compañia de Aguas del Aconquija and Vivendi* v. *Argentine* (CIRDI, 2002) é especialmente eloquente a este respeito[54].

Com efeito, segundo a doutrina dominante, o mero incumprimento do contrato não constitui por si uma violação do regime de protecção internacional dos direitos dos estrangeiros, nem de outras normas internacionais que fundem uma pretensão no plano interestadual[55]. O Estado contratante, pelo menos quando não assuma obrigações específicas a este respeito, conserva, perante o Direito Internacional, o poder de praticar actos normativos e administrativos que modifiquem ou extingam a relação contratual. Isto não é posto em causa pela jurisprudência do CIRDI.

Duas observações, no entanto, se impõem. Por um lado, a Convenção CIRDI afasta-se do entendimento tradicional quando admite que o contrato de investimento seja exclusivamente submetido ao Direito Internacional Público. Fica a dúvida sobre as consequências desta submissão relativamente à distinção entre obrigações internacionais e obrigações contratuais. Por outro, algumas decisões proferidas no âmbito do CIRDI assumem uma posição que poderíamos qualificar de verdadeiramente reaccionária (porque desfasada da evolução entretanto verificada) quando negam que um tratado bilateral, através de uma cláusula-quadro, possa elevar uma obrigação contratual a obrigação internacional[56].

---

[53] É, no entanto, reconhecido que há factos que constituem simultaneamente um incumprimento do contrato de investimento e uma violação do Direito Internacional, por exemplo, uma expropriação por motivo discriminatório de uma concessão contratual.

[54] N.os 95 e segs. Ver também, no contexto das cláusulas-quadro, as decisões proferidas nos casos *SGS* v. *Pakistan* (2003), n.os 96 e 167, *SGS* v. *Philippines* (2004), n.º 122, n.os 152 e segs., *Salini Costruttori S.p.A. and Italstrade S.p.A.* v. *Jordan* (2006) e *El Paso Energy* v. *Argentine* (2006), todas *in http://www.worldbank.org/icsid/cases*.

[55] Ver JESSUP (n. 22) 104; Robert JENNINGS – "State Contracts in International Law", *Brit. YBIL* 37 (1962) 156-182; MANN (n. 21 [1975/1976]) 188 e segs.; Alfred VERDROSS e Bruno SIMMA – *Universelles Völkerrecht. Theorie und Praxis*, 3.ª ed., Berlim, 1984, 805 e seg.; BROWNLIE (n. 12) 522 e segs.; NGUYEN QUOC/DAILLIER/PELLET (n. 3) 1089 e segs.; WENGLER [observações *in Ann. Inst. dr. int.* 57-I (1977) 239 e segs.]; Stephen SCHWEBEL – "On Whether the Breach by a State of a Contract with an Alien Is a Breach of International Law", *in Studi Roberto Ago*, vol. III, 403-413, 1987; Oscar SCHACHTER – "International Law in Theory and Practice", *RCADI* 178 (1982) 9-396, 301 e 311 e seg.

[56] Ver decisões referidas *supra* n. 32.

A jurisprudência do CIRDI também não parece reconhecer uma *personalidade jurídica internacional limitada ao investidor estrangeiro*. Mas aqui o limite à "internacionalpublicização" é mais aparente do que real.

Na verdade, foi anteriormente assinalado (II e III) que os investidores estrangeiros podem actuar, na arbitragem CIRDI, pretensões fundadas na violação de normas de Direito Internacional Público. Nesta medida, os tribunais CIRDI consideram-se competentes para a actuação da responsabilidade internacional dos Estados, transpondo assim o regime desenvolvido no contencioso interestadual para o contexto das relações directas entre o investidor estrangeiro e o Estado de acolhimento. À luz dos critérios geralmente aceites para afirmar a subjectividade internacional dos particulares, isto parece implicar o reconhecimento de uma personalidade internacional limitada do investidor estrangeiro[57].

Esta visão das coisas é reforçada pelo crescente enquadramento da arbitragem CIRDI por tratados bilaterais de protecção do investimento. O investidor, que é normalmente a parte requerente, invoca geralmente uma violação directa de uma regra protectora do investidor contida no tratado bilateral ou uma violação de uma obrigação legal (de Direito interno) ou contratual que constitui alegadamente uma violação indirecta do tratado por força de uma "cláusula-quadro".

Como foi atrás assinalado, mesmo na falta de uma escolha do Direito Internacional para reger o mérito da causa – e, portanto, perante a escolha do Direito do Estado contratante ou na omissão das partes – os árbitros

---

[57] Cf. C. AMERASINGHE – *State Responsibility for Injuries to Aliens*, Oxford, 1967, 105 e segs.; JORGE MIRANDA – *Curso de Direito Internacional Público*, 3.ª ed., Cascais, 2006, 215 e segs. e 287; Ignaz SEIDL-HOHENVELDERN – *International Economic Law*, 3.ª ed., A Haia et al., 1999, 10. A distinção entre normas de Direito Internacional que protegem interesses do indivíduo ou lhe impõem deveres por forma mediata ou indirecta e por forma imediata ou directa encontra-se claramente traçada em ISABEL MAGALHÃES COLLAÇO – *Direito Internacional Privado* (Lições proferidas ao 5.º ano jurídico de 1958-1959), Lisboa, vol. I, 1958, 268 e segs. O indivíduo é destinatário directo e imediato do Direito Internacional Público pelo menos quando pode recorrer a tribunais internacionais, para satisfação directa das suas pretensões, quando goza de um direito de petição junto de organizações internacionais e, ainda, quando incorre em responsabilidade penal por actos praticados em violação do Direito Penal Internacional. No sentido de que o indivíduo é sujeito de Direito Internacional quando uma norma internacional lhe atribua directamente direitos e obrigações mesmo que esta atribuição não seja acompanhada de um poder próprio de reclamação internacional se pronunciam ANDRÉ GONÇALVES PEREIRA/FAUSTO DE QUADROS (n. 24) 381.

308 *Estudos de Direito Internacional Privado*

aplicam em primeira linha o tratado bilateral, por se tratar de questões suscitadas pela violação das suas regras. Estes tratados bilaterais são actos de Direito Internacional que criam obrigações recíprocas para os Estados contratantes. Mas as obrigações internacionais que dizem respeito à protecção dos investidores estrangeiros também são por eles actuáveis na arbitragem CIRDI, por forma que pode afirmar-se que destes tratados nascem obrigações internacionais dos Estados contratantes *perante os investidores estrangeiros*[58].

V. CONSIDERAÇÕES FINAIS

A arbitragem CIRDI opera uma "internacionalpublização" dos contratos de Estado mais radical do ponto de vista institucional do que do ponto de vista normativo.

No plano institucional, uma orientação demasiado favorável à extensão da competência do CIRDI, com desvalorização das cláusulas de competência contidas nos contratos de investimento, pode vir a ter consequências negativas no posicionamento dos Estados em vias de desenvolvimento ou com economias emergentes perante a Convenção CIRDI.

No plano normativo, a "internacionalpublicização" é limitada, embora já se tenham formulado preocupações relativamente à prática de alguns dos tribunais arbitrais CIRDI[59]. A este respeito também importa fazer um balanço do contributo da jurisprudência da arbitragem do CIRDI para o desenvolvimento de um "Direito Internacional dos Contratos" ou "do Investimento", tal como foi preconizado por autores como PROSPER WEIL.

A jurisprudência do CIRDI realizou um certo labor de desenvolvimento do Direito Internacional Público geral em matéria de protecção dos direitos patrimoniais dos estrangeiros, designadamente quanto aos requisitos de licitude das medidas de expropriação (ou de efeito equivalente), tais

---

[58] Ver também LIMA PINHEIRO (n. 38) 136; MAURO (n. 28) 101. Outra questão, em que não entrarei aqui, é a de saber se esta visão das coisas é extensível aos casos em que o dispositivo arbitral a que recorre o investidor, ao abrigo do tratado ou de cláusula compromissória do contrato de Estado, não é organizado pelo Direito Internacional Público.

[59] Ver MAURO (n. 28) 105 e segs.

A Arbitragem CIRDI e o Regime dos Contratos de Estado

como o fim de interesse público e a compensação, e quanto às consequências de uma expropriação ilícita[60], bem como mais em geral, sobre a responsabilidade internacional do Estado de acolhimento em caso de violação das suas obrigações internacionais[61]. Aqui incluiu-se, entre outras, a questão da imputabilidade ao Estado de actos de entes públicos autónomos[62].

Também é significativo o contributo da jurisprudência do CIRDI para a interpretação dos tratados de protecção do investimento e, em especial, para a concretização das cláusulas gerais mais frequentes nestes tratados[63]. A publicação das decisões arbitrais CIRDI e a semelhança das questões colocadas incita os árbitros a prestar muita atenção às decisões anteriormente proferidas em casos semelhantes[64].

Alega-se ainda que a jurisprudência do CIRDI desenvolveu o "Direito do Investimento Internacional" em matéria de protecção da vinculação do Estado perante o investidor estrangeiro[65]. Neste sentido, porém, pouco mais se invoca do que um pequeno número de decisões que afirmaram um dever de informação reforçado a cargo do investidor estrangeiro, cuja violação gera uma obrigação de indemnizar[66].

Em todo o caso, não pode dizer-se que a jurisprudência CIRDI tenha logrado substituir-se ao Direito convencional no desenvolvimento de um vasto corpo de Direito Internacional dos Investimentos. Uma razão apontada para este facto é a grande diversidade jurídico-material dos litígios submetidos a arbitragem CIRDI no âmbito de um conceito amplo de investimento. A constância de certas cláusulas nos tratados bilaterais também não exclui que estes apresentem conformações muito variadas[67]. Daí que continue a sentir-se a necessidade premente de um tratado multilateral de âmbito universal de protecção do investimento estrangeiro[68].

---

[60] Ver MANCIAUX (n. 29) 483 e segs.

[61] Ver MANCIAUX (n. 29) 550 e segs.

[62] Ver MANCIAUX (n. 29) 574 e segs.

[63] Ver, designadamente, HERDEGEN (n. 16) 245 e segs. e MANCIAUX (n. 29) 595 e segs.

[64] Cf. GAILLARD (n. 32) 858.

[65] Ver MANCIAUX (n. 29) 327 e segs, 365-366 e 383.

[66] Op. cit., 329 e segs.

[67] Ver MANCIAUX (n. 29) 604 e segs.

[68] No mesmo sentido, MANCIAUX (n. 29) 605 e seg. Ver, sobre o projecto da OCDE sobre um *Multilateral Agreement on Investment*, HERDEGEN (n. 16) 252 e seg.

Em suma, verificamos que a evolução do regime aplicável aos contratos de Estado tem dependido essencialmente do Direito Internacional convencional, designadamente a Convenção CIRDI e os tratados bilaterais de protecção do investimento. Para o futuro desenvolvimento deste regime afigura-se de grande importância a elaboração de um tratado multilateral de âmbito universal de protecção do investimento estrangeiro.

DIREITO APLICÁVEL AO CONTRATO DE TRANSPORTE MARÍTIMO DE MERCADORIAS

SUMÁRIO: INTRODUÇÃO. I. A REGULAÇÃO DOS CONTRATOS DE TRANSPORTE MARÍTIMO DE MERCADORIAS POR DIREITO MATERIAL UNIFICADO. A) Generalidades. B) Convenção de Bruxelas de 1924. C) Protocolos de 1968 e de 1979. D) Problemas de delimitação. E) Convenção de Hamburgo de 1978. F) Convenção de Genebra de 1980. G) Posição recomendada. II. A REGULAÇÃO DOS CONTRATOS DE TRANSPORTE MARÍTIMO DE MERCADORIAS PELO DIREITO DE CONFLITOS GERAL. A) Relevância. B) Designação pelas partes. C) Cláusula *Paramount*. D) Conexões objectivas. E) Modo de cumprimento. F) Normas imperativas "autolimitadas". G) Domínio espacial de aplicação da legislação portuguesa de 1986/1987.

INTRODUÇÃO

Os contratos de transporte marítimo são, na sua grande maioria, internacionais e, por conseguinte, colocam assiduamente um problema de determinação do Direito aplicável. A solução deste problema depende, em vasta medida, da jurisdição competente para dirimir os litígios emergentes do contrato. Caso estes litígios sejam abrangidos por uma convenção de arbitragem, a determinação do Direito aplicável faz-se, em princípio, com base em critérios específicos que integram o Direito Transnacional da Arbitragem[1]. Na falta de convenção de arbitragem, haverá que atender ao Direito Internacional Privado geral vigente nas ordens jurídicas estaduais que tenham uma ligação significativa com o contrato, em especial as das

---

[1] Ver Luís de LIMA PINHEIRO – *Arbitragem Transnacional. A Determinação do Estatuto da Arbitragem*, Coimbra, 2005, 234 e segs.

jurisdições que sejam internacionalmente competentes para dirimir os litígios emergentes do contrato.

O presente estudo ocupa-se apenas da determinação da lei aplicável ao contrato de transporte marítimo de mercadorias com base no Direito Internacional Privado geral. Este Direito Internacional Privado não desempenha apenas a função de individualizar a ordem jurídica estadual competente. Perante um importante processo de unificação internacional do Direito material regulador dos contratos de transporte marítimo de mercadorias importa começar por referir as Convenções internacionais envolvidas e examinar os seus pressupostos de aplicabilidade (I). Procederei, em seguida, ao estudo do Direito de Conflitos geral que designa a ordem jurídica estadual aplicável às questões que não são resolúveis com base no Direito material unificado (II).

I. A REGULAÇÃO DOS CONTRATOS DE TRANSPORTE MARÍTIMO DE MERCADORIAS POR DIREITO MATERIAL UNIFICADO

A) Generalidades

A unificação internacional do Direito material aplicável fez grandes progressos no domínio do Direito Marítimo[2]. Quando a situação caia dentro do âmbito de aplicação de uma Convenção internacional de unificação do Direito material, o seu regime é definido pelas normas convencionais não sendo necessário, *em princípio*, recorrer ao Direito de Conflitos geral para determinar a lei aplicável. Cabe pois perguntar se ainda resta algum lugar para "conflitos de leis" em matéria de transporte marítimo de mercadorias e para um Direito Internacional Privado concentrado na missão de os solucionar.

Apesar do sucesso dos esforços de unificação jurídica internacional desenvolvidos desde finais do sec. XIX, pode afirmar-se que só um

---

[2] Ver a exposição de René RODIÈRE – *Traité général de droit maritime*, vol. I, Paris, 1967, 55 e segs., e a informação actualizada oferecida por Heinz PRÜSSMANN e Dieter RABE – *Seehandelsrecht*, 4.ª ed., Munique, 2000, 12-13, e Luís de LIMA PINHEIRO – *Direito Internacional Privado*, vol. I, 2.ª ed., Almedina, Coimbra, 2008, 81 e segs.

número relativamente modesto de questões de Direito Marítimo é resolvido com recurso exclusivo ou preponderante ao Direito material unificado[3].

Pelo que diz respeito ao contrato de transporte marítimo de mercadorias, o labor desenvolvido pelo Comité Marítimo Internacional e pelas conferências diplomáticas reunidas em Bruxelas centrou-se em torno de determinadas questões de maior incidência prática, sem qualquer veleidade de regulação sistemática.

Assim, a Convenção para a Unificação de Certas Regras em Matéria de Conhecimento, assinada em Bruxelas, em 1924, veio disciplinar certos aspectos do contrato de transporte titulado por um conhecimento de carga ou documento similar. De fora ficam, desde logo, os contratos de transporte em que não seja emitido um documento negociável, bem como aqueles em que o conhecimento é emitido ao abrigo de contrato formalizado numa carta-partida, pelo menos nas relações entre afretador e transportador (art. 1.º/b).

A Convenção tão-pouco regula o contrato de transporte sob conhecimento no seu conjunto: ela limita-se a estabelecer o mínimo das obrigações do transportador, o máximo das suas exonerações, o limite da indemnização por avarias de carga e os procedimentos a observar no caso de reclamações por avarias de carga[4]. Quer isto dizer que a formação do contrato, as obrigações do carregador e diversos aspectos da execução do contrato pelo transportador e da sua responsabilidade contratual escapam ao domínio material da Convenção e estão submetidos à ordem jurídica nacional designada pelo Direito de Conflitos geral.

A modificação da disciplina contida na Convenção de Bruxelas de 1924 foi objecto de dois Protocolos assinados em 1968 e em 1979. As alterações introduzidas por estes tratados mantêm a estrutura e respeitam os princípios da Convenção de 1924.

A Conferência das Nações Unidas sobre o transporte por mar adoptou, em 1978, uma nova Convenção no domínio do transporte marítimo de

---

[3] Para uma análise desenvolvida das tendências de fragmentação em Direito Marítimo ver Walter RICHTER – "Tendenzen in der Entwicklung des internationalen Seehandelsrechts – Vereinheitlichung oder Zersplitterung", *in FS H. Dünnebier*, 729-748, Berlim, 1982.

[4] Ver, designadamente, Constant SMEESTERS e Gustav WINKELMOLEN – *Droit maritime et droit fluvial*, 2.ª ed., vol. II, Bruxelas, 1933, 219.

mercadorias, com base num projecto elaborado no âmbito da CNUDCI. A Convenção de Hamburgo representa uma ruptura radical face à Convenção de Bruxelas, que se destina a substituir (nos termos do art. 31.° a ratificação da Convenção de Hamburgo obriga à denúncia da Convenção de Bruxelas).

Uma ruptura ao nível dos valores e princípios enformadores, que se manifesta naturalmente no conteúdo normativo, mas também, desde logo, na técnica seguida.

A Convenção de Hamburgo não regula apenas certos aspectos relativos ao conhecimento de carga e à responsabilidade do transportador por avarias de carga. Prossegue-se agora um escopo mais vasto: a unificação do regime do transporte marítimo internacional de mercadorias.

Em princípio a Convenção aplica-se a todos os transportes, independentemente da emissão de um conhecimento ou de outro documento (arts. 1.°/6 e 2.°). O contrato de transporte formalizado por carta-partida é, porém, excluído, sem prejuízo da aplicação da Convenção nas relações com terceiros que sejam titulares de conhecimentos emitidos em execução da carta-partida (art. 2.°/3).

Na prática a Convenção aplicar-se-á essencialmente ao transporte sob conhecimento (ver arts. 14.° e segs.), mas sem as exclusões previstas na Convenção de Bruxelas (transportes no convés e de animais vivos)[5].

Entretanto, O Comité Marítimo Internacional e a CNUDCI têm desenvolvido trabalhos com vista à adopção de uma nova Convenção sobre o Transporte de Mercadorias Total ou Parcialmente pelo Mar.

O transporte de mercadorias surge na grande maioria dos casos associado a uma operação económica mais ampla, normalmente uma venda de mercadorias. Com frequência, a operação económica inclui uma deslocação da mercadoria por dois ou mais meios de transporte de natureza diferente, por exemplo, rodoviário e marítimo, marítimo e fluvial, aéreo e rodoviário. Tradicionalmente, salvo quando um dos segmentos é encarado como meramente complementar, são celebrados contratos juridicamente independentes para cada um dos segmentos do transporte. Mas regista-se actualmente uma tendência no sentido da celebração de um contrato único cobrindo a operação global.

Dada a diferença acentuada dos regimes jurídicos a que estão sujeitos os diferentes modos de transporte, suscitam-se dificuldades de ordem

---

[5] Sobre estes transportes ver arts. 5.°/5 e 9.°.

vária. Designadamente, nem sempre é fácil concatenar os diferentes regimes por forma a definir uma regulação jurídica clara e coerente para o contrato de transporte multimodal. Por outro lado, surgem frequentemente dificuldades de prova com respeito à determinação do momento em que ocorre dano ou perda das mercadorias.

Bem se compreende que a unificação do Direito aplicável ao transporte multimodal tenha entrado na ordem do dia. Em 1963, o UNIDROIT concluiu um projecto de Convenção centrado no sistema de responsabilidade do transportador. Alguns anos mais tarde (1969), foi a vez de o Comité Marítimo Internacional apresentar um projecto de Convenção, projecto que deu ênfase à introdução de um documento de transporte com valor idêntico ao do conhecimento de carga. Da fusão destes dois projectos nasceu, em 1971, o projecto de Convenção sobre o transporte internacional combinado de mercadorias (TMC). Este projecto deparou com uma forte oposição dos países em desenvolvimento, adeptos de um regime de responsabilidade mais favorável aos carregadores/destinatários, e de natureza imperativa.

É esta tendência que prevaleceu após demorados trabalhos sob os auspícios da CNUDCI, e que levaram à adopção, na conferência diplomática reunida em Genebra, da Convenção das Nações Unidas sobre o Transporte Internacional Multimodal de Mercadorias, em 1980. Todavia, porém, esta Convenção obteve um acolhimento internacional diminuto, como adiante veremos.

B) Convenção de Bruxelas de 1924

Como já se observou, a Convenção limita-se a estabelecer o mínimo das obrigações do transportador, o máximo das suas exonerações, o limite da indemnização por avarias de carga e os procedimentos a observar no caso de reclamações por avarias de carga.

Segundo o n.º 8 do art. 3.º serão nulas todas as estipulações que exonerem o transportador da responsabilidade por perda ou dano concernente a mercadoria, ou atenuem o regime desta responsabilidade por modo diverso do preceituado na Convenção.

Quanto à aplicação no espaço desta Convenção importa atender ao disposto no art. 10.º que é do seguinte teor:

"As disposições da presente Convenção aplicar-se-ão a todo o conhecimento criado num dos Estados contratantes".

Apesar da clareza literal do art. 10.º da Convenção, o domínio espacial de aplicação da Convenção de 1924 foi largamente controvertido, designadamente em Inglaterra e na Itália. Nestes países entendeu-se inicialmente que a aplicabilidade da Convenção dependia não só do pressuposto estabelecido no art. 10.º , mas também da lei designada pelo Direito de Conflitos geral[6]. Hoje é geralmente aceite, mesmo nestes países, que o regime convencional, ou a lei nacional que o incorpora, têm um âmbito de aplicação independente do Direito de Conflitos geral[7].

Isto decorre do sentido e fim da Convenção de Bruxelas, enquanto instrumento de unificação internacional do regime aplicável. Ao tempo que o Direito de Conflitos geral aplicável era de fonte interna, isto decorria também, pelo menos na ordem jurídica portuguesa, da superioridade hierárquica das fontes internacionais. Hoje o Direito de Conflitos geral aplicável é definido pela Convenção de Roma sobre a Lei Aplicável às Obrigações Contratuais, que não prejudica a aplicação das Convenções de Direito material unificado (art. 21.º), nem de regras imperativas do Estado do foro que reclamem aplicação independentemente da lei reguladora do

---

[6] Em Inglaterra, segundo a decisão do *Privy Council* no caso *Vita Food Products* v. *Unus Shipping. Co.* a aplicabilidade da Convenção depende não só do pressuposto estabelecido no art. 10.º , mas também da lei designada pelo Direito de Conflitos, i.e., na prática de a *proper law* ser a lei do Estado onde o conhecimento foi emitido, ou não o sendo, de atribuir um maior domínio de aplicação à Convenção, designadamente a todos os transportes com destino a portos situados no seu território, ou ainda, em caso de incorporação expressa – ver Raoul COLINVAUX – *Carver's Carriage by Sea*, 13.ª ed., Londres, 1982, 406-409; Sjur BRAEKUS – "Choice of Law Problems in International Shipping", *RCADI* 164 (1979) 251 e segs., 328, assinala que numa perspectiva histórica a decisão pode ser vista como efeito ulterior do confronto legal entre os interesses dos carregadores americanos e os interesses do *shipping* inglês.

[7] Cf. *Dicey, Morris and Collins on the Conflict of Laws* – 14.ª ed. por Lawrence COLLINS (ed. geral), Adrian BRIGGS, Jonathan HARRIS, J. McCLEAN, Campbell McLACHLAN e C. MORSE, Londres, 2006, 1779-1780; A. MALINTOPPI – "Les rapports entre droit uniform et droit international privé", *RCADI* 116 (1965 – III) 1-87, 41 e segs.; António LEFEBVRE D'OVIDIO, Gabriele PESCATORE e Leopoldo TULLIO – *Manuale di Diritto della Navigazione*, 8.ª ed., Milão, 1996, 484-485; Sergio CARBONE – *Contratto di trasporto marittimo di cose*, Milão, 1988, 21-22. Mas cp. F. A. MANN – "The Hague-Visby Rules and 'the Force of Law'", *LQR* 103 (1987) 523, 527.

contrato (art. 7.º/2). Esta Convenção será a muito breve trecho substituída pelo Regulamento comunitário sobre a Lei Aplicável às Obrigações Contratuais (doravante designado Regulamento Roma I) que deve ser entendido no mesmo sentido, embora nada disponha sobre as suas relações com as Convenções de Direito material unificado (cp. art. 25.º e ver art. 9.º/2 quanto à possibilidade de sobreposição das normas de aplicação necessário do Estado do foro).

Por conseguinte, a Convenção de Bruxelas de 1924 é aplicável por força própria pelos tribunais dos Estados contratantes (designadamente os tribunais portugueses) quando o conhecimento tenha sido emitido num Estado contratante. Quando o conhecimento não tenha sido emitido num Estado contratante, estes tribunais têm de determinar a lei nacional competente com base no Direito de Conflitos geral. É o que se verifica, por exemplo, com uma pretensão indemnizatória por avarias de carga transportada do Brasil para Portugal, deduzida em tribunal português, em que o conhecimento tenha sido emitido no Brasil, visto que o Brasil não é parte na Convenção[8].

Neste segundo caso, pode suceder que na lei nacional competente vigorem regras convencionais que reclamam aplicação ao caso. Neste caso o tribunal português aplicará as regras convencionais (que tanto podem ser as da Convenção de Bruxelas de 1924, modificada ou não pelo Protocolo de 1968, como as da Convenção de Hamburgo) enquanto elementos da ordem jurídica estadual competente.

Uma outra controvérsia se gerou quanto à aplicabilidade da Convenção aos transportes marítimos internos. A letra do art. 10.º abrange os transportes marítimos internos. No mesmo sentido aponta a previsão, no Protocolo de assinatura, de uma reserva em relação à cabotagem nacional. Não obstante, prevaleceu o entendimento segundo o qual a convenção *unifica* matéria respeitante ao contrato de transporte *internacional*, não contendo uma regulamentação *uniforme* também aplicável aos transportes internos[9]. Esse entendimento foi adoptado designadamente pela jurispru-

---

[8] A alegação de que esta hipótese é académica, visto que a mesma Convenção se aplicará sempre por força da cláusula de incorporação inserida na generalidade dos formulários de conhecimento de carga, desconhece que, neste caso, o normativo da Convenção não prevalece necessariamente em relação às restantes cláusulas do conhecimento (*infra* II.C).

[9] Cf. René RODIÈRE – *Traité général de droit maritime*, vol. II – 1968, Paris, 376 e segs.; LEFEBVRE D'OVIDIO/PESCATORE/TULLIO (n. 7) 482 e 546. No mesmo sentido MÁRIO

dência francesa, a qual não terá, porém, fixado um critério unívoco de internacionalidade, dizendo-se a este propósito que o elemento internacional era determinado "d'après le nez du juge et l'âge du capitaine"[10].

Assim, a esfera espacial de aplicação do normativo convencional é definida por dois pressupostos: a internacionalidade do transporte e a emissão do conhecimento num Estado contratante.

Portugal aderiu à Convenção de Bruxelas em 1931[11]. Após a adesão de Portugal à Convenção de Bruxelas, as normas do Código Comercial sobre transporte marítimo, incluindo as que regulam aspectos compreendidos no âmbito material da Convenção, continuaram em vigor. Ficaram submetidos exclusivamente às normas do Livro III do Código Comercial os transportes marítimos internos, o que tinha o mais vasto alcance, visto que os transportes entre portos portugueses – do continente, das ilhas e do Ultramar português – estavam reservados aos armadores portugueses.

As normas materiais do Código Comercial eram ainda as exclusivamente aplicáveis aos contratos de transporte marítimo internacional que, não caindo dentro da "esfera espacial de aplicação" da Convenção, fossem submetidos pelas normas de conflitos portuguesas à nossa ordem jurídica[12].

O DL n.º 37.748, de 27/1/50, aplicável "a todo o território da República", determinou que "O disposto nos artigos 1 a 8 da Convenção de Bruxelas (...) será aplicável a todos os conhecimentos de carga emitidos em território português, qualquer que seja a nacionalidade das partes contratantes".

O diploma fixou o limite da indemnização a que se referem os arts. 4.º, 5.º, e 9.º da Convenção, estabeleceu um desvio quanto aos conhecimentos relativos a mercadoria a granel (art. 2.º) e condicionou a negociabilidade dos conhecimentos à menção "de que se regem pelo pre-

---

Raposo – "Sobre o contrato de transporte de mercadorias por mar", *BMJ* 376 (1988) 5-62, 7 Cp., porém as modulações da doutrina de Ripert, referida em Rodière, op. cit., 376. No sentido da exclusão dos transportes internos também Sérgio Carbone – "L'ambito di applicazione della normativa uniforme nella nuova disciplina del trasporto marittimo internazionale del Protocollo di Visby", *in Studi Mario Giuliano*, 255-280, 1989.

[10] Jean Claude Soyer – "Les aspects de Droit international privé de la réforme du Droit maritime", *Clunet* (1969) 610, 618.

[11] Carta de 12/12/31 publicada no *DG* 2/6/32, rectificada no *DG* 11/7/32.

[12] Ver *infra* II.A.

sente decreto-lei e disposições da Convenção de Bruxelas de 25 de Agosto de 1924, por este integradas no direito português" (art. 3.º).

Perante o anteriormente enunciado, a conjugação do disposto neste diploma com a vigência da Convenção na ordem jurídica portuguesa não suscita dificuldades de maior. No essencial, veio este diploma submeter os transportes marítimos internos ao regime em vigor para os transportes internacionais.

As dúvidas que a este respeito foram formuladas resultaram mais do Preâmbulo do DL n.º 37.748, do que da regulação nele contida. Com efeito, o Preâmbulo refere-se à introdução no "direito interno" dos "preceitos da Convenção". Tal não significa, porém, uma (redundante) "transformação" do normativo convencional em Direito interno, baseada no erróneo pressuposto de que a Convenção não vigoraria ainda na ordem jurídica portuguesa, mas antes – como foi entendido na indústria marítima e pela maioria dos comentadores – uma "extensão" do regime da Convenção aos transportes internos[13].

---

[13] Já a doutrina anterior à Constituição de 1933 tendia a admitir que vigorava o sistema da incorporação automática global do Direito Internacional: ver referências em ISABEL DE MAGALHÃES COLLAÇO – *Lições de Direito Internacional Privado*, vol. I, Lisboa, 1958, 289 e segs; MIGUEL GALVÃO TELLES – "Eficácia dos tratados na ordem interna portuguesa (condições, termos e limites)", *Ciência e Técnica Fiscal* 83 (1965) 109-149, 84 (1965) 41-64, 85 (1966) 93-120 e 106 (1967) 7-126, 289 e segs., respectivamente. Depois da Constituição de 1933 a questão foi discutida – à face do art. 3.º deste diploma – com respeito à vigência no Direito interno das Leis Uniformes sobre letras e livranças e sobre cheques, contidas nas Convenções de Genebra, as quais não foram objecto de qualquer acto expresso de recepção. O DL n.º 26.556, de 30/4/37, decidiu a querela a favor da tese da recepção automática, ao determinar que as Convenções se encontravam em vigor em Portugal desde a data da sua ratificação: cf. FERNANDO OLAVO – *Direito Internacional Privado*, Lisboa, 1957, 94 e segs; FERRER CORREIA – *Lições de Direito Comercial*, vol. III, Coimbra, 1975, 35; ISABEL DE MAGALHÃES COLLAÇO, loc. cit., 292 e segs; MIGUEL GALVÃO TELLES, loc. cit., 124-125. A tese contrária viria, no entanto, a encontrar defensores em SILVA CUNHA – *Direito Internacional Público*, Lisboa, 1957, 25 e segs., e ANDRÉ GONÇALVES PEREIRA – *Curso de Direito Internacional Público*, 2.ª ed., Lisboa, 1970, 87 e segs., mas, salvo o devido respeito, sem razão, conforme dão conta ISABEL DE MAGALHÃES COLLAÇO, op. cit., 297 e segs., e MIGUEL GALVÃO TELLES, op. cit., 130 e segs.

Quer isto significar, no que se refere à Convenção de Bruxelas de 1924, que esta Convenção vigora na ordem jurídica portuguesa desde a publicação da Carta de Adesão de Portugal, em 1932: cf. FERNANDO OLAVO, op. cit., 100; ANDRÉ GONÇALVES PEREIRA, loc. cit.; AZEVEDO MATOS – *Princípios de Direito Marítimo*, vol. II, Lisboa, 1956, 235, e MIGUEL GALVÃO TELLES, op. cit. 147 e n. 50. Esta conclusão impõe-se também aos auto-

Quanto ao modo por que os transportes internos são submetidos ao regime da Convenção pode pensar-se que o DL n.° 37.748 operou uma incorporação das normas convencionais no Direito interno, i.e., estabeleceu uma regulação de fonte interna que recebeu este conteúdo normativo[14].

C) Protocolos de 1968 e de 1979

Das alterações introduzidas pelo Protocolo de 1968 cumpre salientar o alargamento da esfera espacial de aplicação do regime convencional, a subida do limite da indemnização e a extensão deste limite e das excepções do transportador aos seus auxiliares de cumprimento.

Este tratado oferece um critério preciso de transporte internacional – transporte entre portos de dois Estados diferentes – o qual cai dentro do domínio *imperativo* da Convenção sempre que o conhecimento seja emitido num Estado contratante ou o transporte se inicie num porto de Estado contratante[15].

A par do domínio *imperativo* o Protocolo prevê um domínio *facultativo* de aplicação através de cláusulas de referência ("reenvio") às regras da Convenção modificadas pelo Protocolo ou à legislação de um Estado que as incorpore[16], geralmente designadas como cláusulas *Paramount* (art. 10.° da Convenção com a redacção dada pelo art. 5.° do Protocolo)[17].

Enfim, admite-se expressamente a possibilidade de os Estados contratantes estenderem o âmbito espacial do Direito unificado a outras situações.

---

res que questionaram a vigência de uma cláusula de recepção automática plena na vigência da Constituição de 1933. Como assinala ANDRÉ GONÇALVES PEREIRA, op. cit., 93 e segs., a Convenção encontrar-se-ia abrangida pela cláusula de recepção semi-plena contida no art. 6.° do Código Comercial, e, em qualquer caso, tendo Portugal aderido à Convenção antes da entrada em vigor da Constituição de 1933, as suas normas teriam sido recebidas pela cláusula geral de recepção então vigente. No mesmo sentido MÁRIO RAPOSO (n. 9) 6. Ver também RLx 19/3/1996 [CJ (1996-II) 84).

[14] O mesmo significado se há-de atribuir então à "integração" das disposições da Convenção "no direito português" a que se refere o art. 3.° do mesmo diploma.

[15] Ver RODIÈRE (n. 9) 376-378.

[16] Ver René RODIÈRE e Emmanuel DU PONTAVICE – *Droit maritime*, 12.ª ed., Paris, 1997, 377.

Direito Aplicável ao Contrato de Transporte Marítimo de Mercadorias   321

Não é líquida a razão por que Portugal ainda não é parte deste tratado. As modificações por ele introduzidas no regime da Convenção de Bruxelas merecem aprovação geral. A menos que se favoreça uma ruptura com o sistema instituído pela Convenção de Bruxelas – designadamente a sua substituição pelo da Convenção de Hamburgo – é fortemente recomendável que se seja parte do Protocolo de 1968.

Existe ainda um Protocolo de 1979 que modifica o art. 4.° da Convenção de Bruxelas quanto à definição da unidade de conta relevante para o limite da indemnização. Portugal também não é parte deste tratado.

D) Problemas de delimitação

Apenas uma parte dos Estados contratantes da Convenção de 1924 ratificou ou aderiu aos Protocolos de 1968 e 1979. Acresce que nem todos os Estados que são partes dos Protocolos denunciaram a Convenção de 1924[18]. Com isto renasce uma certa diversidade de regulações jurídicas e coloca-se, com frequência, o problema de saber qual dos normativos convencionais é aplicável na situação concreta[19]. Este problema constitui um novo campo de actuação para o Direito Internacional Privado[20].

É significativo o caso em que um litígio relativo a um conhecimento emitido num Estado que ratificou o Protocolo (por exemplo, o Reino Unido) é apreciado nos tribunais de um Estado que apenas é parte da Convenção (por exemplo, Portugal).

Como Portugal não é parte no Protocolo, este não se aplica por força própria nos tribunais portugueses. Qual o Direito que se aplica? Importa distinguir conforme o Estado em que o conhecimento foi emitido denunciou ou não a Convenção de 1924.

Se o Estado em que o conhecimento foi emitido denunciou a Convenção de 1924, o regime desta Convenção também não se aplica por

---

[17] Ver a análise de CARBONE (n. 9) 276 e segs.

[18] Ver também art. 7.° do Protocolo.

[19] Ver Walter MULLER – "Problèmes des champs d'application des Règles de la Haye e des Règles de Visby", *DMF* 354 (1978) 323.

[20] Cf. António FERRER CORREIA – *Direito Internacional Privado. Alguns Problemas*, Coimbra, 1981, 85-88; Id. – "Considerações sobre o Método do Direito Internacional Privado", *in Estudos Vários de Direito*, 309-398, Coimbra, 1982, 374-379.

força própria nos tribunais portugueses. Estes tribunais têm de determinar a ordem jurídica nacional competente e deverão aplicar as regras convencionais que vigorem nesta ordem jurídica (quaisquer que elas sejam) ou que, perante esta ordem jurídica, tenham sido validamente incorporadas no contrato por efeito de uma cláusula *Paramount*.

Se o Estado em que o conhecimento foi emitido não denunciou a Convenção de 1924, aplica-se o regime contido nesta Convenção, em princípio sem as modificações introduzidas pelo Protocolo de 1968[21].

Sintetizando:

i – a Convenção de Bruxelas de 1924 deve aplicar-se, independentemente do Direito nacional competente, sempre que o conhecimento foi emitido no território de um Estado contratante e a acção é proposta no tribunal de um Estado contratante[22];

ii – se o conhecimento não foi emitido no território de um Estado contratante, a Convenção de 1924 deve aplicar-se nos tribunais de um Estado contratante se o seu Direito de Conflitos remete para a ordem jurídica de um Estado contratante e a situação cai dentro âmbito de aplicação (material e espacial) que, neste Estado, é atribuído às regras da Convenção;

iii – a Convenção de 1924 modificada pelo Protocolo de 1968 é aplicável nos tribunais de um Estado contratante do Protocolo de 1968, independentemente do Direito nacional competente, sempre que a situação se inscreva no domínio imperativo estabelecido pela Convenção modificada pelo Protocolo (cf. art. 6.º do Protocolo), ou dentro da esfera espacial de aplicação mais ampla fixada por este Estado, ou ainda por força de cláusula *Paramount* apropriada;

iv – o Protocolo de 1968 é aplicável nos tribunais de um Estado que não é parte deste instrumento, seja ele ou não parte da Convenção de 1924, quando o Direito de Conflitos deste Estado remeta para a ordem jurídica de um Estado contratante e a situação caia dentro do âmbito de aplicação (material e espacial) que, neste Estado, é atribuído às regras da Convenção modificada pelo Protocolo.

---

[21] Em princípio, porque, como adiante veremos, a Convenção de Bruxelas de 1924 não obsta à aplicação da lei nacional escolhida pelas partes quando esta agrave a responsabilidade do transportador.

[22] Referimo-nos apenas a contratos de transporte internacional.

E) Convenção de Hamburgo de 1978

Já se assinalou que esta Convenção opera uma ruptura quer no plano dos princípios quer no que concerne ao carácter sistemático da regulação. Embora se inspire, em muitos aspectos, na Lei francesa de 1966, a ruptura verificada exprime, principalmente, as aspirações dos países em desenvolvimento. O desígnio de conceder ao carregador e ao destinatário uma protecção inderrogavelmente imperativa (cf. art. 23.º) é também prosseguido ao nível da esfera de aplicação no espaço da Convenção e da competência jurisdicional.

Segundo o quadro traçado no art. 2.º, a Convenção será aplicada pelos órgãos de administração da justiça de um Estado contratante sempre que o porto de carregamento ou o porto de descarga previstos no contrato ou o lugar de emissão do documento de transporte se situem no território de um Estado contratante (*domínio imperativo de aplicação*)[23].

A aplicação da Convenção também pode ser determinada por uma estipulação das partes, que conste do documento de transporte, submetendo o contrato às normas da Convenção ou à legislação estadual que as incorpore (*domínio facultativo de aplicação*). Assim, à semelhança do Protocolo de 1968, a cláusula *Paramount* constitui um fundamento autónomo de aplicação do regime convencional[24].

Entrando no exame dos traços gerais do regime convencional, e afora as disposições gerais e finais, a regulação está organizada em cinco partes: "responsabilidade do transportador", "responsabilidade do carregador", "documentos de transporte", "reclamações e acções" e "preceitos suplementares".

Nos termos do art. 5.º/1, a responsabilidade do transportador por avarias de carga e atrasos na sua entrega é presumida, presunção que pode ser afastada se este provar que tomou, ou que os seus auxiliares de cumprimento tomaram "todas as medidas que podiam razoavelmente ser exigidas" para o evitar. Esta regra sofre um desvio com respeito às avarias ou atrasos causados por incêndio (Art. 5.º/4).

O limite máximo de indemnização é semelhante ao estabelecido pelo Protocolo de 1979.

---

[23] Ver CARBONE (n. 7) 73.
[24] Ver CARBONE (n. 7) 71 e segs.

Quanto à competência internacional em matéria regida pela Convenção, determina o n.° 1 do art. 21.° que

"...the plaintiff, at his option, may institute an action in a court which, according to the law of the State where the court is situated, is competent and within the jurisdiction of which is situated one of the following places"

enumerando, em seguida, a localização dentro do respectivo território do estabelecimento principal do réu ou, se o não tiver, da sua residência habitual; o lugar onde o contrato foi celebrado, desde que o réu aí tenha um estabelecimento, uma sucursal ou uma agência por intermédio do qual o negócio foi celebrado; o porto de carregamento ou o porto de descarga.

Nos termos do n.os 3 e 5 os pactos de jurisdição só são válidos quando celebrados depois da eclosão do litígio.

Também a cláusula de arbitragem não obsta à possibilidade de escolha entre os vários foros concedida ao autor (art. 22.°)[25].

A autonomia privada no domínio do transporte marítimo ficaria assim muito limitada, sem paralelo noutras relações do comércio internacional, designadamente no concernente à venda internacional, com a qual está na maioria dos casos conexo o transporte marítimo internacional de mercadorias. Diferença de tratamento difícil de entender quando se suporia ser exactamente na relação de venda internacional que se localiza o centro de gravidade de toda a operação, e, com ele, eventuais desequilíbrios negociais em prejuízo de uma das partes. Aparentemente, a Convenção põe a cargo do transportador marítimo o restabelecimento deste equilíbrio. A funcionalidade desta protecção é, porém, duvidosa.

O incremento dos riscos suportados pelo transportador levará inevitavelmente ao aumento dos prémios de seguro por si pagos. As apertadas margens de rendibilidade com que os transportes marítimos actualmente operam excluem a possibilidade de uma absorção deste e de outros custos. A repercussão do aumento de custos na subida dos níveis de fretes será directa ou indirectamente suportada pelos agentes económicos que a Convenção procura proteger.

Esta primeira objecção não é, de per si, decisiva. O aumento do nível de fretes não significa necessariamente um agravamento da relação qualidade/preço na operação globalmente considerada.

---

[25] Ver Lima Pinheiro (n. 1) 512 e segs.

Mas pode legitimamente perguntar-se se a Convenção não fomentará a ineficiência económica ao restringir extremamente a autonomia dos contraentes; ao imputar ao transportador a responsabilidade por operações que em certas circunstâncias são controladas, ou são mais facilmente controláveis, pelo carregador – por exemplo, à luz do art. 4.º , certas operações de carregamento e descarga que correm por conta do carregador; enfim, ao transferir para a relação de transporte a correcção de desequilíbrios nascidos do contrato de venda.

É defensável, em contrapartida, que a presunção de responsabilidade do transportador pelos prejuízos relativos a avarias e atrasos na entrega da carga posta sob a sua custódia – que aproxima o regime do transporte marítimo ao de outros modos de transporte – promove a diligência na execução do transporte, designadamente a diligência na prevenção dos riscos envolvidos. Ideia que vale até ao ponto em que tais, riscos, e, entre eles, os riscos de mar, forem controláveis pelo transportador.

A Convenção está internacionalmente em vigor, mas só obteve um acolhimento internacional limitado[26]. Em 2007, eram partes na Convenção 33 Estados, entre os quais não se contam Portugal nem os principais países marítimos.

F) Convenção de Genebra de 1980

A Convenção define como contrato internacional multimodal "o transporte de mercadorias efectuado pelo menos por dois modos de transporte diferentes, com base num contrato de transporte multimodal, de um lugar situado num país onde o operador de transporte multimodal toma conta das mercadorias para um lugar designado para a entrega situado num país diferente" (art. 1.º/1).

A operação de transporte multimodal é na actualidade a regra em certos tráfegos, como é o caso do tráfego de contentores. Mas tal não implica a celebração de um contrato de transporte multimodal. Assim também, a expressão "operador de transporte multimodal", tanto pode referir-se àquele que contrata realizar globalmente o transporte por sua conta (art.

---

[26] Ver John WILSON – *Carriage of Goods by Sea*, 4.ª ed., Harlow et al., 2001, 225 e segs.

1.º/2), como àquele que contrata os diferentes segmentos de transporte por conta do carregador.

Se tomarmos a expressão "operador de transporte multimodal" em sentido amplo, poderemos verificar que de entre os diferentes agentes económicos, os que se têm mostrado mais vocacionados para desempenhar este papel são os "transitários" e os armadores.

É frequente que os armadores, quando no desempenho desta função, se comprometam a realizar por sua conta o segmento marítimo do transporte, e a celebrar por conta do carregador contratos tendo por objecto os outros segmentos de transporte.

Aliás, note-se que o mesmo se pode verificar no caso do transporte marítimo sucessivo, i.e., aquele que envolve vários segmentos marítimos, que têm por charneira operações de transbordo da mercadoria de um navio para outro. Embora, neste caso, seja mais frequente o armador obrigar-se a realizar por sua conta toda a operação, contanto que subcontrate com outros armadores a execução de alguma (ou de todas) as etapas do transporte. O conhecimento de carga emitido nesta segunda hipótese é designado por conhecimento directo (*Through Bill of Lading*).

Por vezes o armador também se obriga a realizar uma operação global de transporte que comporta, pelo menos, um segmento não marítimo. Trata-se agora de um contrato de transporte multimodal em sentido estrito. O paralelo com a hipótese de um transporte marítimo sucessivo, em que, como acabei de assinalar, é usual o armador realizar por sua conta a operação global, levou à extrapolação das expressões *"Through Bill of Lading"* ou *"Through Transport Bill of Lading"*, agora aplicadas também ao documento emitido por um transportador marítimo, que titula um transporte multimodal, em que um dos segmentos seja marítimo.

Os "transitários", por seu lado, assumem normalmente uma posição unitária na realização global da operação de transporte; mas esta posição pode ser ambígua: apesar de as cláusulas gerais dos seus documentos contratuais uniformizados os colocarem na posição de comissários de transporte, não é raro que se apresentem e intervenham nas negociações como transportadores.

A presunção de responsabilidade do operador multimodal (em sentido estrito) estabelecida pela Convenção de Genebra corresponde ao sistema instituído pela Convenção de Hamburgo (cf. art. 16.º), cobrindo todos segmentos de transporte (art. 14.º), independentemente dos subcontratos de transporte celebrados com outros transportadores (ver art. 15.º).

Direito Aplicável ao Contrato de Transporte Marítimo de Mercadorias 327

A Convenção também contém normas sobre competência e arbitragem semelhantes às da Convenção de Hamburgo (arts. 26.º e 27.º).

A Convenção não chegou a entrar internacionalmente em vigor. O reduzido acolhimento concedido à Convenção de Genebra pelos Estados, e, em especial, pelas principais nações marítimas, decorre, em boa parte, das razões que ficaram expostas relativamente à Convenção de Hamburgo.

Mas soma-se-lhes a dificuldade de introduzir no sistema de crédito documentário um novo título negociável. Para além da inércia do próprio sistema, é compreensível que os bancos não possam depositar num documento emitido por qualquer pessoa que se obrigue como "operador de transporte multimodal" a mesma confiança que lhes merece um conhecimento de carga emitido por um armador, ou que responsabiliza o armador do navio utilizado no transporte.

Neste quadro, qualquer regulação do transporte multimodal por Direito interno tem de respeitar os regimes imperativos contidos nas Convenções internacionais que, na ordem jurídica em causa, forem aplicáveis, relativamente a cada modo de transporte, ao respectivo contrato de transporte unimodal, bem como as disposições sobre transporte multimodal que aí porventura se encontrem (como é o caso da Convenção Relativa ao Transporte Internacional de Mercadorias por Estrada – CMR relativamente ao tráfego *roll-on/roll-of*).

A CCI e a UNCTAD elaboraram um conjunto de regras sobre o documento de transporte multimodal (*UNCTAD/ICC Rules for Multimodal Transport Documents*, 1992), cuja incorporação no clausulado negocial é recomendada aos agentes económicos como forma de atenuar as consequências da sujeição do contrato a uma pluralidade de regimes jurídicos.

G) Posição recomendada

Entendo que Portugal deveria ser apenas parte dos Protocolos de 1968 e 1979. Complementarmente, preconizo a incorporação do normativo formado pela Convenção de 1924 modificada pelos dois Protocolos no Direito interno comum. Com as seguintes consequências:

i – vigorará o regime da Convenção de Bruxelas modificado pelos dois Protocolos dentro do âmbito de aplicação traçado pelo Protocolo de 1968;

ii – o mesmo regime será, em princípio, aplicável fora do âmbito de aplicação traçado pelo Protocolo de 1968, quando a lei portuguesa seja a designada pelo Direito de Conflitos, ou quando seja designada outra ordem jurídica em que vigorem regras idênticas.

A vantagem desta via relativamente a uma extensão do âmbito espacial da Convenção a situações que, em princípio, nele não estão compreendidas (art. 5.º/3 do Protocolo de 1968), está na possibilidade de introduzir modificações ao nível do Direito interno (que operariam quando a lei portuguesa fosse chamada a regular situações que estão fora do âmbito de aplicação traçado pelo Protocolo de 1968).

II. A REGULAÇÃO DOS CONTRATOS DE TRANSPORTE MARÍTIMO DE MERCADORIAS PELO DIREITO DE CONFLITOS GERAL

A) Relevância

Como foi anteriormente assinalado, fora do âmbito de aplicação das Convenções internacionais que unificam o regime material aplicável é necessário determinar o Direito aplicável aos contratos de transporte marítimo internacional com base no Direito de Conflitos geral.

O Direito de Conflitos geral pode ser relevante mesmo em presença de uma questão compreendida dentro dos domínios material e espacial de uma dessas Convenções internacionais.

Primeiro, em consequência de interpretações ou integrações divergentes que se cristalizam na jurisprudência dos Estados contratantes. Estas interpretações ou integrações divergentes são potencialmente agravadas pela *incorporação* das regras convencionais na legislação interna "sob uma forma apropriada a esta legislação" (Protocolo de assinatura e art. 16.º do Protocolo de 1968). Com efeito, verificam-se diferenças consideráveis entre as legislações que incorporaram o regime convencional no Direito interno[27].

---

[27] Esta incorporação pode relacionar-se com a vigência de sistemas de recepção do Direito Internacional convencional através de *transformação* (por ex., Reino Unido). Não é o que se verifica obviamente com a minha proposta de – *a par da vigência directa das Convenções de 1968 e 1979* – introduzir normativo semelhante no Direito interno comum.

Segundo, certas regras gerais necessárias à aplicação das normas da Convenção têm de pedir-se aos sistemas nacionais (por exemplo, as regras sobre nexo de causalidade e sobre o regime dos prazos).

Terceiro, o art. 9.º da Convenção admite que os Estados convertam em números redondos, segundo o seu sistema monetário, as somas indicadas em libras esterlinas. Os Protocolos de 1968 e 1979 procuraram obviar às enormes dissonâncias a que o art. 9.º deu causa.

As divergências interpretativas e integrativas são, em larga medida, imputáveis à tendência dos juízes para interpretarem os tratados como elemento da legislação interna, com referência aos conceitos e ao espírito desta legislação[28]. A interpretação e integração do Direito unificado deve respeitar a sua *autonomia* e *especialidade*, partindo do sentido comum dos termos utilizados, mas atendendo sobretudo ao seu *objecto* e *fim*; o intérprete deve procurar descobrir os *princípios gerais próprios* que subjazem às regras convencionais e atender à jurisprudência e à doutrina dos vários Estados contratantes, único modo de favorecer a *unidade internacional da interpretação* e prosseguir o *fim visado pelo legislador* ao adoptar as regras de uma *Convenção de unificação*[29].

Parece inevitável a subsistência de certas diferenças irredutíveis, designadamente quando os legisladores nacionais que transformaram a regulamentação convencional em normas internas introduziram conscientemente soluções derrogadoras ao abrigo de reservas previstas na Convenção[30].

Nas hipóteses em que a aplicação das regras convencionais é resultado da referência a um Direito nacional, parece-me fora de dúvida que nessa aplicação os juízes ou árbitros devem respeitar as orientações interpretativas, os particularismos, as determinações do limite de indemnização (art. 9.º/2 da Convenção) e o preciso domínio de aplicação estabelecidos nesse ordenamento.

Creio que mesmo quando a Convenção é aplicável por força própria, no caso de se terem firmado orientações jurisprudenciais divergentes nos

---

[28] Para mencionar apenas um exemplo, ver STJ 15/10/80 (*BMJ* 300: 424) que interpreta o conceito de *due dilligence* e indaga as regras do ónus da prova à luz do direito português, sem haver determinado a ordem jurídica nacional aplicável, e numa relação contratual em que, com grande probabilidade, existiria uma cláusula *Paramount* remetendo para o *US Carriage of Goods by Sea Act*.

[29] Cf. art. 31.º da Convenção de Viena sobre o Direito dos Tratados e LIMA PINHEIRO (n. 2) 90-91.

[30] Ver também BRAEKUS (n. 6) 328-329.

330 Estudos de Direito Internacional Privado

diversos Estados contratantes, os tribunais estaduais devem atender à solução consagrada no ordenamento nacional competente segundo o Direito de Conflitos geral. Neste sentido pesa o interesse das partes, que se devem poder orientar pelo sistema nacional do Estado que apresenta o laço mais significativo com a situação. É também a posição que mais favorece a harmonia internacional de soluções[31].

Além disso, parece de entender que as cláusulas de escolha da lei aplicável serão válidas, contanto que não diminuam a protecção do carregador[32]. Assim, a designação de uma lei que agrava a posição do transportador não suscita problemas, visto que a Convenção admite este agravamento (art. 5.°). A Convenção só obriga a que os Estados evitem uma violação indirecta do normativo convencional; respeitado este princípio, os Estados contratantes podem reconhecer a *electio iuris*.

B) Designação pelas partes

Em matéria de determinação do Direito aplicável aos contratos obrigacionais, o art. 3.° da Convenção de Roma sobre a Lei Aplicável às Obrigações Contratuais consagra o *princípio da autonomia da vontade*: as partes são inteiramente livres de escolher uma ordem jurídica estadual ou local (nos Estados em que vigora uma pluralidade de sistemas locais)[33]. Este preceito não subordina a escolha a qualquer laço objectivo entre o contrato e a lei escolhida nem à demonstração de um interesse sério na escolha.

Isto corresponde às necessidades do comércio internacional. No que toca aos contratos de transporte marítimo internacional, as partes estão frequentemente interessadas em atribuir competência a uma ordem jurídica estadual que contém o regime que em seu juízo é especialmente adequado

---

[31] Ver LIMA PINHEIRO (n. 2) § 4 D.

[32] Neste sentido, RODIÈRE (n. 9) 431 e CARBONE (n. 7) 65.

[33] Ver desenvolvimento em Mario GIULIANO e Paul LAGARDE – "Rapport concernant la convention sur la loi applicable aux obligations contractuelles", *JOCE* C 282, 31/10/1980, 15 e segs; António FERRER CORREIA – "Algumas considerações acerca da Convenção de Roma de 19 de Junho de 1980 sobre a lei aplicável às obrigações contratuais", *RLJ* (1990) n.os 3787 a 3789; Rui MOURA RAMOS – *Da Lei Aplicável ao Contrato de Trabalho Internacional*, Coimbra, 1991, 466 e segs.; LIMA PINHEIRO – *Direito Comercial Internacional*, Coimbra, 2005, 99 e segs.

Direito Aplicável ao Contrato de Transporte Marítimo de Mercadorias 331

ao contrato, apesar de ser a ordem jurídica de um Estado que não tem qualquer laço objectivo com esta operação. Por outro lado, permitir que o órgão de aplicação controlasse a seriedade do interesse subjacente à escolha não deixaria de prejudicar a certeza e a previsibilidade sobre o Direito aplicável.

A lei aplicável à formação e à validade do consentimento é – segundo a Convenção de Roma (art. 3.º/4) – a própria lei designada. Normalmente uma parte ficará vinculada pela estipulação individual que tenha celebrado com respeito ao Direito aplicável. Já há regras mais exigentes quanto à integração nos contratos singulares de *cláusulas contratuais gerais*, predispostas por uma das partes, e que são propostas à adesão da outra parte.

Os contratos de transporte da carga geral são frequentemente contratos de adesão, em que as cláusulas do contrato constam do conhecimento de carga emitido pelo transportador. Isto já não se verifica nos contratos de transporte de carga a granel ou de cargas líquidas que são geralmente titulados por uma carta-partida.

A este respeito deve também atender-se ao n.º 2 do art. 8.º da Convenção sobre a relevância negocial de um comportamento. Se a *professio iuris* constituir uma *cláusula contratual geral* a sua inclusão no contrato será apreciada, em primeiro lugar, pela lei escolhida; se a questão for respondida afirmativamente pela lei escolhida, o declaratário poderá ainda invocar a lei da sua residência habitual para demonstrar que não deu o seu acordo, se resultar das circunstâncias que não seria razoável que o valor do seu comportamento fosse determinado pela lei escolhida[34].

Quer isto dizer que a vinculação do adquirente pela cláusula geral de designação do Direito aplicável fica dependente não só do regime aplicável às cláusulas contratuais gerais contido na lei escolhida, mas também, se resultar das circunstâncias que não é razoável que o valor do seu comportamento seja determinado pela lei escolhida, do regime contido na lei da residência habitual.

De resto, *a Convenção de Roma não é compatível com qualquer controlo do conteúdo da cláusula de designação do Direito aplicável*, mesmo

---

[34] Cf. Christian VON BAR – *Internationales Privatrecht*, vol. II, Munique, 1991, 350 e seg., e Jürgen BASEDOW – "Gesetz zur Regelung des Rechts der Allgemeinen Geschäftsbedingungen (AGB-Gesetz)", *in Münchener Kommentar zum Bürgerlichen Gesetzbuch*, vol. I, 4.ª ed., Munique, 2001, § 12 AGBG n.º 29. Ver, com mais desenvolvimento, ANTÓNIO DE SOUSA – *Conflito de Clausulados e Consenso nos Contratos Internacionais*, Porto, 1999, 245 e segs.

que se trate de uma cláusula geral. Andou bem o legislador português quando no DL n.º 220/95 suprimiu a al. h) do art. 19.º da Lei das Cláusulas Contratuais Gerais que proibia, consoante o quadro negocial padronizado, as cláusulas gerais que remetessem para o Direito estrangeiro, quando os inconvenientes causados a uma das partes não fossem compensados por interesses sérios e objectivos da outra. Uma aplicação analógica da actual al. g) do art. 19.º às cláusulas de escolha de lei seria contrária à intenção expressa pelo legislador no Preâmbulo do DL n.º 220/95 e, em qualquer caso, incompatível com a Convenção de Roma[35].

O art. 3.º da Convenção de Roma não admite que as partes subtraiam o negócio a qualquer ordem jurídica ou escolham uma ordem jurídica não estadual. Por minha parte, tenho defendido que deveria ser admitida a escolha de Direito não-estadual[36].

Nos termos da 2.ª parte do n.º 1 do art. 3.º da Convenção de Roma, o consentimento das partes na designação do Direito aplicável pode ser manifestado expressa ou tacitamente. Quanto à designação tácita este preceito exige que a escolha resulte "de modo inequívoco das disposições do contrato ou das circunstâncias da causa".

No domínio do transporte marítimo, a escolha de determinada jurisdição estadual é um índice importante de uma escolha tácita da respectiva lei. Mas a designação tácita pressupõe uma vontade real, e a fixação do foro não é, por si só, concludente[37]. Por forma geral, a fixação do lugar da arbitragem não é um indício tão importante da escolha da lei em vigor neste lugar quanto o pacto atributivo de competência aos tribunais de determinado Estado[38]. A arbitragem de litígios emergentes de contratos de transporte marítimo e de seguros marítimos, que frequentemente se realiza em Londres, constitui o exemplo de um sector do comércio internacional

---

[35] Em sentido diferente, António MENEZES CORDEIRO – *Tratado de Direito Civil Português*, vol. I – *Parte Geral*, tomo I, 3.ª ed., Coimbra, 2005, 636.

[36] Ver LIMA PINHEIRO (n. 33) 103 e segs.

[37] No mesmo sentido, CARBONE (n. 7) 22 e segs., e Paul LAGARDE – "Le nouveau droit international privé des contrats après l'entrée en vigueur de la Convention de Rome du 19 juin 1980", *R. crit.* 80 (1991) 287-340, 303. Em sentido diferente, *Dicey, Morris and Collins* (n. 7) 1575-1576; *Cheshire and North's Private International Law*, 13.ª ed. por Peter NORTH e J. FAWCETT, Londres, Edimburgo e Dublin, 1999, 562; PRÜßMANN/RABE (n. 2) Vor § 556 n.º 102.

[38] Ver LIMA PINHEIRO (n. 25) 236-237. Cp. *Cheshire and North* (n. 37) 562, e BRAEKUS (n. 6) 314 e segs.

em que a fixação do lugar da arbitragem pode ter especial relevância para a determinação do Direito aplicável. Mas mesmo neste domínio já foi decidido pela Câmara dos Lordes que a fixação do lugar da arbitragem também não é, por si só, concludente[39].

A Convenção de Roma está em vias de ser substituída pelo Regulamento comunitário Sobre a Lei Aplicável às Obrigações Contratuais (doravante designado Roma I), que mantém as soluções referidas no texto (art. 3.°/1 e 5 e art. 10.°/1). Importa assinalar, no entanto, que passa a ser suficiente para estabelecer uma designação tácita, que a escolha resulte "de forma clara das disposições do contrato, ou das circunstâncias do caso".

As cláusulas de designação da lei aplicável constam frequentemente das cartas-partidas. Já nos conhecimentos de carga não é usual encontrar--se uma cláusula clara e inequívoca sobre o Direito aplicável. Frequente, e mesmo usual, é a inclusão da já referida cláusula *Paramount* nos conhecimentos de carga. Por vezes esta cláusula consta também das cartas-partidas. Poderíamos traduzi-la por cláusula suprema, mas dado o uso generalizado da expressão inglesa será preferível continuar a utilizar esta expressão.

C) Cláusula *Paramount*

Vejamos um exemplo de uma cláusula *Paramount* bastante simples:

> "The Hague Rules contained in the International Convention (...) as enacted in the country of shipment shall apply to this contract. When no such enactment is in force in the country of shipment, the corresponding legislation of the country of destination shall apply, but in respect of shipments to which no such enactments are compulsory applicable, the terms of the said Convention shall apply."

---

[39] Cf. a decisão da Câmara dos Lordes no caso *Compagnie Tunisienne de Navigation SA* v. *Compagnie d'Armement Maritime SA* [(1971) *A.C.* 572], em que se esclareceu ser a cláusula de arbitragem apenas um dos factores a ter em conta, embora constitua uma "indicação de peso" e um "indício forte" da escolha da lei vigente no lugar da arbitragem e, sobre o ponto, *Dicey, Morris and Collins* (n. 7) 1574-1575, assinalando que a referida decisão não impediu a prática de presumir a escolha da lei do lugar da arbitragem. Na jurisprudência portuguesa pode ver-se o ac. RPt 15/6/1978 [*CJ* (1978-III) 882] e STJ 9/5/1978 [*BMJ* 276: 187].

A tendência recente vai no sentido de cláusulas mais complexas, como a que consta do *Conlinebill* 2000 (Modelo de conhecimento de carga adoptado pela BIMCO)[40] ou do NYPE 93 (Modelo de carta-partida para afretamento a tempo adoptado pela *Association of Shipbrokers and Agents – USA*)[41]. O *Conlinebill* 2000 também contém uma cláusula sobre a juris-

---

[40] "3. Liability for Carriage Between Port of Loading and Port of Discharge.

"(a) The International Convention for the Unification of Certain Rules of Law relating to Bills of Lading signed at Brussels on 25 August 1924 ("the Hague Rules") as amended by the Protocol signed at Brussels on 23 February 1968 ("the Hague-Visby Rules") and as enacted in the country of shipment shall apply to this Contract. When the Hague-Visby Rules are not enacted in the country of shipment, the corresponding legislation of the country of destination shall apply, irrespective of whether such legislation may only regulate outbound shipments.

"When there is no enactment of the Hague-Visby Rules in either the country of shipment or in the country of destination, the Hague-Visby Rules shall apply to this Contract save where the Hague Rules as enacted in the country of shipment or, if no such enactment is in place, the Hague Rules as enacted in the country of destination apply compulsorily to this Contract.

"The Protocol signed at Brussels on 21 December 1979 ("the SDR Protocol 1979") shall apply where the Hague-Visby Rules apply, whether mandatorily or by this Contract. The Carrier shall in no case be responsible for loss of or damage to cargo arising prior to loading, after discharging, or with respect to deck cargo and live animals.

"(b) If the Carrier is held liable in respect of delay, consequential loss or damage other than loss of or damage to the cargo, the liability of the Carrier shall be limited to the freight for the carriage covered by this Bill of Lading, or to the limitation amount as determined in sub-clause 3(a), whichever is the lesser.

"(c) The aggregate liability of the Carrier and/or any of his servants, agents or independent contractors under this Contract shall, in no circumstances, exceed the limits of liability for the total loss of the cargo under sub-clause 3(a) or, if applicable, the Additional Clause.

[41] "31. Protective Clauses

"This Charter Party is subject to the following clauses all of which are also to be included in all bills of lading or waybills issued hereunder:

"(a) CLAUSE PARAMOUNT

'This bill of lading shall have effect subject to the provisions of the Carriage of Goods by Sea Act of the United States, the Hague Rules, or the Hague-Visby Rules, as applicable, or such other similar national legislation as may mandatorily apply by virtue of origin or destination of the bills of lading, which shall be deemed to be incorporated herein and nothing herein contained shall be deemed a surrender by the carrier of any of its rights or immunities or an increase of any of its responsibilities or liabilities under said applicable Act. If any term of this bill of lading be repugnant to said applicable Act to any extent, such term shall be void to that extent, but no further'."

dição competente e o Direito aplicável e o NYPE 93 contém cláusulas de arbitragem e de Direito aplicável optativas.

Tendo em vista os casos em que o contrato de transporte não contém uma cláusula clara e inequívoca sobre o Direito nacional aplicável, uma parte da doutrina entende que esta cláusula "duma maneira geral" define a lei nacional à qual o contrato será submetido[42]. Uma asserção com tal carácter de generalidade não pode ser aceite: as cláusulas *Paramount* são muito heterogéneas e o sentido que lhes deve ser atribuído depende em larga medida do seu teor, da sua inserção no conjunto do clausulado do contrato, dos usos do comércio e de outras circunstâncias que rodeiam o contrato.

Em geral, pode dizer-se que a cláusula *Paramount* pode ser relevante em três planos diferentes.

Primeiro, como pressuposto de aplicação directa da Convenção de Bruxelas modificada pelo Protocolo de 1968 (art. 10.°/c) ou da Convenção de Hamburgo (art. 2.°) quando a questão se coloca nos tribunais de um Estado contratante. Neste caso a cláusula *Paramount* é um fundamento autónomo de aplicação do regime convencional. Constitui um *fundamento autónomo* porque determina a aplicação do regime convencional por força da própria Convenção internacional, independentemente da sua vigência na ordem jurídica estadual competente segundo o Direito de Conflitos geral.

Por exemplo, transporte marítimo de um porto brasileiro para um porto inglês. O contrato contém uma cláusula de escolha da lei do Brasil (que não é parte da Convenção de 1924 nem do Protocolo de 1968) mas também uma cláusula *Paramount* que remete para as regras da Convenção de Bruxelas modificadas pelo Protocolo de 1968. Se for interposta uma acção de responsabilidade por avarias de carga nos tribunais ingleses é aplicável o regime convencional.

Nas acções interpostas nos tribunais portugueses a cláusula *Paramount* nunca releva como fundamento autónomo de aplicação do regime convencional porque Portugal não é parte do Protocolo de 1968.

Quando a cláusula não actue como fundamento autónomo de aplicação do regime convencional e remeta no caso concreto para uma ordem

---

[42] RODIÈRE (n. 9) 434-435; MULLER (n. 19) 325; Pierre BONASSIES e Christian SCAPEL – *Droit maritime*, Paris, 2006, 586. Ver também RLx 2/11/1979 [*CJ* (1979) 1593] louvando-se na doutrina de RODIÈRE.

jurídica estadual[43], pode operar como *referência conflitual* que releva na determinação do Direito estadual aplicável ao contrato[44]. Como neste caso a cláusula *Paramount* remete apenas para a lei interna de um Estado que incorpora as regras convencionais, suscita-se a questão de saber se constitui uma *referência parcial*, que abrange apenas as questões, relativas ao contrato de transporte, que são reguladas pelo Direito convencional[45], ou se indicia uma *referência global tácita*[46], que submete o conjunto do contrato ao Direito designado.

Por exemplo, transporte marítimo de um porto brasileiro para um porto português realizado por um transportador com estabelecimento principal no Brasil. O contrato não contém uma cláusula clara e inequí-

---

[43] Ou quando não actua só como fundamento autónomo de aplicação do regime convencional, mas também dispõe sobre a aplicação de um regime estadual que é complementar do regime convencional, ou que é mais favorável ao carregador/destinatário da mercadoria.

[44] Este plano de relevância distingue-se do anterior porque, neste caso, a cláusula não determina a aplicação do regime convencional enquanto tal mas nos termos em que tenha sido recebido numa ordem jurídica estadual. Ver também CARBONE (n. 7) 65 e segs. Outra diferença consiste no fundamento de aplicação do regime convencional: no caso anterior o regime convencional é aplicável por força da própria Convenção que o contém, enquanto no presente caso é aplicável por força da norma de conflitos (contida no Direito de Conflitos geral de fonte interna ou supraestadual). Uma terceira diferença, a que faz alusão Paul LAGARDE em an. à decisão da *Cassation* francesa de 4/2/1992 [*R. crit.* 81 (1992) 497, 499], diz respeito à relação com as normas imperativas "autolimitadas" do Estado do foro: elas prevalecem sobre o regime convencional quando este é aplicável por força do Direito de Conflitos geral mas não quando é aplicável por força da própria Convenção. Cp. António FRADA DE SOUSA – "A autonomia privada e a Convenção de Viena de 1980 sobre o contrato de compra e venda internacional", *in Juris et de Jure*, 249-294, Porto, 1998, 259 e segs.

[45] Cf. art. 3.º/1 da Convenção de Roma e PRÜBMANN/RABE (n. 2) Vor § 556 n.ᵒˢ 119 e 127. O ac. STJ de 29/4/1980 interpretou uma cláusula *Paramount* como referência conflitual sustentando, na sua fundamentação, que a natureza do prazo previsto no art. 3.º/6 da Convenção deve ser submetida à lei designada nos termos do art. 41..º (*ex vi* art. 40.º) do Código Civil português [*BMJ* 296: 289]. O tribunal aceitou o retorno operado pela lei francesa em contradição com o art. 19.º CC; subjacente está, porém, a existência no conhecimento de uma cláusula submetendo genericamente o contrato à lei portuguesa, parecendo que, afinal, o tribunal considerou o problema fora do âmbito da referência da cláusula *Paramount*.

[46] A remissão para a lei interna que incorpora as regras convencionais pode constituir um indício de vontade tácita de escolha dessa ordem jurídica para reger o contrato no seu conjunto; mas não é, de per si, um indício conclusivo.

Direito Aplicável ao Contrato de Transporte Marítimo de Mercadorias 337

voca de escolha da lei aplicável. A acção de responsabilidade por avaria de carga é interposta em tribunal português. A Convenção de Bruxelas não se aplica porque o Brasil não é parte desta Convenção. Nos termos do art. 4.º/4 da Convenção de Roma sobre a Lei Aplicável às Obrigações Contratuais seria aplicável a lei brasileira. Mas como o contrato contém uma cláusula *Paramount*, remetendo no caso concreto para a lei portuguesa que incorpora as regras da Convenção de 1924, a lei portuguesa é aplicável *pelo menos* às questões reguladas por regras convencionais (referência conflitual parcial admitida pelo art. 3.º/2 da Convenção de Roma).

Caso a cláusula não opere como referência conflitual, pode valer como mera *referência material*, que apenas incorpora as regras convencionais como cláusulas do contrato. Esta incorporação assume relevância autónoma se as regras convencionais não forem aplicáveis ao contrato por força da vigência da Convenção na ordem jurídica do foro ou na ordem jurídica competente segundo o Direito de Conflitos geral. Neste caso as regras convencionais valem como meras cláusulas do contrato, não prevalecem necessariamente sobre as restantes cláusulas do contrato e só vinculam dentro dos limites permitidos pelas normas imperativas do Direito convencional ou nacional aplicável[47].

Por exemplo, transporte marítimo de um porto brasileiro para um porto português. O contrato contém não só uma cláusula de escolha da lei portuguesa (em que não vigora o Protocolo de 1968) mas também uma cláusula *Paramount* que remete para as regras da Convenção de 1924 modificadas pelo Protocolo de 1968. Esta cláusula não pode valer como referência conflitual porque não remete para uma lei nacional, mas vale como incorporação das regras convencionais (incluindo as modificações introduzidas pelo Protocolo de 1968) como cláusulas do contrato limitadas pelas normas imperativas da lei portuguesa (art. 405.º/1 CC).

A cláusula *Paramount* foi entendida pelos tribunais ingleses como referência material na vigência do *Carriage of Goods by Sea Act 1924*, que prescrevia a inserção da cláusula em todos os conhecimentos de carga emitidos na Grã-Bretanha ou na Irlanda do Norte (s. 3). Perante a redac-

---

[47] Ver *Scrutton on Charterparties and Bills of Lading*, 13.ª ed., por Stewart Boyd, Andrew Burrows e David Foxton, Londres, 1996, 413-415; *Dicey, Morris and Collins on the Conflict of Laws* (n. 7) 1571 e segs.

ção dada a esta lei (s. 1), os tribunais tenderam a interpretá-la no sentido de que só vincularia as partes mediante incorporação no contrato[48].

Já à face do *Carriage of Goods by Sea Act 1971* as regras convencionais são aplicáveis independentemente de incorporação ("*have force of law*") dentro do domínio de aplicação traçado pelo art. 10.º (que corresponde ao art. 10.º da Convenção de Bruxelas modificada pelo Protocolo de 1968), bem como a todos os transportes realizados a partir de um porto situado no Reino Unido (art. 1.º/3). A cláusula *Paramount* que remeta para as regras convencionais ou para a lei interna que as incorpore constitui, em conformidade com o anteriormente exposto, um fundamento autónomo de aplicação das regras convencionais.

Os autores ingleses continuam a entender como referência material as cláusulas *Paramount* que, fora do domínio imperativo de aplicação das regras convencionais, se refiram a leis internas que incorporam apenas as regras da Convenção de 1924, como a *US Clause Paramount* que remete para o *US Carriage of Goods by Sea Act 1936*[49]. O mesmo se diga das cláusulas *Paramount* inseridas em contratos que estão fora do âmbito material de aplicação das regras convencionais, designadamente quando não é emitido um conhecimento de carga mas apenas um recibo marcado como não-negociável[50] ou quando o transporte é titulado por uma cartapartida[51].

O *US Carriage of Goods by Sea Act 1936* também obriga a que todos os conhecimentos de carga que provem um contrato de transporte marítimo internacional de mercadorias realizado a partir de portos dos EUA indiquem a sua sujeição às regras contidas nesta lei (art. 13.º), o que está na origem da referida *US Clause Paramount*. No entanto, na perspectiva dos tribunais dos EUA, a situação é diferente da que ocorria perante a lei "inglesa" de 1924, porque a lei dos EUA expressamente determina a sua aplicação aos contratos internacionais que se realizem de ou para um porto

---

[48] Ver WILSON (n. 26) 186. Na ordem jurídica portuguesa, o art. 3.º do DL n.º 37.748, de 1/2/1950 também impõe a inclusão de uma cláusula *Paramount* nos conhecimentos de carga emitidos no território português, mas resulta do anteriormente exposto (*supra* I.B) que esta inclusão não é pressuposto de aplicabilidade do regime convencional pelos tribunais portugueses.

[49] *Scrutton* (n. 47) 411, n. 25; *Dicey, Morris and Collins* (n. 7) 1571 e seg.

[50] Cf. *Scrutton* (n. 47) 411. Mas ver s. 1(6) do COGSA 1971 e, sobre ele, WILSON (n. 26) 189.

[51] Cf. WILSON (n. 26) 189 n. 54.

Direito Aplicável ao Contrato de Transporte Marítimo de Mercadorias   339

dos EUA (art. 13.°). O fim visado pela prescrição da cláusula é, neste caso, o de assegurar a aplicação das regras convencionais pelos tribunais do Estado de destino, quando estes Estados não sejam partes da Convenção de 1924.

Quando a cláusula *Paramount* valha apenas como referência material, os conflitos entre as regras convencionais e outras cláusulas do contrato terão de ser resolvidos com base na interpretação do contrato. Para o efeito é especialmente importante o texto da cláusula *Paramount*, designadamente quando enuncia a primazia das regras convencionais sobre as outras cláusulas do contrato ou, pelo contrário, introduz derrogações às regras convencionais.

Determinar se a cláusula *Paramount* tem o sentido de uma referência conflitual global, de uma referência conflitual parcial ou de uma mera referência material, constitui uma questão de interpretação do contrato que tem de ser resolvida com base no conjunto das circunstâncias do caso concreto, mas também tendo em conta o disposto na Convenção de Roma sobre a Lei Aplicável às Obrigações Contratuais (e, no futuro, o Regulamento Roma I). Por forma geral, só é possível enunciar alguns princípios de solução.

Primeiro, se o contrato já contém uma cláusula clara e inequívoca sobre o Direito aplicável, a cláusula *Paramount* só pode valer como referência conflitual parcial[52] ou como referência material[53].

Segundo, se a cláusula *Paramount* não remete no caso concreto para qualquer lei interna, perante a Convenção de Roma sobre a Lei Aplicável às Obrigações Contratuais (e o futuro Regulamento Roma I) só pode valer como referência material, visto que esta Convenção só admite a escolha de Direito estadual ou local[54]. Já na arbitragem transnacional se admite geralmente a referência conflitual a Convenções internacionais[55].

---

[52] Parece ser este o sentido do ac. STJ 29/4/1980, atrás referido.

[53] Esta afirmação confina-se aos casos em que a cláusula não constitua, ou não constitua apenas, fundamento autónomo de aplicação do regime convencional.

[54] No mesmo sentido, Peter MANKOWSKI – "IV. Seefrachtverträge", *in Internationales Vertragsrecht*, org. por Christoph Reithmann e Dieter Martiny, 6.ª ed., Colónia, 2004, n.° 1534. Ver também CARBONE (n. 7) 66. Ver ainda a decisão de RLx 19/3/1996 [*CJ* (1996-II) 84), cuja fundamentação, porém, denota certa confusão entre o regime Convenção de 1924 vigente na ordem jurídica portuguesa e o regime modificado pelo Protocolo de 1968. Cp. RLx 5/2/2004 [*CJ* (2004-I) 1000, que admite a referência directa das partes à Convenção de Bruxelas de 1924 perante a Convenção de Roma sobre a Lei Aplicável às

340   *Estudos de Direito Internacional Privado*

Terceiro, se o contrato não contém uma cláusula clara e inequívoca sobre o Direito aplicável, mas contém uma cláusula *Paramount* que remete no caso concreto para determinada lei interna, parece que a interpretação do contrato tenderá a conduzir, na falta de indicações em contrário fornecidas pelo texto da cláusula ou pelo restante clausulado, à conclusão de que se trata de uma referência conflitual parcial[56].

Neste sentido pode argumentar-se que a designação (cláusula suprema) e o texto da cláusula indicam frequentemente que as partes pretendem que as regras convencionais prevaleçam sobre as outras cláusulas do contrato. No mesmo sentido depõe a preocupação de evitar, através do reconhecimento expresso da primazia das regras convencionais, o risco de a nulidade de cláusulas exoneratórias contidas no conhecimento desencadear a nulidade de todo o clausulado[57]. Também parece dificilmente compatível com a vontade das partes, quando remete para as regras convencionais incorporadas na lei de um Estado, que estas regras possam ser afastadas pelas normas imperativas de outro Estado.

No caso da inclusão de uma cláusula *Paramount* numa carta-partida[58], a intenção das partes é frequentemente a de uniformizar o regime aplicável à responsabilidade do transportador nas relações com o afretador e com o destinatário da mercadoria e/ou atenuar o favorecimento do transportador operado por certos modelos de carta-partida[59]. Estas finalidades também apontam no sentido de, tanto quanto possível, interpretar a cláusula como uma referência conflitual parcial.

Por vezes a remissão para uma lei interna que incorpora as regras convencionais é condicionada a que ela se considere "imperativamente aplicável" [*compulsorily applicable*]. Quer isto dizer que as regras convencionais só devem ser aplicadas se a situação se encontrar abrangida pelo âmbito imperativo de aplicação conferido à lei em causa na ordem

---

Obrigações Contratuais, mas contém fundamentação alternativa baseada na aplicação da lei estadual competente. No mesmo sentido parece apontar a decisão da *Cassation* francesa de 4/2/1992 [*R. crit.* 81 (1992) 496 com an. LAGARDE].

[55] Ver LIMA PINHEIRO (n. 1) 235 e segs.

[56] Em sentido convergente, MANKOWSKI (n. 54) n.º 1533-1534.

[57] Ver RODIÈRE (n. 9) 436.

[58] Ver, sobre os problemas que esta inclusão coloca, COLINVAUX (n. 6) 329 e segs., e PRÜßMANN/RABE (n. 2) Vor § 556 n.os 130-132.

[59] Neste segundo sentido, ver Christopher HILL – *Maritime Law*, 6.ª ed., Londres e Hong Kong, 2003, 229.

Direito Aplicável ao Contrato de Transporte Marítimo de Mercadorias 341

jurídica a que pertence. Caso a remissão tenha o sentido de uma referência conflitual, trata-se de uma remissão conflitual condicionada: a lei designada só deve ser aplicada se, do ponto de vista da ordem jurídica a que pertence, for aplicável à situação[60].

A Convenção de Hamburgo veio colocar alguns problemas específicos sobre a relevância das cláusulas *Paramount*. Esta Convenção prescreve que o conhecimento de carga ou qualquer outro documento que prove o contrato de transporte marítimo deve conter a indicação de que o contrato está sujeito às regras da Convenção que determinam a invalidade de qualquer estipulação que as derrogue em detrimento do carregador ou do destinatário (art. 23.º/3). Por conseguinte, a Convenção de Hamburgo obriga o transportador a inserir uma cláusula *Paramount* que se refira às regras da Convenção em todos os documentos que titulem o contrato de transporte marítimo regulado pela Convenção (*supra* I.E). A Convenção determina ainda que o transportador tem a obrigação de indemnizar o titular de uma pretensão por avaria de carga ou por atraso na entrega pelo prejuízo que possa causar a omissão dessa cláusula (art. 23.º/4).

Nos tribunais dos Estados contratantes da Convenção de Hamburgo *esta* cláusula *Paramount* constitui, como foi atrás assinalado, um fundamento autónomo de aplicação da Convenção.

Além disso, poderia pensar-se que, à semelhança do assinalado relativamente ao *US Carriage of Goods by Sea Act 1936*, a prescrição da inserção dessa cláusula no documento de transporte visa principalmente os casos em que o porto de carregamento se situa num Estado contratante da Convenção de Hamburgo e o porto de descarga num Estado não contratante desta Convenção. Os tribunais do Estado de destino, em que geralmente são propostas as acções relativas a avarias de carga, não são neste caso vinculados pela Convenção. Através da cláusula *Paramount* as regras convencionais seriam aplicáveis nos termos de uma referência, em princípio material, mas com prevalência sobre as outras cláusulas do contrato.

Observe-se também que esta cláusula *Paramount* poderia ser eficaz num Estado contratante da Convenção de 1924 e/ou do Protocolo de 1968, visto que estes tratados não obstam à aplicação de regras mais favoráveis ao carregador ou ao destinatário[61].

---

[60] Ver também MANKOWSKI (n. 54) n.º 1536.

[61] Ver também WILSON (n. 26) 227.

342 *Estudos de Direito Internacional Privado*

Segundo alguns autores, porém, a Convenção de Hamburgo apenas poderia obrigar o transportador a inserir no documento de transporte uma remissão para as regras da Convenção condicionada à "aplicabilidade imperativa" dessas regras pelos tribunais competentes, i.e., por outras palavras, quando são competentes os tribunais de um Estado contratante e se verificam os pressupostos de aplicação no espaço da Convenção[62].

O ponto é duvidoso mas, em qualquer caso, se o transportador não inserir a cláusula no documento de transporte ou só inserir uma cláusula "declarativa", os tribunais de Estados não contratantes só terão de aplicar as regras da Convenção de Hamburgo se o seu Direito de Conflitos remeter para a ordem jurídica de um Estado contratante. Caso as regras da Convenção não sejam aplicadas, restará ao reclamante propor uma acção de indemnização nos termos do art. 23.º/4 da Convenção nos tribunais de um Estado contratante que sejam competentes.

D) Conexões objectivas

Na falta de válida designação pelas partes do Direito aplicável, este Direito tem de ser determinado com base num *critério objectivo*. O n.º 1 do art. 4.º da Convenção de Roma determina que o contrato é regulado pela lei do país com o qual apresente uma conexão mais estreita. Consagra-se assim um *critério geral de conexão*, que carece de ser concretizado pelo órgão de aplicação do Direito mediante uma avaliação do conjunto das circunstâncias do caso concreto e com ponderação de todos os pontos de vista juridicamente relevantes.

O significado da cláusula geral de conexão mais estreita resulta não só do disposto no n.º 1 do art. 4.º da Convenção de Roma mas também do estabelecido no n.º 5 do mesmo artigo (2.ª parte). Este último preceito permite afastar as "presunções" de conexão mais estreita previstas nos n.os 2 a 4 "sempre que resulte do conjunto das circunstâncias que o contrato apresenta uma conexão mais estreita com outro país".

Este critério geral da conexão mais estreita permite *atender a laços de qualquer natureza*, designadamente o lugar da residência, da sede ou do estabelecimento das partes, o lugar da execução do contrato, o idioma do

---

[62] Ver MANKOWSKI (n. 54) n.os 1537 e seg.

Direito Aplicável ao Contrato de Transporte Marítimo de Mercadorias 343

contrato, a referência a disposições de uma determinada ordem jurídica ou o emprego de termos e expressões característicos desta ordem jurídica (que contudo não permitam inferir uma designação tácita) e o nexo funcional que o contrato estabeleça com outro contrato regido por certo Direito[63].

Nos termos do n.º 2 do art. 4.º da Convenção de Roma, "presume-se" que o contrato apresenta uma conexão mais estreita com o país da residência habitual ou da sede da administração central do devedor da *prestação característica*. Se o contrato for celebrado no exercício da actividade económica ou profissional do devedor da prestação característica releva o país onde se situa o seu estabelecimento principal ou, se nos termos do contrato, a prestação deva ser fornecida por outro estabelecimento, o da situação deste estabelecimento.

Nos contratos que concernem à troca de bens e serviços por dinheiro a prestação característica é a que consiste na entrega da coisa, na cessão do uso da coisa ou na prestação do serviço[64].

Não obstante, a Convenção contém uma "presunção" especial para o contrato de transporte de mercadorias: "presume-se" que o contrato de transporte de mercadorias apresenta uma conexão mais estreita com o país em que, no momento da celebração do contrato, o transportador tem o seu estabelecimento principal e onde, simultaneamente, se situa (art. 4.º/4):

- o lugar do carregamento; ou
- o lugar da descarga; ou
- o estabelecimento principal do carregador.

---

[63] Ver, com mais desenvolvimento, Giuliano/Lagarde (n. 33) 18 e segs.; Dieter Martiny – "Vor Art. 27-Art. 30", *in Münchener Kommentar zum Bürgerlichen Gesetzbuch*, vol. X – *EGBGB*, 4.ª ed., Munique, 2006, Art. 28 n.ºs 10 e segs.; Lima Pinheiro (n. 33) 112 e segs.

[64] Ver com mais desenvolvimento, Eugénia Galvão Teles – "A prestação característica: um novo conceito para determinar a lei subsidiariamente aplicável aos contratos internacionais. O artigo 4.º da Convenção de Roma sobre a Lei Aplicável às Obrigações Contratuais", *O Direito* 127 (1995) 71-183, 108 e segs.; Id. – "Determinação do Direito material aplicável aos contratos internacionais. A cláusula geral da conexão mais estreita", *in Estudos de Direito Comercial Internacional*, vol. I, org. por Lima Pinheiro, 63-141, Coimbra, 2004, 85 e segs.; e Lima Pinheiro (n. 33) 117 e segs.

344 *Estudos de Direito Internacional Privado*

Isto é igualmente aplicável aos contratos de fretamento de navios para a realização de uma viagem (quer se trate de fretamento à viagem ou de fretamento a tempo), visto que são normalmente contratos de transporte[65].

Esta conjunção parece resolver de modo satisfatório as tradicionais hesitações entre a lei do porto de carregamento e a lei do porto de descarga, colocando como factor de conexão principal, mas não suficiente, o lugar do estabelecimento principal do transportador[66].

Relativamente aos contratos de fretamento para várias viagens e ao transporte de passageiros não há "presunção" especial, pelo que, em caso de dúvida, releva a lei do país em que o transportador tem o seu estabelecimento. O mesmo se diga dos casos em que não se verifique a combinação de laços prevista no art. 4.°/4.

Outros laços que poderão ser tidos em conta na determinação da conexão mais estreita são o pavilhão do navio[67], o uso de modelos contratuais baseados num determinado sistema jurídico, o idioma do contrato e a conexão com outro contrato submetido a determinada lei.

O Regulamento Roma I introduz uma modificação substancial nestas soluções uma vez que estabelece como conexão supletiva primária a lei do país devedor da prestação característica (art. 4.°/1 e/2). O critério da conexão mais estreita apenas releva no quadro de uma cláusula de excepção que permite afastar essa conexão primária quando resulte claramente das circunstâncias do caso que o contrato apresenta uma conexão manifestamente mais estreita com um país diferente (art. 4.°/3). Esta modificação projecta-se igualmente nas soluções aplicáveis ao contrato de transporte.

---

[65] Cf. art. 4.°/4 *in fine*, e MANKOWSKI (n. 54) n.° 1553.

[66] Sobre estas soluções ver, designadamente, Relatório GIULIANO/LAGARDE (n. 33) 21-22; *European Private International Law of Obligations*, org. Ole LANDO, Bernd VON HOFFMANN e Kurt SIEHR, Copenhaga e Hamburgo, 1975, Bernd VON HOFFMANN – "General Report on Contractual Obligations", 1-41, 8-9; Erling SELVING – "Certain Problems Relating to the Application of the EEC Draft in the Field of International Maritime Law", 195-205, 196 e segs.; Mário GIULIANO. Paul LAGARDE e Th. VAN YSSELT – "Rapport concernant l'avant-projet de convention sur la loi applicable aux obligations contractuelles et non-contractuelles", 241-314; CARBONE (n. 7) 35 e segs.

[67] Elemento de conexão utilizado no art. 10.° do Código de Navegação italiano e no art. 3.° da Lei francesa de 1966 (fretamentos); para a crítica da excessiva importância atribuída à lei do pavilhão ver BRAEKUS (n. 6) 278 e segs.; cp., em matéria de fretamento, RODIÈRE (n. 2) 38-39.

O art. 5.º/1 manda aplicar a lei do país em que o transportador tem a sua residência habitual, desde que o local da recepção ou da entrega ou a residência habitual do "expedidor" se situem igualmente nesse país. Se isto não se verificar, é aplicável a lei do país em que se situa o local da entrega tal como acordado pelas partes.

Considera-se que as sociedades têm residência habitual no local onde se situa a sua administração central (art. 19.º/1). Caso o contrato seja celebrado no âmbito da exploração de uma sucursal, agência ou qualquer outro estabelecimento, ou se, nos termos do contrato, o cumprimento das obrigações dele decorrentes é da responsabilidade de tal sucursal, agência ou estabelecimento, considera-se que a residência habitual corresponde ao local onde se situa a sucursal, agência ou outro estabelecimento (art. 19.º/2).

Cláusula de excepção semelhante à contida no art. 4.º/3 consta, com respeito ao contrato de transporte, do art. 5.º/3.

E) Modo de cumprimento

A Convenção de Roma determina a aplicação aos modos de cumprimento da lei do país onde é cumprida a obrigação (art. 10.º/2). A solução é mantida pelo Regulamento Roma I (art. 12.º/2). Isto tem bastante relevância prática no tocante ao contrato de transporte marítimo. Pode, designadamente, fundamentar-se nestes preceitos a aplicação de regras locais e usos do porto relevantes para a contagem da estadia nos contratos de fretamento, como os que determinam a área onde o navio pode ser como "chegado" ao lugar de carregamento ou de descarga.

F) Normas imperativas "autolimitadas"

O art. 7.º/2 da Convenção de Roma permite que os tribunais sobreponham à lei estrangeira designada pelas regras de conflitos da Convenção normas imperativas do Estado do foro que reclamem aplicação independentemente do Direito de Conflitos Geral. A solução é de certo modo mantida pelo art. 9.º/2 do Regulamento Roma I, embora o n.º 1 acrescente uma definição material de "normas de aplicação imediata" que poderá porventura limitar o alcance da solução[68].

---

[68] Segundo este preceito, as "normas de aplicação imediata são disposições cujo respeito é considerado fundamental por um país para a salvaguarda do interesse público,

A protecção concedida pelas normas imperativas reguladoras do transporte sob conhecimento beneficia principalmente o destinatário da mercadoria. Na grande maioria dos casos o destinatário da mercadoria é um terceiro que reside, tem a sua sede ou o seu estabelecimento no Estado onde a mercadoria é entregue. Daí que diversos Estados tenham entendido que as suas leis internas sobre transporte sob conhecimento se aplicam necessariamente no tráfego de importação. Neste sentido, creio que se justifica a formulação de uma norma de conflitos especial e unilateral[69].

O art. 7.º/2 da Convenção de Roma permite a actuação desta norma de conflitos unilateral quando a questão se suscite nos tribunais do Estado onde a mercadoria é entregue. Penso que o art. 9.º/2 do Regulamento Roma I também será entendido no mesmo sentido.

A situação já é diferente quando a questão se suscite nos tribunais de um Estado comunitário que não seja o da entrega da mercadoria e a lei competente não for a deste Estado. Poderão ser aplicados os regimes imperativos reguladores do transporte sob conhecimento do Estado da entrega da mercadoria? O art. 7.º/1 da Convenção de Roma permite, em termos demasiado amplos, a aplicação de normas imperativas de um "terceiro" país com o qual a situação apresente uma conexão estreita. O preceito não vigora na ordem jurídica portuguesa porque Portugal fez a reserva prevista no art. 22.º/1/a. O Regulamento Roma I só prevê a prevalência das "normas de aplicação imediata" do país em que as obrigações decorrentes do contrato devam ser ou tenham sido executadas, na medida em que,

---

designadamente a sua organização política, social ou económica, ao ponto de exigir a sua aplicação em qualquer situação abrangida pelo seu âmbito de aplicação, independentemente da lei que de outro modo seria aplicável ao contrato, por força do presente regulamento".

Em geral, sobre a problemática das normas "autolimitadas" e das normas de aplicação necessária ver António MARQUES DOS SANTOS 1991 – *As Normas de Aplicação Imediata no Direito Internacional Privado. Esboço de Uma Teoria Geral*, 2 vols., Coimbra, 927 e segs. e 1031 e segs; MOURA RAMOS (n. 33) 667 e segs.; Id. – "Linhas gerais da evolução do Direito Internacional Privado português posteriormente ao Código Civil de 1966", *in Comemorações dos 35 anos do Código Civil e dos 25 anos da Reforma de 1977*, 501-547, Coimbra, 2006, 535; LIMA PINHEIRO (n. 2) 243 e segs. e 269 e segs.

[69] Ver, designadamente, arts. 63.º/6 e 7 e 105.º do Anteprojecto de Lei de Direito Comercial Marítimo de Macau, que elaborei a solicitação da Administração portuguesa do Território, publicado in "Contributo para a Reforma do Direito Comercial Marítimo", *in Estudos de Direito Civil, Direito Comercial e Direito Comercial Internacional*, 198-266, Coimbra, 2006.

segundo essas normas de aplicação imediata, a execução do contrato seja ilegal. Assim, parece que não admite a sobreposição desses regimes imperativos à lei designada pelas suas regras de conflitos. A aplicação da lei competente só pode ser limitada pela reserva de ordem pública internacional em caso de manifesta incompatibilidade com normas e princípios fundamentais da ordem jurídica do foro (art. 21.º)[70].

Em minha opinião, deveria permitir-se que um Estado comunitário que submete os transportes sob conhecimento com destino aos seus portos a um regime imperativo aplicasse as normas estrangeiras em vigor no lugar da entrega da mercadoria que, apresentando semelhante conteúdo e função, sejam competentes segundo o respectivo Direito Internacional Privado.

G) Domínio espacial de aplicação da legislação portuguesa de 1986/1987

O DL n.º 352/86, de 21/10, e o DL n.º 191/87, de 29/4, vieram estabelecer, respectivamente, o regime do "contrato de transporte marítimo de mercadorias por mar" e o regime do "contrato de fretamento de navio", revogando uma parte do livro III do Código Comercial. A minha discordância com a concepção bipartida transporte/fretamento adoptada nesta legislação, bem como com diversas soluções aí contidas, foi expressa noutros lugares[71]. No presente estudo tratarei apenas de examinar o âmbito de aplicação no espaço desta legislação.

O legislador português não julgou necessário fazer acompanhar estes diplomas de normas de conflitos especiais.

Perante as regras de conflitos gerais que regem a matéria parece fácil traçar o domínio de aplicação desta legislação nos tribunais portugueses.

Primeiro, esta legislação aplica-se aos *contratos internos* de transporte de mercadorias e de fretamento. Pode suscitar dúvida a conjugação desta legislação com o DL n.º 37.748 que estende a aplicação do Direito

---

[70] Sobre a actuação desta reserva com respeito ao transporte marítimo sob conhecimento, ver BONASSIES/SCAPEL (n. 37) 587.

[71] (N. 69) 148 e segs., e "O Direito Comercial Marítimo de Macau Revisitado", *in Estudos de Direito Civil, Direito Comercial e Direito Comercial Internacional*, 283-295, Coimbra, 2006, 286 e segs.

convencional aos transportes internos (*supra* I.B). Inclino-me a pensar que relativamente aos transportes internos o regime resultante do DL n.º 37.748 só é aplicável subsidiariamente[72]. Com efeito, infere-se do Preâmbulo (n.ºs 4 e 5) e do art. 31.º do DL n.º 352/86 uma intenção de introduzir modificações no regime resultante do DL n.º 37.748[73].

Segundo, esta legislação regula as *relações entre afretador e transportador nos contratos internacionais de transporte de mercadorias titulados por carta-partida*, quando o Direito português for o competente por força das normas de conflitos dos arts. 3.º e 4.º da Convenção de Roma sobre a Lei Aplicável às Obrigações Contratuais (futuramente arts. 4.º e 5.º do Regulamento Roma I) (*supra* II.B, C e D).

Terceiro, esta legislação regula os *contratos internacionais de transporte de mercadorias que, por outra razão, se encontrem excluídos do âmbito material ou espacial de aplicação da Convenção de Bruxelas* (*supra* I.B), quando o Direito português for, nos mesmos termos, o competente.

Enfim, esta legislação é *subsidiariamente aplicável*, em relação ao regime contido na Convenção de Bruxelas, aos contratos internacionais de transporte de mercadorias abrangidos pelo âmbito de aplicação deste instrumento, quando o Direito português for, nos mesmos termos, o competente (*supra* II.A). Esta subsidiariedade decorre da superioridade hierárquica das fontes internacionais, reconhecida pelo art. 2.º do DL n.º 352/86.

---

[72] Em sentido convergente, MÁRIO RAPOSO – "O novo Direito Comercial Marítimo Português", *in Estudos Sobre o Novo Direito Marítimo*, 217-268, Coimbra, 1999, 221.

[73] Claro é que esta intencionalidade legislativa é limitada, com respeito aos transportes internacionais abrangidos pelo âmbito de aplicação da Convenção de Bruxelas, pela superioridade hierárquica desta fonte relativamente à legislação interna.

DIREITO APLICÁVEL ÀS OPERAÇÕES SOBRE INSTRUMENTOS FINANCEIROS[*]

SUMÁRIO: INTRODUÇÃO. I. DIREITO APLICÁVEL À EMISSÃO DE VALORES MOBILIÁRIOS. II. DIREITO APLICÁVEL AOS NEGÓCIOS CELEBRADOS NOS MERCADOS DE INSTRUMENTOS FINANCEIROS. III. DIREITO APLICÁVEL AOS NEGÓCIOS ENTRE INVESTIDORES E INTERMEDIÁRIOS FINANCEIROS. IV. ESTATUTO DOS VALORES MOBILIÁRIOS. A) Aspectos gerais. B) Convenção da Haia sobre a Lei Aplicável a Certos Direitos Respeitantes a Valores Mobiliários Registados num Intermediário. C) Direito de Conflitos de fonte interna. V. Conexões especiais para certos aspectos das operações nos mercados de instrumentos financeiros

INTRODUÇÃO

I. Em estudo dedicado ao Direito aplicável às operações bancárias internacionais fiz uma primeira aproximação ao tema das operações internacionais nos mercados de instrumentos financeiros[1], centrando-me nos casos em que os bancos intervêm como intermediários financeiros. Trata-se agora de aprofundar e ampliar o estudo deste tema, tendo designadamente em conta as operações sobre instrumentos financeiros que não são valores mobiliários e a intervenção de intermediários financeiros que não são bancos.

II. Entendo por operações nos mercados de instrumentos financeiros os negócios que são realizados em sistemas que permitem o encontro entre a oferta e a procura de instrumentos financeiros.

---

[*] O presente trabalho foi elaborado com vista aos Estudos em Honra do Prof. Doutor Paulo Cunha e foi concluído em 30 de Junho de 2008.

[1] *ROA 67* (2007) 573-627, 607 e segs.

São instrumentos financeiros, designadamente, não só as acções, obrigações, títulos de participação, unidades de participação em instituições de investimento colectivo e warrants autónomos (que são entre nós considerados valores mobiliários)[2], mas também opções, futuros e *swaps* relativos a valores mobiliários, a mercadorias ou a estatísticas económicas oficiais (que são entre nós considerados instrumentos financeiros derivados que não são valores mobiliários)[3].

Como sistemas de negociação ("formas organizadas de negociação"), o C. Val. Mob. prevê os mercados regulamentados (art. 199.º), que são sistemas multilaterais de funcionamento regular autorizados, sistemas de negociação multilateral (art. 200.º) e internacionalização sistemática (art. 201.º) que é a negociação organizada, por intermediário financeiro, por conta própria em execução de ordens de clientes fora de mercado regulamentado e de sistema de negociação multilateral[4].

As operações nos mercados de instrumentos financeiros podem consistir, em primeiro lugar, nas transacções de valores mobiliários que sejam imediatamente executadas e que visem uma transmissão imediata dos valores pelo registo na conta do adquirente (no caso dos valores escriturais e titulados integrados em sistema centralizado), pela entrega do título (no caso dos valores titulados ao portador não integrados em sistema centralizado) e pela declaração de transmissão, escrita no título, a favor do transmissário, seguida de registo junto do emitente ou junto do intermediário financeiro que o represente (no caso dos valores titulados nominativos não integrados em sistema centralizado)[5].

As operações nos mercados de instrumentos financeiros podem consistir também em operações a prazo, i.e., na celebração de negócios de execução diferida[6]. Uma modalidade especialmente importante de operações a prazo são os derivados, que têm uma função de garantia contra o risco da oscilação de preços ou cotações [*hedging*] ou de obtenção de

---

[2] Ver, sobre o conceito de valor mobiliário, José de OLIVEIRA ASCENSÃO – "O actual conceito de valor mobiliário", *ROA* 61 (2001) 5-32.

[3] Ver anexo C do Anexo I da Dir. 2004/39/CE Relativa aos Mercados de Instrumentos Financeiros.

[4] Ver Barbara GRUNEWALD e Michael SCHLITT – *Einführung in das Kapitalmarktrecht*, Munique, 2007, 197 e segs.

[5] Ver ainda Carlos FERREIRA DE ALMEIDA – *Contratos II*, Coimbra, 2007, 150 e seg.

[6] Ver, com mais desenvolvimento, Siegfried KÜMPEL – *Bank- und Kapitalmarktrecht*, 3.ª ed., Colónia, 2004, 1862 e segs.; FERREIRA DE ALMEIDA (n. 5) 151 e segs.

lucros diferenciais resultantes da oscilação de preços ou cotações [*trading*]. Os derivados são instrumentos financeiros cujo valor deriva de um valor subjacente [*underlying*][7].

Antes da reforma de 2007, o C. Val. Mob. referia-se aos derivados nos arts. 252.° e segs. O sentido geral destes preceitos era o de permitir a realização em mercado regulamentado de futuros, opções, reportes de valores mobiliários e empréstimos de valores mobiliários[8].

O art. 253.° dispunha que os futuros podem consistir:

– numa compra e venda a prazo;
– na transmissão de posições contratuais a prazo;
– na entrega, em data estipulada, da diferença entre o preço fixado no contrato e um preço de referência futuro.

O art. 254.° definia o contrato de opção como aquele por que uma das partes adquire o direito de, até ao termo do contrato ou exclusivamente nessa data:

– receber ou entregar o activo subjacente;
– transmitir ou assumir uma posição contratual a prazo;
– receber ou entregar a diferença entre o preço de exercício e um preço de referência futuro.

Esta definição não indica a contrapartida da opção, que é geralmente o pagamento de um prémio à outra parte no momento da celebração do negócio[9]. Por outro lado, quando se refere ao direito de receber ou entregar o activo subjacente parece que se tem em vista o direito de adquirir ou alienar este activo[10].

As definições de futuros e de contrato de opção eram complementadas pelo disposto no art. 258.° sobre o objecto dos futuros e opções, que podia constituir em valores mobiliários, posições contratuais a prazo, instrumentos do mercado monetário, taxas de juro, divisas ou índices sobre valores mobiliários, sobre taxas de juro ou sobre divisas (n.° 1).

---

[7] Ver KÜMPEL (n. 6) 1846 e segs.; GRUNEWALD/SCHLITT (n. 4) 134 e segs. Em geral, sobre os derivados, ver AMADEU FERREIRA – "Operações de futuros e opções", *in Direito dos Valores Mobiliários*, 121-188, Lisboa, 1997; José de OLIVEIRA ASCENSÃO – "Derivados", *in Direito dos Valores Mobiliários*, vol. IV, 41-68, Coimbra, 2003; FERREIRA DE ALMEIDA (n. 5) 153 e segs.

[8] Sobre os reportes e empréstimos, ver OLIVEIRA ASCENSÃO (n. 7) 54 e segs.

[9] Ver GRUNEWALD/SCHLITT (n. 4) 141.

[10] Ver também FERREIRA DE ALMEIDA (n. 5) 155.

O sentido da supressão destes preceitos parecer ser o de alargar o âmbito de aplicação do C. Val. Mob. (art. 2.º) e dos instrumentos que podem ser negociados em mercados regulamentados e sistemas de negociação multilateral (art. 204.º/1). O art. 2.º, com a redacção dada em 2007, visando transpor a Dir. 2004/39/CE, de 21/4, Relativa aos Mercados de Instrumentos Financeiros, determina que o Código se aplica também a instrumentos do mercado monetário (com excepção dos meios de pagamento), instrumentos derivados para a transferência do risco do crédito, contratos diferenciais e quaisquer outros contratos derivados a valores mobiliários, a mercadorias ou a estatísticas económicas oficiais.

Os "instrumentos do mercado monetário" serão, em primeiro lugar, documentos representativos de dívida emitidos por grandes empresas e instituições financeiras que se destinam a suprir necessidades de financiamento de curto prazo. Por exemplo, papel comercial e certificados de depósito. Nuns casos são emitidos por grandes empresas com a mediação de instituições financeiras e colocados junto de investidores institucionais. Noutros, como sucede com os certificados de depósito, são emitidos por instituições financeiras e colocados junto do público ou de outras instituições financeiras. Parece que também podem ser considerados como "instrumentos do mercado monetário" contratos que se destinam a suprir necessidades de financiamento de curto prazo.

Parece que os "instrumentos derivados para a transferência do risco do crédito" serão negócios de execução diferida em que um financiador transfere o risco do incumprimento de um contrato de financiamento para a outra parte contra uma remuneração. Por exemplo, um financiador paga uma remuneração periódica à outra parte que se obriga, em contrapartida, a adquirir o crédito em caso de incumprimento[11].

Por seu turno, os "contratos diferenciais" [*contract for difference* ou CFD) serão derivados pelos quais uma das partes se obriga a pagar à outra a diferença entre o valor corrente de um activo e o valor à data da celebração do contrato, em caso de valorização, e a outra parte se obriga a pagar à primeira a diferença em caso de desvalorização. Distinguir-se-ão dos futuros quando não for estipulada uma data de pagamento.

Enfim, os *swaps* são derivados em que as partes acordam em trocar um fluxo monetário por outro fluxo monetário, com base num valor de

---

[11] Ver também GRUNEWALD/SCHLITT (n. 4) 145.

referência[12]. Por exemplo, A obriga-se a pagar a B uma taxa de juros fixa sobre uma importância "nocional" (i.e., que não é objecto de disposição entre as partes) enquanto B se obriga a pagar a A uma taxa de juros variável sobre a mesma importância (*swap* de juros). Se a taxa de juros subir A obtém uma vantagem. Se a taxa de juros descer B obtém uma vantagem. Isto pode servir para proteger A perante o risco de um aumento da taxa de juros num empréstimo sujeito a taxa de juros variável que tenha contraído com terceiro e B perante o risco de ficar obrigado a pagar uma taxa de juros acima do valor do mercado num empréstimo sujeito a taxa de juros fixa que tenha contraído com terceiro.

III. O actual art. 207.º/2 C. Val. Mob. estabelece que as operações "sobre" derivados em mercados regulamentados e sistemas de negociação multilateral se realizam nos termos das "cláusulas contratuais gerais", em que são padronizados o objecto, a quantidade, o prazo da operação, a periodicidade dos ajustes de perdas e ganhos e a modalidade de liquidação, elaboradas pela entidade gestora e sujeitas a comunicação prévia à CMVM e, se tiverem como activo subjacente instrumentos do mercado monetário e cambial, a aprovação do Banco de Portugal[13].

Do actual art. 258.º/3 C. Val. Mob. resulta que a realização de operações em mercado regulamentado ou em sistema de negociação multilateral "sobre" derivados exige a interposição de contraparte central sujeita ao regime estabelecido nos arts. 259.º e segs. À luz dos Regulamentos da Euronext, que gere o mercado de derivados de Lisboa, a entidade gestora do mercado é uma parte formal nestas operações[14]. As ordens são lançadas por via informática pelos membros do mercado e, quando se encontram ordens compatíveis de sentidos opostos o sistema cruza-as automaticamente dando origem a uma operação[15]. Os mesmos Regulamentos

---

[12] Ver KÜMPEL (n. 6) 1894 e segs. Ver ainda FERREIRA DE ALMEIDA (n. 5) 134 e segs.

[13] A realização de operações "sobre" derivados previstos no art. 2.º/1/e/ii e iii e /f está sujeita a autorização nos termos do art. 207.º/3 C. Val. Mob. Sobre o sentido da referência a "cláusulas contratuais gerais" à face do anterior art. 257.º C. Val. Mob., ver OLIVEIRA ASCENSÃO (n. 7) 58 e segs. e 63.

[14] A situação parece corresponder à que já existia anteriormente perante o Regulamento aplicável da Bolsa de Valores de Lisboa e do Porto – ver OLIVEIRA ASCENSÃO (n. 7) 60 e seg. Ver também AMADEU FERREIRA (n. 7) 143 e segs.

[15] Art. 5301/1 do Regulamento I – Regras de Mercado Harmonizadas da Euronext de 29/2/2008.

considedram que o cruzamento de uma oferta de compra e de uma oferta de venda válidas no sistema dão origem a uma operação entre os membros cujos operadores efectuaram tais ofertas[16].

Os membros do mercado actuam em nome próprio e, por conseguinte, está excluída a existência de um contrato entre os operadores/investidores[17]. Dada a interposição da entidade gestora do mercado também não parece que se forme um contrato entre os membros do mercado[18]. Sucede antes que em cada operação "sobre" derivados se estabelecem duas relações jurídicas com a entidade gestora: uma relação em que é "vendedora" face ao membro do mercado que apresentou uma oferta de compra e uma relação em que é "compradora" face ao membro do mercado que apresentou uma operação de venda. Apesar de se falar correntemente a este respeito de contratos, é controversa a qualificação destas relações[19].

IV. As operações nos mercados de instrumentos financeiros apresentam frequentemente contactos relevantes com mais de um Estado soberano[20]. Por exemplo, o registo ou depósito de valores mobiliários por um investidor residente no Estado A junto de um intermediário estabelecido no Estado B e que é integrado num sistema centralizado de registo ou depósito gerido no Estado C. Um contrato de corretagem entre uma pes-

---

[16] Art. 5304 do Regulamento I – Regras de Mercado Harmonizadas da Euronext de 29/2/2008.

[17] Ver também KÜMPEL (n. 6) 1863; Herbert KRONKE e Jens HAUBOLD – "Börsen- und Kapitalmarkrecht", in Handbuch Internationales Wirtschaftsrecht, Colónia, 2005, n.° 340.

[18] Ver KRONKE/HAUBOLD (n. 17) n.° 340; Nicole COMTE GUILLEMET – "Contratos bursátiles internacionales", in Curso de Contratación Internacional, org. por Calvo Caravaca e Carrascosa González, 463-504, 2.ª ed., Madrid, 2006, 481, e Anne-Catherine MULLER – Droit des marchés financiers et droit des contrats, Paris, 2007, 62 e segs.

[19] AMADEU FERREIRA (n. 7) 138 e n. 89 e 143 e segs. entende que não se trata de contratos em sentido técnico, mas afasta também a sua qualificação como negócios unilaterais. Referindo-se ao "acto do investidor", OLIVEIRA ASCENSÃO (n. 7) 63 e segs. entende que se trata de um acto unilateral que não se combinaria com o acto da entidade gestora para produzir um contrato e que não estaria sujeito às regras sobre conclusão dos contratos nem ao regime geral dos contratos. No sentido da qualificação contratual, ver KÜMPEL (n. 6) 1846, afirmando que se trata de contratos aleatórios, de vinculação bilateral, sobre o pagamento de dinheiro, e 1863, sustentando que a entidade gestora do mercado estabelece relações contratuais com os membros do mercado; KRONKE/HAUBOLD (n. 17) n.ºs 332 e segs.; MULLER (n. 18) 85 e segs.; FERREIRA DE ALMEIDA (n. 5) 153 e segs.

[20] Ver, designadamente, Detlev VAGTS – "Securities Regulation – An Introduction", in IECL, vol. XIII/cap. 10, Dordrecht, Boston e Lancaster, 2000, n.° 22.

soa residente num Estado e uma sociedade de corretagem estabelecida no mesmo Estado com vista à negociação de valores mobiliários num mercado que funciona no estrangeiro. O mesmo contrato entre partes localizadas em Estados diferentes com vista à negociação de valores mobiliários no mercado do país em que o intermediário financeiro está estabelecido. Uma oferta pública de venda de acções de uma sociedade localizada num Estado dirigida a pessoas com residência ou estabelecimento em vários Estados. A comercialização em vários países de unidades de participação num fundo de investimento organizado num deles.

Estas operações internacionais colocam problemas específicos de regulação jurídica, designadamente o problema da determinação do Direito aplicável e, em caso de litígio, o problema da determinação da jurisdição competente. O presente estudo ocupar-se-á apenas do primeiro problema à luz do Direito de Conflitos geral (relevante para os tribunais estaduais) e das normas de conflitos especiais contidas no C. Val. Mob. Fica assim excluído o problema da determinação do Direito aplicável na arbitragem de controvérsias emergentes dessas operações.

Esta delimitação é especialmente relevante no que toca à relevância dos costumes e dos usos dos mercados de instrumentos financeiros, bem como dos regulamentos emanados, designadamente, das entidades gestoras de mercados regulamentados, de sistemas centralizados de depósito e de registo e de sistemas de pagamentos e de liquidação. Estas regras autónomas ou usos desempenham um papel de grande importância prática no funcionamento dos mercados de instrumentos financeiros. Perante o Direito de Conflitos geral, porém, a sua relevância depende, em princípio, da ordem jurídica estadual competente, ressalvada a possibilidade de o costume comercial internacional actuar directamente como fonte da ordem jurídica do foro. Diferentemente, o Direito Transnacional da Arbitragem permite que as partes submetam as suas operações, em primeira linha, a regras autónomas e usos do comércio e, na omissão das partes, permite, pelo menos, que os árbitros apliquem regras objectivas do comércio internacional. Estas soluções específicas da arbitragem transnacional são em vasta medida compatíveis com a regulação da arbitragem transnacional operada pelos principais sistemas nacionais e não excluem que os árbitros devam tomar em consideração certas directrizes estaduais ou supraestaduais sobre a aplicabilidade de normas imperativas[21].

---

[21] Em geral, sobre o problema da determinação do Direito aplicável ao mérito da

356   *Estudos de Direito Internacional Privado*

Principiarei pela emissão de valores mobiliários (I), passando em seguida aos negócios celebrados em mercados de instrumentos financeiros (II) e aos negócios celebrados entre investidores e intermediários financeiros (III). Tratar-se-á ainda do estatuto dos valores mobiliários (IV) e das conexões especiais para certos aspectos das operações nos mercados de instrumentos financeiros (V).

---

causa na arbitragem, ver Luís de LIMA PINHEIRO – *Arbitragem Transnacional. A Determinação do Estatuto da Arbitragem*, Coimbra, 2005, 234 e segs., com mais referências.

Segundo Jan DALHUISEN – *Dalhuisen on Transnational and Comparative Commercial, Financial and Trade Law*, 3.ª ed., Oxford e Portland, Oregon, 2007, 806 e segs. e 814 e segs., os mercados financeiros internacionais (como o das euro-obrigações) e nacionais baseiam-se principalmente em costumes e práticas e as leis estaduais só deveriam ser aplicadas residualmente. Também na recensão a Herbert KRONKE – "Capital Markets and the Conflict of Laws", *RCADI* 286 (2000), publicada em *Am. J. Com. L.* 52 (2004) 504-510, o autor defende que perante a inadequação das soluções tradicionais do Direito Internacional Privado se deveria aplicar primariamente a *lex mercatoria*, posição que é temperada pela introdução de uma ponderação [*balancing*] das leis estaduais que sejam de ordem pública.

Considero defensável uma evolução do Direito de Conflitos geral no sentido de uma aproximação às soluções do Direito de conflitos da arbitragem transnacional. Duas observações, porém, se impõem. Por um lado, os tribunais estaduais não estão colocados na mesma posição que os tribunais arbitrais relativamente às normas imperativas da ordem jurídica do foro. Por outro lado, nas relações com consumidores (designadamente investidores finais não qualificados) há preocupações de protecção da parte contratualmente mais fraca no Direito de Conflitos geral a que o Direito de Conflitos da arbitragem transnacional é alheio por não se tratarem de relações entre empresas ou entes equiparados. Ver também, sobre o ponto, LIMA PINHEIRO, op. cit., 33 e segs.

Sobre as opções que se colocam com respeito à regulação dos mercados financeiros, ver ainda Herbert KRONKE – "Connected and Global Securities Markets – With or Without Conflict of Laws", *in Liber Amicorum Richard Buxbaum*, org. por Theodor Baums, Klaus Hopt e Norbert Horn, 363-374, Londres, A Haia e Boston, 2000; Harald BAUM – "Globalizing capital markets and possible regulatory responses", *in Legal Aspects of Globalization. Conflict of Laws, Internet, Capital Markets and Insolvency in a Global Economy*, org. por Jürgen Basedow e Toshiyuki Kono, 77-132, A Haia, Londres e Boston, 2000; Ian TUNSTALL – *International Securities Regulation*, Pyrmont, 2005, 82 e segs.; e Rainer GROTE e Thilo MARAUHN – "Conclusions and agenda for further research", *in The Regulation of International Financial Markets. Perspectives for Reform*, org. por Rainer Grote e Thilo Marauhn, 317-331, Cambridge et al., 2006.

I. DIREITO APLICÁVEL À EMISSÃO DE VALORES MOBILIÁRIOS

Os emitentes de valores mobiliários podem proceder à sua distribuição através de intermediários financeiros, designadamente bancos, ou facultar a sua subscrição em bloco a intermediários financeiros que procedem à sua distribuição nos mercados de instrumentos financeiros [*underwriting*]. Isto corresponde, até certo ponto, na lei portuguesa, ao *contrato de colocação* (art. 338.° C. Val. Mob.) e ao *contrato de tomada firme* (art. 339.° C. Val. Mob.)[22].

No caso de os emitentes procederem à distribuição através de intermediários financeiros, estes podem actuar como *representantes dos emitentes*, colocando os valores mobiliários em nome dos emitentes, ou como *comissários dos emitentes*, colocando os valores mobiliários em seu próprio nome mas por conta dos emitentes. Mesmo nesta última hipótese o risco da colocação fica com o emitente a menos que o intermediário assuma o risco de colocação, nos mesmos termos que um *underwriter* (garantia de colocação nos termos do art. 340.° C. Val. Mob.)[23].

Quando o intermediário financeiro actua como representante do emitente estamos em presença de um contrato de mandato com representação. Quando o intermediário financeiro coloca os valores mobiliários em seu próprio nome mas por conta dos emitentes temos um contrato de comissão[24]. Quanto ao Direito de Conflitos aplicável a estes contratos temos de distinguir conforme o intermediário financeiro é ou não um banco.

Na ordem jurídica portuguesa vigora a Convenção da Haia sobre a Lei Aplicável aos Contratos de Mediação e à Representação (1978)[25]. O seu

---

[22] AMADEU FERREIRA – *Direito dos Valores Mobiliários*, Lisboa, 1997, 329, entende que, no contrato de tomada firme, o intermediário financeiro que subscreve os valores nem sempre adquire a sua titularidade.

[23] Ver KRONKE/HAUBOLD (n. 17) n.os 71 e segs.

[24] Ver também KRONKE/HAUBOLD (n. 17) n.° 71. Ver ainda FLORCELA PIRES -- *Emissão de Valores Mobiliários*, Lisboa, 1999, 59 e segs. e 77 e segs. Cp. Rui PINTO DUARTE – "Contratos de Intermediação no Código dos Valores Mobiliários", *Cadernos do Mercado de Valores Mobiliários*, 7 (2000) 351-371, 371, afirmando que os contratos de intermediação financeira são, na maior parte dos casos, contratos de prestação de serviço não reconduzíveis a nenhum subtipo legalmente previsto.

[25] Ver I. KARSTEN – "Explanatory Report", *in Conférence de La Haye de droit international privé. Actes et documents*, tomo IV, 1979; H. VERHAGEN – *Agency in Private International Law*, A Haia, Boston e Londres, 1995; Maria HELENA BRITO – *A Representação nos Contratos Internacionais*, Coimbra, 1999, 385 e segs.; LIMA PINHEIRO – *Direito Internacional Privado*, vol. II – *Direito de Conflitos/Parte Especial*, 2.ª ed., Coimbra, 2002, 170 e segs.

domínio material de aplicação abrange a actuação jurídica de qualquer "intermediário" por conta doutrem, em nome próprio ou em nome do representado (art. 1.°/1 e /3)[26]. Este domínio estende-se à actividade do "intermediário" que consista em receber e em comunicar propostas ou em efectuar negociações por conta de outras pessoas (art. 1.°/2). Isto abrange, além de todas as formas de representação voluntária, a representação sem poderes, o mandato sem representação, a comissão comercial e a correta-gem, designadamente[27].

Por conseguinte, o regime contido nesta Convenção é aplicável aos contratos por que intermediários financeiros se obrigam a actuar juridica-mente por conta doutrem. No entanto, esta Convenção admite que os Esta-dos contratantes reservem o direito de não a aplicar à representação exer-cida por um banco ou grupo de bancos em matéria de operações bancárias (art. 18.°). Portugal fez uma reserva abrangendo este caso[28]. Quando o intermediário financeiro for um banco aplicam-se as regras de conflitos gerais sobre contratos obrigacionais que constam da Convenção de Roma sobre a Lei Aplicável às Obrigações Contratuais, que está em vias de ser substituída por um Regulamento Comunitário (Regulamento Roma I)[29].

Refira-se, em primeiro lugar, as principais regras contidas na Con-venção da Haia. A Convenção distingue entre o Direito aplicável à relação interna e o Direito aplicável às relações externas.

A *relação interna* é a que se estabelece entre o "intermediário" e o representado. É regulada pela lei designada pelas partes (art. 5.°). Não há qualquer limite quanto às ordens jurídicas estaduais que podem ser objecto de escolha. A designação pode ser expressa ou tácita, mas, neste segundo

---

[26] A actuação visada na Convenção é a que se traduz na prática de actos jurídicos, e não a actuação material – cf. KARSTEN (n. 25) n.os 38 e 113. A Convenção também se aplica ao "contrato de mediação" quando o "intermediário" não actua de todo, caso em que pode ser responsável por inexecução do contrato – cf. KARSTEN (n. 25) n.° 110.

[27] Cf. KARSTEN (n. 25) n.° 36; Jürgen BASEDOW – "Das Vertretungsrecht im Spiegel konkurrierender Harmonisierungsentwürf", *RabelsZ.* 45 (1981) 196-217, 207; e, VERHA-GEN (n. 25) 143 e segs. Com base no princípio *lex specialis derogat legi generali* deve entender-se que a Convenção da Haia prevalece sobre a Convenção de Roma – cf. VER-HAGEN (n. 25) 135, HELENA BRITO (n. 25) 444 e segs., e LIMA PINHEIRO (n. 25) 174.

[28] Cf. Av. n.° 239/97, de 29/7. Sobre o alcance desta reserva, ver KARSTEN (n. 25) n.° 232. Mas cp. VERHAGEN (n. 25) 163 e seg.

[29] As referências doravante feitas ao Projecto de Regulamento Roma I baseiam-se na versão adoptada na Posição do Parlamento Europeu aprovada em primeira leitura em 29 de Novembro de 2007.

caso, tem de resultar com razoável certeza das disposições do contrato e das circunstâncias da causa (art. 5.º/2).

Na falta de designação, a relação interna é, em princípio, regulada pela lei do Estado no qual, no momento da formação da relação de representação, o "intermediário" tenha o seu estabelecimento profissional ou, na sua falta, a sua residência habitual (art. 6.º/1). No entanto, se o "intermediário" deve exercer a título principal a sua actividade no Estado onde o representado tiver o seu estabelecimento profissional ou, na sua falta, a sua residência habitual, é aplicável a lei deste Estado (art. 6.º/2)[30].

Quando a criação da "relação de representação" não for o objectivo exclusivo do contrato as normas de conflitos sobre a relação interna só são aplicáveis se tal for o objecto principal do contrato ou se a relação for separável do conjunto do contrato (art. 7.º). A expressão "relação de representação" é aqui utilizada na acepção ampla de actuação do "intermediário" por conta de outrem (correspondendo à *agency relationship* dos sistemas do *Common Law*), pelo que este preceito não põe em causa a sujeição ao regime desta Convenção dos contratos que estamos a examinar.

Principalmente quando o intermediário financeiro actua como representante do emitente também é relevante o Direito aplicável às relações externas (que se estabelecem entre o representado e o terceiro e entre o "intermediário" e o terceiro), que se determina com base nas normas de conflitos contidas nos arts. 14.º e 15.º.

Passe-se agora ao regime da Convenção de Roma que, como ficou assinalado, é o aplicável quando o intermediário financeiro for um banco.

O art. 3.º da Convenção de Roma consagra o *princípio da autonomia da vontade*: as partes são inteiramente livres de escolher uma ordem jurídica estadual ou local (nos Estados em que vigora uma pluralidade de sistemas locais)[31]. O consentimento das partes na designação do Direito aplicável pode ser manifestado expressa ou tacitamente. Quanto à designação

---

[30] No caso de o representado ou o "intermediário" ter vários estabelecimentos principais releva o estabelecimento com o qual a relação de representação esteja mais estreitamente relacionada (art. 6.º/3).

[31] Ver desenvolvimento em Mario GIULIANO e Paul LAGARDE – "Rapport concernant la convention sur la loi applicable aux obligations contractuelles", *JOCE* C 282, 31/10/1980, 15 e segs.; António FERRER CORREIA – "Algumas considerações acerca da Convenção de Roma de 19 de Junho de 1980 sobre a lei aplicável às obrigações contratuais", *RLJ* (1990) n.os 3787 a 3789; Rui MOURA RAMOS – *Da Lei Aplicável ao Contrato de Trabalho Internacional*, Coimbra, 1991, 466 e segs.; Luís de LIMA PINHEIRO – *Direito Comercial Internacional*, Coimbra, 2005, 99 e segs.

tácita a 2.ª parte do n.º 1 do art. 3.º da Convenção de Roma exige que a escolha resulte "de modo inequívoco das disposições do contrato ou das circunstâncias da causa". Já à face do Projecto de Regulamento Roma I é suficiente que a escolha resulte claramente das disposições do contrato ou das circunstâncias do caso (art. 3.º/1/§ 2.º).

Na falta de válida designação pelas partes do Direito aplicável, este Direito tem de ser determinado com base num *critério objectivo*. O n.º 1 do art. 4.º da Convenção de Roma determina que o contrato é regulado pela lei do país com o qual apresente uma conexão mais estreita. Consagra-se assim um *critério geral de conexão*, que carece de ser concretizado pelo órgão de aplicação do Direito mediante uma avaliação do conjunto das circunstâncias do caso concreto e com ponderação de todos os laços existentes entre o contrato e os Estados em presença.

Este critério geral da conexão mais estreita permite *atender a laços de qualquer natureza*, designadamente o lugar da residência, da sede ou do estabelecimento das partes, o lugar da execução do contrato, o idioma do contrato, a referência a disposições de uma determinada ordem jurídica ou o emprego de termos e expressões característicos desta ordem jurídica (que contudo não permitam inferir uma designação tácita) e o nexo funcional que o contrato estabeleça com outro contrato regido por certo Direito[32].

Nos termos do n.º 2 do art. 4.º da Convenção de Roma, "presume-se" que o contrato apresenta uma conexão mais estreita com o país da residência habitual ou da sede da administração central do devedor da *prestação característica*. Se o contrato for celebrado no exercício da actividade económica ou profissional do devedor da prestação característica releva o país onde se situa o seu estabelecimento principal ou, se nos termos do contrato, a prestação deve ser fornecida por outro estabelecimento, o da situação deste estabelecimento.

Esta "presunção" deve ser entendida como uma directriz interpretativa que actua nos casos em que a determinação da conexão mais estreita suscita dúvidas. O n.º 5 do art. 4.º permite afastar esta "presunção" "sempre que resulte do conjunto das circunstâncias que o contrato apresenta uma conexão mais estreita com outro país".

---

[32] Ver, com mais desenvolvimento, GIULIANO/LAGARDE (n. 31) 18 e segs; Dieter MARTINY – "Vor Art. 27-Art. 30", *in Münchener Kommentar zum Bürgerlichen Gesetzbuch*, vol. X – *EGBGB*, 4.ª ed., Munique, 2006, Art. 28 n.ºs 10 e segs.; LIMA PINHEIRO (n. 25) 112 e segs. Relativamente aos contratos celebrados através da internet, ver LIMA PINHEIRO – "Direito aplicável aos contratos celebrados através da internet", *ROA* 66 (2006) 131-190, 144 e segs.

Direito Aplicável às Operações sobre Instrumentos Financeiros   361

A prestação característica é aquela que permite individualizar o contrato. Nos contratos que concernem à troca de bens e serviços por dinheiro, a prestação característica é a que consiste na entrega da coisa, na cessão do uso ou na prestação do serviço. Quer isto dizer, por exemplo, que o devedor da prestação característica é, no contrato de venda, o vendedor, no contrato de locação o locador e no contrato de prestação de serviço o prestador de serviço.

Nas modalidades contratuais que estamos a examinar o devedor da prestação característica é o banco, mandatário ou comissário[33].

O Projecto de Regulamento Roma I vem alterar em certa medida este regime (art. 4.º). A competência da lei do devedor da prestação característica passa a ser a regra de conflitos primariamente aplicável (na falta de escolha). O critério da conexão mais estreita releva apenas como cláusula de excepção quando resulte claramente do conjunto das circunstâncias do caso que o contrato tem uma conexão manifestamente mais estreita com um país diferente (n.º 3).

À representação do emitente pelo banco aplica-se, por outro lado, o disposto no art. 39.º/3 CC: é competente a lei do domicílio profissional do banco, i.e., a lei do lugar em que se situa o estabelecimento relevante do banco.

No contrato de tomada firme já não há uma actuação do intermediário financeiro por conta do emitente. Por conseguinte, são sempre aplicáveis as normas gerais da Convenção de Roma, mas a aplicação destas normas oferece mais dúvidas neste caso. Neste contrato ocorre uma aquisição pelo intermediário dos valores mobiliários oferecidos para subscrição pelo emitente, que tem como contrapartida uma prestação pecuniária (o que permitiria pensar que é o emitente o devedor da prestação característica); mas, do ponto vista funcional, também há uma prestação de serviço ao emitente[34].

---

[33] Ver também KRONKE/HAUBOLD (n. 17) n.ᵒˢ 72 e 114. Em sentido diferente, FLORCELA PIRES (n. 24) 78, defende a aplicação à relação entre o emitente e o intermediário financeiro, bem como às relações entre intermediários financeiros, de uma lei única que seria a do lugar onde ocorra a emissão dos valores a que o contrato se refere. Cp., as considerações que formulei na obra cit. na n. 1, II C, sobre a sujeição das operações bancárias complexas a um estatuto unitário.

[34] Ver também Hubert de VAUPLANE e Jean-Pierre BORNET – Droit des marchés financiers, 3.ª ed., Paris, 2001, 1112. Segundo KRONKE/HAUBOLD (n. 17) n.ᵒˢ 74 e segs., haveria que distinguir conforme o contrato tem por objecto acções pré-existentes ou acções recém-emitidas. No primeiro caso, tratar-se-ia de um contrato misto de venda e de mandato

É geralmente reconhecido que neste caso é especialmente recomendável a escolha pelas partes do Direito aplicável. Na falta de escolha pelas partes, a correcta interpretação do art. 4.º da Convenção de Roma conduz à indagação do país com que o contrato apresenta a conexão mais estreita. A conexão mais estreita pode resultar designadamente da localização dos estabelecimentos de ambas as partes no mesmo país ou, na falta de estabelecimento comum no mesmo país, da localização do mercado regulamentado em que os valores mobiliários devam ser colocados. Nas hipóteses residuais em que a determinação da conexão mais estreita ofereça dúvida parece que uma análise funcional permite concluir que é o intermediário, enquanto prestador de serviço, o devedor da prestação característica. Já foi assinalado que perante o Projecto de Regulamento Roma I será supletivamente aplicável, em princípio, a lei do devedor da prestação característica.

Relativamente a certos aspectos da emissão, importa ter em conta as normas de conflitos especiais contidas no C. Val. Mob. Assim, a lei pessoal do emitente é aplicável à capacidade para a emissão[35] e à forma de representação (art. 39.º)[36]. Relativamente ao registo da emissão, o C. Val. Mob. estabelece uma norma de conflitos unilateral: as normas sobre o registo aplicam-se aos valores mobiliários emitidos por entidade cuja lei pessoal seja a lei portuguesa (art. 43.º/2).

---

que, na falta de designação pelas partes do Direito aplicável deveria ser fraccionado, aplicando-se ao primeiro aspecto o Direito do vendedor (emitente) e ao segundo aspecto o Direito do banco, sem prejuízo de se poder estabelecer uma conexão mais estreita do conjunto do contrato com o país em que o banco tem o estabelecimento relevante. No segundo caso, estaríamos perante um contrato de cooperação que, na falta de designação do Direito aplicável, devido à conexão com a constituição da sociedade ou com o aumento do capital, deveria ser submetido à lei pessoal da sociedade.

[35] Ver também arts. 227.º/1 e 231.º/1 C. Val. Mob. Em geral, sobre as normas de conflitos contidas no C. Val. Mob. nesta matéria, ver Maria Helena Brito – "Sobre a Aplicação no Espaço do Novo Código dos Valores Mobiliários", *Cadernos do Mercado de Valores Mobiliários* 7 (2000) 49-73, 61 e segs.

[36] Ver ainda art. 227.º.

II. DIREITO APLICÁVEL AOS NEGÓCIOS CELEBRADOS NOS MERCADOS DE INSTRUMENTOS FINANCEIROS

Os negócios nos mercados regulamentados e sistemas de negociação multilateral são realizados por intermediários financeiros que podem actuar por conta dos ordenantes (como corretores/*brokers*) em nome dos ordenantes (enquanto representantes) ou, como é mais frequente, em nome próprio (enquanto comissários). Por vezes os intermediários intervêm por conta própria, adquirindo valores dos seus clientes ou vendendo aos seus clientes os valores detidos em carteira própria [*dealers*]. Alguns intermediários financeiros também adquirem acções e obrigações com vista à sua colocação em ofertas públicas de distribuição [*underwriters*][37].

As operações realizadas pelos intermediários financeiros em mercados regulamentados são tradicionalmente designadas *negócios internos da bolsa* [*Börseninnengeschäfte*]. Estas operações constituem frequentemente negócios de execução das ordens recebidas dos investidores ou de contratos de gestão de carteira e são realizadas através de sistemas de negociação colectiva. A qualificação destas operações suscita diversas questões jurídico-materiais complexas que não cabe examinar aqui. São no entanto necessárias algumas observações.

Por um lado, embora os intermediários actuem as mais das vezes em nome próprio, existe, abstraindo dos condicionamentos estabelecidos por sistemas estaduais singularmente considerados, a possibilidade de os intermediários actuarem como representantes dos investidores; neste segundo caso, são os investidores, e não os intermediários, os sujeitos das relações estabelecidas nestas transacções.

Por outro lado, dependendo do sistema jurídico aplicável ou dos regulamentos das entidades gestoras, cada uma destas transacções pode conduzir a uma relação jurídica entre os intermediários financeiros envolvidos (ou entre os investidores representados pelos intermediários) ou a duas relações jurídicas, entre cada um dos intermediários financeiros (ou

---

[37] Cf. VAGTS (n. 20) n.º 12. Ver também Carlos FERREIRA DE ALMEIDA – "As transacções de conta alheia no âmbito da intermediação no mercado de valores mobiliários", *in Direito dos Valores Mobiliários*, Lisboa, 1997, 298 e segs.; AMADEU FERREIRA (n. 22) 319 e segs.; e José de OLIVEIRA ASCENSÃO – *A Celebração de Negócios em Bolsa*, Lisboa, 1999, 6 e seg.

dos investidores por eles representados) e a entidade gestora[38]. Acresce que é questionado o carácter contratual dos negócios celebrados em mercados regulamentados e sistemas de negociação multilateral pelos intermediários financeiros (ou directamente pelos investidores)[39].

Relativamente à determinação do Direito aplicável importa assinalar, em primeiro lugar, que as operações nos mercados de instrumentos financeiros estão em princípio submetidas às regras gerais da Convenção de Roma sobre a Lei Aplicável às Obrigações Contratuais em matéria de contratos obrigacionais.

O art. 1.º/2/c desta Convenção exclui do seu âmbito as obrigações decorrentes de títulos negociáveis, na medida em que revistam carácter negociável. Parte dos instrumentos financeiros podem ser considerados títulos negociáveis, mas esta exclusão não abrange os contratos que tenham por objecto títulos negociáveis, mas apenas as obrigações decorrentes do carácter negociável destes títulos[40].

Pode suscitar mais dúvidas a circunstância de uma parte da doutrina entender que os "negócios internos da bolsa" não têm carácter contratual. Num primeiro momento inclinei-me no sentido da exclusão, do âmbito da Convenção de Roma, dos negócios obrigacionais unilaterais[41]. Todavia, no contexto da Convenção Bruxelas I, a jurisprudência do TCE aponta no sentido de uma acepção ampla de "matéria contratual"[42]. Segundo esta

---

[38] Ver Kronke/Haubold (n. 17) n.º 116; Muller (n. 18) 64 e segs. no sentido de cada intermediário financeiro estabelecer uma relação contratual com a entidade gestora do mercado.

[39] Ver, relativamente às bolsas, Paula Costa e Silva – "Compra, venda e troca de valores mobiliários", *in Direito dos Valores Mobiliários*, 243-266, Lisboa, 1997, 250 e segs.; Oliveira Ascensão (n. 37) 16 e segs. defendendo que as transacções em bolsa resultam da sobreposição de declarações unilaterais que são sujeitas a um sistema de compensação colectiva; Muller (n. 18) 38 e segs.; em sentido contrário, Ferreira de Almeida (n. 37) 298, (n. 5) 148 e segs. O C. Val. Mob. refere-se expressamente, neste contexto, a contratos – ver designadamente arts. 199.º/1 e 200.º/1.

[40] Cf. Giuliano/Lagarde (n. 31) 11; *Dicey, Morris and Collins on the Conflict of Laws*, 14.ª ed., por Lawrence Collins, Londres, 2006, 1083.

[41] No mesmo sentido, Alfonso-Luis Calvo Caravaca e Javier Carrascosa González – *Derecho Internacional Privado*, vol. II, 8.ª ed., Granada, 2007, 400.

[42] No caso *Engler*, o TCE (20/1/2005 [*CTCE* (2005) I-481]) entendeu que está incluída no conceito de matéria contratual uma acção em que um consumidor pretende obter o pagamento do prémio que lhe foi prometido na condição de celebrar um contrato de venda. Ver também François Rigaux e Marc Fallon – *Droit international privé*, 3.ª ed.,

Direito Aplicável às Operações sobre Instrumentos Financeiros 365

acepção, é suficiente, para incluir a situação no conceito de matéria contratual, que haja uma obrigação assumida por um compromisso de uma parte perante a outra. Creio que o conceito de "obrigação contratual", utilizado na Convenção de Roma, também deve ser entendido em sentido amplo, por forma a incluir as obrigações resultantes de negócios unilaterais[43]. Mesmo quem siga entendimento contrário pode admitir a aplicação analógica das regras gerais da Convenção de Roma na medida em que a analogia o justifique.

Nesta ordem de ideias, entendo que a Convenção de Roma é, em princípio, aplicável aos "negócios internos da bolsa"[44]. No mesmo sentido aponta o Projecto de Regulamento Roma I quando inclui uma norma sobre o Direito aplicável a estes negócios (art. 4.º/1/h que será adiante examinado).

Por conseguinte, as partes podem escolher o Direito aplicável e a utilização do modelo negocial predisposto pela entidade gestora pode constituir um indício importante de uma vontade tacitamente manifestada de escolher o Direito do país em que funciona o mercado[45]. Na falta de escolha, aplica-se o Direito que apresenta a conexão mais estreita com a relação que é, geralmente, o Direito do país em que funciona o mercado, visto que este é não só o país de execução do negócio mas também aquele em

---

Bruxelas, 2005, 770, e Peter MANKOWSKI – "Special Jurisdictions", *in European Commentaries on Private International Law. Brussels I*, org. por Ulrich Magnus e Peter Mankowski, 2007, Art. 5 n.ºs 34 e segs. Ver ainda Jan KROPHOLLER – *Europäisches Zivilprozeßrecht. Kommentar*, 8.ª ed., Francoforte—sobre-o-Meno, 2005, Art. 5 n.º 10.

[43] Cf. Peter MANKOWSKI – "Die Qualifikation der culpa in contrahendo – Nagelprobe für den Vetragsbegriff des europäischen IZPR und IPR", *IPRax* (2003) 127-135, 128 e segs.; Dieter MARTINY *in Internationales Vertragsrecht*, org. por Christoph REITHMANN and Dieter MARTINY, 6.ª ed., Colónia, 2004, n.º 8; e Bernd VON HOFFMANN e Karsten THORN – *Internationales Privatrecht einschließlich der Grundzüge des Internationalen Zivilverfahrensrechts*, 8.ª ed., Munique, 2005, 427.

[44] Cf. VAUPLANE/BORNET (n. 34) 1110; Peter MANKOWSKI – "Börsen- und Finanztermingeschäfte", *in Internationales Vertragsrecht*, org por Christoph REITHMANN e Dieter MARTINY, 6.ª ed., Colónia, 2004, n.ºs 1258 e segs., KRONKE/HAUBOLD (n. 17) n.º 117 e seg., Anton SCHNYDER – "Internationales Kapitalmarktrecht", *in Münchener Kommentar zum Bürgerlichen Gestzbuch*, vol. XI, 4.ª ed., Munique, 2006, n.º 58.

[45] Cf. Bernd VON HOFFMANN – "Schuldrecht (Art 27-38)", *in Soergel Kommentar zum Bürgerlichen Gesetzbuch*, vol. X – *Einführungsgesetz*, 12.ª ed., Estugarda, Berlim e Colónia, 1996, Art. 28 n.º 366, e KRONKE/HAUBOLD (n. 17) n.º 117.

366   *Estudos de Direito Internacional Privado*

que, normalmente, estão estabelecidas as partes (os intermediários financeiros, quando actuem em nome próprio)[46].

Em caso de dúvida na determinação da conexão mais estreita, importa distinguir entre diferentes hipóteses.

Nas relações que porventura se estabeleçam entre um intermediário e a entidade gestora, poderia entender-se que o devedor da prestação característica é a parte que alienar os valores mobiliários[47]. Numa perspectiva funcional, porém, a prestação da entidade gestora é a mais complexa e causaria grande perturbação ao sistema de negociação colectiva a sujeição a uma pluralidade de leis (as leis dos intermediários em causa). Acresce que frequentemente os sistemas nacionais determinam que estas operações estão sujeitas às cláusulas gerais estabelecidas pela entidade gestora. Por isso, parece de entender que é sempre a entidade gestora a devedora da prestação característica.

Nas relações entre investidores que tenham por objecto a transmissão de valores mobiliários, pode presumir-se a conexão mais estreita com o país do estabelecimento do vendedor, enquanto devedor da prestação característica[48]. O intermediário que revenda os valores mobiliários por conta própria também pode ser considerado como sendo o devedor da prestação característica.

Já nas relações entre intermediários financeiros, em que a venda seja realizada por um intermediário enquanto comissário do vendedor, o recurso à "presunção" a favor da lei do devedor da prestação característica parece excluído, porque ambos os intermediários realizam uma prestação idêntica (execução das ordens dadas pelos clientes)[49].

---

[46] Cf. Hanno MERKT – "Unternehmenskauf", *in Internationales Vertragsrecht*, org. por Christoph REITHMANN e Dieter MARTINY, 6.ª ed., Colónia, 2004, n.os 861 e 863, referindo a importância dos usos da bolsa; *MünchKomm./*MARTINY (n. 32) n.º 377 e seg.; KRONKE/HAUBOLD (n. 17) n.os 117 e seg. Ver ainda, em sentido convergente, Ulrich MAGNUS – "Art 27-37 EGBGB", *in J. von Staudingers Kommentar zum Bürgerlichen Gesetzbuch*, 12.ª ed., Berlim, 1998, Art. 28 n.º 184, e COMTE GUILLEMET (n. 18) 475. Cp. MANKOWSKI (n. 44) n.º 1262.

[47] Cf. KRONKE/HAUBOLD (n. 17) n.º 116 e n. 4, com referência a posição divergente.

[48] Cp., a favor da lei da "sede" do mercado regulamentado ou do sistema de negociação privado, VAUPLANE/BORNET (n. 34) 1111. Os autores sugerem ainda o fraccionamento conflitual das operações realizadas fora de qualquer sistema.

[49] Cp. MANKOWSKI (n. 44) n.os 1254, 1256 e seg. e 1260, e KRONKE/HAUBOLD (n. 17) n.º 118, que se pronunciam no sentido de considerar o alienante como o devedor da prestação característica. Ver ainda PAULO CÂMARA – "A oferta de valores mobiliários

Os negócios derivados contêm geralmente uma cláusula de escolha da lei aplicável. Frequentemente esta cláusula está contida no contrato-quadro [*master agreement*] que se aplica a todas as transacções entre as partes[50]. Assim, designadamente, o modelo da *International Swaps and Derivates Association* (ISDA) estabelece que o contrato-quadro é regulado pela lei indicada pelas partes no lugar próprio e as confirmações que registam transacções individualizadas estão quase invariavelmente submetidas ao contrato-quadro. A lei designada é muitas vezes a inglesa ou a de Nova Iorque[51], mesmo que não tenha uma conexão objectiva com o negócio.

Nos casos pouco frequentes em que as partes não escolheram a lei aplicável à operação a prazo importa distinguir várias hipóteses.

É defendido que o negócio a prazo realizado pelo intermediário financeiro no mercado regulamentado ou sistema de negociação multilateral, seja em nome próprio ou em nome do investidor, apresenta a conexão mais estreita com o Direito do lugar onde funciona o mercado regulamentado ou o sistema de negociação multilateral[52]. Na verdade, é neste lugar que o negócio é executado e que, normalmente, o intermediário terá o seu estabelecimento. Além disso, frequentemente os sistemas nacionais e/ou os regulamentos de entidades gestoras prescrevem a interposição da entidade gestora nestes negócios, caso em que as considerações anteriormente formuladas apontam no mesmo sentido.

A Convenção de Roma contém um regime especial para os contratos celebrados com consumidores, adiante referido (*infra* III), mas os negócios celebrados pelo intermediário financeiro em mercado regulamentado ou sistema de negociação multilateral, seja em nome próprio ou em nome do investidor, não são abrangidos por este regime, visto que não têm por objecto o fornecimento de coisas corpóreas ou serviços (art. 5.°/1)[53]. Poderia pensar-se numa aplicação analógica do art. 5.° da Convenção de Roma[54]. Em sentido contrário, porém, vai o Projecto de Regulamento

---

realizada através da Internet", *Cadernos do Mercado de Valores Mobiliários* 1 (1997) 11-51, 39 e segs.

[50] Ver Philip WOOD – *Conflict of Laws and International Finance*, Londres, 2007, 47.

[51] Ver WOOD (n. 50) 52.

[52] Cf. *Staundinger*/MAGNUS (n. 46) Art. 28 n.° 578, e SCHNYDER (n. 44) n.° 369.

[53] Cf. REITHMANN/MARTINY/MANKOWSKI (n. 44) n.° 1255 com respeito às operações a prazo sobre divisas; SCHNYDER (n. 44) n.° 369.

[54] MANKOWSKI (n. 44) n.° 1259 considera esta possibilidade metodologicamente duvidosa.

Roma I quando exclui expressamente do âmbito deste regime os contratos celebrados no âmbito de um mercado regulamentado ou de um sistema de negociação multilateral (Art. 6.º/4/e).

De iure condendo, considero defensável que a lei supletivamente aplicável aos negócios celebrados em mercados regulamentados e sistemas de negociação multilateral seja sempre a lei do país em que está estabelecida a entidade gestora do mercado regulamentado ou do sistema de negociação multilateral. Em sentido convergente aponta o Projecto de Regulamento Roma I quando determina que "Um contrato celebrado no âmbito de um sistema multilateral que permite ou facilita o encontro de múltiplos interesses, manifestados por terceiros, de compra e venda de instrumentos financeiros, na acepção do ponto 17) do n.º 1 do artigo 4.º da Directiva 2004/39/CE, de acordo com regras não discricionárias e regulado por uma única lei, é regulado por essa lei" (Art. 4.º/1/h)[55].

Os negócios a prazo também podem ser celebrados fora dos mercados regulamentados e de sistemas de negociação multilateral, dando origem aos ditos "negócios de balcão" [*Over-the-counter* (OTC)]. Também neste caso se aplicam as regras dos arts. 3.º e 4.º da Convenção de Roma, mas já não o regime especial dos contratos celebrados com consumidores porque estes negócios não têm por objecto o fornecimento de coisas corpóreas ou de serviços. A prestação característica depende do tipo de negócio a prazo em causa.

Nas opções é a parte vinculada pela opção que é o devedor da prestação característica, visto que a parte que adquire o direito de opção só se obriga ao pagamento de uma quantia pecuniária[56].

Os futuros têm geralmente a natureza de negócios de alienação ou de negócios diferenciais[57]. Naqueles que têm a natureza de negócios de

---

[55] O Considerando n.º 18 esclarece que e "No que diz respeito à lei aplicável na falta de escolha, os sistemas multilaterais deverão ser aqueles em que são conduzidas as relações comerciais, como mercados regulamentados e sistemas de negociação multilateral definidos nos pontos 14 e 15) do n.º 1 do artigo 4.º da Directiva 2004/39/CE do Parlamento Europeu e do Conselho, de 21 de Abril de 2004, relativa aos mercados de instrumentos financeiros, quer dependam de uma contraparte central, quer não".

[56] Cf. REITHMANN/MARTINY/MANKOWSKI (n. 44) n.º 1256 com respeito aos negócios de opção sobre divisas; KRONKE/HAUBOLD (n. 17) n.º 341; SCHNYDER (n. 44) n.º 370; WOOD (n. 50) 53.

[57] Ver FERREIRA DE ALMEIDA (n. 5) 136 e 154.

Direito Aplicável às Operações sobre Instrumentos Financeiros

alienação (por exemplo, a compra e venda de valores mobiliários a prazo) a prestação característica é a da parte vendedora[58]. Naqueles que têm a natureza de negócios diferenciais (por exemplo, o negócio que estabelece a obrigação de pagar a diferença entre um valor de referência e o valor de mercado em determinada data de um activo financeiro) a conexão mais estreita tem de se estabelecer sem o auxílio de uma presunção[59].

Nos derivados para a transferência do risco do crédito, o devedor da prestação característica é a parte que assume o risco do incumprimento de um contrato de financiamento[60].

No caso das operações de *swap* que não sejam reconduzíveis a uma das modalidades anteriormente referidas a conexão mais estreita tem de se estabelecer sem o auxílio de qualquer "presunção" (art. 4.º/5)[61]. Tratando-se de contratos entre intermediários financeiros de países diferentes a conexão mais estreita poderá resultar do lugar de execução[62], mas as dificuldades subsistirão na hipótese, frequente, de haver mais de um lugar de execução. No caso de a operação dizer respeito a um determinado mercado, um laço importante para estabelecer a conexão mais estreita é o que se estabelece com o país em que se situa o centro financeiro principal do mercado[63].

Não parece de acolher a ideia de fraccionar conflitualmente o contrato, aplicando distributivamente a lei de cada um dos intermediários financeiros às obrigações por si contraídas, pelas razões geralmente invocadas contra o fraccionamento subjectivo nos contratos sinalagmáticos:

---

[58] Ver também WOOD (n. 50) 53.

[59] Ver KRONKE/HAUBOLD (n. 17) n.º 341, e WOOD (n. 50) 53, com respeito ao *interest swap*.

[60] Ver WOOD (n. 50) 53, com referência ao *creditor default swap*.

[61] Em sentido convergente, SCHNYDER (n. 44) n.º 370.

[62] Neste sentido, *Staundinger*/MAGNUS (n. 46) Art. 28 n.º 578.

[63] Cf. Luca RADICATI DI BROZOLO – "La legge regolatrice delle operazioni bancarie secondo la Convenzione comunitaria del 19 giugno 1980", *Riv. dir. comm.* 80 (1982) 329-356, 354 e segs.; Marco FRIGESSI DI RATTALMA – "I contratti bancari internazionali alla luce della convenzioni di Roma", *in La Convenzione di Roma sull diritto applicabile ai contratti internazionali*, org. por G. Sacerdoti e M. Frigo, 151-167, 2.ª ed., Milão, 1994, 159; e Maria HELENA BRITO – "Os contratos bancários e a convenção de Roma de 19 de Junho de 1980 sobre a lei aplicável às obrigações contratuais", *Rev. da Banca* 28 (1993) 75-124, 108.

370   *Estudos de Direito Internacional Privado*

dificuldades de delimitação entre o estatuto de cada uma das partes e perda de coerência da regulação negocial[64].

Para além disso, porém, há um conjunto de conexões especiais estabelecidas para certos regimes privativos das operações nos mercados de instrumentos financeiros. Nuns casos trata-se de regimes de Direito privado que visam, designadamente, a protecção dos investidores; noutros de regimes de Direito público da economia que constituem instrumentos de ordenação e intervenção nos mercados de capitais e que, embora não regulem directamente as operações jurídico-privadas, podem ter incidência sobre estas operações; noutros casos ainda, encontramos uma combinação de elementos públicos e de elementos privados que torna difícil a distinção entre regras de Direito privado e regras de Direito público[65]. Estas conexões especiais serão adiante objecto de uma breve referência (*infra* V).

III. DIREITO APLICÁVEL AOS NEGÓCIOS ENTRE INVESTIDORES E INTERMEDIÁRIOS FINANCEIROS

Os investidores celebram com os intermediários financeiros contratos, também designados *negócios externos da bolsa* [*Börsenaußengeschäfte*], que são dirigidos à celebração de negócios internos nos mercados regulamentados e sistemas de negociação multilateral. Pode tratar-se, designadamente, de contratos de corretagem pelos quais os intermediários financeiros se obrigam a realizar transacções sobre instrumentos financeiros por conta dos investidores[66]. Entre estes operadores económicos

---

[64] Ver ISABEL DE MAGALHÃES COLLAÇO – *Da Compra e Venda em Direito Internacional Privado, Aspectos Fundamentais*, vol. I (Diss. Doutoramento), Lisboa, 1954, 125 e segs.; LIMA PINHEIRO (n. 25) 110 e segs.; com respeito às operações a prazo sobre divisas, REITHMANN/MARTINY/MANKOWSKI (n. 44) n.º 1257.

[65] Ver SCHNYDER (n. 44) n.os 31 e segs. e 38 e segs.

[66] O contrato de corretagem encontra-se regulado nos arts. 64.º e segs. C. Com., mas este regime foi revogado com respeito às bolsas de valores, seus corretores e operações sobre valores mobiliários pelo art. 24.º do DL n.º 142-A/91, de 10/4. Ver António MENEZES CORDEIRO – *Manual de Direito Comercial*, 2.ª ed., Coimbra, 2007, 598 e seg. Estes contratos são geralmente contratos de prestação de serviço com elementos de mandato ou de comissão mas que não são inteiramente reconduzíveis a um destes tipos contratuais. Cp. FERREIRA DE ALMEIDA (n. 37) 296 e segs.

podem ser ainda celebrados, nomeadamente, contratos de gestão de carteira de valores mobiliários, contratos de consultoria para investimento e contratos para registo ou depósito de valores mobiliários[67].

O C. Val. Mob. utiliza uma categoria ampla de "contratos de intermediação" (arts. 321.º e segs.), que abrange designadamente os contratos de corretagem (art. 321.º/1 conjugado com o art. 290.º/1/a e b), os contratos para gestão de carteira (art. 321.º/1 conjugado com o art. 290.º/1/c) e os contratos para registo ou depósito de instrumentos financeiros (art. 321.º/1 conjugado com o art. 291.º/a e art. 343.º/1). Aparentemente o contrato de consultoria para investimento (previsto no art. 294.º) não é actualmente considerado como contrato de intermediação[68]. Em contrapartida, a categoria dos contratos de intermediação inclui os contratos de assistência, colocação e tomada firme (arts. 337.º , 338.º e 339.º), que são contratos com emitentes de valores mobiliários e não com investidores (*supra* I).

Quanto à determinação do Direito aplicável importa distinguir conforme o intermediário financeiro é ou não um banco.

No que diz respeito aos contratos celebrados por investidores com bancos que actuem na qualidade de intermediários financeiros não há dúvida que são aplicáveis as regras gerais da Convenção de Roma à determinação do *estatuto do negócio*, havendo a considerar não só as regras de conflitos dos arts. 3.º e 4.º mas também, em certos casos, o regime especial dos contratos com consumidores (art. 5.º). O mesmo regime é aplicável aos contratos celebrados por investidores com outros intermediários financeiros quando o contrato não tenha por objecto uma actuação jurídica por conta de outrem (por exemplo, o contrato de consultoria para investimento).

---

[67] Quanto aos contratos para registo e para depósito ver, designadamente, MARIA REBELO PEREIRA – "Contratos de registo e depósito de valores mobiliários. Conceito e regime", *Cadernos do Mercado de Valores Mobiliários* 15 (2002) 317-332, e Carlos FERREIRA DE ALMEIDA – "Registo de valores mobiliários", *in Direito dos Valores Mobiliários*, vol. VI, 51-138, Coimbra, 2006, 79 e segs. e 97 e seg.

[68] O Código aprovado em 1999 regulava este contrato no capítulo dedicado aos contratos de intermediação no art. 345.º , mas este preceito foi revogado pela reforma de 2007. A exclusão deste contrato da categoria dos contratos de intermediação pode porventura explicar-se pela circunstância de a actividade de consultoria para investimento poder ser exercida não só por intermediários financeiros mas também por consultores para investimento, relativamente a valores mobiliários (294.º/4), que ficam sujeitos às regras gerais previstas para as actividades de intermediação financeira, com as devidas adaptações (294.º/6).

372 *Estudos de Direito Internacional Privado*

Relativamente aos contratos submetidos exclusivamente às regras de conflitos dos arts. 3.º e 4.º da Convenção de Roma, as partes podem escolher a lei aplicável e, na falta de escolha, aplica-se a lei do país que apresenta a conexão mais estreita com o contrato.

O art. 321.º-A/1/e C. Val. Mob. determina que os contratos de intermediação financeira celebrados com investidores não qualificados devem conter a indicação da lei aplicável ao contrato. Creio que esta exigência abrange não só os contratos que na falta de escolha da lei aplicável ficariam submetidos à lei portuguesa mas também todos os contratos com investidores não qualificados residentes em Portugal para a execução de operações em Portugal (por força do art. 321.º/5 C. Val. Mob.).

Nos contratos entre partes estabelecidas no mesmo país a conexão mais estreita estabelece-se com este país. Nos contratos entre partes estabelecidas em países diferentes com vista à negociação de valores mobiliários num determinado mercado a conexão mais estreita estabelece-se, e princípio, com o país em que funciona o mercado. Em caso de dúvida sobre a conexão mais estreita, a prestação característica é a do intermediário financeiro, visto que consiste numa prestação de serviço contra remuneração[69]. Isto é sobretudo concebível nos casos em que não seja previsível o mercado em que os instrumentos financeiros devem ser negociados ou em que seja prevista a negociação em vários mercados.

A generalidade destes contratos entre investidores e bancos actuando na qualidade de intermediários financeiros pode ser considerada como tendo por objecto o "fornecimento de serviços" nos termos do art. 5.º da Convenção de Roma[70]. Isto inclui os contratos para a realização de operações a prazo em mercados de instrumentos financeiros[71] e os contratos para depósito ou registo de valores mobiliários[72]. Por conseguinte, desde que a finalidade prosseguida pelo investidor possa considerar-se estranha

---

[69] Cf. VAUPLANE/BORNET (n. 34) 1111-1112; MANKOWSKI (n. 44) n.os 1245-1247; KRONKE/HAUBOLD (n. 17) n.os 71, 114, 153 e 341; *MünchKomm.*/MARTINY (n. 32) n.º 372, com respeito ao contrato para depósito de valores mobiliários; SCHNYDER (n. 44) n.º 60, e WOOD (n. 50) 49. Ver também art. 7.º da Proposta de Regulamento Roma I sobre "contrato de agência" em sentido amplo, abrangendo designadamente os contratos de corretagem. Este preceito não consta da última versão a que tive acesso.

[70] Cf. MANKOWSKI (n. 44) n.º 1241, KRONKE/HAUBOLD (n. 17) n.º 115 e SCHNYDER (n. 44) n.º 62.

[71] Cf. SCHNYDER (n. 44) n.º 368.

[72] Cf. KRONKE/HAUBOLD (n. 17) n.os 155 e segs.

à sua actividade profissional, estes contratos devem ser subsumidos na categoria dos "contratos celebrados por consumidores". É defendido que o elemento prestação de serviço é normalmente preponderante mesmo que a relação entre o investidor e o intermediário seja configurada como uma venda de valores mobiliários, visto que, do ponto de vista substancial, o intermediário presta um serviço de registo ou depósito dos valores e de realização de transacções no mercado[73].

A Convenção de Roma estabelece um regime especial para os contratos celebrados por consumidores[74]. O n.º 2 do art. 5.º estabelece um *limite ao princípio da autonomia da vontade* na designação do Direito aplicável ao contrato. Com efeito, este preceito determina que a escolha pelas partes da lei aplicável não pode ter como consequência privar o consumidor da protecção que lhe garantem as disposições imperativas da lei do país em que tenha a sua residência habitual. Na falta de escolha pelas partes da lei aplicável, o n.º 3 do art. 5.º consagra um *desvio à cláusula geral de conexão mais estreita*. Esta cláusula geral conduz frequentemente à aplicação da lei do país em que o fornecedor de bens ou serviços tem o seu estabelecimento, em virtude da "presunção" estabelecida pelo n.º 2 do art. 4.º. Por força do n.º 3 do art. 5.º o contrato será regulado pela lei do país em que o consumidor tenha a sua residência habitual.

A aplicação deste regime depende da verificação de certas conexões com o Estado da residência habitual com o consumidor e é excluída quando o serviço devido ao consumidor deva ser prestado exclusivamente num país diferente daquele em que o consumidor tiver a sua residência habitual (art. 5.º/4). O serviço não é prestado exclusivamente num país diferente quando for prestado através da internet (em linha ou por correio electrónico)[75] ou quando o investidor for aconselhado no país da residência habitual através do telefone ou de telefaxe. Em contrapartida, o recebimento de comissões de guarda dos títulos ou o pagamento de dividendos

---

[73] Cf. REITHMANN/MARTINY/MANKOWSKI (n. 44) n.º 1241 e SCHNYDER (n. 44) n.º 62. Cp. REITHMANN/MARTINY/MARTINY (n. 43) n.º 1217, afirmando que o art. 5.º da Convenção de Roma não é aplicável à venda de valores mobiliários, visto que não se trata de bens corpóreos. O autor considera esta exclusão criticável visto que os pequenos investidores não são merecedores de menos protecção que o titular de uma poupança ou tomador de crédito.

[74] Ver LIMA PINHEIRO (n. 25) 198 e segs.

[75] Cf. LIMA PINHEIRO (n. 32) 155, com mais referências.

no país de residência habitual do consumidor não parece suficiente para excluir que o serviço se considere exclusivamente prestado fora deste país[76].

O Projecto de Regulamento Roma I mantém este regime especial, alterando as conexões com o Estado da residência habitual do consumidor que constituem pressuposto da sua aplicação (art. 6.°/1)[77]. Basta que o profissional exerça as suas actividades comerciais ou profissionais no país em que o consumidor tem a sua residência habitual, ou por qualquer meio, dirija essas actividades para este ou vários países, incluindo aquele país, e o contrato seja abrangido pelo âmbito dessas actividades.

O art. 7.°/2 da Convenção de Roma permite a sobreposição à lei estrangeira competente das normas imperativas protectoras do consumidor que reclamem aplicação qualquer que seja a lei reguladora do contrato, ontidas na lei do Estado do foro, mesmo que não se verifiquem os pressupostos de actuação do regime especial contido no art. 5.°[78]. É o caso, nos contratos com investidores não qualificados (art. 321.°/3 C. Val. Mob.), das regras que proíbem certas cláusulas nas relações com consumidores finais sempre que o mesmo apresente uma conexão estreita com o território português (art. 23.°/1 do DL n.° 446/85, de 25/10, com a redacção dada pelo DL n.° 249/99, de 7/7[79]. É também o caso das regras protectoras dos investidores não qualificados residentes em Portugal que celebrem contratos de intermediação para a execução de operações em Portugal sobre informação, conflito de interesses e segregação patrimonial (arts. 304.° e segs.) e das contidas nos arts. 321.° a

---

[76] Cp. REITHMANN/MARTINY/MANKOWSKI (n. 44) n.° 1243, e SCHNYDER (n. 44) n.° 66. Também é controverso se o contrato de depósito no estrangeiro de valores mobiliários, celebrado através da internet, se considera exclusivamente prestado fora do país da residência habitual do investidor. Em sentido afirmativo, KRONKE/HAUBOLD (n. 17) n.° 157.

[77] Ver também, sobre a aplicabilidade deste regime à prestação de serviços financeiros, o Considerando n.° 29.

[78] Cf. LIMA PINHEIRO – "Direito aplicável aos contratos com consumidores", *ROA* 61 (2001) 155-170 (=in *Estudos do Instituto de Direito do Consumo*, vol. I, 93-106, Coimbra, 2002) 164 e segs., com mais referências, a que se deve juntar e Dário MOURA VICENTE – *Da Responsabilidade Pré-Contratual em Direito Internacional Privado*, Coimbra, 2001, 661 e seg.

[79] Ver LIMA PINHEIRO (n. 25) 223 e segs., com mais referências.

Direito Aplicável às Operações sobre Instrumentos Financeiros 375

343.º C. Val. Mob., por força da norma de conflitos unilateral contida no art. 321.º/5 C. Val. Mob.[80].

Quanto aos contratos por que os intermediários financeiros que não sejam bancos se obrigam a actuar juridicamente por conta dos investidores aplica-se o regime contido na Convenção da Haia sobre a Lei Aplicável aos Contratos de Mediação e à Representação (1978), anteriormente examinado (*supra* I)[81a]. As partes podem designar a lei aplicável ao contrato (art. 5.º) e, na falta de designação, o contrato é em princípio regido pela lei do Estado no qual, no momento da formação da "relação de representação", o "intermediário" tenha o seu estabelecimento profissional ou, na sua falta, a sua residência habitual (art. 6.º/1). O art. 16.º permite a sobreposição das normas imperativas protectoras do investidor de qualquer Estado com o qual a situação apresente uma conexão efectiva quando tais normas sejam aplicáveis qualquer que seja a lei designada pelas suas regras de conflitos.

IV. ESTATUTO DOS VALORES MOBILIÁRIOS

A) Aspectos gerais

O estatuto do negócio não abrange todos os aspectos das operações financeiras internacionais que implicam a transmissão ou oneração de valores mobiliários. Além das conexões especiais, atrás referidas, há questões que estão submetidas ao *estatuto dos valores mobiliários*.

Na acepção do C. Val. Mob., os valores mobiliários são a representação de direitos, mais precisamente "documentos representativos de situações jurídicas homogéneas" susceptíveis de transmissão em mercado (art. 1.º/g)[81]. Mas quando se fala de operações sobre valores mobiliários tem-

---

[80] Norma que, segundo os critérios gerais, se deve considerar bilateralizável – ver Lima Pinheiro – *Direito Internacional Privado*, vol. I – *Introdução e Direito de Conflitos/Parte Geral*, 2.ª ed., Coimbra, 2008, 256 e segs.

[81a] A exclusão relativa às operações bancárias não se aplica neste caso – cf. Karsten (n. 25) 431 e Verhagen (n. 25) 165. Cp. Helena Brito (n. 35) 69 e seg.

[81] Ver, com mais desenvolvimento, Oliveira Ascensão (n. 2) 21, e Miguel Galvão Teles – "Fungibilidade de valores mobiliários e situações jurídicas meramente categoriais", *in Est. Inocêncio Galvão Teles*, vol. I, 579-628, Coimbra, 2002, 597 e segs.

se em vista outra acepção de valor mobiliário: a de situação jurídica representada por um título ou por uma inscrição registral[82].

O estatuto dos valores mobiliários compreende a titularidade e o conteúdo dos direitos de gozo e de garantia sobre o valor mobiliário, ou, com mais rigor, sobre as situações jurídicas representadas pelo valor mobiliário. Estes direitos não são direitos reais, porque não têm por objecto coisas corpóreas (cf. art. 1302.º CC) e são conformados de modo muito diverso pelos diferentes sistemas nacionais, como adiante veremos

O direito de gozo do valor mobiliário compreende o poder de disposição e diversas posições activas representadas no valor mobiliário, em que o seu titular fica investido perante a entidade emitente, que entre nós se designam *direitos inerentes*[83]. Por exemplo, com respeito às acções, os direitos ao dividendo, ao voto, à subscrição ou aquisição de valores mobiliários e à informação (ver designadamente art. 55.º/3 C. Val. Mob.)[84].

As matérias compreendidas no estatuto dos valores mobiliários são essencialmente reguladas pelo Direito interno vigente nas diversas ordens jurídicas nacionais. A harmonização comunitária teve uma reduzida incidência nesta matéria. Ao nível do UNIDROIT, existe um projecto de Convenção sobre Regras Materiais Aplicáveis aos Valores Mobiliários Intermediados, que vai ser objecto de apreciação por uma Conferência Diplomática em Setembro de 2008[85]. Entende-se por valores "intermediados" aqueles que se encontram num sistema de detenção indirecta (art. 1.º/b). Esta Convenção visa regular os direitos do titular da conta, a transferência dos valores intermediados, a integridade do sistema de detenção indirecta (designadamente a oponibilidade do direito do titular aos credo-

---

[82] Cf. MIGUEL GALVÃO TELES (n. 81) 598.

[83] Ver também Jorge COSTA SANTOS – "Direitos inerentes aos valores mobiliários", *in Direito dos Valores Mobiliários*, 55-98, Lisboa, 1997, 57, e ANTÓNIO SOARES – "Direitos inerentes a valores mobiliários", *in Direito dos Valores Mobiliários*, vol. I, Coimbra, 1999, 133-164.

[84] Os direitos inerentes podem ser representados por valores mobiliários, quando sejam destacáveis de acções e unidades de participação em instituições de investimento colectivo e o destaque abranja toda a emissão ou série ou esteja previsto no acto de emissão (art. 1.º/f C. Val. Mob.). Ver também PEDRO PAIS DE VASCONCELOS – "Direitos inerentes e direito subjectivo", *Cadernos do Mercado de Valores Mobiliários* 4 (1999) 21-31.

[85] Ver, designadamente, MIGUEL GALVÃO TELES – "Unidroit preliminary draft convention on substantives rules regarding securities held with an intermediary – some comments", *in Direito dos Valores Mobiliários*, vol. VI, 427-474, Coimbra, 2006.

Direito Aplicável às Operações sobre Instrumentos Financeiros 377

res do intermediário), as relações com os emitentes e os contratos de garantia. É uma Convenção de uniformização que se destina a estabelecer um regime aplicável tanto às situações internas como às situações internacionais submetidas à lei de um Estado contratante (art. 3.°). A eventual entrada em vigor desta Convenção na ordem jurídica interna não dispensará, por conseguinte, a necessidade de determinar o Direito nacional aplicável.

Deve entender-se que a qualificação de um documento como valor mobiliário depende da ordem jurídica reguladora do direito representado (designadamente, quanto às acções e aos outros valores titulados emitidos por sociedades, a lei pessoal da sociedade). Quando perante esta ordem jurídica o direito seja representado por um valor mobiliário e a transmissão ou oneração do direito dependa da transmissão ou oneração do valor mobiliário, os requisitos e efeitos desta transmissão ou oneração são controlados pela lei reguladora do valor mobiliário[86], embora se deva procurar transpor para os quadros desta lei os efeitos que os negócios de venda ou de garantia tenham vocação a produzir à face da lei reguladora do negócio[87].

A doutrina tradicional tende a aplicar a lei da situação do título às questões suscitadas pela sua transmissão ou oneração[88]; no caso das acções[89], ou pelo menos das acções nominativas[90], também é defendida a competência da lei pessoal da sociedade.

---

[86] Cf. Gerhard KEGEL e Klaus SCHURIG – *Internationales Privatrecht*, 9.ª ed., Munique, 2004, 769; SCHNYDER (n. 44) n.° 260; e Christiane WENDEHORST – "Sachenrecht", *in Münchener Kommentar zum Bürgerlichen Gesetzbuch*, vol. X, 4.ª ed., Munique, 2004, Art. 43 n.os 195 e segs. e 208, expressamente estendendo estas soluções aos valores escriturais [*Wertpapieren*].

[87] Ver, sobre a transposição, LIMA PINHEIRO (n. 80) 565 e segs.

[88] Ver KEGEL/SCHURIG (n. 86) 769; Tito BALLARINO – *Diritto internazionale privato*, 3.ª ed., Pádua, 1999, 754 e 756, distinguindo entre a lei reguladora do título (a lei do lugar da emissão nos termos do art. 59.°/3 da Lei italiana de Direito Internacional Privado) e a lei aplicável aos "direitos reais" sobre o título; MERKT (n. 46) n.° 871. Ver ainda, relativamente aos títulos ao portador, Henri BATIFFOL e Paul LAGARDE – *Droit international privé*, vol. II, 7.ª ed., Paris, 1983, 230. Cp., no sentido de uma diferenciação, *Dicey, Morris and Collins* (n. 40) 1188.

[89] Cf. REITHMANN/MARTINY/MANKOWSKI (n. 44) n.° 1258. Cp. art. 58.° da Lei romena sobre a Regulamentação das Relações de Direito Internacional Privado (1992).

[90] Cf. BATIFFOL/LAGARDE (n. 88) 222 e seg., e *Dicey, Morris and Collins* (n. 40) 1188.

A regra da competência da lei da situação do título (*lex cartae sitae*), para além das fraquezas que sempre encerrou, encontra-se desajustada da realidade actual. Os valores mobiliários tendem a ser representados por registos em conta (valores escriturais) e não por documentos em papel (desmaterialização dos valores mobiliários)[91].

O apelo a uma "localização jurídica" também encerra o risco de se procurar uma analogia com a *lex cartae sitae*. O que importa é encontrar o ou os elementos de conexão mais adequados para a determinação do Direito aplicável aos diferentes tipos de valor mobiliário (elementos de conexão que não se traduzem necessariamente em laços objectivos de carácter espacial)[92].

Para fazer face ao processo de desmaterialização dos valores mobiliários, foi proposta a aplicação do Direito do lugar em que o registo é mantido aos valores mobiliários escriturais[93]. Nesta linha, o art. 9.°/2 da Dir. 98/26/CE, de 19/5, Relativa ao Carácter Definitivo da Liquidação nos Sistemas de Pagamentos e de Liquidação de Valores Mobiliários, manda aplicar a lei do Estado-Membro em que se situa o registo, conta ou sistema de depósito centralizado à determinação dos direitos dos titulares de garantias sobre valores mobiliários aí inscritos em caso de insolvência do devedor (esta regra encontra-se transposta no art. 284.°/4 C. Val. Mob.)[94]. Também o art. 9.° da Dir. 2002/47/CE, de 6/6, Relativa aos Acordos de Garantia Financeira, determina a aplicação da lei do país em que a conta de referência está localizada às garantias "sob a forma de títulos escriturais" (esta regra encontra-se transposta no art. 21.° do DL n.° 105/2004, de 8/5)[95].

---

[91] Em certos países não ocorreu propriamente uma desmaterialização dos valores mobiliários mas uma imobilização através do depósito dos documentos em papel em depósitos colectivos, como é a prática tradicional na Alemanha, ou num depósito central, como sucede nos EUA. Mesmo nestes países, porém, o regime substantivo da atribuição da titularidade e da sua transmissão tende a ter uma base puramente escritural. Ver DALHUISEN (n. 21) 780 e segs. e 797 e segs.; FERREIRA DE ALMEIDA (n. 67) 54 e segs.

[92] Para uma panorâmica das soluções possíveis, ver DALHUISEN (n. 21) 812 e segs.

[93] Ver KRONKE/HAUBOLD (n. 17) n.° 171.

[94] Sobre a interpretação desta regra ver *MünchKomm.*/WENDEHORST (n. 86) Art. 43 n.os 221 e segs. Segundo DALHUISEN (n. 21) 813, esta solução já fora anteriormente adoptada pelas leis da Bélgica e do Luxemburgo com respeito aos sistemas centralizados de depósito internacionais *Euroclear* e *Clearstream*.

[95] Sobre a interpretação desta regra ver *MünchKomm.*/WENDEHORST (n. 86) Art. 43 n.os 227 e segs.

Direito Aplicável às Operações sobre Instrumentos Financeiros 379

No entanto, esta regra é insuficiente perante a frequente interposição de mais de um intermediário e, por conseguinte, a existência de mais de um registo. Com a evolução para um sistema de detenção indirecta, a titularidade e a transmissão dos valores mobiliários deixa de depender de um registo nos livros do emitente e passa a ser determinada pela inscrição em contas de valores mobiliários, podendo haver um ou mais intermediários entre o emitente e o investidor[96].

Acrescente-se que é característico do sistema de detenção indirecta a existência de sistemas centralizados, geridos por entidades distintas dos intermediários financeiros, que mantêm contas de valores mobiliários para um certo número de intermediários financeiros e investidores profissionais[97]. Estes participantes no sistema centralizado, por seu turno, mantêm contas de valores mobiliários para os seus clientes (investidores ou outros intermediários financeiros), e assim sucessivamente, até ao intermediário que mantém a conta para o investidor final. Acresce que, em muitos sistemas, não há registo do direito do titular de uma conta individualizada sobre os valores mobiliários ao nível do emitente ou de outro intermediário financeiro que não seja aquele com o que o investidor tem uma relação directa[98].

Os ordenamentos nacionais divergem na regulação dos direitos sobre os valores mobiliários nos sistemas de detenção indirecta[99]. Segundo alguns ordenamentos, o intermediário que mantém a conta para o investidor final tem um direito sobre os valores mobiliários dos seus clientes creditados na conta mantida junto do intermediário de nível seguinte e assim sucessivamente até à entidade de nível mais elevado (normalmente a entidade gestora do sistema centralizado) que é o titular registado dos valores mobiliários no registo do emitente[100]. Noutros ordenamentos, os interme-

---

[96] Ver Roy GOODE, Hideka KANDA e Karl KREUZER – *Hague Securities Convention*. *Explanatory Report*, com a colaboração de Christophe BERNASCONI, A Haia, 2005, 8 e segs. Ver ainda DALHUISEN (n. 21) 814-815. Cp., diferente critério de distinção entre detenção directa e detenção indirecta em FERREIRA DE ALMEIDA (n. 67) 63 e segs.

[97] Ver arts. 88.° e segs. C. Val. Mob.

[98] Ver também art. 91.° C. Val. Mob.

[99] Ver GOODE/KANDA/KREUZER (n. 96) 9, e FERREIRA DE ALMEIDA (n. 67) 54 e segs.

[100] Ver também art. 44.° e 91.°/1 C. Val. Mob. Perante o Direito inglês, Eva MICHELER – *Property in Securities. A Comparative Study*, Cambridge et al., 2007, 121. Como nota DALHUISEN (n. 21) 804, mesmo neste caso os intermediários só podem exercer os direitos inerentes por conta do investidor final.

380   *Estudos de Direito Internacional Privado*

diários não adquirem quaisquer direitos sobre os valores mobiliários registados, estabelecendo-se uma relação directa entre o investidor final e o emitente. Isto tem por consequência que a entidade de nível mais elevado não consta do registo do emitente como titular dos valores mobiliários.

Estas soluções estão relacionadas com diversas conformações jurídicas dos direitos sobre valores mobiliários[101]. É uma matéria muito complexa que não vou desenvolver aqui. Formularei apenas algumas notas.

Em alguns sistemas o titular da conta de valores mobiliários tem um direito tendencialmente absoluto sobre valores individualizados, que pode ser actuado perante o emitente[102].

Noutros sistemas o titular da conta só pode actuar os direitos inerentes aos valores mobiliários através da cadeia de intermediários financeiros. Estes sistemas já se dividem quanto à natureza do direito do titular da conta. Em parte deles o titular da conta é considerado beneficiário de um *trust*, que tem um direito inerente ao valor mobiliário que, em caso de alienação não autorizada pelo intermediário financeiro, só se extingue com a aquisição onerosa por terceiro de boa fé e que, em caso de insolvência do intermediário financeiro, prevalece sobre os direitos dos credores comuns[103]. Noutra parte dos sistemas em causa o titular da conta tem um

---

[101] Cf. GOODE/KANDA/KREUZER (n. 96) 10.

[102] Neste sentido, perante o Direito português, FERREIRA DE ALMEIDA (n. 67) 64 e seg. e 74 e segs., fala de uma "titularidade directa" no sentido da atribuição ao investidor de um direito oponível *erga omnes* que pode ser invocado perante o emitente ou qualquer terceiro. Da inscrição registral não resulta por si só qualquer relação de contitularidade. Esta só se verifica por efeito de contitularidade material revelada pelo registo. O autor acrescenta, porém, que nada obsta a que o titular da conta detenha os valores mobiliários por conta de outrem, e que tal é normal "em relação a investidores habituados a lidar com sistemas de detenção indirecta ou por efeito de transmissões operadas a partir de instituições financeiras estrangeiras integradas em sistemas com esta natureza".
Ver também arts. 74.° e 91.°/1/b e/3 C. Val. Mob.
Já MIGUEL GALVÃO TELES (n. 81) se refere a uma "contitularidade divisa" com respeito aos valores titulados depositados com pluralidade subjectiva de depositantes (em que há comunhão quanto ao título e titularidades individuais quanto aos direitos incorporados), invocando o art. 100.° C. Val. Mob., que distingue da contitularidade dos valores mobiliários, em que pode haver contitularidade dos direitos representados (por exemplo, no art. 303.° C. Soc. Com. e no art. 68.°/1/a C. Val. Mob.).

[103] Ver, relativamente ao Direito inglês, MICHELER (n. 100) 121. Diferentemente, no Direito dos EUA, o art. 8.° do *Uniform Commercial Code* atribui um direito *sui generis* ao titular da conta – ver FERREIRA DE ALMEIDA (n. 67) 60 e segs.

Direito Aplicável às Operações sobre Instrumentos Financeiros   381

direito de "compropriedade" sobre uma massa fungível de valores mobiliários que, no caso de valores mobiliários titulados por um documento colectivo ou meramente escriturais, só pode ser actuado perante o intermediário que mantém a sua conta de valores mobiliários, mas que prevalece sobre os direitos dos credores comuns no caso de insolvência do intermediário e que, em caso de alienação não autorizada, só cede perante terceiros de boa fé[104].

Para fazer face a estas realidades, uma doutrina veio defender a aplicação do Direito do lugar em que o intermediário relevante (o que mantém a conta em que o direito está inscrito) administra a conta ou se situa o estabelecimento que administra esta conta (*Place of the Relevant Intermediary Approach* – PRIMA). Esta solução tem a vantagem de submeter a uma mesma lei todos os direitos sobre valores mobiliários do titular da conta, mesmo que os emitentes, registos, títulos ou intermediários de nível mais elevado estejam situados em diferentes países[105].

Mas esta regra também suscita dúvidas e dificuldades[106].

Por um lado, quando uma operação sobre valores mobiliários envolve uma cadeia de intermediários que, em cada nível de intermediação, mantêm uma conta relativa aos mesmos valores mobiliários, coloca-se a questão de saber se é possível aplicar aos efeitos da operação uma única lei ou se a determinação do Direito aplicável tem de ser feita separadamente em cada nível de intermediação. Perante ordens jurídicas que atribuem ao investidor final um direito absoluto ou de "compropriedade" é concebível que se aplique uma única lei. Assim, na Alemanha, a regra PRIMA foi entendida no sentido de se aplicar exclusivamente o Direito do lugar em que é mantida a conta do adquirente (art. 17.º-A da *Depotgesetz*][107]. Mas

---

[104] Ver, relativamente ao Direito alemão, Jean VAN RYN – "II. Securities and securities holders", *in IECL* vol. XII/Cap. 5, Tubinga, 1990, n.º 106; FERREIRA DE ALMEIDA (n. 67) 55 e segs.; MICHELER (n. 100) 198 e segs.; Herbert SCHIMANSKY, Hermann-Josef BUNTE e Hans-Jürgen LWOWSKI (org.) – *Bankrechts-Handbuch*, vol. I, Munique, 2007, § 72, n.os 67, 90, 113-114 e 118.

[105] Ver GOODE/KANDA/KREUZER (n. 96) 19; Maisie OOI – *Shares and Other Securities in the Conflict of Laws*, Oxford, 2003, 126 e segs. Ver, com mais desenvolvimento e dados de Direito material comparado, KRONKE/HAUBOLD (n. 17) n.os 191 e segs. Cp. as observações críticas de DALHUISEN (n. 21) 814 e segs.

[106] Ver, em geral, *MünchKomm./*WENDEHORST (n. 86) Art. 43 n.os 217 e segs.

[107] Ver KRONKE/HAUBOLD (n. 17) n.º 191. No sentido da aplicação de uma única lei invoca-se também o Considerando n.º 8 da Dir. 2002/47/CE, de 6/6, Relativa aos Acordos de Garantia Financeira.

já face a sistemas que só atribuem ao titular da conta um direito perante o intermediário com que celebraram o contrato para registo ou depósito, a operação de transmissão dos valores mobiliários implica uma pluralidade de transmissões de direitos em todos os níveis de intermediação e faz mais sentido determinar o Direito aplicável separadamente em cada nível de intermediação[108].

Por outro lado, tem sido feito valer que não há um critério geralmente reconhecido para, na vasta maioria das transacções, determinar precisa e inequivocamente a localização de uma conta de valores mobiliários ou do estabelecimento de um intermediário que mantém essa conta[109]. Isto conduziu a uma versão modificada desta solução que confere um certo relevo à autonomia da vontade na determinação do Direito aplicável. Foi o caminho seguido, nos EUA, pelo *Uniform Commercial Code* (art. 8-110 (b) e (e)), e a nível internacional, pela Convenção da Haia sobre a Lei Aplicável a Certos Direitos Respeitantes a Valores Mobiliários Registados num Intermediário (2006)[110].

---

[108] Ver KRONKE/HAUBOLD (n. 17) n.° 192-193. Neste sentido, em tese geral, KÜMPEL (n. 6) 1716 e seg.

[109] Cf. GOODE/KANDA/KREUZER (n. 96) 19. Ver ainda DALHUISEN (n. 21) 815, relacionando a relevância da autonomia da vontade com a relevância da *lex mercatoria*.

[110] Ver GOODE/KANDA/KREUZER (n. 96) 23 e segs; Hanno MERKT e Oliver ROSSBACH – "Das 'Übereinkommen über das auf bestimmte Rechte in Bezug auf einem Zwischenverwahrer sammelverwahrte Effekten anzuwendende Recht' der Haager Konferenz für Internationale Privatrecht", *ZVglRWiss* 102 (2003) 33; Maria HELENA BRITO – "A Convenção da Haia Sobre a Lei Aplicável a Certos Direitos Respeitantes a Valores Mobiliários Depositados num Intermediário", *in Direito dos Valores Mobiliários*, vol. V, Coimbra, 2004, 114 e segs.; Michel GERMAIN e Catherine KESSEDJIAN – "La loi applicable à certains droits sur les titres détenus auprès d'un intermédiaire. Le projet de convention de La Haye de décembre 2002", *R. crit.* (2004/1) 49-81; Karl KREUZER – "Das Haager 'Übereikommen über die auf bestimmte Rechte in Bezug auf Intermediär-Verwahrte Wertpapiere anzuwendende Rechtsordnung'", *Mélanges Paul Lagarde*, 523-545, Paris, 2005; Pascale BLOCH e Hubert DE VAUPLANE – "Loi applicable et critères de localisation des titres multi-intermédiés dans la Convention de La Haye du 13 décembre 2002", *Clunet* 132 (2005) 3-40; Christophe BERNASCONI e Harry SIGMAN – "Déterminer la loi applicable: les facteurs de rattachement retenus dans la Convention de La Haye sur les Titres", *in La loi applicable aux titres intermédiés: La Convention de La Haye du 5 juillet 2006 – Une opportunité pour la place financière suisse?*, 53-65, org. por Andrea Bonomi, Eleanor Ritaine e Bart Volders, 2006; Id. – "Convenio de La Haya sobre la ley aplicable a ciertos derechos sobre valores tenidos en un intermediario (Convenio de La Haya sobre valores)", *Revista Mexicana de Derecho Internacional Privado y Comparado* 20 (2006) 13.

B) Convenção da Haia sobre a Lei Aplicável a Certos Direitos Respeitantes a Valores Mobiliários Registados num Intermediário

A solução adoptada por esta Convenção da Haia apresenta assim, duas ideias orientadoras. Primeiro, a determinação do Direito aplicável separadamente com respeito a cada conta, o que releva perante uma pluralidade de níveis de intermediação e em caso de transmissão dos valores entre titulares de contas mantidas seja pelo mesmo intermediário seja por intermediários diferentes[111]. Segundo, a admissibilidade de uma liberdade de designação do Direito aplicável (na convenção de conta) limitada ao Direito dos Estados em que o intermediário relevante exerça uma actividade significativa de manutenção de contas de valores mobiliários.

A Convenção da Haia determina a lei aplicável às questões que dizem respeito aos direitos que resultam do crédito de valores mobiliários numa conta de valores mobiliários mantida por um intermediário (arts. 1.º/1/b e f e 2.º). Entende-se por "intermediário" a pessoa que no quadro da sua actividade profissional ou de outra actividade regular mantém contas de valores mobiliários para outrem ou simultaneamente para outrem e para si própria, e age nessa qualidade (art. 1.º/1/c). Isto inclui, em princípio, os depositários centrais de valores mobiliários e as entidades gestoras de sistemas centralizados de registo (art. 1.º/4)[112].

Com excepção do intermediário de nível mais elevado (que detém os valores mobiliários directamente junto do emitente) os intermediários que intervêm na cadeia actuam geralmente em duas qualidades: enquanto titulares de valores mobiliários detidos pelo intermediário de nível seguinte são titulares da conta; enquanto pessoas que mantêm contas para os seus clientes são intermediários[113].

---

[111] Ver GOODE/KANDA/KREUZER (n. 96) 82-83. Cp. art. 4.º/3 da Convenção no caso de disposição dos valores mobiliários a favor do próprio intermediário que mantém a conta em que estão registados. Sobre as dificuldades daí resultantes, ver BLOCH/DE VAUPLANE (n. 110) 26-27. Ver ainda KREUZER (n. 110) 537-539.

[112] No entanto, o Estado Contratante cuja lei é aplicável à criação de valores mobiliários creditados em contas mantidas por uma pessoa na qualidade de operador de um sistema para a titularidade e transmissão de tais valores mobiliários em registos do emitente ou de outros registos que constituam o registo primário dos direitos sobre esses valores perante o emitente, pode, em qualquer momento, declarar que a pessoa que opera esse sistema não deve ser considerada um intermediário para efeitos da Convenção (art. 1.º/5).

[113] Ver GOODE/KANDA/KREUZER (n. 96) 33.

384   *Estudos de Direito Internacional Privado*

Examinemos mais detidamente o âmbito material de aplicação da Convenção.

A Convenção contém uma enumeração taxativa das questões por ela reguladas no art. 2.°[114]. Daí decorre que os Estados contratantes não estarão obrigados a aplicar as normas de conflitos da Convenção a outras questões. Nada obsta, porém, a que os órgãos de aplicação do Direito dos Estados contratantes estendam o regime da Convenção a questões que considerem análogas. De qualquer modo, a intencionalidade do art. 2.°/1 é abrangente e isto traduz-se em fórmulas com elevado grau de generalidade. O Relatório Explicativo indica que estas fórmulas devem ser interpretadas do modo mais amplo possível por forma a incluírem todos os direitos que resultem do crédito dos valores mobiliários numa conta, independentemente da qualificação desses direitos por qualquer sistema nacional e de o titular da conta ter direitos directamente contra o emitente[115].

Assim, a Convenção aplica-se mesmo que os direitos resultantes do crédito dos valores mobiliários na conta tenham carácter obrigacional (art. 2.°/2)[116]. A Convenção já não se aplica aos direitos e deveres que não digam respeito às questões enumeradas no art. 2.°/1 e que resultam exclusivamente da relação contratual entre o titular da conta e o seu intermediário (art. 2.°/3/a) ou da relação contratual entre as partes de uma transacção sobre valores mobiliários (art. 2.°/3/b)[117].

A lei ou leis aplicáveis ao contrato para registo ou depósito de valores mobiliários, determinadas nos termos anteriormente expostos (*supra* III), regulam a sua formação, interpretação e integração, bem como determinados efeitos obrigacionais tais como o dever de diligência na manutenção da conta, o conteúdo e a frequência dos extractos de conta e o risco de perda de valores mobiliários registados ou depositados na relação entre o titular da conta e o intermediário[118].

Em termos paralelos, a lei ou leis aplicáveis ao negócio de disposição de valores mobiliários, determinadas nos termos anteriormente expostos (*supra* II), regulam a sua formação, interpretação e integração, bem como

---

[114] Cf. Goode/Kanda/Kreuzer (n. 96) 45.

[115] Cf. Goode/Kanda/Kreuzer (n. 96) 46-47.

[116] Ver também Kronke/Haubold (n. 17) n.° 165. Em sentido aparentemente diverso, Helena Brito (n. 110) 104-105.

[117] Cf. Goode/Kanda/Kreuzer (n. 96) 46.

[118] Cf. Goode/Kanda/Kreuzer (n. 96) 57. Ver ainda Kronke/Haubold (n. 17) n.° 162.

determinados efeitos obrigacionais tais como a quantidade e espécie de valores mobiliários objecto da transacção, o preço da transacção, a data em que os valores mobiliários devem ser transferidos contra pagamento ou as consequências do incumprimento das obrigações de transferir os valores mobiliários ou de realizar o pagamento[119].

Enfim, a Convenção não se aplica aos direitos e deveres de um emitente de valores mobiliários ou de um agente de registo ou de transferência do emitente em relação ao titular da conta ou a qualquer outra pessoa (art. 2.°/3/c). Esta exclusão compreende os deveres de um emitente com respeito a todas as operações sobre valores mobiliários, incluindo direitos de voto, direitos aos dividendos e direitos de registo[120].

Estas questões são, em princípio, reguladas pela lei pessoal do emitente[121]. Neste sentido, o art. 40.° C. Val. Mob. determina que a lei pessoal do emitente é aplicável ao conteúdo dos valores mobiliários, mas com duas especialidades[122]. Primeiro, quanto a obrigações e a outros valores mobiliários representativos de dívida pode designar-se outro Direito no registo da emissão (art. 40.°/1/2.ª parte). Segundo, ao conteúdo dos valores mobiliários que confiram o direito à subscrição, à aquisição ou à alienação de outros valores mobiliários aplica-se cumulativamente a lei pessoal do emitente destes (art. 40.°/2). O conteúdo dos valores mobiliários reporta-se, segundo parece, aos direitos inerentes. Assim, os direitos inerentes aos valores mobiliários, que possam ser actuados perante o emitente, são, em princípio, regulados pela lei pessoal do emitente.

Parece que também é esta lei que determina se é permitida uma representação do investidor pelo intermediário financeiro ou pela entidade gestora de sistema centralizado[123].

O art. 2.°/1 submete às normas de conflitos da Convenção as seguintes questões:

– a "natureza jurídica"e os efeitos perante o intermediário e terceiros dos direitos que resultem de um crédito de valores mobiliários numa conta;

---

[119] Cf. GOODE/KANDA/KREUZER (n. 96) 57.

[120] Cf. GOODE/KANDA/KREUZER (n. 96) 58.

[121] Cf. BATIFFOL/LAGARDE (n. 88) 222, e Thomas Lee Hazen – Treatise on the Law of Securities Regulation, 5.ª ed., vol. V, St. Paul, Minn., 2005, 557-558. Ver ainda FLORBELA PIRES (n. 24) 193 e segs. e 204 e seg. Ver também art. 2.°/3/c da referida Convenção da Haia.

[122] Ver FLORBELA PIRES – *Direitos e Organização dos Obrigacionistas em Obrigações Internacionais*, Lisboa, 2001, 203 e segs.

[123] Ver também KRONKE/HAUBOLD (n. 17) n.° 163.

– a "natureza jurídica" e os efeitos perante o intermediário e terceiros de uma transmissão de valores mobiliários registados num intermediário;

– os eventuais requisitos que sejam exigidos para uma transmissão de valores mobiliários registados num intermediário;

– a questão de saber se o direito de uma pessoa sobre valores mobiliários detidos por um intermediário extingue ou tem prioridade sobre o direito de outra pessoa;

– os eventuais deveres que um intermediário tenha perante uma pessoa que não seja o titular da conta e que invoque direitos concorrentes com os do titular da conta ou de outra pessoa sobre valores mobiliários registados nesse intermediário;

– os eventuais requisitos para a realização de um direito sobre valores mobiliários registados num intermediário;

– a questão de saber se uma transmissão de valores mobiliários registados num intermediário abrange o direito aos dividendos, juros ou outros rendimentos, ou aos reembolsos, receitas da venda ou outras receitas.

Quanto ao âmbito de aplicação no espaço, a Convenção tem carácter universal, aplicando-se independentemente de uma conexão entre a situação e um Estado contratante (arts. 3.º e 9.º).

Passemos agora ao estudo das regras de conflitos contidas na Convenção.

A *regra primária é a da competência do Direito expressamente escolhido* na convenção de conta para reger a convenção de conta ou para reger as questões abrangidas pelo âmbito de aplicação da Convenção (art. 4.º/1). A escolha é limitada aos Direitos dos Estados em que o intermediário relevante tem, ao tempo da celebração da convenção de conta, um estabelecimento que exerça uma actividade significativa de manutenção de contas de valores mobiliários. Podemos falar a este respeito de um estabelecimento qualificado.

Em concretização desta ideia, o preceito prevê duas situações alternativas.

Primeiro, que o estabelecimento individualmente ou em conjunto com outros estabelecimentos do intermediário relevante nesse ou noutro Estado:

Direito Aplicável às Operações sobre Instrumentos Financeiros 387

– efectue ou controle inscrições em contas de valores mobiliários; ou

– administre pagamentos ou operações sobre títulos relativos
a valores mobiliários registados no intermediário; ou

– exerça de outro modo uma actividade regular de manutenção
de contas.

Segundo, que o estabelecimento seja identificado como mantendo
contas nesse Estado por meio de um número de conta, código bancário ou
outro modo específico de identificação.

É de assinalar que o estabelecimento referido neste preceito não tem
de ser aquele em que é mantida a conta dos valores mobiliários em
causa[124]. Por outro lado, o art. 4.º/2 enuncia situações que por si só não
são consideradas como exercício de uma actividade regular de manutenção de contas[125].

O intermediário relevante é aquele que mantém a conta de valores
mobiliários para o titular da conta (art. 1.º/1/g).

O "Outline of the Convention" publicado no sítio na internet da Conferência da Haia esclarece que a Convenção não tem impacto sobre a regulação da actividade dos intermediários por Direito da Economia e que, por
conseguinte, as autoridades de supervisão são livres de excluir ou condicionar a escolha pelos intermediários do Direito aplicável[126].

Por "convenção de conta" entende-se o acordo com o intermediário
relevante que regula a conta de valores mobiliários (art. 1.º/1/e), que constitui geralmente um contrato para registo ou depósito de valores mobiliá-

---

[124] Cf. GOODE/KANDA/KREUZER (n. 96) 73.

[125] É a seguinte a redacção do art. 4.º/2: "Para efeitos da al. a) do n.º 1 um estabelecimento não está afecto a uma actividade regular de manutenção de contas

a) só por ser o lugar onde está localizada a tecnologia utilizada para o registo ou o
processamento de dados para contas de valores mobiliários; ou

b) só por ser o lugar onde estão localizados ou operam centros de contacto para a
comunicação com os titulares das contas; ou

c) só por ser o lugar onde o correio relativo às contas de valores mobiliários é organizado ou onde ficheiros ou arquivos estão localizados; ou

d) se ele exerce só funções representativas ou administrativas, que não sejam as relacionadas com a manutenção de contas de valores mobiliários, e não tem poderes para tomar
decisões vinculativas sobre a celebração de convenções de conta.

[126] N.º 6, *in* http://hcch.e-vision.nl.

rios. Como vimos, as partes podem escolher livremente a lei aplicável a este contrato (*supra* III). No entanto, para que esta escolha também seja relevante para designar a lei aplicável aos direitos sobre os valores mobiliários, perante a Convenção, tem de recair sobre a lei de um Estado em que se situe um estabelecimento qualificado do intermediário.

Esta permissão de escolha do Direito aplicável aos valores mobiliários tem sido por vezes criticada[127], mas na falta de uma conexão mais adequada, é uma solução que pode proporcionar a certeza e a previsibilidade sobre o Direito aplicável, contanto que seja assegurada a publicidade da escolha ou, pelo menos, o acesso de terceiros à convenção de conta. No caso de prestação de garantias a financiadores, estes poderão sempre condicionar a concessão de crédito à entrega de uma cópia da convenção da conta.

No mesmo sentido pesa ainda que perante a regra PRIMA a autonomia da vontade já releva indirectamente na determinação do Direito aplicável aos valores mobiliários: através da escolha do intermediário financeiro estabelecido num determinado país ou do estabelecimento situado num determinado país de um intermediário transnacional (as grandes instituições financeiras têm estabelecimentos nos países em que funcionam os principais mercados financeiros) os investidores podem desencadear a aplicação da lei desse país. Num tal contexto, a admissibilidade de uma designação expressa da lei aplicável vem a traduzir-se numa maior certeza e previsibilidade[128].

Na falta de uma escolha válida do Direito aplicável, o art. 5.° estabelece uma série de *conexões subsidiárias*[129].

Primeiro, a competência do Direito do Estado[130] onde está localizado o estabelecimento qualificado (no sentido do art. 4.°/1) do intermediário

---

[127] Ver Dietrich SCHEFOLD – "Kollisionsrechtliche Lösungsansätze im Recht des grenzüberschreitenden Effektengiroverkehrs – die Anknüpfungsregelungen der Sicherheitenrichtlinie (EG) und der Haager Konvention über das auf zwischenverwahrte Wetpapiere anwendbare Recht", *in FS Erik Jayme*, vol. I, 805-822, 2004, 821; BLOCH/DE VAUPLANE (n. 110) 31-32.

[128] Ver Andrea BONOMI – "Introduction", *in La loi applicable aux titres intermédiés: La Convention de La Haye du 5 juillet 2006 – Une opportunité pour la place financière suisse?*, 9-13, org. por Andrea Bonomi, Eleanor Ritaine e Bart Volders, 2006, 12. Ver ainda BERNASCONI/SIGMAN (n. 110) 62-64.

[129] O art. 6.° , que enumera um conjunto de elementos de conexão que não são relevantes, parece redundante, uma vez que o art. 5.° não atende aos elementos de conexão aí referidos.

[130] Ou, num Estado dotado de uma ordem jurídica complexa de base territorial, do Direito da unidade territorial.

Direito Aplicável às Operações sobre Instrumentos Financeiros 389

relevante com que foi celebrada a convenção de conta escrita segundo indicação expressa e inequívoca nela contida (art. 5.°/1)[131]. Seguindo uma técnica algo peculiar, o preceito enumera um conjunto de circunstâncias que não devem ser tidas em conta para determinar se a convenção de conta indica expressa e inequivocamente o estabelecimento com que foi celebrada a convenção de conta[132].

Segundo, a competência do Direito do Estado[133] segundo o qual o intermediário relevante está constituído no momento da celebração da convenção de conta escrita ou, na falta desta convenção, no momento da abertura da conta de valores mobiliários (art. 5.°/2)[134].

Terceiro, a competência do Direito do Estado[135] onde o intermediário relevante tem o seu estabelecimento ou, no caso de ter mais de um estabelecimento, o seu principal estabelecimento no momento da celebração da convenção de conta escrita ou, na falta desta convenção, no momento da abertura da conta de valores mobiliários (art. 5.°/3).

A principal dúvida que a este respeito se suscita é a razão por que na falta de indicação expressa e inequívoca do estabelecimento relevante na convenção de conta se não passa logo à conexão com o Estado do estabelecimento ou principal estabelecimento, antes se dando relevância ao

---

[131] O conceito relevante de escrito é objecto de definição autónoma no art. 1.°/1/n.

[132] São as seguintes as circunstâncias enumeradas:

– uma estipulação de que comunicações ou outros documentos devem ser dirigidos ao intermediário relevante naquele estabelecimento;

– uma estipulação de que acções judiciais devem ou podem ser interpostas contra o intermediário relevante num determinado Estado;

– uma estipulação de que qualquer extracto ou outro documento deve ou pode ser fornecido pelo intermediário relevante a partir daquele estabelecimento;

– uma estipulação de qualquer serviço deve ou pode ser fornecido pelo intermediário relevante a partir daquele estabelecimento;

– uma estipulação de que qualquer operação ou função deve ou pode ser realizada pelo intermediário relevante naquele estabelecimento.

[133] Ou, num Estado dotado de uma ordem jurídica complexa de base territorial, do Direito da unidade territorial.

[134] O preceito acrescenta que no caso de o intermediário relevante estar constituído segundo uma ordem jurídica complexa de base territorial e não segundo um dos sistemas locais, se aplica o sistema da unidade territorial em que o intermediário relevante tem o seu estabelecimento ou, se tiver mais de um estabelecimento, o estabelecimento principal.

[135] Ou, num Estado dotado de uma ordem jurídica complexa de base territorial, do Direito da unidade territorial.

390   *Estudos de Direito Internacional Privado*

Direito do Estado da constituição do intermediário relevante que pode não ter qualquer laço significativo com a situação. O Relatório Explicativo limita-se a invocar, a favor desta solução, a previsibilidade nos casos em que o Direito aplicável não pode ser determinado com base nos arts. 4.º/1 e 5.º/1[136]; no entanto, a conexão estabelecida no art. 5.º/3 também assegura a previsibilidade e tende a exprimir uma ligação mais significativa com a situação. Teria sido possível uma solução mais simples e adequada.

O art. 7.º contém regras que se destinam a tutelar os interesses de terceiros no caso de uma modificação da convenção de conta que desencadeie, nos termos do art. 4.º/1, uma mudança do Direito aplicável (*sucessão de estatutos*)[137].

O art. 8.º delimita o âmbito de aplicação do Direito designado pelas regras da Convenção relativamente ao estatuto da *insolvência*. Para o efeito distingue entre o reconhecimento dos direitos adquiridos antes da insolvência (designadamente no caso de venda dos valores mobiliários ou de constituição de uma garantia especial sobre os mesmos) e os efeitos destes direitos no processo de insolvência. Os direitos adquiridos com base no Direito designado pelas regras da Convenção antes da insolvência devem ser reconhecidos neste processo (n.º 1). Mas o Direito aplicável à insolvência, que não é determinado com base nas regras da Convenção, regula os efeitos dos direitos no processo de insolvência, designadamente a graduação dos créditos, a execução forçada dos direitos e a impugnação de actos de disposição realizados em prejuízo dos credores (n.º 2)[138].

O Direito aplicável à insolvência determina-se, quando o devedor tem o centro dos seus principais interesses num Estado da União Europeia, com base no Regulamento comunitário sobre insolvência[139]. O art. 9.º/1 determina que, sem prejuízo do disposto no artigo 5.º , os efeitos do processo de insolvência nos direitos e nas obrigações dos participantes num sistema de pagamento ou de liquidação ou num mercado financeiro regem-se exclusivamente pela lei do Estado-Membro aplicável ao referido sistema ou mercado (art. 9.º/1)[140].

---

[136] Ver também MERKT/ROSSBACH (n. 110) 49.

[137] Ver GOODE/KANDA/KREUZER (n. 96) 94-95.

[138] Ver GOODE/KANDA/KREUZER (n. 96) 106-107.

[139] Reg. n.º 1346/2000, de 29/5, Relativo aos Processos de Insolvência.

[140] Ver LIMA PINHEIRO – "O Regulamento comunitário sobre insolvência – uma introdução", *ROA* 66 (2006) 1101-1152, 1133 e segs., com mais referências. O Regula-

Com a ressalva do disposto no art. 5.° , o legislador comunitário quis tornar claro que os direitos "reais" detidos por credores ou terceiros sobre bens pertencentes ao devedor são protegidos com base na lei designada pelo Direito de Conflitos do Estado do foro, mesmo que o credor ou a entidade a favor do qual foi constituída a garantia participe no sistema[141].

Quanto aos processos de insolvência sobre devedores que não têm o centro dos principais interesses na Comunidade aplica-se o art. 282.°/2 do Código da Insolvência e da Recuperação de Empresas que estabelece solução idêntica à do art. 9.°/1 do Regulamento, por remissão para o art. 285.° C. Val. Mob. Parece que os direitos "reais" detidos por credores ou terceiros ficarão, em princípio, submetidos à regra do art. 282.°/1 do Código da Insolvência e da Recuperação de Empresas, segundo a qual os efeitos da declaração de insolvência sobre direitos relativos a valores mobiliários registados ou depositados se regem pela lei aplicável à respectiva transmissão, nos termos do art. 41.° C. Val. Mob. (que é, em princípio, a lei do Estado onde se situa o estabelecimento da entidade gestora do sistema centralizado – art. 41.°/a).

A nova redacção dada ao art. 284.°/4 C. Val. Mob. pelo DL n.° 357-A/2007 só pode significar que esta regra continua em vigor com respeito aos efeitos dos direitos de beneficiários de garantias sobre instrumentos financeiros registados ou depositados em sistema centralizado situado ou a funcionar em Estado-Membro da União Europeia, em caso de abertura de processo de insolvência em relação ao devedor, quando a garantia tenha sido registada no mesmo sistema centralizado. Esta regra que, como já assinalei, transpõe o art. 9.°/2 da Dir. Relativa ao Carácter Definitivo da Liquidação nos Sistemas de Pagamentos e de Liquidação de Valores Mobiliários, manda aplicar a lei do Estado Membro onde o sistema centralizado está situado ou funciona. Em princípio, o sistema centralizado está situado ou funciona no Estado onde se situa o estabelecimento da entidade gestora, caso em que a solução corresponde à que resulta da conjugação do art. 282.°/1 do Código da Insolvência e da Recuperação de Empresas com o art. 41.°/a C. Val. Mob. Não é, no entanto, claro, se a

---

mento consagra, no art. 13.° , uma desvio quanto à competência da lei reguladora da insolvência com respeito à impugnação de actos prejudiciais à massa.

[141] Cf. Miguel Virgós Soriano e Etienne Schmit – *Relatório Explicativo sobre a Convenção relativa aos Processos de Insolvência* [Conselho da União Europeia DOC. 6500/96 DRS 8 (CFC)], 1996 n.° 124.

regra deve ser entendida no sentido de que a localização do sistema centralizado poderá ser independente da situação do estabelecimento da entidade gestora[142].

Por último, importa assinalar que a Convenção da Haia não obsta à sobreposição à lei competente das normas materiais do Estado do foro que reclamem aplicação independentemente do Direito de Conflitos geral (*normas susceptíveis de aplicação necessária*) (art. 11.º/2)[143], com excepção das normas que imponham requisitos de perfeição ou digam respeito à prioridade entre direitos conflituantes (art. 11.º/3). Esta excepção também limita a actuação da reserva de ordem pública internacional do Estado do foro, prevista no art. 11.º/1.

A *entrada em vigor da Convenção* na ordem jurídica internacional pressupõe a ratificação por três Estados e/ou organizações de integração económica regional (art. 19.º/1). A Convenção ainda não foi ratificada por nenhum Estado. Foi assinada pelos EUA e pela Suíça, e a Comissão Europeia considerou que a sua adopção corresponde ao melhor interesse da Comunidade[144]. Também o G30 recomendou a ratificação da Convenção[145]. Em todo o caso, não é claro que os Estados-Membros da União Europeia possam ratificar a Convenção sem um prévio ajustamento das regras de conflitos contidas na Dir. Relativa ao Carácter Definitivo da Liquidação nos Sistemas de Pagamentos e de Liquidação de Valores Mobiliários e na Dir. Relativa aos Acordos de Garantia Financeira[146]. A doutrina diverge quanto à conveniência de uma evolução nesse sentido[147].

---

[142] Em qualquer caso, resulta de uma interpretação conforme à Directiva que esta regra só diz respeito aos efeitos dos direitos de garantia no processo de insolvência, e não à sua válida constituição – cf. Considerando n.º 21 da Directiva e *MünchKomm.*/WENDEHORST (n. 86) Art. 43 n.º 221.

[143] Ver GOODE/KANDA/KREUZER (n. 96) 116 e segs. Em geral, sobre as normas susceptíveis de aplicação necessária, ver LIMA PINHEIRO (n. 81) 243 e segs., com mais referências.

[144] Comunicados de imprensa feitos em 15/12/2003 e 5/7/2006 e Proposta de Decisão do Conselho respeitante à assinatura da Convenção da Haia relativa à legislação a aplicar a certos direitos respeitantes a valores mobiliários detidos junto de intermediários [COM (2003) 783 final].

[145] Group of Thirty (G30), Global Clearing & Settlement – A Plan of Action, January 2003 (Recommendation 15).

[146] Neste sentido, *MünchKomm.*/WENDEHORST (n. 86) Art. 43 n.º 239. Na sua Proposta de Decisão do Conselho respeitante à assinatura da Convenção da Haia relativa à legislação a aplicar a certos direitos respeitantes a valores mobiliários detidos junto de

Direito Aplicável às Operações sobre Instrumentos Financeiros

C) Direito de Conflitos de fonte interna

Vejamos agora as soluções consagradas no Direito interno.

As regras de conflitos gerais constam do art. 41.º C. Val. Mob.[148]. Quanto à lei aplicável aos requisitos e aos efeitos da transmissão de direitos e à constituição de garantias sobre valores mobiliários integrados num sistema centralizado, aplica-se o Direito do Estado onde se situa o estabelecimento da entidade gestora desse sistema (art. 41.º/a).

Relativamente aos valores mobiliários registados ou depositados não integrados em sistema centralizado aplica-se o Direito do Estado em que se situa o estabelecimento onde estão registados ou depositados (art. 41.º/b).

Enfim, no que toca aos valores mobiliários não registados nem depositados é aplicável a lei pessoal do emitente (art. 41.º/c).

Daqui decorre que para determinar os direitos sobre valores mobiliários integrados num sistema centralizado se aplica o Direito do Estado onde se situa o estabelecimento da entidade gestora do sistema. Este Direito não é necessariamente o do Estado onde é mantida a conta de referência ("conta de registo individualizado" na terminologia do C, Val. Mob.)[149]. Assim, por exemplo, um intermediário financeiro que exerce a sua actividade em Portugal e aqui mantém a conta de registo individualizado pode participar num sistema centralizado gerido por uma entidade estabelecida no estrangeiro. Inversamente, um intermediário financeiro que exerce a sua actividade no estrangeiro pode manter contas de registo

---

intermediários [COM (2003) 783 final], a Comissão previa que na "sequência da assinatura da Convenção da Haia respeitante a valores mobiliários, a Comissão apresentará propostas de alteração das necessárias directivas, como a Directiva relativa ao carácter definitivo da liquidação e a Directiva relativa aos acordos de garantia financeira, ao mesmo tempo que a proposta de decisão do Conselho, que requer o acordo do Parlamento Europeu, para ratificar ou aderir à Convenção da Haia respeitante a valores mobiliários" (n.º 15).

[147] Ver, a favor da ratificação da Convenção, MERKT/ROSSBACH (n. 110) 51-52. Cp. as reservas de HELENA BRITO (n. 110) 125-126; KRONKE/HAUBOLD (n. 17) n.os 202-203; BLOCH/DE VAUPLANE (n. 110) 25 e segs.; e Dicey, Morris and Collins (n. 40) 1193-1194.

[148] Ver, sobre estes preceitos, HELENA BRITO (n. 35) 64 e segs. e (n. 110) 120 e segs.

[149] Não posso pois concordar com a afirmação, feita por FERREIRA DE ALMEIDA (n. 67) 76 e seg., de que a lei portuguesa é, em princípio, aplicável aos direitos dos investidores finais quando sejam abertas em Portugal contas por intermediários financeiros que actuam por conta desses investidores mas em nome próprio.

individualizado integradas em sistema gerido por uma entidade estabelecida em Portugal desde que seja "reconhecido" por esta entidade e cumpra determinados requisitos (art. 91.º/3 C. Val. Mob.).

Esta solução constitui uma variante do chamado "método da transparência" [look-through approach] que se traduz na desconsideração dos vários níveis de intermediação que se estabelecem entre o investidor e o emitente, ou pelo menos, o "intermediário" de nível mais elevado (que é geralmente a entidade gestora de sistema centralizado de registo ou depósito). Esta perspectiva foi rejeitada pela Convenção da Haia, bem como pelos instrumentos comunitários que consagram a regra PRIMA. Esta rejeição assenta em razões ponderosas que, em minha opinião, também procedem em certa medida contra a solução consagrada no C. Val. Mob.[150].

Primeiro, é frequente nos mercados financeiros que se constituam garantias sobre carteiras de valores de um determinado investidor que podem estar integrados em múltiplos sistemas centralizados, o que obrigaria o beneficiário da garantia a cumprir os requisitos de perfeição e de oponibilidade a terceiros estabelecidos por uma multiplicidade de leis.

Segundo, é frequente a impossibilidade prática de o beneficiário da garantia sobre valores mobiliários registados em vários níveis de intermediação saber em que sistema centralizado estão depositados ou registados.

Terceiro, e mais em geral, a competência do Direito do Estado onde se situa o estabelecimento da entidade gestora do sistema pode conduzir à aplicação de uma lei que não tem uma conexão significativa com a relação entre o investidor e o intermediário e que é completamente imprevisível para as partes. O mesmo se diga com respeito às operações de transmissão ou oneração dos valores e às respectivas partes[151].

Por último, parece que a determinação do Direito aplicável em cada nível de intermediação é compatível com a diversidade dos sistemas de Direito material, incluindo aqueles em que o investidor final adquire um direito absoluto que pode ser actuado perante o emitente[152]. Uma diferen-

---

[150] Ver GOODE/KANDA/KREUZER (n. 96) 18-19. Ver ainda OOI (n. 105) 129 e segs.

[151] Ver também MERKT/ROSSBACH (n. 110) 42-43.

[152] Ver GOODE/KANDA/KREUZER (n. 96) 11 e segs., 19, 48 e segs. e 82 e segs. Ver ainda Harry SIGMAN e Christophe BERNASCONI – "Myths about the Hague Convention debunked", International Financial Law Rev. (2005) 31-35, 33. Cp. BLOCH/DE VAUPLANE (n. 110) 33-34, invocando que segundo o Direito francês o investidor só adquire um direito

Direito Aplicável às Operações sobre Instrumentos Financeiros   395

ciação do regime aplicável em função da caracterização jurídica do direito adquirido pelo titular da conta não parece aconselhável, designadamente perante a possibilidade de os ordenamentos envolvidos divergirem quanto a esta caracterização. É, no entanto, certo que há tensões que só podem ser resolvidas através de uma unificação do Direito material aplicável a certas questões[153].

No que se refere às garantias sobre valores escriturais, os inconvenientes da solução contida no art. 41.º/a C. Val. Mob. são minorados pela vigência de um regime especial contido no art. 21.º do DL n.º 105/2004, de 8/5, que como já foi assinalado transpõe o art. 9.º da Dir. Relativa aos Acordos de Garantia Financeira.

Este preceito determina a aplicação da lei do país em que está localizada a conta na qual é feito o registo da garantia aos requisitos de constituição da garantia, aos efeitos patrimoniais da garantia e à oponibilidade a terceiros da garantia, designadamente[154]. A competência desta lei estende-se, portanto, a certos aspectos que, em princípio, estariam submetidos ao estatuto contratual (definido com base nas regras da Convenção de Roma sobre a Lei Aplicável às Obrigações Contratuais), mas não exclui globalmente a relevância deste estatuto, designadamente quanto à formação

---

sobre os valores mobiliários, em relação ao intermediário directo e a terceiros, quando é creditada a conta mantida pelo sistema central de depósito. Perante o Direito português o direito constitui-se com o registo no intermediário relevante nos termos do art. 73.º/1 C. Val. Mob. – ver FERREIRA DE ALMEIDA (n. 67) 77 e seg.

[153] Ver também KREUZER (n. 110) 544-545.

[154] O art. 21.º regula as seguintes matérias:

– qualificação e efeitos patrimoniais da garantia que tenha por objecto valores mobiliários escriturais;

– requisitos relativos à celebração de um contrato de garantia financeira que tenha por objecto valores mobiliários escriturais;

– prestação de uma garantia que tenha por objecto valores mobiliários escriturais ao abrigo de determinado contrato de garantia financeira;

– formalidades necessárias à oponibilidade a terceiros do contrato de garantia financeira e da prestação da garantia financeira;

– relação entre o direito de propriedade ou outro direito de determinada pessoa a uma garantia financeira que tenha por objecto valores mobiliários e outro direito de propriedade concorrente;

– aquisição do objecto da garantia mediante a posse de terceiro de boa fé;

– formalidades necessárias à execução de uma garantia que tenha por objecto valores mobiliários escriturais.

396   *Estudos de Direito Internacional Privado*

(sem prejuízo dos requisitos de celebração do contrato estabelecidos pela lei reguladora da garantia), interpretação e integração do contrato.

V. CONEXÕES ESPECIAIS PARA CERTOS ASPECTOS DAS OPERAÇÕES NOS MERCADOS DE INSTRUMENTOS FINANCEIROS

Passo agora a referir, sem pretensões de exaustividade, as principais conexões especiais estabelecidas para certos aspectos das operações em mercados de instrumentos financeiros.

As normas sobre os mercados permitidos e a admissão de valores mobiliários à negociação num mercado regulamentado têm geralmente uma esfera de aplicação territorial, i.e., aplicam-se aos mercados que funcionam no Estado que as edita.

Em alguns sistemas isto é visto como decorrência da natureza jurídico-pública destas normas[155]. Entre nós, a mesma ilação se impõe com respeito às normas sobre mercados permitidos. Já suscita dúvidas a natureza das normas sobre a admissão de valores mobiliários[156]. Mesmo quem entenda que estas normas são de Direito privado não negará que prosseguem, pelo menos em parte, finalidades públicas que justificam uma esfera de aplicação territorial.

Assim, está, em princípio, excluída a aplicação de Direito estrangeiro à permissão de mercados que funcionem em Portugal ou à admissão de valores mobiliários à negociação num mercado que funcione em Portugal[157]. Isto é, no entanto, limitado pela obrigação de admitir à negociação os valores mobiliários que estejam admitidos à negociação em mercado regulamentado situado ou a funcionar noutro Estado-Membro da União Europeia (art. 231.º/1 C. Val. Mob. em conformidade com o art. 40.º/5 da Dir. 2004/39/CE). Por outro lado, não exclui que se possa aplicar o Direito público estrangeiro quando esteja em causa num tribunal português a validade de uma operação sobre valores mobiliários realizada num mercado que funciona no estrangeiro[158].

---

[155] Ver SCHNYDER (n. 44) n.os 47 e seg.

[156] PAULO CÂMARA – "O governo das bolsas", *in Direito dos Valores Mobiliários*, vol. VI, 187-228, Coimbra, 2006, § 3.º VI, aponta no sentido da natureza jurídico-privada destas normas.

[157] Mas cp. também art. 231.º/3 C. Val. Mob.

[158] Cp. SCHNYDER (n. 44) n.º 55.

Por outro lado, as normas sobre admissão de valores mobiliários à negociação num mercado que funcione em Portugal podem subordinar a admissão à verificação de certos pressupostos segundo uma lei estrangeira (ver, designadamente, art. 227.°/1 e 3/a e art. 231.°/3 C. Val. Mob.).

As normas sobre ofertas públicas são objecto de uma norma de conflitos unilateral contida no art. 108.°/1 C. Val. Mob.; aplicam-se às ofertas públicas dirigidas especificamente a pessoas com residência ou estabelecimento em Portugal[159]. Mas nesta matéria vigoram também diversas normas especiais.

Uma destas regras é a que decorre do art. 17.° da *Directiva sobre o prospecto*[160]: o prospecto aprovado no Estado-Membro de origem é válido e eficaz relativamente a uma oferta pública ou a uma admissão à negociação em qualquer dos Estados-Membros de acolhimento, desde que a autoridade competente de cada Estado-Membro de acolhimento seja notificada em conformidade com o artigo 18.°. Consagra-se aqui o princípio do país de origem quanto à competência para a aprovação do prospecto e quanto à lei aplicável aos requisitos do prospecto. O Estado-Membro de origem é, em princípio, o Estado-Membro em que o emitente tem a sua sede estatutária (art. 2.°/1/m da Directiva)[161]. Estas normas comunitárias foram transpostas para os arts. 145.°, 146.° e 147.° -A C. Val. Mob. A Directiva contém ainda indicações sobre as informações mínimas que devem constar do prospecto (art. 7.°) que foram regulamentadas pelo Reg. (CE) n. ° 809//2004, de 29/4.

Vigoram também regras especiais sobre as *ofertas públicas de aquisição*. Nesta matéria há que ter em conta a Directiva sobre ofertas públicas de aquisição que se aplica às ofertas de valores mobiliários de sociedades sujeitas à legislação dos Estados-Membros quando estes valores

---

[159] Cp. VAUPLANE/BORNET (n. 34) 1108 e segs.

[160] Dir. 2003/71/CE, de 4/11, Relativa ao Prospecto a Publicar em Caso de Oferta Pública de Valores Mobiliários ou da Sua Admissão à Negociação e que Altera a Directiva 2001/34/CE. Sobre esta directiva, e a sua transposição para a ordem jurídica interna, ver designadamente PAULO CÂMARA – "A Directiva dos Prospectos: contexto, conteúdo e confronto com o Direito positivo nacional", *in Est. Marques dos Santos*, vol. I, 1083-1114, Coimbra, 2005. Ver ainda PAULO OTERO – "Normas administrativas de conflitos: as situações jurídico-administrativas transnacionais", *in Est. Marques dos Santos*, vol. II, 781-790, Coimbra, 2005, 784 e segs.

[161] Ver ainda art. 2.°/1/m/ii e, no caso de emitentes cuja sede estatutária se situe em país terceiro, arts. 20.° e 2.°/1/m/iii.

estejam admitidos à negociação num mercado regulamentado em um ou vários Estados-Membros (art. 1.º/1)[162].

O art. 4.º desta Directiva, sob a epígrafe "Autoridade de supervisão e direito aplicável", contém normas expressas de competência para a supervisão das ofertas. É competente, em primeira linha, a autoridade do Estado-Membro em que se situa a sede social da sociedade visada (art. 4.º/2/a). O art. 4.º estabelece regras especiais para o caso de os valores mobiliários da sociedade visada não estarem admitidos à negociação num mercado regulamentado do Estado-Membro em que se situa a sede social ou de estarem admitidos à negociação em mercados regulamentados de mais de um Estado-Membro. No primeiro caso, é competente a autoridade do Estado-Membro em cujo mercado regulamentado estejam admitidos à negociação os valores mobiliários dessa sociedade (art. 4.º/2/b/1.º §). No segundo caso, vale o princípio da prioridade: é competente a autoridade do Estado-Membro em cujo mercado regulamentado os valores mobiliários dessa sociedade tenham sido admitidos à negociação em primeiro lugar (art. 4.º/2/b/2.º §)[163]. Estas regras foram transpostas para o art. 145.º-A C. Val. Mob.

Está implícita uma norma de conflitos unilateral segundo a qual a autoridade competente aplica o Direito do foro[164].

A Directiva parece basear-se no pressuposto de que a sociedade visada pela OPA está submetida à lei da sua sede. Dada a divergência entre os sistemas que adoptam a teoria da constituição e os que adoptam a teoria da sede (da administração) este pressuposto leva-nos a entender que o conceito relevante de sede social depende da teoria adoptada pelo Estado--Membro em causa[165]. Será a sede estatutária nos países que adoptam a teoria da constituição (visto que normalmente as sociedade têm sede estatutária no país em que se constituem) e a sede da administração nos países que adoptam a teoria da sede.

Nos casos em que os valores mobiliários da sociedade visada estão admitidos à negociação, no todo ou em parte, num mercado regulamen-

---

[162] Dir. 2004/25/CE, de 12/4, Relativa às Ofertas Públicas de Aquisição.

[163] Ver ainda art. 4.º/2/c.

[164] Cf. SCHNYDER (n. 44) n.º 229. Ver também Dário MOURA VICENTE – "Ofertas públicas de aquisição internacionais", in Estudios sobre contratación internacional, org. por Alfonso Luis Calvo Caravaca e Javier Carrascosa González, 373-391, Madrid, 2006, 385 e segs.

[165] Sobre esta divergência, ver LIMA PINHEIRO (n. 25) 79 e segs.

Direito Aplicável às Operações sobre Instrumentos Financeiros 399

tado que não é o do Estado da sede social, suscita-se um problema de delimitação entre as questões abrangidas pelo estatuto da OPA e as questões abrangidas pelo estatuto da sociedade[166]. O art. 4.° procura resolver estas dificuldades, enumerando questões que estão submetidas ao Direito da autoridade competente e questões que estão submetidas ao Direito da sede sociedade (n.° 2/e). Este preceito foi transposto para o art. 108.°/2 C. Val. Mob.

As relações de venda de valores mobiliários que se estabeleçam mediante a aceitação de ofertas públicas estão submetidas às regras da Convenção de Roma[167].

Geralmente a proposta conterá uma designação do Direito aplicável. No que se refere às ofertas públicas de aquisição, o art. 138.°/1/n C. Val. Mob. impõe mesmo a menção da "legislação nacional que será aplicável aos contratos celebrados entre o oferente e os titulares de valores mobiliários da sociedade visada, na sequência da aceitação da oferta, bem como os tribunais competentes para dirimir os litígios daqueles emergentes".

Nos casos raros em que não haja designação do Direito aplicável, a doutrina diverge quanto à determinação da conexão mais estreita com respeito a relações estabelecidas na sequência de ofertas públicas de aquisição[168]. Parece defensável que a conexão mais estreita conduza frequentemente à aplicação da mesma lei que define o estatuto da OPA, caso em que não se justifica, portanto, o recurso à "presunção" a favor da lei do devedor da prestação característica (que é o vendedor)[169].

Em matéria de *contratos celebrados à distância relativos a serviços financeiros*, o art. 40.° do DL n.° 95/2006, de 29/5, estabelece que a "escolha pelas partes da lei de um Estado não comunitário como lei aplicável ao contrato não priva o consumidor da protecção que lhe garantem as disposições do presente decreto-lei". Este regime é aplicável aos contratos entre investidores e intermediários financeiros relativos a instrumentos financeiros (cf. art. 2.°/b e d)[170].

---

[166] Ver SCHNYDER (n. 44) n.os 234 e seg.

[167] Cf. KRONKE/HAUBOLD (n. 17) n.° 424 e SCHNYDER (n. 44) n.os 244 e segs. Ver também MOURA VICENTE (n. 78) 670 e seg. e (n. 164) 385 e seg.

[168] Ver SCHNYDER (n. 44) n.os 247 e seg.

[169] Ver, em sentido convergente, MERKT (n. 46) n.° 862, SCHNYDER (n. 44) n.° 248 e MOURA VICENTE (n. 164) 386.

[170] Ver também REITHMANN/MARTINY/MANKOWSKI (n. 44) n.os 1250 e seg., e COMTE GUILLEMET (n. 18) 496 e segs.

400 Estudos de Direito Internacional Privado

Além destas conexões especiais, na ordem jurídica portuguesa há ainda que ter em conta o art. 3.º C. Val. Mob. que, quando for competente uma lei estrangeira, permite a *sobreposição das normas imperativas do Código com respeito às situações, actividades e actos que tenham uma conexão relevante com o território português*. O n.º 2 deste artigo contém uma enumeração não exaustiva das conexões relevantes com o território português. O art. 3.º tem como epígrafe *"normas de aplicação imediata"*, mas esta expressão não corresponde a uma categoria de normas definida por um critério material[171]. Trata-se, por conseguinte, de uma modalidade de cláusula geral que autoriza o intérprete a aplicar qualquer das normas imperativas do Código sempre que entenda que há uma conexão suficiente com o território português[172].

Esta cláusula geral é indesejável. Aquilo que se espera do legislador, sobretudo numa área de Direito dos negócios em que os operadores necessitam da máxima certeza jurídica e da máxima previsibilidade possíveis, é que determine claramente as normas imperativas que são susceptíveis de sobreposição ao Direito estrangeiro competente e que delimite com precisão o seu âmbito de aplicação no espaço. Casos-limite, em que haja razões ponderosas e excepcionais para aplicar determinada norma imperativa na falta de previsão legal, deixam-se resolver adequadamente com base na teoria das lacunas da lei[173].

Autorizar o intérprete a proceder a valorações conflituais casuísticas é algo que compromete as exigências de certeza e previsibilidade jurídicas e que contribui para uma maximização do âmbito de aplicação no espaço do Direito interno. A maximização do âmbito de aplicação do Direito interno aumenta o risco de concorrência de pretensões de regulação com outros Estados e, com isso, conduz ao cúmulo de normas imperativas que restringe excessivamente a autonomia da vontade e gera conflitos de deveres para os operadores dos mercados de instrumentos financeiros.

Enquanto o art. 3.º C. Val. Mob. vigorar na ordem jurídica portuguesa, a consideração dos valores fundamentais e dos princípios gerais do sistema português de Direito de Conflitos justifica uma interpretação restritiva da regra nele contida[174].

---

[171] Ver LIMA PINHEIRO (n. 80) § 13 B.

[172] Cp. HELENA BRITO (n. 35) 71 e segs. e MOURA VICENTE (n. 164) 388 e seg.

[173] Ver LIMA PINHEIRO (n. 80) § 13 B.

[174] Sobre os valores e os princípios do sistema português de Direito de Conflitos, ver LIMA PINHEIRO (n. 80) § 16-17, com mais referências.

O NOVO REGULAMENTO COMUNITÁRIO SOBRE A LEI APLICÁVEL ÀS OBRIGAÇÕES CONTRATUAIS (ROMA I) – UMA INTRODUÇÃO*

SUMÁRIO: INTRODUÇÃO. I. ÂMBITO DE APLICAÇÃO. A) Âmbito material. B) Âmbito espacial. C) Âmbito temporal. II. A DESIGNAÇÃO PELAS PARTES DO DIREITO APLICÁVEL. III. CONEXÃO SUPLETIVA GERAL. A) Soluções estabelecidas pela Convenção de Roma. B) Soluções estabelecidas pelo Regulamento. C) Determinação da residência habitual. IV. REGRAS DE CONFLITOS ESPECIAIS (CONTRATOS DE TRANSPORTE, CONTRATOS COM CONSUMIDORES, CONTRATOS INDIVIDUAIS DE TRABALHO E CONTRATOS DE SEGURO). A) Contratos de transporte. B) Contratos com consumidores. C) Contratos individuais de trabalho. D) Contratos de seguro. V. REGRAS AUXILIARES E COMPLEMENTARES. A) Formação e validade substancial do contrato. B) Âmbito do estatuto contratual. C) Cessão de créditos, sub-rogação, pluralidade de devedores e compensação. D) Ordem pública internacional, normas susceptíveis de aplicação necessária, devolução e ordens jurídicas complexas. VI. RELAÇÕES COM OUTROS INSTRUMENTOS. A) Relações com outros instrumentos comunitários. B) Relações com Convenções internacionais. VII. CONSIDERAÇÕES FINAIS.

INTRODUÇÃO

I. A crescente internacionalização das relações económicas é um dos traços mais marcantes da globalização. Uma percentagem significativa – e cada vez mais importante – dos contratos obrigacionais apresenta contac-

---

* O presente estudo foi elaborado com vista ao Livro em Homenagem ao Professor Doutor Jorge de Figueiredo Dias.

tos relevantes com mais de um Estado. Os contratos internacionais colocam antes do mais três problemas específicos de regulação jurídica: a determinação do Direito aplicável; em caso de litígio, na falta de convenção de arbitragem, a determinação da jurisdição estadual competente; enfim, na eventualidade de o litígio ser decidido por um tribunal estrangeiro, o problema do reconhecimento da decisão judicial estrangeira na ordem jurídica local.

A divergência entre as ordens jurídicas nacionais na resolução destes problemas compromete a previsibilidade e a certeza jurídicas. Primeiro, porque aumenta o risco de competências concorrentes de duas ou mais jurisdições, permitindo o *forum shopping*, i.e., a escolha da jurisdição mais conveniente para a parte que queira propor uma acção. Não se podendo determinar antecipadamente a jurisdição competente, não se sabe no momento da negociação, celebração e execução do contrato qual o Direito de Conflitos relevante para a determinação do regime aplicável. Enfim, a divergência entre os sistemas nacionais quanto ao reconhecimento das decisões judiciais estrangeiras significa que mesmo depois de uma acção ser proposta e de a situação jurídica ser definida por uma decisão judicial de um Estado subsiste a incerteza sobre o valor desta decisão noutras ordens jurídicas.

No âmbito das Comunidades Europeias, estas preocupações conduziram, em primeiro lugar, a um instrumento internacional em matéria de competência internacional e de reconhecimento de decisões judiciais estrangeiras: a Convenção de Bruxelas sobre a Competência Judiciária e a Execução de Decisões em Matéria Civil e Comercial (1968) (doravante designada Convenção Bruxelas I). Mas esta Convenção tem um âmbito de aplicação no espaço limitado e, mesmo dentro deste âmbito, conduz com certa frequência a competências concorrentes. Daí ter-se sentido a necessidade de adoptar um instrumento internacional com vista à unificação do Direito de Conflitos aplicável: a Convenção de Roma sobre a Lei Aplicável às Obrigações Contratuais (1980). Na ordem jurídica portuguesa, esta Convenção tem constituído a principal fonte de Direito de Conflitos regulador dos contratos obrigacionais desde a sua entrada em vigor nesta ordem jurídica em 1 de Setembro de 1994[1].

---

[1] A Convenção do Funchal Relativa à Adesão do Reino de Espanha e da República Portuguesa à Convenção sobre a Lei Aplicável às Obrigações Contratuais foi aprovada

O Tratado da Comunidade Europeia, com a redacção dada pelo Tratado de Amesterdão (arts. 61.°/c e 65.°), atribuiu aos órgãos comunitários uma certa competência legislativa em matéria de Direito Internacional Privado (Direito de Conflitos, Direito da Competência Internacional e Direito de Reconhecimento) "na medida do necessário ao bom funcionamento do mercado interno". Embora se tenham suscitado dúvidas sobre o alcance desta competência legislativa[2], os órgãos comunitários entenderam-na no sentido de uma competência legislativa genérica em matéria de Direito Internacional Privado.

Com base neste entendimento, a Comunidade adoptou, entre outros instrumentos, o Reg. (CE) n.° 44/2001, de 22/12/2000, Relativo à Competência Judiciária, ao Reconhecimento e à Execução de Decisões em Matéria Civil e Comercial (doravante designado Regulamento Bruxelas I), que se destinou a substituir a atrás referida Convenção de Bruxelas; o Reg. (CE) n.° 864/2007, de 11/7, Relativo à Lei Aplicável às Obrigações Extra-contratuais (Regulamento Roma II); e o novo Reg. (CE) n.° 593/2008, de 17/6, Sobre a Lei Aplicável às Obrigações Contratuais (Roma I), que visa substituir a Convenção de Roma.

II. O Regulamento Roma I foi adoptado com referência à competência legislativa atribuída ao Conselho da União Europeia e ao Parlamento Europeu pelos arts. 61.° , 65.°/b, 67.° e 251.° do Tratado da Comunidade Europeia. A sua elaboração foi precedida da publicação de um Livro Verde, em 2003[3], e teve como marcos a apresentação, pela Comissão Europeia, de uma Proposta de Regulamento, em 2005[4], o Pacote de compromisso da Presidência do Conselho da União Europeia, de 13 de Abril de 2007[5] e a I Posição do Parlamento Europeu, aprovada em primeira leitura em 29 de Novembro de 2007, que graças ao acordo entre o Parlamento e o Conselho já corresponde ao texto legislativo final[6]. Os trabalhos

---

para ratificação pela Resol. AR n.° 3/94, de 3/2; ratificada pelo Dec. PR n.° 1/94 da mesma data; depósito da ratificação em 30/6/94 (Av. n.° 240/94, de 19/9).

[2] Ver Luís de LIMA PINHEIRO – *Direito Internacional Privado*, vol. I – *Introdução e Direito de Conflitos/Parte Geral*, 2.ª ed., Coimbra, 2008, 210 e segs., com mais referências.

[3] COM(2002) 654 final.

[4] COM(2005) 650 final.

[5] 8022/07 ADD 1 REV 1 JUSTCIV 73 CODEC 306.

[6] Ver Resolução legislativa do Parlamento Europeu, de 29 de Novembro de 2007 [P6_TA(2007)0560].

404   *Estudos de Direito Internacional Privado*

preparatórios e, em especial, a Proposta de Regulamento, que foi acompanhada de uma Exposição de Motivos, constituem importantes elementos de interpretação dos preceitos contidos no Regulamento.

III. O Regulamento Roma I unifica o Direito de Conflitos geral dos Estados-Membros por ele vinculados embora, como veremos, não exclua completamente a actuação de outras fontes. Por "Direito de Conflitos geral" entendo o conjunto de normas de conflitos e de normas especiais sobre a sua interpretação e aplicação que são aplicadas pelos órgãos estaduais e que se destinam, em princípio, a determinar a ordem jurídica estadual competente. Nem sempre a regulação jurídica dos contratos internacionais passa, ou passa exclusivamente, pelo Direito de Conflitos geral. A regulação jurídica dos contratos internacionais é hoje feita em diferentes planos e com recurso a diferentes técnicas. Um estudo global desta pluralidade de planos e de técnicas de regulação foi feito noutro lugar[7]. Aqui chamarei apenas a atenção para a importância da unificação internacional do Direito material aplicável aos contratos internacionais e para a existência de um Direito de Conflitos especial da arbitragem transnacional.

A venda internacional de mercadorias e os transportes internacionais constituem duas das áreas em que a unificação internacional do Direito material aplicável realizou maiores progressos[8]. A aplicabilidade do regime contido nas Convenções de Direito material unificado depende dos pressupostos nelas enunciados, que traçam o seu âmbito material e espacial de aplicação. Quando uma situação contratual caia dentro do âmbito de aplicação de uma destas Convenções e seja apreciada por órgãos de um Estado contratante não é, *em princípio*, necessário determinar a ordem jurídica estadual competente com base no Direito de Conflitos geral. Portugal, porém, ainda não ratificou a Convenção mais importante neste domínio – a Convenção de Viena sobre a Venda Internacional de Mercadorias (1980). É essencialmente com respeito a certos contratos de transporte internacional que vigoram na ordem jurídica portuguesa Convenções de unificação do Direito material aplicável a contratos internacionais. Por conseguinte, na falta de uma convenção de arbitragem, é o

---

     [7] Ver Luís de LIMA PINHEIRO – *Direito Comercial Internacional*, Coimbra, 2005, 49 e segs. e 81 e segs.

     [8] Ver LIMA PINHEIRO (n. 2) 80 e segs.

Direito de Conflitos geral que desempenha na grande maioria dos casos a função de determinar o Direito aplicável aos contratos internacionais.

Por outro lado, a *arbitragem* não só representa uma alternativa à jurisdição estadual, como constitui mesmo o modo normal de resolução de litígios emergentes de relações do comércio internacional[9]. Segundo a opinião largamente dominante, os tribunais arbitrais, mesmo que funcionem em Portugal ou noutro Estado contratante, não estão vinculados à aplicação do Direito de Conflitos geral e, em particular, da Convenção de Roma sobre a Lei Aplicável às Obrigações Contratuais[10] ou do Regulamento Roma I. Os tribunais arbitrais dispõem de um Direito de Conflitos especial para a determinação do Direito aplicável ao mérito da causa nas relações entre empresas e entes equiparados, que resulta de uma conjugação de fontes autónomas (costume jurisprudencial arbitral e regulamentos dos centros institucionalizados de arbitragem) com directrizes estaduais (na ordem jurídica portuguesa o art. 33.º da Lei de Arbitragem Voluntária). Sem entrar em pormenores, pode dizer-se que este Direito de Conflitos especial da arbitragem revela uma grande abertura à aplicação de usos e costumes do comércio internacional, de princípios gerais de Direito, de princípios comuns aos sistemas dos Estados em presença e de modelos de regulação, tais como os Princípios do UNIDROIT sobre os Contratos Comerciais Internacionais[11]. O Direito aplicável ao mérito da causa não é, necessariamente, Direito estadual. Pelos menos desde que se verifiquem certos pressupostos, o tribunal arbitral pode decidir com base em regras e princípios autónomos e, até, com base em modelos de regulação que tenham um vasto reconhecimento internacional, independentemente da relevância que lhes seja dada por uma particular ordem jurídica estadual.

IV. Nos termos dos arts. 1.º e 2.º dos Protocolos relativos à posição do Reino Unido e da Irlanda, e da Dinamarca, o Reino Unido e a Dinamarca não participaram na aprovação do Regulamento e não são por ele vinculados[12]. Já a Irlanda comunicou a sua intenção de participar na aprovação e na aplicação do Regulamento[13]. Quando o Regulamento se refere

---

[9] Ver Luís de LIMA PINHEIRO – *Arbitragem Transnacional. A Determinação do Estatuto da Arbitragem*, Coimbra, 2005, 23 e segs.

[10] Ver LIMA PINHEIRO (n. 9) 502 e segs., com mais referências.

[11] Ver LIMA PINHEIRO (n. 9) 234 e segs.

[12] Considerandos n.os 45 e 46.

[13] Considerando n.º 44.

a "Estado-Membro" entende-se apenas os Estados-Membros por ele vinculados, com excepção do disposto nos arts. 3.°/4 e 7.° (art. 1.°/4).

V. Começarei por examinar o âmbito de aplicação do Regulamento (I), passando em seguida ao estudo das regras gerais (designação pelas partes do Direito aplicável e conexão supletiva geral) (II e III). Feito este estudo, importa examinar as regras especiais estabelecidas para certas modalidades contratuais (contratos de transporte, contratos com consumidores, contratos individuais de trabalho e contratos de seguro) (IV). Segue-se uma análise sucinta das regras auxiliares e complementares (V) e das relações com outros instrumentos (VI). Finalizarei com umas breves considerações finais (VII).

I. ÂMBITO DE APLICAÇÃO

A) Âmbito material

Quanto aos pressupostos de aplicação do Regulamento cabe distinguir entre âmbito material, espacial e temporal de aplicação.

O art. 1.° diz respeito ao *âmbito material*, estabelecendo, em primeiro lugar (n.° 1), que "O presente regulamento é aplicável às obrigações contratuais em matéria civil e comercial que impliquem um conflito de leis". "Não se aplica, em especial, às matérias fiscais, aduaneiras e administrativas".

Por um lado, este preceito está alinhado com o âmbito de aplicação do Regulamento Bruxelas I (art. 1.°/1 deste Regulamento) e deve ser interpretado do mesmo modo. A jurisprudência do Tribunal de Justiça das Comunidades (TCE) com respeito ao art. 1.°/1 do Regulamento Bruxelas I, bem como a jurisprudência do mesmo tribunal com respeito ao art. 1.°/1 da Convenção de Bruxelas I, são, portanto, relevantes para a aplicação do art. 1.°/1 do Regulamento Roma I[14].

Antes do mais, a qualificação de uma relação como obrigação contratual deve ser "autónoma", i.e., deve ser baseada numa interpretação

---

[14] Cf. Considerando n.° 7 e Exposição de Motivos da Proposta da Comissão, 5.

autónoma do conceito[15]. Isto significa que não deve ser feita referência ao Direito de um dos Estados-Membros em presença, mas antes "aos objectivos e ao sistema" do Regulamento e aos "princípios gerais que decorrem do conjunto dos sistemas jurídicos nacionais"[16].

No contexto da Convenção Bruxelas I, o TCE decidiu que a expressão "matéria contratual", empregue no art. 5.º/1 da Convenção, deve ser entendida no sentido de não abranger situações em que não existe nenhum compromisso livremente assumido por uma parte relativamente à outra[17], tais como a acção intentada pelo subadquirente de uma coisa contra o fabricante, que não é o vendedor, em razão dos defeitos da coisa ou da sua inadequação à utilização a que se destina[18] e a acção de indemnização por avarias de carga intentada pelo destinatário da mercadoria ou o segurador sub-rogado nos seus direitos contra o transportador marítimo efectivo e não contra o emitente do conhecimento de carga[19].

Mas será sempre suficiente, para incluir a situação no conceito de matéria contratual, que haja uma obrigação assumida por um compromisso de uma parte perante a outra, designadamente um negócio unilateral? A recente decisão do TCE no caso *Engler* aponta nesta direcção quando afirma que está incluída uma acção em que um consumidor pretende obter o pagamento do prémio que lhe foi prometido na condição de celebrar um contrato de venda[20]. O ponto é controverso relativamente ao âmbito material de aplicação da Convenção Roma I, mas, de acordo com a melhor opinião, o conceito de "obrigação contratual" deve ser entendido em sentido amplo, por forma a incluir as obrigações resultantes de negócios unilaterais[21]. Creio que este entendimento também deve valer para o Regulamento Roma I.

---

[15] Ver também TCE 14/10/1976, no caso *Eurocontrol* [*CTCE* (1976) 629].

[16] Cf. supracit. TCE 14/10/76, no caso *Eurocontrol*, n.º 5.

[17] Cf. TCE 17/6/1992, no caso *Handte* [*CTCE* (1992) I-3967], n.º 15.

[18] *Idem*, n.º 21.

[19] Cf. TCE 27/10/1998, no caso *Réunion européenne* [*CTCE* (1998) I-6511].

[20] Ver TCE 20/1/2005 [*CTCE* (2005) I-481]. Ver também François RIGAUX e Marc FALLON – *Droit international privé*, 3.ª ed., Bruxelas, 2005, 770, e Peter MANKOWSKI – "Special Jurisdictions", *in European Commentaries on Private International Law. Brussels I Regulation*, org. por Ulrich Magnus e Peter MANKOWSKI, 2007, Art. 5 n.ºs 34 e segs. Ver ainda Jan KROPHOLLER – *Europäisches Zivilprozeßrecht. Kommentar*, 8.ª ed., Francoforte-sobre-o-Meno, 2005, Art. 5 n.º 10.

[21] Cf. Peter MANKOWSKI – "Die Qualifikation der culpa in contrahendo – Nagelprobe für den Vetragsbegriff des europäischen IZPR und IPR", *IPRax* (2003) 127-135, 128 e

408   *Estudos de Direito Internacional Privado*

Por outro lado, o art. 1.º/1 do Regulamento Roma I está coordenado com o art. 1.º/1 do Regulamento Roma II que se refere às obrigações extracontratuais em matéria civil e comercial[22]. A intenção do legislador comunitário é aparentemente que o Regulamento Roma I e o Regulamento Roma II sejam complementares e abranjam, em princípio, todas as obrigações que não são expressamente excluídas[23]. O Regulamento Roma I deve abranger a generalidade das obrigações voluntárias e o Regulamento Roma II a generalidade das obrigações involuntárias. Todavia, a inclusão no Regulamento Roma II de um preceito sobre a validade formal de "actos jurídicos unilaterais relativos a obrigações extracontratuais" (art. 21.º) suscita alguma dúvida sobre este ponto. Até melhor clarificação, eu defenderei que o art. 21.º se refere apenas a situações especiais em que uma obrigação resulta de um acto unilateral de uma das partes[24] mas este acto unilateral não é um compromisso perante a outra parte ou perante o público[25].

Contrariamente à Convenção Bruxelas I e ao Regulamento Bruxelas I, a Convenção de Roma não limitou o seu âmbito de aplicação à "matéria civil e comercial" nem excluiu a sua aplicação a "matérias administrativas"[26]. Tão-pouco resulta do Relatório GIULIANO/LAGARDE a exclusão de contratos com elementos públicos[27].

---

segs.; Dieter MARTINY *in Internationales Vertragsrecht*, org. por Christoph REITHMANN and Dieter MARTINY, 6.ª ed., Colónia, 2004, n.º 8; e Bernd VON HOFFMANN e Karsten THORN – *Internationales Privatrecht einschließlich der Grundzüge des Internationalen Zivilverfahrensrechts*, 9.ª ed., Munique, 2007, 427. Cp., em sentido contrário, Alfonso-Luis CALVO CARAVACA e Javier CARRASCOSA GONZÁLEZ – *Derecho Internacional Privado*, vol. II, 9.ª ed., Granada, 2008, 479.

[22] Cf. Considerando n.º 7. Sobre o âmbito material de aplicação do Regulamento Roma II, ver Luís de LIMA PINHEIRO – "O Direito de Conflitos das obrigações extracontratuais entre a comunitarização e a globalização – Um primeira apreciação do Regulamento comunitário Roma II", *O Direito* 139 (2007) 1027-1071, 1030 e segs. [versão em língua inglesa em *RDIPP* 44 (2008) 5-42].

[23] Cf. Exposição de Motivos da Proposta da Comissão, 5, e Exposição de Motivos da Proposta da Comissão referente ao Regulamento Roma II [COM(2003) 427 final], 8.

[24] Ver Exposição de Motivos da Proposta da Comissão, 28.

[25] Em sentido diferente, Alfonso-Luis CALVO CARAVACA e Javier CARRASCOSA GONZÁLEZ – *Las obligaciones extracontractuales en Derecho internacional privado. El Reglamento "Roma II"*, Granada, 2008, 139.

[26] Ver, sobre o sentido desta exclusão, Luís de LIMA PINHEIRO – *Direito Internacional Privado*, vol. III – *Competência Internacional e Reconhecimento de Decisões Estrangeiras*, Almedina, Coimbra, 2002, 60 e seg.

O Novo Regulamento Comunitário Sobre a Lei Aplicável às Obrigações Contratuais 409

A razão de ser desta divergência não está inteiramente esclarecida, mas é razoável pensar que o legislador internacional ao mesmo tempo que não quis interferir com as regras internas de competência judiciária com respeito a contratos que envolvem o exercício de poderes de autoridade (e em que podem estar em causa problemas de imunidade de jurisdição), quis estabelecer um regime de determinação do Direito aplicável com respeito a todos os contratos obrigacionais que "impliquem um conflito de leis". Quando os tribunais de um Estado se ocupem de contratos que são submetidos pela ordem jurídica do foro a um regime especial de Direito público não se suscita um "conflito de leis" e, por isso, é aplicável directamente o Direito público interno. Quando os tribunais de um Estado se ocupem de contratos em que estão implicados sujeitos públicos estrangeiros suscita-se sempre um "conflito de leis" e, por isso, tem de recorrer-se,

---

[27] No Relatório GIULIANO sobre o anteprojecto de Convenção (1972) afirmava-se a aplicabilidade das regras uniformes aos contratos celebrados entre um Estado e um particular, desde que se tratasse de contratos inseridos na esfera do Direito privado [n.º 1 *in fine*]. Desta passagem parecia inferir-se a exclusão dos contratos públicos. Neste sentido, e criticamente, Kurt LIPSTEIN – "Comments on Arts. 1 to 21 of the Draft Convention", *in European Private International Law of Obligations*, org. por LANDO/VON HOFFMANN/ /SIEHR, 1975, 155-164, n.º 7. Tal afirmação não veio a constar, porém, do Relatório GIULIANO/LAGARDE sobre a Convenção ("Rapport concernant la convention sur la loi applicable aux obligations contractuelles" por MARIO GIULIANO e Paul LAGARDE [*JOCE* C 282/1, 31.10.1980]). Pelo contrário, este relatório não deixa de invocar [16], em abono do princípio da autonomia da vontade, a decisão do TPJI no caso dos empréstimos sérvios e as decisões arbitrais nos casos *Saudi Arabia* v. *Arabian American Oil Company* (*Aramco*) (*ad hoc*, 1958) [*ILR* 27: 117], relativo a um contrato de concessão de prospecção e exploração de petróleo, que, no entender do tribunal arbitral, fora celebrado no exercício de um poder soberano e teria um carácter misto público e privado – cf. LIPSTEIN – "International Arbitration Between Individuals and Governments and the Conflict of Laws", *in Contemporary Problems of International Law. Essays in Honour of Georg Schwarzenberger*, org. por BIN CHENG e E. BROWN, 177-195, Londres, 1988, 183; *Sapphire International Petroleums Ltd.* v. *National Iranian Oil Company* (*ad hoc*, 1963) [*ILR* 35: 136], relativo ao incumprimento de um "contrato de concessão", que, na verdade, era um contrato misto de concessão e empreendimento comum; e, *Texaco* v. *Libya* [*ILM* (1979) 3 e *Clunet* 104 (1977) 350], com respeito a um contrato de concessão de exploração de petróleo, em que o árbitro RENÉ-JEAN DUPUY afastou a qualificação de contrato administrativo à face do Direito líbio, por entender que o Estado ou autoridade administrativa lidou com a outra parte numa base de igualdade, que não se tratou de uma operação ou exploração de serviço público e que a distinção entre contratos civis e administrativos, sendo desconhecida de muitos sistemas, não pode ser considerada como correspondendo a um "princípio geral de Direito".

410 Estudos de Direito Internacional Privado

em princípio, à Convenção de Roma para determinar o Direito aplicável. Não é outro o entendimento largamente dominante[28].

No entanto, a situação é alterada pelo Regulamento Roma I que, como já se assinalou, alinha o seu âmbito material de aplicação com o do Regulamento Bruxelas I e, assim, circunscreve-se à "matéria civil e comercial" e exclui as "matérias administrativas". Esta alteração não é feliz, porque limita o alcance da unificação e, na falta de soluções especiais, suscita uma indesejável incerteza e imprevisibilidade sobre a determinação do Direito aplicável aos contratos de Estado que envolvam o exercício de poderes de autoridade.

Em minha opinião, o regime contido na Convenção de Roma é adequado aos contratos de Estado que não estejam submetidos a Direito Internacional de Conflitos[29]. Admito que o reforço da competência atribuída ao Direito da parte que fornece os bens ou serviços, operado pelo Regula-

---

[28] Cf. François RIGAUX – "Examen de quelques questions laissées ouvertes par la convention de Rome sur la loi applicable aux obligations contractuelles", *Cahiers de Droit Européen* 24 (1988) 306-321, 313-314 e 319 e segs.; *Dicey, Morris and Collins on the Conflict of Laws*, 14.ª ed., vol. II, Londres, 2006, 1547 e seg. e 1567 e seg.; Pierre MAYER e Vincent HEUZÉ – *Droit international privé*, 9.ª ed., 2007, 525; MARTINY (n. 21) n.° 147; CALVO CARAVACA/CARRASCOSA GONZÁLEZ (n. 21) 533-534, com excepção de aspectos "de puro Direito público" relacionados com "mercados públicos" (aparentemente os autores têm em vista os aspectos relacionados com o concurso público); aparentemente, Gerhard KEGEL e Klaus SCHURIG – *Internationales Privatrecht*, 9.ª ed., Munique, 2004, 661. Ver também, no sentido da aplicação do Direito de Conflitos geral, PIERRE LALIVE – "L'État en tant que partie a des contrats de concession ou d'investissement conclus avec des sociétés privées étrangères", in *UNIDROIT – New Directions in International Trade*, vol. I, 317-373, 1977, 343 e seg.; Id. – "Sur une notion de 'Contrat international'", in *Multum non Multa, FS Kurt Lipstein*, 135-155, 1980, 151 e segs.; Georges VAN HECKE – "Contracts between States and Foreign Private Law Persons", in *EPIL*, 2.ª ed., vol. VII, 1992, n.° 1; Bernd VON HOFFMANN in FISCHER/VON HOFFMANN – *Staatsunternehmen im Völkerrecht und im Internationalen Privatrecht*, Heidelberga, 1984, 57 e seg.; e Ian BROWNLIE – *Principles of Public International Law*, 6.ª ed., Oxford, 2003, 525.

Cp., em sentido contrário, Peter KAYE – *The New Private International Law of Contract of the European Community*, Aldershot et al., 1992, 111; Dário MOURA VICENTE – "Direito aplicável aos contratos públicos internacionais", in *Est. Marcello Caetano*, 289-311, Coimbra, 2006, 198, com respeito aos "contratos administrativos internacionais"; aparentemente, também Bernard AUDIT – *Droit international privé*, 4.ª ed., Paris, 2006, 667 e seg.

[29] Ver, com mais desenvolvimento, LIMA PINHEIRO (n. 7) 122 e segs. Quanto aos contratos de estado submetidos a Direito Internacional de Conflitos, ver op. cit., 153 e segs.

mento Roma I (*infra* III), possa ser particularmente inconveniente com respeito aos contratos de Estado. Mas teria sido preferível estabelecer uma regra especial para estes contratos que mantivesse o regime estabelecido pela Convenção de Roma. A exclusão dos contratos de Estado que envolvam o exercício de poderes de autoridade do âmbito de aplicação do Regulamento Roma I coloca a questão de saber se deverá ser aplicado a estes contratos o Direito de Conflitos de fonte interna que, no nosso caso, consta dos arts. 41.° e 42.° CC. A meu ver, este regime, ao limitar a liberdade de escolha da lei aplicável e ao estabelecer, como regra supletiva para os contratos onerosos entre partes localizadas em países diferentes, a competência da lei do lugar da celebração, é inadequado aos contratos de Estado.

Numa primeira aproximação, parece-me defensável que os tribunais portugueses apliquem analogicamente o regime do Regulamento Roma I a esses contratos de Estado, com os ajustamentos que se imponham. No que toca à regra supletiva, entendo que esses contratos deverão ficar sujeitos à lei do país com o qual apresentam uma conexão mais estreita (art. 4.°/4).

O Regulamento não se aplica a todas as obrigações em matéria civil e comercial. O art. 1.°/2 exclui as seguintes matérias:

– obrigações do estatuto pessoal, sem prejuízo do disposto no art. 13.° sobre a invocação da incapacidade (a), b) e c)[30];

– obrigações que decorrem de letras, cheques e livranças, bem como de outros títulos negociáveis, na medida em que as obrigações decorrentes desses outros títulos resultem do seu carácter negociável (d)[31];

– as convenções de arbitragem e de eleição do foro (e);

---

[30] Estas alíneas têm o seguinte teor:

"a) O estado e a capacidade das pessoas singulares, sem prejuízo do artigo 13.°;

"b) As obrigações que decorrem de relações de família ou de relações que a lei que lhes é aplicável considera produzirem efeitos equiparados, incluindo as obrigações de alimentos;

"c) As obrigações que decorrem de regimes de bens no casamento, de regimes de bens no âmbito de relações que a lei que lhes é aplicável considera produzirem efeitos equiparados ao casamento, e as sucessões".

[31] Segundo o Considerando n.° 9 isto abrange os conhecimentos de carga, na medida em que as obrigações deles decorrentes resultem do seu carácter negociável.

412   *Estudos de Direito Internacional Privado*

– as questões reguladas pelo Direito das sociedades e pelo Direito aplicável a outras entidades dotadas ou não de personalidade jurídica (f)[32];

– a questão de saber se um agente pode vincular, em relação a terceiros, a pessoa por conta da qual pretende agir ou se um órgão de uma sociedade ou de outra entidade dotada ou não de personalidade jurídica pode vincular essa sociedade ou entidade perante terceiros (g);

– a constituição de *trusts* e as relações que criam entre os constituintes, os *trustees* e os beneficiários (h);

– as obrigações decorrentes de negociações realizadas antes da celebração do contrato (i);

– os contratos de seguro decorrentes de actividades levadas a efeito por organismos que não as empresas referidas no artigo 2.º da Directiva 2002/83/CE Relativa aos Seguros de Vida cujo objectivo consiste em fornecer prestações a assalariados ou a trabalhadores não assalariados que façam parte de uma empresa ou grupo de empresas, a um ramo comercial ou grupo comercial, em caso de morte ou sobrevivência, de cessação ou redução de actividades, em caso de doença profissional ou de acidente de trabalho (j).

As obrigações extracontratuais decorrentes de negociações realizadas antes da celebração do contrato caem dentro do âmbito de aplicação do Regulamento Roma II. Isto abrange, designadamente, a responsabilidade pré-contratual por violação do dever de informação e por ruptura de negociações contratuais[33]. Mas o Regulamento Roma II remete, em primeira

---

[32] Tais "como a constituição, através de registo ou por outro meio, a capacidade jurídica, o funcionamento interno e a dissolução de sociedades e de outras entidades dotadas ou não de personalidade jurídica, bem como a responsabilidade pessoal dos sócios e dos titulares dos órgãos que agem nessa qualidade relativamente às obrigações da sociedade ou entidade".

[33] Cf. Considerando n.º 30 do Regulamento Roma II e LIMA PINHEIRO (n. 22) 1056-1057. Cp. as apreciações da Proposta da Comissão feitas por Paul LAGARDE – "Remarques sur la proposition de règlement de la Commission européenne sur la loi applicable aux obligations contractuelles (Rome I)", R. crit. 95 (2006) 331-359, 334; Peter MANKOWSKI – "Der Vorschlag für die Rom I-Verordnung", IPRax (2006) 101-113, 101, e Max Planck Institute for Comparative and International Private Law – "Comments on the European Commission's Proposal for a Regulation of the European Parliament and the Council on

linha, para a lei aplicável ao contrato ou que lhe seria aplicável se tivesse sido celebrado (art. 12.°/1) e, por conseguinte, as regras do Regulamento Roma I são indirectamente aplicáveis. Isto converge com a melhor doutrina expendida perante a Convenção de Roma[34].

Já a responsabilidade por violação de negócios preliminares ou, pelo menos, de contratos preliminares, é abrangida directamente pelo Regulamento Roma I.

O Considerando n.° 31 parece indicar que o Regulamento também não se aplica aos acordos que instituam sistemas de pagamentos e de liquidação de valores mobiliários na acepção da alínea a) do art. 2.° da Directiva 98/26/CE Relativa ao Carácter Definitivo da Liquidação nos Sistemas de Pagamentos e de Liquidação de Valores Mobiliários.

Naturalmente que as regras de conflitos do Regulamento só actuam para questões substantivas. O art. 1.°/3 confirma que o Regulamento não se aplica à prova e ao processo, sem prejuízo do disposto no art. 18.° com respeito às regras sobre presunções legais, ónus da prova e meios de prova de actos jurídicos.

B) Âmbito espacial

O Regulamento, à semelhança da Convenção de Roma, é aplicável às obrigações contratuais "que impliquem um conflito de leis". Para a com-

---

the law applicable to contractual obligations (Rome I)", RabelsZ. 71 (2007) 225-344, 234 e 237 e segs.

[34] Ver KEGEL/SCHURIG (n. 28) 612-613; Dieter MARTINY – "Art. 32", in Münchener Kommentar zum Bürgerlichen Gesetzbuch, 3.ª ed., Munique, 1998, Art. 32 n.° 33, e LIMA PINHEIRO – Direito Internacional Privado – Parte Especial (Direito de Conflitos), Almedina, Coimbra, 1999, 155; Direito Internacional Privado, vol. II – Direito de Conflitos/ /Parte Especial, 2.ª ed., Almedina, Coimbra, 2002, 251-252, 141, defendendo que a Convenção Roma I era aplicável directamente quando tenha sido celebrado um contrato (mesmo que tenha um mero carácter preparatório) e por analogia quando as negociações tenham sido interrompidas antes da celebração de um contrato. No sentido de uma aplicação directa da Convenção Roma I em ambos os casos, ver Angelo DAVI – "Responsabilità non contrattuale nel diritto internazionale privato", in Digesto priv. civ., vol. XVII, 1998, n.° 12, e Dário MOURA VICENTE – Da Responsabilidade Pré-Contratual em Direito Internacional Privado, Coimbra, 2001, 445 e segs., 457 e segs. e 469 e segs. Cp., no sentido de uma diferenciação, REITHMANN/MARTINY (n. 21) n.os 282 e segs., e Ulrich SEPEL-LENBERG – "Art. 31,32", in Münchener Kommentar zum Bürgerlichen Gesetzbuch, 4.ª ed., Munique, 2006, Art. 32 n.os 59 e segs.

414   *Estudos de Direito Internacional Privado*

preensão do sentido desta fórmula é útil convocar o Relatório GIULIANO/ /LAGARDE sobre a Convenção de Roma[35], que se refere a "situações que comportam um ou mais elementos estranhos à vida social interna de um país (...) e que dão aos sistemas jurídicos de vários países vocação a aplicar-se"[36]. Esta definição não evita as dúvidas relativamente a situações internas em que o único elemento de estraneidade é a escolha de uma lei estrangeira pelas partes[37]. Este ponto está relacionado com a interpretação do art. 3.º/3 do Regulamento e será examinado a propósito deste preceito (*infra* II).

Do art. 22.º/2 do Regulamento resulta que um Estado-Membro em que diferentes unidades territoriais tenham normas próprias em matéria de contratos obrigacionais pode, mas não é obrigado, a aplicar Regulamento aos conflitos de leis internos (interlocais).

O Regulamento tem um carácter universal porque deve ser aplicado pelos tribunais de qualquer Estado-Membro por ele vinculado (art. 1.º/4), sempre que a situação caia dentro do seu âmbito material de aplicação (e do seu âmbito temporal de aplicação) e envolva um conflito de leis. Para este efeito é irrelevante que a relação não tenha conexão com um Estado-Membro ou que a lei designada pelas regras de conflitos do Regulamento seja a lei de um terceiro Estado (art. 2.º).

C) Âmbito temporal

O Regulamento é aplicável aos contratos celebrados após 17 de Dezembro de 2009 (art. 28.º). Por conseguinte, a Convenção de Roma continuará, durante um considerável período de tempo, a ter importância prática na determinação do Direito aplicável aos contratos internacionais.

---

[35] N. 27, 10.

[36] Ver trecho similar na Exposição de Motivos da Proposta da Comissão do Regulamento Roma II, 8.

[37] Ver LIMA PINHEIRO – *Contrato de Empreendimento Comum (Joint Venture) em Direito Internacional Privado*, Almedina, Coimbra, 1998, 512 e segs.; Id. (n. 7) 68 e segs.

II. A DESIGNAÇÃO PELAS PARTES DO DIREITO APLICÁVEL

A autonomia da vontade na determinação do Direito aplicável aos contratos obrigacionais constitui hoje um princípio de Direito Internacional Privado comum à esmagadora maioria dos sistemas nacionais[38].

No Regulamento Roma I este princípio encontra-se consagrado no n.º 1 do art. 3.º.

Na liberdade de designação do Direito aplicável manifesta-se a *auto-determinação* das partes[39]. Para a justificação da eficácia jurídica da convenção sobre o Direito aplicável, concorrem ainda razões de *certeza*, *previsibilidade* e *facilidade* para as partes na determinação da disciplina material do caso, ligadas à *protecção da confiança recíproca*. Enfim, é de partir do princípio que a conexão operada mediante a designação feita pelas partes exprime, numa concreta relação da vida, uma *solução adequada aos seus interesses*.

O art. 3.º do Regulamento Roma I, à semelhança do art. 3.º da Convenção de Roma, não estabelece quaisquer limites quanto às ordens jurí-

---

[38] Cf. Ole LANDO – "The Conflict of Laws of Contracts. General Principles", *RCADI* 189 (1984) 223-447, 284; António FERRER CORREIA – "Algumas considerações acerca da Convenção de Roma de 19 de Junho de 1980 sobre a lei aplicável às obrigações contratuais", *RLJ* (1990) n.os 3787 a 3789; Frank VISCHER – "General Course on Private International Law", *RCADI* 232 (1992) 9-256, 139, considera que a liberdade de escolher a lei aplicável pode ser considerada como um princípio geral de Direito; mas refere François RIGAUX – "Les situations juridiques individuelles dans un système de relativité générale", *RCADI* 213 (1989) 7-407, 234, quando este autor assinala que o problema não é tanto o princípio em si, quanto o seu alcance e limites. Em rigor tem havido uma certa resistência a este princípio por parte dos Estados latino-americanos – ver Diego FERNÁNDEZ ARROYO (org.) – *Derecho Internacional Privado de los Estados del Mercosur*, Buenos Aires, 2003, 1015 e segs. Segundo o Preâmbulo da Resolução do *Instituto de Direito Internacional* sobre a autonomia da vontade das partes nos contratos internacionais entre particulares, aprovada na sessão de Basileia (1991), a "autonomia da vontade das partes é um dos princípios de base do Direito Internacional Privado". Observe-se ainda que, no Direito português, a liberdade de designação do Direito aplicável foi já consagrada, em 1888, pelo n.º 1 do art. 4.º C. Com.

[39] Ver ISABEL DE MAGALHÃES COLLAÇO – *Da Compra e Venda em Direito Internacional Privado, Aspectos Fundamentais*, vol. I (Diss. Doutoramento), Lisboa, 1954, 108, que se refere a um momento de liberdade, e, em geral, sobre a fundamentação do princípio da autonomia da vontade na designação do Direito aplicável, LIMA PINHEIRO (n. 37) § 12 B, com mais referências.

dicas estaduais que podem ser designadas. Com efeito, este preceito não subordina a escolha a qualquer laço objectivo entre o contrato e a lei escolhida nem à demonstração de um interesse sério na escolha[40].

A favor desta solução pode dizer-se que a exigência de um laço objectivo com a lei escolhida não corresponde às necessidades do comércio internacional e que, na falta de conexão objectiva com a lei escolhida, evita as dificuldades de averiguação do interesse sério e torna mais certa a determinação do Direito aplicável. Com efeito, confiar ao órgão de aplicação a tarefa de avaliar, nestes casos, a seriedade do interesse subjacente à designação não deixaria de prejudicar a certeza e previsibilidade sobre o Direito aplicável.

Do art. 22.°/1 (*infra* V.D) resulta que as partes também podem escolher directamente um sistema local vigente dentro de uma ordem jurídica complexa de base territorial (i.e., em que diferentes unidades territoriais do mesmo Estado tenham normas próprias em matéria de contratos obrigacionais).

O Regulamento salvaguarda em alguns casos a aplicação de normas imperativas da lei que, na falta de designação, seria objectivamente competente. Por esta via limita o alcance da escolha feita pelas partes. É o caso dos n.os 3 e 4 do art. 3.° , do art. 6.° (contratos celebrados por consumidores) e do art. 8.° (contratos individuais de trabalho). O Regulamento também salvaguarda a aplicação das normas de aplicação necessária do Estado do foro (art. 9.°/2) e de certas normas de aplicação necessária do Estado em que as obrigações devam ser ou tenham sido executadas (art.

---

[40] Relativamente à Convenção de Roma, decorre do n.° 4 do Relatório GIULIANO/ /LAGARDE (n. 27) que o risco de uma evasão a disposições imperativas mediante o *dépeçage* foi considerado nos trabalhos preparatórios, tendo os peritos entendido que este risco seria neutralizado pelo disposto no art. 7.°. Ora, este comentário, feito a propósito das remissões parciais, vale por maioria de razão para o risco (menor) de evasão mediante uma designação global. LANDO (n. 38) 292, afirma ainda que a possibilidade de incluir o "princípio da *fraus legis*" foi suscitada, e não concretizada, pelos peritos, e retira, do comentário ao art. 16.° , em que se sublinha que o "ordem pública não intervém, abstracta e globalmente, contra a lei designada pela convenção", a exclusão da aplicação da *ordre public* a casos de *fraus legis*. É este o entendimento dominante, mas não pacífico, na doutrina – ver referências em LIMA PINHEIRO (n. 7) 100-101.

No mesmo sentido parece apontar a Exposição de Motivos da Proposta de Regulamento Roma I quando afirma que a "fraude à lei" é visada pelos n.os 4 e 5 do art. 3.° , que correspondem no Regulamento aos n.os 3 e 4 do art. 3.°.

9.°/3). Enfim, o Regulamento coloca limites à escolha da lei aplicável ao contrato de transporte de passageiros (art. 5.°/2/2.° §) e a certos contratos de seguro (art. 7.°/3).

Nos termos do art. 3.°/3, caso "todos os outros elementos relevantes da situação se situem, no momento da escolha, num país que não seja o país da lei escolhida, a escolha das partes não prejudica a aplicação das disposições da lei desse outro país não derrogáveis por acordo". O Considerando n.° 15 esclarece que esta regra é aplicável independentemente de a escolha da lei aplicável ser ou não acompanhada da escolha de um tribunal ou de outro órgão jurisdicional e que não se pretende alterar substancialmente o art. 3.°/3 da Convenção Roma I. Não obstante, o preceito do Regulamento Roma I está redigido com maior rigor, à semelhança do art. 14.°/2 do Regulamento Roma II.

O art. 3.°/3 da Convenção de Roma é entendido no Relatório GIULIANO/LAGARDE como referindo-se a situações puramente internas a um Estado-Membro que só são abrangidas pelo âmbito de aplicação da Convenção pelo facto de as partes terem escolhido uma lei estrangeira[41]. A redacção dada ao preceito pelo Regulamento Roma I dá menos apoio a este entendimento, uma vez que não refere a lei escolhida pelas partes como uma "lei estrangeira". Ela tão-pouco sugere que o país em que todos os elementos da situação estão localizados seja o país do foro.

Na minha opinião, esse entendimento entra em contradição com o âmbito espacial de aplicação estabelecido no art. 1.°/1 do Regulamento, que se reporta a situações que impliquem um conflito de leis[42]. As situações internas não implicam um conflito de leis. A designação de uma lei estrangeira pelas partes de um contrato interno só constitui uma referência material, i.e., a incorporação das regras da lei estrangeira como cláusulas do contrato. Esta incorporação é permitida pelo princípio da liberdade contratual e não pelo art. 3.°/3.

O art. 3.°/3 tem sentido útil para outro tipo de situações: aquelas em que os tribunais de um Estado-Membro decidem um litígio emergente de uma "situação meramente estrangeira", i.e., uma situação que está exclusivamente conectada com um Estado estrangeiro, e as partes escolheram a lei do foro ou de um terceiro Estado. Neste caso, há uma situação envol-

---

[41] N. 27, 18. O mesmo se verifica com respeito ao art. 14.°/2 do Regulamento Roma II na Exposição de Motivos da Proposta da Comissão [24].

[42] Ver LIMA PINHEIRO (n. 37) 512 e segs., e (n. 7) 68 e segs.

418   *Estudos de Direito Internacional Privado*

vendo um conflito de leis, porquanto o tribunal tem de determinar a lei aplicável. A escolha feita pelas partes deve ser respeitada pelo tribunal, mas o seu alcance é limitado pela aplicação das regras imperativas do Estado estrangeiro em que a situação está localizada.

Nos termos do art. 3.º/4, caso "todos os outros elementos relevantes da situação se situem, no momento da escolha, num ou em vários Estados-Membros, a escolha pelas partes de uma lei aplicável que não seja a de um Estado-Membro não prejudica a aplicação, se for caso disso, das disposições de direito comunitário não derrogáveis por acordo, tal como aplicadas pelo Estado-Membro do foro". Este preceito é semelhante ao art. 14.º/3 do Regulamento Roma II, pelo que remeto para as considerações que formulei com respeito a esta disposição[43].

A doutrina largamente dominante entende que o art. 3.º da Convenção de Roma não admite que as partes subtraiam o negócio a qualquer ordem jurídica ou escolham uma ordem jurídica não estadual[44]. A Proposta de Regulamento Roma I era inovadora, ao determinar que as "partes podem igualmente escolher como lei aplicável os princípios e regras de direito material dos contratos, reconhecidos a nível internacional ou comunitário" (art. 3.º/2/1.º §). A Exposição de Motivos esclarecia que esta formulação se destinava "a autorizar, nomeadamente, a escolha dos princípios UNIDROIT, dos *Principles of European Contract Law* ou de um eventual futuro instrumento comunitário opcional, proibindo, ao mesmo tempo, a escolha da *lex mercatoria*, insuficientemente precisa, ou de codificações privadas não suficientemente reconhecidas pela comunidade internacional"[45]. O legislador comunitário não acolheu esta solução, man-

---

[43] N. 22, 1038.

[44] Ver Rui MOURA RAMOS – *Da Lei Aplicável ao Contrato de Trabalho Internacional*, Coimbra, 1991, 511 e segs., e LIMA PINHEIRO (n. 7) 102, com extensas referências doutrinais. O art. 2.º/1 da Resolução do *Instituto de Direito Internacional* sobre a autonomia da vontade das partes nos contratos internacionais entre pessoas privadas (Basileia, 1991), prevê apenas a escolha de uma lei estadual; a exclusão do problema da *lex mercatoria* relaciona-se com o entendimento segundo o qual a resolução se dirige aos juízes estaduais e aos legisladores – cf. o relatório de Erik JAYME – "L'autonomie de la volonté des parties dans les contrats internationaux entre personnes privées. Rapport provisoire", *Ann. Inst. dr. int.* 64-I (1991) 36-52, 37, e as observações de GOLDMAN, FERRER CORREIA e PIERRE LALIVE [*in Ann. Inst. dr. int.* 64-I (1991) 26 e seg., 29 e 34, respectivamente].

[45] 5. Sobre a possibilidade da escolha das regras do "Quadro Comum de Referência", ver Max Planck Institute (n. 33) 341-342, e Dieter MARTINY – "Common Frame of Reference und Internationales Vertragsrecht", *ZeuP* (2007) 212-228.

tendo a situação existente perante a Convenção de Roma, como confirma o Considerando n.° 13 ao limitar a relevância de referências "a um corpo legislativo não estatal ou uma convenção internacional" a referências materiais, que incorporam as regras contidas nesses instrumentos no contrato, como cláusulas contratuais, no quadro delimitado pelo Direito imperativo da ordem jurídica estadual chamada a título de *lex contractus*.

Neste ponto o Direito de Conflitos comunitário diverge do entendimento seguido perante a Convenção Interamericana sobre o Direito Aplicável aos Contratos Internacionais (Cidade do México, 1994). Com efeito, o art. 7.° desta Convenção é entendido no sentido de admitir uma designação da *lex mercatoria*, dos "princípios de Direito comercial internacional" e dos princípios UNIDROIT[46].

Por minha parte, entendo que a abertura contida na Proposta de Regulamento era bem-vinda[47], e que um instrumento comunitário poderia mesmo ir mais longe e permitir a designação de regras e princípios da *lex mercatoria* que constituam Direito objectivo (mormente costume comercial internacional, costume jurisprudencial arbitral e regras criadas por organizações privadas do comércio internacional no âmbito da autonomia associativa), sem excluir a aplicabilidade de um Direito estadual aos aspectos não regulados por essas regras[48].

Observe-se que, no entanto, o Regulamento não exclui a possibilidade de um instrumento comunitário que contenha regras de Direito material dos contratos prever a referência conflitual a essas regras, i.e., a designação pelas partes dessas regras como Direito aplicável ao contrato[49].

---

[46] Cf., designadamente, Friedrich JUENGER – "The Inter-American Convention on the Law Applicable to International Contracts: Some Highlights and Comparisons", *Am. J. Comp. L.* 42 (1994) 381-393, 392, e "Amerikanische Praxis und europäische Übereinkommen", *in FS Ulrich Drobnig*, 305-313, Tubinga, 1998, 311; FERNÁNDEZ ARROYO (org.) (n. 38) 999.

[47] Ver também Nerina BOSCHIERO – "Verso il rinnovamento e la trasformazione della convenzione di Roma: problemi generali", *in Diritto internazionale privato e diritto comunitario*, org. por Paolo PICONE, 318-420, Pádua, 2004, 357 e segs.; Max Planck Institute (n. 33) 229-231 e 244-245. Cp. Erik JAYME – "Choice-of-law clauses in international contracts: some thoughts on the reform of art. 3 of the Rome Convention", *in Seminário Internacional sobre a Comunitarização do Direito Internacional Privado*, org. por Luís de LIMA PINHEIRO, 53--61, Coimbra, 2005, 56-57; LAGARDE (n. 33) 336, e MANKOWSKI (n. 33) 102.

[48] Ver, com mais desenvolvimento e apreciação político-jurídica, LIMA PINHEIRO (n. 7) 103 e segs.

[49] Cf. Considerando n.° 14.

420   *Estudos de Direito Internacional Privado*

A existência e a validade do consentimento das partes quanto à escolha da lei aplicável são determinadas, em princípio, com base na lei escolhida (art. 10.°/1 *ex vi* art. 3.°/5). Há, no entanto, que ter em conta a relevância concedida à lei da residência habitual do contraente nos termos do art. 10.°/2. Se a convenção sobre o Direito aplicável constituir uma *cláusula contratual geral* a sua inclusão no contrato será apreciada, em primeiro lugar, pela lei escolhida; se a questão for respondida afirmativamente pela lei escolhida, o declaratário poderá ainda invocar, com base no art. 10.°/2, a lei da sua residência habitual para demonstrar que não deu o seu acordo, se resultar das circunstâncias que não seria razoável determinar os efeitos do seu comportamento nos termos da lei escolhida[50].

Em sistemas como o português haverá que ter em conta, a este respeito, o regime das cláusulas contratuais gerais[51]. Observe-se que o Regulamento Roma I, à semelhança da Convenção de Roma, não é compatível com qualquer controlo do conteúdo da designação do Direito aplicável com base no Direito interno[52].

É ainda aplicável à designação do Direito competente o disposto nos arts. 11.° e 13.° do Regulamento com respeito à forma e à invocação da incapacidade[53].

Nos termos da 2.ª parte do n.° 1 do art. 3.° do Regulamento, *o consentimento das partes na designação do Direito aplicável pode ser mani-*

---

[50] A Convenção da Cidade do México oferece uma formulação menos precisa, segundo a qual o juiz tomará em consideração a residência habitual ou o estabelecimento do declaratário. O art. 5.° da supracit. Resolução do *Instituto de Direito Internacional*, após admitir, no seu n.° 1, que a "lei aplicável pode ser designada por cláusulas contratuais gerais desde que as partes tenham nelas consentido", acrescenta, no seu n.° 2, uma regra material, segundo a qual este "consentimento deve ser expresso por escrito, ou de uma maneira conforme aos hábitos estabelecidos entre as partes, ou segundo os usos profissionais de que elas têm conhecimento". Esta solução inspira-se na jurisprudência do TCE relativamente à cláusula de jurisdição inserida no formulário proposto por uma das partes – cf. Erik JAYME – "L'autonomie de la volonté des parties dans les contrats internationaux entre personnes privées. Rapport définitif", *Ann. Inst. dr. int.* 64-I (1991) 62-76, 72 e segs.

[51] Ver LIMA PINHEIRO – "Direito aplicável às operações bancárias internacionais", *ROA* 67 (2007) 573-627, 585 e segs.

[52] Ver também Dieter MARTINY – "Vor Art. 27-Art. 30", *in Münchener Kommentar zum Bürgerlichen Gesetzbuch*, vol. X – *EGBGB*, 4.ª ed., Munique, 2006, Art. 27 n.° 13. Em sentido diferente, António MENEZES CORDEIRO – *Tratado de Direito Civil Português*, vol. I – *Parte Geral*, tomo I, 3.ª ed., Coimbra, 2005, 636.

[53] Cp., em sentido crítico relativamente à remissão para a disposição sobre forma (perante a Convenção de Roma), JAYME (n. 47) 58-59.

festado expressa ou tacitamente. Quanto à designação tácita este preceito exige que a escolha resulte "de forma clara das disposições do contrato, ou das circunstâncias do caso". O preceito homólogo da Convenção de Roma exige que a escolha resulte "de modo inequívoco", o que dificulta a demonstração de uma vontade tácita[54]. Subsistem, no entanto, divergências entre as diferentes versões linguísticas do Regulamento que podem suscitar alguma incerteza[55].

Podem constituir indícios importantes da vontade de escolha de uma lei não só, por exemplo, a utilização de um modelo contratual que se baseia num determinado sistema jurídico, a cláusula que atribua competência à jurisdição de determinado Estado ou a referência feita no contrato a disposições particulares de um certo ordenamento[56], mas também, por exemplo, a convenção de competência que não constitua uma cláusula do contrato fundamental ou a escolha expressa feita num contrato conexo ou em relações anteriores, do mesmo tipo, estabelecidas entre as mesmas partes[57].

Mas trata-se apenas de indícios, que têm de ser apreciados face ao conjunto das circunstâncias do caso. Assim, por exemplo, o sentido da remissão operada para disposições particulares pode ser o de uma simples referência material. A cláusula de jurisdição é um indício importante mas não, de per si, conclusivo[58]. A presunção de escolha tácita da lei do foro a que as partes atribuíram competência, contida no art. 3.º/1/2.º § da Proposta da Comissão, não foi acolhida pelo legislador comunitário[59].

Na maioria dos casos em que as partes designam o Direito aplicável, tal estipulação é feita no momento da celebração do contrato, como cláu-

---

[54] Ver LIMA PINHEIRO (n. 7) 109.

[55] Assim, a versão francesa refere-se a "résulte de façon certaine"; a versão inglesa a "clearly demonstrated"; a versão alemã a "eindeutig". A divergência destas versões linguísticas na Proposta já é notada por LAGARDE (n. 33) 335.

[56] ISABEL DE MAGALHÃES COLLAÇO (n. 39) assinala que a existência de uma mera designação *expressa* parcial pode constituir um indício de vontade tácita relativamente à designação do estatuto geral; a conexão objectiva dos interesses com determinada ordem, a integração do acto numa ordem pela sua estrutura, língua, formulário empregado e cláusulas concretas são factores que poderão dar força especial àquele indício.

[57] Ver também GIULIANO/LAGARDE (n. 27) 17, e Peter NORTH e J. FAWCETT – *Cheshire and North's Private International Law*, 13.ª ed., Londres, 1999, 561 e segs.

[58] Cf. Considerando n.º 12.

[59] Cp., a este respeito, as posições divergentes de LAGARDE (n. 33) 335 e Max Planck Institute (n. 33) 243.

sula acessória do negócio fundamental. Mas não é necessário que assim suceda: *a designação do Direito competente pode ser anterior ou posterior à celebração do contrato.*

O n.º 2 do art. 3.º do Regulamento Roma I estabelece que, em "qualquer momento, as partes podem acordar em subordinar o contrato a uma lei diferente da que precedentemente o regulava, quer por força de uma escolha anterior nos termos do presente artigo, quer por força de outras disposições do presente Regulamento".

A possibilidade de escolha do Direito competente posterior à celebração do contrato ou de alteração da escolha anterior assume considerável importância prática, designadamente em ligação com a conduta observada pelas partes perante um litígio concreto, *maxime* no decurso de um processo, e com a necessidade de adaptação e evolução dos contratos de longa duração.

Mas não basta que as partes (ou os seus mandatários) baseiem a sua argumentação no Direito material do foro para haver uma designação tácita deste Direito. Só existirá uma escolha do Direito aplicável "mediante a conduta das partes no processo" se desta conduta se puder inferir uma vontade real das partes nesse sentido[60].

Quer a designação realizada posteriormente à celebração do contrato venha substituir a lei previamente escolhida ou a lei objectivamente competente, ocorre uma mudança de lei aplicável, devido à alteração do conteúdo concreto do elemento de conexão (sucessão de estatutos).

Porquanto esta mudança de lei aplicável resulta de uma escolha das partes, entende-se que as partes também são livres de determinar se a escolha produz efeitos *ex tunc* ou *ex nunc*. Se corresponder à vontade das partes a revaloração jurídica dos factos anteriormente ocorridos, devem em todo o caso ser salvaguardados os direitos adquiridos por terceiros ao abrigo da lei competente no momento da verificação dos factos. Neste sentido determina o n.º 2 do art. 3.º do Regulamento Roma I que qualquer modificação quanto à determinação da lei aplicável, ocorrida posteriormente à celebração do contrato, não prejudica os direitos de terceiros. Esta alteração também não afecta a validade formal do contrato[61].

---

[60] Ver Moura Ramos (n. 44) 468 n. 172, e Lima Pinheiro (n. 37) § 22 F, com mais referências.

[61] Ver, com mais desenvolvimento, Lima Pinheiro (n. 37) § 22 F.

O *Novo Regulamento Comunitário Sobre a Lei Aplicável às Obrigações Contratuais* 423

Importa agora averiguar se as partes podem fraccionar o estatuto do contrato mediante designações parciais e quais os limites que devem respeitar.

As partes podem *designar a lei aplicável à totalidade ou apenas a uma parte do contrato* (art. 3.º/1/3.ª parte). A doutrina tem traçado certos limites às designações parciais[62]. Por forma geral, exige-se que a designação diga respeito a uma *questão separável* do resto do contrato[63]. Em regra, as normas singulares estão inseridas em unidades de regulação e só podem ser correctamente entendidas e aplicadas no seu contexto. Por conseguinte, devem considerar-se separáveis aquelas questões que são pelo legislador tratadas separadamente ou correspondem a um interesse tipicamente protegido por lei[64]. Já não se exige que os aspectos separáveis do contrato sejam elementos independentes entre si do ponto de vista económico e jurídico, a ponto de poderem constituir o objecto de contratos separados[65].

Em suma, *as unidades de regulação dos sistemas que as partes pretendem designar devem, em princípio, ser respeitadas pelas designações parciais.*

III. CONEXÃO SUPLETIVA GERAL

A) Soluções estabelecidas pela Convenção de Roma

Para compreender o regime estabelecido a este respeito pelo Regulamento Roma I convém começar por examinar as soluções estabelecidas pela Convenção de Roma. Na falta de designação pelas partes do Direito

---

[62] Ver, com mais desenvolvimento, LIMA PINHEIRO (n. 7) 110 e segs.

[63] Ver Henri BATIFFOL e Paul LAGARDE – *Droit international privé*, vol. II – 7.ª ed. (1983), Paris, 274.

[64] Cf. ISABEL DE MAGALHÃES COLLAÇO (n. 39) 130, e *Direito Internacional Privado. Sistema de normas de conflitos portuguesas. Das obrigações voluntárias* (Lições proferidas no ano lectivo de 1972/1973. Apontamentos de alunos), Lisboa, 1973, 35. Cp. GIULIANO/LAGARDE (n. 27) 17, para quem a Convenção de Roma só exige que a submissão do contrato a leis diferentes não dê lugar a "resultados contraditórios".

[65] Entendimento defendido por alguns peritos na preparação da Convenção de Roma – conforme informam GIULIANO/LAGARDE (n. 27) 17 – mas que não vingou.

424   *Estudos de Direito Internacional Privado*

aplicável, o n.° 1 do art. 4.° da Convenção de Roma determina que o contrato é regulado pela lei do país com o qual apresente uma conexão mais estreita. Também o art. 9.° da Convenção da Cidade do México remete para o Direito do Estado com o qual o contrato tenha os vínculos mais estreitos.

Consagrou-se assim um *critério geral de conexão*, que carece de ser concretizado pelo órgão de aplicação do Direito mediante uma avaliação do conjunto das circunstâncias do caso concreto e com ponderação de todos os laços entre o contrato e os Estados em presença. Isto convergia com a solução adoptada no Direito de Conflitos da generalidade dos Estados-Membros das Comunidades Europeias à data da conclusão da Convenção de Roma, com excepção da Itália. A entrada em vigor da Convenção na ordem jurídica portuguesa também representou uma alteração profunda quanto à conexão supletiva em matéria de contratos obrigacionais, visto que o art. 42.° CC se baseia em critérios de conexão determinados (residência habitual comum das partes e, na sua falta, nos contratos gratuitos, a residência habitual daquele que atribui o benefício e, nos contratos onerosos, o lugar da celebração).

Para a compreensão da cláusula geral de conexão consagrada na Convenção de Roma é importante assinalar, em primeiro lugar, que a conexão mais estreita não é, necessariamente, a estabelecida por um elemento de conexão determinado no caso concreto, mas a que resulta de uma avaliação do conjunto das circunstâncias do caso, atendendo não só ao significado que, por si, cada um dos laços existentes pode assumir, mas também à *combinação destes laços*[66].

Em segundo lugar, é de sublinhar que o critério geral da conexão mais estreita permite *atender a laços de qualquer natureza*. Relevam em primeira linha os laços de natureza objectiva e espacial. Pense-se designadamente em elementos de conexão tais como o lugar da residência, da sede ou do estabelecimento das partes, e o lugar onde se situa a coisa corpórea que seja objecto mediato do contrato – que são empregues nas "presun-

---

[66] Em sentido convergente, ver *MünchKomm./*Martiny (n. 52) Art. 28 n.° 11, e, com respeito ao Direito suíço, *Zürcher Kommentar zum IPRG – Kommentar zum Bundesgesetz über das Internationale Privatrecht (IPRG) vom 18. Dezember 1987*, 2.ª ed., org. por Daniel Girsberger, Anton Heini, Max Keller, Jolanta Kren Kostkiewicz, Kurt Siehr, Frank Vischer e Paul Volken, Zurique, Basileia e Genebra, 2004, Keller/Kren Kostkiewicz, Art. 117 n.° 17.

ções" contidas nos n.os 2 a 4 do art. 4.°. Refira-se ainda o lugar da execução do contrato e, com menor significado, a nacionalidade das partes.

Em geral, deve conferir-se maior peso na determinação da conexão mais estreita aos laços que traduzem uma ligação efectiva à esfera económico-social de um país do que às ligações mais visíveis e palpáveis.

Mas a cláusula geral de conexão mais estreita também permitirá ter em conta laços objectivos de outra natureza, como por exemplo o idioma do contrato, a referência a disposições de uma determinada ordem jurídica, ou o emprego de termos e expressões característicos desta ordem jurídica (que contudo não permitam inferir uma designação tácita), e o nexo funcional que o contrato estabeleça com outro contrato regido por certo Direito.

Subsidiariamente, poderão ainda relevar elementos subjectivos, como as representações e as expectativas justificadas das partes[67].

O significado da cláusula geral de conexão mais estreita resulta não só do disposto no n.° 1 do art. 4.° da Convenção de Roma mas também do estabelecido no n.° 5 do mesmo artigo (2.ª parte). Este último preceito permite afastar as "presunções" de conexão mais estreita previstas nos n.os 2 a 4 "sempre que resulte do conjunto das circunstâncias que o contrato apresenta uma conexão mais estreita com outro país". O n.° 2 contém uma "presunção" geral de conexão mais estreita a favor da lei do Estado do devedor da prestação característica[68], o n.° 3 uma "presunção" a favor da lei da situação do imóvel para os contratos tendo por objecto um direito

---

[67] Ver também EUGÉNIA GALVÃO TELES – "Determinação do Direito material aplicável aos contratos internacionais. A cláusula geral da conexão mais estreita", *in Estudos de Direito Comercial Internacional*, vol. I, org. por LIMA PINHEIRO, 63-141, Coimbra, 2004, 135 e segs. Observe-se que estes elementos subjectivos assumem um papel mais saliente na Convenção da Cidade do México, levando mesmo Friedrich JUENGER – "Contract Choice of Law in the Americas", *Am. J. Comp. L.* 45 (1997) 195-208, 205, a defender que o art. 9.°/2 conduz a uma *"rule of validation"*, i.e., a favorecer a aplicação do Direito que considera o contrato válido em detrimento do Direito que o considere inválido. Isto não é defensável perante a Convenção de Roma.

[68] Nos termos do n.° 2 do art. 4.° , "presume-se" que o contrato apresenta uma conexão mais estreita com o país da residência habitual ou da sede da administração central do devedor da prestação característica. Se o contrato for celebrado no exercício da actividade económica ou profissional do devedor da prestação característica releva o país onde se situa o seu estabelecimento principal ou, se nos termos do contrato, a prestação deva ser fornecida por outro estabelecimento, o da situação deste estabelecimento.

426   *Estudos de Direito Internacional Privado*

real sobre um bem imóvel ou um direito obrigacional de uso de um bem imóvel e o n.° 4 uma "presunção" com respeito ao contrato de transporte de mercadorias que será adiante referida (*infra* IV.A).

Nos contratos que concernem à troca de bens e serviços por dinheiro, a prestação característica é a que consiste na entrega da coisa, na cessão do uso da coisa ou na prestação do serviço. Quer isto dizer, por exemplo, que o devedor da prestação característica é, no contrato de venda, o vendedor, no contrato de locação, o locador, e, no contrato de prestação de serviço, o prestador de serviço.

A articulação das "presunções" de conexão mais estreita com o critério da conexão mais estreita suscitou divergências na doutrina e na jurisprudência dos Estados contratantes.

A grande maioria dos autores qualifica o n.° 5 do art. 4.° como uma cláusula de excepção[69], o que deveria significar que as "presunções" contêm a regra primária, e que só são afastadas em casos excepcionais em que se verifica uma conexão manifestamente mais estreita com outro Estado[70]. Em sentido contrário, faz-se valer que não se trata de uma cláusula de excepção, mas de um preceito que deve ser entendido, em conjugação com o n.° 1 do mesmo artigo, no sentido de conferir à ideia de conexão mais estreita a função de um "princípio geral"[71]. Observe-se que alguns dos

---

[69] Ver referências em LIMA PINHEIRO (n. 37) n. 172. Ver, em geral, sobre a cláusula de excepção, Rui MOURA RAMOS (n. 44) 402 e segs. e 916, e "Les clauses d'exception en matière de conflits de lois et de conflits de juridictions – Portugal", *in Das Relações Privadas Internacionais. Estudos de Direito Internacional Privado*, 295-323, Coimbra; António MARQUES DOS SANTOS – *As Normas de Aplicação Imediata no Direito Internacional Privado. Esboço de Uma Teoria Geral*, 2 vols., Coimbra, 397 e segs.; e LIMA PINHEIRO (n. 2) 397 e segs., com mais referências.

[70] Em sentido próximo, na Alemanha, Jan KROPHOLLER – *Internationales Privatrecht*, 5.ª ed., Tubinga, 2004, 465-466, VON HOFFMANN/THORN (n. 22) 440 e 447; em França, MAYER/HEUZÉ (n. 28) 544-545; na Inglaterra, *Dicey, Morris and Collins* (n. 28) 1587; em Itália, Tito BALLARINO – *Diritto internazionale privato*, 3.ª ed., com a colaboração de Andrea BONOMI, Pádua, 1999, 626.

[71] Cf. Raymond VANDER ELST e Martha WESER – *Droit international privé belge et droit conventionnel international*, Bruxelas, 1983, 172-173; Roberto BARATTA – *Il collegamento più stretto nel diritto internazionale privato dei contratti*, Milão, 1991, 132 e seg. e 176 e segs., e "Convenzione sulla legge applicabile alle obbligazioni contrattuali", *in Le nuove leggi civili commentate*, 1995, 901-1116, Art. 4 n.° 4; Maria HELENA BRITO – "Os contratos bancários e a convenção de Roma de 19 de Junho de 1980 sobre a lei aplicável às obrigações contratuais", *Rev. da Banca* 28 (1993) 75-124, 101, e "Direito aplicável ao contrato internacional de concessão comercial", *in Est. Isabel de Magalhães Collaço*, vol. I,

autores que falam, a este respeito, de cláusula de excepção, convergem, em substância, com este entendimento[72].

Neste sentido, considero que o art. 4.° da Convenção de Roma é no seu conjunto dominado pela cláusula geral de conexão mais estreita. Creio que as "presunções" contidas nos n.os 2 a 4 do art. 4.° constituem antes *directrizes interpretativas*, que actuam nos casos em que, devido a uma dispersão dos elementos de conexão – por exemplo quando o contrato seja celebrado entre partes de diferentes Estados e executado num terceiro Estado – se suscita dúvida sobre a determinação da conexão mais estreita[73]. Observe-se ainda que não se trata de presunções em sentido técnico-jurídico, uma vez que a conexão mais estreita não é um facto que se possa presumir, nem tais "presunções" se relacionam com o regime do ónus da prova[74].

B) Soluções estabelecidas pelo Regulamento

No Regulamento Roma I o legislador comunitário consagrou o entendimento referido em primeiro lugar, invocando a necessidade de um elevado grau de previsibilidade da lei aplicável, a fim de "garantir a segurança jurídica no espaço de justiça europeu"[75]. Em todo o caso, o

---

103-157, Coimbra, 2002, 121; Manlio FRIGO – "La determinazione della legge applicabile in mancanza di scelta dei contraenti e le norme imperative nella Convenzione di Roma", *in La Convenzione di Roma sul diritto applicabile ai contratti internazionali*, org. por Giorgio SACERDOTI e Manlio FRIGO, 2.ª ed., Milão, 1994, 24 e seg.; EUGÉNIA GALVÃO TELES – "A prestação característica: um novo conceito para determinar a lei subsidiariamente aplicável aos contratos internacionais. O artigo 4.° da Convenção de Roma sobre a Lei Aplicável às Obrigações Contratuais", *O Direito* 127 (1995) 71-183, 150 e seg., e (n. 67) 63 e seg., 126-127 e 132, defendendo que as "presunções" são o ponto de partida na determinação da lei da conexão mais estreita; LIMA PINHEIRO (n. 37) § 23 A, com mais referências; MOURA VICENTE (n. 34) 471 e seg.; CALVO CARAVACA/CARRASCOSA GONZÁLEZ (n. 21) 496-497, entendendo que o órgão de aplicação deve considerar necessariamente as "presunções" e explicar a razão por que as segue ou por que as descarta.

[72] Ver Paul LAGARDE – "Le nouveau droit international privé des contrats après l'entrée en vigueur de la Convention de Rome du 19 juin 1980", *R. crit.* 80 (1991) 287-340, e *MünchKomm./MARTINY* (n. 52) Art. 28 n.° 110.

[73] Em resultado, também LAGARDE (n. 72) 310.

[74] Ver também KROPHOLLER (n. 70) 460, mantendo a posição expressa na edição anterior, CHRISTIAN VON BAR – *Internationales Privatrecht*, vol. II, Munique, 1991, 361 e segs., e BARATTA (n. 71 [1991]) 168 e segs.

[75] Cf. Considerando n.° 16.

legislador considerou que os tribunais "deverão gozar de uma certa margem de apreciação a fim de determinar a lei que apresenta a conexão mais estreita com a situação"[76].

O resultado é a estatuição de uma conexão primária com base num critério determinado (art. 4.º/1 e 2) acompanhado da relevância do critério da conexão mais estreita no quadro de uma verdadeira cláusula de excepção (art. 4.º/3) ou para estabelecer uma conexão subsidiária (art. 4.º/4).

A conexão primária baseia-se principalmente na doutrina da prestação característica: o contrato é, em princípio, regulado pela lei da residência habitual do devedor da prestação característica[77]. No entanto, o Regulamento Roma I não se limita a consagrar esta doutrina para estabelecer a conexão primária. Relativamente a um certo número de contratos, o Regulamento concretiza esta doutrina (venda, prestação de serviço, franquia e distribuição), o que se revela útil nos casos em que é controversa a determinação da prestação característica. É o que se verifica com os contratos de franquia e de distribuição, que são submetidos à lei da residência habitual do franqueado e do distribuidor (art. 4.º/1/e e f)[78].

O Considerando n.º 17 assinala que os conceitos de "prestação de serviços" e de "venda de bens" deverão ser interpretados do mesmo modo que perante o art. 5.º do Regulamento Bruxelas I. Isto significa, designadamente, que a interpretação deve ser autónoma e que o conceito de "prestação de serviços" deve ser entendido em sentido amplo, abrangendo a realização, em benefício da outra parte, de uma actividade não subordinada de qualquer natureza, incluindo a actividade realizada no interesse de outrem[79].

Quanto a outros contratos, o Regulamento estabelece conexões baseadas em considerações diversas (contratos sobre imóveis, venda de mercadorias em hasta pública, contratos de venda de instrumentos financeiros no âmbito de sistemas multilaterais).

Assim, o contrato que tenha por objecto um direito real sobre um imóvel ou o arrendamento de um imóvel é regulado pela lei da situação do

---

[76] *Ibidem*.

[77] Ver, com mais desenvolvimento, EUGÉNIA GALVÃO TELES (n. 71) 108 e segs., e (n. 67) 85 e segs.; LIMA PINHEIRO (n. 7) 117 e segs.

[78] A Exposição de Motivos da Proposta da Comissão [6] afirma que estas soluções se explicam "pelo facto de o direito comunitário material se destinar a proteger o franqueado e o distribuidor enquanto partes vulneráveis".

[79] Ver, com mais desenvolvimento, KROPHOLLER (n. 20) Art. 5 n.os 38 e segs., e MANKOWSKI (n. 20) n.os 69 e segs.

imóvel (art. 4.º/1/c). Exceptua-se o arrendamento de um bem imóvel celebrado para uso pessoal temporário por um período máximo de seis meses consecutivos, que é regulado pela lei do país em que o proprietário tem a sua residência habitual, desde que o locatário seja uma pessoa singular e tenha a sua residência habitual nesse mesmo país (d).

O contrato de compra e venda de mercadorias em hasta pública é regulado pela lei do país em que se realiza a compra e venda em hasta pública, caso seja possível determinar essa localização (g).

O contrato celebrado no âmbito de um sistema multilateral que permita ou facilite o encontro de múltiplos interesses de terceiros, na compra ou venda de instrumentos financeiros, de acordo com regras não discricionárias e regulado por uma única lei, é regulado por essa lei (h)[80].

O conceito de sistema multilateral abrange os mercados regulamentados e sistemas de negociação multilateral de instrumentos financeiros tal como são definidos pelos pontos 14 e 15 do art. 4.º/1 da Directiva 2004//39/CE, de 21/4, Relativa aos Mercados de Instrumentos Financeiros, independentemente de dependerem ou não de uma contraparte central[81]. Quanto ao conceito de instrumento financeiro, o preceito remete para o ponto 7 do art. 4.º/1 da mesma Directiva que, por seu turno, remete para a Secção C do Anexo I. Nestes termos, o conceito de instrumento financeiro abrange os valores mobiliários, os instrumentos do mercado monetário, as unidades de participação em organismos de investimento colectivo e os chamados derivados (designadamente opções, futuros e *swaps*).

Os contratos que não constem da tipologia contida no n.º 1, ou que sejam "contratos mistos", no sentido de serem abrangidos por mais de um tipo, são regulados pela lei da residência habitual do devedor da prestação característica (art. 4.º/2)[82].

O recurso à lei do devedor da prestação característica para estabelecer a conexão supletiva em matéria de contratos obrigacionais não é pacífico.

---

[80] Sobre o Direito aplicável a estes negócios, perante a Convenção de Roma, ver LIMA PINHEIRO (n. 51) 612 e segs., com mais referências.

[81] Cf. Considerando n.º 18.

[82] O Considerando n.º 19 afirma que "caso os contratos consistam num conjunto de direitos e obrigações susceptíveis de serem classificados em vários tipos especificados de contratos, a prestação característica do contrato deverá ser determinada tendo em conta o seu centro de gravidade". O sentido deste trecho suscita dúvidas. Parece que tem em vista os casos em que o devedor da prestação característica seria a parte A, perante um dos tipos envolvidos, e a parte B perante outro dos tipos envolvidos.

430   *Estudos de Direito Internacional Privado*

O papel atribuído a esta solução na Convenção de Roma foi por alguns autores (BATIFFOL, LAGARDE) justificado com razões de conveniência prática, ligadas às dificuldades suscitadas pela determinação do lugar da execução da prestação característica[83]. Para SCHNITZER, a competência da lei do devedor da prestação característica fundamenta-se antes na inserção do contrato na esfera sócio-económica do país onde o devedor da prestação característica, que exerce uma actividade profissional ou empresarial, tem a sua sede ou residência[84].

A maioria dos autores tem formulado considerações críticas com respeito a esta doutrina[85]. Desde logo, parece dificilmente demonstrável que,

---

[83] Cf. Henri BATIFFOL – "Projet de convention C.E.E. sur la loi applicable aux obligations contractuelles", *R. trim. dr. eur.* 11 (1975) 181-186, 183; Paul LAGARDE – "Examen de l'avant-projet de convention C.E.E. sur la loi applicable aux obligations contractuelles et non contractuelles", *Tr. Com. fr. dr. int. pr.* 32/34 (1971/1973) 147-164, 155 e seg. Cp. GIULIANO/LAGARDE (n. 27) 20, em que a preferência dada ao país da residência, sede ou estabelecimento do devedor da prestação característica em relação ao país de execução é considerada "completamente natural".

[84] "Les contrats internationaux en droit international privé suisse", *RCADI* 123 (1968) 541-635, 579 e seg. Entre nós, a aplicação da lei do devedor da prestação característica foi defendida por ISABEL DE MAGALHÃES COLLAÇO quanto ao contrato de venda (n. 39) 219 e segs.

[85] Ver JESSURUN D'OLIVEIRA – "'Characteristic Obligation' in the Draft EEC Obligation Convention", *Am. J. Comp. L.* 25 (1977) 303-331, 308 e segs. e 326 e segs.; Friedrich JUENGER – "The European Convention on the Law Applicable to Contractual Obligations: Some Critical Observations", *Virginia J. Int. L.* 22 (1981) 123-141, 133 e seg.; Wilhelm WENGLER – *Internationales Privatrecht*, 2 vols., Berlim e Nova Iorque, 1981, 537 e 828 n. 3; Andrea GIARDINA – "Volontà delle parti, prestazione caratteristica e collegamento piú significativo", *in Verso una disciplina comunitaria della legge applicabile ai contratti*, org. por Tulio TREVES, 3-24, Pádua, 1983, 17 e segs.; MOURA RAMOS (n. 44) 560 e segs., mas aceitando que o "critério da prestação característica (...) constitui um dos referenciais possíveis, a cuja utilização se poderá recorrer para preencher, face a cada categoria contratual, a ideia de sistema com o qual o contrato se apresente mais estreitamente conexo" desde que a sua actuação seja limitada por uma cláusula de excepção; NORTH/ /FAWCETT (n. 57) 570 e seg.; Paolo PATOCCHI – "Characteristic Performance: A New Myth in the Conflict of Laws? Some Comments on a Recent Concept in the Swiss and European Private International Law of Contract", *in Études Pierre Lalive*, 113-139, Basileia e Francoforte-sobre-o-Meno, 1993, 131 e segs.; Antoine KASSIS – *Le nouveau droit européen des contrats internationaux*, Paris, 1993, 295 e segs.; EUGÉNIA GALVÃO TELES (n. 71) 130 e segs.; LIMA PINHEIRO (n. 37) § 23 A; Eugene SCOLES, Peter HAY, Patrick BORCHERS e Symeon SYMEONIDES – *Conflict of Laws*, 4.ª ed., St. Paul, Minn., 2004, 1038; *Dicey, Morris and Collins* (n. 28) 1584-1585; MAYER/HEUZÉ (n. 28) 546, chamando a atenção para um

por forma geral, se possa considerar o contrato como exclusivamente inserido na esfera económico-social do país do devedor da prestação característica. A competência da lei do devedor da prestação característica há-de fundamentar-se principalmente no interesse desta parte contratual na aplicação da lei a que está intimamente ligada. As razões por que se deve preferir o interesse desta parte relativamente ao interesse daquela que realiza a prestação pecuniária nem sempre são suficientemente esclarecedoras ou convincentes. De resto, estas razões não procedem nos casos em que ambas as partes realizam prestações não pecuniárias ou em que ambas realizam só prestações pecuniárias[86].

A Convenção da Cidade do México não deu qualquer acolhimento à doutrina da prestação característica.

Perante a Convenção de Roma, a seguir-se o entendimento atrás propugnado, a lei do devedor da prestação característica só é aplicável se for a do país com o qual o contrato apresenta a conexão mais estreita ou se ocorrer uma dispersão dos elementos de conexão que exige uma solução de recurso.

A Proposta da Comissão continha uma viragem radical, ao consagrar a lei do devedor da prestação característica como principal conexão supletiva, sem qualquer temperamento. A maioria dos comentadores da Proposta criticou esta rigidez e defendeu a actuação do critério da conexão mais estreita no quadro de uma cláusula de excepção[87]. O legislador comunitário consagrou esta solução.

Com efeito, nos termos do art. 4.°/3 do Regulamento, caso "resulte claramente do conjunto das circunstâncias do caso que o contrato apresenta uma conexão manifestamente mais estreita com um país diferente do

---

efeito anticoncorrencial: o favorecimento dos profissionais estabelecidos em países com um regime mais "liberal" relativamente aos profissionais estabelecidos em países com leis mais rigorosas.

[86] Ver ainda LIMA PINHEIRO – "Direito aplicável aos contratos celebrados através da internet", *ROA* 66 (2006) 131-190, 173 e segs.

[87] Ver LAGARDE (n. 33) 338 e segs., e Max Planck Institute (n. 33) 256 e segs. Isto converge com a proposta do Grupo Europeu de Direito Internacional Privado – ver Terceira Versão Consolidada das Propostas de Modificação dos arts. 1.° , 3.° , 4.° , 5.° , 6.° , 7.° , 9.° , 10.° bis, 12.° e 13.° da Convenção de Roma de 19 de Junho de 1980 Sobre a Lei Aplicável às Obrigações Contratuais, e do art. 15.° do Regulamento 44/2001/CE (Regulamento "Bruxelas I"), *in* www.gedip-egpil.eu. Em sentido contrário, MANKOWSKI (n. 33) 104-105.

indicado nos n.ᵒˢ 1 ou 2, é aplicável a lei desse outro país". São aplicáveis, à determinação da conexão mais estreita, as considerações atrás formuladas com respeito à Convenção de Roma. Os considerandos n.ᵒˢ 20 e 21 salientam a relevância de uma "ligação estreita" entre o contrato em questão e outro contrato ou uma "série de contratos".

Perante o Regulamento Roma I, porém, o critério geral da conexão mais estreita só releva excepcionalmente, quando há uma conexão *manifestamente* mais estreita com um Estado diferente do indicado pela conexão primária, ou, subsidiariamente, quando o contrato não for reconduzível às regras que estabelecem a conexão primária (art. 4.º/4).

Merece ulterior reflexão até que ponto as cláusulas de excepção contidas no Regulamento podem permitir, além de uma ponderação dos laços que intercedem entre o contrato e os Estados em presença, uma margem de apreciação dos interesses das partes e dos valores e finalidades que as leis dos países envolvidos visam promover[88].

Em todo o caso, o reforço do papel atribuído à lei do devedor da prestação característica pelo Regulamento Roma I não é, em minha opinião, justificado. A vantagem que daí resulta quanto à previsibilidade do Direito aplicável é muito reduzida, porque se a lei do devedor da prestação característica não é a que apresenta a conexão mais estreita com o contrato se suscita sempre a dúvida sobre a possibilidade de intervenção da cláusula de excepção.

Por exemplo, se um prestador de serviços localizado no Estado A celebra um contrato de prestação de serviço com um cliente localizado no Estado B, que deve ser executado neste Estado, o art. 4.º/1/b remete para a lei do Estado A. Em princípio, este contrato apresenta a conexão mais estreita com o Estado B. Mas deverá esta conexão ser considerada como *manifestamente* mais estreita e desencadear o funcionamento da cláusula de excepção?

Nos casos em que a conexão mais estreita se estabelece com um Estado terceiro (i.e., não vinculado pelo Regulamento), as partes terão fre-

---

[88] Relativamente ao art. 4.º da Convenção de Roma, Giuliano/Lagarde (n. 27) 20, parecem ter em vista apenas laços objectivos; também Lagarde (n. 72) 306 e 310-311 equipara o critério da conexão mais estreita à "localização objectiva" do contrato; já *MünchKomm.*/Martiny (n. 52) Art. 28 n.ᵒˢ 12-15, admite uma ponderação de interesses conflituais das partes na aplicação do Direito a que estão mais ligadas, mas não uma ponderação dos "interesses dos Estados" em presença na linha da *governmental interest analyses*. Ver ainda Boschiero (n. 47) 412 e segs.

quentemente mais razão para se orientarem pela lei deste Estado, se for a competente segundo o respectivo Direito de Conflitos, do que pela lei do devedor da prestação característica. Enfim, aplicar uma lei que não é a do Estado que apresenta a conexão mais estreita, só porque é a lei do devedor da prestação característica, representa um sacrifício da justiça da conexão[89].

C) Determinação da residência habitual

A maioria das regras contidas no art. 4.º remete para a lei da *residência habitual* de uma das partes. Nos contratos internacionais, é muito frequente que uma das partes, ou ambas, celebrem o contrato no exercício de uma actividade profissional. Isto coloca a questão da relevância do seu estabelecimento. É também frequente que intervenham pessoas colectivas que não têm propriamente uma residência, mas sede (estatutária ou da administração) e, normalmente, estabelecimento (ou um estabelecimento principal e um ou mais estabelecimentos secundários).

O art. 19.º do Regulamento procura responder a estas questões determinando que:

– "a residência habitual de sociedades e outras entidades dotadas ou não de personalidade jurídica é o local onde se situa a sua administração central" (n.º 1/1.º §);

– "a residência habitual de uma pessoa singular, no exercício da sua actividade profissional, é o local onde se situa o seu estabelecimento principal" (n.º 1/2.º §).

O n.º 2 acrescenta que caso "o contrato seja celebrado no âmbito da exploração de uma sucursal, agência ou qualquer outro estabelecimento, ou se, nos termos do contrato, o cumprimento das obrigações dele decorrentes é da responsabilidade de tal sucursal, agência ou estabelecimento, considera-se que a residência habitual corresponde ao local onde se situa a sucursal, agência ou outro estabelecimento".

---

[89] Ver, sobre a justiça da conexão, LIMA PINHEIRO (n. 2) 286 e segs., com mais referências.

Para determinar a residência habitual, o momento relevante é a data da celebração do contrato (n.° 3).

O art. 18.° da Proposta da Comissão, que está na base deste preceito, suscitou certas divergências de interpretação, designadamente quanto à alteração da situação existente perante o art. 4.°/2 da Convenção de Roma[90]. Este último preceito, no caso de o contrato ser celebrado no exercício da actividade económica ou profissional do devedor da prestação característica, remete para a lei do seu estabelecimento principal; se, nos termos do contrato, a prestação deve ser fornecida por estabelecimento secundário, manda aplicar a lei deste estabelecimento. À face do Regulamento Roma I, a principal dificuldade surge quando o contrato seja celebrado por um ente colectivo no âmbito de um estabelecimento principal situado num país diferente da sede da administração central. Em princípio, o estabelecimento é um ponto de referência mais importante para quem contrata com o ente colectivo que a sede da administração.

Parece-me que o art. 19.° do Regulamento Roma I deve ser entendido à luz da normal coincidência entre a sede da administração central e o estabelecimento principal. Daí que se atenda, em primeiro linha, ao lugar onde se situa a administração central (n.° 1). Mas se o contrato for celebrado no âmbito da exploração de um estabelecimento principal situado num país diferente daquele em que se situa a administração central, ou se a responsabilidade pela sua execução pertencer a esse estabelecimento, a situação deve considerar-se abrangida pelo n.° 2, e releva o lugar onde se situa o estabelecimento principal[91].

Em qualquer caso, do ponto de vista da técnica legislativa, é discutível a utilização da expressão "residência habitual" nesta pluralidade de acepções[92]. É uma técnica que pode induzir em erro o intérprete menos atento.

A Convenção de Roma admite o fraccionamento conflitual do contrato não só por meio de designações parciais feitas pelas partes (*supra* II) mas também, *excepcionalmente*, no estabelecimento da conexão supletiva (art. 4.°/1 *in fine* da Convenção de Roma)[93]. O Regulamento não só omite

---

[90] Cp. LAGARDE (n. 33) 347; MANKOWSKI (n. 33) 104 e 112; Max Planck Institute (n. 33) 335.

[91] Ver, em sentido convergente, Max Planck Institute (n. 33) 335.

[92] Ver também MANKOWSKI (n. 33) 104.

[93] O Relatório de GIULIANO/LAGARDE (n. 27) 23 informa que se abriu esta possibilidade para casos como o dos "contratos de cooperação, contratos complexos". Ver, com mais desenvolvimento e referências, LIMA PINHEIRO (n. 7) 124-125.

esta permissão como aponta sempre, mesmo em relação a "contratos mistos", para um estatuto contratual unitário[94]. Parece pois de concluir que o órgão de aplicação não pode submeter partes separáveis do contrato a leis diversas[95].

IV. REGRAS DE CONFLITOS ESPECIAIS (CONTRATOS DE TRANSPORTE, CONTRATOS COM CONSUMIDORES, CONTRATOS INDIVIDUAIS DE TRABALHO E CONTRATOS DE SEGURO)

A) Contratos de transporte

O art. 5.° do Regulamento contém uma regra de conflitos sobre o contrato de transporte de mercadorias (n.° 1), uma regra de conflitos sobre o contrato de transporte de passageiros (n.° 2) e uma cláusula de excepção semelhante à do art. 4.°/3 (n.° 3). Remete-se quanto à cláusula de excepção para o anteriormente exposto (*supra* III).

A regra sobre o *contrato de transporte de mercadorias* é inspirada na "presunção" contida no art. 4.°/4 da Convenção de Roma[96], mas com reformulação e elevação à categoria de regra primariamente aplicável. Assim, segundo o n.° 1 do art. 5.° do Regulamento, "aplica-se a lei do país em que o transportador tem a sua residência habitual, desde que o local da recepção ou da entrega ou a residência habitual do expedidor se situem igualmente nesse país. Caso esses requisitos não estejam cumpridos, é aplicável a lei do país em que se situa o local da entrega tal como acordado pelas partes".

---

[94] Cf. art. 4.°/2 e Considerando n.° 19, atrás examinados.

[95] LAGARDE (n. 33) 340 fala de uma supressão pelo menos formal desta possibilidade.

[96] Nos termos do art. 4.°/4, "presume-se" que o contrato de transporte de mercadorias apresenta uma conexão mais estreita com o país em que, no momento da celebração do contrato, o transportador tem o seu estabelecimento principal e onde, simultaneamente, se situa o lugar do carregamento ou do descarregamento ou o estabelecimento principal do carregador. Para este efeito são considerados como contratos de transporte de mercadorias os contratos de fretamento de navios relativos a uma única viagem ou outros contratos que tenham por objecto principal o transporte de mercadorias.

A doutrina da prestação característica tem aqui uma relevância muito limitada. A lei do país da residência habitual do transportador só é aplicável se concorrer outro laço significativo com este país. Caso isto não se verifique, aplica-se, em princípio, a lei do lugar da entrega, o que em certas modalidades de transporte de mercadorias pode ser justificado pela existência de regimes imperativos que se destinam, em primeira linha, a proteger o destinatário das mercadorias no tráfego de importação.

O Considerando n.º 22 assinala que, à semelhança do disposto no art. 4.º/4/3.ª parte da Convenção de Roma, "os contratos de fretamento para uma só viagem e outros contratos que têm como objecto principal o transporte de mercadorias deverão ser tratados como contratos de transporte de mercadorias"[97]. O mesmo Considerando esclarece que o termo "expedidor" deverá referir-se a qualquer pessoa que celebre um contrato de transporte com o transportador e o termo "transportador" deverá referir-se à parte no contrato que se obriga a transportar as mercadorias, independentemente de esta efectuar ela própria o transporte.

A regra sobre o *contrato de transporte de passageiros* representa uma inovação do Regulamento, que visa a protecção do passageiro enquanto parte contratualmente mais fraca[98].

Com este fim, por um lado, limita-se a liberdade de designação do Direito aplicável pelas partes, que só pode incidir sobre a lei do país em que o passageiro tem a sua residência habitual, ou o transportador tem a sua residência habitual ou a sua administração central, ou se situa o local de partida ou de destino (n.º 2/2.º §).

Por outro lado, na falta de escolha válida pelas partes, estabelece-se que a lei aplicável a este contrato é a lei do país em que o passageiro tem a sua residência habitual, desde que o local de partida ou de destino se situe nesse país; caso estes requisitos não estejam cumpridos, é aplicável a lei do país em que o transportador tem a sua residência habitual (n.º 2/1.º §).

---

[97] A regra não é aplicável aos contratos de fretamento para várias viagens entre portos diferentes que caem dentro do âmbito de aplicação do art. 4.º/2 e 3.

[98] Ver, designadamente, Considerandos n.os 23 e 32.

B) Contratos com consumidores

O Regulamento retoma os regimes especiais sobre contratos com consumidores e sobre o contrato individual de trabalho contidos nos arts. 5.º e 6.º da Convenção de Roma[99], que visam a protecção dos consumidores e dos trabalhadores como partes contratuais mais fracas[100].

Com respeito aos *contratos com consumidores*, o art. 6.º do Regulamento introduz modificações importantes quanto ao âmbito de aplicação do regime especial, quer pelo que toca aos contratos abrangidos, quer no que se refere à conexão do contrato com o país da residência habitual do consumidor[101].

Enquanto o art. 5.º da Convenção de Roma limita o domínio de aplicação do regime especial a certas categorias de contratos com consumidores[102], o art. 6.º do Regulamento abrange a generalidade dos contratos obrigacionais celebrados por uma pessoa singular, para uma finalidade que possa considerar-se estranha à sua actividade comercial ou profissional

---

[99] Ver, designadamente, quanto aos contratos com consumidores, LIMA PINHEIRO – "Direito aplicável aos contratos com consumidores", *ROA* 61 (2001) 155-170, e *Direito Internacional Privado*, vol. II – *Direito de Conflitos/Parte Especial*, 2.ª ed., Coimbra, 2002, 198 e segs., com mais referências; EUGÉNIA GALVÃO TELES – "A lei aplicável aos contratos de consumo no 'labirinto comunitário'", *in Est. Inocêncio Galvão Telles*, vol. I, 683-751, Coimbra, 2002.

[100] Cf. Considerandos n.ºs 23, 24 e 35.

[101] Quanto à articulação dos arts. 6.º e 9.º do Regulamento ("normas de aplicação imediata") parece valer o mesmo entendimento que defendi com respeito à articulação dos arts. 5.º e 7.º da Convenção de Roma – ver LIMA PINHEIRO (n. 99 [2001]) 164 e segs., assinalando que não se pode inferir do art. 5.º nenhum limite à aplicação do art. 7.º. Isto não obsta a que a aplicação cumulativa de normas protectoras de sistemas diferentes possa ser limitada, ou mesmo excluída, em caso de contradição normativa ou valorativa entre as normas em presença, nos termos gerais. Ver também MOURA VICENTE (n. 34) 661 e seg. Em sentido diferente ver, designadamente, Julio GONZÁLEZ CAMPOS – "Diversification, spécialisation, flexibilisation et matérialisation des règles de droit international privé", *RCADI* 287 (2000) 9-426, 406 e segs.

[102] Entende-se por "contratos celebrados por consumidores" aqueles que tenham por objecto o fornecimento de bens móveis corpóreos ou de serviços a uma pessoa para uma finalidade que possa considerar-se estranha à sua actividade profissional, bem como os contratos destinados ao financiamento desse fornecimento. Esta definição corresponde à empregue no art. 13.º da Convenção de Bruxelas I, e deve ser interpretada do mesmo modo, à luz da finalidade de protecção da parte mais fraca – cf. GIULIANO/LAGARDE (n. 27) 23. Ver, com mais desenvolvimento, LIMA PINHEIRO (n. 99) 198-199.

("o consumidor"), com outra pessoa que aja no quadro das suas actividades comerciais ou profissionais ("o profissional") (n.° 1), que não sejam expressamente excluídos[103].

O art. 6.° exclui:

– os contratos de transporte e de seguro, que são objecto de regras especiais (n.° 1);

– os contratos de prestação de serviço quando os serviços devam ser prestados ao consumidor exclusivamente num país diferente daquele em que este tem a sua residência habitual (n.° 4/a)[104];

– os contratos que tenham por objecto um direito real sobre um bem imóvel ou o arrendamento de um bem imóvel, diferentes dos contratos que têm por objecto um direito de utilização de bens imóveis a tempo parcial, na acepção da Directiva 94/47/CE Relativa à Protecção dos Adquirentes nos Contratos de *Timesharing* (n.° 4/c);

– "direitos e obrigações que constituam um instrumento financeiro e direitos e obrigações que constituam os termos e as condições que regulam a emissão ou a oferta ao público e as ofertas públicas de aquisição de valores mobiliários, e a subscrição e o resgate de partes de organismos de investimento colectivo na medida em que estas actividades não constituam a prestação de um serviço financeiro" (n.° 4/d)[105];

---

[103] Cf. Exposição de Motivos da Proposta da Comissão, 7.

[104] Esta exclusão é criticada por Max Planck Institute (n. 33) 275-276.

[105] O Considerando n.° 26 especifica que "os serviços financeiros, como os serviços e actividades de investimento e os serviços auxiliares prestados por um profissional a um consumidor, referidos nas secções A e B do anexo I da Directiva 2004/39/CE e os contratos relativos à compra e venda de partes de organismos de investimento colectivo, independentemente de estarem ou não cobertos pela Directiva 85/611/CEE do Conselho, de 20 de Dezembro de 1985, que coordena as disposições legislativas, regulamentares e administrativas respeitantes a alguns organismos de investimento colectivo em valores mobiliários (OICVM), deverão estar subordinados ao artigo 6.° do presente regulamento. Por conseguinte, as referências aos termos e condições que regulam a emissão ou oferta ao público de valores mobiliários ou à subscrição e ao resgate de partes de organismos de investimento colectivo deverão incluir todos os aspectos que obrigam o emitente ou oferente perante o consumidor mas não os aspectos que envolvem a prestação de serviços financeiros". Sobre a lei aplicável a estes contratos, perante a Convenção de Roma, ver LIMA PINHEIRO (n. 51) 615 e segs., com mais referências.

O Considerando n.° 28 assinala que importa "assegurar que os direitos e as obrigações que constituem um instrumento financeiro não sejam abrangidos pela regra geral apli-

– contratos celebrados no âmbito de um mercado regulamentado ou de um sistema de negociação multilateral de instrumentos financeiros (n.º 4/e)[106].

Relativamente aos contratos de transporte o art. 5.º/2 já tem em conta preocupações de protecção do passageiro. A exclusão dos contratos de transporte de mercadorias do âmbito de aplicação do art. 6.º parece dever-se a duas ordens de razões[107]. Por um lado, vigoram diversas Convenções internacionais de Direito material unificado que contêm regimes imperativos de protecção do carregador/destinatário aplicáveis naquelas modalidades de transporte em que há tipicamente uma desigualdade económica entre as partes. Por outro, o regime contido no art. 6.º não é adequado a estes contratos, porque levaria à aplicação à mesma operação de transporte das normas imperativas dos países da residência habitual de todos os carregadores.

---

cável aos contratos celebrados por consumidores, visto tal poder conduzir à aplicabilidade de leis diferentes a cada um dos instrumentos emitidos, o que alteraria a sua natureza e impediria as suas negociação e oferta como bens fungíveis. Do mesmo modo, sempre que esses instrumentos são emitidos ou oferecidos, a relação contratual estabelecida entre o emitente ou oferente e o consumidor não deverá necessariamente estar sujeita à aplicação obrigatória da lei do país da residência habitual do consumidor, porquanto é necessário garantir a uniformidade dos termos e condições de uma emissão ou oferta. A mesma lógica deverá aplicar-se no que respeita aos sistemas multilaterais abrangidos pela alínea h) do n.º 1 do artigo 4.º , relativamente aos quais cumpre assegurar que a lei do país da residência habitual do consumidor não interferirá com as regras aplicáveis aos contratos celebrados no âmbito desses sistemas ou com o operador desses sistemas".

Enfim, o Considerando n.º 29 acrescenta que "as referências aos direitos e às obrigações que constituem os termos e as condições que regulam a emissão, a oferta ao público ou a oferta pública de aquisição de valores mobiliários e as referências à subscrição e ao resgate de partes de organismos de investimento colectivo deverão incluir os termos que regulam, nomeadamente, a atribuição de valores mobiliários ou de partes, os direitos em caso de subscrição excedentária, o direito de revogação da aceitação e outras questões similares no contexto da oferta, bem como as questões a que se referem os artigos 10.º , 11.º , 12.º e 13.º , garantindo-se desta forma que todos os aspectos contratuais relevantes de uma oferta, que obrigam o emitente ou o oferente perante o consumidor, sejam regulados por uma só lei".

[106] Ver Considerando n.º 28 citado na n. anterior.

[107] Ver Relatório GIULIANO/LAGARDE (n. 27) 24, e Max Planck Institute (n. 33) 276. Cp. as considerações críticas de LAGARDE (n. 33) 341 , e MANKOWSKI (n. 33) 105.

440 *Estudos de Direito Internacional Privado*

A exclusão dos contratos de transporte não abrange os contratos relativos a uma viagem organizada na acepção da Directiva 90/314/CEE Relativa às Viagens Organizadas, Férias Organizadas e Circuitos Organizados.

No que se refere aos contratos de arrendamento de imóveis também é frequente que os sistemas jurídicos contenham regimes imperativos de protecção do arrendatário que visam, pelo menos em primeira linha, os arrendamentos de imóveis situados no respectivo território. Uma vez que estes contratos, na falta de escolha da lei aplicável, são normalmente regidos pela lei da situação do imóvel, o regime do art. 6.° não seria o mais adequado. Mas pode ser questionado que, em caso de escolha de uma lei diferente, não se salvaguarde a aplicabilidade das normas protectoras do arrendatário do país da situação do imóvel[108]. Em todo o caso, existe a possibilidade de essas normas serem aplicadas pelos tribunais do Estado da situação do imóvel nos termos do art. 9.°/2 (i. e., como normas de aplicação necessária)[109].

Quanto aos conceitos relevantes de "instrumento financeiro" e de "valor mobiliário" aplica-se o atrás exposto com relação ao art. 4.°/1/h (III.B)[110].

Quanto à conexão do contrato com o país da residência habitual do consumidor, o art. 5.°/2 da Convenção de Roma formulava diversas hipóteses[111] que suscitaram muitos problemas de interpretação[112], designadamente com respeito aos contratos celebrados através da internet[113]. O art. 6.°/1, em conjugação com os elementos de interpretação

---

[108] Cp. as considerações de LAGARDE (n. 33) 341, e MANKOWSKI (n. 33) 105.

[109] Ver também MANKOWSKI (n. 33) 105.

[110] Cf. Considerando n.° 30.

[111] Primeiro, ter a celebração do contrato sido precedida, no país da residência habitual do consumidor, de uma proposta que lhe foi especialmente dirigida ou de anúncio publicitário. Segundo, ter a outra parte ou o respectivo representante recebido o pedido do consumidor no país da residência habitual deste. Terceiro, consistir o contrato numa venda de mercadorias e o consumidor se ter deslocado do país da residência habitual para outro país e aí ter feito o seu pedido, desde que a viagem tenha sido organizada pelo vendedor com o objectivo de incitar o consumidor a celebrar a compra.

[112] Ver, designadamente, LIMA PINHEIRO (n. 99 [2001]) 162-163, e EUGÉNIA GALVÃO TELES (n. 99) 696 e segs.

[113] Ver, além das obras referidas na n. anterior, ELSA DIAS OLIVEIRA – *A Protecção dos Consumidores nos Contratos Celebrados Através da Internet*, Coimbra, 2002, 215 e segs., e "Contratos celebrados através da Internet", *in Estudos de Direito Comercial Internacional*, vol. I, 219-237, Coimbra, 2004, 228 e segs.; António MARQUES DOS SANTOS –

disponíveis, resolve a maior parte destes problemas, exigindo apenas que o profissional:

– exerça as suas actividades comerciais ou profissionais no país em que o consumidor tem a sua residência habitual, ou

– por qualquer meio, dirija essas actividades para este ou vários países, incluindo aquele país, e o contrato seja abrangido pelo âmbito dessas actividades.

O Considerando n.º 24, na esteira da Exposição de Motivos da Proposta da Comissão[114], contém indicações importantes para a interpretação deste preceito.

Primeiro, visa-se consagrar o critério da "actividade dirigida" alinhando o âmbito de aplicação do art. 6.º do Regulamento Roma I com o do art. 15.º do Regulamento Bruxelas I[115], para ter em conta a evolução das técnicas de comercialização à distância, designadamente a contratação através da internet.

Segundo, remete-se para a Declaração Conjunta do Conselho e da Comissão sobre os artigos 15.º e 73.º do Regulamento Bruxelas I que sublinha que "o simples facto de um sítio da Internet ser acessível não basta para tornar aplicável o artigo 15.º , é preciso também que esse sítio Internet convide à celebração de contratos à distância e que tenha efectivamente sido celebrado um contrato à distância, por qualquer meio. A este respeito, a língua ou a moeda utilizadas por um sítio Internet não constituem elementos pertinentes".

A Exposição de Motivos acrescenta que os "sítios visados por esta declaração não são necessariamente sítios ditos 'interactivos': assim um sítio que convida ao envio de uma encomenda por fax destina-se a celebrar contratos à distância. Em contrapartida, não visa a celebração de um

---

"Direito aplicável aos contratos celebrados através da internet e tribunal competente" (2003), *in Estudos de Direito Internacional Privado e de Direito Público*, 159-225, Coimbra, 2004, 182 e seg.; Dário MOURA VICENTE – "A comunitarização do Direito Internacional Privado e o comércio electrónico", *in Seminário sobre a Comunitarização do Direito Internacional Privado*, 63-77, Coimbra, 2005, 73 e segs., e *Problemática Internacional da Sociedade da Informação*, Coimbra, 2005, 253 e segs.; LIMA PINHEIRO (n. 86) 151 e segs., com mais referências.

[114] 6-7.

[115] Ver, sobre o âmbito de aplicação do art. 15.º do Regulamento Bruxelas I, LIMA PINHEIRO (n. 26) 108 e segs., com mais referências.

442   *Estudos de Direito Internacional Privado*

contrato à distância o sítio que, dirigindo-se aos consumidores do mundo inteiro com a intenção de prestar informações sobre um produto, os remete seguidamente para um distribuidor ou agente local para a celebração do contrato. Contrariamente ao n.º 2 do artigo 5.º da Convenção, o regulamento proposto já não exige que o consumidor tenha executado os actos necessários à celebração do contrato no país da sua residência habitual, condição que deixa de ter sentido para os contratos celebrados através da Internet".

Esta interpretação do Regulamento vai inteiramente ao encontro da posição que tenho defendido perante a Convenção de Roma. O fornecedor de bens ou serviços que utilize um meio de comunicação que seja susceptível de alcançar a generalidade dos países (como, por exemplo, a transmissão televisiva por satélite e a internet) para convidar os consumidores a celebrar contratos à distância dirige a sua actividade a todos estes países a menos que, efectivamente, só aceite celebrar contratos com consumidores de determinados países ou exclua a celebração de contratos com consumidores de determinados países[116].

Vejamos em que consiste o regime especial aplicável aos contratos com consumidores.

O art. 6.º/2 do Regulamento, à semelhança do art. 5.º/2 da Convenção de Roma, estabelece um limite ao princípio da autonomia da vontade na designação do Direito aplicável ao contrato. Com efeito, estes preceitos determinam que a escolha pelas partes da lei aplicável não pode ter como consequência privar o consumidor da protecção que lhe garantem as disposições imperativas da lei do país em que tenha a sua residência habitual.

---

[116] Ver LIMA PINHEIRO (n. 99 [2001]) 162-163, e (n. 86) 151 e segs., com mais referências. Em sentido aprovador, também Max Planck Institute (n. 33) 273. A Proposta da Comissão salvaguardava a hipótese de o profissional desconhecer o lugar da residência habitual do consumidor e de esse desconhecimento não se dever a uma imprudência da sua parte (art. 5.º/2/2.º §). A Exposição de Motivos refere, a este respeito, a possibilidade de o consumidor fornecer uma informação errada sobre a sua residência habitual. O art. 6.º/1 do Regulamento não contém esta salvaguarda, mas tal pode explicar-se pela sua desnecessidade: se o profissional não celebra contratos com consumidores residentes habitualmente num país, e um destes consumidores consegue que um contrato seja celebrado mediante uma informação errada sobre a sua residência habitual, não pode beneficiar da protecção das normas imperativas do país em que se situa a residência habitual real, porque a actividade do profissional não foi dirigida a este país. No mesmo sentido, Max Planck Institute (n. 33) 274-275.

O Novo Regulamento Comunitário Sobre a Lei Aplicável às Obrigações Contratuais 443

Estas disposições veiculam uma ideia de alternatividade: aplicar-se-ão as disposições imperativas da lei da residência habitual que sejam mais favoráveis ao consumidor que as regras da lei escolhida[117]. Para o efeito é necessária uma comparação dos complexos de normas que formam, nas ordens jurídicas em presença, unidades de regulação, por forma a respeitar a coerência destas unidades e a apreender correctamente o seu sentido de protecção[118].

Também se pode dizer que a lei da residência habitual fornece o padrão mínimo de protecção. A lei da residência habitual é a que se encontra em melhor posição para fornecer este padrão mínimo de protecção, por ser a lei do Estado a que o consumidor está mais estreitamente ligado. O consumidor tem um interesse conflitual na sua aplicação, por ser a lei com que está mais familiarizado[119].

Na falta de escolha pelas partes da lei aplicável, o art. 6.º/1 do Regulamento, bem como o art. 5.º/3 da Convenção de Roma, consagram um desvio à conexão supletiva estabelecida pelo art. 4.º. O art. 4.º da Convenção de Roma e, reforçadamente, o art. 4.º do Regulamento Roma I conduzem frequentemente à aplicação da lei do país em que o fornecedor de bens ou serviços tem o seu estabelecimento. Por força do art. 6.º/1 do Regulamento e do art. 5.º/3 da Convenção de Roma o contrato com consumidor será regulado pela lei do país em que o consumidor tenha a sua residência habitual.

---

[117] Ver GIULIANO/LAGARDE (n. 27) quanto à disposição homóloga contida no art. 6.º/1 da Convenção de Roma; LAGARDE (n. 72) 314; Erik JAYME – "Les contrats conclus par les consommateurs et la Convention de Rome sur la loi applicable aux obligations contractuelles", in Droit international et droit communautaire, Paris, 1991, 77-85, 82; MOURA RAMOS (n. 44) 754; KASSIS (n. 85) 337; Dicey, Morris and Collins (n. 28) 1640-1641; e, EUGÉNIA GALVÃO TELES (n. 99) 6912 e segs.

[118] Ver também Maria HELENA BRITO – A Representação nos Contratos Internacionais, Coimbra, 1999, 699, seguida por DIAS OLIVEIRA (n. 113) 251, e EUGÉNIA GALVAO TELES –"Sobre o critério da 'lei mais favorável' nas normas de conflitos", in Est. Marques dos Santos, vol. I, 193-238, Coimbra, 2005, 236 e segs. O respeito das unidades de regulação e a opção pelas que forem mais protectoras reduz o risco de contradições normativas ou valorativas na aplicação simultânea de normas das duas ordens jurídicas em presença, mas não o elimina em absoluto. O concurso de regimes de protecção das duas ordens jurídicas em presença é de excluir quando representar uma contradição normativa ou valorativa nos termos gerais; neste caso deve sempre optar-se pelo regime mais favorável ao consumidor. Ver ainda, relativamente ao contrato de trabalho, MOURA RAMOS (n. 44) 876 e segs.

[119] Ver também MOURA RAMOS (n. 44) 756.

C) Contratos individuais de trabalho

O art. 8.º do Regulamento contém um regime especial para o *contrato individual de trabalho*, semelhante ao estabelecido pelo art. 6.º da Convenção de Roma, mas com a introdução de alguns aperfeiçoamentos[120].

A escolha pelas partes da lei aplicável ao contrato de trabalho não pode ter como consequência privar o trabalhador da protecção que lhe garantem as disposições imperativas da lei que, na falta de escolha, seria objectivamente competente (n.º 1).

Também esta disposição parece conter uma ideia de alternatividade: aplicar-se-ão as disposições imperativas da lei objectivamente conectada que sejam mais favoráveis ao trabalhador que as regras da lei escolhida[121]. E pode dizer-se que a lei objectivamente conectada fornece o padrão mínimo de protecção. Quanto à actuação deste regime remete-se para o exposto anteriormente com respeito ao art. 6.º do Regulamento.

O preceito circunscreve-se à determinação da lei aplicável ao contrato individual de trabalho, nada dispondo sobre a lei aplicável à convenção colectiva de trabalho. No entanto, quando o art. 6.º submete o contrato de trabalho à lei de um certo país, a remissão abrange as convenções colectivas de trabalho em vigor neste país desde que o contrato em causa caia no seu âmbito de aplicação[122].

---

[120] Sobre o regime estabelecido pelo art. 6.º da Convenção de Roma, ver MOURA RAMOS (n. 44) 809 e segs., e "O contrato individual de trabalho em Direito Internacional Privado", *in Juris Et De Jure. Nos 20 Anos da Faculdade de Direito da UCP – Porto*, Porto, 1998, 41-81, 64 e segs.; LIMA PINHEIRO (n. 98 [2002]) 202 e segs., com mais referências; Pedro ROMANO MARTINEZ – *Direito do Trabalho*, 4.ª ed., Coimbra, 2007. 252 e segs.; Maria do Rosário PALMA RAMALHO – *Direito do Trabalho*, Parte I – *Dogmática Geral*, 2005, 279 e segs.

[121] Cf. Considerando n.º 35. Cf., relativamente à Convenção de Roma, GIULIANO/ /LAGARDE (n. 27) 25, e MOURA RAMOS , loc. cit. Cp. Paul LAGARDE – "Le contrat de travail dans les conventions européennes de droit international privé", *in Droi international et droit communautaire*, 67-76, Paris, 1991, 75.

[122] Cf., relativamente à Convenção de Roma, GIULIANO/LAGARDE (n. 27) 25, LAGARDE (n. 72) 320, e Rui MOURA RAMOS – "A Convenção de Bruxelas sobre a competência judiciária e execução de decisões: sua adequação à realidade juslaboral actual", *in Estudos de Direito Internacional Privado e de Direito Processual Civil Internacional*, 41-73, 1996, 64. Ver ainda MOURA RAMOS (n. 44) 33 e segs., Pedro MAIA – "Conflitos internacionais de convenções colectivas de trabalho", *BFDC* 68 (1992) 181-264, 214 e seg., 236 e segs. e 251, e ROMANO MARTINEZ (n. 120) 256-257.

O n.º 2 do art. 8.º do Regulamento, bem como o n.º 2 do art. 6.º da Convenção de Roma, ocupam-se da determinação da lei objectivamente competente, consagrando o critério da conexão mais estreita. Neste caso, o Regulamento mantém a técnica das "presunções" de conexão mais estreita[123]:

— com o país em que o trabalhador presta habitualmente o seu trabalho em execução do contrato ou, na sua falta, a partir do qual o trabalhador presta habitualmente o seu trabalho em execução do contrato (n.º 2);

— se não for possível determinar a lei aplicável nos termos do n.º 2, com o país onde se situa o estabelecimento que contratou o trabalhador (n.º 3)[124].

Não se considera que o país onde o trabalhador presta habitualmente o seu trabalho mude quando o trabalhador estiver temporariamente empregado noutro país (n.º 2/2.ª parte). O Considerando n.º 36 esclarece que a prestação de trabalho noutro país deverá ser considerada temporária caso se pressuponha que o trabalhador retomará o seu trabalho no país de origem, após o cumprimento das suas tarefas no estrangeiro. A celebração de um novo contrato de trabalho com o empregador originário ou com um empregador pertencente ao mesmo grupo de empresas que o empregador originário não deverá impedir que se considere que o trabalhador presta temporariamente o seu trabalho noutro país[125].

---

[123] Estas "presunções" têm uma formulação algo diversa no art. 6.º/2 da Convenção de Roma, que "presume" a conexão mais estreita:

— com o país em que o trabalhador, no cumprimento do contrato, presta habitualmente o seu trabalho, mesmo que tenha sido destacado temporariamente para outro país (a);

— se o trabalhador não prestar habitualmente o seu trabalho no mesmo país, com o país em que esteja situado o estabelecimento que contratou o trabalhador (b).

[124] A Proposta da Comissão referia expressamente, neste contexto, a hipótese em que o trabalhador presta habitualmente o seu trabalho num espaço não sujeito a uma soberania nacional. Esta referência foi criticada, designadamente, por Max Planck Institute (n. 33) 292 e segs. Perante a omissão desta referência no Regulamento e o texto da Exposição de Motivos da Proposta da Comissão, adiante referido, sobre trabalho a bordo de aeronaves, parece de entender que se houver uma ligação a uma base fixa no território de um Estado se deve considerar que o trabalho é prestado habitualmente a partir deste Estado.

[125] Ver ainda MANKOWSKI (n. 33) 107-108.

446   *Estudos de Direito Internacional Privado*

O aditamento da frase "a partir do qual o trabalhador presta habitualmente o seu trabalho em execução do contrato" tem em conta a jurisprudência do TCE relativa ao art. 5.°/1 da Convenção de Bruxelas I e ao 19.° do Regulamento Bruxelas I[126].

No caso *Rutten*[127], o TCE decidiu que por lugar onde o trabalhador efectua habitualmente o seu trabalho se deve entender, no caso de um contrato de trabalho efectuado no território de vários Estados contratantes, o lugar em que o trabalhador fixou o centro efectivo das suas actividades profissionais. Posteriormente, no caso *Weber*[128], o mesmo tribunal entendeu que na falta de um escritório que constitua o centro efectivo das actividades profissionais do trabalhador e a partir do qual presta habitualmente o seu trabalho se deve atender ao lugar em que o trabalhador cumpriu a maior parte do seu tempo de trabalho[129]. Não é inteiramente claro se o entendimento seguido neste último caso pode ser transposto para a interpretação do art. 8.°/2 do Regulamento Roma I. A Exposição de Motivos da Proposta da Comissão já permite afirmar que o critério do lugar a partir do qual o trabalhador presta habitualmente o seu trabalho abrange o pessoal que trabalha a bordo de aeronaves, "se existir uma base fixa a partir da qual o trabalho é organizado e em que este pessoal exerça outras obrigações face ao empregador (registo, controlo de segurança)"[130].

Estas "presunções" de conexão mais estreita são afastadas se resultar do conjunto das circunstâncias que o contrato apresenta uma conexão mais estreita com outro país (Art. 8.°/4 do Regulamento e art. 6.°/2/*in fine* da Convenção de Roma). Creio que também neste caso não se trata de uma cláusula de excepção[131], porque a lei primariamente competente é a do

---

[126] Cf. Exposição de Motivos da Proposta da Comissão, 7.

[127] TCE 9/1/1997 [*CTCE* (1997) I-00057].

[128] TCE 27/2/2002 [*CTCE* (2002) I-2013.

[129] Ver, com mais desenvolvimento, LIMA PINHEIRO (n. 26) 116, KROPHOLLER (n. 20) Art. 19 n.° 5, e Carlos ESPLUGES MOTA e Guillermo PALAO MORENO – "Jurisdiction over individual contracts of employment", *in European Commentaries on Private International Law. Brussels I Regulation*, org. por Ulrich Magnus e Peter MANKOWSKI, Munique, 2007, Art. 19 n.ᵒˢ 9-14.

[130] 7. Ver ainda MANKOWSKI (n. 33) 108. Cp. as considerações críticas de Max Planck Institute (n. 33) 286 e segs.

[131] Neste sentido se pronuncia, porém, a maioria dos autores – ver, designadamente, LAGARDE (n. 72) 319 e seg., KEGEL/SCHURIG (n. 28) 590, KROPHOLLER (n. 70) 481, e Kurt SIEHR – *Internationales Privatrecht. Deutsches und europäisches Kollisionsrecht für Studium und Praxis*, Heidelberga, 2001, 178, seguidos, entre nós, por Dário MOURA VICENTE

O Novo Regulamento Comunitário Sobre a Lei Aplicável às Obrigações Contratuais 447

país que apresenta a conexão mais estreita com o contrato. Sublinhe-se que, diferentemente das cláusulas de excepção contidas no Regulamento, não se exige aqui uma conexão *manifestamente* mais estreita.

Por exemplo, um contrato celebrado em Portugal entre uma empresa portuguesa e uma pessoa residente em Portugal para a prestação de trabalho, durante três anos, em Angola, com pagamento da remuneração em Portugal, apresenta uma conexão mais estreita com o nosso país e, por isso, deve ser regido pela lei portuguesa e não pela lei do lugar em que é prestado o trabalho.

O Considerando n.º 38 recorda que a regra relativa aos contratos individuais de trabalho não deverá afectar a aplicação das normas de aplicação necessária do país de destacamento, prevista pela Directiva 96/71/CE Relativa ao Destacamento de Trabalhadores no Âmbito de uma Prestação de Serviços. Isto já parece resultar do disposto no art. 23.º do Regulamento (*infra* VI.A). Esta Directiva foi transposta pela L n.º 9/2000, de 15/6 (ver, designadamente, art. 3.º). O regime aí contido já foi examinado noutro lugar[132].

O Código do Trabalho contém um preceito sobre a lei aplicável ao contrato de trabalho (art. 6.º) e três preceitos sobre o destacamento de trabalhadores (arts. 7.º a 9.º)[133]. O art. 8.º do Regulamento prevalece sobre estes preceitos e só não prejudica as regras internas de Direito de Conflitos que forem estabelecidas em execução de actos comunitários (art. 23.º), que fundamentarem a aplicação de regras materiais internas como normas susceptíveis de aplicação necessária nos termos do art. 9.º (*infra* V.D) ou, porventura, que digam respeito à aplicação de regimes de Direito público[134].

– "Destacamento internacional de trabalhadores", *in Direito Internacional Privado. Ensaios*, vol. I, 85-106, Coimbra, 2002, 89.

[132] Ver LIMA PINHEIRO (n. 99 [2002]) 203 e segs.; ver também MOURA VICENTE (n. 131).

[133] Ver, sobre estes preceitos, ROMANO MARTINEZ (n. 120) 257 e segs.; PALMA RAMALHO (n. 120) 280 e segs.; Maria HELENA BRITO – "Direito aplicável ao contrato internacional de trabalho. Algumas considerações a propósito do Código do Trabalho", *Est. Nunes de Almeida*, 105-143, Coimbra, 2007.

[134] A jurisprudência portuguesa em matéria de contratos internacionais de trabalho levanta outras questões que são por mim examinadas na op. cit. n. 99 [2002] 205 e segs. Trata-se, em primeiro lugar, da autolimitação das normas sobre despedimentos contidas na lei portuguesa. Segundo, do Direito aplicável às pretensões emergentes de acidentes de trabalho. A respeito desta questão é de observar que o regime contido nos arts. 4.º e 5.º da L

Em ligação com este ponto, cumpre observar que há diversos regimes de Direito público que regulam a execução do trabalho – designadamente em matéria de salário mínimo, duração do trabalho, segurança e higiene no trabalho – e que são normalmente aplicáveis a todo o trabalho prestado no território do Estado de que dimanam[135]. Pode ser questionado se estas normas só podem ser aplicadas nos quadros definidos pela Directiva sobre destacamento de trabalhadores ou pelo art. 9.º do Regulamento Roma I, ou se deve entender-se que, em geral, o Regulamento não prejudica a aplicação destas normas[136].

Em casos de destacamento temporário de trabalhadores de um Estado-Membro para outro Estado-Membro, algumas decisões do TCE vieram encarar a aplicação de normas juslaborais do Estado onde o trabalho é executado como uma "restrição" à liberdade de prestação de serviços que carece de ser justificada à luz de um critério de ponderação restritivo que foi desenvolvido com respeito à aplicação de regimes de Direito público sobre o acesso e exercício de actividades económicas contidos na ordem jurídica do Estado destinatário da prestação de serviços[137]. Algu-

---

n.º 100/97 foi transposto para o Código do Trabalho (arts. 282.º e 283.º) e de referir, além da bibliografia citada, FLORCELA PIRES – "Os acidentes de trabalho e o Direito Internacional Privado", *in Prontuário de Direito do Trabalho*, n.º 64 (2003) 93-117. Enfim, a questão da lei aplicável aos contratos para a prestação de trabalho em representações diplomáticas e consulares de Portugal. A este respeito deve notar-se que o Regulamento Roma I prevalece sobre as regras internas dentro do seu âmbito de aplicação e que pelos menos os contratos que não envolvam uma vinculação de Direito público caem dentro do seu âmbito de aplicação.

[135] Cf. Franz GAMILLSCHEG – *Labour Contracts*, *IECL* vol. III/cap. 28, 1972, n.os 44 e segs.; KEGEL/SCHURIG (n. 28) 684 e 1139-1140; António MENEZES CORDEIRO – *Manual de Direito do Trabalho*, Coimbra, 1991, 202; MOURA RAMOS (n. 44) 823 e seg.; BERNARDO LOBO XAVIER – *Curso de Direito do Trabalho*, Lisboa e São Paulo, 1992, 280 e segs.

[136] A questão tem sobretudo incidência prática quando se trate de normas de Direito público de um Estado estrangeiro que não pertença à União Europeia.

[137] Ver, designadamente, Rui MOURA RAMOS – "O Tribunal de Justiça das Comunidades Europeias e a Teoria Geral do Direito Internacional Privado. Desenvolvimentos Recentes", *in Est. Isabel de Magalhães Collaço*, vol. I, 431-467, Coimbra, 2002, 463 e segs., e "Direito Internacional Privado e Direito Comunitário. Termos de uma interacção", *in Estudos de Direito Internacional Privado e de Direito Processual Civil Internacional*, vol. II, 145-202, Coimbra, 2007, 188 e segs.; LIMA PINHEIRO – "Federalismo e Direito Internacional Privado – algumas reflexões sobre a comunitarização do Direito Internacional Privado" (2003), *in Estudos de Direito Internacional Privado*, 331-356, Almedina, Coimbra, 2006, 350 e segs., "O Direito de Conflitos e as liberdades comunitárias de esta-

mas destas decisões entram em contradição com a Directiva sobre destacamento de trabalhadores e não a tomaram em conta por, à data da ocorrência dos factos, ainda não ter expirado o prazo para a sua transposição e, aparentemente, a Directiva não se encontrar ainda transposta no Estado de execução do trabalho.

O Regulamento Roma I confirma o entendimento, que tenho partilhado, segundo o qual das normas sobre a liberdade de prestação de serviços consagradas no Tratado na Comunidade Europeia não decorre um princípio do país de origem em matéria de normas aplicáveis aos contratos de trabalho no caso de destacamento temporário de trabalhadores. Pelo contrário, o Regulamento, como vimos, salvaguarda a aplicabilidade de certas normas do Estado de destacamento nos termos da Directiva sobre destacamento de trabalhadores. De resto, como adiante veremos, o Regulamento é compatível quer com a doutrina que considera que as normas não-discriminatórias de Direito privado não constituem, em princípio, "restrições" às liberdades comunitárias, quer com uma posição intermédia segundo a qual das normas que consagram as liberdades comunitárias decorrem limites genéricos à aplicação das normas de Direito privado do país do destino, mas que é no momento da aplicação destas normas materiais que se tem de aferir da sua compatibilidade com o Direito comunitário.

D) Contratos de seguro

A Convenção de Roma só regula uma parte dos *contratos de seguro*: os que cubram riscos situados fora do território de um Estado-Membro (art. 1.°/3), bem como aos contratos de resseguro (art. 1.°/4)[138]. Já o Regulamento Roma I se aplica à generalidade dos contratos de seguro, com excepção dos referidos no art. 1.°/1/j (*supra* I.A).

O Regulamento contém uma disposição sobre contratos de seguro (art. 7.°). Mas o art. 7.° não regula todos os contratos de seguro que, em

---

belecimento e de prestação de serviços" (2005), *in Estudos de Direito Internacional Privado*, 357-387, Almedina, Coimbra, 2006, 371 e segs, e (n. 2) 352 e segs., com mais referências.

[138] Para determinar se um risco se situa no território de um Estado comunitário aplica-se o Direito material da *lex fori* (art. 1.°/3/2.ª parte). No Direito português ver art. 2.°/1/h do DL n.° 94-B/98, de 17/4.

450   *Estudos de Direito Internacional Privado*

princípio, cairiam dentro do âmbito de aplicação do Regulamento. O art. 7.º regula (n.º 1):

> – os contratos de seguro que cubram um grande risco, tal como definido na alínea d) do artigo 5.º da Primeira Directiva 73/239/CEE Relativa à Coordenação das Disposições Legislativas, Regulamentares e Administrativas Respeitantes ao Acesso à Actividade de Seguro Directo Não Vida e ao seu Exercício;
> – os outros contratos de seguro que cubram riscos situados no território dos Estados-Membros.

O Considerando n.º 33 assinala que quando um contrato de seguro que não cubra um grande risco cobrir mais do que um risco dos quais pelo menos um se situe num Estado-Membro e pelo menos um num país terceiro, o art. 7.º apenas se deverá aplicar ao risco ou aos riscos situados no Estado-Membro ou nos Estados-Membros relevantes.

Dentro do seu âmbito de aplicação, o art. 7.º afasta as soluções contidas noutras disposições de Direito comunitário (art. 23.º). Prevalece, por conseguinte, sobre as normas de conflitos contidas na Segunda Directiva 88/357/CEE Relativa à Coordenação das Disposições Legislativas, Regulamentares e Administrativas Respeitantes ao Seguro Directo Não Vida[139], e na Directiva 2002/83/CE, Relativa Aos Seguros Vida, bem como sobre as normas internas que as transponham. Com efeito, as normas de conflitos contidas nestas Directivas são aplicáveis aos contratos que cobrem riscos situados no território de um Estado comunitário quando a empresa seguradora está estabelecida na Comunidade[140].

Quanto aos contratos de seguro que cubram um grande risco, o regime estabelecido pelo n.º 2 corresponde às regras gerais do Regulamento:

> – as partes podem escolher a lei aplicável nos termos do art. 3.º;
> – na falta de escolha, aplica-se a lei do país em que o segurador tem a sua residência habitual;
> – esta solução é flexibilizada por uma cláusula de excepção idêntica à do art. 4.º/3.

---

[139] Alterada pela Dir. do Conselho 92/49/CEE, de 18/6.
[140] Cf. Max Planck Insitute (n. 33) 278.

Relativamente aos outros contratos de seguro, que cubram riscos situados no território dos Estados-Membros, estabelece-se um regime especial que visa proteger os tomadores do seguro (n.º 3)[141].

Com este fim, por um lado, limita-se a liberdade de designação do Direito aplicável pelas partes, que só pode incidir sobre (n.º 3/1.º §):

– a lei de qualquer dos Estados-Membros em que se situa o risco no momento da celebração do contrato (a);

– a lei do país em que o tomador do seguro tiver a sua residência habitual (b);

– no caso do seguro de vida, a lei do Estado-Membro da nacionalidade do tomador de seguro (c);

– no caso de contratos que cubram riscos limitados a eventos que ocorram num Estado-Membro diferente daquele em que o risco se situa, a lei desse Estado-Membro (d);

– nos casos em que o tomador de seguro exerça uma actividade comercial, industrial ou uma profissão liberal e o contrato cubra dois ou mais riscos relativos a essas actividades e profissão e situados em diversos Estados-Membros, a lei de qualquer dos Estados-Membros em causa ou a lei do país em que o tomador do seguro tiver a sua residência habitual (e).

Se, nos casos enunciados nas alíneas a), b) ou e), os Estados-Membros a que se referem estas alíneas concederem uma maior liberdade de escolha da lei aplicável ao contrato de seguro, as partes podem invocar essa liberdade (n.º 3/2.º §). É o caso do Direito português, nos termos dos arts. 6.º e 7.º do Regime Jurídico do Contrato de Seguro, aprovado pelo DL n.º 72/2008, de 16/4, com respeito ao contrato de seguro que cubra riscos situados em território português ou em que o tomador de seguro, nos seguros de pessoas, tenha em Portugal a sua residência habitual ou o estabelecimento a que o contrato respeita, consoante se trate de pessoa singular ou colectiva.

Por outro lado, na falta de escolha válida pelas partes, aplica-se a lei do Estado-Membro em que o risco se situe no momento da celebração do contrato (n.º 3/3.º §). Para este efeito, se o contrato de seguro cobrir riscos que se situam em mais do que um Estado-Membro, o contrato é con-

---

[141] Cf. Considerando n.º 32.

452 *Estudos de Direito Internacional Privado*

siderado como constituindo vários contratos relativos, cada um deles, a um só Estado-Membro (n.° 5).

O art. 7.°/4 estabelece regras adicionais com respeito aos contratos de seguro que cubram riscos relativamente aos quais um Estado-Membro imponha a obrigação de seguro.

Nos termos da al. a), o "contrato de seguro não dá cumprimento à obrigação de subscrever um seguro, a menos que respeite as disposições específicas relativas a esse seguro que tenham sido estabelecidas pelo Estado-Membro que impõe a obrigação. Caso haja uma contradição entre a lei do Estado-Membro onde o risco se situa e a do Estado-Membro que impõe a obrigação de subscrever um seguro, prevalece esta última".

Nos termos da al. b), em "derrogação dos n.os 2 e 3, um Estado-Membro pode estabelecer que o contrato de seguro é regulado pela lei do Estado-Membro que impõe a obrigação de subscrever um seguro".

Também para este efeito, se o contrato de seguro cobrir riscos que se situam em mais do que um Estado-Membro, o contrato é considerado como constituindo vários contratos relativos, cada um deles, a um só Estado-Membro (n.° 5).

O art. 10.° do Regime Jurídico do Contrato de Seguro estabelece que os contratos de seguro obrigatórios na ordem jurídica portuguesa regem-se pela lei portuguesa.

Para efeitos do art. 7.° , o país no qual o risco se situa é determinado nos termos da alínea d) do artigo 2.° da Segunda Directiva 88/357/CEE Relativa à Coordenação das Disposições Legislativas, Regulamentares e Administrativas Respeitantes ao Seguro Directo Não Vida[142], e, no caso

---

[142] Segundo este preceito, considera-se como Estado-Membro onde o risco se situa:

"– O Estado-Membro onde se encontrem os bens, sempre que o seguro respeite, quer a imóveis, quer a imóveis e ao seu conteúdo, na medida em que este último estiver coberto pela mesma apólice de seguro:

– o Estado-Membro de matrícula, sempre que o seguro respeite a veículos de qualquer tipo,

– o Estado-Membro em que o tomador tiver subscrito o contrato, no caso de um contrato de duração igual ou inferior a quatro meses relativo a riscos ocorridos durante uma viagem ou férias, qualquer que seja o ramo em questão,

– o Estado-Membro onde o tomador tenha a sua residência habitual ou, quando o tomador for uma pessoa colectiva, o Estado-membro onde se situe o estabelecimento da pessoa colectiva a que o contrato se refere, em todos os casos não explicitamente referidos nos travessões anteriores".

O Novo Regulamento Comunitário Sobre a Lei Aplicável às Obrigações Contratuais 453

do seguro de vida, o país no qual o risco se situa é o país do compromisso na acepção da al. g) do n.° 1 do artigo 1.° da Directiva 2002/83/CE, Relativa aos Seguros de Vida[143].

O art. 7.° não regula os contratos de seguro que não cubram um grande risco nem riscos situados no território dos Estados-Membros. Também não regula os contratos de resseguro (n.° 1 *in fine*). A estes contratos, com excepção dos referidos no art. 1.°/2/j, são aplicáveis as regras gerais do Regulamento. Do Considerando n.° 32 parece resultar que não é aplicável a estes contratos de seguro o regime especial dos contratos com consumidores.

No seu conjunto, as regras do Regulamento prevalecem sobre o Direito de Conflitos de fonte interna, designadamente os arts. 5.° a 10.° do Regime Jurídico do Contrato de Seguro mas, como vimos, os arts. 6.° , 7.° e 10.° podem ser relevantes por força das regras contidas no art. 7.° do Regulamento. O art. 9.° do Regime Jurídico do Contrato de Seguro ("Normas de aplicação imediata") também pode ser relevante para efeito da aplicação do art. 9.° do Regulamento (*infra* V.D). O art. 9.°/2 desse regime jurídico indica as conexões com o Estado português que podem fundamentar a aplicação necessária de certas regras imperativas, o que é de louvar, mas delimita estas normas imperativas com base num critério geral: a tutela de interesses públicos. Em minha opinião seria mais conveniente, por razões de previsibilidade e certeza jurídica, especificar as regras que são objecto desta "autolimitação".

V. REGRAS AUXILIARES E COMPLEMENTARES

A) Formação e validade substancial do contrato

Retomando o art. 8.°/1 da Convenção de Roma, o art. 10.°/1 do Regulamento Roma I submete a *formação e a validade substancial do*

---

[143] Segundo este preceito, considera-se como Estado-Membro do compromisso aquele "em que o tomador reside habitualmente ou, quando se trate de pessoa colectiva, o Estado-Membro em que está situado o estabelecimento da pessoa colectiva a que o contrato diz respeito".

454   *Estudos de Direito Internacional Privado*

contrato ou de alguma das suas disposições à lei que seria aplicável se o contrato ou a disposição fossem válidos (a lei da substância).

Foi atrás assinalado (I.A), que esta lei é directamente aplicável à responsabilidade por violação de negócios preliminares ou, pelo menos, de contratos preliminares, e, por força da remissão operada pelo Regulamento Roma II, também é, em primeira linha, aplicável às obrigações extracontratuais decorrentes de negociações realizadas antes da celebração de um contrato.

Quanto à relevância negocial de uma conduta, porém, é necessário ter em conta o art. 10.°/2 do Regulamento que, na linha do art. 8.°/2 da Convenção de Roma, determina que um contraente, para demonstrar que não deu o seu acordo, pode invocar a lei do país em que tenha a sua residência habitual, se resultar das circunstâncias que não seria razoável determinar os efeitos do seu comportamento nos termos da lei da substância.

Surge aqui um conceito indeterminado de razoabilidade que permite ao órgão de aplicação ter em conta o conjunto das circunstâncias do caso concreto. No quadro deste conceito o órgão de aplicação pode designadamente tomar em consideração os usos do tráfico bem como as relações de negócios anteriormente estabelecidas entre as partes[144].

A regra do n.° 2 do art. 10.° forma uma conexão cumulativa em conjugação com a regra do seu n.° 1. A invocação da lei do país da residência habitual de um contraente, para demonstrar que não deu o seu acordo, só tem lugar quando haja uma conduta negocialmente relevante segundo a lei reguladora do contrato[145].

O art. 11.° do Regulamento regula a *validade formal* do contrato, em termos semelhantes aos do art. 9.° da Convenção de Roma, mas com reforço do *favor negotii* através da introdução de mais elementos de conexão em algumas das conexões alternativas. A disposição distingue entre contratos entre presentes (n.° 1) e contratos entre ausentes (n.° 2).

Segundo o n.° 1, um "contrato celebrado por pessoas ou pelos seus representantes que se encontrem no mesmo país aquando da sua celebração é válido quanto à forma, se preencher os requisitos de forma prescri-

---

[144] Cf., relativamente à Convenção de Roma, GIULIANO/LAGARDE (n. 27) 28. Ver ainda Dário MOURA VICENTE – "A formação dos contratos internacionais", *Cadernos de Direito Privado* 3 (Julho/Setembro 2003) 3-16, 10 e segs.

[145] Cf., relativamente à Convenção de Roma, GIULIANO/LAGARDE (n. 27) 28.

tos pela lei reguladora da substância, determinada nos termos do presente regulamento, ou pela lei do país em que é celebrado".

De acordo com o n.° 2, um "contrato celebrado por pessoas ou pelos seus representantes que se encontrem em países diferentes aquando da sua celebração é válido quanto à forma, se preencher os requisitos de forma prescritos pela lei reguladora da substância, determinada nos termos do presente regulamento, ou pela lei do país em que se encontre qualquer das partes ou os seus representantes aquando da sua celebração, ou pela lei do país em que qualquer das partes tenha a sua residência habitual nessa data"[146].

A relevância da observância da forma prescrita pela lei da residência habitual de uma das partes de um contrato entre ausentes, introduzida pelo Regulamento, é especialmente importante para os contratos celebrados através da internet em que o lugar em que cada contraente se encontra no momento da celebração do contrato é frequentemente desconhecido e desprovido de significado[147].

Além disso, o art. 11.° contém uma regra especial sobre os contratos com consumidores abrangidos pelo art. 6.° , que submete a validade formal à lei da residência habitual do consumidor (n.° 4), e uma regra complementar sobre a forma dos contratos que tenham por objecto um direito real sobre um bem imóvel ou o arrendamento de um bem imóvel (n.° 5).

Segundo esta regra complementar, os contratos imobiliários estão sujeitos aos requisitos de forma imperativos da lei do país em que o bem imóvel está situado, desde que, nos termos desta lei, "esses requisitos sejam impostos, independentemente do país em que o contrato seja celebrado e da lei que o regular".

Não basta, portanto, que a lei da situação do imóvel contenha requisitos de forma imperativos para os contratos imobiliários. Por exemplo, os arts. 875.° ou 947.°/1 CC, que sujeitam a escritura pública ou a documento

---

[146] O n.° 3 determina que um "acto jurídico unilateral relativo a um contrato celebrado ou a celebrar é formalmente válido, se preencher os requisitos de forma prescritos pela lei reguladora da substância do contrato, determinada nos termos do presente regulamento, ou pela lei do país em que esse acto é praticado ou pela lei do país em que a pessoa que o praticou tenha a sua residência habitual nessa data".

[147] Cf. LAGARDE (n. 33) 344, referindo que a solução foi proposta pelo Grupo Europeu de Direito Internacional Privado e pelo Max Planck Institute. Ver também art. 9.°/1 da Versão Consolidada das Propostas do Grupo Europeu de Direito Internacional Privado referida *supra* n. 87.

particular autenticado os contratos de compra e venda e de doação de imóveis, respectivamente, não exigem que um negócio celebrado no estrangeiro relativamente a um imóvel situado em Portugal seja necessariamente celebrado numa destas formas. Tem-se entendido, por conseguinte, que estes contratos são formalmente válidos quando forem celebrados no estrangeiro por documento particular simples em conformidade com a lei do lugar da celebração.

Nos Estados-Membros vinculados pelo Regulamento esta aplicabilidade de normas sobre forma a título de *lex rei sitae* tem de resultar de uma norma de conflitos especial (explícita ou implícita). Noutros Estados tanto pode resultar de uma norma de conflitos especial como do próprio Direito de Conflitos geral[148].

O art. 18.°/2 do Regulamento determina que os "contratos e outros actos jurídicos podem ser provados por qualquer meio de prova admitido, quer pela lei do foro, quer por uma das leis a que se refere o artigo 11.° , ao abrigo da qual o acto seja formalmente válido, desde que esse meio de prova possa ser produzido no tribunal do foro".

O art. 13.° estabelece um *limite à competência da lei reguladora da capacidade* (que no nosso Direito de Conflitos é, em princípio, a lei pessoal), idêntico ao que consta do art. 11.° da Convenção de Roma, com um pequeno aperfeiçoamento de redacção. O art. 13.° estabelece que num "contrato celebrado entre pessoas que se encontram no mesmo país, uma pessoa singular considerada capaz segundo a lei desse país só pode invocar a sua incapacidade que resulte da lei de outro país se, no momento da celebração do contrato, o outro contraente tinha conhecimento dessa incapacidade ou a desconhecia por negligência".

Por conseguinte, num contrato obrigacional entre presentes, a parte que seja capaz segundo a lei do lugar da celebração não pode invocar a incapacidade determinada pela sua lei pessoal. Também não pode invocar a incapacidade determinada por qualquer outra lei que seja aplicável à capacidade[149]. Estabelece-se aqui uma conexão especial com a lei do lugar da celebração em matéria de capacidade.

---

[148] Neste sentido pode invocar-se que o legislador comunitário não seguiu a Proposta da Comissão quando esta exigia que as disposições sobre forma fossem imperativas no sentido do art. 8.° (que corresponde ao art. 9.° do Regulamento), i. e., normas de aplicação necessária. Ver também a crítica de Mankowski (n. 33) 110.

[149] Designadamente a *lex rei sitae*, quando esta for aplicável à capacidade, como pode suceder perante o Direito de Conflitos português por força do art. 47.° CC.

Este limite à competência da lei pessoal fundamenta-se na protecção da confiança da contraparte e na segurança do comércio jurídico local[150].

Este preceito comunitário remete o art. 28.º CC para um âmbito de aplicação residual. Com efeito, o campo de aplicação fundamental do art. 28.º CC eram justamente os contratos obrigacionais. Atendendo às exclusões estabelecidas pelo n.º 2 do art. 28.º , as regras contidas neste artigo só serão aplicáveis a contratos de Direito patrimonial que não sejam regidos pelo Regulamento Roma I. Será o caso, segundo parece, de um contrato de sociedade que se destine a instituir um ente colectivo (cf. art. 1.º/1/f do Regulamento). Por acréscimo, estes contratos não podem dizer respeito à disposição de imóveis situados no estrangeiro.

B) Âmbito do estatuto contratual

O âmbito de aplicação da lei reguladora do contrato resulta do disposto nos arts. 10.º/1, 12.º e 18.º/1 do Regulamento, que seguem de perto os arts. 8.º/1, 10.º e 14.º/1 da Convenção de Roma.

Já sabemos que a formação e a validade substancial estão submetidas à lei reguladora do contrato (*supra* A). A lei aplicável ao contrato regula ainda, nomeadamente:

– a interpretação (art. 12.º/1/a);

– o cumprimento das obrigações dele decorrentes (art. 12.º/1/b);

– nos limites dos poderes atribuídos ao tribunal pela respectiva lei de processo, as consequências do incumprimento total ou parcial dessas obrigações, incluindo a avaliação do dano, na medida em que esta avaliação seja regulada pela lei (art. 12.º/1/c);

– as diversas causas de extinção das obrigações, bem como a prescrição e a caducidade (art. 12.º/1/d);

– as consequências da invalidade do contrato (art. 12.º/1/e);

– as presunções legais e a repartição do ónus da prova (art. 18.º/1).

---

[150] Ver, com mais desenvolvimento, LIMA PINHEIRO (n. 34 [2002]) 68 e segs.

Para compreender o disposto sobre as consequências do incumprimento é importante ter em conta as diferenças que se verificam entre os sistemas da família romanogermânica e os do *Common Law* quanto à questão de saber se, em caso de incumprimento, o credor pode actuar uma *pretensão de cumprimento* ou tem de limitar-se a uma pretensão indemnizatória. Os sistemas da família romanogermânica partem do princípio que o devedor pode accionar uma pretensão de cumprimento ao passo que o Direito inglês, em regra, apenas concede uma pretensão indemnizatória, só excepcionalmente admitindo a *specific performance*[151].

Trata-se de uma questão substantiva, que em princípio estará submetida à *lex contractus*. Outra é, porém, a concepção tradicional em Inglaterra, que submete a questão à *lex fori*. Ao salvaguardar os "limites dos poderes atribuídos ao tribunal pela respectiva lei do processo" o preceito realiza um compromisso entre as duas concepções, mas suscita dificuldades de interpretação. São concebíveis dois entendimentos diferentes.

Segundo um primeiro entendimento, estabelece-se uma prevalência da qualificação processual sobre a qualificação obrigacional, i.e., serão subtraídas ao domínio de aplicação da *lex contractus* as questões que forem pela *lex fori* qualificadas como processuais.

Para um outro entendimento, em princípio todas as questões consideradas substantivas (segundo uma interpretação autónoma) estão submetidas à *lex contractus*, havendo apenas que respeitar os condicionamentos colocados por regras processuais da *lex fori*.

---

[151] Ver ZWEIGERT/KÖTZ – *An Introduction to Comparative Law*, 3.ª ed., Oxford, 1998, 479 e segs. Não confundir com a execução específica no sentido dos arts. 827.° e segs. CC. A *specific performance* refere-se à titularidade de uma pretensão substantiva ao passo que a distinção entre execução específica e execução por sucedâneo se reporta ao problema de saber se mediante a acção executiva é possível obter a satisfação do direito violado ou apenas a satisfação de uma pretensão indemnizatória. Também neste ponto há diferenças entre os sistemas jurídicos. É assim de apreciar segundo a *lex fori* se o credor da prestação de coisa determinada ou de facto fungível tem a faculdade de requerer, em execução, a entrega judicial da coisa ou que o facto seja prestado por outrem à custa do devedor (arts. 827.° e 828.° CC) e se há lugar a injunções de cumprimento ou a sanções pecuniárias compulsórias (como a prevista no art. 829.° -A para as obrigações de facto infungível). Mas o ponto é discutível. À face da Convenção de Roma, *Dicey, Morris and Collins* (n. 28) 1614, consideram que a disponibilidade de uma injunção depende, em princípio, da *lex contractus*. A favor da competência da *lex fori*, quanto à *astreinte*, BATIFFOL/ /LAGARDE (n. 63) 336.

Seguindo-se esta segunda interpretação, que parece de preferir, um tribunal inglês deve condenar no cumprimento da obrigação, quando tal resulte da *lex contractus*, mas será respeitada a regra que nega a condenação em cumprimento quando tal implicar um controlo constante da execução pelo tribunal[152].

Tanto a Convenção de Roma (art. 10.°/2) como o Regulamento (art. 12.°/2) consagram uma conexão especial para os modos de cumprimento e a medidas que o credor deve tomar em caso de cumprimento defeituoso: estas questões são reguladas pela lei do país onde é cumprida a obrigação. Quanto aos modos de cumprimento trata-se, por exemplo, da determinação dos dias feriados e das formalidades locais a que está sujeita a execução da prestação, como a pesagem, a inspecção ou a passagem de um certificado de qualidade.

C) Cessão de créditos, sub-rogação, pluralidade de devedores e compensação

A *cessão de créditos* e a *sub-rogação contratual* estão reguladas no art. 14.° do Regulamento. Este preceito é inspirado no art. 12.° da Convenção de Roma, mas com a substituição de "obrigações" por "relações" no n.° 1, o aditamento do n.° 3 e a extensão do âmbito de aplicação à sub-rogação contratual pelo credor.

O art. 14.° do Regulamento estabelece o seguinte:

"1. As relações entre o cedente e o cessionário no âmbito de uma cessão de créditos ou de uma sub-rogação contratual de um crédito contra terceiro ('o devedor') são reguladas pela lei que, por força do presente regulamento, for aplicável ao contrato que os liga.

"2. A lei que regula o crédito cedido ou sub-rogado determina a natureza cedível deste, as relações entre o cessionário ou o sub-rogado e o devedor, as condições de oponibilidade da cessão ou sub-rogação ao devedor e a natureza liberatória da prestação feita pelo devedor.

"3. A noção de cessão de créditos na acepção do presente artigo inclui as transferências plenas de créditos, as transferências de créditos

---

[152] Cf., relativamente à Convenção de Roma, *Dicey, Morris and Collins* (n. 28) 1614-1615. Ver ainda, sobre a lei aplicável à determinação da taxa de juros de mora, LIMA PINHEIRO (n. 34 [2002]) 210 e segs., com mais referências.

460   *Estudos de Direito Internacional Privado*

como garantia, bem como os penhores ou outros direitos de garantia sobre os créditos".

Nestes termos, a relação entre o cedente e o cessionário ou, na sub-rogação contratual, entre o credor e o sub-rogado, está submetida ao Direito que rege o negócio que serve de base à cessão ou à sub-rogação. O Considerando n.º 38 esclarece que, no contexto da cessão de créditos, o termo "relações" significa que o art. 14.º/1 "também se aplica aos aspectos reais de uma cessão, entre o cedente e o cessionário, nos ordenamentos jurídicos em que a lei aplicável às obrigações contratuais não abrange esses aspectos"[153]. Ao mesmo tempo, foi suprimido o preceito, constante do art. 13.º/3 da Proposta da Comissão, que submetia a oponibilidade da cessão a terceiros à lei do país em que o cedente tem a sua residência habitual aquando da cessão (art. 13.º/3), em sentido convergente com a Convenção das Nações Unidas Sobre a Cessão de Créditos no Comércio Internacional (CNUDCI, 2001)[154]. Como o Considerando se refere aos aspectos reais da cessão "entre o cedente e o cessionário" fica em aberto a questão da lei aplicável aos efeitos da cessão em relação a terceiros (que não sejam o devedor)[155].

A *sub-rogação legal em direitos contratuais* é regulada pelo art. 15.º do Regulamento, que corresponde, com pequenos aperfeiçoamentos de redacção, ao art. 13.º/1 da Convenção de Roma. É o seguinte o teor do art. 15.º do Regulamento:

---

[153] O Considerando acrescenta que todavia, "o termo 'relações' não deverá ser interpretado como referindo-se a qualquer eventual relação entre o cedente e o cessionário. Em particular, este termo não deverá abranger as questões preliminares relativas a uma cessão de créditos ou a uma sub-rogação contratual. Deverá limitar-se estritamente aos aspectos que dizem directamente respeito à cessão de créditos ou à sub-rogação contratual em causa".

[154] Cf. Exposição de Motivos, 8. Sobre a solução proposta, cp. Eva-Maria KIENINGER e Harry SIGMAN – "The Rome-I Proposed Regulation and the Assignment of Receivables", *The European Legal Forum* (1-2006) 1-10; LAGARDE (n. 33) 344-345; MANKOWSKI (n. 33) 111; Max-Planck Institute (n. 33) 321 e segs.

[155] O art. 27.º/2 determina que até "17 de Junho de 2010, a Comissão apresenta ao Parlamento Europeu, ao Conselho e ao Comité Económico e Social Europeu um relatório sobre a questão da eficácia da cessão ou sub-rogação de um crédito perante terceiros e a prioridade do crédito cedido ou sub-rogado sobre um direito de outra pessoa. Este relatório deve ser acompanhado, se necessário, de uma proposta de alteração do presente regulamento e de uma avaliação do impacto das disposições a introduzir".

> "Sempre que, por força de um contrato, uma pessoa ("o credor") tenha direitos relativamente a outra pessoa ("o devedor"), e um terceiro tenha a obrigação de satisfazer o direito do credor ou tenha efectivamente satisfeito esse direito em cumprimento dessa obrigação, a lei aplicável à obrigação do terceiro determina se e em que medida este pode exercer os direitos do credor contra o devedor, de acordo com a lei que regula as suas relações".

Esta disposição só se aplica à sub-rogação legal em direitos contratuais e quando o cumprimento por terceiro constitui execução de uma obrigação. A lei que rege a relação entre o terceiro e o credor – por exemplo, a que resulta de uma garantia do crédito – determina se a sub-rogação tem lugar, enquanto a relação entre o terceiro sub-rogado e o devedor continua submetida à lei que regula o crédito em que há sub-rogação[156]. Deste modo o devedor pode opor ao terceiro as excepções estabelecidas pela lei reguladora do crédito. A oponibilidade da sub-rogação ao devedor também deve depender da lei reguladora do crédito[157].

Relativamente à sub-rogação legal em direitos extracontratuais rege o art. 19.° do Regulamento Roma II.

A Convenção de Roma contempla a *pluralidade de devedores* de uma obrigação contratual no art. 13.°/2, aplicando ao direito de regresso a regra de conflitos estabelecida para a sub-rogação legal. O art. 16.° do Regulamento autonomiza a regra de conflitos sobre o direito de regresso nos seguintes termos:

> "Se o credor tiver um direito contra vários devedores, responsáveis pelo mesmo direito, e se um deles já tiver satisfeito total ou parcialmente o direito, a lei que regula a obrigação do devedor para com o credor é igualmente aplicável ao direito de regresso do devedor contra os outros devedores. Os outros devedores podem invocar os meios de defesa que possam opor ao credor, na medida do permitido pela lei aplicável às suas obrigações para com o credor."

Embora o preceito esteja formulado em termos genéricos, deve entender-se que só se aplica à pluralidade de devedores de uma obrigação contratual, uma vez que a pluralidade de devedores de uma obrigação extracontratual é objecto do art. 20.° do Regulamento Roma II[158].

---

[156] Cf. BALLARINO (n. 70) 655 e seg.

[157] *Ibidem.*

[158] Ver ainda LAGARDE (n. 33) 345-346; MANKOWSKI (n. 33) 111; Max Planck Institute (n. 33) 329 e segs.

462 *Estudos de Direito Internacional Privado*

Enfim, o Regulamento introduz uma nova regra em matéria de *compensação* (art. 17.°):

"Caso as partes não acordem no direito a compensação, a lei que regula a compensação é a lei aplicável ao crédito contra o qual se invoca a compensação".

A Proposta da Comissão (art. 16.°) referia-se à "compensação legal", o que suscitou a objecção de que a expressão podia ser interpretada no sentido de incluir apenas a compensação automática, que opera *ope legis*, prevista designadamente no Direito francês, excluindo a compensação por declaração unilateral contemplada nomeadamente nos Direitos português (art. 848.°/1 CC) e alemão[159]. A correcção introduzida pelo legislador comunitário torna claro que a regra regula ambas as modalidades de compensação. Já a compensação contratual está sujeita às regras gerais dos arts. 3.° e 4.°[160]. Segundo a Exposição de Motivos da Proposta da Comissão, a solução encontrada destina-se a facilitar a compensação, respeitando ao mesmo tempo as expectativas legítimas da pessoa que não tomou a iniciativa da compensação[161].

D) Ordem pública internacional, normas susceptíveis de aplicação necessária, devolução e ordens jurídicas complexas

O Considerando n.° 37 afirma que considerações de interesse público justificam que, em circunstâncias excepcionais, os tribunais dos Estados-Membros "possam aplicar excepções, por motivos de ordem pública e com base em normas de aplicação imediata".

A cláusula de *ordem pública internacional* está contida no art. 21.° , que é do seguinte teor "A aplicação de uma disposição da lei de um país designada pelo presente regulamento só pode ser afastada se essa aplicação for manifestamente incompatível com a ordem pública do foro". À semelhança do que se verifica com a Convenção Roma I (art. 16.°) e com o Regulamento Roma II (art. 26.°), este preceito refere-se à ordem pública

---

[159] Ver Max Planck Institute (n. 33) 332-333.

[160] Exposição de Motivos da Proposta da Comissão, 9. Ver ainda LAGARDE (n. 33) 346-347; MANKOWSKI (n. 33) 111; Max Planck Institute (n. 33) 331 e segs.

[161] Loc. cit.

do foro na acepção relevante para o Direito Internacional Privado, que é uma acepção muito mais restritiva do que a noção de ordem pública em Direito material[162]. Da exigência de manifesta incompatibilidade com a ordem pública do foro, bem como do Considerando anteriormente referido, resulta que a actuação da reserva de ordem pública internacional deve ser excepcional. Os relatórios e a jurisprudência do TCE com respeito à Convenção Bruxelas I e ao Regulamento Bruxelas I são relevantes para a actuação desta cláusula[163].

A Convenção de Roma salvaguarda a aplicabilidade das regras do Estado do foro que regulem imperativamente o caso concreto, independentemente da lei aplicável ao contrato (art. 7.º/2). Esta formulação torna claro que não se têm em vista quaisquer normas imperativas mas só aquelas que reclamam aplicação ao caso apesar de o Direito de Conflitos geral remeter para uma lei estrangeira ("normas de aplicação imediata" ou, como considero mais rigoroso, *normas que são susceptíveis de aplicação necessária*)[164].

Por seu turno, o art. 7.º/1 da Convenção de Roma contém uma cláusula geral que permite a sobreposição à lei competente de normas susceptíveis de aplicação necessária de um terceiro Estado com o qual a situação apresente uma conexão estreita[165]. Este preceito não vigora na ordem jurídica portuguesa, porque Portugal fez a reserva prevista na al. a) do n.º 1 do art. 22.º da Convenção.

O conceito de "norma de aplicação necessária" do art. 7.º da Convenção de Roma não se baseia num critério material, i.e., relativo ao conteúdo e/ou fim da norma.

O Regulamento Roma I ocupa-se das "normas de aplicação imediata" no art. 9.º. Esta disposição afasta-se da Convenção de Roma em dois aspectos importantes.

---

[162] Ver LIMA PINHEIRO (n. 2) 584 e segs., com mais referências.

[163] *Ibidem*. Cf. TCE 2/5/2006, no caso *Eurofood* [*CTCE* (2006) I-3813], n.º 64. Ver, sobre este ponto, LIMA PINHEIRO (n. 26) 297 e segs.

[164] Ver também GIULIANO/LAGARDE (n. 27) 26 e segs., *maxime* 28.

[165] É o seguinte o teor do art. 7.º/1: "Ao aplicar-se, por força da presente Convenção, a lei de um determinado país, pode ser dada prevalência às disposições imperativas da lei de outro país com o qual a situação apresente uma conexão estreita se, e na medida em que, de acordo com o direito deste último país, essas disposições forem aplicáveis, qualquer que seja a lei reguladora do contrato. Para se decidir se deve ser dada prevalência a estas disposições imperativas, ter-se-á em conta a sua natureza e o seu objecto, bem como as consequências que resultariam da sua aplicação ou da sua não aplicação."

Por um lado, o n.° 1 oferece uma definição de "norma de aplicação imediata" baseada num critério material: "são disposições cujo respeito é considerado fundamental por um país para a salvaguarda do interesse público, designadamente a sua organização política, social ou económica, ao ponto de exigir a sua aplicação em qualquer situação abrangida pelo seu âmbito de aplicação, independentemente da lei que de outro modo seria aplicável ao contrato, por força do presente regulamento".

Com esta definição visa-se certamente acentuar o carácter excepcional da intervenção de normas imperativas que não pertencem à lei competente segundo as regras de conflitos do Regulamento. A Exposição de Motivos da Proposta da Comissão indica que a definição contida na Proposta se inspira na decisão proferida pelo TCE no caso *Arblade*[166], mas esta decisão diz respeito a um problema específico (o da compatibilidade da aplicação de normas imperativas do Estado-Membro em que estão destacados temporariamente trabalhadores no caso de prestação de serviços por uma empresa estabelecida noutro Estado-Membro – *supra* IV.C) e, por seu turno, inspira-se claramente na noção avançada por FRANCESCAKIS: normas "cuja observação é necessária para a salvaguarda da organização política, social ou económica do país"[167]. O Regulamento Roma I, porém, baseia-se no critério do "interesse público" e torna claro que não é exaustiva a referência à "salvaguarda da organização política, social ou económica do país".

A atribuição de um carácter excepcional à intervenção de normas susceptíveis de aplicação necessária vai ao encontro da posição que tenho defendido[168], mas a técnica seguida não é feliz. Muitas normas suscepti-

---

[166] TCE 23/11/1999 [*CTCE* (1999) I-08453], n.° 30.

[167] "Conflits de lois (principes généraux)", *in Rép. dr. int.,* t. I, Paris, 1968, n.° 137. Para um critério material de qualificação das normas de aplicação necessária apontam igualmente WENGLER (n. 85) 88 e seg.; FERRER CORREIA – *Lições de Direito Internacional Privado*, Coimbra, 1973, 24, e *Lições de Direito Internacional Privado – I*, Coimbra 2000, 161; MARQUES DOS SANTOS (n. 69) 927 e segs., 934, 940 e seg. e 1033, cp. 959, e *Direito Internacional Privado. Introdução* – I Volume, Lisboa, 2001, 274 e segs.; e, MOURA RAMOS (n. 44) 667 e segs., cp. 671 e seg., "Droit international privé vers la fin du vingtième siècle: avancement ou recul? », *DDC/BMJ* 73/74 (1998) 85-125, 97 e seg., e "Linhas gerais da evolução do Direito Internacional Privado português posteriormente ao Código Civil de 1966", *in Comemorações dos 35 anos do Código Civil e dos 25 anos da Reforma de 1977*, 501-547, Coimbra, 2006, 535.

[168] N. 2, 253.

veis de aplicação necessária visam a protecção da parte contratualmente mais fraca e não, em rigor, tutelar o "interesse público". Mas as normas susceptíveis de aplicação necessária podem prosseguir outras finalidades. Não parece possível caracterizá-las pelo seu conteúdo e fim[169]. O conceito de "interesse público" utilizado pelo art. 9.º/1 do Regulamento terá de ser interpretado extensivamente e, com isso, perderá muito da sua utilidade como critério de delimitação das normas imperativas que podem prevalecer sobre a lei competente.

Por outro lado, o legislador comunitário deixou cair a cláusula geral que consta do art. 7.º/1 da Convenção de Roma e do art. 8.º/3 da Proposta da Comissão, e estabeleceu no art. 9.º/3 que pode "ser dada prevalência às normas de aplicação imediata da lei do país em que as obrigações decorrentes do contrato devam ser ou tenham sido executadas, na medida em que, segundo essas normas de aplicação imediata, a execução do contrato seja ilegal. Para decidir se deve ser dada prevalência a essas normas, devem ser tidos em conta a sua natureza e o seu objecto, bem como as consequências da sua aplicação ou não aplicação".

Esta solução converge com o entendimento que eu tenho sustentado: uma cláusula geral sobre a relevância das normas de aplicação necessária de terceiros Estados é simultaneamente inapropriada e indesejável e deve dar-se preferência à criação de normas de remissão condicionada a certas categorias de normas imperativas vigentes em Estados que apresentam determinada conexão com a situação[170]. A tarefa do legislador deve ser a de determinar as conexões especiais que podem conduzir à aplicação de normas imperativas estrangeiras que não pertençam à lei competente e não a de dar um cheque em branco aos tribunais.

---

[169] Neste sentido, Yvon LOUSSOUARN – "Cours général de droit international privé", *RCADI* 139 (1973) 271-385, 328 e seg.; Ivo SCHWANDER – *Lois d'application immédiate, Sonderanknüpfung, IPR-Sachnormen und andere Ausnahmen von der gewöhnlichen Anknüpfung im internationalen Privatrecht*, Zurique, 1975, 283; EGON LORENZ – "Die Rechtswahlfreiheit im internationalen Schuldvertragsrecht", *RIW* 33 (1987) 569-584, 578 e seg.; Frank VISCHER – "Zwingendes Recht und Eingriffsgesetze nach dem schweizerischen IPR-Gesetz", *RabelsZ* 53 (1989) 438-461, 446; Klaus SCHURIG – "Zwingendes Recht, 'Eingriffsnormen' und neues IPR", *RabelsZ* 54 (1990) 218-250 , 226 e segs.; MAYER/HEUZÉ (n. 28) 90; LIMA PINHEIRO (n. 37) 1091 e seg.; e MOURA VICENTE (n. 34) 640 e segs.

[170] N. 2, 275 e segs. Ver também Peter STONE – *EU Private International Law. Harmonization of Laws*, Cheltenham, UK, e Northampton, MA, USA, 2006, 359.

Não obstante, a formulação do art. 9.°/3 do Regulamento parece demasiado restritiva[171]. Em qualquer caso, creio que o preceito poderá ser interpretado no sentido de abranger não só as normas susceptíveis de aplicação necessária relativas à execução contrato mas também as que estabeleçam requisitos de validade do conteúdo e do fim do contrato[172].

O art. 9.°/2 salvaguarda a aplicabilidade das normas susceptíveis de aplicação necessária do Estado do foro, em termos semelhantes ao art. 7.°/2 da Convenção de Roma, mas sendo necessário ter em conta a definição contida no n.° 1.

À semelhança do que se verifica com a Convenção Roma I (art. 15.°), a *devolução* (ou reenvio) é excluída (art. 20.°). Esta solução é contrária ao princípio da harmonia internacional de soluções. Este princípio recomendaria fortemente que a referência à lei de um terceiro Estado abrangesse as suas regras de Direito Internacional Privado.

Com respeito a *ordens jurídicas complexas*, o art. 22.°/1 estabelece que sempre que um Estado englobe várias unidades territoriais, tendo cada uma normas de direito próprias em matéria de obrigações contratuais, cada unidade territorial é considerada um país para fins de determinação da lei aplicável por força do Regulamento. Este preceito é semelhante ao art. 19.°/1 da Convenção Roma I e deve ser entendido do mesmo modo[173].

VI. RELAÇÕES COM OUTROS INSTRUMENTOS

A) Relações com outros instrumentos comunitários

No Considerando n.° 40 o legislador comunitário manifestou a sua intenção de evitar a dispersão por vários instrumentos das normas de con-

---

[171] Esta formulação é certamente inspirada na jurisprudência inglesa – ver *Dicey, Morris and Collins* (n. 28) 1592 e segs.

[172] Ver LIMA PINHEIRO (n. 2) 276-277, com mais referências. No que toca à validade do contrato, serão relevantes os requisitos estabelecidos pela lei do lugar da execução ao tempo da celebração do contrato. As normas proibitivas ou limitativas que sejam adoptadas pela lei do lugar da execução posteriormente à conclusão do negócio deverão apenas ser tidas em conta como pressupostos de facto das normas da *lex contractus* relativas à exoneração do devedor – ver LIMA PINHEIRO (n. 2) 281-283, com mais referências.

[173] Ver LIMA PINHEIRO (n. 2) 463.

flitos de leis e as divergências entre essas regras. O Regulamento Roma I, porém, não exclui a possibilidade de, em matérias específicas, se incluírem normas de conflitos sobre obrigações contratuais noutros instrumentos de Direito Comunitário. Por conseguinte, o art. 23.º determina que, à excepção do art. 7.º (contratos de seguro), o Regulamento não prejudica a aplicação das disposições do Direito Comunitário que, em matérias específicas, regulem os conflitos de leis em matéria de obrigações contratuais[174].

O mesmo Considerando afirma que o Regulamento não deverá prejudicar a aplicação de outros instrumentos que contenham disposições destinadas a contribuir para o bom funcionamento do mercado interno, na medida em que estas não possam ser aplicadas em conjugação com a lei designada pelas regras do presente regulamento. A aplicação das disposições da lei aplicável designada pelas regras do presente regulamento não deverá restringir a livre circulação de bens e serviços regulada por instrumentos comunitários como a Directiva 2000/31/CE Sobre o Comércio Electrónico.

Esta formulação reflecte um compromisso entre pontos de vista opostos com respeito ao significado das regras sobre liberdade de circulação de mercadorias e sobre liberdade de prestação de serviços para a determinação do Direito aplicável aos contratos obrigacionais. A ideia de que o bom funcionamento do mercado interno implica a aplicação do Direito do "país de origem" (i.e., o país onde o bem é produzido ou onde o fornecedor de serviços está estabelecido) é completamente infundada[175] e foi recusada

---

[174] Sobre estes instrumentos ver, designadamente, LIMA PINHEIRO (n. 34 [2002] 227 e segs.

[175] Ver, designadamente, LIMA PINHEIRO – "Direito aplicável à responsabilidade extracontratual na Internet" (2001), *in Est. de Direito Internacional Privado*, Almedina, Coimbra, 213-223, (n. 137 [2003]) 347 e segs., (n. 137 [2005]) 357-387, 373 e segs.; (n. 2) 348 e segs.; Michael WILDERSPIN e Xavier LEWIS – "Les relations entre le droit communautaire et les règles de conflits de lois des États membres", *R. crit.* 91 (2002) 1-37 e 289-313, 13 e segs.; STEFANIA BARIATTI – "Prime considerazioni sugli effetti dei principi generalli e delle norme materiali del trattato CE sul diritto internazionale privato comunitario", *RDIPP* 39 (2003) 671-706, 687 e segs.; Vincent HEUZÉ – "De la compétence de la loi du pays d'origine en matière contractuelle ou l'anti-droit européen", *in Mélanges Paul Lagarde*, 393-415, Paris, 2005. Ver ainda Jürgen BASEDOW – "Herkunftslandprinzip und Internationales Privatrecht im europäischen Binnenmarkt für Dienstleistungen", *in Ksiega pamiatkowa Maksymiliana Pazdana*, 29-44, Zakamycze, 2005, e "European Private International Law of Obligations and Internal Market Legislation – A Matter of Coordination",

468   *Estudos de Direito Internacional Privado*

pelo Regulamento Roma I, como já o tinha sido pela Directiva sobre Serviços no Mercado Interno (ver *maxime* art. 17.°/15)[176] e pelo Regulamento Roma II[177].

Por outro lado, o legislador comunitário não excluiu que algumas disposições estabelecidas por instrumentos comunitários se sobreponham à lei designada pelo Regulamento ou que a aplicação desta lei ou de normas susceptíveis de aplicação necessária seja sujeita a limitações impostas pelas liberdades de circulação de mercadorias ou de prestação de serviços[178]. A Directiva sobre Comércio Electrónico é expressamente referida neste segundo contexto. Remeto, quanto ao exame desta Directiva, para estudos anteriores[179].

Direi apenas a Directiva deve ser entendida no sentido de não estabelecer qualquer desvio ao Direito de Conflitos geral em matéria de contratos e de responsabilidade extracontratual. O Regulamento Roma I, à semelhança do Regulamento Roma II, não estabelece qualquer excepção para o comércio electrónico e só menciona a Directiva sobre Comércio Electrónico no contexto das limitações à aplicação das regras materiais do Direito designado[180]. Qualquer interpretação das leis que transpuseram a Directiva no sentido de consagrar o princípio do país de origem em matéria de lei aplicável aos contratos obrigacionais é incompatível com o Regulamento Roma I, como já o era com a Convenção de Roma. A lei reguladora do contrato pode ser livremente escolhida pelas partes; na falta de escolha, a aplicação da lei do devedor da prestação característica con-

---

in Liber Memorialis Petar Sarcevic, 13-24, Munique, 2006, embora defendendo um "cautious change of the relevant conflict rules towards the country-of-origin principles in those areas where the simultaneous harmonization of substantive law reduces the remaining differences to apoint where they can be overcome by mutual tolerance" [24].

[176] Dir. 2006/123/CE. Ver Alberto MALATESTA – "Principio dello stato di origine e norme di conflitto dopo la direttiva 2006/123/CE sui servizi nel mercato interno: una partita finita?", *RDIPP* 43 (2007) 293-312, 293 e segs.

[177] Ver LIMA PINHEIRO (n. 22) 1065-1066.

[178] Relativamente às normas de aplicação necessária, a Exposição de Motivos da Proposta da Comissão [8] convoca a decisão *Arblade*, supracit., em termos que considero equívocos pelas razões expostas nas obras referidas na n. 137 e adiante no texto.

[179] N. 86, 169 e segs., e (n. 22) 1065-1066. Ver também BOSCHIERO (n. 47) 370 e segs.

[180] Já a Proposta da Comissão não incluía essa Directiva na lista de actos comunitários que, por conterem regras de conflitos sobre obrigações contratuais, viam a sua aplicação ressalvada (art. 22.°/a e Anexo 1).

O Novo Regulamento Comunitário Sobre a Lei Aplicável às Obrigações Contratuais 469

verge com o princípio do país de origem, mas essa lei pode ser afastada caso se verifiquem os pressupostos da cláusula de excepção.

Por acréscimo, deve sublinhar-se que as regras não-discriminatórias de Direito privado material sobre contratos obrigacionais não têm efeito, ou, pelo menos, não têm um efeito significativo, sobre o funcionamento do mercado interno e, portanto, não podem ser encaradas como restrições às liberdades de circulação de mercadorias e de prestação de serviços[181]. Por esta razão, não é de esperar que a aplicação destas regras fique sujeita a quaisquer limitações fundadas nas normas sobre as liberdades comunitárias.

B) Relações com Convenções internacionais

O Regulamento distingue a relação com a Convenção de Roma e as relações com outras Convenções internacionais.

O art. 24.º/1 determina que o Regulamento substitui, entre os Estados-Membros vinculados pelo Regulamento (art. 1.º/4), a Convenção de Roma, com excepção dos territórios dos Estados-Membros que são abrangidos pelo âmbito de aplicação territorial da Convenção e que ficam excluídos do Regulamento por força do artigo 299.º do Tratado da Comunidade Europeia. O n.º 2 acrescenta que na medida em que o Regulamento substitui as disposições da Convenção de Roma, as referências feitas à referida Convenção entendem-se como sendo feitas ao Regulamento.

No que se refere a outras Convenções internacionais, o art. 25.º/1 estabelece que o Regulamento não prejudica a aplicação das Convenções internacionais de que um ou mais Estados-Membros sejam parte na data de aprovação do Regulamento e que estabeleçam normas de conflitos de leis referentes a obrigações contratuais[182]. É este o caso da Convenção da Haia sobre a Lei Aplicável aos Contratos de Mediação e à Representação, de 1978[183].

---

[181] Ver também MALATESTA (n. 176) 304-305.

[182] Segundo o Considerando n.º 42, a Comissão apresentará ao Parlamento Europeu e ao Conselho uma proposta relativa aos procedimentos e às condições em que os Estados-Membros terão o direito de negociar e celebrar, em nome próprio, acordos com países terceiros, em casos individuais e excepcionais, respeitantes a matérias sectoriais, que contenham disposições sobre a lei aplicável às obrigações contratuais.

[183] Ver art. 26.º sobre a obrigação de comunicação à Comissão que recai sobre os Estados-Membros que sejam partes nestas Convenções e sobre a publicação no JOCE da Lista de Convenções.

470 *Estudos de Direito Internacional Privado*

Deve entender-se que o Regulamento também não prejudica as Convenções de unificação do Direito material aplicável a contratos internacionais (*supra* Introdução III), visto que também neste caso se impõe o respeito dos compromissos internacionais assumidos pelos Estados-Membros[184] e que de outro modo se frustraria o fim visado por estas Convenções.

Todavia, entre Estados-Membros, o Regulamento prevalece sobre as Convenções celebradas exclusivamente entre dois ou vários Estados-Membros, na medida em que estas incidam sobre matérias regidas pelo Regulamento (art. 25.º/2).

VII. CONSIDERAÇÕES FINAIS

A Convenção de Roma representou um progresso assinalável do Direito de Conflitos dos contratos obrigacionais vigente na ordem jurídica dos Estados contratantes, designadamente em relação às normas de conflitos de fonte interna vigentes na ordem jurídica portuguesa. O Regulamento Roma I aperfeiçoou alguns aspectos da Convenção de Roma e introduziu regras de conflitos complementares que são necessárias para uma unificação sistemática desse Direito de Conflitos. Em alguns pontos importantes, porém, o Regulamento é pouco ousado (designadamente quanto à designação pelas partes de regras não-estaduais) ou inverte o sentido da evolução verificada neste domínio (mormente quanto ao favorecimento da lei do devedor da prestação característica).

Como já assinalei relativamente ao Regulamento Roma II no que toca às obrigações extracontratuais[185], os problemas e as finalidades da regulação dos contratos obrigacionais são os mesmos dentro da União Europeia e nas relações extracomunitárias. O âmbito de aplicação universal do Regulamento Roma I não obsta a que os tribunais de terceiros Estados cheguem a resultados diferentes com respeito ao Direito aplicável a situações que têm contactos com a União Europeia. Para promover a certeza e a previsibilidade sobre o Direito aplicável, bem como uma harmo-

---

[184] Cf. Considerando n.º 41.
[185] Ver LIMA PINHEIRO (n. 22) 1071.

nia internacional de soluções, é necessária uma unificação do Direito Internacional Privado à escala planetária. Esta unificação do Direito de Conflitos deverá complementar a unificação do Direito material aplicável aos contratos internacionais, que oferece inegáveis vantagens e é reclamada pela especificidade de muitos contratos internacionais e dos problemas jurídicos que colocam, mas depara com mais dificuldades.